U.S. BIOTECHNOLOGY PATENT LAW

미국 생명공학 특허법

Jorge A. Goldstein 저
김미경 · 김관식 · 이상호 · 박지영 · 심미성 · 신혜은 · 김두규 · 원재천 공역

박영사

저자 서문

이 책의 시작은 저자가 2011년부터 2016년까지 아르헨티나 부에노스아이레스에 있는 유니버시다드 오스트랄(Universidad Austral) 로스쿨에서 매년 가르친 강의에서 비롯되었다. 이 수업(스페인어 버전의 책을 사용하여 스페인어로 강의)의 제목은 "**생명공학 특허**"(*Patentes en Biotecnología*)였으며, 세계지식재산권기구(WIPO)에서 후원하는 라틴 아메리카 지식 재산권 석사 프로그램 중의 하나였다.

저자는 대법원이 특허 적격성(patent eligibility of live subject matter)을 확정한 가장 중요한 판례인 *Diamond v. Chakrabarty*(U.S. Sup. Ct. 1980)[1]를 선고하기 2년 전인 1978년에 변호사 업무를 시작하였고, 실무자로서 연구자로 미국 생명공학 특허법 발전에 직접 참여하였다. 본서는 미국 법원과 미국 특허심판원의 최신 판례를 반영하고 있다. 그의 로펌은 매달 정기적으로 "특허분기별 연구 모임(*Patents Quarterly*)"을 가지며 수년에 걸쳐 이 책에 수록된 대부분의 판례를 매주 수집하고 갱신하며 이에 주석을 달고, 연구하고 있다. 이 모음집을 주제별로 정리하고, 청구를 분리하고, 법원의 판결 요지와 이유를 요약하여 이 책에 반영하였다. 이처럼 이 책은 라틴 아메리카에서 열린 WIPO 강좌로부터 시작되어 특허 사건 실무와 자문, 그리고 로펌 내의 정기적인 특허 연구 모임을 통해서 결실을 맺게 되었다.

본서는 또한 고(故) John L. White 교수의 저서 "화학 특허 실무"(1981)에서 영감을 받았다.[2] 당시 그 책은 화학 특허 판례법의 전반적인 발전과정을 초기서부터 최신까지 다룬 최고의 참고서였다. 마침 저자는 1980년대 초 조지 워싱턴 대학교 로스쿨 학생 시절에 John White 교수의 강의를 수강할 수 있었고, 실무에 종사하는 동안 White 교수의 가르침과 책은 저자의 책상에 중요한 자리를 차지했

1) 100 S. Ct. 2204 (U.S. Sup. Ct. 1980)

2) John L. White, Chemical Patent Practice (Patent Resources Institute, 1981)

다. 같은 맥락에서 White 교수의 저서 같이, 본서가 생명공학 특허 입문자뿐만 아니라 전문가와 실무자에게 귀한 동반자가 될 것이다.

워싱턴 D.C., 2023

저자 감사의 말

무엇보다도 책 집필 과정과 검증 부분에서 귀중한 도움을 주신 여러 분들께 감사드린다. 특히, 저희 로펌의 Carla Kim 파트너 변호사가 집필과 편집에 상당한 기여를 해 주었고, Gaby Longsworth 파트너 변호사는 선도 화합물 자명성 이론 섹션을 도와주었다. 그리고 인내심을 갖고 원고를 수정하고 가독성 있게 유지해 준 워드 프로세싱 전문가 Lynn Franceschetti에게 감사드리며, 교정, 교열 그리고 편집에 도움을 준 Sahar Ahmed와 Michelle Pegram에게 감사드린다. 또한, 부에노스아이레스에서 열린 WIPO과정에서 본서를 교재로 쓴 많은 수강생들과 이미 본서를 실무에 적용하면서 느낀 귀중한 피드백을 해 준 특허 실무가들과 회사 동료들에게도 많은 감사를 표한다. 물론 모든 오류와 간과된 부분은 전적인 나의 책임 영역이다.

원저자 면책조항(Disclaimer)

이 책은 나의 개인적인 소견이며, 로펌이나 의뢰인과는 관련이 없음을 공지한다.

저자 한국어판 서문

한국 독자들에게 본서를 소개하게 되어 매우 기쁘게 생각합니다. 김미경 교수가 이끄는 유능한 팀의 뛰어난 번역 덕분에 본서가 이 분야에 관심 있는 학자와 실무자들을 포괄하는 넓은 독자층에게 제공될 수 있었습니다. 이 번역 작업은 미국 법과 미국 특허법 실무를 하는 변호사 · 변리사뿐만 아니라, 45여 년 발전해 온 미국 생명공학 발명과 특허에 관심을 가져온 독자들을 위해 적절한 어조를 찾기 위한 팀의 노력을 반영하고 있습니다.

미국 특허 시장은 세계에서 가장 크고 중요한 시장 중 하나입니다. 따라서 특허 업무에 종사하는 한국의 실무자 및 관련자들(국제 변호사, 변리사, 대리인, 회사 등)은 현대 생명공학 분야 맥락 안에서 미국 지식재산권 상황을 이해하는 것이 중요합니다. 특히, 한국의 특허 제도와 더불어, 미국 특허 시스템에 대한 판례와 실무적 이해를 가질 경우, 이는 미국 특허 관련 고객과 미국 변호사 · 변리사들과의 협업이 법리적 · 비용적 효율로 이루어져, 구체적인 상업적 결과로 이어질 것이라 사료됩니다.

또한 본서는 한국의 입법자와 판사들에게 중요한 방향을 제시할 것입니다. 중요한 미국 판례들의 사고, 법리, 판시에 대한 심층적인 이해를 바탕으로 이를 유사한 한국의 상황에 반영하고, 미국 시스템이 먼저 경험한 시행착오를 피하는 데 도움이 되었으면 합니다.

실제로, 생명공학 관련 미국 특허법은 수년에 걸쳐 변화해 왔습니다. 오늘날의 생명공학 특허법은 1970년대 생명공학 혁명이 시작할 초기의 모습을 거의 찾아볼 수 없게 발전하였습니다. 법원이 특허의 대상에 대해 더 잘 이해하게 되고, 과학이 발전함에 따라, 미국법은 여러 차례 모든 영역에서 그 발전 내용을 수용하여 판례를 발전시켰습니다. 이에 대한 예시는 다음과 같습니다:

1. 초창기에는 비자명성(또는 세계 여러 지역에서 사용되는 "진보성")에 대한 기

준이 낮았습니다. 대법원은 2007년 *KSR v Teleflex* 판결에서 일반적으로 자명성 거절을 극복하는 것을 더 어렵게 만들었고, 이 엄격한 KSR 기준이 이제 생명공학 발명에도 전면적으로 적용되었습니다.

2. 수년 동안 환자의 유전자 돌연변이와 질병 발병 위험 사이의 상관관계와 같은 진단적 상관관계에 대한 청구가 가능했습니다. 그러나 대법원은 2012년 *Mayo v Prometheus* 판결에서 그러한 상관관계가 자연 법칙에 해당한다고 판시하여 이러한 관행을 중단시켰습니다.
3. 수년 동안 분리된 유전자에 대한 특허를 획득하는 것이 가능했지만, 대법원은 2013년 *AMP v Myriad Genetics* 판결에서 이러한 관행을 중단시켰습니다.
4. 특히, 저자가 직접 참여한 1988년 *In re Wands* 사건 이후, 통상적 스크리닝을 통해 항체 속(genus)에 대한 광범위한 청구항을 획득하는 것이 가능해졌습니다. 그러나 대법원은 2023년 *Amgen v Sanofi* 판결을 통해, 통상적 스크리닝을 통한 항체 속에 대한 청구항 획득이 훨씬 더 어려워졌습니다.

결론적으로, 오늘날에는 무엇이 비자명적인지, 무엇이 적격인지, 어떻게 광범위한 청구항을 얻는 지에 대한 엄격한 제한이 더 많아졌습니다. 즉, 이 분야에서 미국 특허를 획득하고 방어하는 것이 예전보다 더 어려워졌습니다. 본서는 이전 판례에 대해 논의하고, 그러한 판례가 더 이상 "미국의 법"이 아닐 수 있음을 설명하며, 다음으로 최근의 발전 사항을 설명합니다. 이를 통해 독자로 하여금 상황이 어떻게 변화해 왔는지, 현재의 변화 상태는 무엇인지, 하급 법원과 특허청이 새로운 상황에 이러한 변화를 어떻게 적용했는지에 대해 충분히 이해할 수 있도록 합니다.

현재 미국 특허법 관행과 실무 현안에 대해서 다음과 같이 다양한 질문이 있을 수 있습니다:

5. 대법원의 Myriad Genetics 판결과 *Mayo v Prometheus* 판결 이후, 정제된 천연물은 여전히 특허 적격성이 있을까요?
6. 재조합 DNA 벡터나 세포는 어떤가요?

7. PCR 증폭과 같은 특정 구현 방법을 포함하는 진단적 상관관계는 어떤가요?
8. 사람을 치료하는 치료 방법은?
9. 추상적 알고리즘과 치료 방법의 조합은?
10. 어떻게 하면 치료용 항체에 대한 광범위한 특허 청구권을 여전히 확보할 수 있을까요?
11. 한국에서 생명공학적으로 제조된 단백질을 변형하여 수입된 제품이 청구된 단백질로부터 충분히 달라져 침해가 발생하지 않도록 방지하는 것이 가능한가요?

본서를 통해 이런 문제에 대한 답과 해결책을 찾으시기를 희망합니다.

2024년 5월 16일
워싱턴 D.C.
저 자

대표역자 서문

나는 이 책의 2017년 판을 김지은 변호사로부터 선물받았다. 김지은 변호사는 원저자가 일하고 있는 미국의 특허전문 로펌에서 수년간 일하고 있었다. 생명공학을 포함한 이공계 학생들에게 특허법을 가르치는 나에게 이 책이 유용할 거라고 생각하고 이 책을 선물로 준 것이다.

이후 강의 준비를 하면서 이 책을 종종 참고했는데, 그동안 봐 왔던 다른 법률 책들과는 상당히 달랐다. 먼저, 외형적으로 과학도서 같았다. 미국 법대를 다니며 공부했던 특허법 교과서들은 천 페이지를 넘는 권위적인 느낌의 하드커버 본이었다. 그에 반해, 이 책은 500페이지가 안 되는 페이퍼백으로, 밝은 파란색 표지에는 DNA 이중나선구조 그림이 그려져 있었다.

책의 내용도 전형적이지 않았다. 대부분의 특허법 책들은 특허의 역사, 특허법 이론, 특허법의 경제학, 특허 시스템 등에 대한 설명이나 특허성 요건들의 개별적인 논의로 그 틀을 구성한다. 그러나 이 책은 곧장 각 요건들이 실제 사건들에서 어떻게 적용되었는지를 기술하는 방식을 사용한다. 즉, 그 요건들의 기본적인 개념을 설명하는 데서 그치지 않고, 실제 재판 과정에서 그 요건들이 생명공학 청구항에서 적용되는 구체적인 예를 보여준다.

또한 이 책은 원저자가 직접 맡았던 사건들의 경험이 스며들어 있다는 점이 큰 장점이다. 용이한 실시요건의 랜드마크 사건이었던 in re Wands와 함께 원저자의 로펌이 맡았던 유명한 사건들도 포함되었을 뿐 아니라, 원저자가 특허변호사로서 출원 및 소송을 맡아 치열하게 싸우는 과정에서, 화학 및 생명공학에 대한 깊은 이해를 기반으로 치밀하게 법을 읽고 해석하고 적용하는 것을 반복하면서 터득한 깨달음과 통찰을 정리하고 있다.

이 책을 통해 가장 많은 도움을 받을 수 있는 독자는 원저자와 같은 길을 가는 생명공학 특허 실무자일 것이다. 더불어 법에 익숙하지 않은 과학기술자에게 친화적인 쓰인 이 책은, 앞으로 과학기술 분야에서 새로운 발견이나 돌파구를 찾고자 하는 나의 학생들과 같은 과학기술 연구자들에게도 큰 도움이 될 것으로 믿는다.

특허를 포함한 지식재산법은 근본적으로 과학과 법의 학제간 영역임에도 불구하고, 이를 다루는 특허법 책들은 대부분 법 전문가들을 위한 법률 서적으로 쓰여졌다. 따라서 이공계 연구자들에게는 상당히 장황하고 많은 논의들이 비실용적이라고 느껴질 수 있었다. 반면에 이 책에서는 각 사건의 특정 이슈에 대한 논의가 관련 기술을 포함하여 항목별로 간결하게 정리되어 있다. 이공계 연구자들이 곧장 논의의 초점으로 가서 해당 이슈가 해당 사건에서 어떻게 적용되고 해석되는지 손쉽게 살펴볼 수 있는 것이다.

나는 2008년부터 카이스트와 서울의대에서 첨단 과학기술의 혁신을 추구하는 학부생들과 대학원생들에게 특허를 포함한 지식재산을 가르치면서, 이공계 학생들이 특허법에 대한 흥미가 매우 크고 이해보고자 하는 욕구가 매우 큰 반면, 막상 공부하는 데는 어려운 점들이 많다는 것을 깨달았다. 가장 근본적인 이유는, 자연과학 및 공학은 법과 그 지향점이 다르기 때문이라고 생각하였다. 즉 전자는 발전 혹은 진보에, 후자는 절차에 가치를 두기 때문이다.

법률가와 과학자는 생각하는 방식이 다른데, 이는 변호사와 과학자가 문제해결을 할 때 직면하는 상황과 제약조건이 상당히 다르기 때문으로 생각된다. 특히 이전의 위대한 과학자들의 성과를 바탕으로 그들의 어깨 위에서 새로운 것을 발견하고 만들려고 하는 과학자들은, 동일한 법조항에 대해서도 사건의 상황에 따라 그 해석과 적용한 결과가 달라질 수 있다는 것에 익숙해지기는 상당히 힘들다. 더욱이 판례법의 비중이 커서 해석 및 적용에 있어서 성문법 체계에서 보다 훨씬 큰 유연성 내지 불확실성을 함유하고 있는 미국 특허법은 이를 더욱 어렵게 만든다. 평화롭고 공평한 분쟁해결을 추구하는 법이 불변의 우주의 진리를 추구하면서 한 가지 정답을 찾고자 하는 과학과는 근본적으로 다를 수밖에 없는 것이다. 내 수업을 들었던 학생들이 이러한 많은 어려운 점에도 불구하고 절대 포기하지 않고 미국 특허법을 이해해 보려고 끝까지 노력한 것은, 오직 자신들이 공부하고 연구하고 있는 과학기술에 대한 열정 때문이었을 것으로 생각한다.

특허의 순기능을 가장 여실하게 보여준 대표적인 예는 코헨과 보이어의 특허이다. 유전자 재조합기술을 사용하길 원하는 모든 사람들에게 특허 라이선스를 허가함으로써 지구상에 최초로 바이오테크놀로지라는 산업 분야를 만들어 내었고, 이로부터 호르몬치료제, 생물학적 의약품들을 만들기 시작하였다. PCR, RNA interference, 각종 진단법과 치료용 항체들, CRISPR 등 그 뒤를 이은 중대한 업스트림 발견들도 그 뒤를 이어 우리의 생명과 더욱 건강한 삶에 기여할 것으로 생각한다.

그러한 새로운 돌파구를 찾기 위해 끊임없이 노력하고 있는 우리나라의 첨단 과학기술자들에게, 이 책을 통해 전세계적으로 가장 큰 시장을 가지고 있는 미국의 특허법에 대한 가장 기본적이고 중요한 이해를 도모함으로써, 그들의 노력의 결과물인 첨단의 지식과 기술을 널리 전파하는데 도움이 되길 바란다.

2024년 12월 26일
대표역자 김미경

목 차

1장 머리말

2장 생명공학 특허법 소개

3장 특허 적격성

4장 유용성

5장 용이 실시 가능성

6장 발명 기재

7장 청구항 언어 – 명확성 – 명료성

8장 최적 실시예

9장 신규성

10장 자명성

11장 착상 및 발명자권

12장 침해

1장 머리말

김 미 경

§ 1:1 책의 내용

이 책은 미국 특허법에서 생명공학 분야의 가장 중요한 사건들을 조사한 것이다. 또한 이 책은 미국 연방법률 제35호(35 U.S. Code)[i]에 명시된 법률 항목들과 대법원 및 항소법원들이 내린 역사적인 해석들과 같이 결정적으로 중요한 일반적인 특허법에 대한 독자들의 기본적인 이해를 전제로 하고 있다. 즉 이 책은 일반적인 특허법에 대한 심층적인 조사가 아니라 생명공학에 초점을 맞춰 특허법을 보완하기 위한 책으로서 이 기술 분야를 처음 접하는 사람이나, 사례에 대한 빠른 참조가 필요하거나 특정 주제에 대해 더 깊이 파고들 필요가 있는 해당 분야의 숙련된 실무자 모두에게 유용하다.

이 책은 생명공학 이외의 기술 분야 판례에 대해서는 자세히 다루지 않았으며, 화학이나 약학과 같이 매우 밀접한 분야의 사건들도 대부분 제외하였다. 생명공학 판례를 더 잘 이해하기 위해 필요한 경우가 아니라면 저자는 전자공학, 컴퓨터공학, 기계공학 등 좀 더 거리가 먼 다른 과학 및 기술 분야도 피했다. 하지만 생명공학에서 제외된 기술 분야의 판결들이 여전히 생명공학 판례에 구속력 있는 선례라는 점은 항상 기억해야 한다. 예를 들어, (추상적 알고리즘의 특허 적격성에 관한) *Alice Corporation v. CLS Bank* (U.S. Sup. Ct. 2014),[1] (기계적조합의 자명성에 관한) *KSR v. Teleflex* (U.S. Sup. Ct. 2007),[2] 또는 (화합물의 종(species) 혹은 하위개념, 또는 하위속(sub－genus) 혹은 준상위개념[ii])의 발명 기재(written description) 요건에 관한) *In re Ruschig* (CCPA 1967)[3]는 각각 진단방법, 유전자구조, 그리고 효소공

1) 134 S. Ct. 2347 (U.S. Sup. Ct. 2014)
2) 127 S. Ct. 1727 (U.S. Sup. Ct. 2007)
3) 379 F.2d 990 (CCPA 1967)

학을 다루는 판례에 지대한 영향을 미쳤다. 하지만 저자는 이 책이 다른 기술 분야로 희석되지 않도록 선례 연구는 (거의) 생명공학 분야로만 한정하였고, (예를 들어 화학 또는 제약의 자명성에 대한 소위 '납 화합물 이론'과 같이) 생명공학 이외 분야의 판례에 대한 인용과 논의는 산재적으로 하였다.

이 책은 미국 연방대법원과 연방순회항소법원[iii]의 판례를 분석하고 있으며 미국 연방1심법원[iv]의 판결은 분석하지 않고 있다. 일부 장들에는 미국 특허심판원(Board of Appeals of the USPTO)[v]의 판례가 포함되어 있고, 때때로 미국 특허상표청 심사지침에 대한 언급이 (최소한으로) 포함되어 있다.

이 책에서는 미국 특허상표청[vi]이나 법원에서의 절차에 대해서는 다루지 않는다. 2011년 미국 개정 특허법(America Invents Act, AIA)[4]은 특허법령에 당사자계심판(*inter partes* review)[vii] 또는 등록후재심사(post grant review)[viii]와 같은 절차적 변화를 도입했는데, 이 두 가지 심사 방식은 미국 특허상표청에서 특허유효성에 이의를 제기할 수 있는 새로운 방법들이다. 또 다른 변화로는 2009년에 제정되어 2010년부터 시행된 생물학적 제제 가격 경쟁 및 혁신 법(Biologics Price Competition and Innovation Act, BPCIA)으로, 단일클론항체 또는 치료용 단백질과 같은 바이오시밀러 또는 상호교환 가능한 생명공학 치료제(interchangeable biotech therapeutics)의 미국식품의약품안전청(FDA)의 판매승인 및 미국 시장진입을 위한 법의 제정이다. BPCIA에 특허를 다루는 항목들이 있는데, 주로 참조 의약품 보유자와 바이오시밀러 또는 상호 교환 가능한 의약품 신청자 간의 특허 정보 교환 절차에 관한 내용이다. 소송이 필요한 참조 의약품 보유자의 특허들이 무엇인지, 언제 소송을 제기해야 하는지 결정하기 위해서는 정보교환이 필요하다. 소송해야 할 참조 의약품 보유자의 특허의 수효가 얼마인지, 언제 어떻게 소송을 제기해야 하는지, 또는 소송을 제기하는 이유가 바이오시밀러의 FDA 판매허가 때문인지 또는 상호교환 가능한 의약품에 대한 FDA 허가 때문인지 와는 무관하게 (신규성, 특허 적격성, 비자명성, 발명 기재 등) 특허성의 분석은 BPCIA의 영향을 받지 않는다. 당사자계심판 또는 등록후재심사 절차도 마찬가지다. 법정이나 시기와 관계없이 특허 이의 제기의 실질적 성격은 변하지 않는다. 법률적 변경으로 인해 특허법의 기본 내용에 새로운 절차가 추가되었을 뿐이다. 실체적 판례가 이 책의 핵심이며, 이는 어떤 절차나 시기를 활용하든 동일하다.

---

4) Leahy－Smith America Invents Act, Pub. L. No. 112－29 (2011); 역주: AIA(Glossary 참조).

이 책에는 저자가 실제로 맡았던 몇 가지 사례가 포함되어 있다. 여기에는 흥미로운 특허들, 통찰력을 가져다 주거나 (신약 개발에 사용되는 연구도구 특허들의 가치와 같은) 문제들을 기술하고 있는 소송 또는 저촉(interference)ix) 사례들이 포함되어 있는데 이는 수년 동안 고객 및 동료들과 긴 시간 브레인스토밍을 한 데서 나온 것이다.

생명공학의 특별한 점은 (기계공학, 전자공학, 컴퓨터공학 등 다른 기술 분야들과 비교할 때) 과학적 불확실성이 큰 연구 개발 분야라는 점이다. 생명공학은 100년 이상 약리학 분야의 특허법을 정의해 온 유기화학보다도 예측 불가능성이 더 큰 시스템들을 다루어야 하는 부담을 안고 있다. 속(genus) 혹은 상위개념 청구항의 용이 실시 가능성(enablement) 또는 발명 기재, 발명의 비자명성, 개별 생물학적 물질의 용이 실시 가능성 요건을 충족하기 위한 기탁의 필요성, 출원 시 예측하지 못한 실시 태양 예에 의한 침해, 혹은 균등론의 적용 등의 측면에서 법리를 정의하는 것은 예측 불가능성이다. 이는 판례 전반에 걸쳐 나타나는 주제이다.

§ 1:2 책의 사용법

이 책은 직관적으로 사용하고 탐색할 수 있다. 각 장은 강조 표시된 박스 안에 해당 법령 혹은 법령들로 시작하고 바로 뒤에 역사적, 법적 맥락에서 해석을 제공하는 판례를 설명하는 부분이 이어진다. 생명공학 특허에 관한 법은 자연발생적으로 생겨난 것이 아니다. 특히 현대 생명공학의 초창기인 1980년대와 1990년대의 판례는 화학 및 약리학적 발명들의 법에서 중요한 교훈을 얻었다. 또한 2007년부터 (분리된 자연적인 물질의 특허 적격성에 관한) *Association of Molecular Pathology v. Myriad Genetics* (U.S. Sup. Ct. 2013)[5]와 (비자명성 판단 기준에 관한) *KSR v. Teleflex* (U.S. Sup. Ct. 2007)[6] 같은 특정 영역의 특허법에서 큰 격변이 일어났다. 이런 모든 이유로 인해 생명공학 분야의 최신 판례의 미묘한 차이들을 이해하려면 역사적 맥락에 대한 이해가 매우 중요하다.

---

5) 133 S. Ct. 2107 (U.S. Sup. Ct. 2013)

6) 127 S. Ct. 1727 (U.S. Sup. Ct. 2007)

§1:3 사건 분석

훌륭한 특허법 실무의 핵심은 청구항의 작성, 수정, 해석, 적용, 방어 등 청구항에 집중되어 있다. 청구항의 단어들을 정확하게 이해하지 못하면 특허성을 지지하거나 부인하거나 한 판결과 다른 판결을 구별하는 법원의 판단을 완전히 이해하는 것은 불가능하다. 이 책은 **청구항 기반**으로 청구항이 무대의 중심을 차지한다.

가장 중요한 사건들은 굵은 글씨로 밑줄을 긋고 각주를 달아 사건명을 소개하고, 법원의 판단을 요약하여 붙인다. 바로 다음에는 해당 판례에 대한 보다 자세한 내용이 담긴 음영박스가 뒤따르게 된다. 다음은 제3장 특허 적격성에서 나온 한 예이다.

> ***JEM Ag Supply v. Pioneer*** (U.S. Sup. Ct. 2001).[7] 법원은 35 U.S.C.A.[x] § 101에 따라 식물 및 종자의 특허 적격성에 대한 *Hibberd의* 주장을 확인하였다. 또한 다양한 형태의 식물 보호가 가능하다는 점도 확인하였다.

이어서 음영박스에 해당 사건의 인용과 사건에 대한 자세한 내용을 아래와 같이 기술한다.

> ***J. E. M. AG SUPPLY, INC. et al. v. PIONEER HI-BRED INTERNATIONAL, INC.***
> U.S. Supreme Court (2001)
>
> 여기에 이 사건에서 가장 관련성이 높은 특허 **청구항**을 하나 이상 포함한다.
>
> 청구항(들) 뒤에 사건의 세부정보로서 **기술도**(technology diagram), **연대표**(timelines), **명세서**의 세부 사항들, 또는 **사건**을 더 잘 이해하는 데 도움이 되는 사실들을 포함할 수 있다.
>
> 사건의 세부정보는 항상 **법원의 판결 이유**(The Court's Reasoning)를 중점적으로 글자 그대로 인용하는 것으로 마친다. 때로는 인용문에 법원의 판단 자체를 포함하기도 한다.

7) 122 S. Ct. 593 (U.S. Sup. Ct. 2001)

§1:4 저자 의견 및 부록

저자 의견

대부분의 경우 저자는 법원과 사건이 스스로 말하도록 하지만, 가끔 독자는 모든 장에 걸쳐 법의 상태와 그에 따른 결과들에 대한 저자 의견을 담은 상자들을 발견할 수 있다. 저자 의견의 의도는 (모든 관습법 전문가가 알고 있듯이 모아진 판례들에서 논리적으로 수집되는) "법은 무엇인지"와 (둘 다 본질적으로 더욱 해석적인 측면이 있는) 저자가 법이 무엇이라고 믿는지 또는 아마도 법이 무엇이어야 할지를 구별하려는 것이다. 가장 중요한 저자 의견들은 이 책의 목차에 나열되어 있다.

적절한 경우에는, 각 장의 마지막에 미국 특허상표청이 해당 판례를 어떻게 이행하고 해석하는지를 인용하고 있다. 미국 특허상표청에 의한 이러한 해석은 가이드라인 또는 지침의 형태로 제공된다.

§1:5 기술도(Technical Diagrams)

§ 3:18에서 *Association for Molecular Pathology v. USPTO and Myriad Genetics* (Fed. Cir. 2012)[8] 판결을 설명하는 데 포함된 그림은 미국 연방순회항소법원의 판결문에서 직접 발췌하였다. 이 그림은 유핵세포, 염색체, DNA 이중 나선, 그리고 뉴클레오티드 염기쌍의 구조들을 (축척이 아닌 크기로) 보여준다. 연방순회항소법원의 판결문에 분자생물학적 도표가 포함된 사실은 특허법과 기술 간의 밀접한 연관성을 잘 보여준다. *Myriad* 사건의 판결문은 변호사와 판사가 되기 전에 University of Pennsylvania에서 화학박사를 받고 Monsanto사 및 Smith Keine사의 실험실에서 화학자로 일했던 앨런 로리(Alan Lourie) 판사가 썼다. 로리 판사의 논리를 이해하려면 (그 판결에 동의하든지, 혹은 2013년 연방대법원처럼 동의하지 않든지 간에) 생화학과 유기화학의 원리들에 대한 최소한의 이해가 필요하다. 이런 개념 하에서 이 책과 책에 포함된 뒷받침 자료들(특히 기술도들)을 구상하였다.

---

8) 689 F.3d 1303 (Fed. Cir. 2012)

§ 1:6 전체 판결문 찾기

전체 판결문을 참고하고자 하는 독자는 사건의 이름, 법원, 판결 연도 등을 가지고 아래와 같이 해당 판결문 전문을 찾아 볼 수 있다. 먼저 GOOGLE SCHOLAR를 방문한 다음, CASE LAW를 클릭하고, SELECT COURT...를 클릭한 다음 법원(예: 대법원, 연방순회항소법원, 관세 및 특허 항소법원 등)을 선택한다. 선택한 법원을 클릭하여 나오는 검색 필드에 사건명과 판결 연도 등을 입력(예: Amgen v Sanofi 2021)하면 사건들의 블록 인용되는 페이지로 이동하게 된다. 거기에서 원하는 사건을 찾아서 클릭하면 숨겨진 링크를 통해 전체 판결문을 볼 수 있는 웹페이지로 이동할 수 있게 된다.

§ 1:7 한국어판 부록

한국어판 독자들을 위한 부록에는 미국의 특허 항소법원인 연방순회항소법원(U.S. Court of Appeals, Federal Circuit; CAFC)에 대한 소개와 역자들이 번역하면서 공통으로 사용한 용어들을 정리한 Glossary가 포함되어 있다.

2장 생명공학 특허법 소개

김 미 경

§ 2:1 현대의 생명공학 혁명

생명공학의 과거와 현재. 상업이나 산업에서 생물학적 물질을 사용한다는 의미로의 생명공학은 맥주 양조나 빵 발효만큼이나 오래된 기술이다. 하지만 고대부터 루이 파스퇴르에 이르기 과거의 생명공학과 현대의 생명공학 사이에는 근본적인 차이가 있다.

1970년대 중반, 캘리포니아주립대학교의 Boyer 교수와 스탠포드대학교의 Cohen 교수는 벡터를 이용한 유전자재조합 기술을 발명했다. 이를 통해 재조합 박테리아와 같은 형질 전환 유기체와 그러한 유기체에서 제조되는 단백질을 만들 수 있는 길이 열렸다. 최초의 "재조합" 단백질은 somatostatin과 인간 인슐린이었다.

그 결과 1976년부터 1980년까지 기간 동안 생물학에 큰 패러다임의 전환이 일어났다. 즉 대학의 실험실에서 근본적인 발견과 발명이 이루어진 후 얼마 지나지 않아 사업화되기 시작하여 Genentech, Genetics Institute, Amgen 등과 같은 회사들이 설립되었다.

또한 1970년대 중반 영국의 Cesar Milstein은 림프구와 골수종세포의 융합 및 유전자 재조합을 통해 생산된 하이브리도마(hybridomas)를 발명했다. 그 뒤로 Monoclonal Antibodies, Hybritech 등 여러 회사가 설립되었다.

1990년대 내내 인간 게놈의 염기서열을 완전히 분석하려는 공공 및 민간 노력이 여러 곳에서 경주되었다. 이러한 노력은 고속 염기서열분석 기계와 가상 유전자 조각들을 조립하는 컴퓨터 기반 방법의 등장으로 가속화되었다. 이 노력은 2000년에 미국 국립보건원과 크레이그 벤터(Craig Venter) 박사가 이끄는 민간 기업인 Institute for Genomic Research가 이 작업을 완료했다고 발표하면서 마무리되었다. 그 결과를 활용하기 위해 Human Genome Sciences와 같은 여러 회사가 설립되었다.

생명공학은 아래와 같이 여러 단계에 걸쳐 발전하면서, 특허법 발전에 큰 영향을 미쳤다.

§ 2:2 첫 번째 단계: 초기 및 확장기(대략 1980년대부터 2000년대)

첫 번째 단계는 건초더미에서 바늘을 찾는 것과 같은 "유전자 사냥(Hunting for Genes)"의 시기였다. 이 단계는 단백질에 대한 사전 지식과 해당 유전자의 검색 및 특허 등록을 기반으로 하였다. 예를 들어 조직 플라스미노겐 활성화제(tissue plasminogen activator), 그리고 다양한 인터페론(interferons)과 사이토카인(cytokines)과 같은 단백질들의 산업적 생산을 위하여 유전자 및 유전자 구조물(gene constructs)을 발견하고, 분리하여, 특허 등록을 하였다.

이 첫 번째 단계의 결과로 생명공학 특허법이 크게 확장되었다. 가장 흥미로운 점은 관대한 분위기의 재판부가 새로운 과학의 방법들과 조성물들에 대한 특허등록을 용이하게 했다는 점이다. 법적인 발전 중에는 분리된 유전자가 암호화하는 단백질의 서열이 선행 기술에 있는 경우 그 분리된 유전자 청구항에 대한 비자명성 기준과(이 경우 비자명한 것으로 판단함), 기탁물로 유전자 서열에 대한 발명 기재 요건을 충족할 수 있는지 혹은 청구하는 유전자의 짧은 유전자 하위서열만 명세서에서 기재함으로써 발명 기재 요건을 충족할 수 있는지 발명 기재 요건에 대한 기준을 마련하였다(전자는 허용되고 후자는 허용되지 않음).

법원은 35 U.S.C.A § 101에 따른 특허 적격성, § 103에 따른 비자명성, § 112(a)에 따른 발명의 용이 실시 가능성에 대한 해석을 함에 있어서 거의 아무런 제약을 받지 않았다. 분리된 자연적인 유전자들에 대한 청구항 및 진단적인 상관관계에 대한 청구항은 적격하다고 간주되었고, 분리된 유전자에 대한 청구항은 (단백질 서열 및/또는 이에 기반한 유전자 분리 방법이 선행 기술로 존재함에도 불구하고) 비자명한 것으로 판단되었으며, 생명공학 물질 또는 그 용도에 대한 광범위한 속 혹은 상위개념 청구항은 용이 실시 가능성 요건에 대한 완화된 해석 하에서 허용되었다.

§ 2:3 두 번째 단계: 생물정보학 시대(대략 1990년대부터 2000년대)

두 번째 단계는 고아 DNA 서열들(즉, 기능을 알 수 없는 단백질을 암호화하는 DNA 서열들) 중에서 "기능 찾기"를 위한 기술을 기반으로 하였다. 이 단계는 컴퓨터 기반으로 유전자서열의 정체와 기능을 식별할 수 있게 할 (인간 게놈 염기서열분석과 같은) 대규모 염기서열분석 작업을 기반으로 하였다. 예를 들어, 정보학에 기반한 DNA 도메인 패턴 인식으로 확인된 다양한 수용체, 리간드(ligands) 및 기타 단백질들에 대한 특허를 등록하려는 시도가 있었다.

이 단계에서 생명공학 특허법의 주요 발전은 35 U.S.C.A. § 101에 따른 유용성 요건을 개선하는 것이었는데, 이는 1999년 USPTO가 유용성 가이드라인을 발표하면서 그 정점을 찍었다. 이 단계를 거치면서 DNA 염기서열의 패턴 인식에 기반한 예언적인 유용성만으로는 불충분하며, 법적 요건을 충족하기 위해서는 그 정체 및 유용성에 대한 실제 증명이 필요할 수 있다는 것이 더욱 명확해졌다.

§ 2:4 세 번째 단계: 인공 단백질 및 DNA들(대략 2000년대부터 현재)

세번째 단계는 생명공학 도구를 사용하여, 첫째는, 2세대 단백질 엔지니어링과 같이 기존 천연 단백질의 기능을 조작하거나 개선하고자 한다. 쥐 항체의 인간화(humanizing) 또는 글리코실화(glycosylating), 더 큰 단백질의 활성 단편 식별, 또는 인공 단백질 융합을 생성하는 것이 그 예들이다. 둘째는, 치료 목적으로 DNA 및 RNA 염기서열을 엔지니어링하고자 한다. 예를 들어 T 세포의 형질 전환 및 암의 후속 면역 치료를 위한 키메라적(chimeric) 항원 수용체를 암호화하는 DNA 융합체(DNA fusions) 생성, 질병 치료제로 사용하기 위한 안정적인 mRNA 생성, 또는 CRISPR(Clustered Regularly Interspaced Short Palindromic Repeats)과 같은 새로운 유전자 편집 기술을 사용하는 경우이다. 이 단계 기술의 또 한 범주는 생명공학으로 만들어진 분자를 도구로 사용하여 고전적인 약리학적 연구를 하는 것이다. 즉, 시험관 내 혹은 생체 내에서 분리된 생물학적 표적 수용체에 대해 잠재적 약물 리드(leads)의 대규모 라이브러리를 스크리닝하여 약리학적으로 활성적인 소분자를 검색하는 것이다. 이러한 생물학적 표적의 예로는 대사 기능을 방해하는 분자를 찾기 위한 복제된 수용체(예: COX-2) 또는 복제된 신호 전달 분자

(예: NF-Kappa-B)가 있다.

이 단계에서 일어난 생명공학 특허법의 주요 발전들은 첫 번째 단계에서의 광범위한 법원 해석이 후퇴한 것에 기반을 두고 있다. 이 단계에서 특허법에 영향을 미친 네 가지 중요한 결정은 연방대법원 판결 3개와 연방순회항소법원 판결 한 개로 구성된다.

대법원은 ***KSR v. Teleflex*** (U.S. Sup. Ct. 2007)[1)]에서 이전 시기의 비자명성 요건에 대한 광범위한 해석을 축소하여, 분리된 유전자 청구항의 경우, 비자명성을 인정받기가 더 어렵게 만들었다. 몇 년 후, 대법원은 ***Mayo v. Prometheus*** (U.S. Sup. Ct. 2012)[2)] 및 ***AMP v. Myriad Genetics*** (U.S. Sup.Ct. 2013)[3)]에서 첫번째 단계에서 나온 초기의 35 U.S.C.A. § 101에 대한 광범위한 해석을 중단했다. 진단적인 상관관계와 (시험관 내) 분리된 자연적인 유전자는 단순한 통상적인 단계나 구조적 변경이 아닌 "다른 것"이 청구항에 포함되지 않는 한 부적격하게 되었다. 또한, 연방순회항소법원은 ***Regents U. Cal. v. Eli Lilly*** (Fed. Cir. 1997)[4)]를 시작으로 광범위한 속 혹은 상위개념 청구항의 특허성 및 유효성을 위해서는 발명의 기술요건이 충족되는 것이 중요함을 강조하면서 초기의 용이 실시 가능성 요건에 대한 광범위한 해석을 덜 중요시 하였다.

아이러니하게도 (또는 어쩌면 예상대로) 판례가 후퇴하면서 생명공학 기술의 상당 부분이 세 번째 단계의 제한을 피해 나갔다. 2세대 단백질과 DNAs/RNAs의 생성에서 구조적 변형과 새롭거나 개선된 기능을 강조함으로써 생명공학 특허 청구항에 대한 평가는 필자가 '화학적'이라고 부르는 시대로 옮겨갔다. 이 시대에서는 청구된 물건(product)이 원래 자연에서 유래한 것인지 아닌지(초기의 제101조 문제)는 논외로 하고, 혹은 자연에서 분리하는 것이 얼마나 어려운지(초기의 제103조 문제)는 논외로 하고, 그보다는 인공 물질을 만들기 위한 구조적 변형이 당업계의 통상의 기술자[xi)](a person of ordinary skill in the art 혹은 a skilled person in the art)에게 자명한 것이었을지 혹은 아니었을지에 더 초점을 맞추게 된다. 이러한 특허 문제는 1980년대와 1990년대의 생명공학자들보다 그 이전 시대의 화학자와 약리학자들이 더 많이 직면했던 문제이다.

---

1) 127 S. Ct. 1727 (2007)
2) 132 S. Ct. 1239 (2012)
3) 133 S. Ct. 2107 (2013)
4) 119 F. 3d 1559 (Fed. Cir. 1997)

생명공학의 세 번째 단계 특허법이 첫 번째 단계 특허법보다 비록 덜 광범위하긴 하지만, 더 예측 가능해진 것은 아니었다. 예를 들어, 진단적 상관관계를 청구하는 데는 여전히 심각한 문제가 남아 있었다. 이러한 청구항들의 특허 적격성이 후퇴되고 의심되는 한편, 법적 문제를 회피할 수 있을 정도로 기술이 발전하지는 못하였다. § 3:27장부터 § 3:35장까지 살펴볼 수 있듯이, 재판소는 이 분야에서 명확성과 안정성을 확보하기 위해 여전히 고군분투하고 있다.

§ 2:5 생명공학 분야의 지식 재산과 유형 재산

생명공학 특허를 다루는 판례에 대한 심층적인 논의를 시작하기 전에 특허권 자체의 성격과, 생물학적 물질에 대한 특허권과 유형적 권리(개인적 권리라고도 함)의 차이점에 대해 잠시 살펴볼 필요가 있다.

생물학적 물질에 대한 지식 재산권과 유형 재산권의 차이점은 ***Moore v. U. California*** (California Sup. Ct. 1990)에서 잘 설명되어 있다.[5] *Moore* 법원은 환자가 진단용으로 자신의 혈액을 병원에 제공하면 혈액(세포와 그 DNA 포함)은 병원에 귀속된다고 판시하였다. 반대되는 계약이 없는 한 병원은 연구 개발을 위해 DNA를 사용할 권리가 있으며, 혈액에서 발견되거나 혈액안에서 발견되거나 도출된 물건들(products)에 대한 특허를 획득하고, 환자에게 뭔가 지불하지 않고도 이를 상업화할 권리가 있다고 판단하였다. 병원에 부과되는 중요한 제한 사항은 환자로부터 (그 물질들의 상업적 사용에 대한 동의를 포함한) 사전 동의를 얻어야 할 의무가 있다는 점이다.

Moore 사건 이후 병원에서는 채혈한 혈액 및 조직과 같은 기타 생물학적 물질이 상업적 목적으로 사용될 수 있음을 설명하는 확장된 사전 동의 조항을 표준 양식에 포함시키는 것이 일반화되었다.

DNA와 이것의 재조합 형태에 대해 연구자들이 취득한 특허는 법적으로 다르다. DNA는 **유형 재산**이며, 재조합 DNA에 대한 특허 청구항은 **지식 재산**이다.

이 상황은 개인 재산으로서의 책의 소유권과 출판사에 귀속하는 책의 저작권과의 차이와 유사하다. 또한 형질 전환된 소나 종자를 소유하는 것과 이러한 물질에 대한 특허를 소유하는 것과의 차이와도 유사하다.

---

5) 51 Cal.3d 120 (California Sup. Ct. 1990)

유형재산 소유자는 해당 물질을 소유하고 있는 동안에도 (타인이 소유한) 특허로 인해 그 물질을 제작, 사용, 판매, 판매 제안, 또는 수입하지 못할 수 있다. 유형재산 소유자는 특허권자로부터 라이선스를 취득한 경우에만 이러한 활동의 일부 또는 전부를 수행할 수 있다.

§ 2:6 저자 의견: 유형 재산과 지식 재산의 차이점 적용

유형 재산과 지식 재산의 이분법을 다루는 한 가지 영역은 아래의 § 12:46에서 특허받은 형질전환 종자의 다시 재배 금지에 대해 설명하고 있는 *Monsanto v. McPharling* (Fed. Cir. 2002)[6] 또는 *Bowman v. Monsanto* (U.S. Sup. Ct. 2013)[7] 사건이다. 유형 재산과 지식재산이 상호 작용하는 또 다른 영역은 기밀유지계약(confidentiality agreement, CDA) 및 물질 이전계약(material transfer agreement, MTA)을 사용하여 연구 또는 상업적 목적으로 세포 또는 유기체와 같은 생물학적 연구 자료를 이전 및 소유하는 경우이다. 당사자들은 일반적으로 이러한 CDA/MTA를 사용하여 이전되는 무형(예: 정보)과 유형 재산(예: 살아있는 유기체)을 모두 보호하고자 한다.

6) 302 F.3d 1291 (Fed. Cir. 2002)
7) 133 S. Ct. 1761 (U.S. Sup. Ct. 2013)

3장 특허 적격성(ELIGIBILITY)

김 관 식

§ 3:1 법령

35 U.S.C.A. § 101. **특허 받을 수 있는 발명**[1] **(강조 표시 추가)**

새롭고 유용한 **어떠한 제조방법, 기계, 제조물 또는 조성물**, 또는 그에 대한 새롭고 유용한 **어떠한** 개량을 **발명**하거나 발견한 **사람은 누구나** 이 법률의 조건 및 요건 하에서 특허 받을 수 있다.

35 U.S.C.A. § 101. Inventions Patentable **(emphases added)**

Whoever invents or discovers *any* new and useful *process, machine, manufacture, or composition of matter,* or *any* new and useful improvement thereof, may obtain a patent therefor, subject to the conditions and requirements of this title.

§ 3:2 현재 적격성 요건의 변천

35 U.S.C.A. § 101 법령의 제목은 "특허를 받을 수 있는 발명(Inventions Patentable)"이지만, 연방항소법원과 대법원에서는 "적격성이 있는 발명(inventions eligible)"이라는 용어로 법령의 개념을 논의하고 있다. 이하의 논의에서는 이 명칭을 사용한다.

본서 최신판을 기준으로 특허 적격성 법리의 현황은 이전 시기에 비교하면 매우 축소된(retrenchment) 상태이다. 하지만 법리의 역사적 발전 과정을 설명하는 대신 현재의 법리와 가까운 미래에 어떻게 될 지부터 살펴보고자 한다. 또한 과거

1) 35 U.S.C.A. § 101 (2014)

의 사례 중 일부를 검토하고 현재의 법리 하에서도 현재 동일하게 판단될 수 있는지 여부를 분석한다.

Diamond v. Chakrabarty (U.S. Sup. Ct. 1980)[2]로 시작하여 후속의 하급 심 판결로 이어지는 최초의 물결에서, 청구된 특허 대상이 '생물인지 여부'는 특허 적격성에 영향을 미치지 않는다는 점이 분명해졌다. 법원에서는 법률의 "어떠한(any)"이라는 용어를 강조했다. 이러한 폭넓은 해석으로 인해 인공 미생물, 식물 및 동물이 특허 적격의 대상으로 간주되는 등 특허 적격 대상의 범위가 확대되었다.

그러나 더욱 난해한 다음의 질문들이 생겼다: 청구항이 생물에 관한 것인지 여부에 관계 없다면, 제조물 또는 조성물에 대한 청구항이라면, 법적으로 천연의 물건 또는 조성물과 일정한 거리를 두기 위해 얼마나 많은 변경이 요구되는가? 그리고 방법(method) 또는 제조방법(process)에 대한 청구항인 경우, 그러한 청구항이 자연적인 방법 또는 제조방법과 충분한 거리를 두기 위해서 얼마나 많은 변화가 요구되는가? 이 두 개의 질문은 그 적격성이 인정되는 데 있어서, 살아있는 미생물, 식물 또는 동물의 적격성이 인정되는 지 여부를 따질 때보다 더욱 큰 장애물이 되었다.

어떤 청구항과 천연의 물건 또는 방법 사이의 '법적 거리' 문제에 관한 현행의 법리는 주로 오랫동안 확립된 세 종류의 적격성 예외 사유에 기초하고 있다. 이러한 예외 조항은 1) 자연 현상, 2) 추상적 사상, 3) 자연 법칙은 특허받을 수 없다는 것이다. 이 세 가지의 예외는 연구와 발명을 위한 기본적인 도구에 해당한다. 이러한 예외 사항은, 추가적인 연구 및 발명을 선점한다(preempt)는 점에서 특허 청구항이 등록될 수 없으며, 이러한 예외 사항과 최소한의 차이에 지나지 않는 청구항도 적격성 심사에서 탈락한다.

선점의 원칙은 현대 적격성 분석에서 주요 초점이다(단 아래에서 살펴보겠지만 유일한 것은 아니다). 특허권자가 청구항을 교묘하게 작성함으로써 발명과 발견을 위한 기본 도구의 사용이 선점되는 것을 우려하는 것이다. 일상적이거나 통상적인 한정에 불과한 특허 청구항을 통해 이러한 예외 조항 중 하나 이상을 지배하려는 시도는 35 U.S.C.A. § 101에 따라 적격성 심사에 실패하여 그 효력이 없게 된다.

2010년대의 10년간 내려진 3건의 대법원 판결은 이 세 개의 예외 조항을 유

2) 100 S. Ct. 2204 (U.S. Sup. Ct 1980)

지하고 예외 조항과의 '법적 거리' 문제를 분석하기 위한 법적 분석틀을 확립했다. 3건의 대법원 판결과 예외 조항과의 관계는 다음과 같다(엄격한 시간 순서가 아니라 이해하기 쉬운 순서임): ***Association for Molecular Pathology v. Myriad Genetics*** (U.S. Sup. Ct. 2013)[3](자연 현상의 제외); ***Alice Corp v. CLS Bank*** (U.S. Sup. Ct. 2014)[4](추상적 사상의 제외); ***Mayo v. Prometheus*** (U.S. Sup. Ct. 2012)[5](자연법칙의 제외). 따라서 '법적 거리(legal distance)'에 대한 분석은 특허 청구항이 이 세 개의 예외 조항의 사용을 선점하지 않도록 즉 특허의 보편적 사용에 장애를 주지 않도록, 근본적인 자연 현상, 추상적 사상 또는 자연 법칙과 얼마나 다른가 또는 얼마나 떨어져 있는가에 대한 질문을 중심으로 진행된다.

2010년대 이루어진 3건의 적격성 판결에서 대법원은 35 U.S.C.A. § 101의 해석을 "어떠한(any)"이라는 단어에 의해서만 통제되는 폭넓은 해석으로부터 한 발 물러섰다. 대법원은 "어떠한 … 발명 또는 발견"과 같이 "발명 또는 발견"이라는 용어도 이 법률에 포함되어 있다는 점을 모두에게 상기시켰다. 이러한 단어들(미국의 법학에서는 동일한 의미로 사용된다)은 "어떠한"이라는 용어를 한정하여 법률의 광범위한 해석에 그 한계를 제공한다. 2010년대 3건의 판결 이후 적격성 분석의 초점은 물건이나 방법이 특허받을 자격이 있게 하기 위해서 얼마나 많은 "발명…"이 필요한지이다.

§ 3:3 생물이라는 점은 적격성에 장애가 되지 않음

1980년에는 ***Diamond v. Chakrabarty*** (Sup. Ct. 1980)[6] 판결이 있었는데, 이와 함께 생명공학 분야에서 특허 적격성이 인정되는 발명에 대한 개념이 30년 동안 확장되기 시작했다. 이 기간 동안 법원과 미국 특허심판원은 "… **어떠한** 새롭고 유용한 제조방법…"에서와 같이 35 U.S.C.A. § 101의 "어떠한(any)"이라는 법률 용어에 중점을 두었다. 그 결과 미생물, 식물, 종자, 세포 배양 및 동물과 같이 빠르게 성장하고 있는 새로운 분야의 다양한 사례에 대하여 특허 적격성이 인정되었다.

3) 133 S. Ct. 2107 (U.S. Sup. Ct. 2013)
4) 134 S. Ct. 2347 (U.S. Sup. Ct. 2014)
5) 132 S. Ct. 1289 (U.S. Sup. Ct. 2012)
6) 100 S. Ct. 2204 (U.S. Sup. Ct 1980)

§ 3:4 생물이라는 점은 적격성에 장애가 되지 않음 – 인공 미생물

Diamond v. Chakrabarty (U.S. Sup. Ct. 1980).[7] 미생물 내에 이종 플라스미드를 도입하고 자연과 무관한 유전자를 가진 재조합 미생물을 생산하여, 인공적으로 제조한 살아있는 미생물은 35 U.S.C.A. § 101에 따라 특허 받을 수 있는 대상이다. 상고인의 미생물은 특허법 하에서 "제조물(manufacture)" 또는 "조성물(composition of matter)"에 해당한다.

DIAMOND v. CHAKRABARTY

U.S. Supreme Court (1980)

청구항 1. (미국 특허 제4,259,444호 (1981년 등록))

내부에 적어도 두 개의 안정적인 에너지 생성 플라스미드를 포함하고, 상기 플라스미드 각각은 별도의 탄화수소 분해 경로를 제공하는 *Pseudomonas* 속의 박테리아.

Claim 1. (U.S. Patent 4,259,444 (issued in 1981))

A bacterium from the genus *Pseudomonas* containing therein at least two stable energy–generating plasmids, each of said plasmids providing a separate hydrocarbon degradative pathway.

법원 판결 이유

인간이 만든 살아있는 미생물은 § 101에 따라 특허받을 수 있는 대상이다. 피상고인의 미생물은 해당 법률의 '제조물(manufacture)' 또는 '조성물(composition of matter)'에 해당한다.

(a) 의회는 '제조물' 및 '조성물'과 같이 포괄적인 '어떠한(any)'으로 한정되는 광범위한 용어를 선택함에 있어 특허법이 넓은 범위를 부여해야 한다는 점을 고려했고, 관련 입법의 연혁 또한 광범위한 구성을 뒷받침한다. 자연법칙, 물리적 현상 및 추상적인 사상은 특허를 받을 수 없지만, 피상고인의 주장은 지금까지 알려지지 않은 자연 현상이 아니라 자연적으로 발생하지 않는 물질의 제조물 또는 조성물, 즉 "독특한 이름, 특성 및 용도를 가지는" 인간 독창성의 산물에 대한 것이다.

(b) 특정한 무성 생식 식물에 특허 보호를 부여한 '1930년 식물 특허법'과 특정

7) 100 S. Ct. 2204 (U.S. Sup. Ct 1980)

유성 생식 식물에 대한 보호를 인정하지만 박테리아는 보호 대상에서 제외하는 '1970년 식물 품종 보호법'의 통과는 § 101의 '제조물' 또는 '조성물'이라는 용어에 생물이 포함되지 않는다는 의회의 이해를 증명하지 못한다.

(c) 의회가 § 101을 제정할 당시 유전자 기술을 예측할 수 없었다고 해서, 의회가 명시적으로 그러한 보호를 승인하지 않는 한 미생물은 특허 대상에 해당할 수 없다는 결론을 내릴 필요도 없다. § 101의 모호하지 않은 표현은 피청구인의 발명을 정당하게 포함한다. 유전자 연구로 인해 발생할 수 있는 잠재적 위험을 근거로 § 101에 따른 특허 가능성에 반대하는 주장은 사법부가 아닌 의회와 행정부에게 제기해야 한다.

§ 3:5 생물이라는 점은 적격성에 장애가 되지 않음 – 인공 식물 및 종자

Ex parte Hibberd (USPTO Bd. Pat. App. 1985).[8] 미국특허상표청 항고저촉심판원(USPTO Board of Appeals and Interferences)[xii]는 *Chakrabarty* 사건의 논리를 식물과 같은 다세포 유기체까지 확장했다. 심판원에서는 식물이 35 U.S.C.A. § 101 하에서 적격인 특허 대상으로 판단했다.

EX PARTE HIBBERD

USPTO Board of Appeals and Interferences (1985)

청구항

239. 내인성의 유리 트립토판 함량이 건조 종자 중량 1g당 적어도 약 10분의 1 밀리그램이고, 내인성 유리 트립토판 함량이 건조 종자 중량 1g당 적어도 약 10분의 1밀리그램인 종자를 생산할 수 있는 식물로 발아할 수 있는 옥수수 종자.

Claims

239. A maize seed having an endogenous free tryptophan content of at least about one–tenth milligram per gram dry seed weight and capable of germinating into a plant capable of producing seed having an endogenous free tryptophan content of at least about one–tenth milligram per gram dry seed weight.

8) 227 USPQ 443(P.T.O. Bd. Pat. App. & Interferences 1985)

249. [청구항 239에 따른 …] 종자를 생산할 수 있는 옥수수 식물.
249. A maize plant capable of producing seed [… as in claim 239]

심판원의 판결 이유

최근 대법원이 *Diamond v. Chakrabarty* 사건에서 35 U.S.C. 101의 범위를 해석한 바 있음에 주목한다. 이 사건은 § 101가 미생물과 같은 생물을 특허대상으로 하는 조항이 아니라는 점을 근거로 35 U.S.C. § 101에 따라 미생물에 대한 청구를 거절한 사건이다. 대법원은 § 101의 범위를 결정할 때 법률의 문구에서 시작하여 달리 정의되지 않는 한 단어를 통상적이고 현대적이며 일반적인 의미로 해석하고 "입법부가 표현하지 않은 특허법의 제한 및 조건을 읽어내지 않도록 유의" 했다. … 법원은 "제조물"과 "조성물"이라는 광범위한 용어가 "어떠한"라는 포괄적인 표현으로 수식된 것은 의회가 "특허법이 광범위한 범위를 부여할 것을 분명히 고려했음을 나타낸다"고 지적했다.

*** 심사관은 답변서에서 상기 *Diamond v. Chakrabarty* 판결에 비추어 보면, § 101에는 식물 생명체를 포함한 인공 생명체가 포함된다는 것이 분명해 보인다고 인정하고 있다. 또한, 심사관이 교잡 종자와 교잡 식물에 대한 청구항을 특허결정한 것은 심사관이 § 101의 범위에 인공 식물 생명체가 포함된다고 간주하고 있음을 나타낸다. 그러나 심사관은 답변서에서 1930년에 식물 특허법(PPA)을 제정하고 1970년에 식물 품종 보호법(PVPA)을 제정함으로써 "의회는 이 법의 적용을 받는 식물 생명체가 어떠한 조건 하에서 어떻게 보호되어야 하는지를 구체적으로 명시했다"고 주장한다.

* 하지만 우리는 § 101에 따른 특허 대상의 범위가 PPA 및 PVPA의 통과로 인해 축소되거나 제한되었으며 이러한 식물 관련 법이 해당 법의 적용을 받는 식물 생명체에 대한 독점적인 보호 형태를 표현한다는 이러한 주장에 동의하지 않는다.

JEM Ag v. Pioneer (U.S. Sup. Ct. 2001).[9] 대법원은 식물과 종자가 35 U.S.C.A. § 101 하에서 특허 적격이라는 *Hibberd* 판결을 유지했다. 또한 다양한 형태의 보호가 가능하다는 점도 유지했다.

9) 534 U.S. 124 (U.S. Sup. Ct. 2001)

J. E. M. AG SUPPLY, INC. et al. v. PIONEER HI-BRED INTERNATIONAL, INC.

U. S. Supreme Court (2001)

청구항 (미국 특허 5,506,367):

1. ATCC 가입 번호 75612를 가지고 PHP38로 지정된 근친 옥수수 종자.
2. 청구항 1의 종자에 의해 생산된 옥수수 식물.
6. 청구항 2의 식물의 모든 생리적 및 형태적 특성을 갖는 근친 교배 옥수수 식물.

Claims (U.S. Patent 5,506,367):

1. Inbred corn seed designated PHP38, having ATCC accession No. 75612.
2. A corn plant produced by the seed of claim 1.
6. An inbred corn plant having all the physiological and morphological characteristics of the plant of claim 2.

법원 판결 이유

Pioneer사는 특허 받은 교잡(hybrid) 종자를 "라이선스는 곡물 및/또는 사료 생산을 위해서만 부여된다"라고 규정하는 제한적인 라벨 라이선스에 따라서 판매한다. … 이 라이선스는 "번식 또는 종자 증식을 위해 해당 작물 또는 그 자손의 종자를 사용하는 데까지 확대되지 않는다." *Ibid.* 이는 "번식 또는 종자의 증식 또는 잡종 또는 다른 품종의 종자의 생산 또는 개발을 위해 그러한 종자 또는 그 자손을 사용하는 것"을 엄격하게 금지한다. *Ibid.*

*** 상고인 J. E. M. Ag Supply, Inc.는 Farm Advantage, Inc.의 명칭으로 사업을 하고 있으며, Pioneer사로부터 특허받은 잡종 종자를 이 라이선스 계약이 표시된 봉지에 담아 구입했다. Farm Advantage사는 Pioneer사의 판매 대리인으로 허락받은 것은 아니었지만 이 봉지를 재판매했다. 이후 Pioneer사는 Farm Advantage사와 Farm Advantage사의 유통업체이자 고객인 아이오와주의 여러 다른 기업 및 거주자(총칭하여 Farm Advantage 또는 상고인이라 함)를 상대로 특허 침해에 대한 소송을 제기했다. Pioneer사는 Farm Advantage사가 "오랜 기간 동안 소송 중인 특허를 침해하는 … 잡종의 옥수수 종자를 생산, 사용, 판매 또는 판매용으로 제공함으로써 하나 이상의 Pioneer 특허를 침해하여 왔으며 지금도 침해하고 있다"고 주장했다.

*** 이 사건은 35 U.S.C. § 101에 따라 식물에 대한 실용 특허를 부여할 수 있는

> 지 여부, 또는 식물 품종 보호법, … 7 U.S.C. § 2321 및 1930년 식물 특허법 35 U.S.C. §§ 161 – 164 …이, 다른 사람이 식물 또는 식물 품종을 복제, 판매 또는 사용하는 것을 배제할 수 있는 연방 법률상의 권리를 획득하는 독점적 수단인지의 여부에 관한 문제이다. 당 법원은 식물에 대한 실용 특허가 등록될 수 있다고 판결한다.
>
> *** 우리는 새로 개발된 식물 품종도 § 101의 적용 대상에 포함되며, PPA나 PVPA가 § 101의 적용 범위를 제한하지 않는다고 판결한다. *Chakrabarty* 사건에서와 마찬가지로, 우리는 의회가 이러한 결과를 의도했다는 징후가 없는 상황에서 § 101의 적용 범위를 축소하는 것을 부정한다. … 따라서 우리는 항소법원의 판결을 유지한다.

§ 3:6 생물이라는 점은 적격성에 장애가 되지 않음 – 인공 식물 및 종자 –– 기타의 보호 유형

미국 법률은 § 3:5에서 설명한 실용 특허(utility patent) 보호 외에도 식물 특허법과 식물 품종 보호법이라는 2편의 추가 법률을 통해 식물(및 경우에 따라 종자)에 대한 추가적 보호를 허용하고 있다.

1. **식물 특허법(1930)** ***35 U.S.C.A. §§ 161* 및 *162*.**[10] 이 법률은 관상용 식물과 같은 무성 생식 식물에 적용되며 괴경(tuber)은 제외된다.
2. **식물 품종 보호법(1970)** ***7 U.S.C.A. § 2321–2582*.**[11] 이는 UPOV 조약(국제식물신품종 보호동맹, International Union for the Protection of New Varieties of Plants)의 미국 이행법이다. 유성적으로 번식된 품종에 적용된다. 품종은 새롭고 독특하며 균일하고 안정적이어야 한다.

이하에서는 이러한 추가적 보호 수단에 대해 설명한다.

---

10) 1930년 식물 특허법, 35 U.S.C.A. §§ 161 – 162(2014)

11) 1970년 식물 품종 보호법, 7 U.S.C.A. § 2321 – 2582(2014)

§ 3:7 생물이라는 점은 적격성에 장애가 되지 않음 – 인공 식물 및 종자 –– 기타의 보호 유형 ––– 식물 특허법

***35 U.S.C.A. § 161* 식물에 대한 특허.**[12)]

괴경 번식 식물 또는 재배되지 않은 상태에서 발견되는 식물을 제외하고, 재배된 돌연변이, 돌연변이체, 잡종 및 새로 발견된 묘목을 포함하여, 구분되며 새로운 식물 품종을 발명하거나 발견하여 무성적으로 번식시킨 사람은, 이에 대하여 이 법률의 조건과 요건 하에서 특허받을 수 있다.

발명 특허에 관한 이 법률의 규정은 달리 규정된 경우를 제외하고 식물 특허에 적용된다.

35 U.S.C.A. § 161 Patents for plants.

Whoever invents or discovers and asexually reproduces any distinct and new variety of plant, including cultivated sports, mutants, hybrids, and newly found seedlings, other than a tuber propagated plant or a plant found in an uncultivated state, may obtain a patent therefor, subject to the conditions and requirements of this title.

The provisions of this title relating to patents for inventions shall apply to patents for plants, except as otherwise provided.

***35 U.S.C.A. § 162* 발명의 설명, 청구항.**[13)]

발명의 설명이 합리적으로 가능한 정도로 완전하다면 이 법률 § 112를 준수하지 않았다는 이유로 식물 특허가 무효로 선언되지 않는다.

명세서의 청구항은 도시되고 개시되어 있는 식물에 대한 형식적 용어로 되어야 한다.

35 U.S.C.A. § 162 Description, claim.

No plant patent shall be declared invalid for noncompliance with section 112 of this title if the description is as complete as is reasonably possible.

The claim in the specification shall be in formal terms to the plant shown and described.

12) 35 U.S.C.A. § 161(2014)

13) 35 U.S.C.A. § 162(2014)

역사적으로, 35 U.S.C.A. § 31로 초기에 구현된 식물 특허법은 ***In re Arzberger*** (C.C.P.A. 1940)[14]에서 박테리아에는 적용되지 않는 것으로 해석되었다. *In re Arzberger*에서 주요 청구항은 "이곳에서 *Clostridium saccharo－butyl－acetonicum－liquefaciens*로 기술되어 지정되는 박테리아"이다. CCPA에서는 입법 연혁을 평가한 후 제정 당시 박테리아가 '식물'로 간주될 수 있다는 일부 과학적 이해에도 불구하고, 의회는 '식물'이라는 단어가 박테리아에 확장되지 않는 통상적이고 일반적인 의미를 갖도록 의도했다는 결론을 내렸다.

In re Beineke (Fed. Cir. 2012)[15]에서 식물 특허법은 이웃집 마당에서 자라는 떡갈나무 묘목에는 적용되지 않는 것으로 해석되었다.

In re Beineke (Fed. Cir. 2012).[16] 출원인의 이웃집 앞마당에서 자라는 우수한 특성을 가진 흰 떡갈나무의 무성 번식 묘목은 재배된 상태에서 발견된 "… 새로 발견된 묘목 …"이 아니기 때문에 식물 특허법에 의해 보호받을 수 없다.

IN RE WALTER F. BEINEKE

U.S. Court of Appeals, Federal Circuit (2012)

법원 판결 이유

현재의 식물 특허법에 통합된 1930년 원래 법의 조항은 식물 육종이나 기타 농업 및 원예 노력의 결과로 생산되고 **또한** 발명자, 즉 특허를 출원한 사람에 의하여 생산된 식물(예: 돌연변이, 돌연변이체 및 잡종)에 대해서만 특허 보호를 제공했다. *Beineke*는 이러한 요건 중 어느 것도 충족하지 않다. *Beineke*는 떡갈나무가 자신의 창의적 노력이나 다른 사람의 창의적인 노력의 결과물이라고 전혀 주장하지 아니하므로, 이는 1930년 법에 의해 보호되는 식물의 범위에 속하지 않는다.

II

또한 *Beineke*는 1954년 식물 특허법 개정으로 추가된 조항에 따라 해당 떡갈나무가 특허 보호를 받을 수 있다는 사실도 증명하지 못했다. *Beineke*는 성숙한 떡갈나무를 *Beineke*가 "발견"했고 발견 당시 해당 부동산 소유주가 재배하고 있었기 때문에 § 161가 해당 떡갈나무에 적용된다고 주장한다. 그러나 1954년 개정안은 특허 보호 범위를 "새로 발견된 묘목"으로만 확대했을 뿐 다른 식물 카테고리에 대한 식

14) 112 F.2d 834(CCPA 1940)

15) 690 F.3d 1344 (Fed. Cir. 2012)

16) 690 F.3d 1344 (Fed. Cir. 2012)

물 특허 보호 범위는 변경하지 않았다. *Beineke*는 떡갈나무가 § 161에 따라 새로 발견된 묘목이 아니라는 점을 인정하였고 … 이들은 특허 보호를 받을 수 없다.

§ 3:8 생물이라는 점은 적격성에 장애가 되지 않음 – 인공 식물 및 종자 — 기타의 보호 유형 —— 식물 품종 보호법

7 U.S.C.A. § 2402. 식물 품종 보호권; 보호 가능한 식물 품종(강조 표시 추가)

(a) 일반 규정

유성생식으로 또는 괴경으로 번식하는 식물 품종(곰팡이 또는 박테리아 제외)의 육종가, 또는 당해 품종을 상기의 방법으로 번식한 육종가와 이해관계가 있는 승계인은, 그 품종이,

(1) 품종의 번식용 물질 또는 수확된 물질이 품종의 이용 목적으로

(A) 미국에서는 출원일로부터 1년 초과 전, 또는

(B) 미국 이외의 모든 지역에서는,

(i) 괴경 번식 식물 품종의 경우로 담당 장관이 4년 제한을 1996년 4월 4일 후의 1년 동안에 면제하는 경우를 제외하고, 출원일로부터 4년 초과 전에, 또는

(ii) 나무 또는 포도나무의 경우, 출원일로부터 6년 초과 전에,

육종가의 동의에 의하거나 동의 하에서 또는 육종가의 이해관계 승계인에 의하거나 동의 하에서 다른 사람에게 판매되거나 달리 처분되지 않았다는 의미에서, 식물 품종 보호 출원일에 **신규**하고,

(2) 출원 시점에 그 존재가 공개적으로 알려져 있거나 상식에 속하는 다른 품종과 명확하게 구분될 수 있다는 의미에서 **구별**되며;

(3) 모든 변종이 기술 가능하고 예측 가능하며 상업적으로 수용 가능하다는 의미에서 **균일**하고,

(4) 당해 품종이, 동일한 육종 방법을 사용하는 동일한 범주의 품종의 신뢰성에 상응하는 합리적인 수준의 신뢰성으로, 당해 품종의 본질적이고 독특한 특성이 변하지 않는다는 의미에서 **안정적**이면,

이 조항의 조건 및 요건에 따라 그 품종에 대한 식물 품종 보호를 받을 수 있다.

7 U.S.C.A. § 2402. Right to plant variety protection; plant varieties protectable (emphases added)

(a) In general

The breeder of any sexually reproduced or tuber propagated plant variety (other than fungi or bacteria) who has so reproduced the variety, or the successor in interest of the breeder, shall be entitled to plant variety protection for the variety, subject to the conditions and requirements of this chapter, if the variety is—

(1) *new*, in the sense that, on the date of filing of the application for plant variety protection, propagating or harvested material of the variety has not been sold or otherwise disposed of to other persons, by or with the consent of the breeder, or the successor in interest of the breeder, for purposes of exploitation of the variety—

(A) in the United States, more than 1 year prior to the date of filing; or

(B) in any area outside of the United States—

(i) more than 4 years prior to the date of filing, except that in the case of a tuber propagated plant variety the Secretary may waive the 4-year limitation for a period ending 1 year after April 4, 1996; or

(ii) in the case of a tree or vine, more than 6 years prior to the date of filing;

(2) *distinct*, in the sense that the variety is clearly distinguishable from any other variety the existence of which is publicly known or a matter of common knowledge at the time of the filing of the application;

(3) *uniform*, in the sense that any variations are describable, predictable, and commercially acceptable; and

(4) *stable*, in the sense that the variety, when reproduced, will remain unchanged with regard to the essential and distinctive characteristics of the variety with a reasonable degree of reliability commensurate with that of varieties of the same category in which the same breeding method is employed.

§ 3:9 저자 의견: 미국 내에서 식물 보호를 위한 세 가지 제도의 비교

개발자(developer)와 육종가(breeder)의 경우에는 35 U.S.C.A. § 101에 따른 보

호가 가장 좋은데, 이는 그 범위가 더 넓고 식물의 부분(종자, 과일 등)에 대한 특허 청구가 허용되며, 특허 형질전환 종자의 재식재 금지가 허용되고(특허 소진의 원칙에도 불구하고, 하기 § 3:10 참조, 또한 침해 항변 및 재식재 금지에 대해서는 하기 § 12:45 참조), 또한 균등침해의 적용이 쉽게 이루어지기 때문이다. 다른 두 법령(PVPA 및 PPA)은 그 범위에 있어 상대적으로 제한적이다. 재배자(grower)의 경우 35 U.S.C.A. § 101에 따른 특허는 문제가 될 수 있어, 다른 두 법령(PVPA 및 PPA)이 더욱 유리하다.

§ 3:10 저자 의견: 종자를 다시 심을 권리

대법원은 식물 품종 보호법(7 U.S.C.A. § 2321 이하)에 따라 품종 증명서에 의해 보호되는 종자를 다시 심을 수 있는 제한된 권리가 있다고 판시한 바 있다. ***Asgrow Seed Company v. Winterboer*** (U.S. Sup. Ct. 1995) 참조.[17] 이러한 결과는 § 12:46에서 살펴보겠지만, 종자에 대하여 35 U.S.C.A. § 101에 따라 특허를 받은 경우와는 다른 결과이다. 즉 특허된 종자를 다시 심을 권리는 없다.

§ 3:11 저자 의견: 디자인 특허: 관상용 식물의 보호를 위한 색다른 제안

Trzyna는 신중하게 논증한 자신의 논문 "식물이 디자인 특허법에 의하여 보호받을 수 있는가?; 1987(Are Plants Protectable Under the Design Patent Act?; 1987)"[18]에서 관상용 식물에 대해 디자인 특허 보호를 받을 수 있어야 한다고 주장한다. 디자인 특허법(Design Patent Act (DPA)), 35 U.S.C.A. § 171에는 다음과 같이 기술하고 있다. 즉, "누구든지 제조품에 대한 새롭고 독창적이며 장식적인 디자인을 발명하는 사람은 그에 대한 특허를 받을 수 있다(whoever invents any new, original and ornamental design for an article of manufacture may obtain a patent therefor)." 미국 특허상표청은 특허 심사 지침서 (Manual Of Patent Examining Procedure (M.P.E.P.) (2015))[19]에서 디자인을 "물품(article) 자체가 아닌 제조품(또는 그 일부)에 구현되거나 적용되는 것"으로 정의하고 있다. 식물이라는 물품 자체는 식물 특허[xiii] 또는 실용 특허[xiv]와 같은 다른 수단으로 보호받을 수 있다. 그러나 그러한 식물의 **장식적 측면**은 DPA에 의해 보호될 수 있다. 또한 특허청은 M.P.E.P.에서 디자

17) 115 S. Ct. 788 (U.S. Sup. Ct. 1995)

18) 69 *J. Pat. Off. Soc'y* 487 (1987)

19) M.P.E.P. 9th Ed. Revision 7, November 2015. Chapter 1500

인 특허 출원에 대해 다음과 같이 명시하고 있다.

> … 물품의 구성이나 형상 … 또는 구성 또는 표면 장식의 조합과 관련될 수 있다. … [디자인]은 단순히 어떤 방법의 우연한 결과가 아니라 재현할 수 있는 명확하고 사전에 계획된 것이어야 한다.
>
> … may relate to the configuration or shape of an article … or to the combination of configuration or surface ornamentation. … [Design] must be a definite, preconceived thing, capable of reproduction and not merely the chance result of a method.

Trzyna는 *Chakrabarty*와 *Hibberd*에서 각각 미생물과 식물이 살아 있다는 이유로 그 특허 적격성이 부정되지 않는다고 판시하였으므로, 따라서 "제조품"으로 정당하게 간주될 수 있다고 추론하였다. 그렇다면 DPA의 문구("… 제조품…")는 살아있는 식물에도 적용될 수 있다. 디자인 특허는 식물의 장식적인 측면에만 적용되고 이러한 측면이 식물에 구현되어야 하므로 식물의 순수한 기능적인 측면은 보호되지 않는다. 그러나 대부분의 디자인 특허가 유용한 물건, 즉 기능이 있는 물건(예: 꽃병, 램프 또는 휴대폰)에 대해 취득하기 때문에, 식물에 구현된 별도의 장식적 측면을 보호하려는 DPA의 노력은 식물의 기능적 측면에 의해 저해되지 않는다.

또한, 법률의 조건을 충족하기 위해서는 디자인이 아직 공개되지 않았다는 의미에서 "신규"하여야 하며, 자연적으로 발생하는 식물을 단순히 모방하거나 복사한 것이 아니라 신청자가 발명했어야 한다는 의미에서 "창작적"이어야 한다. 담쟁이덩굴과 같은 관상용 식물의 발명가 – 설계자가 현대 유전 공학을 통해 순전히 기능적이지는 않지만 상당한 관상적 특성을 가진 새로운 모양이나 구성의 담쟁이 잎을 만드는 것은 충분히 가능성이 있다. 담쟁이덩굴 식물과 잎이 단순히 우연한 결과가 아니라 재생산이 가능하다면 DPA에 따른 보호를 받을 수 있다.

식물에 대한 디자인 특허의 한 가지 장점은 살아있는 식물을 복제하거나 비단, 종이 또는 기타 비생물적인 재료로 장식용 디자인을 재현하는 모든 사람이 디자인 특허를 침해할 수 있다는 것이다. 또 다른 장점은 35 U.S.C.A. § 289에 의한 추가 손해배상 규정에 따라 특허권자가 침해자의 이익을 회수할 수 있다는 점인데, 이는 식물 특허에는 적용되지 않는 디자인 특허법의 독특한 구제 수단이다.

그렇다면 새롭고 독창적인 인공 식물에 대한 식물 특허(또는 실용 특허)를 출원할 때 순수한 장식적 측면에 대한 디자인 특허를 동시에 출원하는 것이 가능할 것이다. 그러나 미국 특허상표청 디자인 특허 데이터베이스를 검색한 결과, 현재까지 식물의 순수한 장식적 측면에 대하여 디자인 특허를 취득한 사례는 없다.

§ 3:12 생물이라는 점은 적격성에 장애가 되지 않음 – 인공 동물

Ex parte Allen (P.T.O. Bd. Pat. App. & Interferences 1987).[20] 미국특허상표청 항고저촉심판원(USPTO Board of Appeals and Interferences) 은 *Chakrabarty*의 논증을 다세포 동물로 확장하여 다배체(polyploid) 굴이 35 U.S.C.A. § 101 하에서 적격성이 있다고 판시했다.

EX PARTE ALLEN

USPTO Board of Appeals and Interferences (1987)

청구항

8. 제1항의 방법에 의해 생산된 다배수체 태평양 굴.

1. 굴의 배수체화를 유도하는 방법으로: (1) 수컷 굴이 암컷 굴로부터 분리되도록 굴을 서로 분리하는 단계; [2] 상기 굴이 산란하도록 유도하는 단계; [3] 상기 굴에서 나온 난(egg)의 온도를 조절하는 단계; [4] 상기 난과 정자를 수정시켜 접합체를 형성하는 단계; [5] 상기 접합체가 형성된 후 소정 시간 동안 소정 강도로 상기 접합체에 수압을 가하여 다배체로 유도하는 단계; 및 [6] 상기 다배체 접합체를 배양하는 단계를 포함하는 방법.

Claims

8. Polyploid Pacific oysters produced by the method of claim 1.

1. A method of inducing polyploidy in oysters, comprising: [1] separating oysters from one another such that male oysters are isolated from female oysters; [2] inducing said oysters to spawn; [3] controlling the temperature of eggs from said oysters; [4] fertilizing said eggs with sperm to form zygotes; [5] applying hydrostatic pressure to said zygotes at a predetermined intensity for a predetermined duration after a predetermined time following formation of said zygotes to induce polyploidy; and [6] cultivating said polyploid zygotes.

20) 2 USPQ 2d 1425(P.T.O. Bd. Pat. App. & Interferences 1987)

심판원의 판결 이유

* 청구된 주제가 자연적으로 발생하는 경우, 이는 § 101 하에서 특허 가능한 주제가 아니다. 심사관이 주장한 바와 같이, 청구된 방법[청구항 1]으로 생산된 [청구항 8]의 굴이 "자연의 법칙에 의해 제어"된다는 사실은, 청구 대상이 자연적으로 발생하지 않는 제조물 또는 조성물인지 여부의 문제를 다루는 것이 아니다. 심사관은 [청구항 8]에서 청구된 배수체 굴이 사람의 개입 없이 자연적으로 발생한다는 증거를 제시하지 않았으며, 심사관은 배수체 굴이 자연적으로 발생한다고 주장하지도 않았다. 우리 앞에 놓인 기록에 의하면 [청구항 8]의 주장된 배수체 굴이 35 U.S.C. 101 하에서 특허 가능한 주제의 범위 내에서 자연적으로 발생하지 않는 물질의 제조물 또는 조성물이라는 결론을 내리지 않을 수 없다. 따라서 § 101에 따른 거절은 파기되어야 한다.

§ 3:13 인간 유기체에 대한 청구항은 적격성이 없음

2011년 미국 특허법 개정안인 **미국 발명법**(*America Invents Act*, "AIA")[21]은 제33조에서 다음과 같은 적격성 제한을 설정했다: "특허 등록에 대한 제한. (a) 제한 – 다른 법률의 조항에도 불구하고, 인간 유기체(human organism)를 대상으로 하거나 이를 포함하는 청구항에 대한 특허는 등록 될 수 없다."[22]

AIA에 대한 **입법 토론**(*legislative debates*)[23] 및 **웰던 수정안**(*Weldon Amendment*)[24]에 따르면 인간 유래 줄기세포와 같이 분리된 인간 세포는 '인간 유기체'가 아니므로 적격성이 인정되는 특허대상이라는 점을 명확하게 하고 있다.

§ 3:14 적격성의 제외 – 자연 현상

2010년대에 대법원은, ***Association for Molecular Pathology v. Myriad Genetics*** (U.S. Sup. Ct. 2013),[25] ***Alice Corp v. CLS Bank*** (U.S. Sup. Ct. 2014),[26]

21) Leahy-Smith America Invents Act, Pub. L. No. 112–29 (2011)
22) Leahy-Smith America Invents Act, Pub. L. No. 112–29, Section 33 (2011)
23) Cong. 157, 90 (2011)
24) 157 Cong Rec. e1179–e1180 (June 23, 2011) (2003년 12월 8일 월요일, 플로리다 주의 데이브 웰던 의원의 미국 하원 연설)
25) 133 S. Ct. 2107 (U.S. Sup. Ct. 2013)
26) 134 S. Ct. 2347 (U.S. Sup. Ct. 2014)

및 ***Mayo v. Prometheus*** (U.S. Sup. Ct. 2012)[27]의 3편의 판결을 통하여, *Chakrabarty* 사건 이후의 35 U.S.C.A. § 101의 확장에 대해 재평가하여 적격성이 인정되는 특허 대상의 범위가 너무 넓다는 결론을 내렸다. 대법원은 3편의 판결에서 이전에는 "인간의 개입(human intervention)"을 의미하는 것으로 이해되었던 "발명" 행위의 필요성을 강조했다. 그러나 대법원은 단순한 개입 이상의 것이 필요하다고 제안한다. 개입으로 고려되기 위해서는 자연계에 존재하는 것과 "현저하게 다른(markedly different)" 무언가를 만들어 내야 한다. "현저하게 다른"이라는 개념은 본질적으로 앞서 설명한 "세 가지 예외로부터의 법적 거리"를 법원이 공식화한 것이다.

분리된 유전자는 특허를 받을 수 없다고 판시한 2013년의 *AMP v. Myriad Genetics* 판결을 시작으로 특허 제외에 관한 법리를 분석해 본다. 이 판결은 분리된 천연물, 분리된 천연물을 포함하는 조성물 및 복제 동물에 대한 후속의 판결로 이어졌는데, 이러한 모든 판결에 대해 논의한다. 여기서는 자연에서 유래한 제품을 논의할 때 법원이 선호하는 명칭을 사용하는데 일반적으로 이러한 제품은 "자연 현상(natural phenomena)"이라고 불린다.

§ 3:15 적격성의 제외 – 자연 현상 –– 분리된 유전자 염기서열

Assoc. Molec. Pathology et al v. Myriad Genetics (U. S. Sup. Ct. 2013)[28] (분리된 유전자). 염색체에서 분리된 유전자의 게놈 형태는 유전자와 염색체를 결합하는 공유 결합이 끊어졌음에도 불구하고, 분리된 제품은 염기서열에 의해 청구되므로 자연의 생산품과 그 염기서열이 동일하다는 점에서 적격성이 없다. 그러나 유전자를 암호화하는 특정한 상보적 DNA(cDNA)는 자연계에 존재하지 않는다는 점에서 적격성이 인정된다.

---

27) 132 S. Ct. 1289 (U.S. Sup. Ct. 2012)
28) 133 S. Ct. 2107 (U.S. Sup. Ct. 2013)

ASSOC. MOLEC. PATHOLOGY ET AL v. MYRIAD GENETICS

U.S. Supreme Court (2013)

청구항

1. BRCA1 폴리펩티드를 코딩하는 분리된 DNA로서, 상기 폴리펩티드는 SEQ ID NO:2에 명시된 아미노산 서열을 갖는 분리된 DNA.
5. 청구항 1의 DNA 중 적어도 15개의 뉴클레오티드를 갖는 분리된 DNA.

Claims

1. An isolated DNA coding for a BRCA1 polypeptide, said polypeptide having the amino acid sequence set forth in SEQ ID NO:2.
5. An isolated DNA having at least 15 nucleotides of the DNA of claim 1.

관련 기술

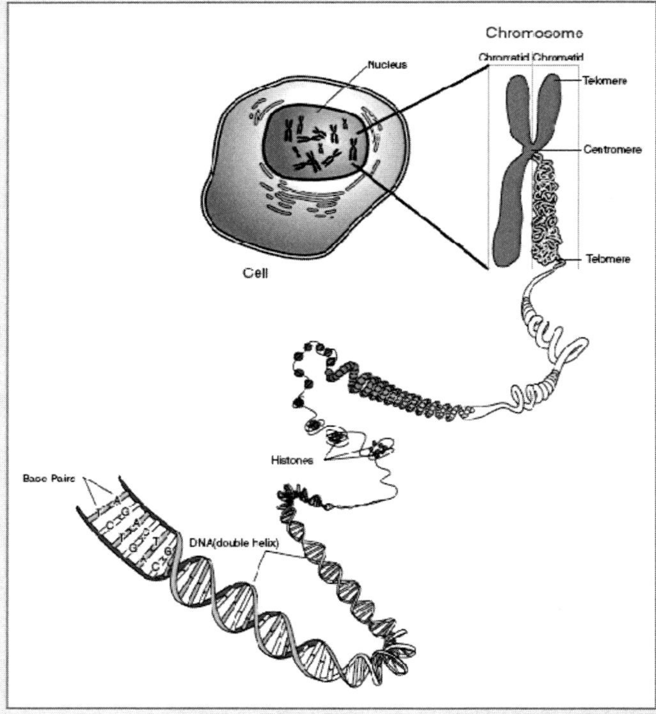

세포 환경 내의 이중 나선 DNA

법원 판결 이유

Chakrabarty 사건의 박테리아는 "자연에서 발견되는 것과는 현저하게 다른 특성을 가진" 새로운 박테리아로, 플라스미드를 추가하고 그 결과 "원유를 분해하는 능력"을 가졌기 때문에 신규한 것이다. … 이와 대조적으로 이 경우, *Myriad*는 아무것도 만들지 않았다. 확실히 중요하고 유용한 유전자를 발견했지만 그 유전자를 주변의 유전 물질로부터 분리하는 것은 발명 행위가 아니다.

*** 인간 게놈에서 DNA를 분리하면 화학 결합이 끊어져 자연적으로 발생하지 않는 분자가 생성된다는 사실도 *Myriad*의 주장을 뒷받침하지 않는다. *Myriad*의 주장은 단순히 화학적 구성으로 표현되지 않으며, 특정한 DNA 부분을 분리할 때 발생하는 화학적 변화에 어떤 식으로든 의존하지도 않는다. 그 대신 BRCA1 및 BRCA2 유전자에 인코딩된 유전 정보에 초점을 맞추고 있다. … *Myriad*의 … 청구항은 특정 분자의 특정 화학 성분이 아니라 주로 유전자 서열(*sequence*)에 포함된 정보에 관한 것이다.

*** cDNA는 자연적으로 발생하는 분리된 DNA 세그먼트와 동일한, 특허성에 대한 장애물을 제시하지 않는다. 이미 설명했듯이, mRNA에서 cDNA 서열을 생성하면 엑손(exon)으로만 구성된 분자가 생성되며 이는 자연적으로 발생하지 않는다. 상고인들은 "비코딩 영역이 제거되었다"는 점에서 cDNA가 자연 DNA와 다르다는 점을 인정한다. … 그럼에도 불구하고 그들은 "cDNA의 뉴클레오티드 서열은 실험실 기술자가 아닌 자연에 의해 결정되기 때문에 "cDNA는 특허 대상이 아니라고 주장한다. … 그럴 수도 있지만 실험실 기술자는 cDNA를 만들 때 의심할 여지없이 새로운 것을 창조한다. cDNA는 자연적으로 발생하는 DNA의 엑손을 유지하지만 이것이 유래하는 DNA와는 구별된다. 따라서 매우 짧은 일련의 DNA가 cDNA를 생성할 때 제거할 인트론(intron)이 없어 짧은 가닥의 cDNA가 자연 DNA와 구별되지 않게 되는 경우를 제외하고, cDNA는 '자연의 산물'이 아니며 § 101에 따라 특허를 받을 수 있다.

<u>In re BRCA1- and BRCA2-Based Hereditary Cancer Test Patent Litigation</u> (Fed. Cir. 2014)[29](분리된 유전자). 연방항소법원은 *AMP v. Myriad Genetics* (U.S. Sup. Ct. 2013)의 논리에 따라 BRCA1 유전자의 일부를 증폭하도록 설계된 한 쌍의 단일 가닥 DNA 프라이머에 대한 청구항은 부적격하다고 판시했다.

29) 774 F.3d 755 (Fed. Cir. 2014)

IN RE BRCA1- AND BRCA2-BASED HEREDITARY CANCER TEST PATENT LITIGATION

U.S. Court of Appeals, Federal Circuit (2014)

청구항 16 ('282 특허)

중합효소 연쇄 반응에 의해 BRCA1 유전자의 뉴클레오티드 서열을 결정하기 위한 한 쌍의 단일 가닥 DNA 프라이머로서, 상기 프라이머의 서열은 인간 염색체 17q에서 유래되며, 중합효소 연쇄 반응에서 상기 프라이머를 사용하면 BRCA1 유전자 서열의 전부 또는 일부를 갖는 DNA가 합성되는, 한 쌍의 단일 가닥 DNA 프라이머.

Claim 16 ('282 patent)

A pair of single-stranded DNA primers for determination of a nucleotide sequence of a BRCA1 gene by a polymerase chain reaction, the sequence of said primers being derived from human chromosome 17q, wherein the use of said primers in a polymerase chain reaction results in the synthesis of DNA having all or part of the sequence of the BRCA1 gene.

법원 판결 이유

우리 앞에 있는 프라이머는 *Myriad*에서 특허 자격이 없는 것으로 밝혀진 분리된 DNA와 구별할 수 없으며 특허 자격이 있는 것으로 밝혀진 cDNA와도 유사하지 않다. 프라이머는 반드시 결합하도록 설계된 가닥의 바로 반대편에 동일한 서열의 BRCA 서열을 포함해야 한다. 프라이머는 자연에서 발견되는 DNA 가닥의 말단 부분까지 구조적으로 동일하다.

*** *Myriad*는 또한 염기서열이 프라이머로 추출될 때 DNA 가닥의 일부일 때와는 근본적으로 다른 기능을 갖는다고 주장한다. 자연적으로 발생하는 유전자 서열의 일부일 때 DNA는 "알려진 모든 생명체의 발달과 기능에 사용되는 생물학적 정보를 저장"하지만 프라이머로 분리될 때 DNA 조각은 "프라이밍, 즉 … DNA 중합 과정의 시작 물질로 사용된다." … 사실, 여기서 문제가 되는 자연 발생적 유전자 서열은 크게 새로운 기능을 수행하지 않는다. 오히려 자연 발생 물질은 연쇄 반응의 첫 번째 단계를 형성하는 데 사용되며, 프라이머가 자연 발생 서열의 관련 부분과 정확히 동일한 뉴클레오티드 서열을 유지하기 때문에 수행되는 기능이다. 자연에서 DNA 구조의 주요 기능 중 하나는 상보적인 뉴클레오티드 서열이 서로 결합하는 것이다. 프라이머가 상보적인 뉴클레오티드 서열에 결합하는 것도 바로 이 같

은 기능을 이용하는 것이다. 따라서 자연에서와 마찬가지로 프라이머는 DNA가 스스로 결합하는 타고난 능력을 활용한다.

당 법원은 *Myriad* 사건에서 대법원의 의견이 이러한 상황에서 자연적으로 발생하는 DNA 가닥에 관한 조성물 청구항에 특허 적격성을 부여하는 것으로 해석하지 않는다. 자연에서 발견되는 것과 유사한 기능을 가진 DNA 구조는 자연에서 발견되는 것과는 다른 독특한 구조를 가진 경우에만 조성물로서 특허를 받을 수 있다. … 프라이머는 이러한 구조를 가지고 있지 않으므로 특허 받을 수 없다.

◆ ***Roche Molecular Systems, Inc. v. Cepheid*** (Fed. Cir. 2018).[30] 이 사건 또한 프라이머를 다루고 있으며, ***In re BRCA1- and BRCA2-Based Hereditary Cancer Test Patent Litigation***과 밀접하게 관련되어 있다(이 항목의 위 "BRCA1" 참조). CAFC는 이 사건의 사실관계를 *BRCA1*의 사실과 차별화하기를 거부하였다. 이 사건의 프라이머는 유전자 11개 위치의 특정 돌연변이에 결합하도록 특별히 맞춤화되었지만, 법원은 그것이 가치가 있는 발명임에도 불구하고 자연적으로 발생하는 현상이라는 점에서 여전히 특허 부적격의 대상이라고 간주한다.

ROCHE MOLECULAR SYSTEMS, INC. v. CEPHEID

U.S. Court of Appeals, Federal Circuit (2018)

청구항 17.

14개 내지 50개의 뉴클레오티드를 가지는 프라이머로서, 상기 프라이머는 혼성화 조건 하에서도 3(SEQ ID NO: 1)을 참조하여,

뉴클레오티드 위치 2312의 G,
뉴클레오티드 위치 2313의 T,
뉴클레오티드 위치 2373의 A,
뉴클레오티드 위치 2374의 G,
뉴클레오티드 위치 2378의 A,
뉴클레오티드 위치 2408의 G,
뉴클레오티드 위치 2409의 T,
뉴클레오티드 위치 2426의 A,

30) 905 F.3d 1363 (Fed. Cir. 2018)

뉴클레오티드 위치 2441의 G,
뉴클레오티드 위치 2456의 A, 그리고
뉴클레오티드 위치 2465의 T,

를 포함하는 그룹으로부터 선택되는 적어도 하나의 위치 특이적인 결핵균 시그너처 뉴클레오티드를 포함하는 위치에서M. tuberculosis rpoB 유전자로 혼성화하는 프라이머.

Claim 17.

A primer having 14-50 nucleotides that hybridizes under hybridizing conditions to an M.
tuberculosis rpoB [gene] at a site comprising at least one position-specific M. tuberculosis signature nucleotide selected, with reference to FIG. 3 (SEQ ID NO: 1), from the group consisting of

a G at nucleotide position 2312,
a T at nucleotide position 2313,
an A at nucleotide position 2373,
a G at nucleotide position 2374,
an A at nucleotide position 2378,
a G at nucleotide position 2408,
a T at nucleotide position 2409,
an A at nucleotide position 2426,
a G at nucleotide position 2441,
an A at nucleotide position 2456, and
a T at nucleotide position 2465.

법원 판결 이유

*Roche*사는 … 자사의 프라이머가 특허 부적격인 BRCA1 프라이머와 구별될 수 있다고 주장한다. … MTB rpoB 유전자의 11개 위치별 시그니처 뉴클레오티드 중 하나에만 혼성화할 수 있기 때문이다. … 이것은 *Alice/Mayo* 사건의 2단계 주장이다. 즉 *Roche*는 11개의 시그니처 뉴클레오티드에 대한 프라이머의 특이성이 자연적으로 발생하는 현상을 특허 대상 물질로 "변형"시킬 것이라고 주장하고 있다. 그

러나 특정 DNA 서열에 대한 혼성화에 대한 *Roche*의 강조는 설득력이 없다. 자연 발생 DNA와 동일한 뉴클레오티드 서열을 갖는 특허 부적격인 프라이머는 자연 발생 DNA의 특정 위치에 선택적으로 혼성화할 수 있다는 이유만으로 적격성을 얻지는 못하는데, 이는 추가적인 화학적 변형 없이 자연 발생 DNA와 동일한 뉴클레오티드 서열을 갖는 프라이머는 자연 현상이기 때문이다. … 여기서 우리 앞에 있는 프라이머는 추가적인 화학적 변형이 없다.

법원은 여기에 계몽적인 각주를 추가하고 있는데, 그 전문을 전재한다: "우리는 변경된 프라이머(예: 자연에서 뉴클레오티드 서열을 찾을 수 없도록 연구자에 의해 유도된 돌연변이) 또는 자연 발생 DNA에서 직접 분리할 수 없도록 연구자에 의해 화학적으로 변형되거나 표지된 프라이머의 특허 적격성에 대해서는 다루지 않는다. *Myriad* 사건 참조, … ("유전자 코드의 과학적 변경은 다른 문제이며, 그러한 목적에 § 101을 적용하는 것에 대해 어떠한 견해도 표명하지 않는다.").

*Roche*사의 프라이머가 혼성화하도록 설계된 MTB rpoB 유전자의 11개 위치별 시그니처 뉴클레오티드는 자연적으로 발생하며, *Roche*사의 발명가들은 MTB DNA 시퀀싱 후 이 11개 위치를 확인했다. 즉, *Roche*사는 기존에 존재하는 이러한 위치별 시그니처 뉴클레오티드를 확인한 것이지 새로 만든 것이 아니다. *Roche*가 MTB rpoB 유전자에서 이러한 시그니처 뉴클레오티드를 발견하고 해당 프라이머를 설계한 것은 생물학적 샘플에서 MTB를 더 빠르게 검출하고 리팜핀 내성(rifampin resistance)을 시험할 수 있게 해 과학과 의학에 기여한 귀중한 공헌임에는 의심할 여지가 없다. 그러나 "획기적이거나, 혁신적이거나, 심지어 기발한 발견이라고 하더라도 그 자체로 § 101의 질문을 충족하는 것은 아니다." *Myriad* 사건 [이 장 앞부분 참조]; *Ariosa* 사건 [§ 3:30 참조] … 당해 프라이머는 가치 있는 과학적 발견이 아니기 때문이 아니라, 자연에서 발견될 수 있기 때문에 특허 대상이 아니다.

당 법원은 우리 앞에 있는 프라이머가 자연적으로 발생하는 DNA의 해당 뉴클레오티드 서열과 구별할 수 없으며, 따라서 프라이머 청구항은 § 101 하에서 특허 부적격이라고 판결한다.

§ 3:16 저자 의견: 분리된 유전자 염기서열(또는 그 단편)의 적격성

1980년대 초부터 2013년까지 USPTO는 '분리된(isolated)' 유전자와 그 단편에 대한 특허를 수천 건 등록해 주었는데, 그중에는 추가적인 정의나 한정 없이 유전자가 '게놈(genomic)'이라는 한정이 있는 특허도 있고, 유전자를 '상보적 DNA (complementary DNA)' 또는 복제 DNA(cDNA)라고 주장하는 특허도 있다. 미국 특허상표청은 이러한 특허를 등록했지만, 미국 법무부는 2013년 *Myriad Genetics* 사건[31]에서 법무부 장관을 통해 미국 정부 기관이기도 한 미국 특허상표청의 특허 등록결정이 잘못되었다는 취지의 보조참가 의견서(*amicus* brief)를 대법원에 제출했다. 미국 정부는 (법무부를 통해) 분리된 게놈 유전자는 천연 물질이지만 cDNA 유전자는 그렇지 않다는 입장을 취했다.

이것이 바로 2013년 6월 대법원이 획기적인 *Myriad Genetics* 사건의 판결에서 채택한 논리이다. 대법원은 § 101이 광범위하게 해석되어 왔지만 판례에 의하여 **자연법칙, 추상적 사상** 및 **자연 현상**(*laws of nature, abstract ideas* and *natural phe-nomena)*은 적용 대상이 아니라는 법적 한계가 있다고 판단했다. 어떤 발명의 적격성이 인정되려면 이러한 3종류의 기본적 금지 사항의 범위에서 이 발명이 제외될 수 있도록 인간의 독창성이 충분히 개입되어야 한다. 염기서열에 의해 주장되는 분리된 유전자는 **화학적** 의미에서 염색체로부터 명백히 제외되었지만 **법적 의미**에서 자연의 염색체로부터 충분히 "제외(removed)"되지 않았기 때문에 특허 적격성을 갖추지 못하고 있다.

대법원의 *Myriad* 판결 논리는 문제가 있고 혼란스럽다. 이는 발명적인 인간의 개입이라는 개념을 발명적 단계(또는 비자명성)와 혼동하는 것 같다. 그런데 두 개념은 법적으로 서로 다른 것이다. 첫 번째 개념은 인간의 활동과 창의성에서 비롯된 개입을 의미하지만, 관습적이거나 통상적인 것 이상이어야 한다. 두 번째 개념은 비자명성에 관한 법률(35 U.S.C.A. § 103)[32]에서 비롯된 것으로, 통상의 기술자에게 자명하지 않는 특허 대상의 존재를 요구한다.

Myriad 판결의 사실관계와 판결에서 우리가 알 수 있는 것은, 유전자를 염색체에 연결하는 공유 결합을 끊어 유전자를 분리하고 유전자 서열로 청구하는 것은 충분히 창의적인 인간 활동을 포함하지 않은 것으로 "§ 101－발명적"이 아니라는 것이다. 분리된 유전자가 발명적 단계의 결과인지 여부, 즉 자명하지 않은지 여부에 대한 질문은 *Myriad*에서 분석되지 않았으며, 이 판결의 일부가 아니다. 염색체 환경에서 유전자를 찾아 분리하는 복잡한 과정에 대한 법원의 언급에서 시사하는 바는 분리된 유전자가 "§ 103－비자명"한 경우라도 "§ 101－발명적"이 아닐 수 있는 것으로 보인다. 후속하는 *In re Roslin* (Fed. Cir. 2014)[33] 및 *Roche v. Cepheid* (Fed. Cir.2018)[34] 판결에서는 발명이 "과학 및 의학에 대한 가치 있는 기여"라 하더라도 추가적인 §

31) Brief For The United States As Amicus Curiae In Support Of Neither Party, *AMP v. Myriad Genetics*, 133 S. Ct. 2107 (2013) (No. 12－398)

32) 35 U.S.C. § 103 (2014)

33) 750 F.3d 1333 (Fed. Cir. 2014)

34) ––– F.3d ––– 2018 WL 4868033(Fed. Cir. 2018)

101 변형이 없어 자연적으로 발생하는 경우라면 특허 적격성이 없다는 점을 명확하게 하였다.

특허 적격성이 인정되는 발명(즉, 일상적이지 않고 통상적이지 않은, 즉 "§ 101 발명적" 인간 활동의 결과인 발명)이지만 특허될 수 없는 발명이 있다("§ 103 발명적" 행위의 결과가 아니라는 이유로)는 점과, 그 **반대의 경우도 있다**는 점은 분명하다.

In re BRCA1- and BRCA2- Based … Patent Litigation (Fed. Cir. 2014)[35] 판결은 *Myriad Genetic* 판결을 따라 증폭 프라이머로 특정 용도로 분리된 한 쌍의 유전자 단편은 35 U.S.C.A. § 101에 따라 적격하지 않다는 판결을 내렸다. 이 판결의 중요성은 법원이 청구항에서 "… 사용으로 인해 … 증폭이 발생한다"는 기능적인 한정 조항을 무시했다는 점이다. 이를 통해 법원은 물건 청구항에 사용의 한정이 있다고 하여도 추가적인 한정이 없다면 그 제품은 특허받을 수 있도록 된다거나, 또는 이 사건에서와 같이 특허받을 수 있는 자격이 있는 것으로 되지 않는다는 장기간 확립된 판례를 따랐다(또한 § 101의 맥락에서 적용하였다).

§ 3:17 저자 의견: 저작권: DNA 염기서열 보호를 위한 색다른 제안

1980년대에 필자를 포함한 몇몇 논평가들은 저작권 보호가 DNA 및 기타 뉴클레오티드 서열로 확장될 수 있는지 여부를 평가했다.[36] 가장 최근에는 Torrance, A.W.가 "DNA Copyright" (2011)에서 그 논거를 업데이트하고 자세히 분석했다.[37] 저작권법(17 U.S.C.A. § 102(a)[38])은 다음과 같이 기술하고 있다(강조 표시 추가):

> (a) 저작권은 이 법률에 따라, **현재 알려져 있거나 나중에 개발되는 모든 유형의 표현 매체에 고정되어**, 직접 또는 기계나 장치의 도움을 받아 **인식**, 복제 또는 기타 방식으로 전달될 수 있는 **저작물 원본**에 대해 보호된다. 저작물에는 **다음의 범주가 포함된다:**
>
> (1) 어문 저작물 …
>
> (a) Copyright protection subsists, in accordance with this title, in *original works of authorship fixed in any tangible medium of expression,*

35) 774 F.3d 755 (Fed. Cir. 2014)

36) See, e.g., Kayton, I., "Copyright in Living Genetically Engineered Works," *50 Geo. Wash. L. Rev.* 191 (1982); or Goldstein, J., "Copyrightability of Genetic Works," 2 *Bio/Technology* 138 (1984).

37) 46 *Valparaiso University Law Review* 1 (2011)

38) 17 U.S.C.A. § 102 (2014)

now known or later developed, from which they can be perceived, reproduced, or otherwise communicated, either directly or with the aid of a machine or device. Works of authorship *include the following* categories:

(1) literary works …

저자 Torrance는 인공 DNA 염기서열을 저작권으로 보호하는 것이 실현 가능하다고 낙관한다. 그는 이러한 염기서열을 신흥 과학인 "합성 생물학(synthetic biology)"의 핵심으로 예시한다. 합성 생물학은 특정 기능을 수행하도록 새롭고 독창적인 DNA 서열("… 뉴클레오티드 단위로 설계되고 화학적으로 새롭게 구성된…"[39])로 프로그래밍된 인공 유기체를 만들려는 생물학의 한 분야이다.

기본적인 법적 논거는 인공적으로 만들어진 DNA 서열은 "독창적인 저작물"이며, 나중에 개발된 "유형의 표현 매체"인 다핵산염 폴리머에 "고정"되어 있고, 그 서열이 "인식"(즉, 시퀀싱 기계로 읽을 수 있는)될 수 있다는 것이다. 17 U.S.C.A. § 102(a)에 나열된 범주에는 인공 DNA가 포함되어 있지 않지만, 이 문구는 개방형("포함")이므로 나열된 범주 외의 것도 허용된다. 이러한 DNA 서열에 일부 기능이 있더라도 저작권을 보호하는 데 아무런 장애가 없다. 검토해야 할 것은 표현과 기능의 **균형**이며, 동일한 기능을 위해 DNA 서열을 생성하고 판독하는 방법이 여러 가지인 경우, 그렇게 생성된 개별 서열 중 어느 것이든 저작권을 가질 수 있어야 한다.

흥미롭게도 DNA 시퀀싱 기계를 제작 및 판매하는 미국 생명공학 회사인 Illumina는 기계에 사용할 인공 DNA 분자를 생산한다. 일루미나는 이러한 염기서열을 고객에게 보내면서 다음과 같이 고지한다: "올리고뉴클레오티드 서열은 일루미나가 소유한 저작권에 의해 보호된다. …" 이 통지에는 다음과 같은 내용이 추가되어 있다: "Oligonucleotide sequences © 2006 Illumina, Inc. All rights reserved."

§ 3:18 적격성의 제외 – 자연 현상 — 정제된 천연 성분

다음으로 정제된 천연 성분을 다룬다. 이러한 조성물(천연 생화학 제품 또는 천연 미생물)에 대하여 *Myriad Genetics* 사건 이전에 적격하다고 판결된 사례로는, 1911년까지 거슬러 올라가는 *Parke Davis v. Mulford* (Cir. Ct. SD NY 1911)[40]이 있다. 문제는 이러한 판결이 여전히 유효한 법리인지 아니면 *Myriad Genetics*사건으로 인해 훼손되었는가 하는 점이다.

39) 46 *Valparaiso University Law Review*, at p.189 (2011)

40) 189 F. 95 (Cir. Ct. SD NY 1911)

Parke Davis v. Mulford (Cir. Ct. SD NY 1911)[41] 사건에서는 체내 분비선에서 유래하는 정제된 아드레날린이 특허 받을 수 있다고 판시했다. 이 역사적인 판결은 자연적으로 발생하는 물질이 정제된 형태로 특허를 청구하는 경우, 적격성이 있음을 최초로 확립한 판례이다. 그러나 이 판결은 "단순한" 정제 정도인 물질(부적격)과 "약학적 상업적으로" 새로운 물질(적격)로 구분한다. 상세는 판결서 5페이지 왼쪽 중앙 칼럼 참조.

In re Bergy/Chakrabarty (CCPA 1979).[42] 이 사건은 두 부분으로 구성되어 있는데, 첫 번째는 Chakrabarty 박사의 인공적인 형질전환 미생물, 두 번째는 Bergy 박사에 의한 생물학적으로 순수하며 자연적으로 발생하는 미생물의 배양체(culture)에 관한 사건이다. 이 둘은 모두 모두 CCPA에 의해 그 적격성이 인정되었다. 미국 특허상표청이 대법원에 상고한 후 Bergy 박사가 특허 출원을 취하하여 Bergy 박사의 상고는 그 대상이 소멸하여 부적법 각하되었다(dismissed as moot). 따라서 CCPA 판결의 *Bergy* 부분은 기껏해야 방론(dicta)에 불과하다. 그러나 *Chakrabarty* 부분은 대법원의 *Diamond v. Chakrabarty* 판결로 확정되었는데,[43] 상기 §3:4에서 분석했다. 이하에서는 CCPA 판결의 *Bergy* 부분을 분석한다.

APPLICATION OF MALCOLM E. BERGY, et al

APPLICATION OF ANANDA M. CHAKRABARTY.

U.S. Court of Customs and Patent Appeals (1979)

청구항 5(*Berge*의 출원)

미생물 *Streptomyces vellosus*의 생물학적으로 순수한 배양물로서, NRRL 8037의 식별 특성을 가지며, 상기 배양물은 동화 가능한 탄소, 질소 및 무기 물질을 포함하는 수성 영양 배지에서 발효 시 회수 가능한 양으로 항생제 린코마이신을 생산할 수 있는 배양물.

Claim 5 (of *Bergy*)

A biologically pure culture of the microorganism *Streptomyces vellosus*, having

41) 189 F. 95 (Cir. Ct. SD NY 1911)

42) 596 F.2d 952 (CCPA 1979)

43) 100 S. Ct. 2204 (U.S. Sup. Ct. 1980)

the identifying characteristics of NRRL 8037, said culture being capable of producing the antibiotic lincomycin in a recoverable quantity upon fermentation in an aqueous nutrient medium containing assimilable sources of carbon, nitrogen and inorganic substances.

법원 판결 이유(볼드윈 판사의 보충의견에서 발췌한 부분)

본 발명은 … 특정 미생물이 항생제 린코마이신을 생산하는 뚜렷하게 유용한 특성을 가지고 있다는 발견에 중점을 두고 있다. 발명가에게 본 발명을 가치 있게 만드는 데 관련된 현상은 불완전하게 이해되었지만 그럼에도 불구하고 언급된 약물로 이어지는 기존의 대사 과정이다. Bergy와 그의 공동 발명가들이 린코마이신의 생물학적 생산을 다른 모든 이들로부터 선점(preempt)하려고 했는가? 나는 그들이 그렇지 않다고 생각한다. 문제가 된 청구항은 … 단 하나의 미생물에 국한되어 있으며, 그 청구된 형태로는 자연내에서도 존재하지 않는다. 실제로 Bergy 등의 특허 출원에는 이 약물을 생물학적으로 생산하는 데 사용되는 최소 4개의 다른 미생물이 구체적으로 공개되어 있다.

[판결 요지: 청구항 5는 특허 적격성이 있음]

§3:19 저자 의견: *Bergy/Chakrabarty* 판결의 연혁

Bergy 사건은 복잡하고 혼란스러운 절차적 역사를 가지고 있다. 1970년대 후반, 대법원은 CCPA에 의해 병합된 *Bergy* 및 *Chakrabarty* 판결에 대한 USPTO의 상고에 직면했다. 두 사건의 청구항은 35 U.S.C.A. § 101하에서 적격성이 인정되는 특허 대상이 결여되어 있다는 1976년과 1977년의 USPTO 심판원의 심결은, CCPA에서 위에서 설명한 병합 판결(여기서는 *Bergy/Chakrabarty*로 명명)로 파기되었다. 그 후 USPTO는 CCPA의 병합 판결에 대하여 상고허가를 신청 했고 대법원은 상고를 허가하였다.

그런데 변론 전에 출원인 *Bergy* 는 미국특허청에서 출원서를 취하했다. 아마도 대법원에 명확한 쟁점을 제시하기 위해 그렇게 한 것으로 보인다. 즉, *Chakrabarty*는 인공 미생물을 다룬 반면, *Bergy*는 자연적으로 발생하는 정제된 미생물을 다루었기 때문이다. 공동 상고인이 *Bergy* 출원을 취하한 이유는, 대법원에서 *Chakrabarty*의 **인공** 미생물은 적격하다고 판단하고 *Bergy*의 **자연 발생** 미생물은 적격하지 않다고 판단할 기회를 주지 않기 위해서였다. *Bergy* 사건에서 특허청에 계속 중인 출원을 취하한 결과, USPTO 심판원에서의 35 U.S.C.A. § 101에 따른 최종 거절 심결, 및 그 결과 *Bergy* 사건에서의 대법원 상고의 대상이 소멸하게 되어 대법원에서는 *Bergy* 사건을 부적법한 것으로 각하하였다(dismissed as moot). *Chakrabarty* 사건만 대법원까지 올라갔고 거기서 CCPA의 판결이 확정되었다. 즉 형질 전환 인공 미생물은 생물이라는 점에도 불구하고 특허 적격이다.

Myriad Genetics 판결(Fed. Cir. 2011)[44]의 CAFC 주석에서는 *Bergy* 판결이 **무효**로 되었다고 평가했지만 이는 잘못된 것이다. 앞서 언급한 바와 같이, CCPA의 *Bergy/Chakrabarty* 병합 판결 중에서 Bergy 부분은 미국 대법원에 의해 부적법한 것으로 각하되었는데, 이는 *Bergy* 출원인(대법원에서의 피상고인)들이 미국 특허상표청에서 심사 계속 중인 출원을 취하했기 때문이다. *Bergy* 출원인들이 계속 중인 출원서를 취하했기 때문에 35 U.S.C.A. § 101에 따른 USPTO 심판원의 거절 심결이 묵인되는(acquiesced) 결과로 되었고, 따라서 이러한 결과가 이 사건에서의 법리로 되었다. 그러나 *Bergy* 사건에서의 심판원 심결이 미국 내의 법리로 반드시 되는 것은 아니다.

§3:20 저자 의견: *Bergy* 판결이 정제된 자연물의 특허적격성에 대하여 갖는 법적 관련성

문제는 정제된 천연 미생물의 적격성에 대한 *Bergy/Chakrabarty* 판결의 *Bergy*부분의 기각이 어떠한 법적 결과를 초래할 것인가 하는 것이다. 실제로 대법원은 *Diamond v. Chakrabarty* 판결에서 '살아있는지 여부(aliveness)'가 적격성 판단의 기준이 아니라고 판시한 바 있으므로 *Bergy*의 질문은 보다 광범위하게 구성될 수 있다. 즉 일반적으로 자연적으로 발생하는 물건의 특허 적격성에 대하여 *Bergy* 기각 판결의 의미가 무엇인가?

생물학적으로 순수한 형태의 자연 발생 미생물은 특허적격성이 없다는 USPTO 심판원의 *Bergy* 심결은 해당 주제에 대한 후속 심결에 구속력이 있는 선례로 간주될 수 있다. USPTO는 심사관에게 35 U.S.C.A. § 101에 따라 청구항을 거절할 때 *Bergy* 1976 심판원의 심결을 따르도록 지시할 수 있다. 그러나 심판원의 심결은 CAFC에 구속력이 없으며 대법원에도 구속력이 없다.

Bergy 사건에서 심판원의 기각 심결을 파기한 CCPA의 판결이 부적법 각하되었으므로, 병합된 *Bergy/Chakrabarty* 판결의 *Bergy* 부분에 대한 CCPA의 판결은 이 쟁점에 대한 준거법이 되지 못한다. 이 판결은 심판원 또는 향후 CAFC의 유사한 고려사항에 대하여 구속력 있는 선례가 되지 않는다. 논쟁의 여지가 있는 *Bergy* 사건에

44) 653 F.3d 1329 (Fed. Cir. 2011)

서의 CCPA 판결은 기껏해야 방론에 지나지 않게 되었다.

그러나 *Bergy* 사건의 심판원 심결이 1979년 CCPA에 의하여 (현재는 학계에 의하여) 파기된 것은 USPTO가 정제된 자연 발생물을 심사할 때 신중하게 접근해야 한다는 경고를 줄 수 있다. USPTO는 2013년 대법원의 *Myriad Genetics* 판결에도 불구하고 CCPA에 의한 *Bergy* 판결을 신중하게 고려해야 한다. CAFC는 천연물의 적격성 문제를 다시 고려할 경우, *Bergy/Chakrabarty* 병합 사건의 공통 도입부분에서 Rich 판사와 Baldwin 판사의 학술적 추론을 읽어보는 것이 도움이 될 수 있다. 그러면 *Myriad Genetics* 대법원의 판례가 분리된 DNA 서열에 국한된 것이며 모든 정제된 천연물에 항상 적용되는 것은 아니라는 점을 구분할 수 있을 것이다. 시간이 지나면 알 수 있게 될 것이다.

§ 3:21 저자 의견: 특정한 활동에 의하여 정제된 천연물의 청구

Myriad Genetics 판결 이후의 상황 하에서, 정제된 천연물을 특정한 활동으로 한정하여 특허 청구하는 방법에 대한 논의에 대해서는 저자들의 2015년 논문 Chenghua Luo and Jorge Goldstein, "Patenting Purified Natural Products by Specific Activity: Eligibility and Enablement"[45] 참조.

이 글의 저자들의 개념은, 청구항에 순도에 관한 정량적 측정값을 포함시킴으로써 정제되고 **구조적으로 변하지 않은** 천연물을 청구하는 것이다. 정당한 범위내의 특정의 활성(activity)을 사용하면, 자연 상태에 존재할 때의 그 물건의 특정 활성과 중복되는 것을 방지할 수 있게, 따라서 그 사용이 선점(preemption)되는 것을 방지할 수 있게 된다. *Parke Davis v. Mulford* (Cir. Ct. SD NY 1911)[46] 및 *Bergy* CCPA 판결[47]의 가르침에 따라 청구된 물건이 상업적으로나 약학적으로 새로운 것임을 입증할 수 있어야 한다. 이러한 저자들의 개념은 ***Natural Alternatives Int'l v. Creative Compounds, et al*** (Fed. Cir. 2019) 판결[48]에 의하여 잘 뒷받침되는데, 이 판결에 대해서는 하기 § 3:23에서 분석한다. 이 판결은 천연 제품인 베타-알라닌을 함유한 '식이 보충제'에 대한 청구에 대한 하급 법원의 기각 판결을 뒤집은 것인데, 청구항의 일부는 베타-알라닌의 자연 농도보다 높은 농도 범위를 가지고 있었다. 이러한 높은 농도(저자의 논문에서 제안된 더 높은 특정의 활성과 마찬가지로)로 인해 이 사건은 답변서에 기초한 무변론 기각 신청(a motion to dismiss on the pleadings)에

45) 9 *Bloomberg BNA Life Sciences Law and Industry Report* 633 (2015)

46) 189 F. 95 (Cir. Ct. SD NY 1911)

47) 596 F.2d 952 (CCPA 1979)

48) --- F.3d. --- 2019 WL 1216226 (Fed. Cir. 2019)

서 살아남을 수 있었고 변론 재판(trial)을 위하여 환송되었다.

정제된 천연 단백질을 청구하기 위하여 특정한 활성 제한을 사용하는 것은 잘 확립된 방법이다. 이에 대해서는 실시가능 요건의 맥락 하에서 § 5:14에서 더 자세히 분석하는데, 여기에서는 특정한 활성 제한이 정제된 천연 제품을 청구하는 데 사용되었지만, 이를 사용할 때에는 실시가능의 쟁점에 대하여 정당한 주의를 가지고 사용되어야 한다는 점을 확인할 수 있다. *In re Fisher* (CCPA 1970)[49](정제된 부신피질자극호르몬), *Amgen v. Chugai Pharma* (Fed. Cir. 1991)[50](정제된 erythropoietin), 또는 *Scripps Clinic & Research v. Genentech, Inc. v. Chiron Corp.* (Fed. Cir. 1991)[51] (정제된 제8인자) 등의 판결에서는, 출원인이 가능한 최대의 한도에 근접했음을(따라서 정제를 실시가능하게 하였음을) 입증하지 않는 한 개방형의 특정 활성의 한정(즉, "…보다 큰 순도")을 사용하지 않도록 경고하고 있다.

§ 3:22 저자 의견: 정제된 천연물의 비자명성

천연물에 대한 청구항의 신규성, 적격성, 실시가능 요건만이 특허받을 수 있는 유일한 요건은 아니다. 이러한 청구항을 제대로 분석하려면 35 U.S.C.A. § 103의 비자명성 요건을 충족하는지 여부도 따져봐야 한다. 특정한 활성 범위 또는 임계값에 의해 청구된 모든 정제된 천연물의 적격성과 신규성이 충족된다고 해도 이들 모두가 비자명한 것은 아니다.

이러한 우려는 적격성과 비자명성 사이의 법리적 차이점과 밀접한 관련이 있으며, 이는 축소의 시기(retrenchment period) 동안 적격성의 법리에 내재되어 있는 우려이다. 상기 § 3:15의 "분리된 유전자의 적격성" 저자 의견에서 언급했듯이, 대법원에서는 *Assoc. Molec. Pathology v. Myriad Genetics* (Sup. Ct. 2013) 에서 적격성(법원은 "인간의 발명성(human inventiveness)"이라고도 표현함)과 비자명성 사이의 차이를 모호하게 만들었다. 그러나 적격성을 분석하는 데 사용되는 법적 시험인 "현저하게 상이한" 또는 "발명적 활동"은 35 U.S.C.A. § 103에 따른 비자명성과 동일하지 않다. 보다 구체적으로, *Parke Davis v. Mulford* (Cir. Ct. SD NY 1911)[52]에 따른 정제된 천연물의 적격성 시험은 "상업적 및 약학적으로 새로운 것"이 되는지 여부이다. 이 시험은 비자명성과도 동일하지 않다. 정제된 천연물은 "상업적 및 약학적으로 새로운 것"이 될 수 있지만 35 U.S.C.A. § 103에 따라 여전히 자명할 수 있다.

49) 427 F.2d 833(CCPA 1970)
50) 927 F.2d 1200 (Fed. Cir. 1991)
51) 927 F.2d 1565 (Fed. Cir. 1991)
52) 189 F. 95 (Cir. Ct. SD NY 1911)

예를 들어, 유망한 생리 활성 천연물을 발견한 후에는 이를 정제하려는 동기가 있을 것이 분명해 보인다. 정제는 선행 기술에 공지되었거나 자명한 방법으로 수행될 수 있다. 이러한 정제는 상업적으로나 약학적으로 새로운 것으로 이어질 수 있으므로 35 U.S.C.A § 101에 따라 특허 청구가 가능할 수 있다. 하지만 (그리고 35 U.S.C.A. § 103에 따른 비자명성 문제와 관련하여), 정제에 의하여 약학적으로 유용한 의약품으로서의 합리적으로 기대되는 결과 이상을 초래하지 않을 수 있다. 정제해야 하는 이유와 정제 성공에 대한 기대는 35 U.S.C.A § 103에 따른 자명성에 대한 법적 분석의 기본적인 두 단계이며, 이에 대해서는 아래의 제10장에서 자세히 분석한다. 예를 들어, ***Intelligent Bio-Systems, Inc., v. Illumina Cambridge Ltd.*** (Fed. Cir. 2016)[53] 참조. 따라서 정제된 의약품에 대한 예상치 못한 결과 또는 기타 부차적인 고려 사항(예: 고순도에서 제한이 없게 되는 새로운 용도)이 없는 한, 적격하고 새로운 물건임에도 자명할 수 있다.

예상치 못한 결과나 부차적인 고려 사항 외에, 정제된 의약품의 불명확성에 대한 또 다른 가능한 논거는 선행 기술에서 자연에서 정제하는 알려진 또는 자명한 방법이 없다는 것일 수 있다. 이러한 경우, 예상하지 못한 결과나 기타 이차적 고려 사항이 없는 경우에도 정제된 제품에 대한 청구항은 자명하지 않을 수 있다. 예를 들어, ***In re Hoeksema*** (CCPA 1968)[54] ("청구된 화합물을 만드는 데 알려진 또는 명백한 공정이 없다는 것은 그 화합물의 구조와 선행 기술 화합물의 구조 사이의 밀접한 관계에 근거하여 그 화합물이 자명하다는 추정을 극복한다") 참조. 또한, ***Mylan Institutional LLC v. Aurobindo Pharma Ltd.*** (Fed. Cir. 2017).[55] ("선행기술이 화합물을 포함하는 혼합물을 알려주고 있지만 그 화합물의 정제를 **가능하게** 하지 않는다면, 화합물의 정제된 형태는 선행기술인 혼합물에 대하여 자명하지 않을 수 있다.") 참조. 따라서 청구된 특정한 활동이 통상의 기술자에게는 없는 방법(또는 통상의 기술자에게는 자명하지 않은 방법)을 통해서만 달성될 수 있다는 것을 입증하는 것만으로도 정제된 의약품 **자체**는 자명하지 않다는 것을 충분히 입증한 것으로 될 수 있다.

§ 3:23 적격성의 제외 - 자연 현상 -- 천연물을 포함하는 구성

Natural Alternatives Int'l v. Creative Compounds, et al (Fed. Cir. 2019).[56]

53) 821 F.3d 1359 (Fed. Cir. 2016)
54) 399 F.2d 269(CCPA 1968)
55) 122 USPQ2d 1621(Fed. Cir. 2017)
56) 918 F.3d 1338 (Fed. Cir. 2019)

하급 법원은 출원된 특허의 모든 청구항이 35 U.S.C.A. § 101에 따라 부적격하다고 판단하여 규칙 12(c)에 따라 이 사건을 변론 없이 답변서에 기초하여 무변론 기각(dismissal on the pleadings)했다. 해당 청구항은 베타-알라닌(천연물)을 함유하는 식이 보충제 조성물에 관한 것이다. (해당 조성물의 사용 방법 및 제조 방법에 대한 청구항도 있으며, 이에 대해서는 아래 해당 항목에서 분석한다.) 하지만 CAFC는 이를 뒤집고 후속의 변론 재판(trial)을 위해 파기 환송했다. 법원은 모든 청구항에서 베타-알라닌의 양이 자연적으로 발생하는 양보다 훨씬 많다는 특허권자의 청구항 구성을 의심의 여지가 없는 것으로 받아들인 다음, 이러한 청구항 해석에 기초하여 무변론 기각한 것은 성급하고 부당한 것이라고 판결했다.

NATURAL ALTERNATIVES INTERNATIONAL, INC v. CREATIVE COMPOUNDS, LLC, et al

U.S. Court of Appeal, Federal Circuit (2019)

청구항 6 ('376 특허, 강조는 원문의 것):

6. [인간을 위한(청구항 5의 한정), **식이 보충제** 또는 스포츠 음료(청구항 1의 한정)로서] 다음 성분을 포함하는 조성물: **글리신**; 및

a) 베타-알라닌, 베타-알라닌의 에스테르 및 베타-알라닌의 아미드로 구성된 그룹으로부터 선택된 아미노산, 또는

b) 베타-알라닌 디펩티드와 베타-알라닐 히스티딘 디펩티드로 구성된 그룹에서 선택된 디펩티드.

Claim 6 ('376 patent, emphasis in the original):

6. A composition [which is a *dietary supplement* or sports drink – a limitation in claim 1– for humans – a limitation in claim 5], comprising: *glycine*; and

a) an amino acid selected from the group consisting of a beta-alanine, an ester of a beta-alanine, and an amide of a beta-alanine, or

b) a di-peptide selected from the group consisting of a beta-alanine di-peptide and a beta-alanylhistidine di-peptide.

청구항 1 ('084년 특허, 강조는 원문):

1. 베타-알라닌을 약 **0.4그램**에서 **16그램** 사이의 단위 용량으로 포함하는 인체용

식이 보충제로서, 상기 보충제는 베타-알라닌의 단위 용량을 제공하는 **인체용 식이 보충제**.

Claim 1 ('084 patent, emphasis in the original):

1. A human *dietary supplement*, comprising a beta-alanine in a unit dosage of between about *0.4 grams to 16 grams*, wherein the supplement provides a unit dosage of beta-alanine.

법원 판결 이유

법원은 먼저 지방법원의 무변론 재판(judgment on the pleadings)[xv]**인 규칙 12(c) 기각 판결에 대해 심리했다.** § 101에 따른 적격성은 기초가 되는 사실에 근거한 법리의 문제이므로 궁극적으로 처음부터 재검토한다. [인용 생략]. "사실을 인정하더라도 법리적으로 적격성 문제를 해결하는데 데 방해가 되는 그러한 사실적 주장이 없는 경우에는" 기각 신청을 통해 해결될 수 있다. [*Aatrix Software*[57] 인용]. *** 지방 법원은 적격성 분석을 수행하면서 *Natural Alternavies*가 제안한 청구항 해석을 받아들였다고 밝혔다. … 이는 소송의 단계를 고려할 때 적절한 조치였다.

*** *Natural Alternavies*가 제안한 "효과적인" 한정의 해석은 "베타-알라닌을 자연 수준 이상으로 상승시켜 조직내에서 베타-알라닐히스티딘 디펩타이드의 합성을 증가시키는 것"이다. … "식이 보충제"를 "자연 식품이나 일반 식품이 아닌 인간의 식단에 추가하여 일정 기간 동안 인간에게 투여할 때 운동 능력을 효과적으로 향상시키는 식품"으로 정의한다. … 또한 "무산소성 작업 능력 증가"를 "젖산염 생성 조건에서 근육이 수행하는 작업량을 증가시키는 것"으로 정의한다.

*** 제안된 청구항 해석을 적용하여, 우리는 모든 합리적인 추론과 함께 소장에서의 사실적 주장이 대표 청구항의 적격성을 그럴듯하게 입증한다고 주장한다. [각주 1: … 문제가 된 4개 특허의 거의 모든 청구항에는 유효성을 요구하는 명시적 한정이 포함되어 있다. … 다른 청구항에서는 전제부의 "식이 보충제"의 용어가 청구항 본문의 언어에 대한 명확한 선행 근거를 제공한다.]

다음으로 법원은 쟁점이 된 각 '물건 청구항'의 적격성을 다음과 같이 분석했다.

베타-알라닌은 천연물이지만 당해 물건 청구항은 베타-알라닌에 관한 것이 아니다. 천연물로 만든 제조물이나 조성물에 대한 청구항은 다른 특성과 "상당한 유용성의 가능성"을 가진 천연물에 대한 청구항이 아니다. *Diamond v. Chakrabarty*.[58] … 물건 청구항은 천연물을 포함하는 특정한 치료 제형에 관한 것이지만, 천연물은

57) 882 F.3d 1121, 1125 (Fed. Cir. 2018).

58) 447 U.S. 303, 310 (1980)

다른 특성을 가지고 있으며 자연에 존재하는 베타-알라닌과는 다른 방식으로 사용될 수 있다.

물건 청구항에서 베타-알라닌과 글리신은 특정한 투여 형태로 통합되어 있다. '376 특허의 청구항 6은 글리신과 특정 형태의 베타-알라닌 중 하나를 조합하여 사용하는 "식이 보충제 또는 스포츠 음료"에 관한 것이다. *Natural Alternavies*의 청구항 해석에 따르면 베타-알라닌의 양은 "운동 능력을 효과적으로 증가"시키기에 충분해야 하며, 명세서에는 그러한 양을 결정하는 방법이 나와 있다. 마찬가지로, '084 특허 청구항 1의 "식이 보충제"는 "운동 능력을 효과적으로 증가"시키기 위해 "약 0.4그램에서 16그램 사이"의 용량으로 베타-알라닌 제품을 사용한다. 각각의 경우 천연물을 분리한 다음 특정한 특성을 가진 제형으로 통합했다. 소송의 현 단계에서 이러한 특성은 자연적으로 발생하는 베타-알라닌이 할 수 없는 방식으로 운동 능력을 향상시키는 데 사용할 수 있으므로 이러한 특성이 상당한 유용성을 제공한다는 주장이 충분히 제기되었다. 따라서 두 청구항 모두 부적격한 특허대상에 관한 것이 아니다.

*** *Funk Brothers v. Kalo Inoculant*[59] 사건에서의 법원 판결은 부적격한 특허대상의 조합 자체가 부적격이라는 명제를 지지하는 것은 아니다. *Funk Brothers* 판결에서 법원은 자연적으로 발생하는 두 가지 박테리아의 혼합물에 대한 청구는 청구된 조합의 각 박테리아 종이 "항상 가지고 있던 것과 동일한 효과를 가지며" "종의 조합으로 인해 … 유용성의 범위가 확대되지 않는" 경우 특허를 받을 자격이 없다고 판시했다. … 박테리아를 같은 패키지로 결합해도 "어떤 방식으로든 자연적인 기능이 향상되지 않았다." … 여기서 *Creative Compounds*의 변호인이 구두 변론에서 인정했듯이, 기록에 따르면 글리신과 베타-알라닌의 조합은 개별 성분이 가질 수 없는 결과를 가져올 수 있는 시너지 효과를 가질 수 있다고 주장했다.

ChromaDex, Inc. v. Elysium Health, Inc. (Fed. Cir. 2023).[60] 연방항소법원은 다른 일반적인 운반체와 혼합된 "분리된" 니코틴아마이드 리보사이드(NR)로 구성된 조성물이 자연적으로 NR 및 여러 운반체를 함유하고 있는 우유와 현저하게 다르지 않다고 판시했다. 따라서 해당 청구항은 적격성 결여로 무효이다. 법원은 *Natural Alternatives* [상기 § 3:23] 사건에서는 특허 적격성이 인정된 청구항이 자연적으로 발생하는 성분의 분량을 다른 성분과 혼합된 제형으로 기술하고 있으며 해당 성분이 자연 상태에서는 나타내지 않는 특정한 기능적 한정을 기술

59) 333 U.S. 127, 68 S. Ct. 440, 92 L.Ed. 588 (1948)]
60) ― ― ― F.4 ― ― ―, 2023 WL 1944134(Fed. Cir. 2023).

하고 있다는 점을 언급하면서 이 사건과 차별화하였다.

CHROMADEX, INC. v. ELYSIUM HEALTH, INC.

U.S. Court of Appeals, Federal Circuit (2023)

청구항 1 ('807 특허) (강조 표시 추가)

트립토판, 니코틴산 또는 니코틴 아미드 중 하나 이상과 결합된 **분리된 니코틴아미드 리보사이드**[NR]를 포함하는 조성물로서,
상기 조성물은 설탕, 전분, 셀룰로오스, 분말 트라가칸스, 맥아, 젤라틴, 활석, 코코아 버터, 좌약 왁스, 오일, 글리콜, 폴리올, 에스테르, 한천, 완충제, 알긴산, 등장성 식염수, 링거액, 에틸 알코올, 폴리에스테르, 폴리카보네이트 또는 폴리얀하이드라이드 로 구성된 담체와 혼합되어 있고,
상기 조성물은 경구 투여용으로 제조되며 경구 투여 시 NAD+ 생합성을 증가시키는 조성물.

Claim 1 ('807 patent) (emphasis added)

A composition comprising *isolated nicotinamide riboside* [NR] in combination with one or more of tryptophan, nicotinic acid, or nicotinamide, wherein said combination is in admixture with a carrier comprising a sugar, starch, cellulose, powdered tragacanth, malt, gelatin, talc, cocoa butter, suppository wax, oil, glycol, polyol, ester, agar, buffering agent, alginic acid, isotonic saline, Ringer's solution, ethyl alcohol, polyester, polycarbonate, or polyanhydride, wherein said composition is formulated for oral administration and increased NAD+ biosynthesis upon oral administration.

법원 판결 이유

양 당사자는 NR이 우유에 자연적으로 존재한다는 데 동의한다. 우유가 특허 대상이 아닌 자연적으로 발생하는 제품이라는 것은 논란의 여지가 없다. 또한 양 당사자는 우유에 트립토판과 당분인 유당이 포함되어 있다는 사실도 인정한다. 그리고 우유의 트립토판이 NAD+ 결핍을 치료한다는 사실에는 아무도 이의를 제기하지 않다. 우유에 대한 주장은 매우 광범위하며 … 청구 범위 내의 적어도 하나의 실시례와 천연 우유 사이의 유일한 차이점은 전자의 NR이 분리되어 있다는 것이다.

*** *Myriad* 사건에서와 같이, 여기에 제시된 상황에서 NR이 우유에 자연적으로

존재하는 방식과 비교하여 NR을 분리하는 행위는 그 자체만으로는 특허 적격성을 부여하기에 충분하지 않다. *Ass'n for Molecular Pathology v. Myriad Genetics, Inc.*[61] 청구된 조성물은 일부 다른 성분으로부터 분리되어 있다는 것을 제외하고는 분리된 NR이 우유의 천연 성분과 구조적 또는 기능적으로 다르지 않기 때문에 천연 우유와 구별할 수 없다. *Diamond v. Chakrabarty*[62] … 우유는 청구된 조성물과 마찬가지로 경구 투여 시 의심할 여지 없이 "NAD+ 생합성을 증가"시킨다. 청구된 조성물은 천연 우유와 현저하게 다른 특성을 나타내지 않으며 특허를 받을 수 없는 천연물을 청구하고 있어 무효이다.

법원은 *Natural Alternatives Int'l* 판결과 차별화하였다: *** 당 법원의 *Natural Alternatives*[63] 판결은 특히 시사적이다. 이 판결에서는 기각 신청 단계에서 베타-알라닌을 함유한 식이 보충제에 관한 특허를 지지했다. 당 법원은 해당 특허가 "천연물을 포함하는 특정 치료 제형"을 청구하고 있고 이러한 제형은 "자연에 존재하는 베타-알라닌과는 다른 특성을 가지고 있으며 자연에 존재하는 베타-알라닌과는 다른 방식으로 사용될 수 있다"고 결론을 내렸다.[64] 구체적으로, "천연물을 분리한 다음 제형에 통합"되어 있는 "약 0.4그램에서 16그램 사이의" "특정한 특성", 즉 "운동 능력을 효과적으로 증가"시킬 수 있는 제형이다.[65] 이와 같은 현저하게 다른 특성으로 인해 청구된 보충제는 천연 베타-알라닌과 구별되어 청구항의 유효성이 유지되었다. [66]

이와는 대조적으로, 청구된 청구항은 우유와 현저하게 다른 특성을 가지고 있지 않다. 청구된 조성물과 우유 모두 "경구 투여 시 NAD+ 생합성을 증가시킨다." 항소인들은 NR을 분리하면 우유에서 발견되는 것보다 훨씬 더 많은 NAD+ 생합성을 허용하고 다량의 NR 자체만으로도 NAD+ 생합성을 증가시킬 수 있기 때문에 청구된 조성물이 우유보다 유리하다고 주장한다. 그러나 청구항에는 최소한의 분리된 NR 양을 필요로 하고 있지 않다. 또한 이러한 청구항에서는 NAD+ 생합성 증가가 분리된 NR에 기인하는 것으로 청구하고 있지 않으며, 단지 해당 성분이 NAD+ 생산을 증가시키기만 하면 된다고 청구하고 있다. 우유는 NAD+ 생합성을 증가시키기 때문에 청구된 조성물은 자연에서 발견되는 것과 현저하게 다른 특성을 갖고 있지 않다. … 이 청구항은 자연의 산물을 포함할 만큼 충분히 광범위하므로

61) Ass'n for Molecular Pathology v. Myriad Genetics, Inc, 569 U.S. 576, 589, 133 S. Ct. 2107, 186 L. Ed. 2d 124 (2013).
62) Diamond v. Chakrabarty, 447 U.S. 303, 309, 100 S. Ct. 2204, 65 L.Ed.2d 144(1980).
63) Nat. Alts. Int'l, Inc. v. Creative Compounds, LLC, 918 F.3d 1338, 1341 (Fed. Cir. 2019).
64) 918 F.3d, at 1348.
65) 918 F.3d, at 1348-49.
66) 918 F.3d, at 1349.

이들은 § 101에 따라 무효이다.

마지막으로 법원은 청구 대상이 우유와 현저하게 다른 특성을 가지고 있다는 항소인의 주장에 대해 다음과 같이 반박했다.

항소인의 문제는 두 가지이다. 첫째, 위에서 설명한 바와 같이 우유는 NAD+ 생합성을 증가시키며, 이는 청구항에서 요구하는 유일한 치료 효과이다. 둘째, 청구항에는 항소인이 의존하는 구별이 단순히 반영되어 있지 않다. 따라서 청구항에서는 분리된 NR이 반드시 생체 이용 가능해야 할 것을 요구하지 않고 있으며, 이는 청구된 조성물이 특허 적격성을 갖추기 위해 필요한, 우유와 현저하게 다른 특성을 반드시 가지는 것은 아니라는 것을 의미한다.

§ 3:24 적격성의 제외 - 자연 현상 — 복제 동물

◆ ***In re Roslin*** (Fed. Cir. 2014)[67] 청구된 복제동물은 야생 동물과 청구되지 않은 특성에서만 차이가 있어 모든 면에서 동일하고, "현저하게 상이한 특성(markedly different characteristics)"을 갖고 있지 아니하므로, 그 복제 방법이 과학적으로 큰 진보를 이루었음에도 불구하고 35 U.S.C.A. § 101에 따라 적격성이 없다.

IN RE ROSLIN INSTITUTE (EDINBURGH)

U.S. Court of Appeals, Federal Circuit (2014)

청구항 155

배아가 아닌 기증된 기존 포유류의 생체 복제본으로, 상기 포유류는 소, 양, 돼지, 염소 중에서 선택되는 생체 복제본.

Claim 155

A live-born clone of a pre-existing, non-embryonic, donor mammal, wherein the mammal is selected from cattle, sheep, pigs, and goats.

67) 750 F.3d 1333 (Fed. Cir. 2014)

관련 기술68)

복제 양 돌리(Dolly)

법원 판결 이유

… "자연에서 발견되는 것과 현저하게 다른 특성"을 가진 발견은 … 특허 보호를 받을 수 있다. 대조적으로, 야생에서 발견된 기존 유기체 또는 새로 발견된 식물은 특허받을 수 없다 … 또한 *In re Beineke* 참조 …

*** *Roslin*은 돌리를 생산하기 위하여 그 유전 물질이 사용되는 기증 양(donor sheep)이 특허 받을 수 없다는 점에 이의를 제기하지 않지만, 복제본(복제품)은 "인간 독창성의 산물"이며 "자연의 산물이 아니라 그들 자신의 산물"이기 때문에 특허 보호 대상이 될 수 있다고 주장한다. ... *Roslin*은 이러한 복제품은 § 101의 범위 내에서 조성물 또는 제조물이라고 주장한다. 그러나 돌리 자체는 다른 양의 정확한 유전적 복제품이며 "자연에서 발견되는 어떤 농장 동물과도 현저하게 다른 특성을 가지고 있지 않다." *Chakrabarty*, … 돌리는 기증자인 부모와 유전적으로 동일하기 때문에 특허 받을 수 없다. *Roslin*은 환경적 요인으로 인해 클론과 기증 포유류 사이에 표현형 차이가 발생하여 특허를 받을 수 있게 한다고 주장한다. 그러나 이러한 차이는 청구되지 않았다. … 실제로 계속 중인 청구항에서 "복제"라는

68) 이 이미지는 원래 크리스 진이 Flickr (http://flickr.com/photos/27846493@N00/ 2887151344)에 게시했다. 2008년 9월 28일에 FlickreviewR 로봇에 의해 검토되었으며 cc－by－2.0 조건에 따라 라이선스가 부여된 것으로 확인되었다.

> 단어는 유전적 동일성을 의미하고, 청구항은 청구의 대상과 기증 포유류 사이의 표현형 차이에 대해 아무것도 언급하지 않고 있다.
>
> *** *Roslin*의 주장과는 달리, 이러한 표현형의 차이에 의하여 그들이 청구한 특허 대상에게 특허 적격성이 부여되지 않는다. *Roslin*의 기증 포유류와 클론 사이의 표현형 차이는 *Roslin*의 노력과는 무관한 "환경적 요인"의 결과이다. 둘째, *Roslin*은 기증자의 핵이 아닌 기증자의 난모세포에서 유래하는 미토콘드리아 DNA의 차이로 인해 클론이 원래 기증자 포유류와 구별 될 수 있다고 주장한다. … *Roslin*은 이러한 미토콘드리아 DNA의 차이로 인해 제품 특허 청구항이 적격하다고 주장한다. 그러나 기증자와 복제 포유류 사이의 미토콘드리아 DNA의 차이도 청구되어 있지 않다. 게다가 *Roslin*의 특허 출원서에는 미토콘드리아 DNA의 차이가 복제 포유류의 특성에 어떤 영향을 미치는지, 또는 영향을 미칠 수 있는지에 대한 설명이 없다.
>
> *** 복제를 위한 기증 동물과 클론이 어떠한 적절한 방식으로든 구별된다는 점을 암시하는 내용이 청구항이나 명세서에는 전혀 없다. 클론은 기증된 포유류와 핵 DNA의 동일성 측면에서 정의된다. 명확히 말하면, 기증된 포유류와 동일한 핵 DNA를 가지고 있다고 해서 모든 경우에 반드시 특허 부적격이 되는 것은 아니다. 그러나 여기서는 클론이 복제를 위한 기증 동물과 현저하게 다른 특성을 가지는 클론에 대해서는 설명하지 않고 있다.

Roslin 사건 판결과 대조되는 것으로, 미국 특허 7,807,862호의 청구항의 주제는 저자의 법률 사무소에 의하여, 적격성이 넓게 인정되는 시기의 기본 법리에 의하여 특허 받은 것이다. 이 특허는 형질 전환된 인공 동물을 청구하고 있다. 이 특허는 2012년 아르헨티나 생명공학 회사인 Bio Sidus의 미국 자회사인 Sterrenbeld Biotechnologie North America, Inc.가 획득한 것으로, 인간 성장호르몬을 그 우유에서 생산하는 형질전환된 소에 대한 청구항이다. 아래 사진은 대리모인 앵거스(Angus) 젖소에서 제왕절개로 갓 태어난 홀스타인(Holstein) 송아지를 보여준다. 홀스타인 젖소는 앵거스 젖소보다 젖을 더 잘 짤 수 있고 고기도 더 잘 생산한다. 하지만 대리모 역할은 홀스타인보다 앵거스가 더 잘한다. 따라서 형질전환되지 않은 대리모는 애버딘 앵거스(Aberdeen Angus)이고 그 형질전환된 송아지는 홀스타인이다.

U.S. Patent 7,807,862

Carlos Alberto Melo y Lino Barañao

October 5, 2012

청구항 1.

소 종(bovine species)의 비형질전환 포유동물에 비해 증가된 인간 성장 호르몬을 혈청에서 생성하는 소 종의 비인공적 형질전환 포유동물로서, 상기 포유동물의 게놈은 통합된 플라스미드를 포함하고, 상기 플라스미드는 상기 포유동물의 유방 세포에서 상기 유전자의 발현을 지시하는 전장 베타 카세인 프로모터에 작동 가능하게 연결된 인간 성장 호르몬 유전자를 포함하고, 상기 포유동물은 자신의 우유에서 재조합 인간 성장 호르몬을 생산하고,

상기 포유동물은 소 종의 비형질전환 포유동물에 비해 그 혈청에서 증가된 성장 호르몬을 생산하고, 여기서 상기 인간 성장 호르몬은 약 2.0g hGH/L 우유를 초과하는 수준으로 생산되는, 소 종의 비인공적 형질전환 포유동물.

Claim 1.

A non−human transgenic mammal of bovine species that produces increased human growth hormone in its serum over a nontransgenic mammal of bovine species, wherein said mammals genome comprises an integrated plasmid, wherein said plasmid comprises a human growth hormone gene oper ably linked to a full length beta casein promoter that directs expression of said gene in mammary cells of said mammal, wherein said mammal produces a recombinant human growth hormone in its milk,

wherein said mammal produces increased growth hormone in its serum over a nontransgenic mammal of bovine species, and wherein said human growth hormone is produced at a level of greater than about 2.0 g hGH/L milk.

바이오시더스의 형질전환 특허 송아지와 그 어미 송아지:

어머니 애버딘 앵거스

형질전환 딸 홀스타인

방금 설명한 '862 특허는 **형질 전환** 동물을 다룬다는 점에서 *Roslin*과 대조를 이루며, 이는 *Roslin* 사건에 따라 특허 심사를 통과할 가능성이 높다. 형질 전환 소에 대한 청구 범위가 *Chakrabarty* 사건과 더 가깝고 *Roslin* 사건과 덜 유사하기 때문에 적격성을 더욱 명확하게 인정받을 수 있다.

§ 3:25 적격성에 대한 종전 판결과의 비교

생물학적으로 유래된 조성물 또는 제조물의 적격성에 관한 종전 대법원의 2편의 판결을 살펴보고 *AMP v. Myriad Genetics* 및 그 후속 판결의 이후인 오늘날에도 동일한 방식으로 판결이 내려질지에 대하여 검토할 가치가 있다. 이 2편의 판결은 ***American Fruit Growers v. Brogdex*** (Sup. Ct. 1931)[69] 및 ***Funk Brothers v. Kahlo Inoculant*** (Sup. Ct., 1948)이다.[70]

이러한 판례는 이른바 '자연의 산물(product of nature)' 교리, 즉 자연적으로 발생하는 것을 특허 적격 주제의 영역에서 제외하는 원칙에 근거하고 있다. 대법원은 자연의 산물은 창조된 것이 아니라 "모든 사람에게 자유롭고 누구에게도 배타적으로 보유되지 않은" 자연의 표현이라고 판단했다.[71] 이 시기의 "생명공학" 대법원 판례 2편을 검토해 본다.

69) 283 U.S. 1, 51 S. Ct. 328 (1931)

70) 333 U.S. 127 (1948)

71) *Funk Bros.*, 68 S. Ct. at 441.

American Fruit Growers v. Brogdex (Sup. Ct. 1931).[72] 껍질이 붕사(borax)로 덮여 있는 감귤류 과일은 "새롭거나 독특한 형태, 품질 또는 특성"이 없다는 점에서 1931년 적격성 법률에 따른 "제조물"이 아니다.

AMERICAN FRUIT GROWERS, INC. v. BROGDEX CO.

U.S. Supreme Court (1931)

청구항 26.

후피나 박피에 아주 소량이지만 푸른곰팡이 부패에 저항력을 갖기에 충분한 붕사(borax)가 함유된 신선한 감귤류 과일.

Claim 26.

Fresh citrus fruit of which the rind or skin carries borax in amount that is very small but sufficient to render the fruit resistant to blue mold decay.

법원 판결 이유

법원에서 제시한 쟁점: 용액에 담가서 껍질에 붕사를 함침시켜 푸른곰팡이 부패에 저항성을 갖게 하는 오렌지가 미국 연방 법률 제35조 제31항 (§ 31, Title 35, U.S. Code)의 의미 하에서 '제조물(manufacture)' 또는 제조된 물품에 해당하는가?[73]

* Century Dictionary 사전에서도 "물품의 생산(manufacture)"을 "수작업 또는 기계에 의해 새로운 형태, 품질, 특성 또는 조합을 부여하여 원료 또는 준비된 재료로부터 사용하기 위한 물품을 생산하는 것"으로 정의하고 있다. 또한 "원재료 또는 준비된 재료로 사용하기 위해 만들어진 모든 것"이라고도 한다.

천연 과일 껍질에 붕사를 첨가한다고 해서 원료로부터 새롭거나 독특한 형태, 품질 또는 특성을 지닌 사용 목적의 제품이 생산되는 것은 아니다. 첨가된 물질은 껍질에 외부 포자가 발생하는 것을 억제하여 천연 제품이 변질되지 않도록 보호할 뿐

72) 283 U.S. 1, 51 S. Ct. 328 (1931)

73) 35 U.S.C.A. § 31은 다음과 같다: 발명 또는 발견 전에 이 나라에서 타인이 알지 못하거나 사용하지 않았고 특허를 받지 않은 새롭고 유용한 기술, 기계, 제조물 또는 조성물 또는 그 새롭고 유용한 개량품을 발명 또는 발견한 사람은 이에 대하여 … 특허받을 수 있다. Any person who has invented or discovered any new and useful art, machine, manufacture, or composition of matter, or any new and useful improvements thereof, not known or used by others in this country, before his invention or discovery thereof, and not patented … may … obtain a patent therefor.

이다. 과일의 이름, 모양 또는 일반적인 특성에는 변화가 없다. 이전과 동일한 유익한 용도로만 신선한 오렌지 상태로 유지된다.

주의: 법원은 판결서의 별도 섹션에서 붕사로 덮인 감귤류가 이전 특허에 비해 신규하지 않다고 판단했다.

Funk Brothers Seed v. Kalo Inoculant (Sup. Ct. 1948).[74] 본질적으로 상호 억제성이 없는 것으로 밝혀진 서로 다른 종의 질소 고정 *Rhizobium* 박테리아들을 하나의 접종제(inoculant)로 결합하더라도 결합된 접종제는 적격으로 되지 않는다.

FUNK BROTHERS SEED v. KALO INOCULANT

U.S. Supreme Court (1948)

청구항 4.

리조비움 속 박테리아의 서로 다른 종으로 선택된 복수의 상호 비억제성 균주를 포함하는 콩과 식물용 접종제에 있어서, 상기 균주들은 그 특이적 콩과식물에서 질소를 고정하는 능력에 있어서 서로 영향을 받지 않는 균주인 접종제.

Claim 4.

An inoculant for leguminous plants comprising a plurality of selected mutually non-inhibitive strains of different species of bacteria of the genus Rhizobium, said strains being unaffected by each other in respect to their ability to fix nitrogen in the leguminous plant for which they are specific.

법원 판결 이유

우리는 비억제성 균주를 선별하고 시험하는 방법이 특허를 받을 수 있는지에 대한 질문은 제시하지 않았다. 여기에는 제품 청구항만 있다. 발명자는 박테리아 내에서 억제 또는 비억제 상태를 만들지 않는다. 박테리아의 특성은 자연의 작품이다. 이러한 특성은 당연히 특허를 받을 수 없다. 자연 현상의 발견에 대해서는 특허를 받을 수 없기 때문이다. … 이 박테리아의 특성은 태양열, 전기 또는 금속의 특성과 마찬가지로 모든 인간의 지식 저장고의 일부이다. 그것들은 자연 법칙의 표현이며

74) 333 U.S. 127 (1948)

모든 사람에게 자유롭고 누구에게도 독점적으로 유보되어 있지 않다. 지금까지 알려지지 않은 자연 현상을 발견한 사람은 법이 인정하는 독점권을 주장할 수 없다. 그러한 발견을 통해 발명이 이루어지려면 새롭고 유용한 목적을 위해 자연 법칙을 적용하는 데서 비롯되어야 한다.

*** 이러한 박테리아의 각 종의 특정 균주가 어느 한쪽의 특성에 해로운 영향을 미치지 않고 혼합될 수 있다는 사실을 발견한 것은 비억제성의 특성을 발견한 것이다. 이는 자연의 일부 수작업을 발견한 것에 지나지 않으므로 특허를 받을 수 없다. 여러 종의 일부 균주를 하나의 제품으로 통합하는 것은 새로 발견한 자연 원리를 응용한 것이다. 그러나 그 자연 원리의 발견이 아무리 독창적일지라도 이를 적용한 것은 접종제 포장에 있어서의 발전 그 이상도 이하도 아니다. 접종제 포장에 포함된 뿌리혹박테리아의 각 종은 항상 같은 콩과 식물 그룹을 감염시킨다. 어떠한 종도 다른 용도를 획득하지 않는다. 종의 조합은 새로운 박테리아를 생성하지 않으며, 6종의 박테리아에 변화가 없으며, 유용성의 범위가 확대 되지도 않는다. 각 종은 항상 가지고 있던 것과 동일한 효과를 발휘한다. 박테리아는 자연스러운 방식으로 작동한다. 박테리아를 조합하여 사용한다고 해서 박테리아 본연의 기능이 향상되는 것이 아니다. 그들은 원래 자연이 제공한 목적에 부합하며 특허권자의 노력과는 완전히 독립적으로 작용한다.

… 이 박테리아의 여러 종 중에서 특정 균주가 비억제성이어서 안전하게 혼합될 수 있다는 발견이 발명이 되지 않듯이, 여기에는 발명이 없다. 그러나 우리가 발명이 있다고 판결한다면 지금 공개된 고대의 자연의 비밀 중 하나에 대한 특허를 허용할 수밖에 없게 된다. 따라서 남은 것은 혼합 접종제 자체의 장점뿐이다. 그것은 충분하지 않다.

§ 3:26 저자 의견: American Fruit, Funk Brothers, 및 Chakrabarty 판결은 양립할 수 있는가?

*American Fruit*와 *Funk Bros.* 판결을 검토해서, *Chakrabarty* 사건, *AMP v. Myriad Genetics* 사건 및 그 후속의 판결 이후에도 앞의 두 판결이 여전히 좋은 법리가 될 수 있는지 살펴본다.

법원이 *Funk Brothers*에서 비억제 박테리아에 대해 적격성이 결여되어 있다고 판단한 것은 이해할 수 있고 현재의 적격성 법리와도 부합한다. 이 박테리아는 천연물로 쉽게 볼 수 있다. 특허권자가 천연 박테리아에 비해 비율을 현저하게 변경하거나 시너지 효과를 나타내지 않고 단순히 혼합하여 특허를 청구했다는 사실은 자연 상태에서의 존재와 크게 다르지 않다. 자연 상태에서도 이 두 가지 성분은 (비록 더 희석된 형태이기는 하지만) 함께 섞여 있다. 최근의 판결인 *Natural Alternatives v. Creative Compounds* (Fed. Cir.2019)[75]에서 CAFC는 *Funk Brothers*의 박테리아 혼합물은 특허 청구된 각 박테리아 종의 "효과가 항상 동일"하고 "종의 조합이 … 유용성의 범위를 확대하지 않기 때문에" 특허 적격성이 없다고 지적했다. 따라서 *Funk Brothers* 판결에서의 적격성 거부는 쉽게 이해할 수 있다. 또한 *Chakrabarty* 판결과도 불일치하는 것은 아닌데, 이 사건에서는 재조합된 박테리아가 자연계에 존재하지 않았고 새로운 기능과 효과를 창출하고 있었다.

American Fruit 판결에서 확인된 사실에 따르면 이 사건에서 청구된 성분은 자연에 존재하지 않는다고 결론을 내리는 것이 합리적이다. 자연에는 붕사가 함침 된 오렌지가 존재하지 않으므로 이들은 인공적인 제품이다. *American Fruit* 사건의 붕사 오렌지 성분이 적격성을 인정받지 못한 이유는 여전히 미스터리로 남아 있다. *American Fruit* 법원은 (필자의 의견으로는 다소 모호하게) 붕사로 덮인 과일에 "이름, 외관 또는 일반적인 성격에 변화가 없다"고 설명했으며, 청구된 제품에는 "새롭거나 독특한 형태, 품질 또는 속성"이 없다고 주장했다. 하지만 필자의 생각은 다르다. 필자는 붕사 함침 과일은 실제로 (자세히 보면) 원래 과일과 모양이 다르며, 붕사 함침으로 인해 과일의 새로운 품질이나 특성(푸른 곰팡이에 대한 저항성)이 만들어졌다고 생각한다.

American Fruit 와 *Chakrabarty* 및 그 후속 판결을 양립 시키는 것은 절망적으로 보인다. 우리는 법원 판단의 해부를 시도할 (그리고 정중하게 동의하지 않을) 것이 아니라, 법원이 적격성 판단의 기준으로 삼은 *American Fruit*의 언어에 초점을 맞추어야 알 것이다. *American Fruit*의 표현이 중요한 이유는 50년이 경과한 후 법원이 *Chakrabarty* 판결에서 공학적으로 조작된 *Pseudomonas* 박테리아가 101조에 따라 특허를 받을 수 있다고 판시할 때 사용된 표현과 유사하기 때문이다. *Chakrabarty* 법원은 이 공학적으로 제조된 박테리아가 독특한 "이름, 특성 및 용도"를 가진 인간 독창성의 산물이라고 설명했다. 법원은 이 박테리아가 자연에서 발견되는 것과는 "현저하게 상이한" 특성을 가지고 있으며(플라스미드를 추가로 가지고 있음), 큰 유용성(원유 분해)을 가질 수 있는 잠재력을 가지고 있다고 강조했다. 이 보다 간소화된 공식("현저하게 상이한")이 *Chakrabarty* 판결 이후 적격성 검사로 사용되어 왔다.

법원은 청구된 제품이 자연에서 발견되는 것과 현저하게 상이한 특성을 가지고 있는지 여부(예: 유용성의 확대 또는 새로운 기능이 있는지 여부)가 특허 적격 주제를

---

75) ――― F.3d. ――― 2019 WL 1216226 (Fed. Cir. 2019)

구현하는지 여부를 판단할 수 있는 기준이라고 명시했다. *Chakrabarty*의 '현저하게 상이한' 기준을 붕사 함침 오렌지에 적용하면 *American Fruit*에서 법원이 내린 결론과 정반대의 결과가 나올 수 있다.

결론적으로 *Funk Brothers*는 여전히 좋은 법리이지만 *American Fruit*는 그렇지 않다는 것이 필자의 견해이다.

§ 3:27 적격성의 제외 – 추상적 사상

영업방법에 사용되는 알고리즘을 다룬 대법원의 어떤 판례는 임상 진단 방법(즉, 보다 일반적으로는 탐지, 식별 및 상관관계 분석 방법)이 특허 적격인지에 대한 법적 분석에 큰 영향을 미쳤다. 이 사건은 *Alice Corp v. CLS Bank* (U.S. Sup. Ct. 2014)[76]이다. *Alice* 판결은 생명공학 분야에 큰 영향을 미쳤다.

Alice 판결이 있기 6년 전에 ***In re Bilski*** (Fed. Cir. 2008) 판결이 있었는데 이는 ***Bilski et al v. Kappos*** (U.S. Sup. Ct. 2010)로 유지되었다. 여기에서 CAFC는 상품의 위험 비용 소비를 관리하는 방법의 특허 적격성을 평가할 때 순전히 정신적 및/또는 추상적 절차(process)는 적격한 대상이 아니라고 판시했다. CAFC는 특정 기계 또는 변환을 포함하는 청구 단계가 있는 경우에만 청구가 적격하다고 명시했다. 이것이 소위 "기계 또는 변형(machine or transformation)"의 적격성 시험이다. *Bilski*의 주요 주장에 대해 CAFC는 다음과 같이 말했다:

> 당해 청구항은 물리적 물체나 물질의 변형, 또는 물리적 물체나 물질의 전자적 신호의 표현이 관련되어 있지 않다. 시험의 기계 구현 부분도 충족하지 못한 것으로 인정되므로, 이 청구항은 기계 또는 변형 시험에 완전히 불합격하여 특허 적격 주제에 해당하지 않는다.

2010년 대법원은 *Bilski v. Kappos* 사건에서 '기계 또는 변형' 시험이 § 101을 분석하는 유일한 방법은 아니라고 명시하면서도, 이를 긍정했다. 이는 단지 "단서"일 뿐이다. *Alice* 판결에서 대법원은 *Bilski* 판결의 "기계 또는 변형" 시험을 완전히 회피하고 이 글을 쓰는 시점에서 적격성에 대한 주요 지침에 대하여

76) 134 S. Ct. 2347 (U.S. Sup. Ct. 2014)

다음과 같이 제시했다.

◇ ***Alice Corp v. CLS Bank*** (U.S. Sup. Ct. 2014).[77] 청구항 분석의 2단계 방법이 설명되어 있다: 첫 번째 단계에서 법원은 청구항이 특허를 받을 수 없는 개념(자연법칙, 자연 현상 또는 추상적인 사상)에 관한 것인지 여부를 묻는다. 두 번째 단계에서 법원은 청구항의 성격을 특허 적격의 출원으로 전환하는 추가적인 단계가 있는지 여부를 묻는다.

ALICE CORP v. CLS BANK INT.

U.S. Supreme Court (2014)

청구항 33 ('479 특허)

당사자 간에서의 채무를 교환하는 방법으로서, 각 당사자가 미리 정해진 채무를 교환하기 위하여 교환 기관에 대변(credit) 기록과 차변(debit) 기록을 보유하고, 아래의 단계를 포함하는 방법:

(a) 각 이해관계 당사자에 대한 섀도(shadow) 대변 기록과 섀도 차변 기록을 생성하여 감독 기관이 거래소 기관으로부터 독립적으로 보유하는 단계;

(b) 각 거래소 기관으로부터 각 섀도 대변 기록과 섀도 차변 기록에 대한 당일 시작 잔액을 확보하는 단계;

(c) 교환 채무를 발생시키는 모든 거래에 대해 감독기관은 각 당사자의 섀도 대변 기록 또는 섀도 차변 기록을 조정하며, 섀도 차변 기록의 가치가 언제든지 섀도 대변 기록의 가치보다 낮아지지 않는 거래만 허용하며, 각 조정은 시간 순으로 이루어지는 단계;

(d) 대변 및 차변은 거래소 기관에 부과되는 취소할 수 없는 시간 불변의 채무이며, 장 마감 시, 감독 기관이 해당 허용된 거래의 조정에 따라 각 당사자의 대변 기록 및 차변 기록에 대한 대변 또는 차변을 교환하도록 거래소 기관에 지시하는 단계.

Claim 33 ('479 patent)

A method of exchanging obligations as between parties, each party holding a credit record and a debit record with an exchange institution, the credit records and debit records for exchange of predetermined obligations, the method

77) 134 S. Ct. 2347 (U.S. Sup. Ct. 2014)

comprising the steps of:
(a) creating a shadow credit record and a shadow debit record for each stakeholder party to be held independently by a supervisory institution from the exchange institutions;
(b) obtaining from each exchange institution a start-of-day balance for each shadow credit record and shadow debit record;
(c) for every transaction resulting in an exchange obligation, the supervisory institution adjusting each respective party's shadow credit record or shadow debit record, allowing only these transactions that do not result in the value of the shadow debit record being less than the value of the shadow credit record at any time, each said adjustment taking place in chronological order, and
(d) at the end-of-day, the supervisory institution instructing on[e] of the exchange institutions to exchange credits or debits to the credit record and debit record of the respective parties in accordance with the adjustments of the said permitted transactions, the credits and debits being irrevocable, time invariant obligations placed on the exchange institutions.

법원 판결 이유

자연법칙, 자연 현상 및 추상적 사상를 주장하는 특허와 이러한 개념의 특허 적격 응용을 주장하는 특허를 구분하는 체계를 제시한다.

첫 번째 단계: 문제가 되는 청구항이 특허 부적격 개념 중 하나에 관한 것인지 판단한다. … 그렇다면, "우리 앞에 있는 청구항에는 또 무엇이 있는가?"라고 질문한다. … 이 질문에 답하기 위해 각 청구항의 요소를 개별적으로 그리고 "정렬된 조합으로" 고려하여 추가 요소가 "청구항의 성격을 특허 적격의 청구항으로 변환"하는지 여부를 결정한다. …

두 번째 단계: 이 분석의 두 번째 단계는 그에 대한 실제의 특허가 부적격한 개념 자체에 대한 특허와 "상당한 차이가 확실하게 발생하도록 하기에 충분한 요소 또는 요소의 조합"인 "발명적 개념(inventive concept)"을 탐색하는 것으로 설명했다.

*** 먼저 문제가 되는 청구항이 특허를 받을 수 없는 개념에 관한 것인지 여부를 판단해야 한다. 우리는 특허 부적격이라고 결론을 내렸다: 이 청구항들은 중개 결제라는 추상적인 개념에 기초하고 있다. … 표면적으로 볼 때, 우리 앞에 놓인 청구항은 중개 결제, 즉 결제 위험을 완화하기 위해 제3자를 이용하는 개념에 관한 것이다. *Bilski*의 위험 회피와 마찬가지로 중개 결제의 개념은 "우리의 상거래 시스템에

> 서 장기간 널리 퍼진 기본적인 경제 관행"이다.
>
> *** 컴퓨터가 "순전히 개념적인 영역이 아닌 물리적 영역에 반드시 존재"한다는 사실은 핵심을 벗어난 것이다. 컴퓨터가 유형의 시스템(§ 101 용어로는 "기계")이거나 컴퓨터로 구현된 많은 청구항이 공식적으로 특허 적격의 주제에 관한 것이라는 점에는 이견이 없다. 그러나 이것이 § 101 조사의 끝이라면, 출원인은 관련 개념을 구현하도록 구성된 컴퓨터 시스템을 언급함으로써 물리적 또는 사회적 과학의 모든 원리를 주장할 수 있다. 이러한 결과는 특허 적격성 판단을 "단순히 명세서 작성자의 기술에만 의존"하게 만들어 "자연, 자연 현상 및 추상적인 사상은 특허를 받을 수 없다"는 규칙을 무력화할 수 있다.
>
> *** 당해 청구항은 불특정하고 일반적인 컴퓨터를 사용하여 중개 결제라는 추상적인 사상을 적용하려는 지침에 "지나지 않는 것"이다. … 우리의 판례에 따르면, 이는 추상적인 사상을 특허 대상 발명으로 전환하기 위한 "충분한" 것이 아니다.

§ 3:28 적격성의 제외 – 자연 법칙

사업 방법에 관한 *Alice* 판례는 생명공학 분야에서 진단 상관관계(diagnostic correlation) 방법 청구항의 적격성 또는 부적격성에 큰 영향을 미쳤다. 진단 상관관계 방법 분야에서 대법원의 또 다른 기초적인 판결은 *Mayo Collaborative v. Prometheus Labs* (U.S. Sup. Ct. 2012)[78]이다. *Mayo* 판결은 소위 "자연법칙의 제외"라고 불리는 세 번째 적격성 배제의 근거를 제시했다. 이는 예를 들어 환자의 게놈에 돌연변이가 있는 것과 특정 질병에 걸릴 위험 사이의 상관관계는 법원의 용어에 따르면 자연법칙에 해당한다. 이러한 자연법칙은 특허 청구로 선점할 수 없다. 이러한 법칙은 누구나 자유롭게 사용할 수 있다.

추상적 사상에 관한 *Alice Corp v. CLS Bank* 판결은 자연법칙에 관한 *Mayo* 판결과 함께 생명공학 방법 청구항의 적격성 법리를 정립하는 계기가 되었다. 이 두 판결에 이은 일련의 사건에서 법원은 추상적 사상에 대해서는 *Alice* 2단계 분석을 사용하고, 자연법칙에 대해서는 *Mayo v. Prometheus* 분석을 하는데, 때로는 두 가지를 모두 사용하기도 했다.

Mayo v. Prometheus 판결보다 6년 전에 *Lab. Corp v. Metabolite Labs* (U.S. Sup. Ct. 2006)[79] 판결이 있었다.

---

78) 132 S. Ct. 1289 (U.S. Sup. Ct. 2012)

Lab. Corp. v. Metabolite Laboratories (U.S. Sup. Ct. 2006).[80] 대법원은 이 사건에서 상고허가(certiorari granted)를 했지만, 그 후에 상고허가가 성급하게 이루어졌다는 점을 들면서 상고를 불허했다. Breyer 대법관은 이 사건이 적격성의 기본 원칙에 따라 결정될 수 있는 성숙한 상태였다고 주장하며 상고불허에 반대했다. 이는 (그의 견해에 따르면) 특히 청구항 13에 적용되었다:

청구항 13.

온혈 동물의 코발라민 또는 엽산 결핍을 감지하는 방법으로 다음의 단계를 포함하는 방법:

[1] 체액에서 총 호모시스테인 수치가 높은지 분석하는 단계; 및

[2] 체액 내의 총 호모시스테인 수치의 상승을 코발라민 또는 엽산 결핍과 관련 짓는 단계.

Claim 13.

A method for detecting a deficiency of cobalamin or folate in warm-blooded animals comprising the steps of:

[1] Assaying a body fluid for an elevated level of total homocysteine; and

[2] Correlating an elevated level of total homocysteine in said body fluid with a deficiency of cobalamin or folate.

Breyer 대법관은 호모시스테인 수치와 코발라민 결핍 또는 인산염의 관계는 자연법칙이다. 따라서 적격성이 없다. '체액 분석'이라는 가시적 단계[1]이 포함되어 있다고 해서 청구항 전체가 적격하다는 결론이 도출되는 것은 아니다라고 설명했다.

Mayo v. Prometheus (U.S. Sup. Ct. 2012).[81] 이 사건은 Breyer 대법관이 작성한 것인데, 그는 상기 2006년 *Metabolite* 상고기각 판결[82]의 반대의견

79) 126 S. Ct. 2921 (U.S. Sup. Ct. 2006)
80) 126 S. Ct. 2921 (U.S. Sup. Ct. 2006)
81) 132 S. Ct. 1289 (U.S. Sup. Ct. 2012)
82) 126 S. Ct. 2921 (U.S. Sup. Ct. 2006)

(dissenting opinion)에서 이미 진단적 상관관계 청구항 문제에 대하여 자신의 견해를 밝힌 바 있다. *Mayo* 법원은 기본적으로 6-티오구아닌 대사산물의 수치와 이를 생성하는 프로약물의 최적 투여 수준 간의 상관관계는 자연법칙에 따른 것으로 부적격하다는 입장이다. '투여' 또는 '측정'과 같이 잘 알려진 가시적인 단계가 존재한다고 해서 본질적으로 자연법칙을 선점하는 청구항이 적격하다고 볼 수는 없다.

MAYO COLLABORATIVE SERVICES v. PROMETHEUS LABORATORIES, INC.

U.S. Supreme Court (2012)

청구항 1. (강조 표시 추가)

면역 매개 위장 장애 치료를 위한 치료 효능을 최적화하는 방법으로서,

(a) 상기 면역 매개성 위장 장애가 있는 피험자에게 6-티오구아닌을 제공하는 약물을 **투여하는 단계**; 및

(b) 상기 면역 매개성 위장 장애가 있는 피험자의 6-티오구아닌 수치를 **측정하는 단계**로,

여기서 6-티오구아닌의 수준이 적혈구 $8x10^8$당 약 230pmol 미만인 것은 상기 피험자에게 후속적으로 투여되는 상기 약물의 양을 증가시킬 필요가 있음을 나타내고, 여기서 적혈구 $8x10^8$당 약 400pmol 이상의 6-티오구아닌 수치는 해당 피험자에게 후속적으로 투여되는 약물의 양을 줄여야 함을 나타내는 단계,

를 포함하는 방법.

Claim 1. (emphases added)

A method of optimizing therapeutic efficacy for treatment of an immune-mediated gastrointestinal disorder, comprising:

(a) *Administering* a drug providing 6-thioguanine to a subject having said immune-mediated gastrointestinal disorder; and

(b) *Determining* the level of 6-thioguanine in said subject having said immune-mediated gastrointestinal disorder,

Wherein the level of 6-thioguanine less than about 230 pmol per $8x10^8$ red blood cells indicates a need to increase the amount of said drug subsequently

administered to said subject and
Wherein the level of 6−thioguanine greater than about 400 pmol per $8x10^8$ red blood cells indicates a need to decrease the amount of said drug subsequently administered to said subject.

관련 기술: 세 개의 단계

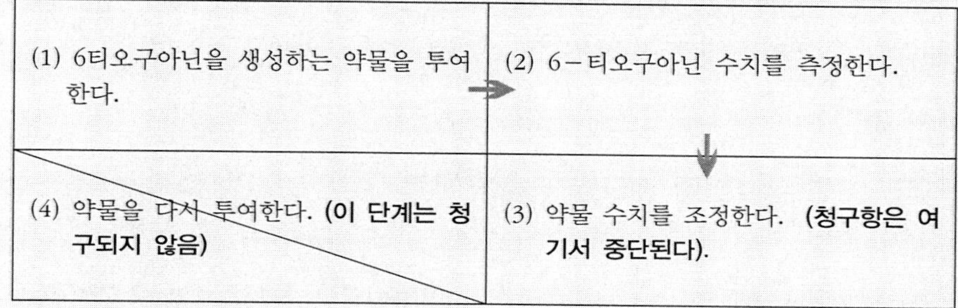

법원 판결 이유

당 법원은 특허법이 자연법칙 등의 사용을 부적절하게 제약하여 미래의 발견을 저해해서는 안 된다는 우려를 거듭 강조해 왔다. … 자연법칙을 발견한 사람에게 특허로 보상을 주는 것은 그들의 발견을 장려할 수 있다. 그러나 이러한 법칙과 원리는 "과학 및 기술 작업의 기본 도구"이기 때문에 … 그 사용을 구속하는 특허를 부여하면 미래의 혁신을 저해할 위험이 있으며, 이러한 위험은 특허 제조방법이 "자연 법칙을 적용"하라는 일반적인 지침에 지나지 않거나 기본 발견이 합리적으로 정당화할 수 있는 것보다 더 많은 미래의 발명을 제한할 때 심각해진다. 문제가 된 특허 청구항은 이러한 우려를 내포하고 있다. 의사에게 대사물질 수치를 측정하고 그 측정 결과를 설명하는 상관관계에 비추어 고려하라고 지시함으로써, 그들은 의사가 상관관계를 사용하여 도출한 추론에 비추어 복용량을 변경할지 여부와 관계없이 후속의 치료 결정을 제약하는 것이다. 또한 *Prometheus*의 상관관계와 이후의 발견을 결합하는 보다 정교한 치료 권장 사항의 개발을 저해할 위험이 있다. 이는 문제의 제조방법이 특허 대상이 아니라는 결론을 강화하는 동시에 판결 선례에서 벗어나려는 유혹을 제거한다.

§ 3:29 생명공학 방법 청구항

아래의 절에서는 다양한 생명공학 방법(biotechnology method) 청구에 대해 논의하는데, 이러한 논의를 그 기초가 되는 대법원 판례로 *Alice*(추상적 사상) 또는 *Mayo*(자연법칙) 또는 이들 2편 판례 모두의 추론에 의한 것인지에 대해서는 분류하지 않는다. 대신에 청구항에 어떤 단계가 언급되어 있는지에 따라 판례를 분류한다. 우선 시험 또는 측정 방법(§3:30), 진단적 상관관계를 수반하는 측정 방법(§3:32), 치료 단계를 수반하는 진단적 상관관계 방법(§3:33), 제조 방법(§3:34), 선별 방법(§3:35)부터 시작한다. 이어서 각 사례 이후에는 이러한 영역에 대한 법원의 판결을 정리하기 위한 저자 의견이 § 3:36에서 이어진다.

§3:30 생명공학 방법 청구항 – 상관관계 단계 없이 시험 또는 측정하는 경우

In re Grams (Fed. Cir. 1989).[83] 임상 알고리즘은 기본적으로 추상적인 절차라는 점에서 적격성이 없다. "데이터 획득"이라는 가시적인 단계는 임상 알고리즘 청구항을 추상적인 방법으로부터 충분히 벗어나게 하지 않는다. 이 사건은 *Alice*보다 25년 앞서 판결되었지만 *Alice*에 대한 2단계 분석을 사용하지 않으면서도 논점에서 타당해 보인다.

IN RE GRAMS

U.S. Court of Appeals, Federal Circuit (1989)

청구항 1.

복수의 … 화학적 및 생물학적 성분 … 으로부터 도출되는 데이터를 사용하여 개인의 비정상 상태를 진단하는 방법으로,

[a] 상기 복수의 임상 실험실 시험을 … 개인에 대해 수행하는 단계;

[b] 개인의 상태를 나타내는 첫 번째 수치 값을 … 생성하는 단계;

[C] 첫 번째 수치를 … 첫 번째의 미리 정해진 값과 비교하는 단계;

[d] 개인의 상태가 비정상적이라고 … 판단되면 연속적으로 … 검사하는 단계 및

[e] … 비정상 상태에 해당하는 … 매개 변수의 보완적인 하위 집합을 식별하는 단계;

를 포함하는 방법

83) 888 F.2d 835 (Fed. Cir. 1989)

Claim 1.

A method of diagnosing an abnormal condition in an individual … with data resulting from a plurality of … chemical and biological constituents … comprising

[a] Performing said plurality of clinical laboratory tests on the individual …

[b] Producing … a first quantity representative of the condition of the individual;

[c] Comparing the first quantity to a first predetermined value …

[d] Upon determining … that the individual's condition is abnormal, successively testing … and

[e] Identifying ... a complementary subset of parameters corresponding to … the abnormal condition …

법원 판결 이유

수학적 알고리즘이 발견되면, 청구항 전체를 추가로 분석해야 한다. 수학적 알고리즘이 청구항의 물리적 요소 간의 구조적 관계를 정의하거나(물건 청구항) 청구항 단계를 구체화 또는 제한하기 위해(방법 청구항) 특정 방식으로 구현된 것으로 보이는 경우, 그 청구항은 § 101의 요건을 충족하는 청구항으로 간주된다.

*** *Grams*의 청구항 1에서 유일한 물리적 프로세스 단계는 [a] 단계, 즉 데이터를 얻기 위해 개인에 대한 임상 시험을 수행하는 단계이다. 명세서는 이러한 시험에 대하여 충분히 공개하고 있지 않다. 오히려 데이터를 제공하는 임상 시험에 대해서는 설명하지 않고 간략하게 언급하고 있으며 알고리즘 자체에 초점을 맞추고 있다. 따라서 다음과 같이 기술하고 있다: "컴퓨터 프로그램은 나열된 화학 생물학적 성분의 수준을 측정하는 표준 화학 분석기로 생성된 최대 18개의 임상 실험실 시험 결과를 분석하기 위해 작성되었다…" 또한 명세서에는 "본 발명은 전기, 기계, 화학 또는 생물학적 시스템 또는 이들의 조합에 관계없이 모든 복잡한 시스템에 적용 가능하다"고 명시되어 있다. 명세서와 청구항을 보면, 출원인은 본질적으로 수학적 알고리즘을 주장하고 있으며, 이는 *Gottschalk v. Benson*판결[84]에 의하여 청구할 수 없는 것임이 분명하다. 알고리즘에 대한 데이터를 도출하기 위한 물리적 단계가 청구항에 존재한다고 해서 청구항이 적법하게 바뀌어지는 것은 아니다.

<u>In re BRCA1- And BRCA2-Based Hereditary Cancer Test Patent</u>

84) 409 U.S. 63, 65 (U.S. Sup. Ct. 1972)

Litigation (Fed. Cir. 2014)[85](생식세포의 비교). 이 사건은 앞에서 분석한 동일 사건인데 여기서 법원은 한 쌍의 프라이머가 대법원의 *Myriad Genetics* 판결에 따라 부적격인 특허 대상이라고 판시한 바 있다. 사건의 이 부분에서 법원은 방법 청구항(돌연변이를 검출하기 위해 생식세포를 선별하는 방법)을 평가하고 *Alice Corp v. CLS Bank* (U.S. Sup. Ct. 2014)에 근거하여 다음과 같이 결론을 내린다.[86] 그러한 방법은 추상적인 사상이며(*Alice* 1단계), 이러한 통상의 단계들은 적격성을 갖추게 하는 아무것도 추가되어 있지 않다(*Alice* 2단계).

IN RE BRCA1- AND BRCA2-BASED HEREDITARY CANCER TEST PATENT LITIGATION

U.S. Court of Appeals, Federal Circuit (2014)

청구항 7 ('441 특허)

인간 피험자의 생식선에서 BRCA1 유전자의 변이를 선별하는 방법으로서, 상기 피험자의BRCA1 유전자, 또는 상기 피험자의 조직 샘플로부터의 BRCA1 RNA, 또는 상기 샘플로부터 얻은 mRNA로부터 만들어진 BRCA1 cDNA의 생식선 서열을, 야생형 BRCA1 유전자, 야생형 BRCA1 RNA, 또는 야생형 BRCA1 cDNA의 생식선 서열과 비교하는 단계로서, 여기서 BRCA1 유전자, BRCA1 RNA, 또는 BRCA1 cDNA 서열의 야생형과 차이는 상기 피험자의 BRCA1 유전자의 변이가 있음을 나타내고, 여기서 생식선 핵산 서열은, 상기 샘플로부터 분리된 게놈 DNA에 BRCA1 대립 유전자(allele)에 특이적으로 교잡하는 BRCA1 유전자 프로브를 교잡하는 단계와, 교잡 생성물의 존재를 검출하는 단계로서 상기 생성물의 존재는 상기 대립 유전자의 존재를 나타내는 단계에 의하여 비교하는 단계;

를 포함하는 방법.

Claim 7 ('441 patent)

A method for screening germline of a human subject for an alteration of a BRCA1 gene which comprises comparing germline sequence of a BRCA1 gene or BRCA1 RNA from a tissue sample from said subject or a sequence of BRCA1 cDNA made from mRNA from said sample with germline sequences of

85) 774 F.3d 755 (Fed. Cir. 2014)

86) 134 S. Ct. 2347 (U.S. Sup. Ct. 2014)

wild−type BRCA1 gene, wild−type BRCA1 RNA or wild−type BRCA1 cDNA, wherein a difference in the sequence of the BRCA1 gene, BRCA1 RNA or BRCA1 cDNA of the subject from wild−type indicates an alteration in the BRCA1 gene in said subject[,] wherein a germline nucleic acid sequence is compared by hybridizing a BRCA1 gene probe which specifically hybridizes to a BRCA1 allele to genomic DNA isolated from said sample and detecting the presence of a hybridization product wherein a presence of said product indicates the presence of said allele in the subject.

청구항 8 ('441 특허)

인간 피험자의 생식선에서 BRCA1 유전자의 변이를 선별하는 방법으로서, 상기 피험자의 BRCA1 유전자, 또는 상기 피험자의 조직 샘플로부터의 BRCA1 RNA, 또는 상기 샘플로부터 얻은 mRNA로부터 만들어진 BRCA1 cDNA의 생식선 서열을, 야생형 BRCA1 유전자, 야생형 BRCA1 RNA, 또는 야생형 BRCA1 cDNA의 생식선 서열과 비교하고, 여기서 야생형과 대상체의 BRCA1 유전자, BRCA1 RNA 또는 BRCA1 cDNA의 서열의 차이는 상기 대상체에서 BRCA1 유전자의 변이를 나타내며, 여기서 상기 생식선 핵산은, 증폭된 핵산을 생성하기 위하여 상기 샘플에서 BRCA1 유전자의 전부 또는 일부를 일련의 프라이머를 사용하여 핵산을 증폭하고, 상기 증폭된 핵산을 시퀀싱하는 것에 의하여 비교되는 방법.

Claim 8 ('441 patent)

A method for screening germline of a human subject for an alteration of a BRCA1 gene which comprises comparing germline sequence of a BRCA1 gene or BRCA1 RNA from a tissue sample from said subject or a sequence of BRCA1 cDNA made from mRNA from said sample with germline sequences of wild−type BRCA1 gene, wild−type BRCA1 RNA or wild−type BRCA1 cDNA, wherein a difference in the sequence of the BRCA1 gene, BRCA1 RNA or BRCA1 cDNA of the subject from wild−type indicates an alteration in the BRCA1 gene in said subject[,] wherein a germline nucleic acid sequence is compared by amplifying all or part of a BRCA1 gene from said sample using a set of primers to produce amplified nucleic acids and sequencing the amplified nucleic acids.

법원 판결 이유

Ambry는 여기서 청구하는 방법이 단순히 자연법칙(BRCA 유전자의 정확한 서열, 이 야생형 BRCA 서열과 시험 대상체에서 발견된 특정 유전자 서열의 돌연변이의 상호 비교)을 확인하고 통상의 기술을 적용하는 것이기 때문에 *Mayo* 판결이 직접적으로 관련 있다고 주장한다. *Mayo*의 청구항은 추상적인 사상을 언급하는 별도의 약점을 가지고 있기 때문에 여기서 *Mayo*가 직접적으로 관련 있는지 판단할 필요는 없다.

자연법칙만이 35 U.S.C. § 101에 명시된 특허 가능 주제에 대한 암묵적 예외는 아니다. 자연 현상과 추상적인 사상도 특허 받을 수 없다. *Alice Corp. v. CLS Bank Int'l* 참조. …

*** 여기서, 이전 판결에 따라 청구항 7 및 8의 첫 번째 단락에 설명된 비교 단계는 BRCA 염기서열을 비교하고 변경의 존재를 판단하는 특허 부적격인 추상적 사상에 관한 것이다. 유전자의 변형을 식별하는 방법은 환자의 유전자를 야생형과 비교하고 발생하는 차이점을 식별하기만 하면 된다. … 수행되는 비교 횟수는 무제한이다. 수행되는 비교는 비교의 목적이나 검출되는 변이에 의해 제한되지 않는다. 비교 단계는 광범위하기 때문에 아직 발견되지 않은 변이의 검출뿐만 아니라 암 검출 이외의 목적을 위한 비교도 포함된다. 암과 관련하여 비교는 유방암 또는 난소암의 위험 탐지에만 국한되지 않는다. *Myriad* 판결에서 대법원이 분리된 DNA와 관련하여 표명했던 것과 유사한 우려가 여기에도 존재한다. 비교 단계에 대한 특허를 허용하면 BRCA 유전자와 관련된 광범위한 연구를 방해할 수 있으며, 이러한 과학 연구의 기본 구성 요소를 독점하도록 허용하는 것은 특허법에 반하는 것이다. … 따라서 청구항 7과 8의 첫 번째 단락은 특허를 받을 수 없는 추상적인 사상이다.

청구항 7과 8의 비교 단계가 추상적인 사상이라고 판단한 후에는 *Alice*의 두 번째 단계로 이동하여 청구항 7 또는 8에서 추가한 비교의 특정 메커니즘이 청구항을 특허 적격으로 만드는지 여부를 묻는다. 이 단계에서 *Alice* 판결은 나머지 요소들이 단독으로 또는 다른 특허 부적격 요소와 결합하여 "청구항의 성격을 특허 적격 출원으로 '변형'하기에 충분한지"를 묻도록 지시한다.

*** 청구항 7 및 8의 두 번째 단락은 일상적이고 일반적인 기술을 사용하여 유전자 서열을 비교하는 실무자가 이미 알고 있는 방법을 설명하는 것에 지나지 않는다. 이러한 비교 기술은 과학자가 두 유전자 서열을 비교하라는 지시를 받았을 때 생각할 수 있는 잘 이해되고 일상적이며 통상적인 기술이기 때문에 비교에 사용될 기술을 확인함으로써 추가되는 것은 아무 것도 없다.

Ariosa Diagnostics v. Sequenom, Inc (Fed. Cir. 2015).[87] 법원은 이 사건에 관련된 '540 특허에서 청구된 발명이 (다수의견과 Linn판사의 보충의견에서 명시적으로 언급하였듯이) 특허 보호의 이유와 자격이 있다는 점을 인정했음에도 불구하고, *Mayo* 대법원의 포괄적인 판결을 따라야 한다고 판단하여 임산부의 혈액에서 발견된 무세포 태아 DNA(cffDNA)에 존재하는 부계 유전 DNA를 검출하는 방법은 특허를 받을 자격이 없다고 판시했다. 몇 달 후, CAFC는 원래 판결에 오류가 없다는 이유로 전원심판부에 의한 재심 청구를 기각했다. *Ariosa Diagnostics v. Sequenom, Inc.* (Fed. Cir. 2015) 참조.[88] 그 후 *Sequenom*사는 미국 대법원에 상고허가 신청서를 제출하여, CAFC가 *Mayo*의 범위를 과도하게 확장한 것으로 주장하면서, 모체 혈장에서 부계 유전 cffDNA를 검출/증폭하는 방법의 특허에 대한 선례의 태도를 명확하게 하기 위하여 대법원의 개입이 필요하게 되었다고 주장했다.[89] 상고허가 신청은 기각되었다.

ARIOSA DIAGNOSTICS v. SEQUENOM, INC

U.S. Court of Appeals, Federal Circuit (2015)

청구항 1. ('540 특허)

임산부의 모체 혈청 또는 혈장 샘플에서 수행되는 태아 기원의 부계 유전 핵산을 검출하는 방법으로서,

[a] 혈청 또는 혈장 샘플에서 부계로 유전된 핵산을 증폭하는 단계 및

[b] 샘플에서 태아 기원의 부계 유전 핵산의 존재를 감지하는 단계

를 포함하는 방법

Claim 1. ('540 patent)

A method for detecting a paternally inherited nucleic acid of fetal origin performed on a maternal serum or plasma sample from a pregnant female, which method comprises

[a] amplifying a paternally inherited nucleic acid from the serum or plasma

87) 788 F.3d 1371 (Fed. Cir. 2015)

88) *Ariosa Diagnostics v. Sequenom, Inc.* No. 2014−1139, 2014−1144 (Fed. Cir.Dec 2, 2015, Dec. 9, 2015)(On Petition For Rehearing En Banc)

89) Petition for a Writ of Certiorari, *Sequenom, Inc. v. Ariosa Diagnostics, Inc. et. al.*, No. 15−1182 (U.S. Mar. 21, 2016) at 13−14, 24, and 30. Denied

sample and
[b] detecting the presence of a paternally inherited nucleic acid of fetal origin in the sample.

관련 기술[90]

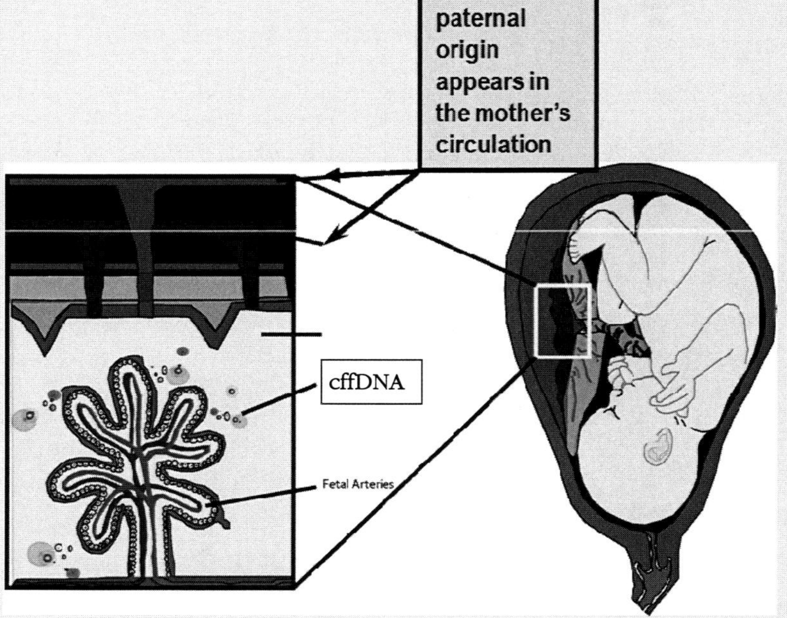

산모의 혈류로 유출되는 무세포 태아 DNA

법원 판결 이유

문제가 되는 청구항은 자연적으로 발생하는 현상에 관한 것이므로 *Mayo* 분석체계의 두 번째 단계로 넘어간다. 두 번째 단계에서는 청구항의 요소를 검토하여 청구항에 청구된 자연 발생 현상을 특허 적격 출원으로 "변환"하기에 충분한 발명적 개념이 포함되어 있는지 여부를 결정한다. … 우리는 방법 청구항의 실시가 cffDNA의 자연 현상을 특허 가능한 발명으로 변환하는 독창적인 개념을 초래하지 않는다고 결론 내린다.

*** *Mayo*의 특허권자와 마찬가지로 시쿼놈은 청구된 방법이 자연 현상, 특히 부

90) 이 파일은 크리에이티브 커먼즈 저작자표시-동일조건변경허락 3.0 Unported 라이선스에 따라 이용허락된다. 저작자 표시/저자: Swils6.

계로 유전된 cffDNA를 검출하는 방법을 특허 적격하게 응용한 것이라고 주장한다. PCR과 같은 방법을 사용하여 cffDNA를 증폭하고 검출하는 것은 1997년에 잘 이해되고 일상적이며 통상적인 활동이었다. 여기서 문제가 된 방법은 의사들이 cffDNA를 검출할 때 일상적이고 통상적인 기술을 적용하라는 일반적인 지침에 해당한다. 이러한 방법 단계는 잘 이해되고 통상적이고 일상적인 것이었기 때문에 부계 유전 cffDNA를 검출하는 방법은 새롭고 유용하지 않다. 신청일 현재 새롭고 유용한 유일한 주제는 모체 혈장 또는 혈청에서 cffDNA의 존재를 발견하는 것이었다.

*** 따라서 이 경우 자연 현상에 일상적이고 통상적인 단계를 추가하여 높은 수준의 일반성으로 지정하는 것만으로는 발명적 개념을 제공하는 데 충분하지 않다. 방법 특허의 청구항이 자연적으로 발생하는 현상으로 시작하여 자연적으로 발생하는 현상으로 끝나는 응용에 관한 것일 경우, 그 방법 자체가 통상의 기술자에게 통상적이고 일상적이며 잘 알려진 응용인 경우라면 특허는 적격의 주제를 공개하지 않게 된다.

*** *Sequenom*은 또한 "Lo박사와 Waincoat박사가 생명공학의 인공 도구를 새로운 방식으로 결합하고 활용하여 태아 치료에 혁명을 일으켰다는 점에서 이 방법은 인간의 중요한 공헌을 반영한다"고 지적한다. … 우리는 이에 동의하지만 대법원은 "획기적이고 혁신적이거나 심지어 기발한 발견이 그 자체로 § 101 요건을 충족시키지는 않는다"고 명시하고 있다는 점에 유의해야 한다. *Myriad Genetics, Inc....* BRCA1 및 BRCA2 유전자의 발견은 의학 분야에 중요한 공헌을 했지만 특허를 받을 수 없었다… Lo박사와 Waincoat 박사의 cffDNA 관련 발견은 의학 분야에 중요한 공헌을 했을 수 있지만 그것만으로 특허를 받을 수 있는 것은 아니다. 이전에는 폐기물로 버려지던 산모의 혈장이나 혈청에서 cffDNA를 검출하는 것이 과학에 긍정적이고 가치 있는 기여라는 점에는 동의한다. 하지만 이러한 가치 있는 기여조차도 이 사례와 같이 법적으로 특허를 받을 수 있는 주제에는 미달할 수 있다.

***

항소법원 판사 Linn, 보충의견(강조는 원문의 표시)

대법원이 사후의 통상적 해결 절차를 포괄적으로 기각한 것은, 비록 이 사건에서 **아무도** 임산부의 혈장이나 혈청을 사용하여 부계 유전 cffDNA를 증폭 및 검출하지 않았음에도 불구하고 *Mayo* 사건을 이 사건과 구별하여야 할 여지를 남기지 않았다.

*** *Mayo* 특허와 달리, '540 특허는 특허를 받을 수 있는 새로운 방법을 청구하고 있다. *Mayo*에서 문제가 된 청구항의 지침은 의사들이 수년 동안 독성/비효능 한계에 따라 대사물질을 측정하고 복용량을 재계산하는 데 널리 사용되어 왔지만, 여기서는 cffDNA의 증폭 및 검출이 이전에는 수행된 적이 없었다. 이러한 유리한

결과를 얻기 위해 이전에 버려지던 모체 혈장을 새롭게 사용한 것은 특허로 보호받을 가치가 있다.

Genetic Technologies Ltd v. Merial L.L.C., Bristol-Myers Squibb Company (Fed. Cir. 2016).[91] 법원은 *Mayo*, *Alice*, *Ariosa* 및 *BRCA1/2* 사건에 대한 분석에 전적으로 근거하여, 코딩 영역 대립유전자에 연결된 게놈의 비코딩 영역을 분석하는 주장은 추상적인 방법으로서 부적격하다고 판단하여 "비코딩 영역에 걸쳐 있는 프라이머 쌍으로 게놈 DNA를 증폭"하는 활성 단계를 일상적이고 통상적인 것으로 기각했다.

GENETIC TECHNOLOGIES LIMITED v. MERIAL L.L.C., BRISTOL-MYERS SQUIBB COMPANY

U.S. Court of Appeals, Federal Circuit (2016)

청구항 1. ('179 특허)

다중대립(multi-allelic) 유전자좌(genetic locus)의 적어도 하나의 코딩 영역 대립유전자(allele)를 검출하는 방법으로,

a) 비-코딩 영역 서열에 걸쳐 있는 프라이머 쌍으로 게놈 DNA를 증폭하는 단계로, 상기 프라이머 쌍은, 상기 유전자좌와 유전적으로 연결되고 또한 상기 대립 유전자의 특징적인 증폭된 DNA 서열을 생성하기에 충분한 수의 비-코딩 영역 서열 뉴클레오티드를 포함하는 DNA 서열을 정의하는, 단계; 및

b) 증폭된 DNA 서열을 분석하여 대립 유전자를 검출하는 단계;

를 포함하는 방법

Claim 1. ('179 patent)

A method for detection of at least one coding region allele of a multi-allelic genetic locus comprising:

a) amplifying genomic DNA with a primer pair that spans a non-coding region sequence, said primer pair defining a DNA sequence which is in genetic linkage with said genetic locus and contains a sufficient number of non-coding region sequence nucleotides to produce an amplified DNA sequence

91) 818 F.3d 1369 (Fed. Cir.2016)

characteristic of said allele; and
b) analyzing the amplified DNA sequence to detect the allele.

법원 판결 이유

청구항 1은 다중 병렬 유전자좌에서 코딩 영역 대립 유전자와 연결된 것으로 알려진 비-코딩 영역 서열의 모든 목적에 대한 모든 비교를 포함한다. … 청구항 1은 표준 실험 기법을 통해 DNA의 코딩 서열을 검출하는 문제에 대한 연결 불균형 법칙의 본질적으로 모든 응용 분야를 광범위하게 포함한다. 청구항 1의 방법의 산물은 환자의 자연적인 유전자 구성, 즉 적어도 하나의 코딩 영역 대립 유전자에 대한 정보이다. 이 청구항은 비코딩 영역과 코딩 영역 사이의 연결 불균형, 즉 이들 영역이 연결되는 경향의 존재에 의존한다. 연결 불균형은 인간 DNA의 보편적이고 고유한 특징이며, '179 특허 자체에 이 사실을 근거로 청구가 이루어졌다고 명시되어 있다.

*** 본 사건에서도 마찬가지이다: 특허 청구항은 인간 생물학에 대해 새로 발견된 사실(DNA의 코딩 및 비코딩 영역의 연결)에 초점을 맞추고, DNA 서열의 생성 또는 변경을 포함하지 않으며, 새로운 탐지 기술을 식별하는 것을 청구하지 않는다. 청구항 1과 *Mayo* 및 *Ariosa*에서 평가된 청구항의 유사성은 청구항 1이 자연 법칙에 관한 것이라는 결론을 요구한다.

*** 우리는 더 나아가 청구항 1의 추가 요소가 청구항을 특허 적격으로 만드는데 필요한 발명 개념을 제공하기에 불충분하다는 결론을 내린다. … [중략] 비-코딩 영역의 서열을 사용자에게 제공하기 위한 DNA 증폭 및 증폭된 DNA의 분석의 물리적 단계는 개별적으로 또는 조합하여 청구항 1 특허를 적격하게 만들기에 충분한 발명적 개념을 제공하지 않는다. 이와 관련하여 '179 특허의 청구항 1은 *Ariosa* 판결에서 무효화된 청구항과 직접적으로 비교할 수 있다("PCR과 같은 방법을 사용하여 cffDNA를 증폭하고 검출하는 것은 1997년에 잘 이해되고 일상적이며 통상적인 활동이었다").

*** 특허 심사관은 청구항 1이 선행 기술에 비해 신규하다고 판단하여 여러 차례의 재심사에서 살아남았다. 그러나 비코딩 DNA를 통해 검출하는 방법의 신규성은 관심 있는 코딩 영역 대립 유전자는 코딩 영역과 비코딩 영역 사이의 연결 불균형이라는 새로 발견된 자연 법칙의 신규성에 있으며 자연 법칙 자체를 다시 진술하는 것에 지나지 않는다. 따라서 청구항 1의 "대립유전자 검출"이라는 단순한 정신적 처리 단계는 단독으로 또는 위에서 설명한 물리적 단계와 결합하여 청구항이 § 101에 따라 특허를 받을 수 있는 충분한 발명 개념을 제공하지 못한다고 판결한다.

◇ ***Genetic Veterinary Sciences, Inc., v. Laboklin Gmbh & Co. KG, et al*** (Fed. Cir. 2019).[92] CAFC는 상기 § 3:27에서 분석한 *Alice Corp. v. CLS*의 2단계 분석을 적용하여, PCR 및 기타 일상적이고 통상적인 방법으로 구현된 개의 유전자형을 분석하는 방법은 적격하지 않다고 판결했다.

GENETIC VETERINARY SCIENCES, INC., v. LABOKLIN GMBH & CO. KG, et al

Court of Appeals, Federal Circuit (2019)

청구항 1-3:

1. 래브라도 리트리버의 유전자형을 분석하는 시험관 내 방법으로,
a) 래브라도 리트리버로부터 생물학적 샘플을 채취하는 단계;
b) SEQ ID NO: 1[;]의 폴리펩티드를 코딩하는 SUV39H2 유전자를 유전형 분석하는 단계; 및
c) 서열 번호 2의 972 위치에서 뉴클레오티드 T가 뉴클레오티드 G로 대체된 존재를 감지하는 단계를,
포함하는 방법.

2. 제1항에 따른 방법으로, 여기서 유전자형 분석은 중합효소 연쇄 반응("PCR"), 실시간 PCR, 이중 가닥 DNA의 융점 분석, 질량 분석법, 직접 DNA 염기서열 분석, 제한 단편 길이 다형성(RFLP), 단일 가닥 형태 다형성(SSCP), 고성능 액체 크로마토그래피(HPLC) 또는 단일 염기 프라이머 확장에 의해 수행되는 방법.

3. 청구항 1의 방법에서, 상기 유전자형 분석은 제1프라이머 및 제2프라이머로 구성된 프라이머 쌍을 이용하며, 각각은 서열 SEQ ID NO: 2 또는 이에 상보적인 서열의 적어도 14개 뉴클레오티드의 연속적인 범위를 포함하며, 여기서,
a) 첫 번째 프라이머는 SUV39H2 유전자의 첫 번째 DNA 가닥에 혼성화되며;
b) 상기 제2프라이머는 상기 SUV39H2 유전자의 상기 제1 DNA 가닥에 상보적인 가닥에 혼성화되고; 또한
c) 상기 제1프라이머 및 제2프라이머의 3' 단부는 서열 번호: 2의 972 위치 또는 이에 상보적인 뉴클레오티드 위치의 측면 영역에 위치하는,
방법

92) 933 F.3d. 1302 (Fed. Cir. 2019)

Claims 1–3:

1. An in vitro method for genotyping a Labrador Retriever comprising:
a) obtaining a biological sample from the Labrador Retriever;
b) genotyping a SUV39H2 gene encoding the polypeptide of SEQ ID NO: 1[;] and
c) detecting the presence of a replacement of a nucleotide T with a nucleotide G at position 972 of SEQ ID NO: 2.

2. The method according to claim 1, wherein the genotyping is achieved by [polymerase chain reaction ("PCR")], real-time PCR, melting point analysis of double-stranded DNA, mass spectroscopy, direct DNA sequencing, restriction fragment length polymorphism (RFLP), single strand conformation polymorphism (SSCP), high performance liquid chromatography (HPLC), or single base primer extension.

3. The method of claim 1, wherein the genotyping utilizes a primer pair compris[ed] of a first primer and a second primer, each compromising a contiguous span of at least 14 nucleotides of the sequence SEQ ID NO: 2 or a sequence complementary thereto, wherein:
a) said first primer hybridizes to a first DNA strand of the SUV39H2 gene;
b) said second primer hybridizes to the strand complementary to said first DNA strand of the SUV39H2 gene; and
c) the 3' ends of said first and second primers are located on regions flanking the position 972 of SEQ ID NO: 2, or of nucleotide positions complementary thereto.

법원 판결 이유

A. 청구항은 자연 현상에 대한 것이다.

청구항 1은 단순히 래브라도 리트리버 DNA를 실험실에서 검사한 결과 돌연변이가 … 로 밝혀졌다고 명시하고 있다. 돌연변이 위치 자체와 암수 개 매개체의 교미를 통해 유전된다는 사실은 모두 자연스러운 현상이다. … 종합하면, 청구항 1의 문언은 SUV39H2 유전자의 돌연변이라는 자연 현상을 "관찰 또는 식별"하는 것에 지나지 않음을 보여준다. …

B. 청구항은 발명적 개념을 기술하지 않는다.

청구항은 자연 현상에 관한 것이므로, *Alice* § 101 분석의 두 번째 단계에서는 대상 특허의 청구항을 개별적으로 그리고 요소들의 정렬된 조합으로 볼 때 "청구된 자연법을 특허 적격 응용으로 변환하기에 충분한 발명적 개념"을 포함하는지 여부를 결정해야 한다. *Alice*, 573 U.S. at 221(내부 따옴표 생략).

*** 청구항은 자연 현상의 관찰을 특허 가능한 발명으로 전환하는 발명적 개념을 암시하지 않다. 청구항 1의 어떤 문구도 새로운 유전자형 분석 **방법**의 발명을 암시하지 않는다.

*** 청구항 2 및 3도 자연 현상을 § 101의 적격의 영역으로 변환시키지 않는다. 예를 들어, 청구항 2는 청구항 1의 방법을 "PCR에 의한 유전자형 분석, 및 실시간 PCR"을 포함한 특정 기술로 제한한다. 하지만 우리는 "PCR을 사용하여 cffDNA를 증폭 및 검출"하는 것과 같은 실험실 기술은, 단지 일반적인 방식으로(예: 높은 수준의 일반성) 또는 해결책 외의 미미한 활동으로 청구될 때에는, 생명 과학 분야에서 잘 이해되고 일상적이며 통상적인 활동으로 인정하여 왔다.

*** 여기서 주장된 청구항은 개의 DNA에서 돌연변이를 관찰하고 검출하는 것 외에는 가시적인 결과를 제공하지 않다. 긍정적이고 가치 있는 기여이기는 하지만, 이러한 청구항은 법적으로 특허를 받을 수 있는 주제에 미치지는 못한다.

§ 3:31 저자 의견: 측정 및 시험 청구항의 적격성에서 자연의 "법칙" 또는 자연의 "절차"?

Mayo 법원이 대사산물인 6-티오구아닌의 수치와 대사산물을 생성하는 약물 복용량 사이의 관계가 "자연법칙"이라고 결론을 내린 것은 혼란스럽다. 물론 이 관계를 $E=mc^2$와 같은 자연법칙과 비교할 수는 없다. 전자는 투여된 약물에 대한 인체의 작용에서 발생하는 상관관계이지만, 아인슈타인이 발견한 질량과 에너지의 관계는 물리적 우주의 기본 중 하나이다. 대사 산물의 수치와 약물 복용량 사이의 상관관계가 **자연적인 절차**(*natural process*)에 의해 발생한다는 사실이 그 과정이 **자연 법칙**(*natural law*)이라는 것을 의미하지는 않는다.

§ 3:32 생명공학 방법 청구항 – 특정 질병 위험과 관련 짓는 단계가 있는 검사 또는 측정 청구항

Assoc. Molec. Pathology et al v. USPTO and Myriad Genetics (Fed. Cir. 2012)[93] (진단 방법). 이 사건은 분리된 유전자 청구항이 적격하다는 CAFC의 판결

이, 위에서 논의된 대법원의 *AMP v. Myriad Genetics* (U.S. Sup. Ct. 2013)에 의하여 파기된 것과 동일한 사건이다.[94] *Myriad*의 특허 중 하나는 종양 샘플의 DNA 서열과 비종양 샘플의 두 번째 DNA 서열을 비교하는 진단 방법에 대한 청구항도 포함하고 있다. 2011년의 첫 번째 판결에서 CAFC는 진단 방법에 대한 청구항이 "기계 또는 변형"을 포함하지 않기 때문에 적격하지 않다고 판시했다. CAFC는 2012년, 당시 대법원에서 최근 판결된 *Mayo* 사건의 판시에 따라 이루어진 재심(rehearing)에서, '기계 또는 변형' 시험을 더 이상 사용하지 않으면서도 2011년 판결을 재유지했다.

ASSOC. MOLEC. PATHOLOGY ET AL v. USPTO AND MYRIAD GENETICS

U.S. Court of Appeals, Federal Circuit (2012)

청구항 1 ('001년 특허, 강조는 원문)

인체로부터 종양내의BRCA1 유전자의 체세포 변이를 갖는 종양 샘플을 선별하는 방법으로서, 상기 종양 샘플의 BRCA1 유전자, 상기 종양 샘플의 BRCA1 RNA 및 상기 종양 샘플의 mRNA로부터 만들어진 BRCA1 cDNA로 구성되는 그룹에서 선택된 제1 서열을 상기 대상체의 비종양 샘플의 BRCA1 유전자, 상기 비종양 샘플의 BRCA1 RNA 및 상기 비종양 샘플의 mRNA로부터 만들어진 BRCA1 cDNA로 구성되는 그룹에서 선택된 제2 서열과 **비교하는 단계**를 포함하고, 여기에서 상기 비종양 샘플로부터의 BRCA1 RNA 및 상기 비종양 샘플로부터의 mRNA로부터 만들어진 BRCA1 cDNA, 여기에서 상기 종양 샘플로부터의 BRCA1 유전자, BRCA1 RNA 또는 BRCA1 cDNA의 서열과 상기 비종양 샘플로부터의 BRCA1 유전자, BRCA1 RNA 또는 BRCA1 cDNA의 서열의 차이는 상기 종양 샘플에서 BRCA1 유전자의 체세포 변이(somatic alteration)를 나타내는 방법.

Claim 1 ('001 patent, emphases in the original)

A method for screening a tumor sample from a human subject for a somatic alteration in a BRCA1 gene in said tumor which comprises [ ] *comparing* a first sequence selected from the group consisting of a BRCA1 gene from said tumor

93) 689 F.3d 1303 (Fed. Cir. 2012)

94) 133 S. Ct. 2107 (U.S. Sup. Ct. 2013)

sample, BRCA1 RNA from said tumor sample and BRCA1 cDNA made from mRNA from said tumor sample with a second sequence selected from the group consisting of BRCA1 gene from a nontumor sample of said subject, BRCA1 RNA from said nontumor sample and BRCA1 cDNA made from mRNA from said nontumor sample, wherein a difference in the sequence of the BRCA1 gene, BRCA1 RNA or BRCA1 cDNA from said tumor sample from the sequence of the BRCA1 gene, BRCA1 RNA or BRCA1 cDNA from said nontumor sample indicates a somatic alteration in the BRCA1 gene in said tumor sample.

법원 판결 이유

우리는 두 개의 유전자 서열을 "비교" 또는 "분석"한다는 *Myriad*의 주장은 추상적인 정신적 과정만을 주장하기 때문에 § 101의 범위를 벗어난다고 결론을 내린다. … 비교를 BRCA 유전자로만 제한하거나 '999 특허의 청구항 1의 경우처럼 특정 변형을 식별하는 것으로만 한정하면 청구된 제조방법 특허를 적격하게 만들지 못한다. 대법원이 판시하였듯이 "공식의 사용을 특정한 기술 환경으로 제한하려는 시도로 추상적인 사상에 대한 특허 금지 규정을 회피할 수는 없다." *Bilski v. Kappos* 판결 … 비록 공식 또는 추상적 사상을 응용하는 공정은 특허 가능한 주제를 기술할 수 있지만, … *Myriad*의 청구항은 공정에서 두 개의 뉴클레오티드 서열을 비교하는 단계를 응용하고 있지 않다. 오히려 두 개의 DNA 서열을 비교하는 단계가 청구된 전체의 공정이다.

이러한 결과를 방지하기 위해 *Myriad*는 그 방법 청구항에 추가적인 변형 단계가 포함되어 있는 것으로 해석하려고 시도한다. 위에서 설명한 바와 같이, *Myriad*는 (1) 인간 샘플에서 DNA를 추출하고 (2) BRCA DNA 분자의 염기서열을 분석하는 단계를 청구항에 포함시키면서, 이러한 두 단계는 항상 뉴클레오티드 서열을 비교하는 단계에 선행하는 것으로 주장하고 있다. 그러나 청구항 자체에는 이러한 단계가 포함되어 있지 않다.

*** 연방대법원은 *Prometheus v. Mayo* (Fed. Cir. 2010)[95]에서 청구항들이 § 101을 충족한다고 판단하면서, '투여' 단계가 변형적일 뿐만 아니라 '결정' 단계가 청구항의 목적에 핵심적이며 변형적이라고 결론을 내렸다. … 그러나 상고심에서 대법원은 관리 및 결정 단계가 상호관련적인 "여기에서(wherein)" 구절과 결합되더라도, 자연법칙에 대한 청구항이 충분히 변형되지 않았다고 판시했다. 이러한 판례는 DNA 염

95) 628 F.3d 1347 (Fed. Cir. 2010)

기서열을 '비교'하고 '분석'하는 방법에 대한 *Myriad*의 청구항에도 적용된다.

*Myriad*의 청구항에는, 이와 대조적으로, 혈액 샘플에서 유전자를 분리하여 염기서열을 분석하는 등 BRCA 유전자의 염기서열을 '결정'하는 단계 조차도 없고, 그 외의 필요한 변형 단계도 포함되어 있지 않다. 오히려 두 염기서열의 비교는 단순한 검사만으로도 이루어질 수 있다.

◆ ***The Cleveland Clinic Foundation v. True Health Diagnostics LLC*** (Fed. Cir. 2017)[96] CAFC는 규칙 12(b)(6)에 따른 기각 신청에 의하여, 청구항 해석이나 증거개시(discovery) 절차 없이, 35 U.S.C.A. § 101에 따른 특허 적격성을 판단하는 것이 적법하다고 판시했다.[97] 한 세트의 특허(이 '평가 특허' 중에서 '552'가 대표적임)에는 신체 샘플에서 미엘로퍼옥시다제(myeloperoxidase, MPO) 수치를 측정하고 이를 심혈관 질환이 없는 사람의 MPO 수치와 비교하여 피험자의 심혈관 질환 합병증 발병 위험을 평가하는 방법 청구항이 포함되어 있다. CAFC는 이러한 평가 방법 청구항이 특허 부적격이라는 지방법원의 판결을 유지했다. '260 특허에서 발견되는 또 다른 청구항은 MPO 수치를 결정하는 별도의 이전 단계를 포함하는 치료 방법에 관한 것으로, 적격성 결여가 아닌 비침해로 인해 쟁점이 되지 않았다. 이는 분할 침해(split infringement)의 맥락에서 하기 § 12:19 및 § 12:20에서 다룰 것이다.

THE CLEVELAND CLINIC FOUNDATION v. TRUE HEALTH DIAGNOSTICS LLC

U.S. Court of Appeals, Federal Circuit (2017)

청구항 11 ('552 특허)

피험자의 죽상판경화성(atherosclerotic) 심혈관 질환 위험을 평가하는 방법으로서,

96) 859 F.3d. 1352 (Fed. Cir. 2017)

97) 소프트웨어 프로세스의 적격성을 다룬 두 건의 후속 판결에서 CAFC는, 무엇이 "일상적이고 통상적인"(routine and conventional) 것인지 여부에 대한 사실의 문제는 규칙 12(b)(6)에 따른 기각 신청에서 항상 판단될 수는 없다는 하급 법원의 판결을 파기하였다는 점에 주목할 필요가 있다; *Aatrix Software v. Green Shades Software, Inc.* 882 F.3d 1121 (Fed. Cir. 2018); 또는 약식판결(summary judgement) 신청에 대해서는; *Steven E. Berkheimer v. HP Inc.* 1360 (Fed. Cir. 2018) 참조.

시험 대상자의 신체 검체의 미엘로퍼옥시다아제 수치를 질병이 없는 것으로 진단된 대조 대상자의 비교 가능한 신체 검체의 미엘로퍼옥시다아제 수치와 비교하는 단계를 포함하고, 상기의 신체 검체는 혈액, 혈청, 혈장, 호중구, 단핵구, 호중구의 하위 집단 및 단핵구의 하위 집단으로 구성된 그룹에서 선택한 혈액 백혈구 또는 이들의 임의의 조합이며;
여기서, 피험자의 체내 미엘로퍼옥시다아제 수치는 대조군 피험자의 비교 가능한 체내 샘플의 미엘로퍼옥시다아제 수치에 대한 피험자의 죽상판경화성 심혈관 질환 위험 정도를 나타내는;
방법.

Claim 11 ('552 patent)
A method of assessing a test subject's risk of having atherosclerotic cardiovascular disease, comprising
comparing levels of myeloperoxidase in a bodily sample from the test subject with levels of myeloperoxidase in comparable bodily samples from control subjects diagnosed as not having the disease, said bodily sample being blood, serum, plasma, blood leukocytes selected from the group consisting of neutrophils, monocytes, sub-populations of neutrophils, and sub-populations of monocytes, or any combination thereo[f];
wherein the levels of myeloperoxidase in the bodily from the test subject relative to the levels of [m]yeloperoxidase in the comparable bodily samples from control subjects is indicative of the extent of the test subject's risk of having atherosclerotic cardiovascular disease.

법원 판결 이유

절차적 문제 절차적으로 지방법원은 기각 신청 단계에서 § 101을 고려하는 것이 적법하다고 판단했다. *Cleveland Clinic*은 지방법원이 먼저 일부 확인된 용어에 대하여 공식적인 청구항 해석 작업을 수행해야 한다고 주장했지만, 지방법원은 "원고가 이러한 용어에 대하여 청구항 해석의 제안을 하지 않았다"고 판단했다.

*** *Cleveland Clinic*의 … 절차적 이의 제기에 대해, 당법원은 청구항의 해석 또는 중요한 증거개시(discovery) 절차가 시작되기 전의 기각 신청 단계에서의 § 101 기각을 반복적으로 유지했다. 예를 들어, *Genetic Techs. Ltd. v. Merial L.L.C.*,[98]

98) 818 F.3d 1369 (Fed. Cir. 2016); 위 섹션3:30 참조.

… ("우리는 많은 경우에 규칙 12(b)(6) 신청에 따라 35 U.S.C. § 101에 따라 특허 적격성을 결정하는 것이 가능하고 적절하다는 것을 반복해서 인정해 왔다.") … 어쨌든 *Cleveland Clinic*은 § 101 분석을 변경할 수 있는 어떠한 용어의 해석이나 전문가 증언을 제안하지 않았다. 따라서 지방 법원이 기각 신청 단계에서 시험 특허가 § 101에 따라 부적격하다고 판단한 것은 타당하다.

***Alice* 분석** 우리는 *Alice* 1단계에서 당해 청구항이 자연 법칙과 같은 부적격한 주제에 관한 것인지 여부를 묻는다. … 당해 시험 특허는 신체 샘플에서 자연적으로 발생하는 MPO 및 기타 MPO 관련 제품을 검출하는 것을 목적으로 한다. 그런 다음 이 방법은 이러한 MPO 값과 미리 결정된 값 또는 대조 값 사이의 자연적인 관계를 사용하여 환자의 심혈관 질환 발병 또는 보유 위험을 예측한다. 따라서 이 방법은 *Ariosa*와 **마찬가지로** 유의미한 비일상적인 중간 단계 없이, 자연적으로 발생하는 현상으로, 즉 신체 샘플에서 MPO의 존재를 심혈관 질환과의 관계성과 관련짓는 것으로 시작하고 끝나고 있다. 따라서 이 청구항은 자연 법칙에 관한 것이다.

*** *CellzDirect*와 달리, 시험 특허의 청구항은 이러한 관계를 탐지하기 위한 "새롭고 유용한 실험실 기술"이 아니라 신체 샘플에서 MPO의 자연적인 존재와 심혈관 위험과의 상관관계에 관한 것이다. 실제로 *Cleveland Clinic*은 새로운 실험실 기법을 개발한 것이 아니라 잘 알려진 기법을 사용하여 청구된 방법을 실행한 것이다. 이 시험 특허의 명세서는 알려진 시험 방법을 사용하여 MPO를 검출할 수 있으며, MPO 검출을 위해 시판되는 시험 키트가 있었다는 것을 확인시켜 준다.

*** *Alice* 2단계에서는 청구항의 요소를 검토하여 청구된 자연적 발생 현상을 특허 적격의 응용으로 전환하기에 충분한 발명적 개념을 포함하고 있는지 여부를 판단한다. … 시험 특허의 청구항은 청구항의 구성요소 별로 고려하든 전체적으로 고려하든, 신체 샘플에서 MPO의 자연적 존재와 심혈관 위험과의 상관관계를 특허 가능한 발명으로 충분히 변환하지 못한다. 위 프로세스 단계는 단지 "해당 주제에 관심이 있는 사람들에게 연구자들이 발견한 상관관계에 대해 알려줄 뿐"이다.

◆ ***Athena Diagnostics, Inc., et al v. Mayo Collaborative Services, LLC*** (Fed. Cir. 2019)[99] 이 사건은 *Roche v. Cepheid* (Fed. Cir. 2018)의 선점 논리를 이 사건의 논리적 결론에 그대로 적용하고 있다. 법원은 자연적으로 발생하는 자가항체와, 이들이 결합하는 인공 방사성 요오드화 수용체 단백질의 복합체의 양을 측정하는, 특정 면역침전 분석에 기반하여 청구된 진단 방법은 질병과 자가항체의

99) 915 F.3d 743 (Fed Cir. 2019); *Pet. Rehearing, denied*, 927 F.3d 1333 (Fed. Cir. (2019); *Pet. for Cert.* denied --- U.S. ---

존재 사이의 자연적 상관관계에 대한 청구항에 지나지 않으므로 35 U.S.C.A. § 101에 따라 특허적격이 없다고 판결했다. 법원은 이 청구항이 방사성 요오드화 수용체를 사용한 면역침전 분석에 좁게 한정되어 있음을 인정하면서, 이러한 기술이 일상적이고 통상의 기술자에게 잘 알려져 있다는 특허권자의 진술을 인용하고, *Cepheid* 판결을 반영하여 청구항의 한정과 완전한 선점의 부족에도 불구하고 여전히 청구항이 적격하지 않다고 인정하고 있다.

ATHENA DIAGNOSTICS, INC., et al v. MAYO COLLABORATIVE SERVICES, LLC

U.S. Court of Appeals, Federal Circuit (2019)

청구항 ('820 특허)

7. 포유류에서 근육 특이적 티로신 키나아제(Muscle specific tyrosine kinase, MuSK)의 에피토프(epitope)에 대한 자가항체를 상기 포유류의 체액에서 검출하는 단계를 포함하는 MuSK와 관련된 신경 전달 또는 발달 장애를 진단하는 방법으로, 적절한 라벨을 그 표면에 갖는 MuSK 또는 에피토프 또는 그 항원 결정체를 상기 체액에 접촉시키는 단계, 상기 체액으로부터 임의의 항체/MuSK 복합체 또는 항체/MuSK 에피토프 또는 항원 결정 인자 복합체를 면역 침전시키는 단계, 상기 항체/MuSK 복합체 또는 항체/MuSK 에피토프 또는 항원 결정 인자 복합체 중 어느 하나에서 상기 라벨이 존재하는지 모니터링하고, 여기서 상기 라벨의 존재는 상기 포유류가 근육 특정 티로신 키나제(MuSK)와 관련된 신경 전달 또는 발달 장애를 앓고 있음을 나타내는 단계,
를 포함하는 방법

8. 청구항 7에 있어서, 상기 라벨은 방사성 라벨인 방법.

9. 제8항에 있어서, 상기 라벨은 125I[요오드 동위원소 125]인 방법.

Claims ('820 patent)

7. A method [for diagnosing neurotransmission or developmental disorders related to muscle specific tyrosine kinase (MuSK) in a mammal comprising the step of detecting in a bodily fluid of said mammal autoantibodies to an epitope of muscle specific tyrosine kinase (MuSK)], comprising contacting MuSK or an epitope or antigenic determinant thereof having a suitable label thereon, with

said bodily fluid, immunoprecipitating any antibody/MuSK complex or antibody/MuSK epitope or antigenic determinant complex from said bodily fluid and monitoring for said label on any of said antibody/ MuSK complex or antibody/MuSK epitope or antigen determinant complex, wherein the presence of said label is indicative of said mammal is suffering from said neurotransmission or developmental disorder related to muscle specific tyrosine kinase (MuSK).

8. A method according to claim 7 wherein said label is a radioactive label.

9. A method according to claim 8 wherein said label is 125I [iodine isotope 125].

법원 판결 이유

II. A.

먼저, 상기 청구항들이 자연법칙을 '가리키는(directed to)' 것인지 여부를 검토한다. *Alice Corp v. CLS Bank* [§ 3:27 참조]. 만약 그렇다면, 자연법칙과 구분되는 청구항의 한정들이 개별적으로 그리고 질서정연한 조합으로 고려할 때 "청구항의 성격을 특허 적격의 응용으로 '변환'하는지" 여부를 묻는 두 번째 심리를 진행한다.

*** 당 법원은 궁극적으로 *Mayo* [§ 3:28 참조]에 따라 당해 청구항이 자연법칙에 관한 것이라는 점에 동의한다. 우선 관련 자연 법칙이 무엇인지 파악해야 한다. 여기서는 체액에서 자연적으로 발생하는 MuSK 자가항체의 존재와 MG와 같은 MuSK 관련 신경계 질환 사이의 상관관계이다. 이러한 상관관계는 인간의 행동과는 별개로 자연적으로 존재한다. 따라서 이 상관관계는 자연 법칙이라는 데 이견이 있을 수 없다.

*** *Cleveland Clinic* [§ 3:32 참조] 및 *Ariosa* [§ 3:30 참조]에서와 마찬가지로, 청구된 진보가 자연법칙의 발견에 관한 것이고 추가로 기술된 단계는 그 자연법칙을 검출하기 위한 통상적인 기술만을 적용하기 때문에, 청구항 7-9는 자연법칙에 관한 것이라고 결론을 내린다. '820 특허의 명세서는 "본 발명자들은 놀랍게도 아세틸콜린 수용체에 대한 자가 항체를 나타내지 않는 20%의 MG 환자 중 많은 수가 대신에 … MuSK의 세포 외 아미노 말단 도메인에 대한 항체를 가지고 있음을 발견했다"고 설명하여 자연 법칙의 발견을 강조하고 있다. … 또한, 본 명세서에서는 종래의 자연법칙을 준수하기 위해 청구된 구체적인 단계를 설명한다.

*** [*CellzDirect*, § 3:34 참조]에서 당 법원은 문제가 된 청구항의 "최종 결과"가 자연 법칙에 대한 "단순한 관찰이나 발견이 아니다"라고 결론지었다. *Id.* 이 사건의

청구항은 "유의미한 비일상적 단계 없이" 자연법칙을 탐지하는 것만 포함하므로 여기서 그렇게 결론을 내릴 수는 없다. *Cleveland Clinic.*

*Athena*는 또한 청구항이 주장하는 구체적인 단계의 구체성을 지적하며, 자연법칙을 선점하지 않으므로 청구항이 자연법칙을 가리킬 수 없다고 주장한다. 청구항 9가 청구항의 구체적인 단계를 실행하지 않고도 MuSK 자가항체와 MuSK 관련 장애 사이의 상관관계를 조사할 수 있는 다른 방법을 대중에게 열어두고 있다는 점에 동의하지만, 이는 1단계에서 내린 결론을 방해하지 않는다. 선점은 § 101에 따라 청구항을 부적격하게 만드는 데 충분하지만, 반드시 필요한 것은 아니다 [일부 인용 생략]. 여기서의 청구항은 자연법칙을 관찰하기 위한 표준 기술과 함께 자연법칙만을 언급하고 있기 때문에 자연법칙을 가리키고 있다. 일상적인 단계가 어느 정도 구체적으로 명시되어 있다는 것만으로는 결론을 번복 하기에 충분하지 않다.

*** 따라서 자연법칙을 탐지하거나 관찰하기 위해 표준 기술을 사용하는 방법 청구항에서 인공적인 분자(molecule)를 사용하더라도 여전히 자연법칙에 관한 청구항으로 남을 수 있다는 점을 유지한다.

II. B.

*** 청구항의 단계들이, 개별적으로 보든 순서대로 조합하여 보든 적격성이 없는 대상이 아닌 주제를 가리키는 단계들은, 단지 표준 기술을 표준 방식으로 적용해야 할 것을 요구한다는 *Mayo* 판결에 동의한다.

*** 또한 *Athena*가 MuSK 자가항체와 MG의 상관관계를 발견하기 전에는 청구된 단계들이 MuSK 자가항체를 검출하는 데 적용된 적이 없었기 때문에 청구된 단계가 통상적이지 않다고 *Athena*는 주장한다. 이러한 사실을 인정하더라도 표준 기술을 표준 방식으로 수행하여 새로 발견된 자연법칙을 관찰하는 것은 진보적 개념이라고 할 수는 없다. 왜냐하면 "2단계에서 필요한 발명적 개념은 … 특허를 받을 수 없는 자연법칙 그 자체로는 제공될 수 없다." … 오히려 발명적 개념을 제공하기 위해서는 청구된 일련의 단계가 기존의 분석을 새로 발견된 자연법칙에 적용하는 것 이상을 수행해야 하며, 자연법칙 자체의 발견을 넘어서는 발명적 응용을 나타내야 하기 때문이다. 청구항 7−9는 그러한 응용을 기재하지 않았으므로 발명적 개념을 기술하고 있지 않다.

◆ ***<u>Roche Molecular Systems, Inc. v. Cepheid</u>*** (Fed. Cir. 2018).[100] 이 사례는 프라이머 청구항의 적격성과 관련하여 상기 § 3:15에서 논의한 것과 동일한 사례이다. 여기서는 동일한 프라이머를 사용한 방법 청구항에 대해 논의한다. 법원

---

100) ——— F.3d ——— 2018 WL 4868033(Fed. Cir. 2018)

은 *Alice/Mayo* 의 표준 분석을 따르며, 자연법칙을 최초로 발견하고 이를 PCR과 같은 기존 기술로 적용했다고 해서 추가적인 "§ 101 혁신"이 없다면 특허 자격이 부여되지 않는다는 점을 유지한다. 또한 법원은 단순히 청구 범위를 한정함으로써, 청구되지 않은 다른 구현 방식이 있다는 것을 보여 준다고 해서 (따라서 완전한 선점을 피할 수 있다고 해서) 자동으로 청구항이 적격으로 되는 것은 아니라고 기술하고 있다.

ROCHE MOLECULAR SYSTEMS, INC. v. CEPHEID

U.S. Court of Appeals, Federal Circuit (2018)

청구항 1 ('723 특허)

결핵균이 포함된 것으로 의심되는 생물학적 검체에서 결핵균을 검출하는 방법에 있어서,

생물학적 샘플의 DNA를 복수의 프라이머를 사용하여 중합 효소 연쇄 반응 PCR에 노출시켜 결핵균 rpoB 유전자의 일부를 증폭화 하기에 충분한 반응 조건 하에서 복수의 프라이머를 사용하여 증폭 생성물을 생성하고, 여기서 복수의 프라이머는 혼성화 조건 하에서 적어도 하나의 위치 특이적인 결핵균 시그니처 뉴클레오티드를 포함하는 부위에서 유전자의 증폭된 부분에 혼성화되는 프라이머를 적어도 하나 포함하고, 상기 뉴클레오티드는 도 3 (SEQ ID NO: 1)을 참조하여 아래의 성분;

뉴클레오티드 위치 2312의 G,
뉴클레오티드 위치 2313의 T,
뉴클레오티드 위치 2373의 A,
뉴클레오티드 위치 2374의 G,
뉴클레오티드 위치 2378의 A,
뉴클레오티드 위치 2408의 G,
뉴클레오티드 위치 2409의 T,
뉴클레오티드 위치 2426의 A,
뉴클레오티드 위치 2441의 G,
뉴클레오티드 위치 2456의 A, 및
뉴클레오티드 위치 2465의 T,

로 구성되는 그룹으로부터 선택되는 단계;

(b) 증폭 산물의 존재 또는 부재를 검출하며, 여기서 증폭 산물의 존재는 생물학적

시료에 결핵균이 존재함을 나타내고 증폭 산물의 부재는 생물학적 시료에 결핵균이 없음을 나타내는 단계;
를 포함하는 방법.

Claim 1 ('723 patent)

A method for detecting Mycobacterium tuberculosis in a biological sample suspected of containing M. tuberculosis comprising:

(a) subjecting DNA from the biological sample to polymerase chain reaction [PCR] using a plurality of primers under reaction conditions sufficient to simplify [sic: amplify] a portion of a M. tuberculosis rpoB [gene] to produce an amplification product, wherein the plurality of primers comprises at least one primer that hybridizes under hybridizing conditions to the amplified portion of the [gene] at a site comprising at least one position-specific M. tuberculosis signature nucleotide selected, with reference to FIG. 3 (SEQ ID NO: 1), from the group consisting

a G at nucleotide position 2312,
a T at nucleotide position 2313,
an A at nucleotide position 2373,
a G at nucleotide position 2374,
an A at nucleotide position 2378,
a G at nucleotide position 2408,
a T at nucleotide position 2409,
an A at nucleotide position 2426,
a G at nucleotide position 2441,
an A at nucleotide position 2456, and
a T at nucleotide position 2465; and

(b) detecting the presence or absence of an amplification product, wherein the presence of an amplification product is indicative of the presence of M. tuberculosis in the biological sample and wherein the absence of the amplification product is indicative of the absence of M. tuberculosis in the biological sample.

법원 판결 이유

*Roche*의 발명가들이 생물학적 샘플에서 MTB를 검출하기 위해 PCR을 최초로 사용한 것은 사실이지만, 이전에 알려지지 않은 자연 현상이나 자연 법칙을 최초로 발견한 것만으로는 특허 자격을 부여받기에는 충분하지 않다. 많은 획기적이고 혁신적이며 뛰어난 발견이 특허 자격이 없는 것으로 판정된 바 있다. 예를 들어, *Mayo*, … (특정 대사산물의 수준과 약물 투여량 사이의 자연적 상관관계를 발견하여 표준 기술을 사용하여 약물을 투여한 다음 대사산물의 수준이 용량 변경의 필요성을 나타내는지 확인하는 치료 최적화 방법을 청구항); *Genetic Techs...*, … (DNA의 비코딩 영역과 코딩 영역에 대립 유전자의 존재 사이의 자연적 상관 관계를 발견하여 표준 PCR을 사용하여 대립 유전자를 증폭 및 검출하는 방법을 청구함); *Ariosa*, … (임산부의 혈액에 cffDNA가 포함되어 있다는 자연 현상을 발견하여 표준 기술을 사용하여 산모 혈액에서 cffDNA를 증폭 및 검출하는 방법을 청구함) 참조. 대법원은 "*Mayo* 판결에서 특허 적격 출원으로 전환하려면 단순히 자연의 법칙을 명시하면서 '적용한다'는 단어를 추가하는 것 이상이 필요하다는 점을 분명히 했다. " *Ariosa*, … 이 사건에서는 청구된 방법 청구항이 자연적으로 발생하는 현상에 적용되는 표준 PCR 방법을 인용하고 있으며 추가적인 혁신이 없기 때문에 *Alice/Mayo* 2단계의 "신규하고 유용해야하는 추가적인 특성"이라는 요건을 충족하지 못한다. …

*Roche*는 자사의 프라이머를 사용하여 MTB를 검출하는 것은 "MTB 감염을 치료하는 데 효과적인 특정 인공 약물을 만드는 것만큼 발명적인 행위"라고 주장한다. … 우리는 동의하지 않는다. "상보적인 뉴클레오티드 서열이 서로 결합한다"는 것은 잘 정립된 자연의 법칙이다. *BRCA1*, … *Roche*의 방법 청구항도 동일한 자연 법칙, 즉 프라이머가 MTB *rpoB* 유전자의 상보적 뉴클레오티드 서열에 결합한다는 법칙을 이용하고 있다. *BRCA1*에 대한 법원의 판결은 이 사건에도 동일하게 적용된다. 프라이머는 "현저히 새로운 기능을 수행하지 않는다. 오히려 프라이머는 자연적으로 발생하는 서열의 관련 부분과 정확히 동일한 뉴클레오티드 서열을 유지하기 때문에 수행되는 기능인 PCR 연쇄 반응이라는 첫 번째 단계를 형성하는 데 사용된다." *Id.* 따라서 신약으로 질병을 치료하는 방법과는 달리, *Roche*의 방법 주장에는 프라이머에 대한 "현저히 새로운 기능"이 포함되지 않다.

법원은 이해를 위한 각주를 여기에 덧붙였는데, 부분적으로 인용한다: "DNA 또는 RNA는 때때로 약물로 사용될 수 있다. 예를 들어, RNA 간섭("RNAi") 및 소형 억제 RNA("siRNA")와 같은 기술은 개별 유전자의 발현을 침묵시키기 위해 RNA를 사용한다. … *Ex parte Reich*;[101] *Ex parte Khvorova*.[102] 우리는 약물과 유사한 새로운 응용을 위해 DNA 또는 RNA를 이용하는 방법 청구항의 특허대상 적격성에 대해서는 의견을 표명하지 않는다."

*** 이곳의 '723 특허의 방법 청구항과 달리, *CellzDirect*의 발명[참조, 하기 § 3:34]은 알려진 실험실 기술을 새로 발견된 자연 현상에 적용하는 것을 넘어 자연 현상을 기반으로 "단순히 관찰이나 **검출**(detection)이 아닌" 완전히 새로운 실험실 기술을 만들어 냈다. *Id.* (강조 표시 추가). 반면, '723 특허는 자연 현상에 기반한 **검출** 방법을 주장하며 기존의 잘 알려진 실험실 기법만을 사용하므로 *CellzDirect*에서 쟁점이 된 것과는 정반대이다.

법원은 여기에 이해를 위한 또 다른 각주를 추가했는데, 부분적으로 인용한다: "마찬가지로, 이 사건은 정신분열증 환자에게 더 안전한 '기존 약물의 새로운 사용 방법'을 청구하기 때문에 청구된 치료 방법이 *Alice/Mayo* 1단계에서 적격하다고 당 법원이 판단한 *Vanda Pharmaceuticals Inc. v. West-Ward Pharmaceuticals International Ltd.*[하기 § 3:33 참조] 사건과 구별된다. … *Vanda* 사건은 "치료 방법 청구와 *Mayo*의 청구, 즉 "진단 방법에 대한 청구"의 차이를 강조"한다. … 이와는 대조적으로, 표준 PCR 증폭 단계와 정신적 결정 단계로 구성된 *Roche*의 방법 청구는 치료 방법에 관한 것이 아니다. 연구자는 *Roche*가 주장하는 발명을 실행할 때마다, 즉 샘플에서 MTB *rpoB* 유전자의 11개 시그니처 뉴클레오티드의 존재 유무를 감지할 때마다, 그는 단순히 기존의 자연 현상을 재발견하고 있는 것이다. *Vanda*와 달리 *Roche*는 근본적인 자연 현상에 기반한 치료법이 아니라 자연 현상 자체를 청구하고 있다."

*** *Roche*는 부적격한 방법 청구항의 범위를 제한하는 것이 항상 특허대상 적격성을 부여한다고 착각하고 있다. 방법 청구항의 범위를 벗어난 MTB DNA의 대체 용도를 보여줌으로써 방법 청구항의 범위를 제한하려는 Roche의 시도는 "청구항이 특허 부적격 주제에 관한 것이라는 결론을 바꾸지 않는다." *Ariosa* 참조. "선점은 특허 부적격 주제를 나타낼 수 있지만, 완전한 선점이 없다고 해서 특허 적격성이 입증되지는 않는다." *Ariosa* 참조. 따라서 이 사건의 방법 청구항은 특정 시그니처 뉴클레오티드로 제한되어 있다는 이유만으로 특허대상의 적격성을 확보할 수 없다.

◆ ***Caredx, Inc v. Natera, Inc.*** (Fed. Cir. 2022).[103] 이 사건은 추가 치료 단계 없이 자연 현상을 탐지하는 방법을 다룬 이전의 여러 판결을 유지한다. 여기서

101) 2013-004817, 2016 WL 750325, *1 (2016.2.24. P.T.A.B.) 참조)
102) 2012-010359, 2015 WL 4267897, *1 (2015.7.10. P.T.A.B.)
103)

자연적 현상은 무세포 DNA의 존재와 장기 거부 반응 사이의 상관관계이다. 특허 청구항은 특허 명세서에서 일상적이고 통상적인 것으로 인정되는 기술을 사용하여 검출을 구현한다. CAFC는 이 사건을 *Ariosa v. Sequenom* 사건(상기 § 3:30 참조)과 유사하며(무세포 태아 DNA 검출의 무적격성), *Illumina v. Ariosa* 사건(하기 § 3:34 참조)과 구별한다(DNA의 특정 부분을 농축하는 것의 적격성). 다시 한 번, 특허권자는 청구된 기술 단계가 청구된 발명에서 사용된 적이 없음에도 불구하고 청구된 기술 단계가 일상적이라고 인정함으로써 심각하게 불리하게 되었다.

CAREDX, INC v. NATERA, INC.

U. S. Court of Appeals, Federal Circuit (2022)

청구항 1 ('652 특허, 강조는 원문)

이식의 거부 반응, 이식의 기능 장애 또는 장기 부전을 감지하는 방법으로, 상기 방법은 다음의:

(a) 기증자로부터 이식을 받은 피험자의 cfDNA로 구성된 **샘플을 제공**하는 단계;

(b) 기증자 특정 다형성의 유전자형 또는 피험자 특정 다형성의 **유전자형을 획득**하거나, 기증자 특정 다형성의 유전자형과 피험자 특정 다형성을 모두 획득하여 기증자 cfDNA 검출을 위한 다형성 프로파일을 확립하는 단계, 여기서 유전자형이 SNP를 포함하는 피험자 특정 다형성을 포함하는 경우 적어도 하나의 단일염기다형성(SNP)이 피험자에 대해 동형접합을 이루는 단계이고;

(c) 샘플 내 cfDNA의 **멀티플렉스 시퀀싱** 후 다형성 프로파일을 사용하여 시퀀싱 결과를 분석하여 **기증자 cfDNA 및 피험자 cfDNA를 검출**하는 단계; 및

(d) 다중 염기서열 분석에 의한 공여자 cfDNA 및 피험자 cfDNA의 검출에 기초하여 공여자 cfDNA의 **양을 결정함**으로써 이식을 받은 피험자의 이식 상태 또는 결과를 진단, 예측 또는 모니터링하는 단계로; 여기서 **시간이 지남에 따라 기증자 cfDNA의 양이 증가하는 것은 이식 거부, 이식 기능 장애 또는 장기 부전을 나타내며,** 또한 여기서 이 방법의 민감도가 심장 동종이식 혈관병증(CAV)에 대한 현재 감시 방법의 민감도에 비해 56% 이상인 단계,

를 포함하는 방법.

Claim 1 ('652 patent, emphasis in the original)

A method for detecting transplant rejection, graft dysfunction, or organ failure,

the method comprising:
(a) *providing a sample* comprising [cfDNA] from a subject who has received a transplant from a donor;
(b) *obtaining a genotype* of donor-specific polymorphisms or a genotype of subject-specific polymorphisms, or obtaining both a genotype of donor-specific polymorphisms and subject-specific polymorphisms, to establish a polymorphism profile for detecting donor [cfDNA], wherein at least one single nucleotide polymorphism (SNP) is homozygous for the subject if the genotype comprises subject-specific polymorphisms comprising SNPs;
(c) *multiplex sequencing* of the [cfDNA] in the sample followed by analysis of the sequencing results using the polymorphism profile to *detect donor [cfDNA] and subject [cfDNA];* and
(d) diagnosing, predicting, or monitoring a transplant status or outcome of the subject who has received the transplant by *determining a quantity of the donor [cfDNA]* based on the detection of the donor [cfDNA] and subject [cfDNA] by the multiplexed sequencing, wherein an *increase in the quantity of the donor [cfDNA] over time is indicative of transplant rejection, graft dysfunction or organ failure,* and wherein sensitivity of the method is greater than 56% compared to sensitivity of current surveillance methods for cardiac allograft vasculopathy (CAV).

법원 판결 이유

이 사건은 준비 방법이나 새로운 측정 기법과 관련된 사건이 아니다. *Illumina, Inc. v. Ariosa Diagnostics, Inc.*[104] (임산부로부터 자연적으로 농축되지 않은 태아 cfDNA 조각을 더 큰(그리고 아마도 모체) 조각에서 분리하여 새롭고 향상된 '준비 방법'은 단순히 "cfDNA가 포함된 샘플로 시작하여 [cfDNA]가 존재함을 확인하는" 청구와는 다르다고 판시) 참조. 또한 CareDx는 기증자 cfDNA와 장기 이식 거부 가능성 사이의 관계를 발명하거나 발견하지 못했음을 인정한다. 항소이유서 1쪽("적어도 1998년부터 과학자들은 장기 수혜자의 혈류에서 기증자 cfDNA의 농도가 높으면 장기 거부반응의 표지가 될 수 있다는 것을 인식했다.") 참조. 또한, 지방법원이 지적했듯이 특허의 서면 설명에서는 청구항의 단계에서 언급된 기술이 "달리 명시되지 않는 한, 면역학, 생화학, 화학, 분자생물학, 미생물학, 세포생물학, 유전체

104) 952 F.3d 1367, 967 F.3d 1319, 1327(Fed. Cir. 2020)에 의해 수정된 의견

학 및 재조합 DNA의 통상적인 기술로서 당업자의 기술 범위 내에 있다"고 명시적으로 기재되어 있다. [인용 생략] 특히, 서면 설명에는 청구 기술의 통상성을 확인할 수 있는 용어의 특징이 가득하다. 따라서 CareDx의 특허는 자연 현상인, 기증자 cfDNA의 수준과 장기 이식 거부 가능성을 감지하기 위해 기존의 측정 기술을 적용한다.

청구된 방법은 대법원이 *Mayo*에서 부적격하다고 판단한 다른 진단 방법 청구와 구별할 수 없으며 여러 차례에 걸쳐 부적격하다고 판단한 다른 진단 방법 청구와도 다르다. *Mayo*[105](자연적 상관관계를 관찰하기 위해 기존의 진단 방법을 적용하는 것은 특허 적격 주제가 아니다) 참조. 마찬가지로, *Ariosa*에서는 임산부의 혈액에서 부계로부터 유전된 무세포 태아 DNA("cffDNA")를 검출하여 특정 태아의 특성을 진단하는 방법에 대한 청구가 포함되었다.[106] 여기서와 같이 *Ariosa*에서는 모체 혈액에 cffDNA가 존재하는 것이 자연 현상이라는 것이 명백히 밝혀졌다. *Id.* 그리고 여기서와 같이, *Ariosa*에서 인용된 단계에는 PCR을 사용하여 모체 혈액의 cfDNA를 증폭하는 것이 포함되었다. [인용 생략]. 그 다음에는 부계에서 유전된 cffDNA를 검출하는 것이었는데, 이 역시 자연 현상이었다. … *Ariosa*의 명세서에서는 cffDNA를 분석하면 유전적 결함을 더 효율적으로 확인할 수 있으며, 특정 유전적 결함이 있는 태아를 가진 임산부는 정상 태아를 가진 여성보다 혈액에 더 많은 cffDNA를 보유할 것이라고 주장했다. … 우리는 이 주장이 자연 현상에 관한 것으로, *Alice/Mayo* 1단계에서 cffDNA의 존재를 확인하는 것이므로 궁극적으로 부적격하다고 판결했다. [인용 생략]

여기에서도 *Ariosa*와 마찬가지로 신체 샘플을 수집하고, PCR을 포함한 기존 기술을 사용하여 cfDNA를 분석하고, 기증 장기에서 자연적으로 발생하는 DNA를 식별한 다음, 높아진 cfDNA 수치와 이식 건강 사이의 자연스러운 상관 관계를 사용하여 잠재적 거부 반응을 식별하는 것으로 청구항이 요약되는데, 그중 어느 것도 발명적이지 않다. 여기서의 청구항은 *Ariosa*의 청구항과 마찬가지로 부적격하다.

*** CareDx는 특허의 청구항이 자연 현상이 아니라 개선된 실험실 기술에 관한 것이라고 주장한다. CareDx는 "청구된 진보"가 "장기 거부 반응을 확인하기 위해 수혜자의 신체에서 기증자 cfDNA의 증가를 측정하기 위해 인간이 고안한 개선된 방법"이라고 주장한다. … 특히, CareDx는 이식 수혜자의 cfDNA 기증자 SNP를 보다 정확하게 측정하기 위해 디지털 PCR, NGS, 선택적 증폭을 사용한다. 그러나 CareDx는 실제로 실험실 기술의 개선을 주장하지 않으며, 앞서 설명한 것처럼 특허의 실제 청구항은 자연적으로 발생하는 cfDNA를 검출하기 위한 기존 기술의 전

105) 566 U.S. at 82, 132 S. Ct. 1289
106) 788 F.3d at 1376.

통적인 사용을 나열하고 있을 뿐이다. 또한, 명세서에서는 청구항에 개시된 실험실 기술이 기존 기술과 기성 기술만을 필요로 한다는 것을 인정하고 있다.

§ 3:33 생명공학 방법 청구항 – 상관관계에 이은 투여 단계의 청구

이 항목의 사례는 검사 및 상관관계 단계에 이어 치료제를 투여하는 단계가 있는 청구항을 다룬다. 이러한 사례의 가장 초기 판례는 *Classen I* 판결 (Fed. Cir. 2011)[107]에서 확립되었는데, CAFC는 이러한 2단계 청구항이 35 U.S.C.A. § 101에 따라 적격하다고 판시한 바 있다. 그 후, 법원은 *Classen I* 판결을 유지하고 이 판례를 몇 가지 추가적인 맥락에서 적용한다. 여기에는 유전자 검사 후의 투여 (*Vanda Pharm v. West−Ward* (Fed. Cir 2018),[108] 또는 혈액 대사물질 검사 후의 투여(*Endo Pharmaceuticals v. Teva Pharmaceuticals* (Fed. Cir 2019))[109]가 포함되는데, 아래에서는 이 두 가지를 모두 분석한다.

그런데 두 건의 사례에서 CAFC는 상관관계 도출 후 투여에 따른 청구항의 적격성에 한계를 부여했다. ***Ino Therapeutics Llc, Mallinckrodt Hospital Products Inc., v. Praxair Distribution Inc., Praxair Inc*** (Fed. Cir. 2019)[110] 판결에서, 개인 맞춤형 의약품에 관한 비록 선례는 아니지만 흥미로운 판례에서 CAFC는, 시험 및 상관관계에 이어 활성 성분의 투여를 **보류**하는 것은 "투여 제외"라는 청구항 한정이 자연이 거치는 과정에 불과하므로 해당 청구항은 부적격한 시험 및 상관관계 청구에 지나지 않는다고 판시했다. ***In re Board of Trustees of the Leland Stanford Junior University*** (Fed. Cir. 2021)[111]은 주요 청구항이 컴퓨터 알고리즘과 추상적인 정신적 사상에 불과하여 상기 § 3:30에서 분석한 *In re Grams* 사건[112]과 매우 유사하며 적격하지 않다. 흥미롭게도 *Stanford* 사건에서 법원은 이전 알고리즘 결정에 대응하여 약물을 "제공"하는 단계를 추가한 종속 청구항을 다루면서 추가 단계가 매우 높은 수준의 일반성에 해당하므로 종속 청

107) 659 F.3d 1057 (Fed. Cir. 2011)
108) 887 F.3d 1117 (Fed. Cir. 2018)
109) −−−F.3d−−− 2019 WL 1387988(Fed. Cir. 2019)
110) 2019 WL 4023576 −−− Fed. Appx. −−− (2019)
111) −−− F. 3d −−− 2021 WL 922727(Fed. Cir. 2021)
112) 888 F.2d 835 (Fed. Cir. 1989)

구항도 적격하지 않다고 판단했다. 이 절의 말미에서 이 두 사례를 분석한다.

Classen Immunotherapies v. Biogen (Fed. Cir. 2011)[113](적격성)("*Classen I*"). 이 사건은 *Bilski* 사건의 "기계 또는 변형" 시험에 근거하여 판결된 사건이다. 두 개의 특허가 관련되어 있다. 하나의 특허('283)에서 Newman 판사는 면역과 부작용 간의 상관관계 연구를 포함하는 청구항은 상관관계를 연구한 **이후**의 능동적이고 변형적인 단계를 포함하지 않기 때문에 부적격하다고 밝혔다. 다른 특허('739)에서 법원은 부작용 위험을 분석한 후 환자에게 '예방 접종(immunize)'하는 적극적인 단계를 포함하므로 해당 청구항이 적격하다고 판결했다. *Classen 1* 판례는 진단 상관관계의 결정 또는 해결의 이후에 적극적인 단계 즉 '해결 이후의' 단계를 추가하면 청구항이 적격하게 된다는 개념을 *Alice*와 *Mayo v. Prometheus* 이후의 다른 사건보다 먼저 제시한 선구적 판례이다(여전히 유효함).

CLASSEN IMMUNOTHERAPIES, INC. v. BIOGEN IDEC, et al

U.S. Court of Appeals, Federal Circuit (2011)

청구항 (강조 표시 추가)

청구항 1 ('283) 면역 스케줄이 포유류의 치료 그룹에서 만성 면역 매개 질환의 발생률 또는 중증도에 영향을 미치는지 여부를 결정하는 방법으로, 포유류의 치료 그룹에서 하나 이상의 면역원을 하나 이상의 용량으로 **포유류를 면역화하는 단계**를 포함하고, 상기 면역화 일정에 따라, 또한 상기 만성 면역 매개 질환의 발생률, 유병률, 빈도 또는 중증도 또는 그러한 질환의 마커의 수준을 치료 그룹에서 대조 그룹과 비교하는 단계를 포함하는 방법.

Claims (emphases added)

Claim 1 ('283)

A method of determining whether an immunization schedule affects the incidence or severity of a chronic immune-mediated disorder in a treatment group of mammals, relative to a control group of mammals, which comprises *immunizing mammals* in the treatment group of mammals with one or more doses of one or more immunogens, according to said immunization schedule,

113) 659 F.3d 1057 (Fed. Cir. 2011)

and comparing the incidence, prevalence, frequency or severity of said chronic immune–mediated disorder or the level of a marker of such a disorder, in the treatment group, with that in the control group.

***

청구항 1('739). 포유류 대상에 대한 면역 접종 방법으로;

(I) 복수의 예방 접종 일정을,

(a) 제1 포유류 그룹과 적어도 제2포유류 그룹을 식별하고, 상기 포유류는 동일한 종이며, **제1 포유류 그룹**은 제1 선별된 예방접종 일정에 따라 하나 이상의 전염병 유발 유기체 관련 면역원을 1회 이상 **접종하고, 제2포유류 그룹**은 하나 이상의 전염병을 유발하는 1 이상의 도스로 **접종하는 단계**, … 및

(b) 상기 첫 번째 및 두 번째 그룹에서 만성 면역 매개 질환을 예방하거나 유발하는 데 있어 상기 첫 번째 및 두 번째 선별 예방 접종 일정의 효과를 비교하는 단계.

…

에 의하여 선별 하는 단계, 및

(ii) 상기 저위험 선별 예방접종 일정에 따라 상기 감염성 질환 유발 유기체 관련 면역원 중 적어도 하나가 상기 저위험 선별 예방접종 일정에 따라 투여되고, 상기 면역원이 상기 고위험 선별 예방접종 일정에 따라 투여될 때보다 상기 만성 면역 매개 장애의 발병 위험이 낮은 것과 관련된 **대상 예방접종 일정에 따라 상기 대상에게 예방접종하는 단계**,

를 포함하는 방법.

Claim 1 ('739).

A method of immunizing a mammalian subject which comprises:

(I) screening a plurality of immunization schedules, by

(a) identifying a first group of mammals and at least a second group of mammals, said mammals being of the same species, *the first group of mammals having been immunized* with one or more doses of one or more infectious disease–causing organism–associated immunogens according to a first screened immunization schedule, and *the second group of mammals having been immunized* with one or more doses of one or more infectious disease–causing … and

(b) comparing the effectiveness of said first and second screened immunization schedules in protecting against or inducing a chronic immune–mediated

disorder in said first and second groups … and
(II) *immunizing said subject according to a subject immunization schedule*, according to which at least one of said infectious disease-causing organism-associated immunogens of said lower risk schedule is administered in accordance with said lower risk screened immunization schedule, which administration is associated with a lower risk of development of said chronic immune-mediated disorder(s) than when said immunogen was administered according to said higher risk screened immunization schedule

법원 판결 이유

'739 특허의 청구항은 정해진 일정에 따른 물리적 예방 접종 단계를 포함하여 만성 면역 매개 질환의 위험을 낮추는 방법에 관한 것이다. 이러한 청구항은 구체적이고 실질적인 응용에 관한 것이며, … 그리고 *Bilski v. Kappos*의 "광범위하고 예상치 못한 영향을 미칠 수 있는 범주적 규칙을 채택하는 대신" 특허 적격성 배제는 "좁게" 적용되어야 한다는 지침에 따라 … 이 특허의 주제는 § 101의 거친 적격성 필터를 통과한다는 결론을 내린다. 비록 우리가 앞서 언급했듯이 이 특허의 청구항은 실체적 특허성에 대한 설득력 있는 의문을 제기하는 것처럼 보이지만, § 101에 명시된 클래스 내에 있는 주제의 특허성은 § 102, § 103 및 § 112의 조건에 따라 가장 확실하게 해결된다.

*** '283 특허의 청구항 1은 예방접종 일정이 만성 면역 매개 질환의 발생 또는 중증도에 영향을 미치는지에 대한 정보를 검토하여 "예방접종 일정이 만성 면역 매개 질환의 발생 또는 중증도에 영향을 미치는지 여부를 결정하는 방법"을 명시하고 있다. 이는 최적의 일정에 따른 **후속 단계의 예방접종**을 포함하는 '739 특허 청구항과는 대조적이다. '283 특허의 청구항 1은 특허에 따르면 과학 문헌에서 발견되는 알려진 예방 접종 결과를 비교하는 사상을 주장하지만 예방 접종 목적으로이 정보를 사용할 필요는 없다. … '283 특허의 "면역화"는 공개된 데이터의 수집을 의미하며, '739 특허 청구항의 면역화는 '283 특허에서 주장한 정신적 단계를 물리적으로 구현하는 것이다.

[결론: '283번의 청구항 1 부적격; '739번의 청구항 1 적격]

◆***Vanda Pharm. v. West-Ward Pharm.*** (Fed. Cir. 2018).[114] 이 사건은 개인 맞춤형 의약품의 대표적인 사례로, 특허 청구항에는 아래 [1]로 표시된 **첫**

114) 887 F.3d 1117 (Fed. Cir. 2018)

번째 단계, 즉 환자가 특정 유전자형을 가지고 있는지 확인하는 단계와, 아래 [2a] 또는 [2b]로 표시된 두 번째 단계 즉 유전자형 분석 결과에 따라 약물 용량이 결정되는 약물 투여 단계가 포함되어 있다. CAFC는 *Mayo v. Prometheus* 의 경우 이전의 검사 결과로 환자에게 약물을 투여하는 단계가 없고, 용량 평가를 위한 투여 단계만 있다는 점에서 이 사건과 차별화하였다.

VANDA PHARM. v. WEST-WARD PHARM.

U. S. Court of Appeals, Federal Circuit (2018)

청구항 1 ('610 특허):

조현병 환자를 일로페리돈으로 치료하는 방법에 있어서:

[1] 환자로부터 생물학적 샘플을 획득하거나 획득한 경우, 생물학적 샘플에 대한 유전자형 분석을 수행하거나 수행하여 환자가 CYP2D6 저분자 대사체 유전형을 가지고 있는지 확인하여 환자가 CYP2D6 저분자 대사체인지 여부를 결정하는 단계; 및

[2a] 환자가 CYP2D6 저대사자 유전자형을 가진 경우, 일로페리돈을 1일 12mg/일 이하의 양으로 환자에게 내부적으로 투여하는 단계; 및

[2b] 환자가 CYP2D6 저대사자 유전자형을 가지고 있지 않은 경우, 일로페리돈을 1일 12mg 이상, 1일 최대 24mg까지 환자에게 내부적으로 투여하는 단계,

를 포함하며,

CYP2D6 저대사자 유전자형을 가진 환자의 경우 일로페리돈을 1일 12mg/일 이하로 투여한 후의 QTc 연장 위험이, 1일 12 mg/일 이상 최대 24mg/일 이하로 투여했을 때보다 그 위험이 낮은,

치료 방법.

Claim 1 ('610 patent):

A method for treating a patient with iloperidone, wherein the patient is suffering from schizophrenia, the method comprising the steps of:

[1] determining whether the patient is a CYP2D6 poor metabolizer by: obtaining or having obtained a biological sample from the patient; and performing or having performed a genotyping assay on the biological sample to determine if the patient has a CYP2D6 poor metabolizer genotype; and

[2a] if the patient has a CYP2D6 poor metabolizer genotype, then internally administering iloperidone to the patient in an amount of 12mg/day or less, and [2b] if the patient does not have a CYP2D6 poor metabolizer genotype, then internally administering iloperidone to the patient in an amount that is greater than 12mg/day, up to 24mg/day,
wherein a risk of QTc prolongation for a patient having a CYP2D6 poor metabolizer genotype is lower following the internal administration of 12mg/day or less than it would be if the iloperidone were administered in an amount of greater than 12mg/day, up to 24mg/day.

법원 판결 이유

III. 특허 대상의 적격성

*** *West-Ward* 제약사는 대법원이 *Mayo* 사건에서 유사한 청구항이 특허 부적격이라고 판시했다고 주장한다. … 그러나 이 사건은 *Mayo* 사건이 아니다. 첫째, *Mayo* 의 청구항은 질병을 치료하는 새로운 방법에 관한 것이 아니다. 대신, "혈중 특정 대사 산물의 농도와 티오푸린 약물의 투여가 효과가 없거나 해를 끼칠 가능성 사이의 관계"에 기반한 진단 방법에 관한 청구였다.

*** 대법원은 치료 방법 청구항과 *Mayo* 청구항 사이의 차이를 강조하기 위해 "신약이나 기존 약물의 새로운 사용 방법에 대한 일반적인 특허와 달리, 특허 청구항은 해당 법률의 특정 적용 범위에 한정되지 않는다"고 언급했다.

*** 여기서 '610 특허 청구항은 유전자 검사 결과에 따라 투약 요법을 수행하는 단계를 나열하고 있다. 이 청구에 따르면 의사는 환자가 CYP2D6 저대사자 유전자형을 가진 경우 "환자에게 일로페리돈을 하루 12mg/일 이하의 양으로 내부 투여"하고, 환자가 CYP2D6 저대사자 유전자형을 가지지 않은 경우 "환자에게 일로페리돈을 하루 12mg/일 이상, 최대 24mg/일의 양으로 내부 투여"하도록 요구하고 있다. … 이것은 치료 단계이다. 이와는 대조적으로, … *Mayo*의 주장은 혈중 대사산물 수치가 특정 용량 요법이나 그 결과로 취해야 할 다른 추가 단계를 처방하지 않고 단순히 복용량을 늘리거나 줄여야 할 필요성을 "표시"한다고 명시했다. … 여기서 이 주장은 의사의 후속 치료 결정을 광범위하게 "묶어 두는" 것이 아니다.

*** 결론적으로, 여기서의 청구항은 특정한 결과를 달성하기 위해 특정의 화합물을 특정의 용량으로 특정한 환자에게 사용하는 특정 치료 방법에 관한 것이다. *Mayo* 와는 다르다. 그들은 CYP2D6 대사체 유전자형과 QTc 연장 위험 사이의 자연적 관계 이상을 언급하고 있다. 대신, 그들은 이 관계를 기반으로 환자를 치료하

는 방법을 언급하여 일로페리돈의 QTc 연장 위험을 낮춤으로써 더 안전하게 만든다. 따라서 이 청구항은 특허 받을 자격이 있다.

◆ ***Endo Pharmaceuticals Inc., et al v. Teva Pharmaceuticals USA, Inc., et al*** (Fed. Cir. 2019).[115] 이 제약 사건은 *Vanda v. Westpharm*사건에 이어 대사산물의 수치를 검사 및 측정한 후에 통증을 치료하기 위해 옥시모폰(저분자 약물)을 투여하는 단계를 포함하는 청구항이 35 U.S.C.A. § 101 하에서 특허 적격임을 유지했다.

ENDO PHARMACEUTICALS INC., ET AL V. TEVA PHARMACEUTICALS USA, INC., et al

U.S. Court of Appeals, Federal Circuit (2019)

청구항 1 ('737 특허):

신장 장애 환자의 통증을 치료하는 방법으로:

a. 아래의 구성을 포함하는 고체 경구용 조절 방출 제형을 제공하는 단계:

i. 유일한 활성 성분으로서 약 5mg 내지 약 80mg의 옥시모폰 또는 이의 약학적으로 허용되는 염; 및

ii. 제어 릴리스 매트릭스;

b. 환자의 크레아티닌 청소율을 측정하여 다음과 같이 결정하는 단계

(a) 약 30ml/min 미만,

(b) 약 30mL/min ~ 약 50mL/min,

(c) 약 51mL/min ~ 약 80mL/min, 또는

(d) 약 80mL/min 이상; 및

c. 상기 환자에게 크레아티닌 청소율에 따라 통증 완화를 제공하기 위해 더 낮은 용량의 제형을 경구 투여하고; 여기서 상기 환자에게 상기 투여 후, 12시간 동안 옥시모폰의 평균 AUC가 약 21ng−hr/mL 미만인 단계,

를 포함하는 방법.

Claim 1 ('737 patent):

A method of treating pain in a renally impaired patient, comprising the steps

115) 919 F.3d 1347 (Fed. Cir. 2019)

of:

a. providing a solid oral controlled release dosage form, comprising:

i. about 5mg to about 80mg of oxymorphone or a pharmaceutically acceptable salt thereof as the sole active ingredient; and

ii. a controlled release matrix;

b. measuring a creatinine clearance rate of the patient and determining it to be

(a) less than about 30 ml/min,

(b) about 30mL/min to about 50mL/min,

(c) about 51mL/min to about 80mL/min, or

(d) (d) above about 80mL/min; and

c. orally administering to said patient, in dependence on which creatinine clearance rate is found, a lower dosage of the dosage form to provide pain relief; wherein after said administration to said patient, the average AUC of oxymorphone over a 12-hour period is less than about 21ng · hr/mL.

법원 판결 이유

Vanda 청구항과 마찬가지로, 여기서의 청구항은 중요한 측면에서 *Mayo* 청구항과 다르다. *Mayo*의 대표 청구항은 환자에게 티오푸린 약물을 투여하는 것을 언급했지만, 청구항 전체가 특정 질병을 치료하기 위한 약물의 적용에 관한 것이 아니었다. … 또한, *Mayo*의 투여 단계는 '737 특허의 투여 단계와 구별되는데, *Mayo*의 투여 단계는 단순히 특정 장애를 가진 환자에게 약물을 투여하는 방법을 설명하는 첫 번째 단계이기 때문이다. 반면, '737 특허의 투여 단계는 신장 기능 검사 결과에 따라 특정 용량의 약물을 투여하는 것을 설명하는 단계이다. *Mayo* 대법원은 "신약이나 기존 약물의 새로운 사용 방법에 대한 일반적인 특허와 달리, 특허 청구항은 그 범위를 해당 법률의 특정 적용으로 제한하지 않는다"고 지적하면서 이러한 치료 방법 청구항과 *Mayo* 특허의 차이점을 강조했다. *Mayo*, … *Vanda*… *Vanda*에서 발명가들은 일로페리돈 복용량과 환자의 CYP2D6 열악한 대사체 유전자형 사이의 관계를 인정했지만, 그들이 청구한 것은 이것이 아니다. 마찬가지로, 여기서 발명자는 옥시모폰과 신장 장애 환자 사이의 관계를 인정했지만, 이것은 그들이 청구한 것이 아니다.

◇ ***Ino Therapeutics LLC, Mallinckrodt Hospital Products Inc., v. Praxair Distribution Inc., Praxair Inc.*** (Fed. Cir. 2019).[116] 이 소송은 좌심실 기능 장애

(left ventricular dysfunction, LVD)와 호흡부전 신생아 환자를 위한 표준 산화질소(NO) 흡입 요법으로 인한 부작용 사이에 상관관계가 있다는 발견에 근거한 개인 맞춤형 의약품 청구항이다. LVD가 확인되면 해당 환자는 NO 치료에서 제외된다. 법원은 NO 치료를 보류하는 것은 자연이 진행되도록 내버려 두는 것 외에는 아무것도 하지 않으며, 나머지 청구항의 단계는 신청일 당시 일상적이고 통상적인 것이었으므로, 이 청구항은 상관관계를 적극적인 투여 단계로 활용하지 않고 시험하여 상관관계를 확인하는 것에 불과하다고 판시했다.

INO THERAPEUTICS LLC, MALLINCKRODT HOSP. PRODS v. PRAXAIR DISTR. INC., PRAXAIR INC.

U. S. Court of Appeals, Federal Circuit (2019)

주의: 이 판결은 선례가 아니다.

청구항 1 ('741 특허, 강조는 원문)

산화질소 흡입 치료 후보 환자를 치료하는 방법에 있어서, 이는 산화질소 가스 흡입이 저산소성 호흡 부전 신생아 환자의 폐 모세혈관 쐐기 압력(PCWP)을 증가시켜 폐부종을 유발할 위험을 감소시키며, 상기의 방법은,

(a) 저산소성 호흡 부전이 있고 20ppm 흡입 산화질소 치료 후보인 복수의 단기 또는 단기 신생아 환자를 **식별하는 단계;**

(b) 복수의 환자 중 첫 번째 환자에게 좌심실 기능 장애가 없는 것으로 **판단하는 단계;**

(c) 복수의 환자 중 두 번째 환자가 좌심실 기능 장애가 있어 흡입 산화질소 치료 시 폐부종으로 이어지는 PCWP 증가의 위험이 특히 높다고 **판단하는 단계;**

(d) 첫 번째 환자에게 **산화질소 20ppm 흡입** 치료를 **투여하는 단계;** 및

(e) 두 번째 환자가 좌심실 기능 장애가 있어 흡입 산화질소 치료 시 폐부종으로 이어지는 PCWP 증가의 위험이 특히 높다는 **판단에 기초**하여 **두번째 환자를** 흡입 산화질소 치료에서 **제외시키는 단계,**

를 포함 하는 방법.

Claim 1 ('741 patent, emphases in the original)

A method of treating patients who are candidates for inhaled nitric oxide

116) 2019 WL 4023576 ―――Fed. Appx. ――― (2019)

treatment, which method reduces the risk that inhalation of nitric oxide gas will induce an increase in pulmonary capillary wedge pressure (PCWP) leading to pulmonary edema in neonatal patients with hypoxic respiratory failure, the method comprising:

(a) *identifying* a plurality of term or near-term neonatal patients who have hypoxic respiratory failure and are candidates for 20 ppm inhaled nitric oxide treatment;

(b) *determining* that a first patient of the plurality does not have left ventricular dysfunction;

(c) *determining* that a second patient of the plurality has left ventricular dysfunction, so is at particular risk of increased PCWP leading to pulmonary edema upon treatment with inhaled nitric oxide;

(d) *administering 20 ppm inhaled nitric oxide* treatment to the first patient; and

(e) *excluding the second patient* from treatment with inhaled nitric oxide, *based on the determination that the second patient has left ventricular dysfunction*, so is at particular risk of increased PCWP leading to pulmonary edema upon treatment with inhaled nitric oxide

법원 판결 이유

저산소성 호흡 부전을 경험하는 영아를 iNO 가스로 치료하는 것은 수십 년 동안 존재해 왔다는 것은 의심의 여지가 없다. 발명가들은 특정 환자에게 iNO 가스가 유발하는 부작용을 관찰했다. 특허 청구항은 확인된 환자에게는 iNO 치료를 보류하라는 지침을 추가하는 것 이상은 하지 않으며, iNO 제외 그룹에 대해서는 어떤 적극적인 치료도 제공하지 않으므로 iNO 제외 환자에게는 단순히 신체의 자연적인 과정이 일어나도록 허용하는 방법을 다루고 있다. 따라서 여기서의 주장은 자연 현상에 관한 것이다. 자연 현상 자체와는 별개로, 이 청구에는 잘 이해되고 일상적이며 통상적인 단계만 포함된다. 아래의 이유로, '741 특허의 청구항 1은 특허 적격의 주제를 기재하고 있지 않다.

*** 당해 청구항은 특정 질병에 대한 적격 치료 방법에 자연 법칙을 실제로 통합하거나 활용하는 다른 사례와 쉽게 구분할 수 있다. 이 특허는 자연적 상관관계에 대한 지식을 활용하여 각 환자에게 치료 효과가 입증된 특정 약물의 양을 파악함으로써 *Vanda, Natural Alternatives, Endo Pharmaceuticals* 사건에서처럼 다양한

종류의 환자를 보다 효과적으로 '치료'하기 위한 투약의 복잡성을 파헤치지 않는다. *** 요컨대, 발명가들은 부작용을 관찰한 후, 해당 현상을 겪는 신체 능력에 대한 지식을 바탕으로 문제의 질병을 치료할 수 있는 방법을 개발했을 수 있다. *Vanda, Natural Alternatives, Endo Pharmaceuticals* 의 특허 청구 발명은 모두 그렇게 했다. 하지만 HF의 특허 청구항은 그렇지 않다. 대신 자연 현상 자체를 '가리키고(directed to)' 있다.

◆ *In re Board of Trustees of the Leland Stanford Junior University* (Fed. Cir. 2021).[117] 데이터 수신, 하플로타입(haplotype) 결정 및 저장 단계를 포함하는 하플로타입 단계 해결 방법에 대한 청구항은 추상적인 수학적 계산 및 통계적 모델링이므로 특허를 받을 수 없다. 이에 대응하여 약물을 높은 수준의 일반적으로 제공한다는 종속 청구항도 주요 단계의 결과를 '적용'하는 것에 지나지 않으므로 적격성이 없다.

IN RE BOARD OF TRUSTEES OF THE LELAND STANFORD JUNIOR UNIVERSITY

U.S. Court of Appeals, Federal Circuit (2021)

청구항 1 ('925 출원)

하플로타입(haplotype) 유형(phase)을 결정하는 방법으로,

[1] 가족에 대한 유전자형에 관한 대립 유전자 정보를 설명하는 대립 유전자 데이터를 수신하고, 여기서 가족에 대한 유전자형은 단일 뉴클레오티드 변이를 포함하고, 프로세서와 메모리를 포함하는 컴퓨터 시스템에 대립 유전자 데이터를 저장하는 단계;

[2] 혈통 데이터를 수신하고 … 및 컴퓨터 시스템에 혈통 데이터를 저장하는 단계 … ; 신원을 기반으로 대립 유전자 데이터에 기술된 대립 유전자 정보에 대한 상속 상태 결정하는 단계 … , [이하의 절은 생략].

[3] 상속 상태에 대한 전이 확률을 설명하는 전이 확률 데이터를 수신하고 컴퓨터 시스템에 전이 확률 데이터를 저장하는 단계 … ;

[4] 인구 연결 불균형 데이터를 수신하고 인구 불균형 데이터를 컴퓨터 시스템에 저장하는 단계 … ;

117) --- F.3d --- 2021 WL 922727(Fed. Cir. 2021)

[5] 컴퓨터 시스템을 사용하여 가족에 대한 혈통 데이터, 대립 유전자 데이터에 기술 된 정보에 대한 상속 상태, 전이 확률 데이터 및 인구 연결 불균형 데이터를 기반으로 적어도 한 가족 구성원에 대한 하플로타입 유형을 결정하는 단계 … ;
[6] 컴퓨터 시스템을 사용하여 적어도 한 명의 가족 구성원에 대한 하플로타입 유형을 저장하는 단계 … ; 및
[7] 컴퓨터 시스템을 사용하여 요청에 대한 응답으로 적어도 한 명의 가족 구성원에 대해 저장된 하플로타입 유형을 제공하는 단계 … ,
를 포함하는 방법.

Claim 1 ('925 Application)
A method for resolving haplotype phase, comprising:
[1] receiving allele data describing allele information regarding genotypes for a family …, where the genotypes for the family contain single nucleotide variants and storing the allele data on a computer system comprising a processor and a memory;
[2] receiving pedigree data … and storing the pedigree data on a computer system … ;
determining an inheritance state for the allele information described in the allele data based on identity … , [wherein clauses omitted]
[3] receiving transition probability data describing transition probabilities for inheritance states and storing the transition probability data on a computer system … ;
[4] receiving population linkage disequilibrium data and storing the population disequilibrium data on a computer system … ;
[5] determining a haplotype phase for at least one member of the family based on the pedigree data for the family, the inheritance state for the information described in the allele data, the transition probability data, and the population linkage disequilibrium data using a computer system … ;
[6] storing the haplotype phase for at least one member of the family using a computer system … ; and
[7] providing the stored haplotype phase for at least one member of the family in response to a request using a computer system … .

청구항 19 ('925 출원, 추가 단계만 표시) (강조 표시 추가)

[8] … 약물유전체학 데이터베이스의 약물－변이체－표현형 연관성에 관한 정보와 컴퓨터 시스템을 사용하여 질병과 관련된 적어도 하나의 유전적 변이가 저장된 하플로타입 유형 내에 있는지 여부를 결정하여 적어도 한 가족 구성원의 치료를 위한 약물을 결정하는 단계… ;

[9] 컴퓨터 시스템을 사용하여 결정된 약물을 저장하는 단계 … ; 및

[10] **컴퓨터 시스템을 사용하여 요청에 대한 응답으로 결정된 약물을 제공하는 단계** … ,

Claim 19 ('925 Application; only additional steps shown) (emphasis added)

[8] …determining a drug for treatment of at least one member of the family based on information regarding drug－variant－phenotype associations from a pharmacogenomics database and the determination whether the at least one genetic variant associated with disease is within the stored haplotype phase using a computer system … ;

[9] storing the determined drug using a computer system … ; and

[10] *providing the determined drug in response to a request using a computer system* …

법원 판결 이유

*** 청구항 1은 하플로타입을 저장하고 요청 시 제공하는 것 외에 하플로타입 유형의 구체적인 적용 사례를 언급하지 않는다.

*** 이 프로세스가 더 많은 수의 하플로타입 유형의 예측을 산출한다는 스탠포드에서 주장하는 발전은 수학적 프로세스의 새롭거나 다른 사용에 해당할 수 있지만, 우리는 이 프로세스가 향상된 기술적 프로세스라고 확신하지 못한다. 따라서 클레임 1은 대립 유전자의 하플로타입 위상을 수학적으로 계산한다는 추상적인 사상에 관한 것으로 결론을 내린다.

*** 특히 청구항 1은 특수한 컴퓨터 또는 특수한 메모리 또는 프로세서가 장착된 컴퓨터를 요구하지도 않고 이들 내부에서 결과가 이루어질 것을 요구하지도 않는다. 실제로 청구항 1에서 사용된 용어보다 더 일반적인 용어로 하드웨어 제한을 나열하는 특허 청구항은 상상하기 어렵다. 서면 설명은 청구범위에 따라 수행된 수학적 단계와 수신된 데이터 유형이 선행 기술에서 통상적이고 잘 이해되고 있음을 분명히 하고 있다. 따라서 청구항 1의 한정 사항을 개별적으로 고려할 때 청구항을 특허 적격의 응용으로 전환하지 못하고 있다.

*** 종속 청구항 8-10 및 18-20에는 하플로타입 상의 계산을 기반으로 '진단', '약물 치료' 및 '예후'에 대한 비특정적 판단을 내리는 데 따른 한정이 포함되어 있다. 더 이상의 한정 없다면 이러한 청구항은 대법원이 금지한대로 하플로타입 상의 알고리즘을 언급하면서 "이것을 적용하라"고 지시하는 것에 지나지 않는다. 이러한 청구항에는 청구항을 특허 적격의 응용으로 전환하는 발명적 개념이 결여되어 있다.

§ 3:34 생명공학 방법 청구항 – 생산 또는 제조 방법

Rapid Litig. Mgmt. v. CellzDirect, Inc. (Fed. Cir. 2016).[118] 간세포(hepatocyte) 세포를 보존하는 기술에 관한 특허 청구항은 단순히 간세포가 여러 번의 동결-해동 사이클에서 생존하는 능력에 관한 것이 아니라, 다중 냉동 보존 간세포의 원하는 프레파라트(preparation)를 생산하는 실험실 방법에 관한 것이므로 특허 부적격의 자연법칙에 관한 것이 아니다. 또한 자연 법칙에 대한 청구항이라 하더라도 **2회의** 동결 및 해동이라는 추가 단계는 일상적이고 통상적인 것이 아니다.

RAPID LITIG. MGMT. v. CELLZDIRECT, INC.

U.S. Court of Appeals, Federal Circuit (2016)

청구항 1. ('929 특허) (강조 표시 추가)

다중 동결 보존 간세포의 원하는 프레파라트(preparation)를 제조하는 방법에 있어서, 상기 간세포는 **적어도 2 회 동결 및 해동**이 가능하고, 상기 프레파라트의 간세포의 70% 이상이 최종 해동 후 생존 가능한 것을 특징으로 하며, 상기 방법은:

(A) 냉동 및 해동된 간세포를 밀도 구배 분획에 적용하여 생존 가능한 간세포와 생존 불가능한 간세포를 분리하는 단계,

(B) 분리된 생존 가능한 간세포를 회수하는 단계, 및

(C) 회수된 생존 가능한 간세포를 동결 보존하여 간세포를 **두 번째로** 해동한 후 밀도 구배 단계를 필요로 하지 않고 원하는 간세포 프레파라트를 형성하는 단계로, 여기서 간세포는 제1 및 제2 동결 보존 사이에 플레이트 되지 않으며, 최종 해동 후 상기 프레파라트의 간세포의 70% 이상이 생존 가능한 단계,

118) 827 F.3d 1042 (Fed. Cir. 2016)

를 포함하는 방법

Claim 1. ('929 patent) (emphasis added)

A method of producing a desired preparation of multi-cryopreserved hepatocytes, said hepatocytes being capable of *being frozen and thawed at least two times*, and in which greater than 70% of the hepatocytes of said preparation are viable after the final thaw, said method comprising:

(A) subjecting hepatocytes that have been frozen and thawed to density gradient fractionation to separate viable hepatocytes from nonviable hepatocytes,

(B) recovering the separated viable hepatocytes, and

(C) cryopreserving the recovered viable hepatocytes to thereby form said desired preparation of hepatocytes without requiring a density gradient step after thawing the hepatocytes *for the second time*, wherein the hepatocytes are not plated between the first and second cryopreservations, and wherein greater than 70% of the hepatocytes of said preparation are viable after the final thaw.

법원 판결 이유

법원은 먼저 *Alice*에 대한 두 가지 시험을 통해 청구항이 자연 법칙 등 특허를 받을 수 없는 개념에 관한 것인지 물었다. 법원은 다음과 같이 답했다. 이 사건에서는 청구항이 단순히 간세포가 여러 번의 동결-해동 사이클에서 생존할 수 있는 능력에 관한 것이 아니라는 점을 인정하는 것으로 충분하다. 오히려 '929 특허의 청구항은 간세포를 보존하기 위한 새롭고 유용한 실험실 기술에 관한 것이다. 장인이 '새롭고 유용한 목적'을 달성하기 위해 수행하는 이러한 유형의 건설적인 프로세스가 바로 특허를 받을 수 있는 청구항 유형이다 [인용 생략]. 발명가들은 세포가 여러 번의 동결-해동 사이클에서 생존할 수 있는 능력을 확실히 발견했지만, 거기서 멈추지 않았고 특허를 받은 것도 아니다. 오히려 "세포의 능력에 대한 지식을 가장 먼저 가진 당사자로서" 그들은 "그 지식의 응용을 주장할 수 있는 탁월한 위치에 있었다." [인용 생략]. 이것이 바로 그들이 한 일이다. 그들은 자연적인 발견을 활용하여 나중에 사용할 수 있도록 간세포를 보존하는 새롭고 개선된 방법을 만들었다. 이 사건의 청구항은 *Mayo*와 *Alice* 이후의 사례에서 특허 부적격으로 판정된 청구항과 쉽게 구별할 수 있다. 최근 사례에서는 부적격의 개념 자체를 관찰하거나 식별하는 것에 지나지 않는 것으로 특허 부적격 개념을 '가리키는' 청구항이 발견되었다.

*** 여기에서도 마찬가지이다. '929 특허 청구의 최종 결과는 단순히 간세포가 여러 번의 동결－해동 사이클에서 생존하는 능력을 관찰하거나 탐지한 것이 아니다. 그보다는 간세포 세포를 보존하는 새롭고 유용한 방법에 관한 것이다. 실제로 청구항에는 "다중 냉동 보존 간세포의 원하는 제제를 제조하는 방법"이 기재되어 있다. … '929 특허 청구항은 원하는 결과를 얻기 위한 과정, 예를 들어 물건을 생산하는 방법이나 질병을 치료하는 방법을 나열하는 수천 개의 다른 특허 청구항과 비슷하다. 그 과정을 설명하는 한 가지 방법이 그 과정을 거치는 대상의 자연적 능력을 설명하는 것이라고 해서 그 청구항이 그 자연적 능력을 "가리키는" 것은 아니다. 만약 그렇다면 새로운 화합물을 생산하는 방법(개별 성분이 결합하여 새로운 화합물을 형성하는 능력에 관한 것), 화학 요법으로 암을 치료하는 방법(암세포가 화학 요법에서 살아남지 못하는 것에 관한 것), 아스피린으로 두통을 치료하는 방법(아스피린에 대한 인체의 자연적인 반응에 관한 것) 등은 특허를 받을 수 없는 것으로 판명될 수 있다.

*** **다음으로, 법원은 여전히 *Alice* 시험에 따라 청구항이 부적격 개념에 관한 것이더라도 청구항이 부적격의 개념과 현저하게 다른 발명적 개념을 추가했는지 여부에 대해 질문했다. 다음과 같이 판결했다.** 청구항의 각 개별 단계(동결, 해동 및 분리)가 통상의 기술자에게 독립적으로 공지되었다는 이유로 청구항이 특허를 받을 수 없는 것은 아니다. 제2단계에서 "과학계에서 이미 잘 이해되고 일상적이며 통상적인 활동"만을 나열하는 청구항은 특허를 받을 수 없다는 것은 사실이다.

*** 여기서 청구된 공정은 간세포를 두 번 냉동하고 해동하는 과정을 포함한다. 냉동과 해동의 개별 단계는 잘 알려져 있었지만, 이러한 단계를 반복하여 간세포를 보존하는 과정 자체가 일상적이고 통상적인 것과는 거리가 멀었다. … 한 번만 수행해야 한다고 가르치는 단계를 반복하는 것은 일상적이거나 통상적이라고 볼 수 없다. 발명가가 뭔가 자연적인 것을 발견하여 그렇게 했음에도 불구하고 이는 사실이다.

*** LTC 주장의 핵심은 간세포가 여러 번의 동결－해동 사이클에서 생존할 수 있다는 사실이 밝혀지면 알려진 동결－해동 과정을 반복하여 청구된 발명에 도달하는 것이 간단한 작업이었을 것이라는 주장인 것 같다. 그러나 특허 적격성은 실행의 용이성이나 출원의 명확성에 달려 있지 않다. 이는 특허법의 별도 조항에 따라 심사되는 문제이다.

◆ ***<u>Natural Alternatives Int'l v. Creative Compounds, et al</u>*** (Fed. Cir. 2019).[119] 이 사건은 천연물인 베타－알라닌을 함유하는 식이 보충제 조성물 청구

의 맥락에서 § 3:23에서 분석하였다. 이 섹션에서는 조성물 제조 방법에 대한 특허 청구에 대한 법원 판결의 해당 부분을 분석한다. 여기서도 CAFC는 하급 법원의 답변서에 기초한 기각 판결(dismissal on the pleadings)을 파기하고 후속 재판을 위해 환송하였다. 법원은 상기 *Rapid Litigation* 사건에 이어 제품(인체용 건강 보조 식품)을 만드는 방법은 자연법을 사용하는 것이 아니라 자연법을 응용한 것이므로 적격하다고 판시했다. 답변서에 기초한 기각은 시기상조이며 타당하지 않다.

NATURAL ALTERNATIVES INTERNATIONAL, INC v. CREATIVE COMPOUNDS, LLC, et al

U.S. Court of Appeal, Federal Circuit (2019)

청구항 1 ('610 특허) (원문에 강조 표시)

경구 섭취용 건강 보조 식품 제조에서의 베타-알라닌의 사용방법(use)에 있어서; 디펩타이드, 폴리펩티드 또는 올리고펩타이드의 일부가 아닌 베타-알라닌을 인간용 **식이 보충제**의 제조 단계에서 단일 성분으로 공급하거나, 또는 디펩타이드, 폴리펩티드 또는 올리고펩타이드의 일부가 아닌 베타-알라닌을 인간용 **식이 보충제**의 제조를 위한 다른 성분과 함께 혼합하고, 이로써 제조된 인간용 건강보조식품을 일정 기간에 걸쳐 여러 도스로 경구 섭취하면 인간의 피로 시작을 지연시키기에 충분한 근육 조직 내 베타-알라닐 히스티딘 수치를 증가시키는 사용방법.

Claim 1 ('610 patent) (emphasis in the original)

Use of beta-alanine in manufacturing a human dietary supplement for oral consumption;

supplying the beta-alanine, which is not part of a dipeptide, polypeptide or oligopeptide, as a single ingredient in a manufacturing step of the human *dietary supplement* or mixing the beta-alanine, which is not part of a dipeptide, polypeptide or oligopeptide, in combination with at least one other ingredient for the manufacture of the human *dietary supplement*, whereby the manufactured human dietary supplement is for oral consumption of the human dietary supplement in doses over a period of time increases beta-alanyl histidine levels in muscle tissue sufficient to delay the onset of fatigue in the

119) 918 F.3d. 1338 (Fed. Cir. 2019)

human.

법원 판결 이유

[610]의 "제조 청구항"은 … 자연법칙이나 자연의 산물(product of nature)에 관한 것이 아니라 그 법칙의 응용과 그 산물의 새로운 사용방법에 관한 것이다. '610 특허의 청구항 1은 … 제품 청구항[위에서 분석됨]에서 문제가 되는 자연법칙 및 자연의 산물에서 훨씬 더 멀리 떨어져 있다. 이 특허는 특정한 특성을 가지는 인간용 건강 보조 식품의 제조에 관한 것이다. 보충제는 자연의 산물이 아니며 특정 결과를 달성하기 위해 보충제를 사용하는 것은 자연의 법칙에 관한 것이 아니다. 따라서 비자연적 보충제의 제조에 대한 청구항이 어떻게 자연의 법칙 또는 천연물을 가리키게 되는지 알 수 없다.

◇ ***Illumina, Sequenom v. Ariosa*** (Fed. Cir. 2020).[120] 이 사건은, 상관관계 단계 없이 검사 또는 검출하는 방법의 맥락에서 위 § 3:31에서 논의한 *Ariosa Diagnostics v. Sequenom* (Fed. Cir. 2015)[121]의 후속 사건이다. 두 사건 모두 임신한 여성의 혈액에서 나타나는 태아 DNA의 부계 유전 돌연변이 검출을 다루고 있다. *Ariosa Diagnostics*의 청구항은 검출 방법에 대한 것이고, 여기서는 추가 검출을 위해 DNA를 준비하는 방법에 대한 청구항이다. 법원은 여기서의 청구항이 검출 방법이 아닌 준비 방법으로서 특허 적격하다고 판결했다.

ILLUMINA, SEQUENOM v. ARIOSA

Court of Appeals, Federal Circuit (2020)

청구항 1. 태아 염색체 이상에 관련된 유전적 좌위(locus)를 분석하는 데 유용한 임신한 인간 여성으로부터 디옥시리보핵산(DNA) 단편(fraction)을 제조하는 방법에 있어서,

(a) 임신한 여성의 혈장 또는 혈청의 실질적으로 세포가 없는 샘플에서 DNA를 추출하여 세포 외 순환 태아 및 모체 DNA 조각을 얻는 단계;

(b) (a)에서 추출한 DNA단편을,

(i) 세포 외 순환 DNA 단편의 크기 차별화, 및

120) *Slip. op* 2019–1419(Fed. Cir. 2020)

121) 788 F.3d 1371 (Fed. Cir. 2015)

(ii) 약 500개 이상의 염기쌍을 가진 DNA 조각의 선택적 제거,
에 의하여 생산하며, 여기서 (b) 이후의 DNA 단편은 세포 외 순환 태아 및 모체 DNA의 복수의 유전적 좌위를 포함하는 단계; 및
(c) (b)에서 생성된 DNA의 단편에서 유전자 좌위를 분석하는 단계;
를 포함하는 방법.

Claim 1. A method for preparing a deoxyribonucleic acid (DNA) fraction from a pregnant human female useful for analyzing a genetic locus involved in a fetal chromosomal aberration, comprising:
(a) extracting DNA from a substantially cell-free sample of blood plasma or blood serum of a pregnant human female to obtain extracellular circulatory fetal and maternal DNA fragments;
(b) producing a fraction of the DNA extracted in (a) by:
(i) size discrimination of extracellular circulatory DNA fragments, and
(ii) selectively removing the DNA fragments greater than approximately 500 base pairs,
wherein the DNA fraction after (b) comprises a plurality of genetic loci of the extracellular circulatory fetal and maternal DNA; and
(c) analyzing a genetic locus in the fraction of DNA produced in (b).

관련 기술

청구항들은 명세서에서 다음과 같이 기술된 관찰에 근거한다: "순환 세포 외 태아 DNA와 모체 혈장 내의 순환 세포 외 모체 DNA를 조사한 결과, 놀랍게도 대부분의 순환 세포 외 태아 DNA는 약 500 염기쌍 이하의 비교적 작은 크기를 갖는 반면, 모체 혈장 내의 순환 세포 외 모체 DNA의 대부분은 약 500 염기쌍보다 큰 크기를 갖는 것으로 나타났다."

법원 판결 이유

이것은 진단 사례가 아니다. 그리고 치료 방법의 사례가 아니다. 준비 방법의 사례이다.

*** 본질적으로 *Ariosa v. Sequenom* (Fed. Cir. 2015)[122] 사건의 발명가들은 무세포 태아 DNA(cell-free fetal DNA)가 존재한다는 사실을 발견한 후, 그 존재에

122) 788 F.3d 1371 (Fed. Cir. 2015)

대한 지식과 그 존재를 확인하는 방법만을 다루는 특허 청구항을 획득했다. 이와는 대조적으로, 이 특허 청구는 DNA 조각의 크기와 태아 또는 모체의 경향성 사이의 상관관계에 관한 것 이상을 다루고 있다. 또한 이 청구항은 단순히 세포가 없는 DNA 단편의 크기를 기준으로 태아 또는 모체인지 여부를 감지하는 방법만을 다루는 것이 아니다. 오히려 청구된 방법은 모체의 혈액에서 일부 모체 DNA를 제거하여 태아 DNA가 농축된 무세포 DNA의 일부를 준비한다. 따라서 이 사건의 청구항은 *Ariosa*에서 무효로 판단한 청구항과 다르다.

*** *Roche*는 본 발명을 실행하는 데 사용되는 DNA 단편의 크기를 구별하고 선택적으로 제거하는 기술은 잘 알려져 있고 통상의 기술이라고 주장한다. 물론 이 사건 발명가들이 원심분리, 크로마토그래피, 전기영동 또는 나노 기술을 발명하지 않았음을 인정한다. 그러나 이러한 고려사항은 *Alice/Mayo 2*단계에 따른 조사 또는 이 사건에서 우리 앞에 쟁점이 되지 않는 자명성과 같은 다른 법적 고려사항과 관련이 있을 수 있지만, 청구항 자체가 자연 현상에 관한 것인지 여부에 대한 *Alice/Mayo* 1단계 질문에는 영향을 미치지 않는다. … *Rapid Litigation Management v. CellzDirect* (Fed. Cir. 2016)[123] 사건은 시사적인데, 여기에서 우리는 발명자들이 잘 알려져 있는 '동결' 및 '해동' 과정을 발명하지 않았음을 인정하였는데, 이는 *Alice/Mayo*의 제2단계 심사의 맥락에서만 인정한 것이다.

*** 본 발명자들은 DNA 단편을 준비하는 방법에 대해 특허를 받았다. 청구된 방법은 발명자들이 물리적 공정 단계를 사용하여 더 큰 무세포 DNA 조각을 선택적으로 제거하여 무세포 태아 DNA의 혼합물을 풍부하게 하는 자연 현상을 활용한다. 문제가 되는 청구항이 특허법의 다른 부분에 근거한 문제 제기에 따라 요건을 충족할지 여부에 대해서는 언급하지 않지만, § 101에 따라 청구된 방법은 특허 적격의 대상이다.

§ 3:35 생명공학 방법 청구항 – 약물 선별의 경우

<u>Assoc. Molec. Pathology et al v. USPTO and Myriad Genetics</u> (Fed. Cir. 2012)[124](선별 방법). 이는 진단 절차 청구항 및 분리된 유전자에 대한 청구항과 관련하여 위에서 설명한 것과 동일한 사례이다. 특허 중 하나는 암에 대한 약물 가능성이 있는 후보의 유용성을 조사하는 절차에 대한 청구항(20번)도 포함되어 있다. 이 청구항에는 암을 유발하는 BRCA 유전자로 변형된(또는 그렇지 않은) 세

123) 827 F.3d 1042 (Fed. Cir. 2016)
124) 689 F.3d 1303 (Fed. Cir. 2012)

포를 사용하고 그러한 세포에 대한 약물의 가능한 효과를 비교하는 것이 포함되어 있다. CAFC는 이 청구가 적법하다고 판결했다. 이 판결은 대법원에 상고되지 않아 최종 판결이다.

ASSOC. MOLEC. PATHOLOGY ET AL v. USPTO AND MYRIAD GENETICS

U.S. Court of Appeals, Federal Circuit (2012)

청구항 20.

잠재적 암 치료제를 선별하는 방법에 있어서, 암 치료제로 의심되는 화합물의 존재 하에서 암을 유발하는 변형된 BRCA1 유전자를 포함하는 변형된 진핵 생물 숙주 세포를 성장시키는 단계, 상기 화합물이 없는 상태에서 상기 변형된 진핵 생물 숙주 세포를 성장시키는 단계, 상기 화합물이 있을 때 상기 숙주 세포의 성장률과 상기 화합물이 없을 때 상기 숙주 세포의 성장률을 결정하는 단계, 상기 숙주 세포의 성장률을 비교하는 단계를 포함하며, 여기서 상기 화합물이 있을 때 상기 숙주 세포의 더딘 성장률이 암 치료제를 나타내는 것인 방법.

Claim 20.

A method for screening potential cancer therapeutics which comprises: growing a transformed eukaryotic host cell containing an altered BRCA1 gene causing cancer in the presence of a compound suspected of being a cancer therapeutic, growing said transformed eukaryotic host cell in the absence of said compound, determining the rate of growth of said host cell in the presence of said compound and the rate of growth of said host cell in the absence of said compound and comparing the growth rate of said host cells, wherein a slower rate of growth of said host cell in the presence of said compound is indicative of a cancer therapeutic.

법원 판결 이유

이 청구항에는 두 개의 숫자를 보고 두 숙주 세포의 성장률을 "비교"하는 추상적인 정신적 단계 이상의 것이 포함되어 있다. 청구항에는 잠재적 암 치료제의 유무에 따라 형질 전환된 세포를 "성장시키는" 단계, 즉 세포와 그 성장 배지의 조작을 포함하는 본질적으로 변형적인 단계가 포함되어 있다. 또한 세포의 성장 속도를 "결정"하는 단계도 포함되며, 이 단계에는 반드시 세포의 물리적 조작이 수반된다. 또한 이러한 단계는 청구된 절차의 목적의 핵심이다. … 특허 청구항의 목표는 암 치료제로서 화합물의 잠재력을 평가하는 것이며, 세포를 성장시키고 성장 속도를 결정하는 것이 그 목표를 달성하는 것이다.

또한 특허를 받을 수 있는 공정이 아닌 과학적 원리만을 주장할 정도로 "명백하게 추상적"인 청구항이 아니다. … 이 청구항은 모든 세포, 모든 화합물 또는 화합물의 치료 효과를 결정하는 모든 방법을 다루지 않다. 오히려 특정 유전자로 형질전환되고 특정 유형의 치료제가 있거나 없는 상태에서 성장한 특정 숙주 세포와 관련되어 있다.

§3:36 저자 의견: 생명공학 방법 청구항의 적격성에 관한 새로운 규칙

대법원의 *Alice Corp. v. CLS Bank*125) 및 *Mayo v. Prometheus* (Sup. Ct. 2012)126) 판결 이후 생명공학 방법 청구의 적격성에 관한 연방항소법원 판례에서 명확한 구분이 생겼다. 적격성에 관한 CAFC 판결 중 일부는 이 두 판례보다 앞서 나왔지만, 이제 새로운 근거에 따라 분류될 수 있다.

상관관계나 평가가 없는 일반적인 시험 방법은 적격성이 없다.

이 범주의 사례에는 검사 또는 측정 결과를 질병 또는 상태의 평가와 연관시키지 않는 청구항이 포함된다. 이러한 청구항은 '단순한'(naked) 시험 방법이다. 여기에는 다음 사건이 포함된다:

- *In re Grams* (Fed. Cir. 1989);127)
- *In Re BRCA1 ... Litigation* (Fed. Cir. 2014);128)
- *Ariosa v. Sequenom* (Fed. Cir. 2015); 129)
- *Genetic Technologies v. Merial* (Fed. Cir. 2016);130) 및
- *Genetic Veterinary Sciences, Inc., v. Laboklin Gmbh & Co. KG, et al* (Fed. Cir. 2019).131)

125) 134 S. Ct. 2347 (U.S. Sup. Ct. 2014)
126) 132 S. Ct. 1289 (U.S. Sup. Ct. 2012)
127) 888 F.2d 835 (Fed. Cir. 1989)
128) 774 F.3d 755 (Fed. Cir. 2014)
129) 788 F.3d 1371 (Fed. Cir. 2015)
130) 818 F.3d 1369 (Fed. Cir.2016)

또한 추가적인 평가 없는 검사에 관한 청구항의 적격성에 대한 CAFC의 최근 판결인 ***Cleveland Clinic Foundation v. True Health Diagnostics LLC***, (Fed. Cir. 2019)[132](법원이 공개 대상으로 선정하지 않았으므로 법적 구속력이 있는 판례는 아님)도 이 범주의 사례에 포함시켜야 한다. 이 사건의 대표적 청구항은 법원에서 *Cleveland Clinic v. True Health* (Fed. Cir. 2017)와 차별하기 위해 *Cleveland Clinic II라고* 부르는데[133] 이는 통상의 면역 분석에 대한 것으로 그 내용은 다음과 같다:

> 환자 샘플에서 상승된 MPO 질량을 검출하는 방법으로: a) 죽상경화성(atherosclerotic) 심혈관 질환(CVD)을 가진 인간 환자로부터 혈장 샘플을 얻는 단계; 및 b) 상기 혈장 샘플을 항-MPO 항체와 접촉시키고 상기 혈장 샘플의 MPO와 상기 항-MPO 항체 사이의 결합을 검출함으로써 일반 인구 또는 겉으로 건강한 대상자의 대조 MPO 질량 수준과 비교하여, 상기 샘플에서 상승된 MPO 질량을 검출하는 단계를 포함하는 방법.
>
> A method of detecting elevated MPO mass in a patient sample comprising: a) obtaining a plasma sample from a human patient having atherosclerotic cardiovascular disease (CVD); and b) detecting elevated MPO mass in said plasma sample, as compared to a control MPO mass level from the general population or apparently healthy subjects, by contacting said plasma sample with anti-MPO antibodies and detecting binding between MPO in said plasma sample and said anti-MPO antibodies.

법원은 혈중 MPO 수치가 심혈관 질환과 관련이 있다는 자연법칙을 근거로 이 청구항이 주장이 부적격하다고 판결했다.

이 사례와 이 카테고리에 속하는 다른 사례에서 시험 단계를 수행하는 이유는 특허 명세서에는 기재되어 있지만 청구범위에는 없다. 예를 들어, *BRCA1… litigation* 사건에서 생식세포에서 BRCA1 유전자의 변이를 검사하는 이유는 유방암의 위험을 평가하기 위한 것이지만, 청구항에는 위험 평가가 없다. *Ariosa*에서 부계 유전 핵산을 검출하는 이유는 태아의 질병 또는 상태의 위험을 평가하기 위한 것이지만, 이는 청구항에 포함되어 있지 않으며, 청구항에는 평가나 상관관계가 아닌 증폭 및 검출 단계만 포함되어 있다. *Genetic Technologies v. Merial* 사건의 청구항에는 대립 유전자 연결 불균형과 그로 인한 임상적 결과를 감지하는 것에 대한 언급 없이 게놈

131) 933 F.3d. 1302 (Fed. Cir. 2019)

132) ---F.Appx. ---2019 WL 1452697(Fed. Cir. 2019)

133) 859 F.3d. 1352 (Fed. Cir. 2017)

DNA를 증폭하고 분석하는 단계만 포함되어 있다.

이러한 사례에서 볼 수 있듯이, 청구된 검출 단계가 면역 분석 또는 PCR에 의한 증폭과 같이 일상적이고 통상적인 경우, 해당 방법은 전체적으로 부적격하다고 간주된다. 그런 다음 법원은 청구항이 § 101의 발명성이 없는 자연법칙을 측정하기 위한 것이라고 판단한다.

중요한 사후 평가 단계 없이 어떤 상태를 시험하고 평가하는 방법도 부적격하다.

이러한 사건들은 (이전 범주에서와 같이) 탐지하고 및 식별하는 방법을 청구하고 있으며, 청구항에는 위험에 대한 관계 및 평가 단계를 포함하지만, 관계 또는 평가의 추가 단계가 일상적이고 통상적인 경우에는 부적격하게 되는 경우이다. 여기에는 다음 사건이 포함된다:

- *Metabolite v. Lab Corp* (Sup. Ct. 2006, Breyer 판사, 반대 의견); [134]
- *Mayo v. Prometheus* (Sup. Ct. 2012);[135]
- *Assoc. Molec. Pathology v. USPTO and Myriad Genetics* (청구항 1)(Fed. Cir. 2012);[136]
- *Cleveland Clinic v. True Health* ('552 특허의 청구항 11)(Fed. Cir. 2017);[137]
- *Athena Diagnostics, Inc. et al v. Mayo Collaborative Services, LLC* (Fed. Cir. 2019);[138]
- *Roche v. Cepheid* (Fed. Cir. 2018);[139] 및
- *Caredx, Inc v. Natera, Inc.* (Fed. Cir. 2022).[140]

이러한 "시험 및 평가" 사건의 청구항은 "현저하게 다른" 또는 "§ 101 발명성"을 추가하지 않고 추상적인 정신적 개념에 불과하거나 자연적인 상관관계(법원이 선호하는 자연적인 "법칙")에 직접적으로 의존한다는 점에서 부적격 하다고 판단되어 왔다. 이러한 사례의 청구항에서 유형적이고 변형적인 단계(예: **나중에** 상관관계를 평가하기 위한 목적으로 "투여하는" 또는 "표지된 분자로 면역 침전하는"와 같은)는 청구항을 적격하게 만들지 못한다. 이러한 단계는 분석 또는 결정의 추상적 상관관계 단계에 앞서 그리고 이를 준비하기 위해 수행되는 일상적이고 통상적인 단계로 간주된다. 따라서 이러한 유형의 단계는 단순히 중심적인 자연법칙 또는 추상적 사상을 위한 '무대의 설정'일 뿐이며 분석 또는 결정의 실질적인 결과는 아니다.

---

134) 548 U.S. 124 (U.S. Sup. Ct. 2006)
135) 132 S. Ct. 1289 (U.S. Sup. Ct. 2012)
136) 689 F.3d 1303 (Fed. Cir. 2012)
137) 859 F.3d. 1352 (Fed. Cir. 2017)
138) Slip–op 2017–2508(Fed. Cir. 2019)
139) 905 F.3d 1363 (2018)
140) – – F.4 – – – (Fed. Cir. 2022) 2022 WL 2793597

아래에서 보는 바와 같이, *Assoc. Molec. Pathol v. USPTO v. Myriad Genetics* (가능성 있는 암 치료제를 선별하는 방법에 대한 청구항 20)(Fed. Cir. 2012)[141] 사건의 약물을 선별하는 방법의 경우, 구현 단계가 일상적이거나 통상적이지 않고, 또는 당해 기술에서는 존재하지 않는 경우에는, 청구항에서 두개의 수치 파라미터를 비교하는 방법도 적격으로 판단될 수 있다.

이와는 대조적으로, 상태를 시험하고 평가한 후 중요한 사후적 평가 활동을 하는 방법은 적격이 있다.

이러한 사례는 자연법칙이나 상관관계에 기반하지만, 그 상관관계에 반응하는 방식에서 또한 상관관계의 결과로 되는 방식에서 이를 뛰어넘는 경우이다. 이러한 경우의 청구항에는 다음 사건이 포함된다:

- *Classen v. Biogen* (Fed. Cir. 2011)의 '739 특허의 청구항 1에서와 같이 상관관계 후의 면역화 단계;[142]
- *Cleveland Clinic* (Fed. Cir. 2017)의 '260 특허의 청구항 1에서와 같은 상관관계 후의 처리 단계; [143]
- *Vanda Pharma v. Westward* (Fed. Cir. 2018)의 '610 특허 청구항 1에서와 같은 상관관계 후의 처리 단계;[144] 및
- *Endo v. Teva* (Fed. Cir. 2019)의 '737 특허의 청구항과 같은 상관관계 후의 처리 단계.[145]

이러한 경우 '면역화' 또는 '투여'라는 상관관계 후의 단계는 탐지 및 식별 단계 **이후에** 수행된다. 이러한 추가 단계는 이전의 상관관계 단계의 결과이므로 단순하고 일상적인 적용이 아니라 자연법칙에 대한 "§ 101 변형"으로 간주될 수 있다.

이와는 크게 대조적으로, *Ino Therapeutics LLC v. Praxair Distribution* (Fed. Cir. 2019)[146]에서 법원은 (비선례적 의견으로) 검사 및 상관관계를 확인한 후 특정한 하위 환자 집단을 치료에서 **제외하는 청구항**은 상관관계의 결과가 다른 또는 더 낮은 용량의 치료에 활용되지 않고 단순히 아무것도 하지 않는 것으로 이어진다는 점에서 자격이 없다고 판시했다.

그리고 *In re Stanford Junior University* (Fed. Cir. 2021)[147]에서는 종속 청구항 19에 약물을 "제공"하는 상관관계 부여 후의 단계 [10]이 포함되어 있지만, 이 단계

141) 689 F.3d 1303 (Fed. Cir. 2012)
142) 659 F.3d 1057 (Fed. Cir. 2011)
143) 859 F.3d 1352 (Fed. Cir. 2017)
144) 887 F.3d. 1117 (Fed. Cir. 2018)
145) 919 F.3d.1347 (Fed. Cir. 2019)
146) 209 WL 4023576 ---Fed. Appx. --- (2019)
147) --- F.3d --- 2021 WL 922727(Fed. Cir. 2021)

는 매우 높은 수준의 일반성으로 인해 청구항이 적격하지 않았다. *Stanford* 특허 청구항 19의 단계 [10]("결정된 약물의 제공")와 *Classen v. Biogen* (Fed. Cir. 2011)[148] 사건의 '739 특허의 청구항 1의 단계 (II)("상기 대상에 대한 면역화") 사이의 차이점은 무엇일까. 합리적인 결론은 약물을 '제공'하는 것에는 적격 대상과 부적격 대상이 모두 포함될 수 있다는 것이다. 예를 들어 "환자에게 투여"와 같은 적격 행위와 컴퓨터로 약물의 구조를 보여주거나 단순히 약물을 환자에게 전달하는 것과 같은 부적격 행위가 포함될 수 있다. 적격 및 비적격 주제를 포함하는 청구는 부적격이다(예: ***Mentor Graphics v. EVE−USA, Inc.*** (Fed. Cir. 2017) 참조).[149] 이와 대조적으로, *Classen 1* 사건에서 "면역화" 단계는 백신 수혜자에게 수행되는 실질적인 변형 단계이다.

피험자를 치료하는 방법은 적격이다.

2012년 *Mayo* 판결 이후, 치료 방법은 적격한 것으로 유지되었다. 지금까지 살펴본 바와 같이, 검사 및 상관관계 단계를 수행한 **후에** 수행된 질병 치료 단계는 전체적으로 청구가 적격하다. 이전의 상관관계 단계 없이 치료하는 방법 자체에 대한 청구도 마찬가지이다.

이 규칙의 최근 사례는 *Natural Alternatives Int'l v. Creative Compounds, et al* (Fed. Cir. 2019)[150]에서 찾을 수 있는데, 이 사건에서 CAFC는 천연물 베타−알라닌으로 인간을 치료하는 방법("방법 청구")에 대한 답변서에 기초한 무변론 기각(dismissal on the pleadings) 판결을 파기하면서 그러한 청구항은 35 U.S.C. § 101에 따라 부적격하지 않다고 판시했다. 법원은 다음과 같이 말했다:

> 보충제의 활성 성분이 자연에서 발생하고 인간 식단의 일부로 섭취되는 분자라는 사실은 우리의 분석을 바꾸지 않는다. … 문제가 되는 방법 청구는 치료 청구이다. 이는 특허에 명시된 특정 용량으로 환자를 치료하기 위해 환자의 자연 상태를 변경하기 위해 부자연스러운 양의 천연물을 사용하는 것을 포함한다. 따라서 방법 청구항은 부적격 주제에 관한 것이 아니라고 판단한다. … 사실의 판단자는 궁극적으로 식이 보충제 제한이 잘 이해되고 일상적이며 통상적이라고 판단할 수 있겠지만, 명세서, 소장 또는 기타 자료에서 그러한 취지의 명확한 진술이 법원에 제대로 제출되지 않은 경우, 이의를 제기하는 경우 무변론 재판 신청(motion for judgment on the pleadings)에 의하여 그러한 판결을 내릴 수 없다.

148) 659 F.3d 1057 (Fed. Cir. 2011)
149) 851 F.3d 1275 (Fed. Cir. 2017)
150) 918 F.3d. 1338 (Fed. Cir. 2019)

유형의 제품을 생산하는 방법은 적격의 가능성이 일부 있다.

유형의 물건을 생산하는 방법도 자격이 있는 것으로 밝혀졌다. 여기에는 다음과 같은 판결이 포함된다:

- *Rapid Litig. Mgmt. v. CellzDirect* (생존 가능한 간세포의 생산 방법) (Fed. Cir. 2016); [151]
- *Natural Alternatives International, Inc v. Creative Compounds, LLC et al.* (식이 보충제 제조 방법에 관한 '610 특허의 청구항 1)(Fed. Cir. 2019),[152] 및
- *Illumina, Sequenom v. Ariosa* (Fed. Cir. 2020)[153] (추가 검사를 위한 DNA 단편생성 방법).

*Rapid Litig. Mgmt.*사건에서의 매우 신랄한 방론(dicta)에서 CAFC는 "물건을 생산하는 방법이나 질병을 치료하는 방법과 같이 원하는 결과를 얻기 위한 과정을 언급하는 특허 청구항"은 적격이 되어야 한다고 하여 제조 방법 청구항의 적격성을 강화했다. 아래와 같이 첨언하였다:

> 제조방법을 설명하는 한 가지 방법이 해당 제조방법을 거치는 대상의 자연적 능력을 설명하는 것이라고 해서 그 청구항이 자연적 능력을 "가리키는" 것이 되는 것은 아니다. 만약 그렇다면, 우리는 예를 들어 새로운 화합물을 생산하거나(개별 성분이 결합하여 새로운 화합물을 형성하는 능력을 가리키는 것으로), 화학 요법으로 암을 치료하거나(암세포가 화학 요법에서 살아남지 못하는 것을 가리키는 것으로), 아스피린으로 두통을 치료하는 방법(아스피린에 대한 인체의 자연 반응을 가리키는 것으로)을 특허를 받을 수 없는 방법으로 알게 될 것이다.

그러나 모든 제조 방법이 **그 자체**로 적격인 것은 아니다. *American Axle v. NEAPCO Holdings* (Fed. Cir. 2020)[154]에서 법원은 35 U.S.C.A § 101에 따라 제조 방법에 대한 청구가 부적격하다고 판시했다. 이 청구항은 주파수가 두 가지 진동 모드를 동시에 감쇠하도록 설계된 라이너를 포함하는 구동축 프로펠라샤프트(propshaft) 제조 방법에 대한 것이었는데, 법원은 이러한 방법이 자연법칙에 따른 것이라고 판결했다.

통상적이지 않은 도구를 사용하여 약물을 선별하는 방법은 적격으로 판단되었다.

이 사례는 다음과 같다:

---

151) 827 F.3d 1042 (Fed. Cir. 2016)

152) 918 F.3d. 1338 (Fed. Cir. 2019)

153) *op* 2019−1419(Fed. Cir. 2020)

154) American Axle & Manufacturing, Inc. v. NEAPCO Holdings LLC, et al, 967 F.3d 1285 (Fed. Cir. 2020)

Assoc. Molec. Pathol v. USPTO v. Myriad Genetics (가능성 있는 암 치료제를 선별하는 방법에 대한 청구항 20)(Fed. Cir. 2012).[155]

CAFC는 선별 방법에 대한 청구항 20이 적격하다고 판결했는데, 이 판결은 대법원에 상고되지 않았다. 대법원은 동일한 사건에서 CAFC의 판결을 파기하여 분리 유전자에 대한 청구항은 적격하지 않다고 판시했지만(예: 상기 § 3:18 참조), 청구항 20이 적격하다는 판단에 대해서는 심리할 것이 요구되지 않았다. 따라서 선별 방법에 대한 이 청구항은 여전히 적격이다. 문제는 생명공학 방법의 적격성에 대한 CAFC의 가장 최근 판례에 비추어 보아도 실제로 적격일 수 있는지의 문제이다. 이에 대해 좀 더 자세히 분석한다.

바로 위에 인용한 사건으로, 물건을 만들거나 질병을 치료하는 방법의 적격성을 긍정하는 *Rapid Litig. Mgmt* 판결에서, 항소법원은 *AMP v. Myriad Genetics*의 청구항 20과 같은 약물을 선별하는 방법의 적격성에 대해서는 아무런 언급도 하지 않았다. 청구항 20의 방법은 새로운 화합물을 생산하거나 질병을 치료하지 않는다. 본질적으로 청구항 20의 방법은 두 가지 숫자(세포의 성장률)를 살펴본다는 추상적인 사상에 불과한 것으로 간주될 수 있으며, 대법원에서 심리된다면 청구항 20은 이러한 이유로 부적격 판단을 받을 수 있다.

CAFC는 판결문에서 이 방법을 실행하려면 두 가지 유형의 세포의 성장률을 비교해야 하며, 그중 하나는 변형된 BRCA1 유전자(암을 유발하는 것으로 알려진 유전자)로 변형된 세포라는 점을 인정했다. 이러한 BRCA1 유전자 변형 세포의 사용은 적어도 CAFC의 눈에는 청구항이 적격이고 "명백하게 추상적인" 수치 비교 단계를 뛰어넘는 것이었다. 이러한 판단의 재구성 가능성은 이러한 변형된 세포 세트의 사용이 출원일에 "일상적이고 통상적인" 단계가 아니었다는 점이다. 이 청구항은 출원일에 존재하지 않는 비통상적인 도구를 사용한다는 점에서 전체적으로 여전히 적격이다.

선점을 광범위하게 하지 않는 협소한 청구항도 부적격의 가능성이 있다.

선점의 원칙은 더 이상 35 U.S.C.A. § 101에 따라 청구항이 부적격으로 판단될 수 있는 유일한 법리는 아니다. *Roche Molecular Systems, Inc. v. Cepheid* (Fed. Cir. 2018)[156] 및 *Athena Diagnostics, Inc., et al v. Mayo Collaborative Services, LLC* (Fed. Cir. 2019)[157]에서 CAFC는 전체 연구 및 연구 분야를 선점하지 않는 협소한 청구항도 *Mayo/Alice* 시험에 따라 적격성을 통과하지 못할 수 있음을 명확히 했다.

따라서 견제 받지 않는 초안 작성자가 단순히 표준적인 단계만 추가함으로써 자연법칙을 광범위하게 독점할 수 있을 것이라는 이전의 우려에서 완전히 벗어난 것으로

155) 689 F.3d 1303 (Fed. Cir. 2012)
156) 905 F.3d 1363 (Fed. Cir. 2018)
157) 915 F.3d 743 (Fed. Cir. 2019)

보인다. 이제 법률 분석의 초점은 자연법 또는 상관관계에 대한 추가 연구, 조사 또는 사용을 방해할 정도로 광범위한 청구항인지 여부를 초월하였다. 면역 침전, 고압 액체 크로마토그래피, PCR 또는 기타 알려진 방법론으로 상관관계를 수행하는 추가 단계가 선점 범위가 아무리 좁더라도 자연법칙 **자체**를 청구하는 것에 불과한 것인지 여부가 초점이 되었다. 문제는 더 이상 "자연법"을 구현할 수 있는 대체적인 방법이 있는지가 아니다. 이제 문제는 **선점의 범위와 관계없이** '자연법'을 구현하기 위한 주장에 포함된 물리적 또는 유형적 단계가 일상적이고 통상적인지 여부이다. 만일 그렇다면 해당 청구항은 부적격이다.

따라서 특허 초안 작성자는 명세서에서 시험 또는 상관관계 주장을 구현하는 데 사용된 유형적 방법론이 "잘 알려진", "일상적인", "표준", "통상적인" 또는 기타 자격을 갖춘 것임을 명시적 또는 묵시적으로 인정하지 않도록 해야 한다. 출원인이 이러한 진술을 피한다면, 법정에서 자신의 말이 결정적 자백으로 사용되어서는 안 된다고 충분히 주장할 수 있다. 이 어려운 문제는 다음에서 다룬다.

적격성의 결여는 기각 신청에 의하여 판결될 수도 있으나, 항상 그런 것은 아니다.

CAFC는 35 U.S.C.A. § 101에 따른 적격성 결여에 대한 판결이, 정식의 청구항 해석 또는 증거개시 절차에 앞서서 규칙 12(b)(6) 또는 12(c)에 따른 기각 신청(motion to dismiss)에 의하여 이루어질 수 있는지 여부[158]에 대해 상반되는 기록이 있다. *Genetic Techs. Ltd. v. Merial L.L.C.* (Fed. Cir. 2016)[159] 및 *Cleveland Clinic Foundation v. True Health Diagnostics LLC* (Fed. Cir. 2017)[160] 사건에서 법원은 이러한 방식이 "가능하고 적절한" 방식이라고 확인했다. *Cleveland Clinic* 사건에서 법원은 특허 보유자에게 대체적인 청구항 해석을 제안할 책임을 부여했다 ("*Cleveland Clinic* 측은 § 101 분석을 변경할 수 있는 어떠한 용어의 제안이나 전문가 증언도 제공하지 않았다. 따라서 지방법원이 기각 신청의 단계에서 시험 특허가 § 101에 따라 부적격하다고 판단한 것은 타당했다"). 이후 소프트웨어 프로세스의 적격성 결여를 다룬 두 건의 판결에서 CAFC는 무엇이 "일상적이고 통상적인"(routine and conventional) 것인지 여부에 대한 사실관계의 문제가 규칙 12(b)(6)에 따른 기

158) 연방 민사소송규칙 12(b)(6): 모든 청구서(pleading) 상의 구제 청구에 대한 모든 항변은 필요시 답변서(responsive pleading)에서 주장해야 한다. 그러나 당사자는 신청(motion)으로 다음과 같은 항변을 할 수 있다… (6) 구제가 허용될 수 있는 청구(claim)의 진술이 없음 …

Federal Rule of Civil Procedure 12(b)(6): Every defense to a claim for relief in any pleading must be asserted in the responsive pleading if one is required. But a party may assert the following defenses by motion:… (6) failure to state a claim upon which relief can be granted…

159) 818 F.3d 1369 (Fed. Cir. 2016); 위 3:30절 참조.

160) 859 F.3d. 1352 (Fed. Cir. 2017)

각 신청에 따라 항상 판단될 수 있다는 하급 법원의 판결을 파기하였다; *Aatrix Software v. Green Shades Software, Inc.* (Fed. Cir. 2018)[161] 참조; 또는 약식 판결 신청에 대해서는; *Steven E. Berkheimer v. HP Inc*, (Fed. Cir. 2018) [162] 참조.

Athena Diagnostics v. Mayo Collaborative (Fed. Cir. 2019)[163]에서 CAFC는 기각 신청 단계에서 하급 법원이 내린 적격성 결여의 판결을 유지했다. 법원은 이전의 *Aatrix* 및 *Berkheimer* 판결을 인정하면서도, 다툼이 없는 사실이라면 이러한 초기 절차 단계에서 기각하는 것은 적절하다고 강조했다("§ 101에 따른 특허 적격성은 사실에 기초한 법률 문제이며[인용 생략], 다툼이 없는 사실에 따라 부적격성을 유지해야 하는 경우 규칙 12(b)(6) 신청을 통해 해결할 수 있다. …"). 이와는 대조적으로, 보다 최근의 판결인 *Natural Alternatives Int'l v. Creative Compounds* [164] 에서 법원은 특허권자의 청구항 해석에 다툼이 없는 것으로 채택하면서도, 규칙 12(c)에 따른 무변론 기각(dismiss the case on the pleadings)을 거부하고 하급 법원의 기각을 파기하여 변론재판(trial)을 위해 사건을 환송했다.

이러한 엇갈린 역사와 답변서 단계의 사실관계에 따라 규칙 12에 따라 기각하는 것이 적절하다는 법원의 권고를 고려할 때, 특허 출원인은 명세서에 가시적인 구현 단계가 선행기술에 있거나 잘 알려져 있음을 인정하거나 암시하는 문구를 사용해서는 안 된다는 점을 다시 한 번 강조할 필요가 있다. 또한 특허 보유자가 소송에 휘말려 상대방이 답변서에서 적격성 부족을 제기한 경우, 특허 보유자는 *Natural Alternatives* 사건의 당사자처럼 답변서 단계에서 청구항을 적격하게 만들 청구항 해석을 제안하고, 청구된 구현 단계가 일상적이고 통상적이라는 상대방의 주장에 대해 다투어야 한다.

자명하지 않고 심지어 획기적인 발명에 근거한 청구항도 부적격할 수 있다.

35 U.S.C.A. § 101에서 사용되는 "발명" 또는 "발명성"의 개념이 35 U.S.C.A. § 103의 "비자명성"과는 매우 다른 법적 개념이라는 것은 더 이상 의심할 여지가 없다. 법원에서 분리된 유전자(*AMP v. Myriad Genetics*[165]), 또는 농장 동물의 동일한 클론(*Roslin Institute*[166] 사건), 또는 산모의 혈액에서의 태아 DNA의 검출(*Ariosa v. Sequenom*[167]), 또는 가장 최근에 중증 근무력증(Myasehenia grais)과 같은 신경 장애의 획기적인 진단(*Athena Diagnostics*[168])의 어느 것을 다루었든 간에, 적격성과

161) 882 F.3d 1121 (Fed. Cir. 2018)
162) 881 F. 3d. 1360 (Fed. Cir. 2018)
163) *Slip-op* 2017-2508(Fed. Cir. 2019)
164) --- F.3d. --- 2019 WL 1216226 (Fed. Cir. 2019)
165) 133 S. Ct. 2107 (2013)
166) 750 F.3d. 1333 (Fed. Cir. 2014)
167) 809 F.3d 1282 (Fed. Cir. 2015)

비자명성의 분석은 서로 다른 것이다. 발명이 훌륭하거나, 환자에게 이전에 알려지지 않은 이점을 제공하거나, 의료 행위를 용이하게 하거나, 새로운 분야를 개척했는지 여부(모두 비자명성을 위한 고려 사항임)와 관계없이 청구항이 자연 법칙을 가장한 것에 불과하고 법칙 자체와 현저하게 다른 내용을 포함하지 않는다면 특허 부적격 판단을 받게 된다. 이러한 부조화에 대해 CAFC의 판사들이 설득력 있는 다수의 반대의견을 제출했지만 소용이 없었다(예를 들어, *Athena Diagnostics* 사건에서 Newman 판사의 반대 의견 참조).[169]

입법적 해결책이 없는 한, 순수한 검사 및 검출(위의 첫 번째 사례 범주에서와 같이) 또는 검사 후 상태의 상관관계 및 평가(위의 두 번째 사례 범주에서와 같이)에 대한 청구항은 적격성이 결여되어 있다는 추세를 되돌리기는 불가능할 것으로 보인다. 하기 § 3:38("저자 의견: 35 U.S.C.A. § 101 개정의 제안")에서 가능한 입법적 해결 방안에 대해 논의한다.

§ 3:37 미국 특허상표청의 시행

2014년 12월 16일 미국 특허상표청에서는 공중의 의견 수렴을 위하여 79 연방 관보 74618(79 Federal Register 74618) 상에, 미국 특허상표청 직원이 *Alice Corp* 판결, *Myriad* 판결 및 *Mayo* 판결에 따라 35 U.S.C.A. § 101 하에서 특허 주제 적격성을 결정하기 위하여 사용할 "특허대상 적격성에 대한 2014년 임시 지침"(2014 INTERIM GUIDANCE ON PATENT SUBJECT MATTER ELIGIBILITY)[170] 을 발표하였다. 2014년 3월과 6월에 발표된 이전의 지침에 대한 공중의 매우 부정적인 반응으로 인해, 2014년 12월의 지침은 이전의 지침을 보완하고 명확히 하기 위해 노력했다. 2014년 12월 16일자 지침에는 흐름도가 포함된 "2014년 신속 참조용 시트"(2014 QUICK REFERENCE SHEET)[171]가 포함되어 있다. 또한 다음과 같은 제목의 예시, 즉 "자연에 기반한 제품의 예시"(NATURE-BASED PRODUCT EXAMPLES)[172] 및 "추상적 사상의 예시"(ABSTRACT IDEA EXAMPLES)도 포함되어

168) *Slip-op* 2017-2508(Fed. Cir. 2019)

169) *Slip-op* 2017-2508(Fed. Cir. 2019)

170) 2014 Interim Guidance on Patent Subject Matter Eligibility, 79 Fed. Reg. 74618 (Dec. 16, 2014)

171) U.S. Patent and Trademark Office, 2014 Interim Eligibility Guidance Quick Reference Sheet (December 2014)

172) U.S. Patent and Trademark Office, Nature-Based Products (Dec. 16, 2014)

있다. 이러한 자료는 2015년 7월과 2016년 5월에 추가로 보완되었다.[173] 2019년 초, USPTO는 또 다른 지침인, "2019 개정된 특허대상 적격성 지침(2019 REVISED PATENT SUBJECT MATTER ELIGIBILITY GUIDANCE)"도 발표하였다. 2019 지침의 대부분은 컴퓨터로 구현된 발명을 다루고 있지만, 이 지침에는 *Alice/Mayo* 판결 하에서 35 U.S.C.A. § 101 분석에 사용할 수 있는 더 광범위한 개념이 포함되어 있다. 예를 들어, 권장 절차에서는 1) 청구항이 사법적 예외를 인용하는지 여부, 및 2) 그렇다면 인용된 사법적 예외가 "실질적 응용에 통합되어 있는지" 여부를 묻는다. USPTO 지침이 이 어려운 법률 영역을 명확히 하는 데 도움이 될지 여부는 시간이 지나면 알 수 있을 것이다.

2019년 10월 17일, 미국 특허상표청에서 특허 적격성 지침을 다시 한 번 업데이트했다. 웹사이트의 제목은 "특허대상 적격성(SUBJECT MATTER ELIGIBILITY)"[174] 이다. "2019년 10월 업데이트(OCTOBER 2019 UPDATE)"[175] 및 "새로운 예시(NEW EXAMPLES)"[176]도 있다.

§ 3:38 저자 의견: 35 U.S.C.A. § 101 개정을 위한 제안

앞서 살펴본 바와 같이, 일련의 법원 판결과 특허청의 해석을 통해 자연과 발명에서 법적으로 필요한 차이점은 "인간의 독창성", "일상적이지 않음", "통상적이지 않음", "현저히 상이함", "상당히 …로부터 이격 되어 있는" 또는 "세 가지 예외 [자연법칙, 자연 현상 및 추상적 사상]와 현저히 상이함" 등으로 다양하게 언급되고 있다. 이제 특허 자격을 갖추려면 신규성 이상의 무언가가 필요하며, 우리가 "§ 101의 발명성"이라고 적합하게 부를 수 있는 것이 있어야 한다는 점이 분명해졌다.

그러나 "§ 101 발명성"이라는 개념을 통한 선점 시험과 그 시행은 법리에 불확실성을 가져와 재판부를 당혹스럽게 하고 있다. "§ 101 발명성"이 무엇을 의미하는지, 자연에 기반한 청구항이 자연 자체와 얼마나 "다른지"는 많은 논쟁과 소송의 대상이

173) U.S. Patent and Trademark Office, Examples: Abstract Ideas (Jan. 27, 2015). All previous notes from the USPTO and subsequent 2015 and 2016 updates can be found at: http://www.uspto.gov/patent/laws-and-regulations/examination-policy/2014-interim-guidance-subject-matter-eligibility-0 (visited October 31, 2016)

174) https://www.uspto.gov/patent/laws-and-regulations/examination-policy/subject-matter-eligibility?MURL=patenteligibility

175) https://www.uspto.gov/sites/default/files/documents/peg_oct_2019_update.pdf

176) https://www.uspto.gov/sites/default/files/documents/peg_oct_2019_app1.pdf

되어 왔다. 필자와 동료들은 "§ 101 발명성"의 개념을 삭제하고 § 101의 분석을 ("누구든지 새롭고 유용한 것을 발명하거나 발견하는 자…"에서와 같은) 단순한 신규성 시험으로 되돌리는 35 U.S.C.A. § 101에 대한 개정안을 제안했다. 참조, Jorge Goldstein *et al*, "The Time has Come to Amend 35 U.S.C. § 101."[177] 제안된 개정안은 다음과 같다(기존 법령에서 변경된 내용은 강조 표시):

새롭고 유용한 어떠한, **물리적으로 구현된** 제조방법, 기계, 제조물 또는 조성물인 발명을 발명하거나 또는 발견한, 또는 그에 대한 새롭고 유용한 어떠한 개량을 발명하거나 발견한 사람은 누구나 그에 대한 특허를 받을 수 있다. **청구된 발명**은 이 법률의 **기타 조항의** 조건 및 요건의 적용을 받지만, **본 조항 하에서는 청구된 발명 전체의 신규성과 유용성 이외의 추가 조건은 요구되지 않는다.**

Whoever invents or discovers any new and useful invention, which is a physically implemented process, or machine, manufacture, or composition of matter, or any new and useful improvement thereof, may obtain a patent therefor. *While the claimed invention is* subject to the conditions and requirements of *other sections of* this title, *no further conditions than novelty and usefulness of the claimed invention as a whole are required under this Section.*

본질적으로 법령을 시작하는 기존 문구인 "누구든지 발명하는 자는 …"은 이미 자격을 갖추기 위해 사람의 개입이 있어야 함을 나타낸다. 따라서 제안된 개정안에서는 그러한 사람의 개입이 입증되면 청구된 발명이 §§ 102, 103, 112 및 나머지 35 U.S.C.A. 조항을 준수하기만 하면 특허 적격성을 갖추게 된다고 기술하고 있다.

177) 44 *AIPLA Quarterly Journal* 171 (Spring 2016)

4장 유용성(Utility)

이 상 호

§ 4:1 법령

35 U.S.C.A. § 101. 발명의 특허성 (Inventions Patentable)[1]

새롭고 **유용한** 방법, 기계, 제조물 또는 합성물, 또는 이들의 새롭고 **유용한** 개량을 발명하거나 발견한 자는 누구든지 이 법률(this title; 조항)의 조건과 요건에 따라 그에 대해 특허를 받을 수 있다.

Whoever invents or discovers any new and *useful* process, machine, manufacture, or composition of matter, or any new and *useful* improvement thereof, may obtain a patent therefor, subject to the conditions and requirements of this title.

§ 4:2 유용성에 관한 법률의 역사적 맥락

생명공학은 "예측할 수 없는" 과학 중 하나로 간주되었기 때문에 생명공학 발명의 유용성(또는 실용성(usefulness)) 영역은 수년 동안 집중적 관심의 대상이 되어 왔다. 화학 및 약학 발명에 관한 판례법(case law)은 이 분야에 계속해서 큰 영향을 미치고 있다. 예를 들어, 발명의 유용성이 만족되지 않는 시점(기초 연구에 지나지 않는 경우, *Brenner v. Manson* (U.S. Sup. Ct. 1965)[2] 참조)과 만족되는 시점(유용성에 대한 임시 개정 미국 특허상표청 가이드라인 교육자료(Revised Interim utility Guidelines Training Materials, 1999)[3]에 따른 "구체적이고(specific)", "실질적이

1) 35 U.S.C. § 101 (2014)

2) 383 U.S. 519 (1965년 미국 연방대법원)

3) 미국 특허상표청, 유용성에 대한 임시 개정 미국 특허청 가이드라인 교육자료(1999)는 다음 링

며(substantial)", "신뢰할 수 있는(credible)" 경우))에 대한 질문은 계속 법원(tribunal)을 괴롭히고 있다.

본 법과 관련된 또 다른 분야는 법조항(statute)에 따른 충분한 유용성 입증 부담의 속성에 대해 다룬다. 해당 기본 판례법은 약리학 판례인 *Cross v. Iizuka* (Fed. Cir. 1985)[4] 및 *In re Brana* (Fed. Cir. 1995) 등에서 찾아볼 수 있다.[5]

본 장에서는 35 U.S.C.A. § 101에 따른 기본적 유용성 요건에 대해 논의하지만, 법원은 종종 본서 제5장에서 다루는 35 U.S.C.A. § 112 (a)에 따른 용이 실시 가능성(enablement requirement)과 유용성을 함께 다루는 경우가 있다. 이와 관련해서 예를 들어, 본 장에서 다루는 *In re Brana* (Fed. Cir. 1995)[6] 또는 *In re '318 Patent infringement Litigation* (Fed. Cir. 2009)[7]을 참조할 수 있다. §§ 101와 112(a)가 일부 중첩되는 이와 같은 개념은 미국 연방항소법원(CAFC)이 *In re '318 Patent infringement Litigation* (이하 원문에서 강조)에서 아래와 같이 논의하였다:

> 35 U.S.C. § 112, ¶ 1의 용이 실시 가능성(enablement requirement)은 명세서가 당업계의 통상의 기술자에게 과도한 실험 없이 청구 발명을 어떻게 제조(make)할 수 있는지, 또는 방법 청구항의 경우 청구항 수행 방법을 적절하게 개시할 것을 요구한다. 35 U.S.C § 101의 유용성 요건은 특허를 받을 수 있는 발명이 유용해야 하며, 따라서 특허 대상 발명은 반드시 작동 가능해야 한다고 천명한다. **특허 청구항이 유용(useful)하지 않거나 작동 가능(operative)하지 않아서 유용성 요건을 충족하지 못하는 경우, 용이 실시 가능성(enablement requirement)의 발명의 실시 요건(how-to-use)도 역시 충족하지 못한다.**[8]
>
> ***

크에서 확인할 수 있다: http://www.uspto.gov/web/offices/pac/utility/utilityguide.pdf (2016년 1월 11일 방문).

4) 753 F.2d 1040 (Fed. Cir. 1985)
5) 51 F.3d 1560 (Fed. Cir. 1995)
6) 51 F.3d 1560 (Fed. Cir. 1995)
7) 583 F.3d 1317 (Fed. Cir. 2009)
8) 583 F.3d 1317, at 1324 (Fed. Cir. 2009) 역주: 본 사건에서 how-to-use는 방법청구항의 실시방법을 논하고 있다.

§ 4:3 기초 연구시 유용성의 부재

Brenner v. Manson (U.S. Sup. Ct. 1965).[9] 화학 프로세스(방법)는 그 **자체로** 유용성이 있는 것은 아니다. 어떤 방법 청구항이 물건(product) 자체에 대한 추가 기초 연구 이외의 유용이 없는 물건만 생산하는 것에 관한 것인 경우, 해당 방법은 법적 유용성 요건을 충족하지 못한다.

BRENNER, COMMISSIONER OF PATENTS v. MANSON

U.S. Supreme Court (1996)

청구항 1

팔라듐 및 백금 촉매로 이루어지는 군으로부터 선택되는 수소화 촉매의 존재 중에서 대응하는 2-하이드록시메틸렌 유도체를 수소화하는 것을 포함하는, 2α-메틸디하이드로테스토스테론(2α-methyl dihydrotestosterone), 그의 2 내지 12개의 탄소 원자의 탄화수소 카르복실산의 17-에스테르 및 2α-메틸 17α-저급 알킬 35 디하이드로테스토스테론(2α-methyl 17α-lower alkyl 35 dihydrotestosterone)으로 이루어지는 부류로부터 선택되는 화합물을 제조하기 위한 방법.

A process for the production of compounds selected from the class consisting of 2α-methyl dihydrotestosterone, 17-esters thereof of hydrocarbon carboxylic acids of 2 to 12 carbon atoms and 2α-methyl 17α-lower alkyl 35 dihydro-testosterone comprising hydrogenating the corresponding 2-hydroxymethylene derivatives in the presence of a hydrogenation catalyst selected from the group consisting of palladium and platinum catalyst.

9) 383 U.S. 519(1965년 미국 연방대법원)

관련 기술

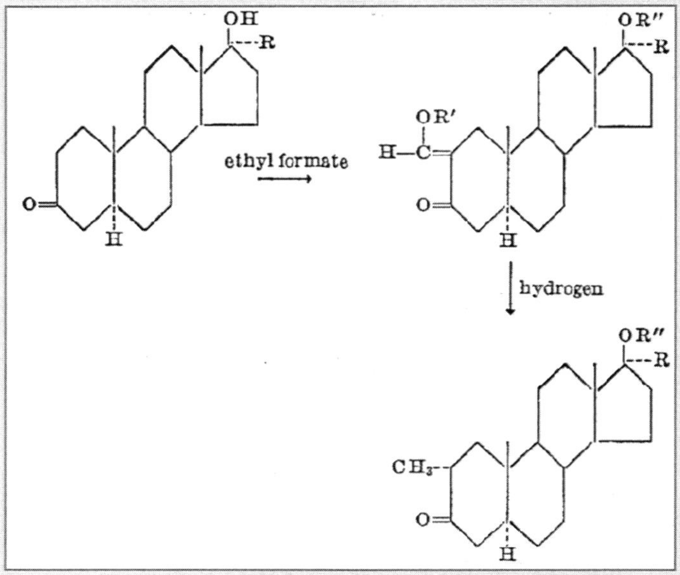

수소화에 의한 스테로이드의 일반적인 합성

법원 판결 이유

화학적 방법(process)이 § 101의 의미에서 “유용”하다는 것은 (1) 해당 방법이 작동하기 때문(즉, 의도한 제품을 생산하기 때문)인가, 혹은 (2) 생산된 화합물이 현재 진지한 과학적 조사(serious scientific investigation)의 대상이 되는 화합물의 종류에 속하기 때문인가?

***알려진 용도가 없거나 과학적 연구의 대상이 될 수도 있다는 의미에서만의 유용한 방법(process) 특허의 특허성에 대한 찬반 주장은 제법한정 물건(product produced by the process)의 특허에 대해서도 동일하게 적용될 수 있다. 피청구인(Respondent)은 미국 의회가 방법(process)이 아닌 물건(product)에 대해서 ‘유용성’이 입증되지 않는 한 특허를 받을 수 없다는 쪽으로 균형을 잡았다는 점을 인정한 것으로 보인다. 실제로 미국 관세특허항소법원(Court of Customs and Patent Appeals, CCPA)의 결정은 본 사건에서 제기된 것보다 더 큰 유용성이 입증되지 않은 물건은 특허를 받을 수 없다는 견해와 일치한다. 우리는 의회가 사용 테스트(use－testing)의 대상으로서의 잠재적 역할이 유일한 “유용성”인 화합물에 대해 특허를 부여하지 않으려 하였지만, 특허를 받을 수 없는 물건을 산출하는 방법에는 다른 규칙을 적용하려고 하였다는 명제에 대한 근거를 전혀 찾을 수 없다. 이러한

명제는 물건 자체의 특허성을 명백하게 규정하는 규칙의 영향을 회피하려는 시도에 지나지 않는 것으로 보인다.

In re Fisher (Fed. Cir. 2005).[10] 발현유전자(Expressed Sequence Tags, "ESTs")는 유전자를 찾고 표시하기 위한 핵산 도구이며, 본 사건에서 표시되는 기여 유전자(underlying gene)는 실용적이거나 알려진 용도가 없다. 따라서 ESTs는 유용성의 법적 요건을 충족하지 않는다.

IN RE DANE K. FISHER et al

U.S. Court of Appeals, Federal Circuit (2005)

청구항 1

시퀀스 동정 번호: 1 내지 시퀀스 동정 번호: 5[330 내지 430개의 뉴클레오티드의 유전자의 서열 정보("EST(Expressed Sequence Tags)")]로 이루어지는 군으로부터 선택되는 핵산 시퀀스를 포함하는, 옥수수 단백질 또는 그의 단편을 인코딩하는 실질적으로 정제된 핵산 분자.

A substantially purified nucleic acid molecule that encodes a maize protein or fragment thereof comprising a nucleic acid sequence selected from the group consisting of SEQ ID NO: 1 through SEQ ID NO: 5 [Expressed Sequence Tags ("ESTs") of 330 to 430 nucleotides].

명세서

청구된 5개의 ESTs는 다음과 같은 다양한 방식으로 사용될 수 있다: (1) 약 50,000개의 유전자를 집합적으로 포함하는 10개의 염색체로 구성된 전체 옥수수 게놈(maize genome)을 매핑하기 위한 분자 마커 역할, (2) 마이크로어레이(microarray) 기술을 통해 조직 표본의 mRNA 수준을 측정하여 유전자 발현에 대한 정보 제공, (3) 특정 유전자를 빠르고 저렴하게 복제할 수 있도록 중합효소연쇄반응("PCR") 과정에 사용할 시발체(primer) 공급원 제공, (4) 다형성(polymorphism) 유무 확인, (5) 염색체 이동을 통한 촉진물(promoter) 분리, (6) 단백질 발현 제어 및 (7) 다른 식물 및 유기체의 유전자 분자 위치 파악.

10) 421 F.3d 1365 (Fed. Cir. 2005)

법원 판결 이유

피셔의 5개의 ESTs청구항에 대한 특허 허여는 사냥 허가증(hunting license)에 해당할 수 있는데 이는 피셔가 주장하는 ESTs는 기여 유전자(underlying gene)와 해당 유전자가 암호화하는 단백질에 대한 추가 정보를 얻는 데에만 사용될 수 있기 때문이다. 청구된 ESTs 자체는 Fisher의 연구 노력의 최종 결과물이 아니라 실용적인 유용성을 찾기 위한 과정에서 사용되는 도구에 지나지 않는다. 따라서 피셔가 주장하는 ESTs가 생명공학 연구에 주목할 만한 기여를 할 수는 있지만, 피셔가 기여 단백질 암호화 유전자에 대한 기능을 확인하지 않았기 때문에 선례에 비추어 '643 출원은 § 101의 실용성 요건을 충족하지 못한다고 볼 수 있다.

*** 피셔는 청구된 ESTs를 현미경과 같은 다른 특허성 있는 연구 도구와 비교한다. 비록 현미경과 청구된 ESTs 중 하나의 항은 알려지지 않은 특성을 가진 샘플에 대한 과학적 데이터를 생성하는 데 사용될 수 있다는 점에서 언뜻 보기에는 이 비교가 매력적으로 보일 수 있지만, 이러한 피셔의 비유에는 결함이 있다. 정부가 지적했듯이 현미경은 물체를 광학적으로 확대하여 그 구조를 즉시 볼 수 있다는 구체적 이점이 있다. 반면에 청구된 ESTs 중 하나의 항은 ESTs 자체와 동일한 구조를 가진 유전 물질의 존재를 감지하는 데에만 사용할 수 있다. 기여 유전자의 기능은 물론 전체 구조에 대한 정보 또한 제공하지 못한다. 따라서 현미경은 다양한 응용 분야에서 즉각적이고 실제적인 이점을 제공할 수 있지만, 청구된 ESTs는 이와 동일하다고 말할 수 없다. 따라서 피셔가 제안한 비유는 적절하지 않다.

§ 4:4 시기상조(Premature) 및 / 또는 예상(Prophetic) 특허의 유용성 부재

Rasmusson v. SmithKline Beecham (Fed. Cir. 2005).[11] 예상할 수 없는 기술에서 화합물의 예상 유용성은, 더 이상의 추가 증거가 없는 경우 기술 상태가 변화하고 그 유용성이 공개적으로 입증되어 받아들여질 때까지 우선일(priority date)을 부여하지 않는다.

11) 413 F.3d 1318 (Fed. Cir. 2005)

BASMUSSON v. SMITHKLINE BEECHAM

U.S. Court of Appeals, Federal Circuit (2005)

청구항

치료학적으로 유효한 양의 화합물 17β−(N−3차부틸카바모일)−4−아자−5α−안드로스트−1−엔−3−온(17β−(N−tertbutylcarbamoyl)−4−aza−5α−androst−1−en−3−one ["피나스테리드(finasteride)"])을 투여하는 것을 포함하는, 인간을 포함하여 동물에서의 전립선 암종(prostatic carcinoma)을 치료하는 방법. A method of treating prostatic carcinoma in animals including humans which comprises administering a therapeutically effective amount of the compound 17β−(N−tertbutylcarbamoyl)−4−aza−5α−androst−1−en−3−one ["finasteride"].

연표

출원 및 출원 공개 시간적 순서

1987년 4월 3일:	Rasmusson 특허출원 #1('808)
1988년 5월 19일:	Rasmusson 특허출원 #2
1988년 10월 5일:	Rasmusson의 EP '383 간행물
1989년 6월 21일:	Rasmusson 특허출원 #3
1990년 6월 27일:	SKB 특허출원 #1
1991년	Gormley 간행물 ("… [착상] 아직 확립되지 않았다.")
1992년	Presti 간행물 ("… [착상] 아직 잘 정의되지 않았다.")
*	
1993년 8월 10일:	Rasmusson 특허출원 #8
1994년 8월:	Gittes 발표(성공적인 결과 공개)
1995년 6월 2일:	Rasmusson 특허출원 #9('296)

법원 판결 이유

[1부. Rasmusson 특허의 유용성 및 용이 실시 가능성(enablement) 위반에 대하여:] Rasmusson은 세 번째 특허 출원일[1989년 6월 21일] 당시 당업계의 통상의 기술자가 일반적으로 선택적 5αR 억제제 또는 특히 피나스테라이드가 전립선암 치료에 효과적이라는 것을 인지하였을 것이라는 주장과 상반된 증거제시를 하지 않았다.

특허 Rasmusson이 항소심에서 인용한 증거는 각 특허 출원의 출원일에 비하여 너무 늦게 작성된 것이거나 전립선암 치료를 위한 다중 활성(multi active) 억제제의 사용에만 관련되어 있었다. 1990년 6월 27일보다 빠른 우선일을 얻기 위해 Rasmusson은 자신의 발명이 암 치료에 효과적일 수 있다는 실험적 증거를 제시해야 하였다. Rasmusson은 그렇게 하지 못하였고 겨우 '296 특허 출원(#9) 출원일[1995년 6월 2일]까지만 우선일을 인정 받을 수 있었기 때문에, 미국 특허심판원이 해당 특허 출원 이전의 모든 출원은 실시가능(enable)하지 않으며 따라서 Rasmusson이 스미스클라인의 등록 특허 및 해당 재발행 특허출원의 우선일보다 빠른 우선일을 받을 수 없다고 판단한 것이 옳았다.

*** **[2부. 용이 실시 가능성(enablement)과 신규성 결여를 판단하는 방법 사이의 이중 기준에 대해:]** 다음으로 Rasmusson은 SmithKline의 등록 특허 및 재발행 특허 출원(reissue application)의 관련 청구항이 유럽 특허 출원 EP '383에 비추어 볼 때 무효라고 항변하였다. Rasmusson은 미국에서 피나스테리드에 대한 첫 번째 특허 출원을 하면서 EP '383도 함께 출원하였다. 이 EP '383 특허 출원은 1988년 10월 5일에 공개되었는데, 이는Rasmusson의 두 번째 및 세 번째 특허 출원일 사이에 해당하며 SmithKline의 등록 특허 및 재발행 특허 출원의 우선일보다 일년 이상 앞선 것이었다. 특허심판원에서 Rasmusson은 EP '383에 비추어 볼때 본 저촉심사(interference) 과정에서 쟁점이 된 SmithKline의 모든 청구항은 신규성 및 진보성 결여로 거절되어야 한다고 주장하였다. 그러나 특허심판원은 EP '383이 피나스테라이드가 전립선암 치료에 효과적이라는 사실을 입증하지 못한 만큼 실시가능 공개(enabling disclosure)가 아니며 따라서 해당 청구항의 신규성 결여 근거가 될 수 없다고 판시하였다.

*** § 102에 따른 신규성 판단에 있어 선행문헌의 적절한 용이 실시 가능성 요건(enablement)은… § 112에 따른 용이 실시 가능성 요건(enablement)과 다르다. *In re Hafner* 사건에서[12)] 법원은 "충분히 개시된 화합물 사용의 구체적(specific)이고 실질적(substantial)인 유용성 또는 충분히 개시된 방법에 의해 생산된 화합물을 어떤 목적으로 사용할지에 대한 가르침을 개시하고 있지 않은 공개라 할지라도 현행법 하에서 물건(물청구항) 또는 방법에 대한 청구항의 신규성 결여 근거로 사용되기에 전적으로 적절하며, 동시에 해당 청구항의 허여를 뒷받침하기에 전적으로 부적절하다"고 판시하였다.[인용 생략]. 그 이유는 § 112는 당업계의 통상의 기술자가 본 발명을 '사용(use)'할 수 있도록(enable) 명세서가 기재되어야 한다고 규정하

12) 410 F.2d 1403(CCPA 1969)

고 있는 반면, § 102는 신규성 결여 근거가 되는 공지에 해당 요건을 요구하고 있지 않기 때문"이다. *Hafner* …

*** *Hafner* 판결에 명시된 법적 기준에 따라 … [그리고] 미국 특허심판원이 EP '383이 신규성 결여 근거가 되는 공지를 위한 용이 실시 가능성(enable)이 아니라고 판결한 것은 잘못이므로, 우리는 본 쟁점에 대한 특허심판원의 판결을 파기(reverse)한다. Rasmusson은 유럽 특허EP '383이 본 저촉심사에서 쟁점이 된 SmithKline청구항의 모든 한정사항(limitation)을 개시하고 있다고 주장한다. SmithKline은 이 주장에 명시적으로 이의를 제기하지 않았으며, 따라서 Rasmusson은 SmithKline의 청구항은 신규성이 결여되었다고 판결해 줄 것을 촉구한다. 그러나 우리는 특허심판원이 1심에서 신규성 문제를 다루는 것이 바람직한 과정이라고 판단한다. 따라서 우리는 특허심판원이 우리의 용이 실시 가능성(enablement)에 대한 판결에 비추어 신규성에 대한 판결을 내릴 수 있도록 사건을 환송(remand)한다.

In re '318 Patent infringement Litigation (Fed. Cir. 2009)[13] *출원 계류 중에* USPTO에 제출된 *시험관 내* (*in vitro*) *또는 생체 내* (*in vivo*) 결과 중 어느 하나라도 알츠하이머병(AD) 치료를 위해 갈란타민을 사용할 수 있다는 특허 명세서의 예상 사용(prophetic use)의 입증 부재로(그리고 그 예상이 정확하고 유용하여 FDA 승인을 받은 후 소송이 제기될 정도로 입증되었음에도), 해당 특허 청구항은 발명을 어떻게 사용할 수 있는지에 대한 용이 실시 가능성(enablement)이 결여되었다.

In re '318 PATENT INFRINGEMENT LITIGATION

(*Janssen Pharmaceutica N.V., Janssen L.P, et al v. Teva Pharmaceuticals USA, Inc. [and Six Additional Defendants]*)

U.S. Court of Appeals, Federal Circuit (2009)

청구항 1.

알츠하이머 질환으로 고통받는 환자에 치료학적으로 유효한 양의 갈란타민(galantamine) 또는 그의 약제학적으로-수용가능한 산부가염을 투여하는 것을 포함하는, 알츠하이머 질환 및 연관 치매를 치료하는 방법.

A method of treating Alzheimer's disease and related dementias which comprises administering to a patient suffering from such a disease a

13) 583 F.3d 1317 (Fed. Cir. 2009)

therapeutically effective amount of galantamine [sic] or a pharmaceutically-acceptable acid addition salt thereof.

사실관계 (법원 판결문에서 인용):

'318 특허의 명세서는 한 페이지가 조금 넘는 분량에 불과하였으며, "효과적인 알츠하이머병 인지 강화용 갈란타민(galanthamine) 용량을 투여할 수 있다"는 결론에 대한 근거를 거의 제시하지 못하였다. … 명세서는 갈란타민을 인간 또는 동물에게 투여한 6편의 과학 논문에 대한 간략한 요약을 제공하였다. … 명세서는 "[알츠하이머병 증상과 관련된] 비정상 상태를 정상화할 수 있는 의약품은 알츠하이머병 개선에 대한 효능을 합리적으로 기대할 수 있다"는 결론을 내리기 위해 선행 기술을 인용하였다. … 그러나 명세서는 알츠하이머병의 이 동물 모델과 관련하여 갈란타민 투여와 관련된 당시 존재하는 동물 테스트 결과를 언급하고 있지 않다.

*** '318 특허는 1987년 5월 5일에 등록(issued)되었다. 데이비스 박사[발명자]는 갈란타민이 유망한 알츠하이머병 치료제가 될 수 있음을 시사하는 동물 테스트 결과를 '318 특허가 등록된 후인 1987년 7월까지 알지 못하였다. 이 연구에는 존스 홉킨스 대학의 연구원들이 몇 달 동안 상당한 노력을 기울여야 하였다. … 그러한 테스트 결과는 미국특허청에 제출된 바가 없다.

법원 판결 이유 (The Court's Reasoning)

본 사건에서 … 알츠하이머와 유사 상태를 치료하기 위해 갈란타민을 사용한 시험관 내 테스트나 동물 테스트 결과가 제공되지 않았다. 출원시에는 '318 특허가 제안한 알츠하이머병 증상 치료를 위한 갈란타민의 동물 테스트 결과가 없었으며, 연방 1심법원(지방 법원, district court)은 이에 따라 적절히 용이 실시 가능성(enablement)이 성립하지 않는다고 결정하였다. …

또한 Janssen[특허권의 전용실시권자]도 '318 특허 출원 명세서에 요약된 선행 기술의 동물 테스트가 유용성을 확립하였다고 주장하지 않았다. 실제로 심사관의 자명성(obviousness) 거절에 대한 답변과 재판에서의 자명성(obviousness) 항변에 대한 답변 모두에서 발명자(데이비스 박사)와 Janssen의 증인은 명세서에 기재된 선행 기술의 테스트로부터 본 발명의 유용성을 유추할 수 없다고 명시적으로 진술하였다.

*** 분석적 추론만으로 유용성이 입증된 사례는 찾을 수는 없었지만, 특허청의

미국 특허심사지침(Manual of Patent Examining Procedure, "MPEP")은 발명의 치료적 유용성을 입증하기 위해 "주장(argument) 또는 추론(reasoning; 법원 논리, 판결 이유)"이 사용될 수 있음을 인정하였다. … [그러나] 발명자가 자신의 증언을 통해 당업계의 통상의 기술자도 특허에 의해 개시된 내용이 알츠하이머병 치료제로서 갈란타민의 유용성을 설명하는 것으로 보지 않았을 것이라고 밝혔다. "이 특허를 제출할 당시에 콜린에스테라아제 억제제(갈라타민이 포함된 약제 범주)가 효과가 있을 것이라고 나는 확실히 확신하기 어려웠고 다른 사람들 역시 확신하지 못하였었다."

*** 따라서 결국, 당업계의 통상의 기술자(those skilled in the art)의 지식을 고려하여 읽는다 하더라도 그 명세서는 가설을 제안하고 그 가설의 정확성을 결정하기 위한 테스트를 제시하는 것 이상의 것은 하지 않았다. 이것만으로는 충분하지 않다. (*Rasmusson v. SmithKline Beecham Corp.* … (Fed. Cir. 2005)를 참고하면, 단순한 개연성이 § 112에 따른 용이 실시 가능성의 기준이라면, 출원인은 성공가능성에 대한 의미있는 추측에 불과한 내용을 가지고 '발명(inventions)'의 특허권을 획득할 수 있다. 나중에 해당 추측 중 하나가 사실로 판명되면 그 방법이 실제로 효과가 있음을 입증한 사람을 대신하여 그 추측을 제안한 '발명가(inventor)'가 전리품을 보상 받게 된다. 이러한 시나리오는 발명가가 입증되지 않은 가설을 단순히 제안하는 것이 아니라 발명을 용이 실시 가능하게 기재해야 한다는 법적 요건과 상충되는 결과를 가져온다.")

*** 따라서 갈란타민을 알츠하이머병 치료에 사용한다는 '318 특허의 기재는 '318 특허의 출원이 유용성(utility)을 충족하지 않았기 때문에 용이 실시 가능성(enablement) 요건 역시 충족하지 못한다.

§ 4:5 저자 의견: 생명공학 발명에서 유용성 예측

Rasmusson 및 *In re '318 litigation* … 사건에서 알 수 있듯이, 약물(예: 전립선암 치료제 피나스테리드(finasteride) 또는 알츠하이머병 치료제 갈란타민(galantamine))의 유용성을 예측하는 것은 궁극적으로 유용성이 증명된다고 하더라도 매우 위험한 제안이 될 수 있다.

한동안 *Rasmusson* 판결은 두 당사자 중 한 쪽이 특허를 획득하기 위해 확실한 발명 날짜를 놓고 경쟁하는 특허 저촉 절차(interference proceeding)의 논리적 결과로 보였다. *Rasmusson*의 원칙은 예측이 매우 어려운 기술 분야에서 있어서 우선일 경쟁을 벌이는 두 당사자 사이에서 승자는 실제로 유용성을 입증한 사람이지, 증거

없이 단순히 추측만 한 사람이 아니다라는 것으로 보인다. 유용성의 증명은 당사자가 직접 수행한 실험(interference 사건에서는 일어나지 않음) 또는 당시의 기술수준(*Rasmusson* 사건의 첫 우선일 후 몇 년이 지나서야 이전 예측이 신뢰할 수 있게 됨)로부터 나올 수 있다. 그러나 *In re* '318 특허소송 이후, 미국 연방항소법원은 실제로 증명할 것을 요하는 규칙을 저촉 심사에만 국한하지 않고, 치열한 격전지인 1심법원(district court) 소송에도 그리고 특허권자가 예상한 징후에(predicted indication) 대한 미국식품의약국(FDA) 허가를 획득한 한참 이후에도 이 규칙을 적용할 것임을 분명히 하였다.

두 사건 모두 기본 원칙은 예견된 유용성이 출원했을 당시 신뢰(credible)할 수 없는 경우, *모출원 또는 계속 출원(continuation)이 계류 중인 동안* 출원인 또는 당시 기술수준에 의해 해당 유용성이 입증되어야 한다는 것이다. 미국 연방항소법원은 *In re* '318 특허소송에서 *계류* 중에 만일 유용성이 증명이 되었다면 문제를 해결할 수 있었을 것이라고 제안하였다. *In re* '318 특허소송에서 무효의 근거는 해당 발명 "사용 실시" 가능성("how-to-use" enablement)에 대한 요건을 충족하지 못하여서였으며, 해당 용이 실시 가능성은 출원일에 존재해야 한다는 점을 상기하여야 한다. 즉, 이것이 주는 함의는, 출원일 당시의 기술수준 또는 출원 후부터 등록 전 사이 기간에 (발명이 출원시 유용성을 만족한다는) 증거에 의해 뒷받침 될 수 있는 경우, 발명자가 만든 예상(prediction)은 발명의 사용실시 가능성("how-to-use" enablement)에 대한 요건을 만족한다고 볼 수 있다. 그러나 등록 후에 증명은 충분하지 않다. 그리고 *Rasmusson* 판례에서와 같이, 우선권 출원일에는 예견된 유용성이 신빙성(credible)이 없었지만 후에 출원 계류(pendency) 중에 신빙성이 생기는 경우, 계속출원특허(continuation application)의 출원으로 인해 새로운 출원일이 발생한 후, 청구항의 유효 우선일은 발명의 유용성이 신빙성있게 된 *후* 출원된 계속출원특허의 출원일이 된다.

갈란타민이 알츠하이머병에 유용하다는 것을 입증하기 위해 존홉킨스에서 실험이 진행되고 있다는 사실을 알고 있으면서도, *In Re* '318 특허소송의 출원인이 단순히 재출원한 후 출원 중에 데이터를 추가하지 않은 이유가 의아하다.

***TRAILR-2* 판례*(case)*.**

저자가 실제로 겪은 이 사례는 *Rasmusson v. SmithKline Beecham* 사건[14]을 DNA 분자에 적용한 예이다. 이 사건은 휴먼 게놈 사이언스(Human Genome Sciences/HGS)와 제넨텍(Genentech) 간의 저촉 절차에 관한 것이었다. 저촉 절차 심사 대상은 세포 사멸을 조절하는 세포 수용체 TRAILR-2에 대한 길항 항체였다.

14) 413 F.3d 1318 (Fed. Cir. 2005)

두 사건 당사자 중 HGS가 더 빠른 출원일을 가지고 있었는데, 명세서는 대규모 병렬 서열결정(parallel sequencing)과 컴퓨터의 연속 매칭을 통해 얻은 수용체의 올바른 DNA 및 단백질 서열 결정(sequencing)을 개시하고 있었다. HGS는 생물 정보학(bioinformatics)을 사용하여 같은 계열의 알려진 다른 세포 사멸 수용체의 DNA와 분자의 서열 상동성을 기반으로 우선권을 가진 특허출원의 궁극적으로 올바른 기능과 유용성을 예측하였다.

제넨텍은(Genentech) 첫 번째 출원(HGS의 출원 이후)에서 수용체 분자를 분리하여 이것이 실제로 TRAILR−2 수용체임을 입증하였다. 누구도 항체(antibody)를 가지고 있지 않았다. 제넨텍은(Genentech) 당시의 기술 수준으로는 HGS가 생물정보학적으로 확인한 수용체가 세포 사멸과(apoptotic) 증식이라는(proliferative) 두 가지 상반된 작용 중 하나를 가질 수 있다는 착상만 가능하다고 미국특허상표청을 설득하였다. 따라서, 제넨텍은 수용체를 실제로 가지고 세포 사멸 활동을 증명하기 전까지는 항체 예측은 *Rasmusson*의 경우처럼 추측에 불과하다고 주장했다. 결과적으로 제넨텍이 저촉 심사에서 승리하였다.

§ 4:6 유용성 증명

In re Isaacs and Lindenmann (CCPA 1965).[15] 인터페론 (interferon)의 발견(discovery)을 다룬 이 사건은 약리 활성 물질에 대해 *생체 내(in vivo)* 유용성 입증이 필요하지 않으며 *시험관 내(in vitro)* 증거로 충분하다는 점을 명확히 밝힌 최초의 판결 중 하나다.

IN RE ISAACS AND LINDENMANN

U.S. Court of Customs and Patent Appeals (1965)

청구항 (claim) ('106 특허)

청구항1. 살아있는 동물 세포 및 조직으로 이루어지는 군으로부터 선택되는 물질에서 산소의 존재 중에서 여전히 바이러스 간섭 활성을 갖기는 하나 바이러스가 재생하는 힘을 상실할 때까지 비활성화시킨 바이러스를 수성 배지 중에서 배양하고 그 후 물질로부터 바이러스 간섭 물질을 포함하는 수성 배지를 분리하는 것을 포함하는, 바이러스 간섭 물질을 생산하기 위한 방법.

15) 347 F.2d 887 (CCPA 1965)

청구항18. 제1항의 방법에 의해 생산된 바이러스 방해 물질.

1. A process for the production of a viral interfering substance which comprises incubating in a material selected from the group consisting of living animal cells and tissue in an aqueous medium in the presence of oxygen a virus inactivated until it has lost its power of reproduction but still having viral interfering activity and thereafter separating the aqueous medium containing the viral interfering substance from the material.

18. A viral interfering substance produced by the process of claim 1.

법원 판결 이유(The Court's Reasoning)

항소인들은 알려진 "바이러스 간섭(viral interference)" 현상, 즉 약화된(attenuated) 바이러스가 살아있는 바이러스를 억제(inhibit)한다는 사실에 있어서 두 바이러스와는 다른 중간 물질이 관여한다는 사실을 발견한 것으로 보인다. 항소인들은 이 물질을 "바이러스 간섭 물질" 또는 "인터페론"이라고 명명하였다.

*** 심사관과 미국 특허심판원 모두 항소인이 생체 내 테스트 증거를 제출했어야 한다고 생각하였다. 특허를 확보하기 위해 약리 활성 물질의 유용성이 생체 내 시험을 통해 입증되어야 한다는 어떠한 선례도 인용되지 않았으며, 우리는 이를 요구하는 어떠한 문헌도 찾을 수 없었다. 청구된 발명이 생체 내에서 유용할 가능성이 있더라도, 이는 청구항이 생체 내 사용에만 국한되지 않으며, 시험관 내에서의 활동을 무시할 수 없다. … 실제로 바이러스 간섭 활동이 처음에 생체 내에서 발견될 수 있었는지는 의문이다.

또한, 생체 내 테스트 데이터를 일관되게 요구하면서 미국 특허심판청은 항소인들의 시험관 내 성공을 주장하는 것이 § 101에 비추어 충분하지는 않지만 적어도 신빙성이 있다고 암시한 것으로 보인다. 물론 위에 인용된 [심사관 및 특허심판원] 진술 중 어느 것이 시험관 테스트 데이터의 요구라고 합리적으로 해석될 수 있는지는 극히 의심스럽다.

***심사관이 증거로서 중복될 수 있고 출원인에게 과도한 부담을 주는 것 외에 아무 쓸모가 없어보이는 추가 심사자료 요청하는 것은 명백하게 부적절하다.

앞서 언급한 이유로, 우리는 항소인이 § 101의 유용성 요건을 만족하는 발명을 개시하고 청구한 것으로 판단한다.

Cross v. Iizuka (Fed. Cir. 1985).[16] 만약 *시험관 내*(*in vitro*)와 *생체 내*(*in vivo*)의 결과에 대해 신뢰할 수 있는 상관관계가 있는 경우, 새로운 화합물의 *시험관 내*(*in vitro*)의 결과만으로 유용성은 증명될 수 있다.

CROSS, ET AL v. IIZUKA, ET AL

U.S. Court of Appeals, Federal Circuit (1985)

특허 저촉 절차 대상 (Interference Count)

하기 화학식의 이미다졸 유도체(imidazole derivative); 및 그의 약제학적으로 수용가능한 염으로 이루어지는 군으로부터 선택되는 화합물: … [이미다졸 화합물(imidazole compound)] … 여기에서 R이 수소 원자 또는 1 내지 6개의 탄소 원자를 갖는 알킬 기이고, 동일하거나 상이한 것일 수 있는 A1 또는 A2 각각이 1 내지 8개의 탄소 원자를 갖는 알킬렌이고, m이 0 또는 1이고, X가 산소 또는 황이고, 동일하거나 상이한 것일 수 있는 R1 또는 R2 각각이 수소 원자 또는 1 내지 6개의 탄소 원자를 갖는 알킬 기이고; R3이 H, C1－C4 알킬, C1－C4 알콕시 또는 할로겐임.

A compound selected from the group consisting of an imidazole derivative of the formula … [an imidazole compound] … wherein R is a hydrogen atom or an alkyl group having 1 to 6 carbon atoms, each of A1 or A2, which may be the same or different, are alkylene having 1 to 8 carbon atoms, m is 0 or 1, X is oxygen or sulfur, and each of R1 or R2, which may be the same or different, is a hydrogen atom or an alkyl group having 1 to 6 carbon atoms; R3 is H, C1－C4 alkyl, C1－C4 alkoxy or halogen; and the pharmaceutically acceptable salts thereof.

명세서

Cross와 Iizuka 모두 혈전증과 염증에 관여하는 트롬복산 A2(TXA2)의 형성을 유도하는 효소인 트롬복산 합성효소의 합성을 억제하는 이미다졸 유도체 화합물에 관한 발명을 공개하였다.

16) 753 F.2d 1040 (Fed. Cir. 1985)

법원 판결 이유

시험관 테스트를 통해 연구자는 특정 약리 활성화와 관련하여 화합물의 순위를 정할 수 있다. 즉, 화합물의 상대적 효능을 결정할 수 있다. 그런 다음 가장 높은 순위 또는 효능을 가진 화합물이 *생체 내* 추가 테스트를 위해 선택된다. 아마도 이것은 제약 업계에서 받아들여지는 관행일 것이며, Cross는 램웰 박사의 증언을 반박하는 어떠한 증거도 제시하지 않았으며, 우리는 이러한 관행이 내재적으로 논리적 설득력을 가지고 있다는 점에 주목한다. 일반적으로 *시험관* 테스트는 체내 시험보다 상대적으로 덜 복잡하고 시간이 덜 소요되며 비용도 저렴하다. 또한, 특정 약리 활성화에 대한 *시험관 테스트* 결과는 일반적으로 *생체 내* 테스트 결과를 예측할 수 있으며, 둘 사이에는 합리적인 상관관계가 존재한다. 그렇지 않다면 제약업계의 테스트 절차는 지금과 같지 않을 것이다. Iizuka는 적절하게도 *시험관 테스트* 결과와 *생체 테스트* 실험 결과 사이에 불변의 정확한 상관관계가 있다고 주장하지 않았다. 오히려 특정 약리 활성에 대한 *시험관 테스트*가 성공적이었다면 해당 약리 활성에 대한 *생체 내 테스트도* 성공할 확률이 상당히 높다는 것이 Iizuka의 입장이다.

*** 일본 우선권 특허출원은 *시험관 테스트*에 대한 유용성 즉 인간 또는 소 혈소판 마이크로솜에서 트롬복산 합성효소의 억제를 개시하고, 개시된 *시험관 테스트의* 유용성이 [선행기술에서] 구조적으로 유사한 화합물(모 이미다졸(parent im-idazole) 및 1-메틸이미다졸 화합물)의 유사한 *시험관* 및 *생체 테스트* 약리 활성 결과에 의해 보완되는 [본] 사건의 상황에 대하여, 본 재판부는 특허심판원의 결론인 *시험관 테스트*에 의해 밝혀진 유용성이 § 101에서 요구하는 실용적 유용성 요건을 충족한다는데 동의한다.

<u>In re Brana</u> (Fed. Cir. 1995).[17] 미국 식품의약국(FDA)에서 요구하는 유용성 증거는 미국 특허상표청에서 물건 또는 방법의 특허성 판단을 위해 요구하는 유용성에 대한 증거와 다르며 더 엄격하다. 임상적 유용성이 35 U.S.C.A. § 101에 따른 유용성을 입증하는 데 필요하지는 않다. 인간 질병의 동물 모델도 미국 특허상표청에서는 충분한 증거가 된다.

---

17) 51 F.3d 1560 (Fed. Cir. 1995)

IN RE BRANA

U.S. Court of Appeals, Federal Circuit (1995)

청구항 1

하기 화학식을 갖는 항종양 물질로서의 용도를 위한 5-니트로벤조[디]이소퀴놀린-1,3-디온(5-nitrobenzo[de]isoquinoline-1,3-dione) 화합물: [화학식] 여기에서 n이 1 또는 2이고, R1 및 R2가 동일하거나 상이하고 각각이 수소, C1-C6-알킬, C1-C6-하이드록시알킬, 피롤리디닐, 몰포리노, 피페리디닐 또는 피페라시닐이고, R3 및 R4가 동일하거나 상이하고 각각이 수소, C1-C6-알킬, C1-C6-아실, C2-C7-알콕시카르보닐, 우레일, 아미노카르보닐 또는 C2-C7-알킬아미노카르보닐임.

5-nitrobenzo[de]isoquinoline-1,3-dione compounds, for use as antitumor substances, having the following formula: [FORMULA] where n is 1 or 2, R1 and R2 are identical or different and are each hydrogen, C1-C6-alkyl, C1-C6-hydroxyalkyl, pyrrolidinyl, morpholino, piperidinyl or piperacinyl, and R3 and R4 are identical or different and are each hydrogen, C1-C6-alkyl, C1-C6-acyl, C2-C7-alkoxycarbonyl, ureyl, aminocarbonyl or C2-C7-alkylaminocarbonyl.

법원 판결 이유

P388 및 L1210 세포주는 기술적으로 종양 모델로 분류되어 있지만 원래 생쥐의 림프구성 백혈병에서 파생된 것이다. 따라서 P388 및 L1210 세포주는 실제 특정 림프구 종양을 나타내며, 이 모델을 생쥐에 이식하면 이 특정 질병을 일으킨다. 미국 특허상표청 주장에서 알 수 있듯이, 출원인이 *생체 내 종양에* 대한 화합물의 효과를 테스트하기 전에 동물이 자연적으로 이 특정 종양이 발생할 때까지 기다려야 한다면, 화합물을 *생체 내에서* 대규모로 테스트할 효과적인 방법이 없을 것이다.

우리는 이러한 종양 모델이 청구된 화합물이 효과가 있다고 주장되는 구체적 질병을 표상한다고 결론지었다. 따라서 Paull에 대한 명시적인 언급에 비추어 볼 때, 출원인의 명세서는 충분히 구체적인 사용(sufficiently specific use)를 언급하고 있다.

*** FDA 승인은 … 특허법에서 유용한 화합물을 결론내리기 위한 전제 조건은 아니다. … 특허법, 특히 제약 발명의 맥락에서 유용성은 반드시 추가 연구개발에 대한 예상이 있다. 이 분야의 발명이 유용성을 만족하는 단계는 인간에게 투약할

준비가 되기 훨씬 전이다. 유용성을 입증하기 위해 제2상 시험(phase II testing)을 요구한다면, 관련 비용으로 인해 많은 기업이 유망한 새로운 발명에 대한 특허 보호를 받지 못하게 되어 암 치료와 같은 중요한 분야에서 연구 개발을 통해 잠재적인 치료법을 추구할 유인이(incentive) 사라지게 된다.

§ 4:7 미국 특허상표청 실무 반영

유용성에 대한 임시 개정 미국 특허청 가이드라인 교육자료(*REVISED INTERIM UTILITY GUIDELINES TRAINING MATERIALS* (1999)).[18] 기술 수준에 있어서 사전에 잘 확립되어 있지 않은 한(*예:* B형 간염 바이러스와 같이 잘 알려진 바이러스에 대한 새로운 항체), 유용성은 구체적이고 실질적이며 신뢰할 수 있는 것이어야 한다(specific, substantial, and credible).

§ 4:8 미국 특허상표청 실무 반영-구체적 유용성(Specificity)

반대 예시. 다음은 구체적 유용성이 없다.

1) 수용체인 분자(어떤 수용체이고 해당 수용체를 갖는 것이 어떤 유용성이 있는지 설명하지 않는 경우)

2) 면역 분석에 사용하거나 항원의 존재를 감지하는 데 사용할 수 있는 항체(항원을 구체적으로 개시하지 않고 해당 항원에 대한 분석의 유용성을 설명하지 않는 경우).

§ 4:9 미국 특허상표청 실무 반영-실질적 유용성(Substantiality)

반대 예시. 다음은 실질적인 유용성이 없다.

1) 향후 연구에 사용할 수 있는 분자

2) 벽의 구멍을 메우는 데 사용할 수 있는 고체 화합물

---

18) 미국 특허상표청, 개정된 임시 유틸리티 가이드라인 교육 자료(1999)는 다음 링크에서 확인할 수 있다: http://www.uspto.gov/web/offices/pac/utility/utilityguide.pdf (2016년 1월 11일 방문).

§ 4:10 미국 특허상표청 실무 반영–신뢰성(Credibility)

반대 예시. 다음은 신뢰할 수 있는 유용성이 없다.

1) "암"을 치료하는 화합물

2) "노화"를 예방하는 화합물

5장 용이 실시 가능성[xvi](Enablement)

박 지 영

§5:1 법령

35 U.S.C.A. § 112: 명세서(specification)[1] **(강조 표시 추가)**

(a) 일반 규정 – 명세서에는 [1] 완전하고 명확하며 간결하고 정확한 용어로, 발명 및 발명을 실현하고 이용하는 방식과 방법에 대한 기재를, [2] **발명이 속하는 업계 또는 가장 밀접하게 관련된 업계의 통상의 기술자가 발명을 실현하고 이용할 수 있도록 포함하여야 하며**, 그리고 명세서에는 [3] 발명자 또는 공동 발명자가 발명을 수행하기 위해 고려한 최적 실시예를 제시하여야 한다.

(a) *In General.*– The specification [1] shall contain a written description of the invention, and of the manner and process of making and using it, in such full, clear, concise, and exact terms as [2] *to enable any person skilled in the art to which it pertains, or with which it is most nearly connected, to make and use the same*, and [3] shall set forth the best mode contemplated by the inventor or joint inventor of carrying out the invention.

§5:2 용이 실시 가능성에 관한 법률의 역사적 맥락

이 법률은 세 가지 다른 요건을 포함하는 것으로 해석되어 왔다: [1] 발명 기재(written description), [2] 용이 실시 가능성(enablement), 및 [3] 최적 실시예(best mode)이다. 각 요건은 별도의 장에서 다루기로 한다.

법률의 용이 실시 가능성 및 발명 기재 요건과 관련하여, 판례는 **하위개념**(species)의 용이 실시 가능성과 기재 요건 및 **상위개념**(genus)의 용이 실시 가능

1) 35 U.S.C.A. § 112 (2014)

성과 기재 요건의 차이에 대해 다룬다. 이는 법률의 양쪽 영역에서 반복되는 주제이다. 판례는 두 영역의 구분 없이 하위개념과 상위개념을 구분하는 다양한 법적 테스트를 개발해 왔다. 더 나아가 판례는 용이 실시 가능성 측면에서, 통상 존재하지 않는 하위개념과 일반적으로 이용 가능하고 통상적인 스크리닝으로 용이하게 실시할 수 있는 하위개념을 구분한다.

2023년, 상위개념의 용이 실시 가능성을 분석하는 방법에 대한 대대적 재평가가 이루어졌다. 기존에는 1988년의 중요한 판례인 *In re Wands* (Fed. Cir. 1988)[2]에서 처음 제시된 8가지 '*Wands* 요건(*Wands* factor)'이라는 비교적 간단한 스크리닝 테스트를 수년 동안 사용해 왔다. 2023년, 연방대법원은 *Amgen v Sanofi* (Sup. Ct. 2023)[3]에서 항체 상위개념의 용이 실시 가능성에 대한 법률을 검토하였다. 법원은 *Wands* 요건의 사용을 묵시적으로 재확인했지만 또 다른 요건을 추가하였다: 상위개념의 모든 구성에 "공통되는 일반적 특성(general quality common to)"이 존재할 것. 우리는 이를 "공통 특성(common quality)" 판단기준이라 부를 것이다.

CAFC는 *Ariad Pharmaceuticals v Eli Lilly* (Fed. Cir. 2010)[4]와 같은 사건들에서 용이 실시 가능성과 발명 기재에 대한 법적 요건이 35 U.S.C.A. § 112(a)의 구별되는 부분으로 여겨져야 한다고 주장했지만, 금번 상위개념 청구항에 대한 판결의 다른, 보다 점진적인 발전은, 두 부분의 근거가 되는 **사실**(factual) 분석을 거의 구별할 수 없게 되었다는 점이다. 발명 기재에 관해 다룬 § 6:19에서 두 요건의 분석적 병합에 대한 주제를 다룰 것이다.

우선 하위개념의 용이 실시 가능성에 관한 판례로 논의를 시작한다.

§ 5:3 하위개념 청구항의 용이 실시 가능성 - 기탁(By Deposit)

기탁에 의한 하위개념의 용이 실시 가능성에 대한 법률 관련 기초 판례는, 기탁처가 미국 정부 기관인, *In re Argoudelis* (CCPA 1970)[5]로서, 바로 아래에서 설명한다. 이어지는 *Feldman v. Aunstrup* (CCPA 1975)[6]에서, 법원은 *Argoudelis*

2) 858 F.2d 731, 8 U.S.P.Q. 2d 1400 (Fed. Cir. 1988)
3) *Slip-op* 21-757 (Sup. Ct., May 2023 판결)
4) 598 F.3d 1336 (Fed. Cir. 2010)
5) 434 F.2d 1390 (CCPA 1970)

판결을 확정하고, 영국 우선권 서류에서 하위개념의 용이 실시 가능성을 뒷받침하기 위하여 미국 외의 비－정부 기관으로의 기탁을 인정하였다.

Feldman 사건에서 중요한 점은 특정 미생물로부터 우유 응고 효소를 만드는 공정에 대한 특허 저촉 절차(interference)xvii)를 논의하였다는 것이다. 특허 저촉 심사 대상(count)이 어느 한 하위개념에 국한되지 않고 모든 종류의 우유 응고 미생물에 대해 **일반적**(generic)으로 적용된다는 점은 아래에서 확인할 수 있다. Aunstrup은 단 한 건의 우유 응고 미생물 기탁만으로 저촉 절차에서 이길 수 있었다. 그 이유는 일반적 대상을 갖는 저촉 절차에서 승소하기 위해서는 당사자가 해당 저촉 절차 대상 중 하나의 하위개념만을 (실제적 또는 개념적) 구체화(reduction to practice)를 보여주기만 하면 된다는 저촉 절차법의 독특한 규칙에 있다. Aunstrup은 단지 한 종에 대한 기탁 — 기탁한 종 — 만을 입증함으로써, 보다 광범위한, 일반적인, 저촉 절차에서 승리할 수 있었다. Aunstrup은 일반적 저촉 심사 대상 전 범위에 대한 용이 실시 가능성을 입증할 필요가 없었다.

동일한 사실 패턴이 *Tabuchi v. Nubel*(CCPA 1977)[7]에서도 일어났으며, 이 사건 역시 저촉 절차에 관한 것이었다. 하기 § 5:6 참조. 여기서 저촉 심사 대상은 생물학적 속(genus) *Candida*에 속하는 효모의 속에 관한 것이었다. Tabuchi는 저촉 절차에서 이기기 위하여, 범위와 상관없이, 해당 저촉 심사 대상 내에서 한 하위개념만을 실시 가능하게 하면 되었다. *Tabuchi v. Nubel* 사건에서의 하위개념은 흔히 존재하는 것이었기 때문에 Tabuchi는 간단한 스크리닝으로 실시 가능할 수 있었고, *Feldman v. Austrup* 사건과 달리 기탁을 필요로 하지 않았다.

하나의 기탁된 하위개념(*Feldman v Austrup*) 또는 하나의 스크리닝된 하위개념(*Tabuchi v. Nubel*)에 기초하여 일반적 **저촉 심사 대상**으로 승리한 후, 승자가 상위개념 **청구항**을 특허받을 수 있는지에 대한 별도의 질문에 대해 *Feldman 또는 Tabuch* 사건은 답변하지 않았다. 개별 하위개념의 통상적 스크리닝을 통해 청구된 상위개념에 대한 실시가능성은 이후에 논의되었다: 이는 *In re Wands* (Fed. Cir. 1988)[8]에서 명확하게 답변되었고(하기 § 5:6 참조), *Amgen v. Sanofi* (Sup. Ct. 2023)[9]에서 다듬어졌다.

6) 517 F.2d 1351 (CCPA 1975)
7) 559 F.2d 1183 (1977)
8) 858 F.2d 731 (Fed. Cir. 1988)
9) *Slip－op* 21－757 (Sup. Ct., May 2023 판결)

In re Argoudelis (CCPA 1970).10) 자연에서 얻어지고, 새로운 항생제 생산에 사용되는 특정 미생물의 기재 요건과 실시 가능 요건을 충족하기 위해서는 글만으로는 충분하지 않을 수 있다. 일리노이주 피오리아 소재 국립지역연구소(National Regional Research Laboratory, NRRL)에 미생물을 기탁하면, 특허 출원 계류 중 일반 공중이 해당 기탁 미생물을 이용할 수 없더라도 용이 실시 가능 요건을 충족한다.

ALEXANDER D. ARGOUDELIS, ET. AL.의 출원

U.S. Court of Customs and Patent Appeals (1970)

청구항 10 (미국특허 제3,629,406호, 1971년 등록) (강조 표시 추가)

sparsogenin 및 sparsogenin A의 생성으로 배지에 상당한 활성이 부여될 때까지 *Streptomyces sparsogenes var. sparsogenes*를 호기성 조건에서 자화성 탄수화물 및 자화성 질소 공급원을 포함하는 수성 영양 배지에서 배양하고; 생성된sparsogenin 및sparsogenin A를 분리하는 단계를 포함하는 방법.

(A process which comprises cultivating *Streptomyces sparsogenes var. sparsogenes* in an aqueous nutrient medium containing a source of assimilable carbohydrate and assimilable nitrogen under aerobic conditions until substantial activity is imparted to said medium by production of sparsogenin and sparsogenin A and isolating the sparsogenin and sparsogenin A so produced.)

명세서

sparsogenin은 광범위한 항균 활성을 가지고 있다. 본 발명에 따라 sparsogenin 생산을 위해 사용된 방선균 변종[*Streptomyces sparsogenes var. sparsogenes*] 및 균주[NRRL 2940]는 본 출원 전 미국 일리노이주 피오리아에 위치한 미국 농무부 농업연구청 북부활용 및 연구과 영구 컬렉션에 기탁되어 있으며, 이 기탁기관에서의 기탁 번호는 NRRL 2940이다. 특허가 등록되는 즉시 대중이 이용가능하지만 그 전에는 그러하지 않다.

법원의 판결 이유

자연에서 미생물을 얻는 방법을 글만으로 설명할 수 없다고 해서 항소인들이 출원 시 미생물을 일반 공중에게 이용할 수 있도록 해야 한다는 의미는 아니다. 다른

10) 434 F.2d 1390 (CCPA 1970)

분야의 출원인은 특허가 등록될 때까지 공중에게 아무것도 알릴 필요가 없는 반면, 신규 미생물을 사용하는 공정 및 물건을 발명한 출원인은 출원 전 출발 물질을 일반 공중에게 공개해야 할 정당한 이유는 없다. 재판부는 § 112가 그러한 결론에 도달하도록 제정되지 않았다고 판단한다.

특허상표청의 이 부분에 대한 유일한 합리적 우려 사유는 기탁된 미생물의 영구적 이용 가능성인 것으로 보인다. 기탁된 미생물은 특허 출원의 일부가 아니며, 특허상표청은 기탁된 미생물에 대해 어떠한 통제도 하지 않는다. 이러한 우려는 어떤 상황에서는 정당화될 수 있다.

*** [본 법원은] (1) 공공 기탁기관이 이용되었고, (2) 기탁기관이 미국 정부 부처에 의해 운영되며, (3) 기탁기관이, 항소인의 출원에 접근하기 위하여 Rule 14 및 35 U.S.C. § 122에 따라 법률적 자격이 있는 사람에게 샘플을 제공하고, 특허 등록 후 샘플을 원하는 사람에게 제공할 수 있도록 배양물을 영구 보관할 계약상 의무가 있으며, (4) 기록상, 배양물을 이용할 수 없게 만드는 물리적 변화를 거칠 것이라는 점을 시사하는 어떠한 증거도 없다는 점에 주목한다. 본 법원은, 해당 개시 내용이 언젠가 실시 불가능하게 될 가능성은 *Metcalfe* [이 상표를 참조하면 특허에 사용된 핵심 자료의 출처는 충분하다[11]]의 경우보다 훨씬 더 추측에 불과하며, 따라서 § 112에 따른 개시는 부족하지 않다는 결론을 내린다.

Feldman v. Aunstrup (CCPA 1975).[12] 출원 시 제한되었지만, 출원 계류 동안과 등록 전 공중에게 공개된 미국 외 사설 기탁기관에 미생물을 기탁한 것은, 상위개념적 저촉 심사 대상에서 승소하기 위한 외국 우선권 서류의 실시 가능성 요건을 충족한다.

FELDMAN v. AUNSTRUP

U.S. Court of Customs and Patent Appeals (1975)

저촉 심사 대상

적절한 영양 배지에서 우유 응고 효소 생산 균주인 *Mucor miehei* Cooney et Emerson 또는 천연 또는 인공 변이체 또는 이의 돌연변이를 배양하고; 배지로부터 우유 응고 효소를 회수하는 단계를 포함하는 우유 응고 효소의 제조 방법.

(A process for the preparation of a milk-coagulating enzyme which

11) 410 F.2d 1378(CCPA 1969)

12) 517 F.2d 1351 (CCPA 1975)

comprises cultivating a milk-coagulating enzyme producing strain of *Mucor miehei* Cooney et Emerson or a natural or artificial variant or mutant thereof in a suitable nutrient medium, and thereafter recovering the milk-coagulating enzyme from the medium.)

사실관계(법원 판결문 인용)

관련 사건의 연대표는 다음과 같이 요약할 수 있다.

당사자 Aunstrup	당사자 Feldman
제한적 기탁 1965년 11월 18일 CBS	
영국 가출원 명세서 51270/65 1965년 12월 2일	
미국출원 No. 595,643 1966년 11월 21일	
	미국출원 No. 631, 608 1967년 4월 18일
	미국출원 No. 688,349 1967년 12월 6일
무제한 기탁 1969년 3월 20일	
1971년 7월 6일 저촉 절차 선언	

법원의 판결 이유 (원문에 강조 표시 추가)

Argoudelis 사건[상기, 본 항목 참조]에서와 같이, 미생물은 공정에서 필수적인 출발 물질이며, 통상 존재하지 **않으며**, 자연에서 이 미생물을 다시 찾으려는 실험적 스크리닝 프로그램은 매우 긴 시간이 소요될 수 있다. 따라서, 양 당사자는 미생물 기탁이 35 U.S.C. § 112 첫 단락에 따른 충분한 개시를 위해 필요하다는 데 동의한다.

*** Feldman의 … 주장은 1966년 Aunstrup의 미국 출원일 당시 CBS의 미생물 기탁에 관한 것으로, (1) Aunstrup의 미국 출원 계속 중 **특허상표청에 대한** "보장된 이용가능성(assured availability)", (2) Aunstrup의 출원이 미국 특허로 등록된 후 **공중에 대한** "보장된 이용가능성"이라는 두 부분으로 나누어진다.

(1)번 항목에 대하여, 본 법원은 실익이 없다고 판단한다. 35 U.S.C. § 114의 권

한에 따라, 특허상표청은 출원인에게 검사 또는 실험을 목적으로 표본을 제공하도록 요구할 수 있다 [인용 생략] … 따라서, 특허상표청은 출원 계속 중 언제든지 ***Aunstrup*를 통해** CBS 370.65에 접근**할 수 있다**는 것은 의심의 여지가 없다.

*** Feldman이 주장하는 바와 같이, Aunstrup의 **1966년 미국 출원일 당시**에는 해당 출원에 대한 미국 특허 등록시 일반인이 CBS 370.65에 접근할 수 있다는 보장이나 보증이 없었던 것은 사실이다. 그러나, § 112, 첫 단락의 용이 실시 가능성 요건은 **출원일 시점에서** 미생물 기탁에 대한 접근성 보장을 요구하지 않는다; 요구사항은 출원 전 **또는 출원 계류 중** (출원에 대한 특허 등록 시 일반인의 미생물 배양물에 대한) 접근 보장이다. …

*** 관련 Aunstrup 출원 계류 중, 1969년 3월 20일 CBS 370.65에 대한 접근 제한이 없어지고 배양물이 "공중에게 공개"되었을 때, 이러한 필수 미생물에 대한 공중의 접근 보장 요건은 Aunstrup의 양수인에 의해 충족되었다.

[판결 요지: 저촉 심사 대상에 대한 하위 개념의 용이 실시 가능성을 충족하는 기탁 요건]

§ 5:4 저자 의견: *Argoudelis* 사건의 교훈과 결론

- *Argoudelis* 사건에서 기탁 조건은, 일반인이 기탁에 접근할 수 있는 시점이 특허 등록 전이 아닌, 등록 후라는 것이다. *Feldman v. Aunstrup* 사건에서는 *Argoudelis* 사건의 규칙을 확장하여, 처음에는 제한되었지만 미국 출원 계속 중 제한이 해제되는, 미국 외부 사설 기탁기관으로의 기탁을 승인하였다.
- ***In re Lundak*** (Fed. Cir. 1985)[13]에서, 법원은 청구항의 **등록결정 후** 등록료 납부 당일까지도 기탁할 수 있다고 판시하였다. 이러한 늦은 기탁 전략은 미국에만 적용된다. *Lundak* 전략이 사용될 경우, 미국 이외의 지역에서 우선권을 주장할 때는 – 필요한 경우 – 가장 빠른 우선권 주장일 이전에 기탁을 해야 하므로 주의를 기울여야 한다. *Lundak* 사건에 따라 출원 후 기탁 또는 등록 결정 후 기탁 전략은 출원인이 우선일 이전에 기탁하지 못하였고, 용이 실시 가능 요건을 위해 기탁이 필요한 경우에만 구제 방안으로 사용해야 한다.
- *Argoudelis* 사건과 그 다음 사례는 바로 <u>부다페스트 조약(*Treaty of Budapest*)</u>으로 이어졌다. 예를 들면, Art. 3(1),[14] 및 미국 규칙(U.S. Rule) <u>*37 C.F.R. §*</u>

13) 773 F.2d 1216 (Fed. Cir. 1985)

14) Budapest Treaty on the International Recognition of the Deposit of Microorganisms for the Purposes of Patent Procedure (특허 절차를 위한 미생물 기탁의 국제적 인정에 대한 부다페스트 조약), Art. 3(1), April 28, 1977, 1980, WO002EN

1.801 et seq.[15] 참조.

- § 6:6의 *Enzo Biochem, Inc. v. Gen−Probe, Inc.* (Fed. Cir. 2002)[16]에서 볼 수 있듯이, DNA 염기서열의 발명 기재 관점에서, 실제로 염기서열을 분석하지 않았더라도 고유한 DNA 염기서열을 포함하는 미생물의 기탁은 DNA의 발명 기재 요건 − 즉, 소유 − 에 대한 충분한 증거가 되며; 필요한 것은 보관 체계에 대한 입증과 함께 특허 명세서에 기재된 기탁 번호뿐이다.

§ 5:5 하위개념 청구항의 용이 실시 가능성 - 스크리닝(By Screening)

Tabuchi v. Nubel (CCPA 1977).[17] 공공 기탁기관에서 용이하게 이용가능한 미생물 균주의 (과도한 추가 실험[xviii] 없이) 통상적 스크리닝으로 특정 청구항의 대사산물을 생성하는 균주와 생성하지 않는 균주를 구별할 수 있다면, 외국 우선권 서류에 따라 외국 출원일을 기준으로 용이 실시 가능성을 인정받고 상위개념 저촉 심사 대상에서 승소할 수 있다. 상기한 *Tabuchi v. Nubel* 사건에서와 마찬가지로, 상위개념 저촉 심사 대상에서 승리하기 위하여 용이 실시 가능해야만 한 것은 하나의 하위개념이며, 상위개념 전체가 용이 실시할 필요는 없다는 점을 다시 한번 주목해야 한다.

TABUCHI v NUBEL

U.S. Court of Customs and Patent Appeals (1977)

저촉 심사 대상

Candida 속에 속하는 효모의 구연산 축적 및 탄화수소 자화균주를, 주 탄소원으로 분자에 9~20개의 탄소 원자를 포함하는 적어도 하나의 노말 파라핀을 포함하는 수성 배양액에 접종하고, 상기 구연산 중 적어도 하나가 배양액에 실질적으로 축적될 때까지 배양액을 배양하고, 축적된 구연산을 분리하는 단계를 포함하는, 구연산과 (+)−isocitric acid 군의 적어도 하나의 성분을 제조하는 방법.

(A method for producing at least one member of the group of citric acid and (+)−isocitric acid which comprises innoculating [sic] a citric acids−

15) 37 C.F.R. §§ 1.801 참조 (*et seq.*) (2015)

16) 323 F.3d 956 (Fed. Cir. 2002)

17) 559 F.2d 1183 (1977)

accumulating and hydrocarbon−assimilating strain of a yeast belonging to the genus *Candida* in an aqueous culture medium containing at least one normal paraffin containing 9 to 20 carbon atoms in the molecule as the main carbon source, incubating the culture until at least one of said citric acids is substantially accumulated in the culture broth and separating the so−accumulated citric acids therefrom.)

법원의 판결 이유

Tabuchi는 주로 최초의 일본 출원에 의존했지만, 본 법원의 *Kawai v. Metlesics*, [18)] 결정에 따라, 특허심판원은 (주 심사관과 마찬가지로) 해당 개시가 35 U.S.C. § 112, 첫 단락의 요건을 충족하지 못한다고 판단했기 때문에 35 U.S.C. § 119에 따른 출원일의 이익을 향유할 권리가 없다고 판단하였다. 심판원은 최초 일본 출원의 실시예 1이 "*Candida* 속의 균주 또는 종이 9~20개의 탄소 원자를 가진 노말 파라핀에서 성장하여 구연산을 생성한다"고 개시하였지만, 그럼에도 불구하고 이 실시예에서 효모를 "*Candida lipolytica* No. 230"이라고 설명한 것은 *Candida* 균주에 대한 실시가능한 설명이 아니라고 결론지었다. 심판원은 다음과 같이 언급하였다: "No. 230"이라는 기재는 임의의 공공 기탁기관의 *Candida* 속의 모든 균주의 기탁번호를 지칭하는 것이 아니다.

*** 심판원은, Tabuchi의 최초 일본 출원의 개시내용이 당업계의 통상의 기술자에게 저촉 심사 대상인 방법에 따라 구연산을 생산하기에 적합한 *Candida* 균주를 선택하기 위해 무리하게 과도한 양의 추가 실험을 수행하게 하였을 것이라고 판단한 오류를 범하였다.

(저촉 심사 대상 자체는 아니더라도) 증언 조서(testimony of record)로부터, 당업계의 통상의 기술자에게 실험이 요구되었다면 그러한 실험은 단순한 스크리닝 이상은 아니었음이 분명하다. Kelleher 박사는 [ATCC 또는 CBS와 같은 공공 기탁기관에서] 적절한 *Candida*를 선택[한 다음 배양하고 스크리닝]했을 것이라고 증언하였다… Kelleher 박사의 이 증언은 … 본질적으로 그가 이후 실험 작업에서 실제로 따랐던 방법을 설명하는 것이다.

*** 따라서, 조서에 따르면, 당업계의 통상의 기술자에게 요구되었을 유일한 실험은, 최초 일본 출원에 언급된 다양한 *Candida* 종 균주, 특히 실시예 1에 사용된 종인 *Candida lipolytica* 균주를 선택하고, 실시예 1에 따라 구연산 생산 효능으로 균주를 스크리닝하는 것임을 분명히 알 수 있다. 언급된 증언에 따르면, 스크리닝

18) 480 F.2d 880, 178 USPQ 158 (CCPA 1973)

절차는 간단하고 직관적인 것으로 보이며, 이러한 결론은 Kelleher 박사가 수행한 실제 스크리닝에 대한 증언에 의해 뒷받침된다. Kelleher 박사가 선별한 16개 *Candida* 균주 모두에서 구연산이 생성되었다는 것은 논란의 여지가 없다.

*** 본 법원은, 최초 Tabuchi 일본 출원의 개시내용이 당업계 통상의 기술자에게 해당 사건의 방법을 실행하기 위해 적합한 *Candida* 균주를 선택하기 위하여 무리하게 과도한 추가 실험을 수행하도록 하지 않는다고 판단한다. 따라서 이 출원은 35 U.S.C. § 112 첫 단락의 용이 실시 가능성 요건을 충족하며, 따라서 Tabuchi는 35 U.S.C. § 119에 따라 해당 출원의 출원일 이익을 향유할 권리가 있다. 이 날짜는 Nubel이 우선권을 부여받은 기준인, Nubel의 실제적 발명 구체화 일자보다 앞서므로, 특허심판원의 결정을 **파기한다**.

§ 5:6 상위개념 청구항의 용이 실시 가능성 – 항체(Antibodies)

이제 상위개념 청구항의 용이 실시 가능성을 논하고자 한다. 연방대법원의 *Amgen v Sanofi* (Sup. Ct. 2023)[19](“*Amgen* 2023”)은 소위 “공통 특성” 판단기준을 제공하였다. 이 판단기준은 향후 이러한 청구항의 용이 실시 가능성을 분석할 때 사용될 필요가 있다.

Amgen (2023) 이후에도 여전히 용이 실시 가능성 요건을 논의하기 위한 적절한 분석 체계를 제공하는 *In re Wands* (Fed. Cir. 1988)[20]로부터 설명을 시작하고자 한다. 2024년 초, 미국 특허상표청은 용이 실시 가능성 평가 가이드라인(Guidelines for Assessing Enablement[21])에서 용이 실시 가능성 분석에 8가지 *Wands* 요건(*Wands factors*)을 사용하는 것이 타당하다는 것을 재확인하고 심사관에게 이를 지속하도록 권고하였다. 그리고, *Amgen* (2023)에서 연방대법원은 2021년 CAFC의 판결을 확정하였기 때문에, 그 분석과 결론이 적절하므로 우리는 해당 판결에 대해 좀 더 자세히 살펴보고자 한다. 본질적으로, *Amgen* (2023)에서 연방대법원은, 2021년 판결에서 CAFC가 암묵적으로 *Amgen*에게 요구했으나 명시하지 못했던 “공통 특성”이라는 간결한 요건을 추가하였다.

19) Slip－op 21－757 (Sup. Ct. May 18, 2023 판결)

20) 858 F.2d 731 (Fed. Cir. 1988)

21) 참조, Guidelines for Assessing Enablement in Utility Applications and Patents in View of the Supreme Court Decision in Amgen Inc. et al. v. Sanofi et al. FR Doc. 2024－00259 출원시점: 1/9/2024 8:45 am; 공개일: 1/10/2024

그러나, *Amgen* (2023)이 *Wands*에 붙인 "공통 특성" 요건 때문에 우리는 상위개념의 용이 실시 가능성에 관한 판례를 *Amgen* (2023) 이전과 이후로 구분하고자 한다.

CAFC가 용이 실시 가능하다고 판단한, *Amgen* (2023) 이전 법원에 의하여 결정된 사건들이 *Amgen* (2023) 이후에도 동일한 방식으로 판결이 내려질 것이라는 보장은 없다. 한 가지 예로, 법원이 Martek의 '567 특허 청구항 4와 5가 실시가능하다고 판시한 *Martek v Nutrinova* (Fed. Cir. 2009)[22]을 들 수 있다. 이러한 결론이 CAFC가 상위개념의 용이 실시 가능성이 없다고 한 *Amgen* (2023) 이전 사건들에 모두 해당되는 것은 아니다. 비록 "공통 특성" 판단기준을 이용하지 않고 결정되었지만, 이러한 판례의 판결은 여전히 유지될 것이다. 따라서, 최상의 조언은 법원에서 용이 실시 가능성이 인정된 *Amgen* (2023) 이전 사건의 역사적인 본질을 고려하면서 더 나은 법률 가이드를 위해 *Amgen* (2023) 이후 사건을 함께 살펴보는 것이다.

<u>In re Wands</u> (Fed. Cir. 1988).[23] 청구항은 어느 하나의 특정 항체가 아닌 간염 항원 결정기에 대해 친화력이 높은 일반적 IgM 단일 클론 항체를 사용한 면역 분석법에 대한 것이다. 여기에는, 최적 실시예를 따른다고 주장하는 한 건의 기탁이 있었다. 기탁된 항체 이외의 IgM 항체의 재현성에서 성공과 실패를 모두 보여주는 진술서(affidavit)가 광범위하게 사용되었다. USPTO는, 냉동고에 보관되어 있었던 시험되지 않은 많은 하이브리도마를 실패한 것으로 포함하여, 성공률이 매우 낮다고 해석하였다. CAFC는 이를 뒤집고 우수한 분석법, 예를 들면 성공과 실패를 구분할 수 있는 우수한 가이드가 있다면, 성공률이 낮더라도 과도한 추가 실험이 아니라고 판시하였다.

<u>IN RE JACK R. WANDS ET AL.</u>

U.S. Court of Appeals, Federal Circuit (1988)

청구항 1

다음 단계를 포함하는, B형 간염 표면 항원(HBsAg) 결정기를 포함하는 물질을 분석하기 위한 항체를 이용한 면역 분석법:

22) 579 F.3d 1363 (Fed. Cir. 2009)

23) 858 F.2d 731 (Fed. Cir. 1988)

HBsAg 결정기를 포함하는 물질을 함유한 시험 샘플을 상기 항체와 접촉시키는 단계; 및
상기 샘플에서 상기 물질의 존재 여부를 결정하는 단계;
여기에서 상기 항체는 상기 HBsAg 결정기에 대한 결합 친화력 상수가 적어도 10^{-9} M^{-1}인 단일 클론 고친화도 IgM 항체임.
(An immunoassay method utilizing an antibody to assay for a substance comprising hepatitis B-surface antigen (HBsAg) determinants which comprises the steps of:
contacting a test sample containing said substance comprising HBsAg determinants with said antibody; and
determining the presence of said substance in said sample;
wherein said antibody is a monoclonal high affinity IgM antibody having a binding affinity constant for said HBsAg determinants of at least 10^{-9} M^{-1})

관련 기술

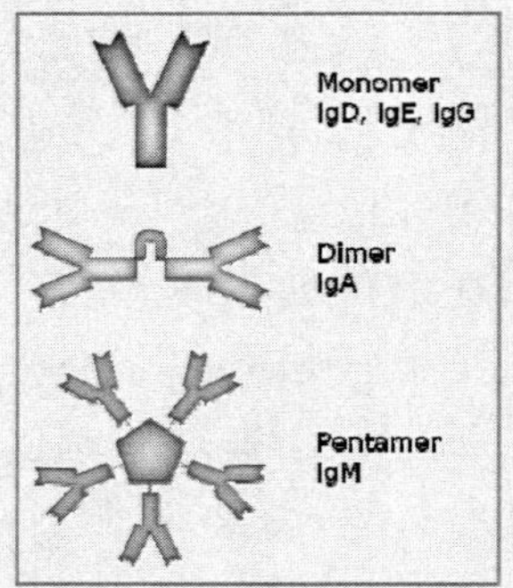

5가 IgM을 나타내는 항체 아이소타입

법원의 판결 이유

개시 내용에 대한 과도한 추가 실험이 필요한지 여부를 결정할 때 고려해야 할 요소는 특허심판원이 *In re Forman*에서 요약한 바 있다. 이는 다음 사항을 포함한다: (1) 필요한 실험의 양, (2) 제시된 방향이나 지침의 정도, (3) 실시예의 유무, (4) 발명의 특성, (5) 선행 기술의 상태, (6) 당업계 통상의 기술자의 상대적 기술 수준, (7) 기술의 예측 가능성 또는 예측 불가능성, (8) 청구항의 넓이.

*** *Wands*의 데이터를 합리적으로 해석할 때, *In re Forman*에 열거된 요소를 고려하여 분석하면[24)] 본 발명을 실시하는 데 과도한 추가 실험이 필요하지 않다

24) 230 USPQ 546 (Bd. Pat. App. Int. 1986)

는 결론에 이르게 된다. *Wands*의 개시 내용은 발명을 실시하는 방법에 대한 상당한 방향과 지침을 제공하고 실시예를 제시한다. 출원 당시에는 당업계의 기술 수준이 높았고 발명을 실시하는 데 필요한 모든 방법이 잘 알려져 있었다.

*** 단일 클론 항체 기술의 특성은 어떤 하이브리도마가 원하는 특징을 가진 항체를 분비하는지 확인하기 위하여 하이브리도마를 스크리닝하는 것을 포함한다. 이 분야의 기술자는 원하는 항체를 생성하는 하이브리도마를 찾기 위해 음성 하이브리도마를 선별할 준비가 되어 있다. 당업계 통상의 기술자가 몇 개의 하이브리도마에 대해 실험하는 것이 선별을 위한 과도한 추가 실험이 필요하다고 보는 것인지에 대한 증거를, 양 당사자 모두 제시하지 못하였다. 그러나, 과도한 추가 실험이 스크리닝되지 않았던 하이브리도마의 수에 의하여 정의될 가능성은 낮아 보인다. 또한, 단일 클론 항체 기술에서 "실험"은 단순히 하나의 하이브리도마를 스크리닝하는 것이 아니라 특정 항원에 대한 단일 클론 항체를 만들기 위한 전체 시도를 의미하는 것으로 보인다. 이 과정에는 동물을 면역화하고, 면역화된 동물의 림프구를 골수종 세포와 융합하여 하이브리도마를 만들고, 하이브리도마를 복제하고, 하이브리도마에서 생성된 항체를 원하는 특성에 맞게 스크리닝하는 과정이 수반된다. Wands는 이 전체 과정을 세 번 수행하였으며, 매번 청구항의 모든 구성요건을 충족하는 항체를 하나 이상 제작하는 데 성공하였다. 합리적으로 해석하면, Wands의 기록은 HBsAg에 대한 고친화성 IgM 항체를 생산할 때 그러한 항체를 얻는 데 필요한 노력의 양이 과도하지 않다는 것을 나타낸다. 따라서 Wands의 증거는 개시내용에 대한 용이 실시 가능성에 대한 심사관의 지적을 효율적으로 반박한다.

◇ ***Amgen Inc., et al v. Sanofi, Aventis LLC, et al*** (Fed. Cir. 2021).[25] 항체가 상보적 항원 PCSK9의 특정 잔기에 결합하고 항원의 지질 수용체에 대한 결합 또한 차단하는 것을 요건으로 하는 청구항에 대한 용이 실시 가능성을 분석할 때, 법원은 항원에 결합하는 항체의 어떤 구조가 필요한 차단 기능을 수행하는지에 대한 지식이 필요한 경우라면 스크리닝만으로는 용이 실시 가능성을 달성할 수 없다고 판시하였다. 법원은 특정 실시예를 벗어난 실시 태양이 실시 가능한지 여부를 살펴보는 것이 중요하다고 강조하였다. 연방대법원은 사건이송명령(*cert*)을 인정하고 확정하였다. CAFC의 2021 판결에 이은 *Amgen Inc. et al v Sanofi et al.* (Sup. Ct. 2023)[26] 참조.

25) 987 F.3d 1080 (Fed. Cir. 2021)

26) *Slip Op* 21−757 (Sup. Ct. May 18, 2023)

AMGEN INC., et al v. SANOFI, AVENTISUB LLC, et al

U.S. Court of Appeals, Federal Circuit (2021)

청구항 1 ('165 특허)

PCSK9에 결합할 때 단일 클론 항체가 다음 잔기 중 하나 이상에 결합하고, 상기 단일 클론 항체가 PCSK9와 LDLR의 결합을 차단하는 것인, 단리된 단일 클론 항체: 서열 번호 3의 S153, I154, P155, R194, D238, A239, I369, S372, D374, C375, T377, C378, F379, V380 또는 S381.

(An isolated monoclonal antibody, wherein, when bound to PCSK9, the monoclonal antibody binds to at least one of the following residues: S153, I154, P155, R194, D238, A239, I369, S372, D374, C375, T377, C378, F379, V380, or S381 of SEQ ID NO:3, and wherein the monoclonal antibody blocks binding of PCSK9 to LDLR.)

관련 기술

PCSK9는, 혈류에서 LDL－C("저밀도 지단백 콜레스테롤", "나쁜 콜레스테롤"이라고도 함)를 추출하는 간세포 수용체(LDL 수용체 또는 LDL－R)에 결합하여 파괴를 유도하는 천연 단백질이다. 청구항의 PCSK9항체는 PCSK9가 LDL 수용체와 결합하여 파괴하는 것을 방지한다. 결과적으로 혈류에서 나쁜 콜레스테롤을 제거하는 데 사용할 수 있는 수용체가 더 많아져 나쁜 콜레스테롤을 낮추는 유익한 결과를 가져온다. 즉, 청구항의 항체는 고 콜레스테롤에 대응하는 유용한 약물이다. '165특허의 도면 17은 아래와 같다.

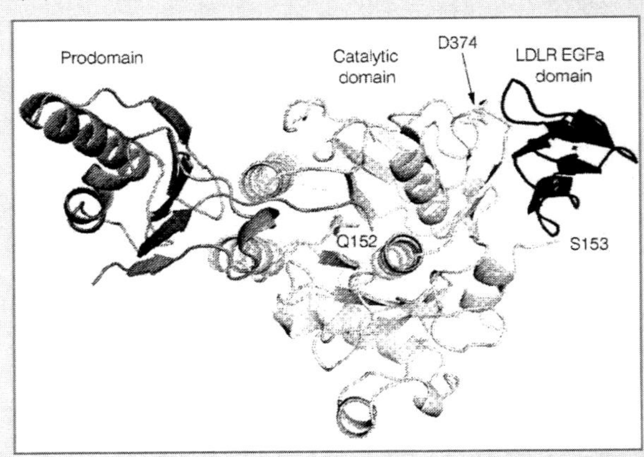

이 도면은 LDL 수용체 표면에 접촉하는 PCSK9 복합체의 3차원 구조(X－선 결정학)를 보여준다. 이 도면은 LDL－R과의 상호작용에 관여하는 세 가지 PCSK9 잔기인 D374(aspartic acid 374), S153(serine 153) 및 Q152(glutamine 152)를 강조하고, 이 중 S153과 D374는 청구항의 항체에 명시적으로 결합하는 것으로 상기한 청구항에 포함되어 있다.

법원의 판결 이유(밑줄 강조 표시 추가)

[*Wands*에서, 본 법원은] "당업계 통상의 기술자가 몇 개의 하이브리도마에 대해 실험하는 것이 스크리닝을 위한 과도한 추가 실험이 필요하다고 보는 것인지에 대한 증거를, 어느 당사자도 제시하지 못하였다"고 언급하면서, 이에 따라 명세서가 해당 발명을 완전히 실시 가능하게 한다고 판단하였다.

중요한 점은 *Wands*가 그 이름을 딴 요건을 탄생시켰지만, *Wands*가 항체에 대한 모든 광범위한 청구항이 반드시 실시 가능해야 한다고 선언한 것은 아니라는 점이다. 본 법원에서는 사실관계에 따라 검토 기준을 결정한다. *Wands* 요건을 고려하여, 연방1심법원은 본 사건을 특정 구조와 기능을 필요로 하는 청구항 화합물의 전체 범위를 만들고 사용하는 데 과도한 추가 실험이 필요하여 용이 실시 가능성이 부족하다고 판단한 다른 사례와 비교하였다. 예를 들면, *Wyeth & Cordis Corp. v. Abbott Laboratories* [27)]에서는 … 청구 범위 내 가능한 후보물질의 수가 많고 명세서에 그에 상응하는 구조적 지침이 부족하기 때문에, 청구항의 클래스에서 어떤 화합물이 청구된 기능을 나타내는지 결정하기 위해 각 후보물질을 합성하고 스크리닝하는 데 과도한 추가 실험이 필요했을 것이라고 판단하였다.

유사하게, *Enzo Life Sciences, Inc. v. Roche Molecular Systems, Inc.*[28)]에서, 본 법원은 청구항이 특정 구조와 기능을 모두 요구한다는 점에서 *Wyeth* 사건에서 문제가 된 청구항과 유사하다는 것을 발견하고, 명세서는 당업계 통상의 기술자에게 광범위한 청구항의 많은 실시 태양이 원하는 기능을 나타내는지 여부를 교시하지 못한다고 판시하였다.

… 그리고, *Idenix Pharmaceuticals LLC v. Gilead Sciences Inc.*[29)]에서는, 청구항이 구조 및 기능적 구성요소를 모두 가지고 있으며, 전체 범위에 걸친 지침이 부족한 상황에서 기능적 화합물을 찾는 것은 "건초 더미에서 바늘 찾기"와 유사할 수 있으므로 수십억 개의 가능한 화합물을 합성하고 선별하려면 과도한 추가실험이 필요했을 것이라는 연방1심법원의 판단을 유지하였다.

27) 720 F.3d 1380 (Fed. Cir. 2013)
28) 928 F.3d 1340 (Fed. Cir. 2019)
29) 2019 WL 5583543 ––– F.3d –––– (Fed. Cir. 2019)

본 법원의 판례를 통해 알 수 있는 것은 기능적 요건을 포함하는 청구항에 대한 용이 실시 가능성 심사는, 특히 예측 가능성과 지침이 부족한 경우, 해당 요건의 넓이(breadth)에 초점을 맞출 수 있다는 것이다. 특히, 특허가 개시한 제한된 실시 태양의 수와 청구항의 전체 범위를 고려할 때 만들고 사용하는데 필요한 실험의 양을 고려하는 것이 중요하다. 앞서 설명한 바와 같이:

> *Wands* 분석을 수행하는 것은, 통상적으로 어떤 특정 제품 또는 공정이 청구항 내이거나 내에 있을 수 있는지를 포함하여 – 실시 가능하지 않다고 주장하는 적어도 어떤 한 실시 태양이나 실시 태양들을 구체적으로 확인하는 것으로, 그 넓이는 단순히 추상적 가능성이 아니라 구체적으로 보여주는 것이고, 당업계 통상의 기술자가 해당 제품 또는 공정을 만들고 사용하기 위해 얼마나 많은 실험을 수행해야 하는지를 포함한다.
> [*McRO, Inc. v. Bandai Namco Games Am. Inc.*,[30]]

그 다음 본 법원은 각주에서 다음과 같이 자세히 설명하였다:

> 특정 구조적 요건을 명시하고 특정 기능(예: 특정 목적에 대한 효능)의 수행을 요구하는 청구항을 포함하는 경우, 본 법원은 구조적 요건을 충족하는 많은 구체적으로 확인된 화합물 중에서 기능적 요건을 충족하는 화합물을 확인하는 데 과도한 추가 실험이 포함될 수 있다고 설명하였다.

그 추론은 여기에도 적용된다. 기능적 청구항 한정은 용이 실시 가능성 요건을 충족하는 청구항에서 반드시 배제되는 것은 아니지만, 이러한 한정은 광범위한 기능적 언어가 포함된 청구항에 대한 용이 실시 가능성 요건을 충족시키는데 큰 장애물이 된다. … 이 사건에서 항소 대상 각 청구항은 구조가 아니라 기능적 한정을 충족하여 정의되는 조성물 청구항이다.

*** 본 법원은 상위개념을 **소진**(*exhaust*)하는 데 필요한 노력이 구속력을 가진다고 주장하는 것은 아니다. 그러나, 개시된 실시예 및 지침의 범위를 벗어난 실시 태양을 얻기 위해 필요한 노력의 양을 살펴보는 것은 적절하다. 여기서 기능적 한정은 광범위하고, 개시된 실시예 및 지침은 협소하여, 합리적인 배심원단이라면 이러한 사실에 기초하여 본 발명의 실시 태양의 전체 범위에 도달하는 데 "상당한 시간과 노력"이 필요하지 않다고 결론지을 수는 없다.

*** 앞서 언급한 바와 같이, *Wands*는 항체 스크리닝에 과도한 추가 실험이 필요하지 않다고 판시한 바 없다. *Wands*는 해당 사건의 사실관계와 제시된 증거에 근

30) 959 F.3d 1091 (Fed. Cir. 2020)

거한 것이다. 이 사건에서 증거는, 청구 범위가 다수의 특정 기능에 관하여 청구된 수백만 개의 후보 항체를 포함하며, 이중-기능적 청구항 한정을 충족하는지 여부를 결정하기 위해 각 후보 항체를 일차적으로 제조한 다음 스크리닝해야 한다는 것을 보여주었다. … 따라서 이 사건의 사실관계는 본 법원이 용이 실시 가능성 부족으로 결론내렸던 *Enzo*, *Wyeth* 및 *Idenix* 사건의 사실관계와 더 유사하다.

◇ ***Amgen et al v Sanofi et al*** (Sup. Ct. 2023).[31] CAFC의 판결을 확정하는 의견에서, 연방대법원은, 항체 상위개념의 용이 실시 가능성 요건에 대해 언급하면서, 청구항 상위개념 내 항목의, 이 사건에서는 항체의 "클래스를 포괄하는 [또는 이에 공통적인] 어떤 일반적 특성"을 정의할 필요성을 강조하였다.

AMGEN INC. ET AL v. SANOFI ET AL.

U.S. Supreme Court (2023)

법원의 판결 이유

명세서는 항상 청구된 클래스 내에서 하나씩의 실시 태양을 만들고 사용하는 방법을 구체적으로 설명해야 한다[고 본 법원이 말하는 것은 아니다]. 예를 들면, 명세서가 "특정 목적에 대한 특유의 적합성"을 부여하는 클래스를 "포괄하는 … 일반적인 특성"을 개시하는 경우, 하나의 예시(또는 몇 가지 예시)를 제시하는 것으로도 충분할 수 있다. [인용 생략] 어떤 경우에는, 그 일반적 특성을 개시하면 당업계 통상의 기술자는 청구항 구성의 일부분이 아니라 청구된 모든 것을 확실하게 만들고 사용할 수 있다. […]

또한, 숙련된 당업계 통상의 기술자가 어느 정도의 적용이나 시험을 하도록 남겨둔다고 해서 명세서가 반드시 부적절한 것은 아니다. *** [이전 판결들은] 특허 발명을 만들고 사용하기 위해 명세서가 합리적인 수준의 실험을 요구할 수 있다는 점을 확립하였다. 어떤 경우든 무엇이 합리적인지는 발명의 특성과 기반 기술에 따라 달라질 수 있다. [인용 생략].

*** 그리고, 본 법원은 Amgen이 청구한 모든 내용을 구현하지는 못하였을 뿐 아니라, 합리적인 정도의 실험도 허용하지 않았다는 하급 법원의 판단에 동의한다.

*** Amgen은 기능으로 정의된 전체 클래스의 항체-즉 PCSK9 스윗 스팟(sweet spot)의 특정 영역에 결합하는 동시에 PCSK9가 LDL 수용체에 결합하는 것을 차단

31) *Slip-op* 21-757 (Sup. Ct., May 2023 판결)

하는 모든 항체를 독점하고자 한다. 조서는 이러한 종류의 항체에는 Amgen이 아미노산 서열로 설명한 26개뿐만 아니라 Amgen이 설명하지 않은 "방대한(vast)" 수의 추가 항체가 포함되어 있음을 반영한다.

*** 본 법원은 청구항 내 모든 실시 태양을 만드는 데 소요되는 누적 시간과 노력을 기준으로 용이 실시 가능성 여부를 측정할 수 없다는 Amgen의 의견에 동의하지만, 연방항소법원이 그렇게 생각했는지는 확실하지 않다. 해당 법원은 굳이 "하나의 상위개념을 소진하는 데 필요한 노력이 결정적이라고는 주장하지 않는다"라고 언급하였다. [⋯] 대신, 해당 법원은 자신들이 본 문제는 우리가 보는 문제와 동일하다고 강조하였다: Amgen은 당업계 통상의 기술자에게 "시행착오"를 거치라는 조언만 제공한다.

§ 5:7 저자 의견: *Wands* 요건의 존속 가능성

Tabuchi v. Nubel (CCPA 1977) (상기 § 5:5 참조) 판결에서 법원은 생명공학 및 화학 분야의 용이 실시 가능성에 대한 모든 결정의 기준이 되는 소위 8가지 "*Wands* 요건"을 확립하였다. 이는 다음과 같다:[xix]

(1) 필요한 실험의 양(quantity of experimentation),

(2) 청구항의 발명을 구현하는데 필요한 지시나 지침을 (양적/질적으로) 충분히 제공했는지 여부(amount of direction or guidance),

(3) 구체 실시예의 존재 여부(presence or absence of working examples),

(4) 발명의 특성/본질(nature of the invention),

(5) 출원당시 선행 기술 수준(state of the prior art),

(6) 당업계 통상의 기술자의 기술 수준(relative skill of those in the art),

(7) 당업계의 예측 가능성 혹은 불가능성 정도(predictability or unpredictability of the art), 및

(8) 청구항 권리범위의 넓이(breadth of the claims)

용이 실시 가능성 판단 시, 핵심은 어느 한 요건에 비중을 두기보다, Wands의 모든 요건이 다 고려되어야 한다.

앞서 살펴본 바와 같이, *Amgen* (2023)에서 연방대법원은 *Wands* 요건을 비판하거나 배척하지 않았다. 그리고, 2024년 USPTO는 심사 중이거나 등록된 특허에서 상위개념 청구항의 용이 실시 가능성을 심사할 때 이들 요건을 사용한다는 사실을 재확인하였다. 따라서, *Wands* 요건은 여전히 유효하지만, *Amgen* (2023) 이후 청구된

상위개념의 모든 멤버가 공유하는 "공통 특성"이 있는지 여부가 함께 평가되어야 한다.

상위개념 청구항 전 범위의 용이 실시 가능성 여부를 결정하는 *Wands* 요건은 생명공학의 모든 영역은 물론 화학 영역에서도 적용되어 왔다. 사실상 *Amgen v Sanofi* (Fed. Cir. 2021)에서 확인되는 바와 같이, 본 법원은 생명공학과 화학을 구분하지 않는다. 용이 실시 가능성은 두 영역 모두에서 동일한 기준으로 판단된다. 또한, 개별 하위개념의 용이 실시 가능 여부를 결정하기 위해서도 *Wands* 요건이 적용되어 왔다; 예를 들면, 하기 § 5:12에서 분석한 *Storer v Clark* (Fed. Cir. 2017),[32] 판결 참조.

***

통상적 분석(routine assays)의 한계

본 법원이 위에서 분석한 *Amgen v Sanofi* (Fed. Cir. 2021)[33]에서, CAFC는 구조－기능의 연관성을 포함하는 청구항의 용이 실시 가능성을 특히 우려하였다. 해당 법원은 청구항에서 특정 구조를 필요한 기능과 연관시키기 위해 많은 양의 실험이 필요한 경우, 실험의 정도가 "과도(undue)"할 수 있다고 판시하였다. 따라서, 스크리닝의 정도는, 통상적이라 하더라도, 무제한이어서는 안 된다. 2023년 연방대법원은 확정 판결로, 어느 정도의 통상적 실험은 허용되지만, 거의 무제한적인 시행착오를 거쳐 필요한 결과를 도출하는 것은 허용되지 않는다는 것에 동의하였다.[34]

◇ ***Baxalta Inc. v Genentech, Inc.*** (Fed. Cir. 2023).[35] **이 사건은 *Amgen* (2023) 이후 사건이다.** 이 사건은 청구항 해석 관점에서 하기 § 12:6에서 논의되는 이전 *Baxalta v Genentech* (Fed. Cir. 2020),[36] 사건과 관련된다. 두 가지 청구항 요건, **첫째,** 인자 IX 또는 IXa에 결합하고, **둘째,** 응고촉진 활성을 증가시키는 요건을 충족하는 항체 상위개념의 용이 실시 가능성을 평가할 때, CAFC는 해당 상위개념의 모든 멤버가 공유하는 "공통 특성"에 대한 *Amgen* (2023) 판단기준을 적용하여 용이 실시 가능성이 부족하다는 결론을 내렸다. 법원은 *Wands* 요건의 존속 가능성을 인정했지만 *Wands*를 본 사건과는 구별하였다.

32) 123 USPQ 2d(Fed. Cir. 2017)

33) 987 F.3d 1080 (Fed. Cir. 2021)

34) *Slip Op* 21－757 (Sup. Ct. May 18, 2023)

35) －－－ F.4th－－－ 2023 WL 6135930 (Fed. Cir. 2023)

36) 972 F.3d 1341 (Fed. Cir 2020)

BAXALTA v. GENENTECH

U.S. Court of Appeals, Federal Circuit (2023)

Claim 1 ('590 특허)

인자 IX 또는 인자 IXa에 결합하고 인자 IXa의 응고촉진 활성을 증가시키는 단리된 항체 또는 이의 항체 단편.

(An isolated antibody or antibody fragment thereof that binds Factor IX or Factor IXa and increases the procoagulant activity of Factor IXa.)

법원 판결 이유

연방대법원은 최근 *Amgen Inc. v. Sanofi* 사건에서, "합리적인 양의 실험"을 허용하며, "명세서는 청구항에 정의된 발명의 전 범위를 실시 가능하게 해야 한다." [인용 생략]고 재확인한 바 있다. 다시 말해, "특허 명세서는 당업계 통상의 기술자에게 과도한 추가 실험 없이 청구항 발명의 전 범위를 만들고 사용하는 방법을 교시하여야 한다"는 것이다.

*** 또한, '590 특허에, 항체가 청구된 기능을 수행할 것임을 당업계 통상의 기술자가 예측할 수 있는 […] *Amgen* 사건의 "모든 기능적 실시 태양에 공통된 특성"과 같은 개시 내용이 포함되어 있지 않다는 것은 명백한 사실이다. 본 특허는 어떤 항체가 인자 IX/IXa에 결합하여 응고촉진 활성을 증가시키고 그렇지 않은 항체는 증가시키지 않는지를 설명하는 공통된 구조적 (또는 다른) 특징을 개시하지 않는다. 또한 본 특허는 개시된 11개의 항체가 청구된 기능을 수행하는 이유 또는 선별된 나머지 항체들이 그렇지 못한 이유에 대해서도 설명하지 않는다. 특허가 제공하는 유일한 지침은 "광범위한 후보 항체를 생성한 다음 각각을 스크리닝하여 어떤 항체가 인자 IX/IXa에 결합하여 응고촉진 활성을 증가시키는지 확인하는 것"이다.

*** *Amgen*은, § 112(a)는 발명자가 과도한 추가 실험 없이 청구항 발명의 "전 범위(full scope)"를 구현할 것을 요구한다는 점을 분명히 하였다. [인용 생략]. 여기서, 청구항 발명의 전 범위를 실시하려면 당업계 통상의 기술자가 후보 항체를 만들고 이를 스크리닝하여 어떤 항체가 청구항의 기능을 수행하는지 정해야 한다는 것은 논란의 여지가 없다. […] (*Baxalta*의 전문가들은 당업계 통상의 기술자가 상위개념의 새로운 실시 태양을 확인하는 유일한 방법은 "항체를 만들어서 테스트하는 것"이라고 증언한다.) 이것이 시행착오의 정의이며, 발명자들이 현재 독점권을 가지고 있는 항체를 발견하기 시작했을 때보다 일반 대중은 더 나은 항체를 제조하여 사용하지 못한다. *Amgen*에 따르면, 이러한 랜덤 시행착오에 의한 발견은 §

112(a)에서 요구하는 범위를 벗어난 무리한 실험에 해당한다.

최종적으로, Baxalta는 연방1심법원의 용이 실시 가능성 인정 결정이 *In re Wands* 판결에 부합하지 않는다고 주장한다(Fed. Cir. 1988). 본 법원은 동의하지 않는다. 본 법원은 앞서 *Wands*와 *Amgen*의 사실관계 차이에 대해 설명한 바 있다. [법원의 2021년 *Amgen Inc. v. Sanofi* 판결 인용] 이 사건의 사실관계는 *Amgen*의 사실관계와 더 유사하며 사실상 구별할 수 없다. 우리는 *Amgen*이 *Wands*와 그 요건을 포함하여 이전의 용이 실시 가능성 판례에 어긋나지 않는다고 해석한다.

§5:8 저자 의견: 항체 상위개념 청구항의 미래

여기서 *Amgen* (2023) 이후 실무자들이 항체 상위개념 청구항에 어떻게 접근할 수 있을지를 추측해보고자 한다. 첫 번째 접근 방식은 *Wands* (1988), *Amgen* (2023), *Baxalta* (2023) 판결의 차이를 이해하고 활용하고자 노력하는 것이다. 두 번째 접근 방식은 소위 "기능식(means plus function)" 청구항 형식을 사용하는 것이다. 이 두 가지 접근 방식을 하나씩 분석해 본다.

판결 간 차이점

Wands (1988), *Amgen* (2023), *Baxalta* (2023) 판결을 구별하는 한 가지 방법은 바로 *Wands*와 *Baxalta* (2023)의 청구항이 항체 또는 항원의 화학 구조로 정의되지 않았다는 점에 주목하는 것이다. 이와 대조적으로 *Amgen* (2023)의 청구항은 상보적 항원인 PCSK9의 발현 구조에 의해 정의된다.

판결 사이의 또 다른 차이는, *Wands*의 청구항은 결합만을 요구하는 반면, *Amgen* (2023)과 *Baxalta* (2023) 청구항은 결합 **플러스** 생물학적 기능을 요구한다는 점이다: *Amgen* (2023)에서는 지질 수용체에 대한 PCSK9의 결합을 "차단"하는 것이고, *Baxalta* (2023)에서는 "응고촉진 활성[을 증가]"하는 것이다.

양자의 차이점을 분석하여 법원의 향후 판결을 예측하는 데 도움이 되는지 확인해 본다.

<u>*Wands/Baxalta*와 *Amgen* (2023)의 차이</u>. *Wands*의 항체는 *Amgen* (2023)의 상보적 PCSK9 항원의 15개 아미노산 잔기와 같이 명확한(defined) 화학적 또는 생화학적 구조로 청구되지 않는다. *Wands* 항체는 이들의 동형(IgM)과 항원 HBsAg에 대한 높은 결합 친화도로만 청구된다. 이와 대조적으로, *Amgen* (2023)의 항체는 결합해야 하는 특정 상보적 화학 구조로 청구된다. 청구항의 구조적 요구 사항과 그 기능(지질 수용체에 대한 PCSK9의 결합 차단) 사이의 관계는 *Amgen* (2023) 출원 당

시에는 잘 이해되지 않았고 예측할 수 없었다. 이는 전 범위 용이 실시 가능성에 치명적인 것으로 판명되었다.

항체의 상위개념은 하나의 실제 서열과 % 동일성을 사용하는 유사 서열들로 청구될 수도 있고, (*Amgen* (2023)에서와 같이) 상보적인 서열로 청구될 수도 있다. 서열 요건에 필수 기능을 추가하는 경우, 청구 범위에 따라 청구된 서열에서 아미노산이 하나만 변경되어도 결합 활성을 잃을 수 있기 때문에 *Amgen* (2023)의 "공통 특성" 문제가 항상 발생할 수 있다. 따라서 항체에 대한 상위개념 청구항에서 화학 구조를 피해야 할 수도 있다. 하지만 아래에서 설명하는 바와 같이, 이는 최선의 접근 방식이 아닐 수 있다: 우리는 기능 또한 피해야 한다.

Wands와 Amgen (2023)/Baxalta의 차이. *Baxalta* (2023)에서, 법원은 항체 상위개념에 대한 청구항에 Amgen (2023)에서와 같이 명시적인 구조–기능 관계가 포함되어 있지 않더라도, 해당 청구항은 실시 가능하지 않다고 판시하였다. *Baxalta* (2023)의 청구항은 순전히 기능에 관한 것이다. 이러한 분석을 고려할 때, *Amgen* (2023)에서와 같이 청구항 내 명시적인 구조의 존재가 용이 실시 가능성 분석의 결정 요소가 아니라 기능적 요건의 존재 여부가 결정 요소라고 결론내리는 것이 더 안전하다.

따라서, 이 글을 쓰는 현재 시점에서 *Wands*, *Amgen* (2023), *Baxalta* (2023) 세 판결의 차이는, 청구항에 결합 요건과 기능 요건이 모두 존재하는지(*Amgen* (2023)과 *Baxalta*에서와 같이) 아니면 결합 요건만 존재하는지(*Wands*에서와 같이)에 초점을 맞춘 것으로 이해하는 것이 가장 적절할 수 있다. 따라서 명시적인 구조나 기능 요건 없이 결합만을 기반으로 항체 패밀리에 대한 상위개념 청구항을 취득하는 것이 가능한가? 어쩌면 가능하다.

항원과의 결합에만 기초한 단일 클론 항체에 대한 청구항은 항체가 신규하고 비자명하다면 등록될 수 있다. 기존 항체에 대한 새로운 기능이 발견되는 경우, 해당 항체 자체에 대한 청구항은 신규성 및 자명성 요건으로 어려움을 겪을 가능성이 높다. 따라서 새로운 항원이 발견되고 그 항원에 대한 면역 분석법을 제공하는 것이 유용한 특수한 상황에서, 신규하고 비자명하며 유용한 항체 패밀리에 대한 상위개념 청구항은 실현 가능할 수 있다. 이후 항체가 유용한 생물학적 기능(즉, 기존 항체의 새로운 용도)을 가지고 있다는 것이 밝혀지면 *Amgen* (2023)의 요건이 대두될 것이다. 그러면 모든 상위개념 멤버에 대한 "공통 특성"이 기재되지 않는 한 새로운 사용 방법 청구항에 대한 상위개념을 획득하는 것이 어려울 수 있다. 그러나 이러한 상황에서 기존 항체의 신규한 생물학적 기능에 대한 사용 방법 상위개념 청구항을 획득할 수 없는 경우, 원래 물질 자체로 청구된 항체의 이전 상위개념이 여전히 신규 용도에 권리를 행사할 수 있다.

우리의 결론이 오랫동안 적용될지는 추후 법원 판결을 기다려봐야 알 것이다. 청구항에 명확한 구조나 기능적 요건 없이 결합 요건만 포함된 항체의 상위개념 사례에서 이러한 우리의 예측을 시험해 볼 수 있을 것이다.

항체 청구항에서 기능식 표현 포맷(Means–plus–function format)의 사용.

연방대법원이 *Amgen* (2023) 판결을 선고하기 전부터 몇몇 해설자들은 항체(및 기타 생물학적 성분)에 대한 상위개념 청구항을 작성할 때 소위 "기능식 표현을 포함한" 청구항("Means – plus – function" claims)[xx]을 사용하는 대안을 추측하고 있었다. 가장 초기에 언급한 이들 중 하나로, 저자인 Goldstein, J.A.는 2016년에 논문 "생명공학 특허에서 후발적 실시 태양의 포착(Capturing After – Discovered Embodiments in Biotechnology Patents)"[37]을 발표하였다. 이는 몇 년 후 Lemley 교수와 Sherkow 교수의 "항체 특허의 역설(The Antibody Patent Paradox)"[38]이라는 논문으로 이어졌다.

기능식 표현의 포맷은 35 U.S.C.A. § 112 (f)[39]에서 유래한 것으로, 다음과 같다 (강조 표시 추가):

조합에 대한 청구항의 요소는 구조, 재료 또는 이를 뒷받침하는 행위에 대한 설명 없이 특정 기능을 수행하기 위한 수단 또는 단계로 표현될 수 있으며, 그러한 청구항은 명세서에 기재된 상응하는 구조, 재료 또는 행위 및 그 등가물을 포괄하는 것으로 해석되어야 한다.

이 조건에 따르면, 법률은 "조합에 대한 청구항"은 "구조에 대한 설명 없이" 기능적 언어를 사용하는 것을 허용한다. 이 법률에 따라 우리는 *Amgen* (2023)의 항체 청구항을 다음과 같이 작성할 수 있다:

조합으로서, (a) PCSK9의 LDL 수용체에 대한 결합을 차단하도록 PCSK9의 분자 에피토프와 결합하는 수단과 (b) 약학적으로 허용가능한 담체.

이 청구항에는 항체, 수용체 또는 기타 다른 분자와 같은 "결합하는 수단"의 어떠한 구조도 포함되어 있지 않다는 점에 유의해야 한다. 그러나 청구항에는 기능적 요건이 포함되어 있다: "PCSK9의 LDL 수용체에 대한 결합을 차단하도록…". 또한 이 청구항은 결합 수단과 담체의 조합이라는 점에 유의해야 한다. 그리고, 명세서에는 다양한 형태의 항체, 항체의 융합, 수용체, 수용체의 융합 등 기능을 수행하기 위한 다양한 "수단"에 대해 가능한 한 긴 설명을 포함해야 한다는 점도 언급할 필요가 있다.

37) Goldstein, J.A., *Fed. Cir. Bar Journal* Vol. 25 No 2, 401 (2016), at 442.

38) Lemley, M.A. and Sherkow, J.S., The Yale Law Journal Vol 132, 994 (2023)

39) 35 U.S.C.A. § 112 (f), July 24, 1965 개정, 공법 89 – 83 sec. 9, 79 Stat. 261; Nov. 14, 1975, 공법 94 – 131, sec. 7, 89 Stat. 691.

항체 분야에서 기능식 표현을 포함한 청구항의 운명은 미국 특허상표청이 항체 상위개념 청구항에 기능식 표현 형식의 사용을 거절한 *Xencor* 사건에서 확인할 수 있다. 이 결정은 CAFC에 항소되었지만, 법원이 조치를 취하기 전 미국 특허상표청은 항소를 취하하고 이전의 거절 이유를 재분석하기 위해 기관으로 환송해 줄 것을 요청하였다. *In re Xencor* (Fed. Cir. 2024) 참조.[40]

***

CAFC는, 구조적으로 청구된 항체의 서열과 기능 간의 관계에 대한 예측 불가능 문제는, *Wyeth v Abbott* (Fed. Cir. 2013),[41] *Idenix v Gilead* (Fed. Cir. 2019),[42] 및 *Enzo v Roche* (Fed. Cir. 2019)[43]와 같은 합성 유기 분자 사건들에서 화학 구조와 기능 간의 관계에 대한 예측 불가능 문제와 다르지 않다는 결론을 내렸다. 이 세 가지 사례에 대해서는 하기 § 5:13에서 보다 자세히 설명한다.

하기 6장 § 6:17의 발명 기재 추가 참조 – 항체의 상위개념에 대한 용이 실시 가능성과 발명 기재 사이의 법적 그리고 사실적 상호작용에 대한 논의에 대한, **저자 의견: 항체 기반 청구항에 있어서 용이 실시 가능성과 발명 기재 요건의 관계**

§ 5:9 세균 및 바이러스

In re Vaeck (Fed. Cir. 1991).[44] **이 사건은 청구항이 용이 실시 가능하지 않다고 판단했던 *Amgen* (2023) 이전 사건이다.** 살충 단백질을 생산하는 형질 전환 *Cyanobacteria* (남조류로 알려짐)는 많고 다양하며 그 분야를 예측할 수 없다. 어떤 *Cyanobacteria* 종이 기능하고 어떤 종은 그렇지 않은지 당업계 통상의 기술자(POSITA)에게 알려주는 지침이 명세서에 없다.

IN RE VAECK

U.S. Court of Appeals, Federal Circuit (1991)

청구항 1

다음을 포함하는 *Cyanobacteria* 세포에서 발현될 수 있는 키메라 유전자:

40) *Slip Op* 2023–2048 (Fed. Cir, January 23, 2024)

41) 720 F.3d 1380 (Fed. Cir. 2013)

42) 941 F.3d 1149 (Fed. Cir. 2019)

43) 928 F.3d 1340 (Fed. Cir. 2019)

44) 947 F.2d 488 (Fed. Cir. 1991)

(a) *Cyanobacterium*의 DNA 단편 발현에 효과적인 프로모터 영역을 포함하는 DNA 단편; 및
(b) Bacillus 균주에 의해 생성되는 살충 활성 단백질을 코딩하거나, 상기 단백질의 살충 활성의 절단형을 코딩하거나, 또는 활성 단백질과 상당한 서열 상동성을 갖는 단백질을 코딩하는 적어도 하나의 DNA 단편.
(A chimeric gene capable of being expressed in *Cyanobacteria* cells comprising:
(a) a DNA fragment comprising a promoter region which is effective for expression of a DNA fragment in a *Cyanobacterium*; and
(b) at least one DNA fragment coding for an insecticidally active protein produced by a Bacillus strain, or coding for an insecticidally active truncated form of the above protein or coding for a protein having substantial sequence homology to the active protein.)

관련 기술[45)]

관개 배수구의 남조류*(Cyanobacteria)*

법원의 판결 이유

항소인의 출원일 당시 cyanobacteria의 생물학에 대한 이해가 상대적으로 불완전하고, 본 발명에서 작동하는 특정 cyanobacteria 속을 항소인이 제한적으로 개시하였다는 점을 고려할 때, 본 법원은 특허상표청이 § 112, 첫 단락에 따라 청구항 [1]을 거절한 것에 오류가 있다고 판단하지 않는다. 항소인 명세서의 좁은 개시내용과 모든 cyanobacteria의 유전자 발현을 포괄하는 청구항에서 추구하는 광범위한 보호

45) 이 사진은 Creative Commons Attribution 3.0 unported license에 따라 이용가능함. 저작자 표시: CSIRO

범위 사이에는 합리적인 상관관계가 없다. *In re Fisher* 참조 [하기 § 5:14] … 따라서, 본 법원은 해당 청구항들에 대한 § 112 거절을 인용한다.

그렇다고 해서 현재 "예측 불가능"으로 분류된 기술 분야에서 특허 출원인이 명세서에 개시된 특정 하위개념 이상을 포괄하는 상위개념 청구항을 허용해서는 안 된다는 의미는 **아니다.** 특허 출원인이, 예측할 수 없는 기술 분야에서도, 특허 청구범위에 포함된 모든 하위개념을 공개할 필요가 없다는 것은 잘 알려진 사실이다. *In re Angstadt* … 그러나 당업계 통상의 기술자에게 청구한만큼 발명을 넓게 만들고 사용하는 방법을 교시하는 예시적인 실시예나 용어를 통해 충분하게 개시되어야 한다. 즉, 청구된 상위개념이 포괄하는 모든 하위개념 중에서 어떤 하위개념이 개시된 유용성을 갖는지를 과도한 추가 실험 없이 당업계 통상의 기술자가 판단할 수 있도록 적절히 안내해야 한다. 여기서와 같이 청구된 상위개념이 다양하고 상대적으로 잘 알려지지 않은 미생물 그룹을 대표하는 경우, 필요한 개시 수준은, 예를 들면 기계적 또는 전기적 요소와 같이 "예측 가능한" 요인을 포함하는 발명의 개시 이상이 될 것이다.

In re Wright (Fed. Cir. 1993).[46] **이 사건은 청구항이 용이 실시 가능하지 않다고 판단했던 *Amgen* (2023) 이전 사건이다.** 청구항은 1983년 출원일을 확보한 HIV/AIDS에 대한 약독화 생백신 및 그 생산방법에 대한 것이다. 광범위한 청구항이 모든 종류의 비병원성 백신 후보를 포함한다. 이 분야는 예측이 불가능하다. 1988년만 해도, 당시 기술 수준(State of the Art; SotA)[xxi]에서 효과적인 백신은 단 하나만 제조되었던 것으로 나타났다. 판결 요지: 과도한 추가 실험.

IN RE STEPHEN E. WRIGHT

U.S. Court of Appeals, Federal Circuit (1993)

청구항

1. 병원성 RNA 바이러스에 대한 비병원성 생백신을 제조하는 방법으로, 상기 방법은 상기 바이러스의 항원성 및 병원성 유전자 영역을 확인하는 단계; 바이러스의 항원성을 코딩하지만 병원성이 없는 게놈을 생산하기 위해 유전자 변형을 수행하는 단계; 및 해당 유전자의 발현을 얻는 단계를 포함하는 방법.

(**1.** A process for producing a live non-pathogenic vaccine for a pathogenic

46) 999 F.2d 1557 (Fed. Cir. 1993)

RNA virus, comprising the steps of identifying the antigenic and pathogenic gene regions of said virus; performing gene alteration to produce a genome which codes for the antigenicity of the virus, but does not have its pathogenicity; and obtaining an expression of the gene.)

11. RNA 바이러스의 항원 결정 영역을 갖지만 비병원성인, 면역학적 유효 함량의 바이러스 항원성, 게놈 발현을 포함하는, 병원성 RNA 바이러스에 대한 비병원성 생백신.
(11. A live, non-pathogenic vaccine for a pathogenic RNA virus, comprising an immunologically effective amount of a viral antigenic, genomic expression having an antigenic determinant region of the RNA virus, but no pathogenic properties.)

관련 기술47)

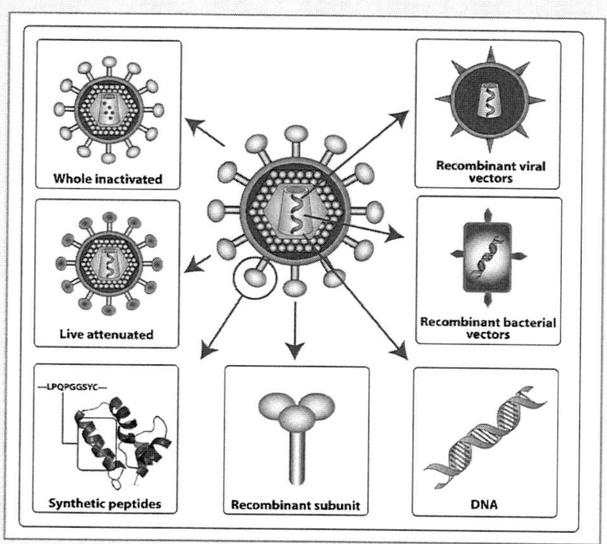

HIV 백신 유형별 접근: 약독화 생백신은 왼쪽 중앙.

법원의 판결 이유

[용이 실시 가능성 부족으로 인한 거절]을 뒷받침하기 위해 … 심사관은 Thomas J. Matthews 등의 논문, **HIV 백신 개발 전망**(*Prospects for Development of a*

47) 이 파일은 Creative Commons Attribution 2.0 Generic License에 따라 이용 가능함.

> *Vaccine Against HIV*) … (1988)을 인용하였다. 이 논문은, 1988년 당시에도 전체 RNA 바이러스 중 하나에 불과한 AIDS 레트로바이러스가 다양한 바이러스 외피를 포함하는 매우 큰 유전적 다양성을 보이는 것으로 알려져 있었다는 점을 지적하였다. 또한, 1988년 AIDS 레트로바이러스가 염소와 침팬지에서 강력한 면역 반응을 이끌어냈지만, 생성된 항체가 레트로바이러스 감염을 예방하지 못하였다는 사실도 기재하였다. 더욱이, 이 논문은 … 1988년 당시 HIV 감염 및 질병에 대한 동물 모델이 불완전할 가능성이 높기 때문에 안전성, 면역원성 및 효능을 확인하기 위해 사람을 대상으로 백신 기초접종 후보 테스트가 필요함을 인정한다.
>
> *** 심사관과 심판원 모두 다음과 같이 올바르게 지적하였다… Wright는 많은 심판 대상 청구항에서, **모든** 동물에서 **모든** RNA 바이러스에 대한 보호 면역 활성을 유도하는, **모든** 비병원성 생백신과 해당 백신을 제조하는 방법을 청구하고자 하였다. 또한, 심사관과 심판원은 심판 대상 청구항 중 다수가 AIDS 바이러스에 대한 백신을 포함하며, AIDS 바이러스의 유전적 항원 변이 정도가 높기 때문에 본 발명 후 수년이 지난 지금까지 어느 누구도 일반적으로 성공적인 AIDS 바이러스 백신을 개발하지 못하였다는 점을 적절히 강조하였다.
>
> *Wright* 출원의 유효출원일로부터 약 5년 후에 발표된 Matthews 등의 논문은 심사관과 심판원의 다음과 같은 입장을 적절히 지지한다: 1983년 2월 RNA 바이러스의 생리적 활성을 충분히 예측할 수 없었기 때문에, Wright가 그의 특정 조류 재조합 바이러스 백신을 개발하는 데 성공했더라도, 당업계 통상의 기술자가 병원성 RNA 바이러스의 병원성 코드가 아닌 항원 코드를 함유한 살아있는 바이러스를 모든 생명체에 접종하면 임의의 병원성 RNA 바이러스에 의한 감염에 대응하는 면역을 얻을 수 있다고 합리적으로 믿지는 않았을 것이다. Wright 명세서의 상세한 설명과 하나의 실시예는, 닭 C/O 세포에서 PrASV 조류 종양 바이러스에 대한 백신을 생산하는 특유하게 제작된 시험관 내(*in vitro*) 방법에 관한 것으로, 1983년 2월에는 생체 내(*in vivo*) 면역 보호 활성을 갖는 다른 백신이 다른 RNA 바이러스에 대해 제조될 수 있는지를 확인하기 위한 실험을 유도하는 것에 불과하였다. [원심 유지]

Martek v. Nutrinova (Fed. Cir. 2009).[48] **이 사건은 일부 청구항은 용이 실시 가능하지 않고 다른 청구항은 용이 실시 가능하다고 판단했던 *Amgen* (2023) 이전 사건이다.** 청구항 1의 최소한도의 지질을 생성하는 Euryhaline 유기체(10,000종 이상 포함)를 찾기 위하여 과도한 추가 실험이 필요하므로 청구항 1은 무효이다. 청구항 1보다 좁은 종속 청구항 4 및 5는 과도한 추가 실험을 필요로 하지 않으며

48) 579 F.3d 1363 (2009)

무효가 아니다.

<u>*MARTEK V. NUTRINOVA*</u>

U.S. Court of Appeals, Federal Circuit (2009)

청구항 ('567 특허)

(a) 발효 배지에서 …

[청구항 1:] euryhaline 미생물을 성장시키는 단계

[청구항 4: *Thraustochytriales* 목의] …

[청구항 5: *Thraustochytrium*, *Schizochytrium* 및 이들의 혼합물로 구성된 군으로부터 선택되는] …

여기에서, 상기 euryhaline 미생물은, 60% 해수의 발효 배지인 나트륨 이온 농도에서 발효 배지 리터당 설탕 40그램에 대하여 장쇄 오메가-3 지방산을 하루 발효 배지 리터당 약 1.08그램 생산할 수 있는 것임; 및

(b) 상기 euryhaline 미생물로부터 지질을 추출하는 단계:

를 포함하는 지질 제조 방법.

(A process for producing lipids comprising: (a) growing

[claim 1:] euryhaline microorganisms…

[claim 4: of the order *Thraustochytriales*]…

[claim 5: selected from the group consisting of *Thraustochytrium*, *Schizochytrium*, and mixtures thereof]…

…in a fermentation medium, wherein said euryhaline microorganisms are capable of producing about 1.08 grams per liter of the fermentation medium per day of long chain omega-3 fatty acids per 40 grams of sugar per liter of the fermentation medium at a sodium ion concentration in the fermentation medium of 60% seawater; and (b) extracting lipids from said euryhaline microorganisms.)

법원의 판결 이유

Ward 박사[Nutrinova 전문가]는 청구항 1이 잠재적으로 매우 많은(아마도 10,000개) euryhaline 생물체를 포함하지만, 특허는 실시예에서 이러한 생물체 중 하나만을 개시하고 있다고 증언하였다. … Ward 박사는 또한 여기서 문제가 되는 기술은 "많은 예측 불가능성을 수반한다"고 언급하였다. … "청구항 1의 청구항 구

성요소를 충족하는 euryhaline 미생물을 찾는 데 필요한 실험의 양"을 추정해 달라는 질문에 Ward 박사는 "엄청난 양의 연구"라고 대답하였다.

[그러나] … 배심원단에게 제출된 증거는 청구항 4 및 청구항 5의 한정사항을 충족하는 잠재적 하위개념의 수가 청구항 1의 한정사항을 충족하는 잠재적 하위개념의 수에 비해 상대적으로 적다는 추론을 뒷받침한다. 10,000개의 가능성 중에서 적격이 있는 하위개념을 선정하는 데 필요한 실험의 양에 관한 – Ward 박사의 증언은, 단지 22개의 가능성xxii) 중에서 적격이 있는 하위개념을 선정하는 것을 고려할 때 훨씬 더 적절하지 않고 설득력이 떨어진다. 따라서 이 증거는 배심원단이 청구항 4 및 5를 실시하기 위해 과도한 추가 실험을 수행할 필요가 없다는 암묵적 발견과 [Nutrinova와] Lonza가 명확하고 설득력 있는 증거로 해당 청구항의 무효를 입증하지 못하였다는 배심원단의 궁극적 결론을 뒷받침한다. 이러한 이유로, 본 법원은 '567 특허의 청구항 4 및 5에 대한 연방1심법원의 JMOL [Judgment as a Matter of Law: 평결불복법률심리] 승인을 취소한다.

§ 5:10 DNA 염기서열 및 염기서열 분석 방법

◆ *Amgen, Inc. v. Chugai Pharmaceutical Co., Ltd.* (Fed. Cir. 1991).[49] **이 사건은 청구항이 용이 실시 가능하지 않다고 판단했던 *Amgen* (2023) 이전 사건이다.** 이 사건은 § 5:14(개방형 청구항의 예측 불가능성과 용이 실시 가능성 – 정제 단백질), § 7:5(일반적으로 불명확성 문제를 제기하는 용어 – ("약")), § 8:2(생명공학에서 최적 실시예 요건의 짧은 역사) 및 § 11:2(발명자주의 – 완전한 개념)에서 분석한 것과 동일한 사례이다. 여기에서는 EPO–유사 단백질을 코딩하는 유사체의 DNA 서열에 대한 상위개념 청구항이 무효라는 하급심 법원의 판단을 CAFC가 긍정하는 내용을 다룬다. 이 사건은 *Wands*에 따른 스크리닝의 한계를 보여주는 좋은 예이다. 주요 청구항 7의 개방형 언어(생물학적 활성을 갖는 EPO의 서열과 "충분히 중복되는 서열"), EPO 구조의 복잡성, 청구된 수많은 유사체의 불확실한 유용성 때문에 법원은 그러한 무수히 많은 구조를 만들고 시험하는 것은 과도한 추가 실험이 될 것이라고 판단하였다.

49) 927 F.2d 1200 (Fed.Cir.1991)

AMGEN, INC. v. CHUGAI PHARMACEUTICAL CO. LTD.,

U.S. Court of Appeals, Federal Circuit (1991)

청구항 7 ('008 특허) (강조 표시 추가)

골수 세포가 망상 적혈구 및 적혈구 생산을 증가시키고 헤모글로빈 합성 또는 철분 흡수를 증가시키는 생물학적 특성을 가질 수 있도록 *erythropoietin*과 **충분히 중복되는** 아미노산 서열을 갖는 폴리펩타이드를 암호화하는 DNA 서열이 필수적으로 구성된 정제되고 분리된 DNA 서열.

(A purified and isolated DNA sequence consisting essentially of a DNA sequence encoding a polypeptide having an amino acid sequence *sufficiently duplicative of that of erythropoietin* to allow possession of the biological property of causing bone marrow cells to increase production of reticulocytes and red blood cells, and to increase hemoglobin synthesis or iron uptake.)

사실관계(법원의 표현 인용):

'008 특허의 명세서는… 하나 이상의 잔기의 동일성 또는 위치(예: 치환, 말단과 중간 부가 및 결실) 면에서, 성숙 EPO에 대해 여기에 명시된 것과 다른 일차 형태를 갖는 폴리펩타이드의 미생물 발현을 코딩하는 유전자를 쉽게 설계하고 제조할 수 있다고 기재하고 있다.

*** 따라서, 본 발명으로 제공되는 DNA 서열은 erythropoietin의 일차 구조적 형태의 적어도 일부 및 생물학적 특성 중 하나 이상을 갖는 폴리펩타이드 산물의 원핵생물 또는 진핵생물 숙주 세포에서의 발현을 확보하는 데 사용하기에 적합한 모든 DNA 서열을 포함하고, 하기 서열에서 선택되는 것으로 보인다: (a) 도 5 및 6에 기재된 DNA 서열; (b) 상기 (a)에 기재된 DNA 서열에 혼성화되는 DNA 서열 또는 이의 단편; 및 (c) 유전자 코드의 축퇴성(degeneracy)으로 인하여 (a) 및 (b)에 기재된 DNA 서열에 혼성화되는 DNA 서열.

연방1심법원은 단일 아미노산 위치만 치환해도 3,600개 이상의 다양한 EPO 유사체를 만들 수 있고, 3개의 아미노산만 치환해도 100만 개 이상의 유사체를 만들 수 있다는 사실을 발견하였다. 이 특허는 EPO의 "수많은" 폴리펩타이드 유사체를 제조하는 수단을 포괄한다고 명시한다. 따라서 EPO－유사 산물을 생산할 수 있는 청구항의 DNA 암호화 서열 수는 잠재적으로 방대하다.

법원의 판결 이유

청구항 7은 상위개념 청구항으로, 적혈구 생산을 증가시키는 특성을 갖도록 EPO의 아미노산 서열과 "충분히 중복"되는 폴리펩타이드를 암호화할 수 있는 모든 가능한 DNA 서열을 포괄한다.

*** EPO 유사체의 생물학적 특성에 집중함으로써, 청구항 7의 주요부인 DNA 서열 유사체의 용이 실시 가능성을 고려하지 못하였다. 또한, 특허 출원인은 자신의 발명의 모든 실시 태양을 시험할 필요는 없으며, *In re Angstadt*[50)]에서, 필요한 것은 출원인이 청구항의 권리범위에 상응하는 발명을 당업계 통상의 기술자가 실시할 수 있을 정도로 충분히 개시하는 것이다. DNA 서열의 경우, 이는 청구항의 등록을 정당화하기에 충분한 염기서열을 만들고 사용하는 방법을 개시하는 것을 의미한다. 이 사건에서 Amgen은 그렇게 하지 않았다. 또한, 법원이 반드시 모든 *Wands* 요건을 검토하여 개시내용의 용이 실시 가능성을 판단할 필요는 없다. 이들 요소는 예시적인 것이며, 필수적인 것은 아니다. 관련된 것은 사실관계에 따라 달라지며, 여기서의 사실관계란, Amgen은 포괄적 청구항들을 뒷받침하기에 충분한 DNA 서열을 제조할 수 없었다는 것이다.

*** 그러나, 만들어질 수 있는 모든 EPO 유전자의 유사체에 대한 명세서의 광범위한 설명에도 불구하고, 특정 유사체와 그 제조 방법에 대한 실시 가능한 개시는 거의 없다. 단지 몇 개의 EPO 유사체 유전자를 제조하기 위한 세부 사항이 개시되어 있다. Amgen은 이 정도면 자신들의 주장을 뒷받침하기에 충분하다고 주장하지만, 본 법원은 동의하지 않는다. 이 "개시내용(disclosure)"은 이들 유전자 및 유사체 유전자를 포괄하는 상위개념 청구항을 합리화할 수는 있지만, 모든 EPO 유전자 유사체를 청구하고자 하는 Amgen의 바램을 뒷받침하기에는 불충분하다. EPO-형 산물을 코딩하는 다른 많은 유전자 서열이 있을 수 있다. Amgen은 그중 단지 몇 개만을 만들고 사용하는 방법을 알려주었기 때문에 이들 모두를 청구할 권리는 없다.

*** EPO 유전자의 구조적 복잡성, 그 구조의 다양한 변화 가능성, 그리고 이들 유사체가 가지게 될 유용성에 대해 수반되는 불확실성을 고려할 때, 본 법원은 청구 범위 내에 있는 다양한 유사체의 확인, 유사체의 제조 방법 및 EPO-유사 활성을 갖는 화합물을 생산하기 위한 구조적 요건에 대한 더 많은 정보가 필요하다고 생각한다. 활성이 명확하게 확인되지 않은 유전자와 소수의 유사체를 만든 것으로 EPO-유사 활성을 가진 모든 가능한 유전자 서열을 청구하기는 충분하지 않다.

50) 537 F.2d 498, 502, 190 USPQ 214, 218 (CCPA 1976)

Pacific Biosciences of California, Inc. v. Oxford Nanopore (Fed. Cir. 2021).[51] **이 사건은 청구항이 용이 실시 가능하지 않다고 판단했던 *Amgen* (2023) 이전 사건이다.** 이 사건은 소송 대상 청구항의 일부분이 아닌 전 범위의 용이 실시 가능성이 중요하다는 것을 보여준다. 대상 청구항은 "핵산 템플릿"이라는 용어를 사용하지만, 명세서, 실시예 및 설명은 "헤어핀"과 같은 핵산의 더 좁은 준상위개념(sub-genus)만을 언급하였다. 법원은 청구범위에 청구된 템플릿 핵산의 전 범위를 PacBio가 발명하였을 수 있지만, 전 범위를 구현하지는 않았다고 지적하면서, 용이 실시 가능성 부족과 발명 기재 부족의 차이를 다시 한번 강조하였다.

PACIFIC BIOSCIENCES OF CALIFORNIA, INC. v. OXFORD NANOPORE

U.S. Court of Appeals, Federal Circuit (2021)

청구항 1 (강조 표시 추가)

다음 단계를 포함하는 핵산 **템플릿**을 서열화하는 방법:

a) 용액과 접촉하는 나노 포어를 포함하는 기판을 제공하고, 상기 용액은 나노 포어 상에 **템플릿** 핵산을 포함하는 것이며;

b) 나노 포어를 가로질러 전압을 공급하고;

c) 상기 포어 내 **템플릿** 핵산의 N 단량체 단위에 대해 변화하는 값을 갖는 특성을 측정하고, 여기에서 측정은, **템플릿** 핵산이 나노 포어를 통해 전위되는 동안 시간의 함수로서 수행되며, 상기 N은 3 이상임; 그리고

d) 단계 (c)에서 측정된 특성을, N개 서열 조합에 대한 4개 조합의 특성을 측정하여 생성된 보정 정보와 비교하는 단계를 포함하는 과정을 수행하여, 단계 (c)에서 측정된 특성을 사용하여 **템플릿** 핵산의 서열을 결정하는 단계.

(A method for sequencing a nucleic acid *template* comprising:

a) providing a substrate comprising a nanopore in contact with a solution, the solution comprising a *template* nucleic acid above the nanopore;

b) providing a voltage across the nanopore;

c) measuring a property which has a value that varies for N monomeric units of the *template* nucleic acid in the pore, wherein the measuring is performed as a function of time, while the *template* nucleic acid is translocating through

51) F.3d ---- 2021 WL 1880926 (Fed. Cir. 2021)

the nanopore, wherein N is three or greater; and
d) determining the sequence of the *template* nucleic acid using the measured property from step (c) by performing a process including comparing the measured property from step (c) to calibration information produced by measuring such property for 4 to the N sequence combinations.)

법원의 판결 이유

PacBio가 어느 면에서는 다르게 제안하는 것 같지만, 당업계 통상의 기술자가 '400 및 '323 특허의 우선일 이전에 **일부**(*some*) "나노 포어 시퀀싱"을 수행하는 방법을 알고 있었다는 것만으로 이 건의 용이 실시 가능성이 확보되는 것은 아니다. 중요한 점은 침해 주장 청구항의 범위로서, 이는 (PacBio와 같이, 전체로 보면) "템플릿 핵산"의 특성을 한정하지 않고, 핵산이 나노 포어를 통과할 때 특정 특성(특히, 전류 특성)을 측정하고, 전류에 영향을 미치는 뉴클레오티드의 수(N)를 결정하고, 그리고 나노 포어를 통과하는 속도를 제어하는 효소를 사용함으로써 "템플릿 핵산의 서열을 결정"하는 방법을 청구한다.

*** 특히, 제시된 합성 핵산 Akeson [PacBio가 용이 실시 가능성을 긍정하는 주장으로 사용했던 NIH 보조금(grant)]과 생물학적 DNA 간의 차이에 대한 다른 증거에 비추어, 배심원단은, 당업계 통상의 기술자가 "핵산 템플릿"의 전 범위를 포함하여 발명의 전 범위(모든 침해 주장 청구항은 물론 '400 특허의 청구항 1까지)를 만들고 사용할 수 있음을 PacBio가 인정하지 못하는 것에 관한 구체적 질문에 대한 구체적 답변을 제대로 이해할 수 있었다.

*** 따라서, 본 법원은 '400 및 '323 특허의 2009년 우선일 이전에는 통상의 기술자들이 침해 주장 청구항에 포함되는 전체 핵산 중 좁은 범위 이상으로는 나노 포어 시퀀싱을 어떻게 수행하는지 알지 못하였다는 판단을 뒷받침할 충분한 증거가 있었다고 결론내린다. *Idenix*, 941 F.3d at 1161 참조("이 사건에서와 같이, 실시예가 존재하지만 '매우 협소한 반면, 분쟁 대상 청구항이 광범위한 경우'에는 이 요건이 용이 실시 가능성에 불리하게 작용한다").

*** **[법원은 용이 실시 가능성과 발명 기재 차이를 강조하며 다음과 같이 언급하였다.]** 최종적으로, 법원은, Oxford의 무효 최종 승소 판결에도 불구하고, 배심원단이 (기각한) 발명 기재 문제와 (인용한) 용이 실시 가능성 문제를 구분한 것은 배심원단의 신중한 실체적 초점이 반영된 것이라고 판단하였다. … PacBio는 이러한 구분이 혼란을 야기한다고 주장하지만, 법적 기준이 다르며, 그리고 증거를 통하여, PacBio 특허의 문제점은 조합에 대한 PacBio의 발명을 나타내기 위하여 명세서가 청구항

의 조합된 요소를 기재하지 않아서가 아니라, 명세서가 통상의 기술자의 지식으로 청구항의 방법을 전 범위에서 실제 수행할 수 있도록 하지 못하였다는 결론을 내렸기 때문에, 본 법원은 그러한 주장에 대한 근거가 없다고 본다.

§ 5:11 폴리펩타이드

Bayer Healthcare LLC v. Baxalta Inc. et al (Fed. Cir. 2021).[52] **이 사건은 청구항이 용이 실시 가능하다고 판단했던 *Amgen* (2023) 이전 사건이다.** 시스테인과 함께, 청구항에 포함된 인자 VIII(Factor VIII) 폴리펩타이드의 B－도메인 내의 두 페길화(PEGylated) 아미노산 중 하나인 라이신 페길화에 대한 실시예가 명세서에 기재되지 않았지만, 법원은 청구항의 전 범위를 실시 가능하게 하는 모든 가능한 실시 태양의 실시예를 명세서에 포함할 필요는 없다는 점을 명확히 하였다. 추가적인 라이신 실시 태양의 용이 실시 가능성은 당시 기술 수준을 참조하여 제공되었다. 이 사건의 결론은, 법원이 개시된 실시예 및 지침의 범위를 벗어난 실시 태양을 얻기 위해 필요한 노력의 양을 살펴봐야 한다고 강조한 *Amgen v Sanofi* (Fed. Cir. 2021) (§ 5:6 참조)의 판결을 보완한다; 이 사건에서, 실시 태양은 당시 기술 수준으로 용이 실시 가능하였다.

BAYER HEALTHCARE LLC v. BAXALTA INC. et al

U.S. Court of Appeals, Federal Circuit (2021)

청구항 1 ('520 특허) (강조 표시 추가)

기능성 인자 VIII 폴리펩타이드와 하나 이상의 생체적합성 중합체를 포함하는 단리된 폴리펩타이드 접합체: 여기에서, 상기 기능성 인자 VIII 폴리펩타이드는 서열 번호 4의 아미노산 서열 또는 이의 대립유전자 변이를 포함하고 B－도메인을 가지며, 그리고 상기 생체적합성 중합체는 폴리알킬렌 옥사이드를 포함하고 **B–도메인에서 기능성 인자 VIII 폴리펩타이드에 공유 결합된 것임.**

(An isolated polypeptide conjugate comprising a functional factor VIII polypeptide and one or more biocompatible polymers, wherein the functional factor VIII polypeptide comprises the amino acid sequence of SEQ ID NO: 4 or

52) ――― F. 3d ――― WL 771700 (Fed. Cir. 2021)

an allelic variant thereof and has a B−domain, and further wherein the biocompatible polymer comprises polyalkylene oxide and is *covalently attached to the functional factor VIII polypeptide at the B−domain.*)

법원의 판결 이유

[청구항 해석:] 청구항 1의 문언적 표현은 B−도메인의 특정 아미노산 부위에서 페길화를 요구하지 않으며, 또한 B−도메인 내 부착 부위로서 특정 아미노산을 권리범위에서 배제하지도 않는다. 오히려 청구항 1은 보다 광범위하게 B−도메인 영역에서의 페길화를 요건으로 한다.

*** '520 특허의 명세서는 라이신과 같은 아민을 표적으로 하는 무작위 페길화를 포함하여 FVIII의 무작위 페길화를 경시하고 있지만, B−도메인에서의 비−무작위의(non−random), 부위−지향적인 아민/라이신 페길화를 경시하는 내용은 어디에도 없다. 따라서, 본 법원은 Bayer이 명세서에서 비−무작위의 아민/라이신 페길화를 명백히 배제한 것은 아니라는 연방1심법원의 판단에 동의한다.

*** 본 법원은 Bayer이 B−도메인에서 비−무작위적 페길화를 교시하지 않았고, 아민 및 카르복시 부위에서의 모든 페길화를 명시적으로 그리고 분명하게 배제하지 않았다는 이유로 선행 기술과 구별된다는 연방1심법원의 판단에 동의한다.

[용이 실시 가능성:] Bayer은 상당한 증거를 제시함으로써 합리적인 배심원단이, 시스테인 페길화를 사용하여 청구항 발명을 실시하는 데 필요한 반응 조건에 대한 지침을 명세서에 개시하는 것이 B−도메인의 비−무작위 시스테인 페길화뿐만 아니라 B−도메인의 비−무작위 라이신 페길화도 충분히 용이 실시 가능하게 한다고 판단할 수 있었다.

*** Baxalta는 명세서에 라이신 페길화의 실시예가 없다는 점에 초점을 맞추었다. 그러나 연방1심법원이 침해 주장 청구항의 “신규한 측면”은 B−도메인에서의 비−무작위적 페길화라는 점을 제대로 인식하였기 때문에, “명세서가 B−도메인의 각 아미노산에서의 비−무작위 페길화에 대한 실시 태양을 개시해야 한다는 것을 의미하지는 않는다”고 판시하였다. … 본 법원이 반복적으로 명확히 밝힌 바와 같이, 청구항의 전 범위를 실시 가능하게 하기 위해 명세서에 가능한 모든 실시 태양의 실시예를 포함할 필요는 없다.

*** 위와 같은 이유로, 본 법원은 연방1심법원의 법률적 분석에 오류가 없었다고 판단한다. 또한 합리적인 배심원단이 용이 실시 가능한 청구항을 발견할 수 없었다고 말할 수도 없다. 따라서, 연방1심법원은 *Baxalta*가 제기한 용이 실시 가능성 결여를 이유로 한 JMOL 무효 신청을 정당하게 기각하였다.

§ 5:12 형질 전환 진핵 세포

Enzo-Biochem v. Calgene (Fed. Cir. 1999).[53] **이 사건은 청구항이 용이 실시 가능하지 않다고 판단했던 *Amgen* (2023) 이전 사건이다.** 청구항은 세포 내 다른 유전자의 기능을 억제하는 데 유용한 안티센스 RNA를 암호화하는 DNA 구조체로 형질 전환된 세포에 대한 것이다. 이 청구항은 ("풍미 보존(flavor saver)" 토마토로 읽힐 수 있다는 의미로) 원핵 생물뿐만 아니라 진핵 생물도 포함한다. 출원일을 기준으로 *Wands*를 적용하여, CAFC는 대장균(*E. coli*) 이외의 어떤 유기체도 안티센스 RNA를 생산할 수 없다고 판단하였다. 다른 사람들이 궁극적으로 토마토에서 안티센스 RNA를 생산할 수 있다는 사실은, 출원일 이후이며, 기재된 기술과는 다른 기술로 만들어진 것으로 보인다는 점에서 도움이 되지 않는다.

ENZO BIOCHEM, INC. v. CALGENE, INC.

U.S. Court of Appeals, Federal Circuit (1999)

청구항 (강조 표시 추가)

11. 유전자 기능 조절 RNA를 생성하는 외인성 DNA 구조체를 함유하는 원핵 세포 또는 진핵 세포로서, 상기 DNA 구조체는 아래의 작동 가능하게 연결된 DNA 세그먼트를 함유하는 원핵 세포 또는 진핵 세포:

a. 전사 프로모터 세그먼트;

b. 전사 종결 세그먼트; 및 이들 사이의

c. DNA 세그먼트;

상기 DNA 세그먼트의 전사는 세포에서 자연적으로 발생하지 않는 리보뉴클레오티드 서열을 생성하고, 상기 유전자로부터 전사된 리보뉴클레오티드 서열과 상보적이며, **상기 자연적으로 발생하지 않는 리보뉴클레오티드 서열이 상기 유전자의 기능을 조절함.**

(**11.** A prokaryotic or eukaryotic cell containing a non-native DNA construct, which construct produces an RNA which regulates the function of a gene, said DNA construct containing the following operably linked DNA segments:

a. a transcriptional promoter segment;

---

53) 188 F.3d 1362 (Fed. Cir. 1999)

b. a transcription termination segment; and therebetween

c. a DNA segment;

whereby transcription of the DNA segment produces a ribonucleotide sequence which does not naturally occur in the cell, is complementary to a ribonucleotide sequence transcribed from said gene, and *said non-naturally occurring ribonucleotide sequence regulates the function of said gene.*)

관련 기술54)

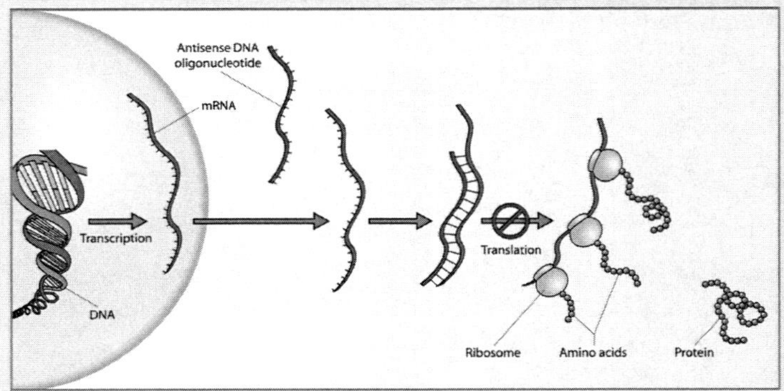

안티센스 단백질 번역 억제

법원의 판결 이유

본 법원은, 청구항 발명을 실시하기 위해 "합리적인(reasonable)" 정도의 통상적 실험이 필요하더라도 특허 명세서가 적법하지만, 그러한 실험이 "과도(undue)"해서는 안 된다고 판시해왔다. 예를 들면, *Wands* 참조 ("일부 실험의 필요성으로 발명의 용이 실시 가능성이 배제되는 것은 아니다. … 그러나 발명을 실시하는 데 필요한 실험은 과도한 실험이 아니어야 한다. 핵심 단어는 '실험'이 아니라 '과도한'이다.")

*** **결정계**(*ex parte*) 및 **당사자계**(*inter partes*) 양측 관점에서, 용이 실시 가능성 판단은 **소급하여**, 즉 특허 출원일로 거슬러 올라가, 그 당시 청구된 발명을 만들고 사용하기 위해 과도한 추가 실험이 요구**되었는지** 여부를 판단하여 이루어진다, *Wright*… 참조; 양측 관점 모두에서 "예측"은 일어나지 않는다.

*** 궁극적으로 용이 실시 가능성은 법원이 결정해야 하는 법률 문제이다. 이러한 비-용이 실시 가능성을 이유로 한 반복적 출원 거절이, 용이 실시 가능성만큼이나 비-용이 실시 가능성 결론을 뒷받침하는 결정적 선언(conclusory

54) 이 파일은 Creative Commons Attribution 2.5 Generic License에 따라 이용가능함.

declaration)에 의해서만 극복되었다는 사실과 특허상표청에 제출되지 않은 비-용이 실시 가능성 증거, 즉 Inouye[발명자]의 실패한 시도를 고려할 때, 본 법원은, 연방1심법원이 특허상표청의 청구항 등록 결정에 비중을 두지 않은 것은 잘못이 아니라고 판단한다.

*** 요약하면, 연방1심법원은 [*Wands* 요건에 대한] 사실 판단에서 명백하게 오류를 범하지 않았다. 연방1심법원은, 해당 기술 분야 수준으로 평가하여, 대상 청구항이 상당히 광범위하고 안티센스 기술이 매우 예측 불가능하며, 대장균 이외의 세포에서 안티센스를 실행하는 데 필요한 실험의 양이 상당히 많다는 판단에 오류를 범하지 않았다. 또한, 연방1심법원이 명세서에 대장균 이외의 세포에서 안티센스를 실행하는 방법에 대한 기재가 거의 없다고 판단한 것은 명백하게 오류가 아니다. 따라서 본 법원은 연방1심법원과 마찬가지로, 출원일에 대장균 이외의 세포에서 안티센스를 실행하는 데 필요한 실험의 양이 과도했을 것이므로, 특허 명세서의 용이 실시가능한 폭이 청구범위에 상응하지 않는다는 결론을 내린다. … 따라서 본 법원은 판단 대상 청구항이 용이 실시 가능하지 않으므로 무효라는 연방1심법원의 결론을 확정한다.

<u>Adang v. Fischhoff</u> (Fed. Cir. 2002).[55] **이 사건은 청구항이 용이 실시 가능하지 않다고 판단했던 *Amgen* (2023) 이전 사건이다.** 청구항은 Bt(*Bacillus thuringiensis*)로부터 결정형 살충 단백질을 발현하는 토마토 세포 및 식물에 대한 것이다. 명세서는 담배를 기재하고 예시한다. 해당 문헌에 따르면 예시된 담배에서의 발현조차도 출원일 당시에는 예측할 수 없었다. 판결 요지: 용이 실시 가능하지 않음.

ADANG v. FISCHHOFF

U.S. Court of Appeals, Federal Circuit (2002)

청구항

유전자가 식물에서 Lepidopteran(나비목) 곤충에 대한 살충 유효량으로 발현될 수 있도록 프로모터의 조절하에 약 130kD의 *Bacillus thuringiensis* 결정 단백질을 암호화할 수 있는 전장 *Bacillus thuringiensis* 결정 단백질 유전자를 포함하도록 형질전환된 토마토 식물 세포로부터 재분화된 토마토 식물.

(A tomato plant which has been regenerated from a tomato plant cell

55) 286 F.3d 1346 (Fed. Cir. 2002)

transformed to comprise a full length *Bacillus thuringiensis* crystal protein gene capable of encoding a *Bacillus thuringiensis* crystal protein of about 130 kD under control of a promoter such that said gene is expressible in said plant in amounts insecticidal to Lepidopteran insects.)

법원의 판결 이유 (강조 표시 추가)

(4가지 현대기술 성과 중 하나인) DeGreve 특허 출원에 대한 심판원의 판단 또한 상당한 증거에 의해 뒷받침된다. 심판원은, 형질전환 식물 세포에서 외래 유전자의 발현이 "결코 간단하지 않다. 다양한 증거에 따르면 비식물 기원의 외래 유전자의 발현 수준은 형질 전환된 조직에 따라 크게 다를 뿐만 아니라 일반적으로 매우 낮다."는 이 출원서의 기재를 정확하게 인용하였다. 그 다음으로 DeGreve 출원에서 낮은 발현 수준의 가능한 원인에 대한 추측이 이어진다. 심판부는 "벡터를 사용한 식물 세포의 성공적인 형질 전환은 … 원하는 형질 전환을 시도하기 전까지는 반드시 예측가능한 것은 아니다"라고 결론을 내린다.

*** 심판원이 판단한 바와 같이, 이 기술은 출원일을 기준으로 "실질적으로 예측할 수 없는" 기술이었다. 전장 결정 단백질 유전자를 사용하는 여러 연구자 그룹이 담배 식물을 형질전환하여 곤충 독성을 얻기 위한 시도에서 처참한 실패와 식물 고사(Barton)로부터 확실한 성공(DeGreve)에 이르기까지 광범위한 결과를 얻었다는 조서 증거를 고려할 때 이러한 판단은 놀라운 것은 아니다. 상당한 증거에 의해 뒷받침되는 심판원의 사실관계 판단은, Adang '86의 출원일 기준 전장 *Bt* 결정 단백질 유전자를 사용한 **담배** 식물의 성공적 형질전환과 이들 식물의 곤충 독성에 대한 개시 내용으로 당시 당업계 통상의 기술자가 그 시점에 **토마토**와 같은 완전히 다른 하위개념의 형질전환을 성공적으로 수행할 수 없었음을 보여준다. 이러한 결함은 Adang '86에 포함된 일반적인 토마토 형질전환 방법에 대한 언급으로 치유되지 않는다. 다시 말해, Adang '86과 당시 당업계 통상의 기술자의 지식에 기초하여 토마토를 성공적으로 형질전환하려면 과도한 추가 실험이 필요했을 것이다.

§ 5:13 저자 의견: – 화학물질 청구항에 대한 *Wands* 요건 적용

법원은 생명공학 분야 외에서 용이 실시 가능성 여부를 평가할 때 *Wands*–유형 분석을 활용해왔다. 다음 네 가지 사건에서 이에 대해 살펴볼 수 있다: *Wyeth et al v. Abbott et al* (Fed. Cir. 2013),[56] *Enzo Life Sciences, Inc. v. Roche Molecular*

56) 720 F.3d 1380 (Fed. Cir. 2013)

Systems, Inc. (Fed. Cir. 2019),[57] *Idenix Pharmaceuticals LLC, et al v. Gilead Sciences Inc.* (Fed. Cir. 2019),[58] 및 *Storer, et al v. Clark* (Fed. Cir. 2017).[59] 이 사건들은 한 영역에서 발달된 개념이 다른 영역에서 해석되는 과정을 보여준다.

*Wyeth*는 "라파마이신 유사체(rapamycin analogues)"에 대한 상위개념 청구항의 용이 실시 가능성에 대해, 그리고 *Idenix*는 뉴클레오시드 상위개념을 이용한 C형 간염 치료 방법에 대한 청구항을 다루고 있다. *Enzo v Roche*는 혼성화 가능하고 혼성화 시 검출가능한 표지된 폴리뉴클레오티드의 상위개념에 대한 청구항의 용이 실시 가능성에 관한 것이다. 이들 사건은 화학물질 합성과 관련하여 스크리닝에 의한 용이 실시 가능성의 한계를 보여준다.

Amgen v Sanofi (Fed. Cir. 2021)[60]에서 입증된 바와 같이, 이러한 화학 사건들은 생명공학 분야의 상위개념 청구항의 용이 실시 가능성에 명확한 영향을 미쳤다. 화학이든 생명공학이든 모든 기술 영역에서 용이 실시 가능성을 분석할 때 실무자는 청구항에서 구조-기능 관련성 여부를 평가하는 것이 중요하다. 만약 그렇다면, 분석은 주어진 구조의 합성 화합물 또는 생체 분자가 필요한 기능을 갖기 위해 얼마나 많은 실험이 필요한지에 대한 질문에 답해야 한다. 특히 관심을 끄는 것은 구체적으로 예시된 것 이외에 전체 청구범위 내의 실시 태양이 용이 실시 가능하려면 얼마나 많은 실험이 요구되는가이다.

이와는 대조적으로, *Storer*는 광범위한 청구항의 일반적인 용이 실시 가능성 여부가 아니라 청구항의 상위개념이 요구하는 특정 입체 이성질체에 대한 합성 방법의 용이 실시가능 여부(또는 그 부족 여부)를 다룬다. *Storer*는, 심지어 더 넓은 상위개념 내의 하위개념의 합성으로 분석을 확장하는 경우에도, *Wands* 분석을 화학 사건에 적용하는 것의 유용성을 보여준다.

Wyeth v. Abbott (Fed. Cir. 2013).[61] **이 사건은 청구항이 용이 실시 가능하지 않다고 판단했던 *Amgen* (2023) 이전 사건이다.** 이 사건은 "스크리닝에 의한 용이 실시 가능성"의 한계를 보여준다. 법원은 "라파마이신(rapamycin)"의 상위개념 내의 다수의 화합물을 합성하는 것과 이를 스크리닝하는 것을 구분하고, 이는 과도한 추가 실험 및 용이 실시 가능성 부족에 해당한다고 판시하였다.

57) 928 F.3d 1340 (Fed. Cir. 2019)
58) 2019 WL 5583543 --- F.3d ---- (Fed. Cir. 2019)
59) 123 USPQ 2d (Fed. Cir. 2017)
60) *Slip Op* 2020-1074, (Fed. Cir. 2021)
61) 720 F.3d 1380 (Fed. Cir. 2013)

WYETH ET AL v. ABBOTT ET AL

U.S. Court of Appeals, Federal Circuit (2013)

청구항 1

"포유류에 재협착 방지 유효량의 rapamycin을 투여하는 단계를 포함하는 … 포유류의 재협착"을 치료 또는 예방하는 방법.

(A method of treating or preventing "restenosis in a mammal … which comprises administering an antirestenosis effective amount of rapamycin to said mammal.")

관련 기술

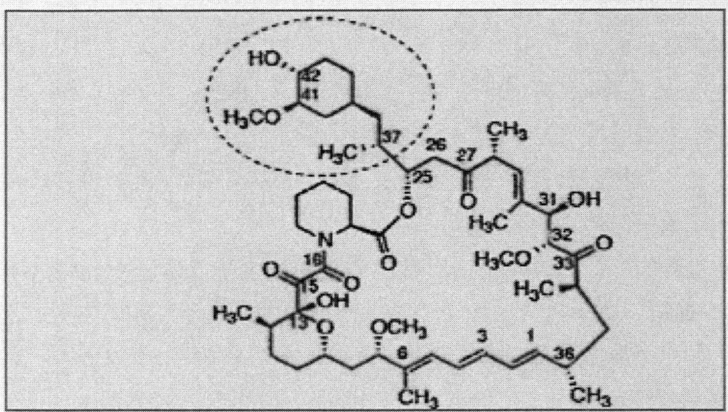

유일하게 개시된 rapamycin, Sirolimus

법원의 판결 이유

첫째, 잠재적인 rapamycin 화합물의 분자량이 1,200달톤 미만이어야 한다고 해도 적어도 수만 개의 후보가 존재한다는 데는 다툼이 없다. 언급된 유용성을 보존할 수 있는 방법은 물론 sirolimus를 구조적으로 변형하는 방법에 대해서도 명세서는 침묵하고 있다. 둘째, 각 후보 화합물을 먼저 합성한 다음 명세서에 기재된 분석법을 사용하여 스크리닝하여 면역 억제 및 항-재협착 효과가 있는지 여부를 결정할 필요가 있다는 점에 대해서는 다툼이 없다. 거대고리 바깥의 어떤 특정한 치환이 바람직하다는 기록에는 증거가 없다. 실제로 Wyeth의 한 과학자는 "[화합물을] 테스트하기 전까지는 효과가 있는지 없는지 [즉, 항-재협착 효과가 있는지] 알 수 없다"고 증언함으로써 이 기술의 예측 불가능성과 그에 따라 각 후보 물질을 분석해야 할 필요성을 확인하였다. … 요약하면, 청구항 전 범위를 구현하려면 적어도 수만 개의 화합물을 각각 합성하고 스크리닝해야 한다는 점에 다툼이 없다.

남은 문제는 최소 수만 개의 후보 화합물을 각각 합성하고 스크리닝하는 것이 과도한 추가 실험에 해당되는지 여부이다. 본 법원은 그렇다고 생각한다. 과도한 추가 실험은 정도의 문제이다. … "단순히 통상적인" 실험이거나 명세서가 실험 방향에 대해 "합리적인 수준의 지침을 제공하는" 경우라면 "상당한 양의 실험"도 허용된다. … 그러나 통상적인 실험이 "한계가 없는 것은 아니다."

*** 본 법원은 판례에서 용이 실시 가능성 관점에서 허용 가능한 실험의 한계를 설명하였다. 예를 들면, *ALZA Corp. v. Andrx Pharmaceuticals, LLC* [62)]에서 본 법원은 명세서가 "단지 출발점, 추가 연구를 위한 방향성"을 제공한 경우 비-용이 실시 가능성 판결을 확정하였다. … 재판부는 당업계 통상의 기술자가 "명세서…의 도움을 받더라도 청구항 발명을 실시하기 위해 반복적인 시행착오 과정을 거쳐야 했을 것"이라고 결론을 내렸다. … 마지막으로, *In re Vaeck*에서 본 법원은 150개에 달하는 cyanobacteria 속에서의 이종 유전자 발현을 기재한 청구항에 대한 특허상표청의 비-용이 실시 가능성에 따른 거절을 확정하였다… cyanobacteria는 예측할 수 없는 이종 유전자 발현을 갖는 "다양하고 비교적 잘 이해되지 않은 미생물 그룹"임에도 불구하고 명세서에는 9개의 속만 개시되어 있었다.

*** 본 사건에서도, 마찬가지로 명세서는 예측할 수 없고 잘 이해되지 않은 분야에 대한 추가 반복 연구를 위한 출발점만 개시하고 있다. sirolimus에서 유래된 후보 화합물을 합성하는 것은 그 자체로 합성 유기 화학에서 복잡하고 긴 일련의 실험을 요구할 수 있다. 합성의 어려움은 별론으로 하더라도 당업계 통상의 기술자라면 최소 수만 개의 후보 화합물을 각각 분석해야 한다. Wyeth의 전문가는 기술자가 이러한 분석을 건별로 완료하는 데 몇 주가 걸린다는 것을 인정하였다. 명세서는 sirolimus에서 관찰된 면역 억제 및 항-재협착 효과를 보존할 수 있는 특정 대체제에 대한 지침이나 예측을 제공하지 않는다. 결과적으로 수많은 rapamycin 후보 화합물 각각에 대해 체계적인 스크리닝 과정을 수행해야 하는 것은 과도한 추가 실험이다. 따라서 본 법원은 출원일 기준으로 전체 청구범위를 실시하는 데 과도한 추가 실험이 필요하다는 데 다툼이 없다고 판단한다.

Idenix Pharmaceuticals LLC, et al v. Gilead Sciences Inc. (Fed. Cir. 2019).[63)] **이 사건은 청구항이 용이 실시 가능하지 않다고 판단했던 *Amgen* (2023)**

62) 603 F.3d 935 (Fed. Cir. 2010)

63) 2019 WL 5583543 --- F.3d ---- (Fed. Cir. 2019)

이전 사건이다. 이 사건은, 뉴클레오시드를 이용한 C형 간염 치료의 예측 불가능성, 및 효과 여부를 확인하기 위해 새로운 뉴클레오시드를 테스트할 필요성을 고려할 때, "수천, 수만 개(many, many thousands)"(CAFC의 표현)의 뉴클레오시드 화합물을 합성한 다음 이들 각각을 스크리닝하는 것은, 통상적이라 하더라도, 과도한 추가 실험일 수 있다고 판결한 점에서 본 항목의 앞에서 설명한 *Wyeth v Abbott* (Fed. Cir. 2013) 사건과 매우 유사하다.

IDENIX PHARMACEUTICALS LLC, et al v. GILEAD SCIENCES INC..,

U.S. Court of Appeals, Federal Circuit (2019)

청구항 1 (강조 표시 추가)

C형 간염 바이러스 감염 치료 방법[하급 법원에서 구성요소로 해석한 서문]으로서, **유효량의** 퓨린 또는 피리미딘 **ß-D-2'-메틸-리보퓨라노실** 뉴클레오시드[하급 법원은 2' 상방에 메틸, 2' 하방과 3' 하방에 비-수소 치환기를 의미하는 것으로 해석] 또는 이의 인산염 또는 약학적으로 허용가능한 염 또는 에스테르를 투여하는 단계를 포함하는 방법.

(*A method for the treatment of a hepatitis C virus infection* [preamble construed by lower court to be a limitation], comprising administering an *effective amount* of a purine or pyrimidine *ß-D-2'-methyl-ribofuranosyl* nucleoside [construed by the lower court to mean a methyl at 2' up, and non-hydrogen substituents at 2' down and 3' down] or a phosphate thereof, or a pharmaceutically acceptable salt or ester thereof.)

법원의 판결 이유

본 법원은 어느 2'-메틸-상방 뉴클레오시드가 청구항 1을 충족하는지 판단하는 데 필요한 실험의 양이 너무 많다는 비-용이 실시 가능성 판단을 긍정하는 연방1심법원에 동의한다. 배심원단에게 제시된 증거는 다른 어떤 판단도 뒷받침할 수 없다. 재판에서 Gilead는 청구항이 거의 모든 치환체를 (2'-상방 이외의) 어떤 위치에도 부착할 수 있도록 허용하기 때문에, 당업계 통상의 기술자는 "수천억(billions and billions)"의 화합물이 문언적으로 청구항의 구조적 한정 사항을 충족한다는 점을 이해할 것이라는 전문가 증언을 제시하였다.

*** [8가지 *Wands*] 요소 각각을 고려하여, 본 법원은 '597 특허는 용이 실시 가

능성 부족으로 무효라고 법리적으로 결론짓는다. 위에서 설명한 바와 같이, 합리적인 배심원단이라면 적어도 수천 개의 2'-메틸-상방 뉴클레오시드가 청구항 1의 구조적 한정을 충족하지만, 이들 모두가 HCV 치료에 효과적이지는 않다는 사실을 발견할 수 있을 뿐이다. 해당 기술에 대한 예측 불가능성으로 인하여, 그리고 Idenix가 인정한 바와 같이, HCV에 효과적인지 여부를 알기 위해서는 이들 화합물 각각을 스크리닝할 필요가 있을 것이다. 또한, 스크리닝하기 전에 상당수의 후보 2'-메틸-상방 뉴클레오시드를 합성해야 하므로 합성이 통상적이라 하더라도 최소한으로 요구되는 실험의 양이 증가한다.

*** 합리적인 배심원단이라면 적어도 수천, 수만 개의 후보 화합물이 존재하며, 그 중 상당수는 합성이 필요하고 이들 각각을 스크리닝하여야 한다는 결론을 내릴 수밖에 없었을 것이다. 이는 과도한 추가 실험에 해당한다.

◇ *Enzo Life Sciences, Inc., v. Roche Molecular Systems, Inc.* (Fed. Cir. 2019).[64] **이 사건은 청구항이 용이 실시 가능하지 않다고 판단했던 *Amgen* (2023) 이전 사건이다.** 이 사건의 청구항은 염기의 특성, 라벨의 유형, 라벨을 부착하는 데 사용되는 링커의 유형, 폴리뉴클레오티드 내 라벨의 위치 등 여러 상호 작용하는 다양한 실시 태양이 있는 변형된 뉴클레오티드를 포함하는 라벨이 부착된 폴리뉴클레오티드에 대한 것이다. 이러한 가능성으로 인해 이들 조합을 만드는 데 과도한 추가 실험이 필요하지 않음에도 불구하고 가능한 실시 태양의 수가 매우 많아진다. 명세서는 어떤 조합이 혼성화 가능하고 혼성화 시 검출 가능한 폴리뉴클레오티드를 생성하는지에 대해 당업계 통상의 기술자에게 교시하지 않는다; 따라서, 실험은 통상적이지만 과도하다.

ENZO LIFE SCIENCES, INC., v. ROCHE MOLECULAR SYSTEMS, INC.

U.S. Court of Appeals, Federal Circuit (2019)

청구항 1 ('180 특허, 강조는 원문에 의함)

대상 핵산 또는 그 일부에 상보적인 올리고 – 또는 폴리뉴클레오티드로서, 상기 올리고 – 또는 폴리뉴클레오티드는 다음 식을 갖는 **적어도 하나의 변형 뉴클레오티**

64) 928 F.3d 1340 (Fed. Cir. 2019)

드 또는 변형 뉴클레오티드 유사체를 포함함:

Sig－PM－SM－BASE

여기에서, PM은 인산염 잔기(phosphate moiety)이고, SM은 푸라노실 잔기이고, BASE는 피리미딘, 피리미딘 유사체, 퓨린, 퓨린 유사체, 데아자퓨린 또는 데아자퓨린 유사체를 포함하는 염기 잔기로서, 상기 유사체는 DNA 또는 RNA에 부착되거나 결합 또는 삽입될 수 있고, **상기 유사체는 이중 나선 형성 또는 핵산 혼성화에 실질적으로 간섭하지 않으며**, 상기 PM은 SM에 부착되고, 상기 BASE는 SM에 부착되고, 그리고 **상기 Sig는** 직접 또는 비－뉴클레오티딜 화학 결합을 통해 **PM에 공유적으로 부착되고**, 그리고 상기 Sig는 비－폴리펩타이드, 비－뉴클레오티딜, **PM에 부착될 때 또는 상기 변형된 뉴클레오티드가 상기 올리고- 또는 폴리뉴클레오티드에 삽입될 때 또는 상기 올리고- 또는 폴리뉴클레오티드가 상기한 원하는 상보적 핵산 또는 그 일부에 혼성화될 때 직접 또는 간접적으로 검출될 수 있는 비-방사능 라벨 잔기**를 포함하고, 그리고 여기서 Sig는 비오틴, 이미노－비오틴, 전자 조밀 성분, 자성 성분, 금속－함유 성분, 형광 성분, 화학 발광 성분, 발색 성분, 합텐 또는 이들의 조합을 포함하는 것임. (An oligo － or polynucleotide which is complementary to a nucleic acid of interest or a portion thereof, said oligo － or polynucleotide comprising *at least one modified nucleotide or modified nucleotide analog* having the formula

Sig－PM－SM－BASE

wherein PM is a phosphate moiety, SM is a furanosyl moiety and BASE is a base moiety comprising a pyrimidine, a pyrimidine analog, a purine, a purine analog, a deazapurine or a deazapurine analog wherein said analog can be attached to or coupled to or incorporated into DNA or RNA *wherein said analog does not substantially interfere with double helix formation or nucleic acid hybridization*, said PM being attached to SM, said BASE being attached to SM, and *said Sig being covalently attached to PM* directly or through a non－nucleotidyl chemical linkage, and wherein said Sig comprises a non－polypeptide, non－nucleotidyl, *non－radioactive label moiety which can be directly or indirectly detected when attached to PM or when said modified nucleotide is incorporated into said oligo－ or polynucleotide or when said oligo－ or polynucleotide is hybridized to said complementary nucleic acid of interest or a portion thereof*, and wherein Sig comprises biotin, imino－biotin, an electron dense component, a magnetic component, a metal-containing component, a fluorescent component, a chemiluminescent component, a chromogenic component, a hapten or a combination of any of the foregoing.)

법원의 판결 이유

사건의 쟁점은 단순히 명세서가 라벨화를 구현하는지 여부가 아니라; 문제는 혼성화가 가능하고 혼성화 시 검출 가능한 라벨화 프로브를 생성할 수 있는지 여부이다. … 본 법원은 명세서가 당업계 통상의 기술자에게 청구항에서 다루는 광범위한 라벨화 폴리뉴클레오티드를 생성하는 방법을 교시한다고 가정하더라도, 아래에서 설명하는 바와 같이 명세서는 여전히 당업계 통상의 기술자에게, 청구항 문구에서 요구하는 대로, 어떤 조합이 혼성화 가능하고 혼성화 시 검출 가능한 폴리뉴클레오티드를 생성하는지를 교시하지 못한다.

*** 이 사건의 사실관계는 *Wyeth [and Cordis Corp. v. Abbott Laboratories*[65]] 의 사실관계와 상당 부분 일치한다. *Wyeth*에서와 마찬가지로, 이 사건 쟁점 청구항은 특정 구조뿐만 아니라 특정 기능(즉, 라벨화 폴리뉴클레오티드가 혼성화 가능하고 혼성화 시 검출 가능해야 함)을 요구한다. 아래에서 설명하는 바와 같이, 명세서는 당업계 통상의 기술자에게 광범위한 청구항의 여러 실시 태양이 요구하는 기능을 나타낼 수 있는지 여부를 교시하지 못한다.

청구 범위는 상당히 광범위하다. '180 특허의 청구항 1은 혼성화 및 검출 가능한 모든 인산염-라벨화 폴리뉴클레오티드를 포괄한다. 이 청구항은 뉴클레오티드의 인산염 부분에 라벨이 부착되어 있다는 사실 외에는 청구된 폴리뉴클레오티드의 구조에 거의 제한을 두지 않는다. 라벨을 부착하는 데 사용되는 화학 물질, 사용된 화학 링커, 프로브 내의 라벨 수 또는 프로브에서 라벨의 위치(예: 말단 또는 내부)를 제한하지 않는다. 사용된 비방사능 라벨의 유형에 대해, 청구항은 "전자 조밀 성분" 또는 "자성 성분"과 같은 광범위한 범주를 제시한다.

이들 변수가 어떻게 청구항의 프로브 기능에 영향을 미치는지 여부에 대한 명세서의 지침이 부족하다.

*** 당시 기술의 예측 불가능성과 혼성화를 방해하지 않으면서 라벨을 비-와드(non-Ward) 위치에 부착할 수 있을지에 대한 당업계 통상의 기술자의 심각한 의구심을 고려할 때, 라벨화 폴리뉴클레오티드가 프로브로서 기능할 것이라는 진술만으로 당업계 통상의 기술자가 그것이 실제로 프로브로서 기능한다는 것, 즉 혼성화가 가능하고 혼성화 시 검출될 수 있음을 알기는 충분하지 않다.

65) 720 F.3d 1380 (Fed. Cir. 2013)

*** 이 사건에서, 발명 당시 당업계 통상의 기술자의 지식을 고려하여 용이 실시 가능성에 대한 상세한 설명의 결함이 치유될 수는 없다. "명세서는 당업계 통상의 기술자에게 잘 알려진 것을 개시할 필요는 없지만", 이 규칙이 "기본적 용이 실시 가능성 개시에 대한 대체가 될 수는 없다." *Genentech, Inc. v. Novo Nordisk A/S.*[66] 앞서 언급한 바와 같이, 특허권자는 "단순히 명세서에 누락된 정보를 대체하고자 통상의 기술을 가진 사람의 지식에 의존할 수 없다." *ALZA Corp. v. Andrx Pharm., LLC.*[67] 그리고 더 중요한 것은, 모든 당사자가 비-와드 위치에 비방사능 프로브를 사용하는 것이 프로브로서 유용할지에 대해 당업계 통상의 기술자에게 심각한 의구심이 존재한다는 점을 인정한다는 것이다.

*** 폴리뉴클레오티드의 길이와 서열이 별도의 실시 태양을 생성하지 않는다는 Enzo의 주장이 맞다고 가정하더라도, 나머지 변수(예: 라벨의 유형, 라벨 부착에 사용되는 링커의 유형, 폴리뉴클레오티드 내 라벨의 위치)로 인해 여전히 매우 많은 수의 가능한 실시 태양이 생긴다. 실제로 Enzo의 전문가는 청구항 1의 구성요소에 부합하는 가능한 폴리뉴클레오티드의 수가 적어도 "수만 개"일 것이라고 설명하였다.

Storer, et al v. Clark (Fed. Cir. 2017).[68] **이 사건은 청구항이 용이 실시 가능하지 않다고 판단했던 *Amgen* (2023) 이전 사건이다.** 이 사건은, 상위 개념 청구항의 요건인 2'F(아래쪽) 입체 이성질체의 합성에 *Wands* 요건을 적용한다. 법원은 불소화 화합물의 합성 분야가 예측 불가능하고 해당 출원일에 이성질체를 합성하려면 과도한 추가 실험이 필요했을 것이라는 결론을 내린 후, 해당 청구항은 용이 실시 가능하지 않다고 판시하였다.

STORER, et al v. CLARK; 미국, 참가인

U.S. Court of Appeals, Federal Circuit (2017)

저촉 심사 대상(절반, Clark의 청구항 164에 기초함):

C형 간염 감염의 치료 방법으로서, 투여가 필요한 포유류에 하기 구조를 갖는 (2'R}-2' -deoxy-2'-fiuoro-2'-C-methyl nucleoside (β-D or β-L) 또는 이

66) 108 F.3d 1361, 1366 (Fed. Cir. 1997)

67) 603 F.3d 935, 941 (Fed. Cir. 2010)

68) 123 USPQ 2d (Fed. Cir. 2017)

화합물의 약학적으로 허용가능한 염의 항바이러스 유효량을 투여하는 것을 포함하는 방법:
[화학식: 하기 영문 청구항 참조]
여기에서, R^1 및 R^7은 독립적으로 H, monophosphate, diphosphate, tri-phosphate, H phosphonate, 알킬, 알킬 설포닐 또는 아릴알킬 설포닐이고; 그리고 R^4은 NH_2 또는 OH임.
(A method for the treatment of hepatitis C infection, which comprises: administering to a mammal in need thereof an antivirally effective amount of a (2' R}-2' -deoxy-2' -fiuoro-2' -C-methyl nucleoside (β-D or β-L) or its pharmaceutically acceptable salt of the structure:

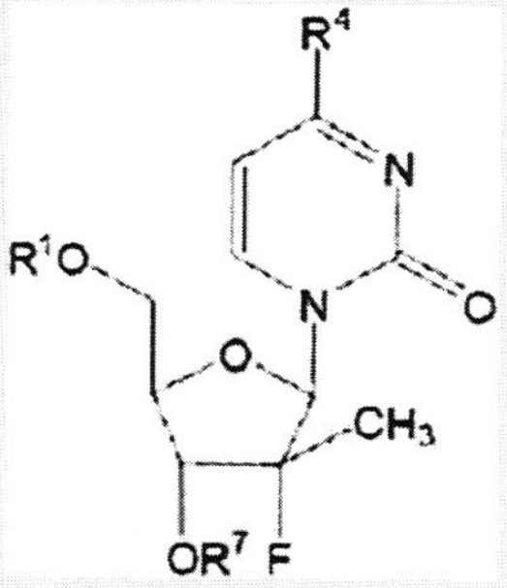

wherein R^1 and R^7 are independently H, a monophosphate, a diphosphate, a triphosphate, a H phosphonate, an alkyl, an alkyl sulfonyl, or an arylalkyl sulfonyl; and R^4 is NH_2 or OH.)

법원의 판결 이유

당사자들은, 유일한 문제가 선행기술과 함께 Storer의 가출원이 2'F(아래쪽) 치환기를 갖는 화합물을 용이 실시 가능하게 하는지 여부에 집중된다는 것에 동의한다.

*** 해당 분야 통상의 기술자가 실시하기 충분한 교시와 과도한 추가 실험의 필요성 사이의 경계는 과학의 복잡성에 따라 달라진다. 선행 기술에 대한 지식은 물론 본 발명이 속하는 분야의 기술도 고려한다. 명세서는 교과서의 과학을 전달할 필요는 없지만 추가 연구를 위한 초대 그 이상이어야 한다. *Genentech, Inc. v. Novo Nordisk A/S* [참조, 하기 § 5:21].

*** 검토 결과, 본 법원은, Storer의 가출원에 기재된 합성 계획은 전구체를 2'F(아래쪽) 구조로 전환하는 방법을 교시하거나 제안하지 않으며, Matsuda[용이 실시 가능성을 뒷받침하기 위하여 인용된 문헌]의 상응하는 2'-메틸(아래쪽), 2'-하이

드록실(위쪽) 구조의 합성은 당업계 통상의 기술자가 과도한 추가 실험 없이 타겟 화합물을 생산할 수 없다는 심판원의 판단을, 상당한 증거가 뒷받침한다고 결론내린다.

Wands 요건 7, 기술의 예측 가능성 또는 예측 불가능성은 특히 관련성이 높은 것으로 보인다… 심판원은, Storer와 그의 팀이 타겟 화합물을 합성하는 데 어려움과 실패를 겪었다는 증거와 Clark와 그의 팀이 분명히 동일한 방법을 사용하여 더 쉽게 성공하였다는 증거를 수령하였다. 화학은 예측할 수 없다는 심판원의 판단은 증거와 일치한다.

*** 첫 번째 *Wands* 요건은 "과도한 추가" 실험에 관한 것으로, 무엇이 "과도한 추가" 실험인지 여부는 발명 대상과 기술에 따라 다르다는 점을 인정한다.

*** 심판원은, 전체 조서를 고려하여, 당업계 통상의 기술자가 가출원서에 기재된 내용과 선행 기술에 대한 지식을 가지고, 타겟 화합물을 만들도록 유도되지 않았을 것이며, 과도한 추가 실험 없이는 그렇게 할 수 없다고 판단하였다. 심판원은 구조적으로 유사한 화합물에 대해 원하는 입체 화학의 성공적인 불소화 반응이 보고되지 않았다는 증거를 수령하였다.

본 법원은 대상 화합물을 "합성하기 위해서는 많은 양의 실험이 필요하다"는 심판원의 판단을 뒷받침하는 상당한 증거가 있다고 판단한다. 심판원에 제출된 기록은 Storer의 가출원이 저촉 심사 대상을 용이 실시 가능하게 하지 못하였다는 심판원의 결론을 뒷받침하기에 충분한 변동성과 예측 불가능성을 보여주었다. 심판원의 결정을 유지한다.

§5:14 개방형 청구항 및 범위를 포함한 청구항의 용이 실시 가능성

본 항목에서는 개방형이거나 범위를 포함하는 청구항의 용이 실시 가능성 문제를 분석한다.

In re Fisher (CCPA 1970).[69] "… 밀리그램당 1국제단위(International Unit, IU) 이상 …"의 비활성을 갖는 것으로 청구된 정제된 천연물은, 이론적 최대 순도가 알려져 있지 않고 그리고 이에 도달하는 방법이 제공되지 않는 한 개방형으로서 용이 실시 가능하지 않다. 청구 범위는 관련 기술의 예측 가능성에 반비례한다.

69) 427 F.2d 833 (CCPA 1970)

JOSEPH D. FISHER 출원

U.S. Court of Customs and Patent Appeals (1970)

청구항 4 (강조 표시 추가)

밀리그램당 1국제단위 이상의 부신피질자극호르몬(ACTH)를 함유하고, ACTH 국제단위당 0.08단위 이하의 바소프레신과 0.05단위 이하의 옥시토신을 함유하는 부신피질자극호르몬 제제로서, 분자의 N 말단으로부터 다음 서열을 갖는 24개 이상의 아미노산의 폴리펩타이드를 활성 성분으로 포함하는 것을 추가적인 특징으로 하는 부신피질자극호르몬 제제: 세린, 티로신, 세린, 메티오닌, 글루탐산, 히스티딘, 페닐알라닌, 아르기닌, 트립토판, 글리신, 리신, 프롤린, 발린, 글리신, 리신, 리신, 아르기닌, 아르기닌, 프롤린, 발린, 리신, 발린, 티로신, 프롤린.

(An adrenocorticotrophic hormone preparation containing *at least 1 International Unit of ACTH per milligram* and containing no more than 0.08 units of vasopressin and no more than 0.05 units of oxytocin per International Unit of ACTH, and being further characterized as containing as the active component of [*sic*: a?] polypeptide of at least 24 amino acids having the following sequence from the N terminus of the molecule: Serine, Tyrosine, Serine, Methionine, Glutamic Acid, Histidine, Phenylalanine, Arginine, Tryptophan, Glycine, Lysine, Proline, Valine, Glycine, Lysine, Lysine, Arginine, Arginine, Proline, Valine, Lysine, Valine, Tyrosine, Proline.)

법원의 판결 이유

발명자는 후속 발명들이 어떤 식으로든 해당 발명자의 교시에 기반하도록 다른 사람들의 후속 특허 가능한 발명을 지배하여야 한다. … 는 것은 명백하다. 이러한 개량이 그의 교시로부터 자명하지는 않지만, 그의 작업에 의해 가능했기 때문에, 이러한 개량은 여전히 선 발명자의 기여 하에 있다. 그러나, 충분히 뒷받침되지 않음으로써 35 U.S.C. § 112의 첫 번째 단락을 따르지 못하는 청구항에 의하여 해당 발명자가 이러한 우위를 점하도록 허용되어서는 안 된다는 것 또한 마찬가지로 명백하다. 이 첫 번째 단락은, 청구 범위가 당업계 통상의 기술자에게 명세서에 의해 제공되는 용이 실시 가능 범위와 합리적인 상관관계를 가져야 함을 요구한다. 기계적 또는 전기적 구성요소와 같이 예측 가능한 요소를 포함하는 경우, 하나의 실시 태양은, 일단 상상하면, 다른 실시 태양을 어려움 없이 만들 수 있고 알려진 과학 법칙에 의존하여 그들의 성능 특성을 예측할 수 있다는 의미에서 광범위한 용이 실시 가능성을 제공한다. 대부분의 화학 반응 및 생리적 활성과 같이 예측할 수 없는 요소를 포함하는 경우, 용이 실시 가능성의 범위는 포함된 요소의 예측 불가능성의 정도와 명백히 반비례하여 달라진다. 이 사건에서, 본 법원에 제출된 조서에 근거하여, 항소인이 2.3보다 훨씬 더 큰 효능을 갖는 ACTH를 제조할 수 없었으며, "1 이상"의 효능에 대한 청구항 문구는 35 U.S.C. § 112의 첫 단락 하에서 청구항이 충분히 뒷받침되지 않는다는 결론을 내릴 수밖에 없다.

Amgen v. Chugai Pharma (Fed. Cir. 1991)[70](용이 실시 가능성). 청구항은 "적어도 약 160,000 IU 이상"으로 정제된 erythropoietin(EPO, 적혈구 생성인자)에 대한 것이다. 그러한 EPO는 제조된 적이 없다는 증거가 있었다. 특허권자가 제조한 것은 순도 약 50%의 83,000 IU의 EPO였으며, 여기에 2를 곱한 것이다. 단백질 정제 분야는 예측할 수 없는 분야이며 해당 청구항은 용이 실시 가능하지 않다.

AMGEN, INC. v. CHUGAI PHARMA

U.S. Court of Appeals, Federal Circuit (1991)

청구항 1 (Chugai에 라이선스된 Genetics Institute의 특허 '195) (강조 표시 추가)

SDS PAGE에서 약 34,000달톤의 분자량, 역상 고성능 액체 크로마토그래피에서 단일 피크로 이동, 280나노미터에서 흡광도 단위[AU]당 **적어도 약 160,000IU 이상의 비활성도**를 특징으로 하는 균질 erythropoietin.

(Homogeneous erythropoietin characterized by a molecular weight of about 34,000 Daltons on SDS PAGE, movement as a single peak on reverse phase high performance liquid chromatography and a *specific activity of at least about 160,000 IU* per absorbance unit [AU] at 280 nanometers.)

법원의 판결 이유

피고(실시권자인 Chugai 및 실시권 허여자인 Genetics Institute(GI))는 개시된 방법을 사용하여 생체 내에서 최소 160,000 IU/AU의 비활성도를 갖는 erythropoietin(EPO)을 제조하였다는 증거를 제시하지 못하였다. FDA에 제출한 보고서에서, GI는 일부 정제된 uEPO[소변의 EPO: urinary EPO] 물질을 역상 고성능 액체 크로마토그래피(RP−HPLC)로 "균질"하게 정제하였고, 이 기술이 '195 특허에 …

70) 927 F.2d 1200 (Fed. Cir. 1991)

교시되었다고 기재하였다. 연방1심법원은 GI가 생체 내 생검(*in vivo* bioassay)에 기초하여 uEPO의 비활성도가 109,000 IU/AU에 불과하다고 FDA에 보고하였다는 사실을 발견하였다. GI는 생검으로부터 정량적 정보를 도출할 수 있는 능력을 갖추기 전에 계산을 통해 처음부터 160,000 IU/AU라는 수치에 도달하였다. … 그들은 … 83,000[50% 순수 EPO로 실험적으로 얻은 값]을 … 두 배로 하여 "적어도 약 160,000IU/AU"의 이론적 비활성도에 도달하였다. 이 과정은 정제 샘플의 비활성도를 추정하는 수단으로는 유효할 수 있지만, GI가 청구한 정제 물질을 실제로 얻을 수 있는 구현 가능한 방법을 가지고 있다는 점을 입증하지는 못한다.

*** 비－용이 실시 가능성을 보여줄 책임은 GI가 아닌 Amgen에게 있지만, 본 사건 특허에서, 상당한 발견이 이루어졌고 당업계 통상의 기술자가 청구항의 정제 물질을 개시된 공정으로 만들 수 있다는 신뢰할 만한 증거가 없으며, 발명자와 그의 양수인은 물론 제3자로부터 나온 모든 증거가 반대일 때, 본 법원은 Amgen이 청구항을 적절하게 실시할 수 없음을 입증할 책임을 다하였다고 판단한다. 본 법원은 개시된 공정이 청구항의 물질을 생산하기 위해 효과적으로 작동한다는 것을 항상 입증해야 한다고 판단하지는 않는다. 그러나, 이 상황에서, 본 법원은, [청구항 1이] … 적절하게 용이 실시 가능하다고 판단한 1심법원이 오류를 범하였다고 결론 내린다.

Medytox, Inc. v Galderma, et al. and Katherine Vidal, USPTO (Fed. Cir. 2023).71) *Amgen* (2023) 이후의 이 사건72)에서, CAFC는 *Wands* 요건과 공통 특성 판단기준 모두를 적용하여, 50% 하한과 100% 상한을 갖는 청구항을 범위로 해석하고, 52%, 61%, 및 62%의 세 가지 실시예만으로는 이 범위의 전체 청구범위가 용이 실시가능하지 않다고 판단하였다.

<u>*MEDYTOX, INC. v GALDERMA, et al. AND KATHERINE VIDAL, USPTO*</u>

U.S. Court of Appeals, Federal Circuit (2023)

대체 청구항 19 (강조 표시 추가)

다음 단계를 포함하는, 치료가 필요한 환자의 미간 주름을 치료하는 방법:

71) 71 F.4th 990 (Fed. Cir. 2023)

72) Slip－op 21－757 (Sup. Ct. May 18, 2023 판결)

약 20단위의 MT10109L에 미리-공급된 양의 혈청형 A형 보툴리눔 독소, poly-sorbate를 포함하는 제1 안정제 및 적어도 하나 이상의 추가 안정제를 포함하고, 동물 유래 제품 또는 재조합 인간 알부민을 포함하지 않는, 보툴리눔 독소 조성물의 제1치료를 국소 투여하는 단계;
제1치료 후 시간 간격을 두고 상기 보툴리눔 독소 조성물의 제2치료를 국소 투여하는 단계;
상기 시간 간격은 최대한 찡그린 상태에서 의사의 실시간 평가에 의해 결정된 혈청형 A형 보툴리눔 독소 조성물의 효과 지속 시간이며;
상기 보툴리눔 독소 조성물은, 상기 보툴리눔 독소 조성물의 미간 주름의 치료를 위해 동일한 방식으로 투여될 때, 약 20단위의 BOTOX®에 비해 더 긴 효과 지속 시간을 가지며; 그리고
상기 더 긴 효과 지속 시간은 최대한 찡그린 상태에서 의사의 실시간 평가로 결정되며, **제1치료 후 16주째 반응자 비율이 50% 또는 그 이상일 것이 요구됨.**
(A method for treating glabellar lines in a patient in need thereof, comprising:
locally administering a first treatment of a botulinum toxin composition comprising a serotype A botulinum toxin in an amount pre-sent in about 20 units of MT10109L, a first stabilizer comprising a polysorbate, and at least one additional stabilizer, and that does not comprise an animal-derived product or recombinant human albumin;
locally administering a second treatment of the botulinum toxin composition at a time interval after the first treatment;
wherein said time interval is the length of effect of the serotype A botulinum toxin composition as determined by physician's live assessment at maximum frown;
wherein said botulinum toxin composition has a greater length of effect compared to about 20 units of BOTOX®, when administered in the same manner for the treatment of glabellar lines as that of the botulinum toxin composition; and
wherein said greater length of effect is determined by physician's live assessment at maximum frown *and requires a responder rate at 16 weeks after the first treatment of 50% or greater.*)

법원의 판결 이유

당사자들은 반응자 비율 한정의 "임계값(threshold)" 또는 "범위(range)" 해석 사이에 실질적인 차이가 없다는 것에 유의미한 논쟁을 하지 않는다. [···] 본 법원은 반응자 비율 한정에 대해 당사자들이 제안한 청구항 해석에 실질적인 차이가 없는 것 같다는 데 동의한다. [···] 따라서 본 법원은 심판원이 반응자 비율 한정을 범위로 해석한 것을 확정한다.

*** 물론, 본 법원의 판례가 반응자 비율의 모든 가능한 실시예를 개시할 것을 요구하지 않을 수도 있지만, 본 건에서는 16주에 반응자 비율이 50%를 넘는 실시예가 세 개에 불과하다: 52%, 61%, 및 62%.

*** 연방대법원이 최근 *Amgen Inc. v. Sanofi* ([Sup. Ct.] (2023))[73]에서 설명한 바와 같이, "더 많이 청구할수록 더 많이 구현하여야 한다(The more one claims, the more one must enable.)" 명세서가 항상 "청구항 클래스 내의 모든 개별 실시 태양을 만들고 사용하는 방법을 구체적으로 설명"할 필요는 없지만, 그럼에도 불구하고, 명세서는, 예를 들면 "당업계 통상의 기술자가 청구된 모든 것을 확실하게 만들고 사용할 수 있는" 클래스의 "일반적인 특성(general quality)을 개시"하는 식으로, "청구항에 정의된 발명의 전체 범위를 용이 실시 가능하게 해야 한다". [인용 생략].

*** 여기서, 심판원은 당업계 통상의 기술자가 명세서에 제공된 제한적 실시예보다 더 높은 반응자 비율을 "달성할 수 없었을 것"이기 때문에 당업계 통상의 기술자에게 용이 실시 가능성을 입증하기에는 주장과 증거가 불충분하다고 판단하였다. ··· 상당한 증거가 이러한 판단을 뒷받침한다. 심판원은 용이 실시 가능성 판단에 대한 적절한 설명과 추론을 제공하였다. 본 법원은 심판원의 사실 판단에 오류가 없다고 보고, 대체 청구항에 대한 용이 실시 가능성 부족 결정에 어떠한 법률적 오류도 발견하지 못하였다.

§ 5:15 저자 의견: 개방형 청구항에 대한 추가 판례

개방형 청구항으로 청구된 정제 단백질의 용이 실시 가능성에 관한 앞의 두 가지 사건에, 하기 § 12:10에서 제법-한정-물건 청구항 침해 관점으로 설명한 다른 한 사례, ***Scripps Clinic & Research v. Genentech, Inc. v. Chiron Corp.*** (Fed. Cir. 1991)[74]를 추가하고자 한다. *Scripps Clinic*에서, 연방항소법원은 개방형 청구항

73) *Slip Op* 21-757 (Sup. Ct. May 18, 2023)

74) 927 F.2d 1565 (Fed. Cir. 1991)

28("2240 unit/mg보다 큰 비활성도를 갖는 인간 VIII:C 제제")을 평가하였다. *Fisher* 사건에 대한 논평에서 법원은 다음과 같이 언급하였다:

> 개방형 청구항이 본질적으로 부적절한 것은 아니며, 모든 청구항에 대해 그 적절성은 발명의 특별한 사실관계, 개시내용 및 선행 기술에 따라 달라진다. 비록 정확히 알려지지는 않았지만 내재적 상한이 있고 명세서를 통해 당업계 통상의 기술자가 그 상한에 접근할 수 있는 경우라면 개방형 청구항이 뒷받침될 수 있다.

§ 5:16 비자명성과 광범위한 청구 범위 사이의 긴장(tension)

개방형 청구항을 다루는 중요한 사건은 *Promega Corp. v. Life Technologies* (Fed. Cir. 2014)[75]으로서, 여기서 예측 가능성 부족과 개방형 청구항의 권리범위 사이의 긴장은 정점에 달하였는데 이는 특이한 상황은 아니다. § 103 자명성에 근거한 거절을 극복한 청구항을 얻기 위해 USPTO에서 출원인은 예측 가능성 부족을 주장하였다. 그는 광범위한 청구항을 획득하는 데는 성공했지만, **예측 불가능성에 대한 바로 그 주장 때문에** 나중에 법원에 의해 청구항의 용이 실시 가능성 결여를 이유로 무효화되었다. 신중하게 주장하지 않는 한, 비자명성과 광범위한 청구 범위 사이의 관계는 방심하는 자에 대한 함정이 될 수 있다.

Promega Corp. v. Life Technologies (Fed. Cir. 2014)[76] (용이 실시 가능성). 이 사건의 청구항은 서문과 본문에 "포함하는(comprising)"이라는 두 개의 문구가 들어있는 경우이다. 첫 번째 것은 청구항을 개방형으로 만들지만, 서문이므로 추가적 실시 태양으로 구현될 필요가 없는 반면, 두 번째 것은 구현될 필요가 있는 특수한 개방형 청구항 한정이다. 특허권자는 비자명성에 대한 논쟁에서 이기기 위해, 본문의 청구항 한정에서 짧은 탠덤 반복 유전자좌(short tandem repeat loci)를 공-증폭하는 것은 예측하기 매우 어렵고 비자명한 과정이라고 주장하였다. 그 후 이 주장은 청구항의 용이 실시 가능성 부족에 대한 판단에서 특허권자에게 불리하게 사용되었다.

75) 773 F.3d 1338 (Fed. Cir. 2014)
76) 773 F.3d 1338 (Fed. Cir. 2014)

PROMEGA CORPORATION, et al v. LIFE TECHNOLOGIES CORPORATION, et al.

U.S. Court of Appeals, Federal Circuit (2014)

청구항 23 ('598 특허) (강조 표시 추가)

하나 이상의 DNA 샘플에서 짧은 탠덤 반복 유전자좌[STR] 세트 내의 짧은 탠덤 반복 서열을 동시에 분석하기 위한 키트로서, 다음을 **포함하는** 키트:

HUMCSF1PO, HUMTPOX 및 HUMTH01을 **포함하는**, 공-증폭이 가능한 짧은 탠덤 반복 유전자좌 세트의 각 유전자좌에 대한 올리고뉴클레오티드 프라이머를 갖는 단일 컨테이너.

(A kit for simultaneously analyzing short tandem repeat sequences in a set of short tandem repeat loci [STR] from one or more DNA samples, *comprising*:

a single container containing oligonucleotide primers for each locus in a set of short tandem repeat loci which can be co-amplified, *comprising* HUMCSF1PO, HUMTPOX, and HUMTH01.)

법원의 판결 이유

이 기술 분야에서는, 기존의 유전자좌 멀티플렉스에 단일 STR 유전자좌를 도입하는 것만으로도 생성된 멀티플렉스의 성공적 공-증폭 여부에 대한 멀티플렉스의 화학적 특성이 크게 달라지며, 또한 예측할 수 없는 영향을 미치게 된다.

성공적으로 공-증폭할 수 있는 STR 유전자좌 멀티플렉스를 식별하는 것은 복잡하고 예측하기 어려운 과제이며, 결과적으로 기존 유전자좌 조합에 단 하나의 새로운 유전자좌를 추가하는 성공적인 공-증폭 멀티플렉스를 식별하기 위해서는 과도한 추가 실험이 필요할 수도 있다는 데 이견이 없다.

*** Promega는, 선행기술은 "많은 가능한 [STR 유전자좌 조합] 선택지 중 어떤 것이 성공할 가능성이 있는지에 대한 방향을 제시할 수 없다"고 진술하였다. … 보다 구체적으로, Promega는 특허상표청에 기존 유전자좌 조합에 단일 유전자좌를 추가하는 것만으로도 새로운 유전자좌 조합이 특허를 받을 수 있다고 진술하였다. … Promega는 "선행 기술에 이러한 새롭고 비자명한 유전자좌 조합이 부족하다는 점과 이 기술의 예측 불가능한 특성이 [LifeTech의] 자명성 주장에 치명적"이라고 주장하였다. … 그러나 침해 목적으로 청구 범위를 설명할 때, Promega는 태도를 바꾸어 말한다. 기존 유전자좌 조합에 단일 유전자좌를 추가하면 얻어지는 멀티플렉스 반응 특성을 근본적으로 변화시킬 수 있다는 압도적인 증거에도 불구하고,

Promega는 청구항에 기재된 STR 유전자좌를 포함하는 모든 공-증폭 유전자좌 조합이 청구항에 포함되기 때문에 LifeTech의 STR 키트는 Promega의 청구항을 침해한다고 주장한다. Promega는 "전체 보호 범위에 거쳐 용이 실시 가능하지 않은 청구항을 잃을 위험을 무릅쓰고" 광범위한 청구항 언어를 선택하였다.

*** [본 법원은] Promega의 청구항을 더 이상 용이 실시할 수 없게 만드는 정확한 경계를 설명할 필요는 없다. Promega의 자체 진술을 기초로, Promega 특허의 교시로는 출원 당시 통상의 기술자가 과도한 추가 실험 없이 – LifeTech의 STR 키트에서 발견되는 것과 같이 – 성공적으로 공-증폭하는 훨씬 더 복잡한 STR 유전자좌 조합 세트를 확인할 수 없었을 것이라고 충분히 결론지을 수 있다.

*** 이 사건 분쟁 대상 청구항은, 유사하게 예측할 수 없는 분야에서 잠재적으로 수천 가지의 개시되지 않은 실시 태양을 포함한다. Promega 특허 명세서는 – 성공적으로 공-증폭되는 특정 STR 유전자좌 조합이라는 – 출발점만 제공하며, 당업계 통상의 기술자가 힘든 테스트를 거치지 않고도 언급된 이러한 STR 유전자좌 조합에 여전히 성공적으로 공-증폭할 수 있는 새로운 유전자좌를 추가할 수 있도록 하는 개시 내용을 제공하지 않는다.

*** Promega는 그들의 "개방형 유전자좌 세트" 한정은, 해당 청구항이 명세서에 의해 용이 실시 가능하지 않은 잠재적으로 무한한 수의 프라이머와 멀티플렉스 반응을 포함하도록 "허용한다"고 주장한다. … 그 다음 Promega는, 본 법원이 Promega의 입장을 거절하고 LifeTech에 동의할 경우 "포함하는"이라는 연결 문구를 사용하는 거의 모든 청구항이 무효될 것이라고 주장함으로써 이 사건의 특정한 사실 관계로부터 초점을 옮기려고 한다. 이러한 우려는 근거가 없다.

… 여기서 "포함하는"의 유의미한 사용은 서문에 언급된 것이 아니다. 오히려, 이는 성공적으로 공-증폭된 STR 유전자좌의 조합, Promega 스스로 확인과 발견이 복잡하고 예측할 수 없는 시도라고 주장하는 조합을 나열한 특정 청구항 한정 내에 있다. 청구항 서문의 "포함하는"이라는 용어는 청구항 구성요소의 나열이 배타적이지 않다는 추정을 이끌어 내는 반면, "청구항 내 모든 단어와 문구를 개방형으로 만들기 위한 각각 [한정]에는 영향을 미치지 않는다." … Promega가 "개방형 유전자좌 세트" 한정에 "포함하는"을 사용한 것은, 해석되는 대로, 이 예측할 수 없는 기술 분야에서 명백한 발전을 포괄하기 위해 핵심 한정에서 청구항을 확장한다는 점에서 Promega의 청구항은 통상적인 "개방형" 청구항과 다르다. 이러한 상황에서, Promega의 청구항에 포함된 수많은 실시 태양을 단순히 표준 "개방형" 청구항에서 "언급되지 않은 구성요소"로 간주할 수는 없다.

§ 5:17 용이 실시 가능성의 시간 의존성 - 후발(after-arising) 기술

본 항목의 사건은 우선일 이후에 발생한 **예측할 수 없는** 용이 실시 가능하지 않은 실시 태양(*Hogan, Amgen v. HMR*)("후발 실시 태양")을 쌍떡잎식물 대 외떡잎 식물 세포 형질 전환(*Goodman, Plant Genetics, Monsanto*)과 같은 **예측 가능한** 용이 실시 가능하지 않은 후발 실시 태양과 구분한다. 후발 실시 태양이 우선일에 예측 가능한지 여부와 관계없이, 판례는 우선일에 기술된 공정의 용이 실시 가능성 부족을 입증하기 위해 도전자에게 후발 증거를 제시할 권리를, 그리고 이와 대칭적으로 특허권자에게는 우선일 시점의 용이 실시 가능성을 확인할 수 있는 증거를 제시할 권리를 오랫동안 인정해 왔다. 이 장의 마지막 부분에서, 이 용이 실시 가능성 규칙을 재확인하는 2017년 판결, ***Amgen Inc., et al v. Sanofi, et al*** (Fed. Cir. 2017[77]))에 대해 설명한다.

우선, 예측할 수 없는 후발 실시 태양에 대한 핵심적 사례, *In re Hogan*[78])을 다룬다.

§ 5:18 예측 불가능한 후발 실시 태양

In re Hogan (CCPA 1977).[79]) 1953년 "고체(solid)"라는 용어는 결정성 폴리머를 정의하였다. 1962년에 다른 고체 폴리머가 발명되었는데, 이것은 비정질(amorphous) 폴리머였다. CCPA는 결정성 폴리머가 용이 실시 가능하다면, 특허상표청이 "고체"라는 단어가 포함된 청구항을 허용해야 하며 비정질 폴리머의 용이 실시 가능성 여부에 대해서는 고민하지 않아야 한다고 판단하였다. 또한 관할권 내에 있지 않은 침해에 대해서도 고민할 필요가 없다. § 112(a)에 따른 용이 실시 가능성 여부를 테스트하기 위해 나중의 기술 수준(SotA)을 사용하는 것은 끝없는 과정을 시작할 수 있다는 점에서 허용되지 않는다.

77) 872 F.3d 1367 (Fed. Cir. 2017)

78) 559 F.2d 595 (CCPA 1977)

79) 559 F.2d 595 (CCPA 1977)

IN RE JOHN PAUL HOGAN ET AL

U.S. Court of Customs and Patent Appeals (1977)

청구항 13

4-메틸-1-펜텐의 통상 고체인 호모 폴리머.
(A normally solid homopolymer of 4-methyl-1-pentene.)

관련 기술

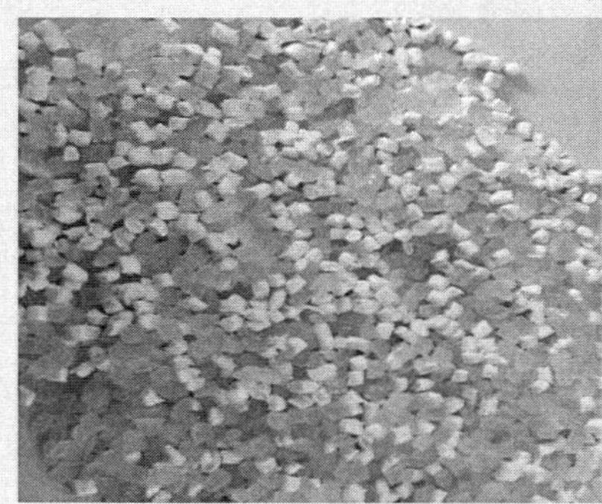
비정질 폴리머

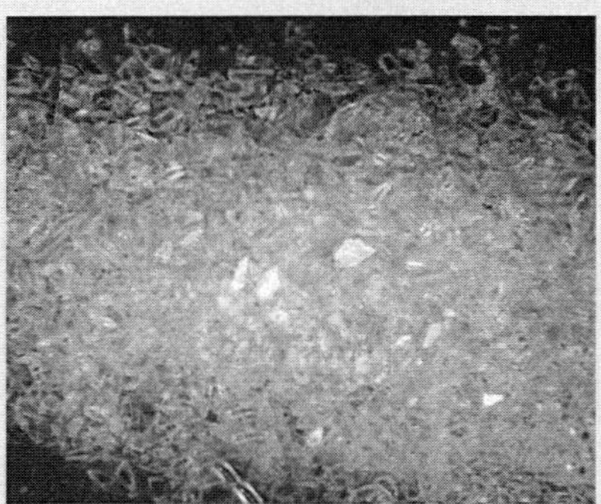
결정성 폴리머

법원의 판결 이유

특허상표청은 항소인의 1953년 출원을 통해 1953년의 당업계 통상의 기술자가 청구항 13에 설명된 대로 "고체 폴리머"를 만들고 사용할 수 있었다는 항소인의 주장에 이의를 제기하지 않았다. 항소인들은 그러한 폴리머를 제조하는 유일한 기존의 방법으로서 결정형을 제조하는 방법을 개시하였다. 이제 와서 항소인들이 이 기록에 1962년까지 존재하지 않았던 비정질 형태를 1953년에 개시했어야 한다고 말하는 것은 발명가들과 특허 시스템에 불가능한 부담을 주는 것이다. 효율적 특허 시스템에서는 광범위한 청구항에 대한 권리에 그러한 부담이 부과될 수 없다. 이러한 상황에서, 항소인을 개시된 결정형으로 제한하는 것은 발명을 자극하고 특허 조기 공개를 장려하는 데 좋지 않은 방법일 것이다. … 청구항 13이 "참고 문헌"에 표시된 이후 기술 수준(비정질 폴리머)을 포함하기에 충분하다는 PTO의 입장은, 청구항 13에 대한 특허결정이 후속 개발자에 대한 강제집행으로 이어질 수 있다는 우려를 반영한다. 이러한 추측이 존재한다면 이는 부적절할 뿐만 아니라 부당한 것이다. 특허상표청의 업무는, 침해가 아니라 특허성이다. 이 사건 발명의 후속-개발 변형과 관련하여, 특허권자를 보호하기 위해 사법적으로 발전된 균등론과 마찬가지로, 명세서에 비추어 청구항을 해석해야 하는, 사법적으로 발전된 "역 균등론"은, 후속 개발자에 대한 **부당한** 집행을 방지하는 데 안전하게 활용될 수 있다. 법원은 이후 침해 문제를 제기할 때 기존의 기술 수준을 일관되게 고려해 왔지만, 특허유효성을 문제 삼은 적은 없다. 물론 출원일을 기준으로 당업계 통상의 기술자가 청구항 발명을 실시할 수 있도록 보장하는 것은 특허상표청의 주요 기능이며 또한 무한히 중요한 기능이다. 모든 적절한 증거에 비추어 볼 때, 청구된 발명이 **해당** 일부터 명확하게 용이 실시 가능하다면, § 112, 첫 번째 단락에 따른 의문은 종료된다.

Amgen v. Hoechst Marion Roussel (Fed. Cir. 2003)[80](용이 실시 가능성). 이 청구항은 배양 중 포유류 세포에서 생산 및 정제된 EPO에 대한 것이다. 법원은 물건 청구항을 용이 실시 가능하게 하는 단 하나의 제조 방법만 있으면 된다고 판시한다. 또한 출원일 이후 발명된 물건의 제조 방법이 출원일에 개시되고 구현될 필요는 없다.

AMGEN INC. v. HOECHST MARION ROUSSEL, INC.

U.S. Court of Appeals, Federal Circuit (2003)

청구항 1 ('422 특허)

치료적 유효량의 인간 erythropoietin 및 약학적으로 허용 가능한 희석제, 보조제 또는 담체를 포함하는 약학 조성물로서, 상기 erythropoietin은 배양 중 성장한 포유류 세포로부터 정제된 것인, 약학 조성물.

(A pharmaceutical composition comprising a therapeutically effective amount of human erythropoietin and a pharmaceutically acceptable diluent, adjuvant or carrier, wherein said erythropoietin is purified from mammalian cells grown in culture.)

청구항 1 ('349 특허).

생체 외에서 증식할 수 있고 배양 배지에서 성장하는 동안 방사선 면역 분석으로 측정하여 48시간 내 10^6 세포당 100 U를 초과하는 erythropoietin을 생산할 수 있는 척추동물 세포로서, 상기 세포는 인간 erythropoietin을 암호화하는 DNA의 전사를 조절하는 비-인간 DNA 서열을 포함하는 척추동물 세포.

80) 314 F.3d 1313 (Fed. Cir. 2003)

(Vertebrate cells which can be propagated in vitro and which are capable upon growth in culture of producing erythropoietin in the medium of their growth in excess of 100 U of erythropoietin per 10^6 cells in 48 hours as determined by radioimmunoassay, said cells comprising non-human DNA sequences that control transcription of DNA encoding human erythropoietin.)

관련 기술[81)]

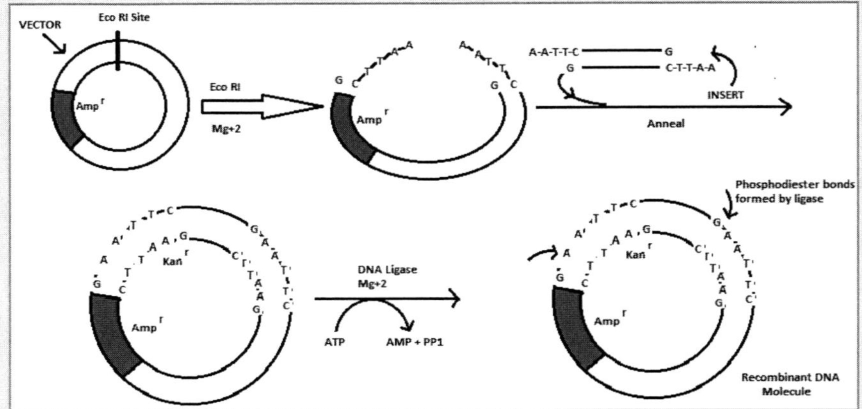

Amgen 명세서의 방법: 외인성 EPO 유전자 삽입

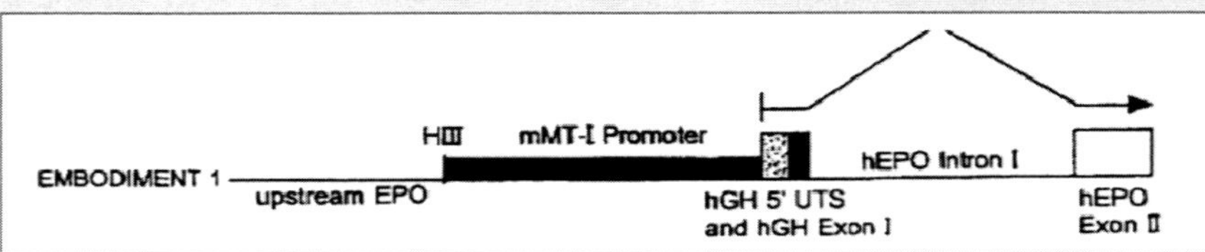

TKT(HMR)의 방법: 외인성 프로모터 삽입에 의한 전사 활성

법원의 판결 이유

TKT의 내인성/외인성 주장에 대해, [연방1심] 법원은 두 가지 이유로 [비-용이 실시 가능성에 대한] 주장이 법률상 적용될 수 없다고 결론지었다. 첫째, “그 방법이 청구항에서 중요하지 않은 경우, 용이 실시 가능성 조사는 단순히 특허 출원 이후 일어날 수 있는 특허 조성물의 제조 방법에 관한 기술 개발을 명세서에 기재할 것을 요구하지는 않는다.” … *Phillips Petroleum* [82)], *In re Koller* [83)], *In re*

81) 첫 번째 도면은 Creative Commons Attribution-Share Alike 3.0 Unported License에 따라 이용 가능함. 두 번째 도면은 '422 특허에서 가져온 것임.

Hogan, … 따라서 명세서가 이후 개발된 내인성 활성화 기술을 개시하지 않았다고 해서 특허를 무효화할 수 없다. … 둘째, "법은, 명세서가 청구항의 조성물을 만들고 사용하는 단 하나의 방식만을 교시할 필요가 있음을 분명히 한다." … *Johns Hopkins Univ. v. Cellpro, Inc.* [84)] … 이러한 결론은 다시 한 번 명세서에 TKT의 내인성 활성화 기술을 개시하지 않은 것을 법률상 무의미하게 한다. … 이와 관련하여 TKT는 연방1심법원의 결론에 오류가 있었다는 점을 설득하지 못하였으므로, 본 법원은 항소심에서도 동일한 결론에 도달한다.

§5:19 예측 가능한 후발 실시 태양: 식물 판례

In re Goodman (Fed. Cir. 1993).[85)] 이 청구항은 "식물 세포"에서 만들어진 포유류 단백질에 대한 것이다. Goodman은 쌍떡잎식물(dicot)인 담배에서 IFN−감마를 제조한 실시예를 기재한다. 그들은 옥수수와 같은 외떡잎식물(monocot)에서도 IFN−감마를 만들 수 있다고 예측하지만 그에 대한 실시예는 제시하지 않는다. 법원은 "식물 세포"라는 용어가 1985년에 출원된 명세서의 용이 실시 가능성보다 더 광범위하다고 판단한다. "쌍떡잎식물"은 등록 허여하지만 "식물 세포"는 허여하지 않는 데 동의한다.

IN RE ROBERT GOODMAN, ET AL

U.S. Court of Appeals, Federal Circuit (1993)

청구항 1

아래 단계를 포함하는 포유류 펩타이드 생산 방법:

(1) 상기 식물 세포에서 기능하는 전사 및 번역 개시 영역, (2) 상기 포유류 펩타이드를 코딩하는 구조 유전자 및 (3) 종결 영역을, 전사 방향으로 가지는 제1 발현 카세트를 포함하는 삽입 서열을 함유하는 식물 세포를 성장시키는 단계,

상기 구조 유전자는 상기 포유류 펩타이드를 생성하도록 발현되는 것임; 및

식물 세포 성분이 실질적으로 없는 상기 포유류 펩타이드를 분리하는 단계.

82) 865 F.2d 1247 (Fed. Cir. 1989)

83) 613 F.2d 819 (CCPA 1980)

84) 152 F.3d 1342 (Fed. Cir. 1998)

85) 11 F.3d 1046 (Fed. Cir. 1993)

(A method for producing a mammalian peptide which comprises:
growing plant cells containing an integrated sequence comprising,
a first expression cassette having in the direction of transcription (1) a transcriptional and translational initiation region functional in said plants cells, (2) a structural gene coding for said mammalian peptide, and (3) a termination region,
whereby said structural gene is expressed to produce said mammalian peptide;
and isolating said mammalian peptide substantially free of plant cell components.)

관련 기술

외떡잎식물 쌍떡잎식물

법원의 판결 이유

Goodman의 명세서에는 쌍떡잎식물인 담배에서 감마 인터페론을 생산하는 하나의 실시예가 포함되어 있다. 그러나 이 하나의 실시예만으로는 통상의 기술을 가진 생명공학자가 임의의 식물 세포에서 임의의 포유류 단백질을 생산할 수 없다. 명세서에는 광범위한 청구 범위를 실시 가능하게 하는 충분한 정보가 포함되어 있지 않다. 예를 들면, 외떡잎식물류에서 펩타이드를 생산하는 것은 Goodman의 명세서에서 다루지 않은 광범위한 문제를 포함한다.

> *** Potrykus *et al.*의 1985년 논문은 … Hernalsteens와 Hooykaas [Goodman이 인용한 문헌]의 평범한 낙관론조차 주류의 기대에서 벗어난 것으로 특징지었다: [상업적으로 중요한 작물인 *Gramineae*과를 포함한 외떡잎 [원문 오류] 식물은 [Ti 플라스미드 형질 전환]에 민감하지 않으므로 이 유전자 전달 시스템의 사용 후보가 아니라고 널리 여겨져 왔다. 최근 두 건의 보고서가 이 의견을 어느 정도 수정하였다. … [Hooykaas와 Hernalsteens는] 시험한 외떡잎 [원문 오류] 식물이 *Agrobacterium*에 감염되기 쉽다는 것을 보여주었지만, 어느 경우도 제시된 외래 DNA의 전달과 삽입에 대한 결정적인 증거는 아니었다. … 상업적으로 가장 중요한 작물이 속하는 *Gramineae* 과의 작물들이 감염되기 쉽다는 것이 확인된 적이 없다. 따라서 일부 외떡잎식물은 *A. tumefaciens*에 감염되기 쉬우나 *Gramineae*의 유전자 조작에 대한 가능성은 여전히 큰 장애가 있다.
>
> *** 따라서 Goodman의 1985년 출원일 당시 기록은 외떡잎식물에 사용할 수 있는 신뢰할 수 있는 유전자 변형 방법을 보여주지 못한다. 외떡잎식물에 대한 방법 각각은 예측 불가능한 것으로 남아 있다. 명세서의 교시는 이러한 예측 불가능성을 치유하지 못한다. 조서에 따르면 1985년에 모든 외떡잎식물에 대한 유전자 형질 전환 방법을 실행하려면 특허를 불가능하게 하는 광범위한 실험이 필요했을 것이다.

Plant Genetic Systems v. DeKalb (Fed. Cir. 2003).[86] 이 사건에는 두 세트의 청구항이 있다. 첫 번째 세트를 대표하는 청구항 1은 이종 효소로 형질 전환된 식물 세포에 관한 것이다. 이는 *Goodman*을 따르며 *Hogan*과 명확하게 구분된다. 청구 범위는 명세서의 용이 실시 가능 범위보다 더 광범위하다. 외떡잎식물은 예측 가능하게 형질전환될 수 없었지만, – *Hogan*과 달리 – 출원일 당시의 기술 수준에서 외떡잎식물이 존재하고 이를 형질전환하는 것이 "매우 바람직하다"는 것을 알고 있었다. 두 번째 세트의 청구항을 대표하는 청구항 8에는 "… Agrobacterium에 의한 감염과 형질전환이 용이하고"라는 추가적인 구성요소가 포함되어 있다. 이 청구항은 청구항 1과 달리 용이 실시 가능성 결여로 무효가 아니라 외떡잎식물을 제외하도록 청구범위가 제한되어 있으므로, 외떡잎식물인 침해제소 대상인 옥수수에 의해 침해되지 않는다고 판단되었다.

86) 315 F.3d 1335 (Fed. Cir. 2003)

PLANT GENETIC SYSTEMS v. DEKALB GENETICS CORP.

U.S. Court of Appeals, Federal Circuit (2003)

청구항 1

게놈에 안정적으로 삽입된 이종 DNA를 갖는 식물 세포로서; 상기 DNA는 상기 세포에서 글루타민 합성 효소 억제제를 비활성화시키는 아세틸 전이 효소 활성을 갖는 단백질을 코딩하는 이종 DNA 단편을 포함하는 것임.

(A plant cell having a heterologous DNA stably integrated into its genome; said DNA comprising a heterologous DNA fragment encoding a protein having an acetyl transferase activity which inactivates a glutamine synthetase inhibitor in said cell.)

청구항 8 (강조 표시 추가)

청구항 1에 따른 세포로 구성되고, ***Agrobacterium*에 의한 감염 및 형질전환이 용이하고** 이후 재분화가 가능한 식물.

(A plant which consists of the cells of claim 1 and which is *susceptible to infection and transformation by Agrobacterium* and capable of regeneration thereafter).

법원의 판결 이유

[청구항 1 분석]. '236 특허에서, 모든 실시예는 토마토, 감자, 담배 식물과 같은 쌍떡잎식물에 대한 것이다. 그러나 DeKalb 가 제조 및 판매한 침해 제소 제품은 – 외떡잎식물인 – 옥수수이다. 또한, 과학계에서는 쌍떡잎식물을 먼저 형질전환하고 그 이후 외떡잎식물을 형질전환할 수 있었다.

*** PGS는 또한 *Fisher*가 제시한 원칙에 대한 *Hogan*의 영향을 법원이 고려해야 한다고 주장한다. [“발명가는, 어떤 식으로든 자신의 교시에 기초한 타인의 이후 특허 가능한 발명을 지배할 수 있어야 한다(An inventor should be allowed to dominate the future patentable inventions of others where those inventions were based in some way on his teachings).”] 그러나 본 법원은 *Hogan*이 *Fisher*가 제시한 원칙을 변경하여 PGS에 유리한 결과를 요구하는 것에 동의하지 않는다.

*** 본 법원은, 특허에 이를 만들고 사용하는 방법이 개시되지 않은 한, *Hogan* 사건을 발명가가 출원 시 구체적으로 원했지만 얻기 어려운 것을 청구할 수 있게 한다고 해석하지 않는다. *Hogan*에서 법원 조서에 따르면 비정질 프로필렌은 출원

당시에는 알려지거나 존재하지 않았다. 그러나 본 사건에서는 1987년에 외떡잎식물이 존재하였고 안정적으로 형질전환된 외떡잎식물 세포가 매우 선호되었다. PGS는 실제로 외떡잎식물 세포가 이미 안정적으로 형질전환되었다고 주장한다. 따라서 외떡잎식물과 안정적으로 형질전환된 외떡잎식물 세포는 *Hogan*에서처럼 1987년 이후에 등장한 미지의 개념이 아니었다. 그러나 안정적으로 형질전환된 외떡잎식물 세포는 생산하기 어려웠고, '236 특허는 그 방법에 대한 지침을 제시하지 않았다.

*** **[청구항 8 분석].** 본 법원은 형질전환 및 재분화에 대한 한정이 추가되었기 때문에 식물 및 종자 청구항이 등록 가능했다고 결론을 내린다. 이에 따라, 특허권자는 식물 및 종자 청구항을 유효하게 보정하여 외떡잎식물을 청구항에서 제외하였다. 청구항에서 "쌍떡잎식물"이라는 단어가 적극적 한정으로 보이지 않고, "외떡잎식물"이라는 단어를 배제하는 한정도 없지만 이러한 결론을 피할 수 없다. 따라서 출원 경과만으로는 대상 청구항이 옥수수 또는 다른 외떡잎식물을 포함할 수 없다.

<u>Monsanto v. Syngenta Seeds</u> (Fed. Cir. 2007).[87] 청구항은 식물 세포 발현용 유전자 구조체에 대한 것이다. 해당 명세서로는 외떡잎식물 발현이 용이 실시 가능하지 않다.

<u>MONSANTO COMPANY, et al v. SYNGENTA SEEDS, INC. et al</u>

U.S. Court of Appeals, Federal Circuit (2007)

청구항 1 ('835) (강조 표시 추가)

하기 서열을 포함하는 키메라 식물 유전자:

(a) **식물 세포**에서 기능하는 프로모터 서열;

(b) 엽록체 전이 펩타이드/5-enolpyruvylshikimate-3-phosphate 합성 효소 융합 폴리펩타이드를 코딩하는 RNA 생성 유도 코딩 서열, 상기 엽록체 전이 펩타이드는 융합 폴리펩타이드를 **식물 세포**의 엽록체 내로 도입하는 것임; 및

(c) **식물 세포**에서 RNA의 3' 말단에 폴리아데닐레이트 뉴클레오티드 추가를 유도하는 기능을 갖는 폴리아데닐화 신호를 코딩하는 3' 비-번역 영역;

상기 프로모터는 코딩 서열과 이종이며 상기 유전자로 형질전환된 **식물 세포**의 glyphosate 내성을 향상시키기에 충분한 융합 폴리펩타이드의 발현을 유도하기에 적합한 것임.

87) 503 F.3d 1352 (Fed. Cir. 2007)

(A chimeric plant gene which comprises:

(a) a promoter sequence which functions in *plant cells;*

(b) a coding sequence which causes the production of RNA, encoding a chloroplast transit peptide/5-enolpyruvylshikimate-3-phosphate synthase fusion polypeptide, which chloroplast transit peptide permits the fusion polypeptide to be imported into a chloroplast of a *plant cell;* and

(c) a 3' non-translated region which encoded a polyadenylation signal which functions in *plant cells* to cause the addition of polyadenylate nucleotides to the 3' end of the RNA;

the promoter being heterologous with respect to the coding sequence and adapted to cause sufficient expression of the fusion polypeptide to enhance the glyphosate resistance of a *plant cell* transformed with the gene.)

법원의 판결 이유

*Vaeck*에서 청구된 키메라 유전자가 cyanobacteria 일부에서의 발현에 국한되지 않는 것처럼, '835 특허의 청구항 1은 외떡잎식물과 쌍떡잎식물을 포함한 모든 속씨 식물의 세포, 실제로는 모든 식물 세포로 확장된다. 다시 말해, '835 특허는 외떡잎식물 세포의 형질 전환이 가능해지기 전에 출원되었다. 따라서 당업계 통상의 기술자는 특허 출원일을 기준으로 외떡잎식물 세포를 형질 전환할 수 없었다. 청구항은 식물 세포의 형질 전환을 필요로 한다. 외떡잎식물 세포를 형질 전환할 수 없다면, 당업계 통상의 기술자는 식물 유전자가 청구항의 기능을 수행할 수 있는지, 따라서 청구 범위 내에 속하는지 여부를 판단할 수 없다.

이러한 논리를 반박하기 위해, Monsanto는 분쟁 대상 청구항의 문구가 식물 세포 내 개별 유전자 구성 요소의 작동을 설명할 뿐 한정 요소로 작용하지는 않는다고 주장한다. 즉, Monsanto는 "식물 세포"라는 용어로 인하여 키메라 유전자 청구항을 청구항의 유전자로 형질전환된 식물 또는 식물 세포에 관한 청구항으로 해석해서는 안 되며, 특히 특허에 이미 그러한 식물 및 식물 세포에 관한 별도의 청구항이 포함되어 있는 경우에는 더욱 그러하다고 주장한다.

본 법원은 연방1심법원의 의견에 동의한다. Monsanto의 특허는 청구항에 광범위한 기능적 언어를 기재하고 있다. *In re Goodman*에서 본 법원은, Goodman의 1985년 출원일을 기준으로 "외떡잎식물에 사용하는 유전자 형질전환 방법"에 대한 신뢰할 수 있는 증거가 없기 때문에 Goodman 특허의 전 범위가 용이 실시 가능하지 않다고 판단한, 매우 유사한 문제를 다루었다. … 또한, *Plant Genetic Systems*

에서 본 법원은 1987년에 외떡잎식물 세포에 대한 안정적 유전자 형질 전환을 실행하는 것은 과도한 추가 실험이 필요하다고 판결하였다. … 이들 이전 사례와 마찬가지로, 이 사건의 증거는 '835 특허 출원일(1986년 7월 7일)을 기준으로 발명이 용이 실시 가능했음을 입증하지 못한다.

§ 5:20 저자 의견: 식물 판례와 *Hogan* 구별하기

Goodman, *Plant Genetic Sys v. DeKalb*, 및 *Monsanto v. Syngenta* (**식물 판례**로 통칭함)에서 법원은 "식물 세포"라는 광범위한 상위개념의 용이 실시 가능성을 부정하고, *Hogan*을 따르지 않았다. 그 이유는 *Hogan*에서는 출원일 당시 다른 고체 폴리머가 존재한다는 사실이 알려지거나 예견될 수 없었지만, **식물 판례**에서는 (옥수수와 같은) 외떡잎식물이 존재하고 이를 형질전환하는 것이 바람직하다고 알려져 있었다; 그러나, 해당 기술 분야는 그렇게 하는 것이 어렵고 예측할 수 없다는 것을 보여 주었다.

법원이 미공개로 분류했던 사건인, *Plant Genetics Systems v. DeKalb*(Fed. Cir. 2003)[88]의 청구항 8에 대한 판결은, ***Bayer Cropscience Ag et al v. Dow Agrosciences LLC et al*** (Fed. Cir. 2017)[89]에서 주요 근거 판례(controlling authority)로서 나중에 인용되었다. *Bayer Cropscience Ag*는 사적 중재 판정부 결정의 연방1심법원의 확정 판결에 대한 항소를 통하여 CAFC에 접수되었다. 중재 판정부는 변형된 식물 세포를 다루는 특허권자의 특정 청구항이 "명시적 또는 묵시적으로 *Agrobacterium* 형질전환에 한정된다"는 점에서 용이 실시 가능하다고 판단하였다. CAFC는 하급 법원의 판결을 추가 확정하였다. CAFC의 결정은 (*Agrobacterium* 형질 전환으로 보정하여 **명확하게** 한정한) 청구항 8에 대한 *Plant Genetics System* 판결을 **묵시적으로** 한정된 청구항까지 확장하였다. 그러나 중재판정부 결정의 검토에 대한 낮은 기준("그들이 권한을 초월하거나 명백하게 법을 무시하고 결정을 내렸는가?")과 공개의 부족으로 인해, *Bayer Cropscience Ag et al*은 구속력 있는 선례로서 – 만약 효력이 있다 하더라도 – 제한적인 효력을 가질 것이다.

§ 5:21 신생 기술

Genentech v. Novo Nordisk (Fed. Cir. 1997).[90] 청구항은 191개의 아미노산

88) 315 F.3d 1335 (Fed. Cir. 2003)

89) 2017 WL 788321(Fed. Cir. 2017)

으로 구성된 호르몬과 효소적으로 분해될 수 있는 펩타이드를 융합하여 박테리아에서 성장 호르몬을 발현하는 방법에 대한 것이다. 이 과정을 수행하는 방법에 대한 어떠한 설명도 없었다. 항소인은 이 기술이 해당 기술 수준 내에 있다고 주장하였다. 법원은 이에 동의하지 않고 신생 기술은 명세서에 포함되어야 한다고 판시하였다.

GENENTECH, INC. v. NOVO NORDISK

U.S. Court of Appeals, Federal Circuit (1997)

청구항 1

하기 단계를 포함하는 인간 성장 호르몬의 아미노산 1−191로 필수적으로 구성된 단백질을 제조하는 방법:

(a) 인간 성장 호르몬 접합 단백질을 코딩하는 DNA를 형질전환 박테리아에서 발현하는 단계, 상기 접합 단백질은 [1] 인간 성장 호르몬의 리더 서열 또는 이에 결합된 다른 외부 단백질이 동반되지 않는 도 1 및 도 3에 기재된 인간 성장 호르몬의 아미노산 1−191 및 [2] 효소 작용에 의해 특이적으로 절단 가능한 추가적인 아미노산 서열로 필수적으로 구성됨; 및

(b) 인간 성장 호르몬의 아미노산 1−191로 필수적으로 구성된 상기 단백질을 제조하기 위해 효소 작용으로 상기 접합 단백질을 세포 외에서 절단하는 단계.

([A] method of producing a protein consisting essentially of amino acids 1−191 of human growth hormone comprising:

(a) expressing in a transformant bacterium, DNA coding for a human growth hormone conjugate protein, which conjugate protein consists essentially of [1] amino acids 1−191 of human growth hormone as set forth in combined Figs. 1 and 3 unaccompanied by the leader sequence of human growth hormone or other extraneous protein bound thereto and [2] an additional amino acid sequence which is specifically cleavable by enzymatic action, and

(b) cleaving extracellularly said conjugate protein by enzymatic action to produce said protein consisting essentially of amino acids 1−191 of human growth hormone.)

90) 108 F.3d 1361 (Fed. Cir. 1997)

법원의 판결 이유

본 법원에 주어진 질문은, 명세서가 출원 당시 당업계 통상의 기술자의 과도한 추가 실험 없이 절단 가능한 융합 발현을 이용하여 hGH(human growth hormone)를 제조하는 것을 가능하게 했는지 여부이다. Genentech과 연방1심법원이 주로 의존하는 명세서 부분이 … 절단 가능한 융합 발현을 이용하여 hGH를 제조하는 방법을 자세히 설명하지 못한다는 점에 대해서는 다툼이 없다.

*** 이러한 제한적인 개시 내용에도 불구하고, Genentech은 당업계 통상의 기술자가 과도한 추가 실험 없이 대상 발명을 실시할 수 있었을 것이라고 주장한다(그리고 연방1심법원도 이를 인정하였다).

*** 그러나, 특정 출발 물질이나 공정을 수행할 수 있는 조건에 대한 개시가 없는 경우, 과도한 추가 실험이 필요하며; 공정과 관련된 모든 개시내용이 당업계의 기술 수준 내에 있다고 주장함으로써 치유될 수 없어, 용이 실시 가능성 요건을 충족하지 못한다. 적절한 용이 실시 가능성을 구성하기 위해 발명의 새로운 면을 제공해야 하는 것은 당업계 통상의 기술자의 지식이 아니라 명세서이다. 본 명세서는 단지 출발점이자 추가 연구를 위한 방향성을 제공할 뿐이다.

*** 본 사건에서처럼 청구항의 발명이 개발 초기 단계에 있는 예측할 수 없는 기술의 적용인 경우, 명세서의 용이 실시 가능성에 대한 설명은 당업계 통상의 기술자에게 구체적이고 유용한 교시를 제공해야 한다. Genentech은 '199 특허가 그러한 교시를 제공한다는 것을 보여주지 못하였다.

Chiron v. Genentech (Fed. Cir. 2004).[91] 법원은, 단일 클론 항체(ABs)에 대한 광범위한 특허 청구항이 마우스, 키메라 및 인간화 항체를 포함하는 것으로 해석하고, 제소 대상인 Genentech의 인간화 항체인 Herceptin®에 의해 침해되었다고 판결하였다. 당사자들은 1984년, 1985년, 1986년 출원 중 어느 하나에 대한 우선권도 인정되지 않는다면 대상 특허가 중간 공지 선행 기술(intervening prior art)에 의해 무효라고 확인하였다. CAFC는 여러 우선권 날짜 각각에 대한 용이 실시 가능성과 1984년 우선일에 대한 발명 기재 요건을 분석하였다:

첫째, 키메라 항체는 가장 빠른, 1984년, 출원일 당시에는 알려지지 않았으므로 *Hogan*에 따라 용이 실시 가능성 문제는 제기되지 않는다. 그러나 CAFC는 키메라 항체가 1985년까지 공개되지 않았고 그 전에는 **실시**할 수 없었음에도 불구하고 1984년 출원서에 **기재**되지 않았으므로 발명 기재 요건을 충족하지 못한다고

91) 363 F.3d 1247 (Fed. Cir. 2004)

판시하였다.[92)]

둘째, 이어지는 두 건의 CIP에서 키메라는 "신생 기술"이었기 때문에 *Genentech v. Novo Nordisk*에 따라 – 존재하지 않았던 – "구체적이고 유용한 교시"가 명세서에 포함되지 않는 한 용이 실시 가능성이 없다.

셋째, 1995년의 마지막 CIP는 당시의 기술 수준으로 실시 가능했지만, 설치류 ABs의 중간(1985) 공개를 피할 수 있을 만큼 출원일이 충분히 빠르지 않았다 (즉, 출원인 자신의 공개로 인하여 청구항의 신규성이 상실되었다). 판결: 청구항은 중간 공지 선행 기술로 인하여 무효이다.

CHIRON CORP. v. GENENTECH, INC.

U.S. Court of Appeals, Federal Circuit (2004)

청구항 19 ('561 특허)

인간 c–erbB–2 항원에 결합하는 단일 클론 항체.

(A monoclonal antibody that binds to human c–erbB–2 antigen.)

명세서.

"단일 클론 항체"의 정의. "이 "항체"라는 용어는 다중 클론 및 단일 클론 항체 제제뿐만 아니라 하이브리드 항체, 변형 항체, 키메라 항체, 및 [원문 오류] 인간화 항체를 포함하는 제제를 포괄한다."

관련 기술

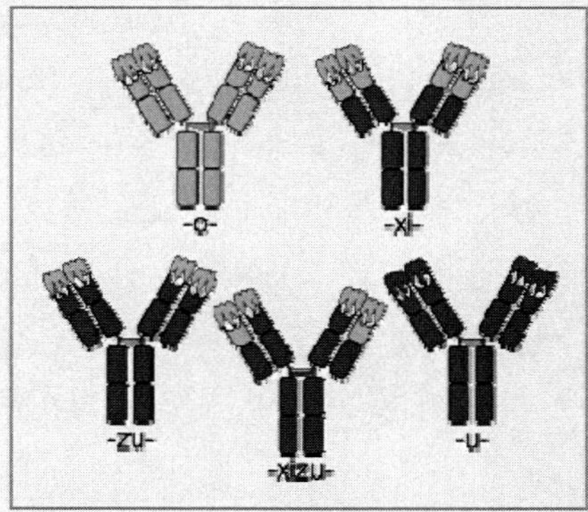

항체 구조: 설치류(o), 마우스/인간 키메라(xi, zu, xizu), 완전 인간화(u)

92) 저자는 하기 § 6.23에서 예측할 수 없는 실시 태양의 용이 실시 가능성과 발명 기재에 대한 다른 결론에 대해 추가로 설명한다.

연표 (공개, 볼드체 표기)

1984년 2월	제1출원: 설치류 항체 1개, 키메라 또는 인간화에 대한 언급 없음; 항원의 구조, 기능 또는 분자량에 대한 개시 없음.
1984년 6월	**키메라 기술 최초 공개**
1985년 1월 11일	CIP－1: 6건의 추가 설치류 ABs, 항원 없음
1985년 6월	**특허 출원 공개**
1986년 5월	**인간화 기술 최초 공개**
1986년 5월 21일	CIP－2: 6건의 추가 설치류, 키메라나 인간화에 대한 언급 없음
1995년 6월 7일	CIP－3: 마지막 출원 ⇨ '561 특허로 이어짐

법원의 판결 이유

신생 기술은 … "구체적이고 유용한 교시"를 통해 실시 가능하여야 한다. *Genentech v. Novo Nordisk* … 법률은, 당업계 통상의 기술자가 특허권자의 지시에 의존하지 않는 지식을 거의 또는 전혀 가지고 있지 않기 때문에 신생 기술에 대한 용이 실시 가능한 개시를 요구한다. … [명시된] 연방1심법원의 청구항 해석은, '561 특허의 청구항을 설치류 항체뿐만 아니라 HER2에 결합하는 키메라 및 인간화 항체도 포함하는 것으로 읽는다.

*** 키메라 항체의 성공적 창조(creation)를 기록한 최초의 공개가 1984년 출원 이후에 이루어졌기 때문에, 일련의 사건들은 이 신기술이 출원일 이후에 나타났으며 따라서, 정의상, 용이 실시 가능성 요건의 범주를 벗어난 것임을 보여준다. *Hogan* 참조 …

*** [1] 이 경우, Chiron의 과학자들은, 당연히, 1984년 출원 당시에는 존재하지도 않았던 키메라 항체라는 발명 대상을 소유하고, 개시할 수 없었다. 따라서, 자명하게 Chiron은 '561 특허에 나타난 신규 사항, 즉 키메라 항체에 대한 발명 기재 요건을 충족할 수 없다.

*** 1985년과 1986년 출원으로 돌아가, 본 법원은 용이 실시 가능성 요건 준수 여부를 검토한다. 이들 출원에 대해, 배심원단은 키메라 항체가 미래 기술이 아니라 "구체적이고 유용한 교시"가 필요한 신생 기술이라는 사실 관계를 판단할 권한이 있었다. … 키메라 항체와 같은 유전자 조작 항체의 창조는 1985년과 1986년에 상당한 실험을 요구하였는데, 그 이유는 이러한 항체가 개발 초기 단계에서는 예측할

수 없었기 때문이다. 또한 조서에 따르면 이러한 새로운 항체를 만드는 데 필요한 장비를 갖춘 실험실은 극소수에 불과했으며, 이는 당시 해당 기술을 만들고 사용하는 데 과도한 추가 실험이 필요했음을 보여주는 또 다른 증거이다. 1985년과 1986년 출원에는 키메라 항체를 만들고 사용하는 방법이나 '561 특허의 청구 범위에 속하는 키메라 항체의 실시예에 대한 개시가 없다.

*** Chiron의 출원들은 설치류 항체를 확실하게 용이 실시할 수 있게 하지만, 키메라 항체를 실시할 수 있게 하지는 않는다. … [또한] 상당한 증거가 … 1986년 출원 당시(물론 1985년 출원 시에도) [키메라] 기술이 여전히 초기 단계였고 따라서 여전히 과도한 추가 실험이 필요했을 것이라는 배심원단의 암묵적 판단을 뒷받침한다.

[주의: 본 저자는 상기 단락 [1]에서 Chiron이, 미래의 예측할 수 없는 기술에 대한 발명 기재 요건을 충족하지 못하였다는 법원의 진술에 대해 광범위한 의견을 가진다. 하기 § 6:24 참조].

Frazer v. Schlegel (Fed. Cir. 2007).[93] 저촉 심사 대상이 인간 papilloma (유두종) 바이러스 및 이의 제조 방법인 저촉 심사. 출원일 당시 과학적 사실이 확립되지 않아 신생 기술이긴 하였지만, 구현에 필요한 모든 기술적 세부 사항이 명세서에 포함되어 있었기 때문에 청구항은 우선일에 충분히 실시 가능하였다.

FRAZER v. SCHLEGEL

U.S. Court of Appeals, Federal Circuit (2007)

Frazer 청구항 65

유두종 바이러스 유사 입자를 제조하는 방법으로서, 상기 방법은 다음 단계는 포함하는 방법:

유두종 바이러스 L1 단백질을 코딩하는 서열을 포함하는 재조합 DNA 분자를 구성하는 단계; 숙주 세포에 재조합 DNA 분자를 형질주입하는 단계; 형질주입된 숙주 세포로부터 유두종 바이러스 유사 입자를 발현시키는 단계; 상기 유두종 바이러스는 HPV 16이 아님.

(A method of making a papillomavirus virus-like particle, which method comprises: constructing a recombinant DNA molecule that contains a sequence

93) 498 F.3d 1283 (Fed. Cir. 2007)

encoding a papillomavirus L1 protein; transfecting a host cell with the recombinant DNA molecule; expressing papillomavirus virus-like particles from the transfected host cell; wherein the papillomavirus is not HPV 16.)

법원의 판결 이유

본 법원은, 심판부가 호주 특허 출원일에 대한 Frazer의 적격을 부정한 것에 오류가 있었다고 결론지었다. 호주 출원에는 저촉 심사 대상의 주요부인 방법에 대한 완전한 세부 사항이 포함되어 있으며, 저촉 심사 대상인 유두종 바이러스 유사 입자를 제조하는 방법에 대한 완전한 개시가 서술되어 있다. 명세서에는 유두종 바이러스 L1 및 L2 단백질을 코딩하는 DNA 서열도 포함되어 있다. 호주 출원에서 Frazer는 유두종바이러스 L1 단백질과 유두종바이러스 L2 단백질의 발현을 모두 보고하였고, 당시에는 두 단백질이 모두 관여한다고 믿었다고 증언했지만, L1 단백질 또는 L1과 L2 단백질 모두가 캡시드를 형성한다는 사실을 그가 나중에 발견하였다고 해서 유두종바이러스 유사 입자를 제조하는 저촉 심사 대상 방법에 대한 개시와 발명 구체화 간주(constructive reduction to practice)가 부정되거나 반박되는 것은 아니다. Frazer는 호주 출원이 유두종 바이러스 유사 입자의 형성을 기재하며 용이 실시 가능하다고 제대로 주장한다.

*** 실제 Frazer 박사는 이것이 새로운 과학이라고 지적했지만, 과학의 복잡성을 인정한다고 해서 이들 바이러스 유사 입자의 제조에 대한 개시가 부정되지는 않는다. *Genentech, Inc. v. Novo Nordisk A/S*에서 … 법원은 기술의 개발 단계를 인정하면서, "이 사건과 같이 대상 발명이 개발 초기 단계인 예측할 수 없는 기술을 적용하는 경우, 명세서의 용이 실시 가능성에 대한 설명은 당업계 통상의 기술자에게 구체적이고 유용한 교시를 제공해야 한다"고 설명하였다. 호주 출원은 "단순히 입증되지 않은 가설을 제안"하거나 추측하는 것이 아니다. *Rasmusson v. SmithKline Beecham Corp.* … 그것은 용이 실시 가능한 개시이다.

§ 5:22 저자 의견: 기술 수준과 그 한계를 고려한 용이 실시 가능성

청구항의 용이 구현을 위하여 필요한 기술이 선행 기술에서 잘 이해되고 통상적인 것으로 받아들여지는 경우라면, 특허 명세서에 포함될 필요가 없다는 것은 잘 확립되어 있다. *In re Wands*, 상기 § 5:6 참조. 이 원칙의 적용 사례는 ***Pfizer Inc. et al v. Teva et al*** (Fed. Cir. 2014),[94]에서 발견할 수 있는데, 이 사건은 거울상 이성질체의

94) *Pfizer Inc. v. Teva Pharmaceuticals USA, Inc.* No. 2012-1576, etc (Fed. Cir. 2014) (not

정제에 대해서 전혀 기재하지 않았음에도 불구하고, 키랄 중심을 갖는 화합물(거울상 이성질체로 제한되지 않음)에 대한 청구항은 용이 실시 가능성 부족으로 인한 무효가 아니라고 판단되었다. 법원은 이러한 거울상 이성질체의 분리가 출원일 당시 통상적이고 선행 기술에 공지되어 있었다고 판단하였다.

명세서에서 용이 실시 가능성을 보완하기 위하여 기술 수준을 사용하는 또 다른 우수 사례는 *Bayer Healthcare LLC v. Baxalta Inc. et al* (Fed. Cir. 2021)이다.[95] 이 사건에서 법원은 명세서에 전체 청구 범위를 구현하기 위한 모든 가능한 실시 태양의 실시예를 포함할 필요는 없다고 판시하였다. 청구항에 기재되었지만 예시되지 않은 실시 태양의 용이 실시 가능성은 기술 수준을 참조하여 정하였다.

그러나, 용이 실시 가능성에 대한 문제 제기가 신생 기술에 있는 경우, 청구항 요건의 용이 실시 가능성은 출원된 명세서 내에 있어야 한다. 예를 들면 *Genentech, Inc. v. Novo Nordisk* (Fed. Cir. 1997)[96] 참조(상기 § 5:21 참조). 최근에는 이러한 원칙이 *Storer v. Clark* (Fed. Cir. 2017)[97]에서 재확인되고 확장되었다[상기 § 5:11 참조]. *Storer* 사건의 법원은 불소화(fluoridated) 입체 이성질체의 합성 분야가 예측 불가능하다는 것을 발견하였고, 이러한 예비 결론을 사용하여 청구된 상위개념의 2'F (아래) 키랄 중심 합성의 용이 실시 가능성을 평가하였다. 이 입체 화학은 대상 발명의 "신규한(novel)" 측면이었다. 법원은 *Genentech v. Novo*를 직접 인용하면서 다음과 같이 판시하였다: "… 적절한 용이 실시 가능성을 구성하기 위해 발명의 신규한 측면을 제공해야 하는 것은 당업계 통상의 기술자의 지식이 아니라 명세서이다."[98]

*Storer*에서 "신규한 측면"에 대한 언급과 *Genentech v. Novo*에서 "신생 기술"에 대한 언급은 동전의 양면과 같으며, 이는 해당 분야의 불안정성에 근거한 것으로 보인다. 이 원칙은, 신규한 것이든 신생 기술이든, 아직 해당 기술분야에서 완전히 받아들여지지 않은 대상 기술의 모든 측면이 명세서에서 실시 가능해야 한다는 것이다. 이러한 상황에서 출원일에 선행 기술에 전적으로 의존하는 것은 허용되지 않는데, 그 이유는 그 당시에는 해당 분야가 아직 안정적이지 않기 때문이다.

---

precedential*)

*역주: 법원이 판례로의 가치가 충분하지 않다는 판단하에 이후 사건에 구속력을 갖지 않는 법적 의견

95) ––– F. 3d ––– WL 771700(Fed. Cir. 2021)

96) 108 F.3d 1361 (Fed. Cir. 1997)

97) 860 F.3d 1340, 123 USPQ 2d (Fed. Cir. 2017)

98) 123 USPQ 2d, 1243

§ 5:23 상위개념(genus)의 용이 실시 가능성을 입증하거나 반증하기 위한 후발 증거의 사용

◆ *Amgen Inc., et al v. Sanofi, et al* (Fed. Cir. 2017).[99] 상위개념 청구항의 용이 실시 가능성을 반증하기 위해 후발 실시 태양 증거를 제외하는 하급심 판결에 대한 본 항소심에서, CAFC는 용이 실시 가능성이 우선일 시점으로 소급 적용되는 한 그러한 증거의 도입을 허용한다는 설명과 함께 사건을 파기하고 심판으로 환송하였다. 또한 CAFC는 우선일 기준 상위개념 청구항에 대한 발명 기재에 이의를 제기하기 위하여 후발 증거의 도입에 대해서도 논의했는데, 이에 대해서는 아래 6장, § 6:15에서 설명한다.

AMGEN INC., et al v. SANOFI, et al

U.S. Court of Appeals, Federal Circuit (2017)

청구항 1 ('165 특허)

PCSK9에 결합할 때 단일 클론 항체가 다음 잔기 중 하나 이상에 결합하고, 상기 단일 클론 항체가 PCSK9와 LDLR의 결합을 차단하는 것인, 단리된 단일 클론 항체: 서열 번호 3의 S153, I154, P155, R194, D238, A239, I369, S372, D374, C375, T377, C378, F379, V380 또는 S381.

(An isolated monoclonal antibody, wherein, when bound to PCSK9, the monoclonal antibody binds to at least one of the following residues: S153, I154, P155, R194, D238, A239, I369, S372, D374, C375, T377, C378, F379, V380, or S381 of SEQ ID NO:3, and wherein the monoclonal antibody blocks binding of PCSK9 to LDL[−]R.)

관련 기술

이 사건에 포함된 기술에 대한 자세한 논의 및 개요는 상기 § 5:6 참조.

법원의 판결 이유

소송이 진행되는 동안, 연방1심법원은 본 항소심에서 이의를 제기하는 몇 가지

99) 872 F.3d 1367 (Fed. Cir. 2017). 재심리 신청 기각(Fed. Cir. 2018); 이송 명령 신청 기각(Sup. Ct. 2019)

판결 및 결정을 내렸다…

[하기 § 6:14에서 설명하는, 상위개념에 대한 발명 기재를 입증하거나 반증하기 위해 후발 실시 태양의 증거 도입을 다룬 후, 법원은 용이 실시 가능성 요건에 이의를 제기하기 위해 우선일-이후 실시 태양을 인정하는 것이 타당하다는 쪽으로 전환하였다.]

*** 연방1심법원이 우선일-이후 증거를 부적절하게 배제한 것은 용이 실시 가능성에 대한 새로운 재판을 요구한다. … 용이 실시 가능성 요건에 따르면, "특허 명세서는 당업계 통상의 기술자에게 과도한 추가 실험 없이 청구항 발명의 전 범위를 만들고 사용하는 방법을 교시하여야 한다"고 규정하고 있다. *Genentech, Inc. v. Novo Nordisk A/S*, …[100)] 항소인들이 피항소인들이 전체 청구 범위를 구현하기 위해 장시간 잠재적으로 과도한 추가 실험을 수행했음을 보여주는 우선일-이후의 증거를 도입하려 한 것으로 알려졌다. 이러한 증거는 우선일 기준으로 청구항이 용이 실시 가능한지 여부를 판단하는 데 중요할 수 있으므로, 단순히 청구항의 우선일-이후라는 이유로 배제되어서는 안 된다.

§ 5:24 저자 의견: 후발 증거는 우선일의 용이 실시 가능성 수준과 연관되어야 한다.

우선일을 기준으로 다양한 법적 명제를 증명하기 위해 출원-이후 증거를 도입하는 것이 적절하다는 것은 오랫동안 판례로 이어져 왔다. 예를 들면, *Hogan*에서 길고 상세한 각주로 CCPA는 다음과 같이 언급하였다:

> 예를 들면, 과도한 추가 실험이 필요하였는지, ***In re Corneil***,[101)] 또는 청구항에 없는 변수가 중요한지 중요하지 않은지, ***In re Rainer***,[102)] 또는 명세서의 진술이 부정확하였는지, ***In re Marzocchi***[103)] 또는 대상 발명이 작동하지 않거나 유용성이 부족하였는지, ***In re Langer***[104)] 또는 청구항이 불명확하였는지, ***In re Glass***[105)] 또는 선행 기술 제품의 특성이 공지되었는지가, ***In re Wilson***[106)] **출원**

100) 108 F.3d 1361, 1365 (Fed. Cir. 1997).
101) 347 F.2d 563, 568 (CCPA 1965)
102) 305 F.2d 505, 507 (CCPA 1962)
103) 439 F.2d 220, 223 (CCPA 1971)
104) 503 F.2d 1380, 1391 (CCPA 1974)
105) 492 F.2d, 1232 (CCPA ...)
106) 311 F.2d 266 (CCPA 1962)

의 출원일 기준으로 나중에 공개된 자료를 통해 입증된 경우이다. 이들 사건에서 판결을 내리는 과정에서 어떤 말이 오고갔는지와 상관없이, 그 어떤 사건의 사실 관계도 35 U.S.C. § 112에 따른 용이 실시 가능성을 판단할 때 출원 후 존재하는 기술 수준의 사용을 허용하는 선례를 확립하지는 못하였다.[107]

우선일 시점에 제조 방법을 구현하기 위한 실험이 과도한지 여부를 테스트하기 위해서는 후발 증거도 인정되었다. 예를 들면, *White Consol. Indus. v. Vega Servo-Control, Inc.* (Fed. Cir. 1983)[108] 참조(발명을 실시하는 데 "한사람이 1½~2년 걸리는 노력(1½ to 2 man years of effort)"이 필요하다는 우선일 이후의 전문가 증거에 근거하여 특허 청구항이 용이 실시 가능하지 않다고 판단함). CAFC가 출원일 명세서에 기재된 항체 생산 방법의 재현 가능성에 대한 후발 증거를 허용하여 인용한 *In re Wands et al* (Fed Cir. 1988)[109] 추가 참조. 우선일 기준으로 해당 방법이 실시 가능하지 않았음을 입증하는 증거가 있는 경우, 우선일이 상실될 수 있다.

Amgen v. Sanofi (*Amgen v. Sanofi*, Fed. Cir. 2017)에서 CAFC는 출원일 기준 용이 실시 가능성 부족을 입증하기 위해 과도한 추가 실험에 대한 출원-이후 증거가 인정될 수 있다고 명시하였다. 그러나, *Amgen v. Sanofi* 사건 이후에도, **후발의, 알려지지 않았거나 예측하지 못한 실시 태양**(*Hogan*에서 비정질 폴리프로필렌) 또는 기술(*Chiron v. Genentech*에서 최우선일의 항체 키메라화)의 비-용이 실시 가능성으로 인해 우선일이 상실되지 않는다는 *Hogan* 및 *Chiron v. Genentech*의 원칙은 유지되는 것으로 보인다.

순수한 학문적 관점에서, 본 저자는 *Amgen v. Sanofi* 환송심에서 하급 법원이 상위개념 항체 청구항의 비-용이 실시 가능성의 사후 증거를 신중하게 검토하고, 그러한 증거가 출원일과 연관되어야 한다는 CAFC의 권고를 따르기를 희망한다. *In re Wands*에 따라, 대답해야 할 질문은 출원일 시점에 기재된 절차에 따라 과도한 추가 실험 없이 통상적으로 청구항의 항체를 제조하는 것이 가능했는지 여부이다. 이 테스트에는 항체를 제조한 다음 청구항에 기재된 15개의 아미노산 잔기 중 최소 하나 이상에 결합하는 항체를 쉽게 선택하기 위하여 이들을 스크리닝하는 방법이 포함된다.

107) 559 F.2d 595, 각주 17 (CCPA 1977)
108) 713 F.2d 788, 791 (Fed. Cir. 1983)
109) 858 F.2d 731, 739-740 (Fed. Cir. 1988)

6장 발명 기재

심 미 성

§ 6:1 법령

***35 U.S.C.A. § 112* 명세서**.[1] **(강조 표시 추가)**

(a) 총괄 규정 – 명세서는 [1] **발명 및 발명을 실시하고 이용하는 방식과 방법의 기재**를 포함하여야 하고, 이때 그 기재는 [2] 발명이 속하는 업계 또는 최근접 업계의 통상의 기술자가 발명을 실시하고 이용할 수 있을 정도로 완전하고 명확하며 간결하고 정확한 용어로 기재되어 있어야 하며, 명세서에는 [3] 발명자 또는 공동 발명자가 본 발명을 수행하기 위해 고안한 최적 실시예가 개시되어 있어야 한다.

((a) In General– The specification [1] shall contain *a written description of the invention, and of the manner and process of making and using it*, in such full, clear, concise, and exact terms as [2] to enable any person skilled in the art to which it pertains, or with which it is most nearly connected, to make and use the same, and [3] shall set forth the best mode contemplated by the inventor or joint inventor of carrying out the invention.)

§ 6:2 발명 기재에 관한 법률의 역사적 맥락

1997년 이전의 판례법에서는 발명 기재 요건이 우선권 문서가 1) 중간 공지 선행 기술과 대비한 특허성 판단의 맥락에서 나중에 청구된 범위를 뒷받침하는지, 또는 2) 특허 저촉 절차 대상에 포함된 단일 실시예를 뒷받침하는지 여부를 판단하기 위하여 사용되었다. 이 두 가지 사안은 발명자가 나중에 청구된 발명 또는 저촉 발명을 우선권 날짜에 "소유"하였음을 입증해야 한다는 개념을 탄생시켰다.

1) 35 U.S.C. § 112(a)(2014)

두 경우의 아이디어는 모두 출원인이 자신이 발명하지 않은 것을 발명했다고 나중에 주장하는 것을 방지하는 것이었다.

그러나 *Regents U. Cal. V. Eli Lilly* (Fed. Cir. 1997)[2] (하기 § 6:9 참조) 판결을 시초로 하여, 이제 이 법령의 해석에는 **상위개념 청구범위** 소유 여부의 개념이 포함되며, 우선권 문제와 관계없이 USPTO에 의한 심사 중 강력한 거절사유의 하나로, 그리고 당사자간 소송에서 생명공학 특허 청구항을 무효화하기 위해 사용된다. 상위개념 청구항 발명의 소유 여부 쟁점은 더 이상 상대방의 우선권 일자 또는 간행물에 근거한 거절을 극복하기 위한 우선권 판단에만 국한되지 않는다.

현재는 CAFC에서 은퇴한 Rader 판사를 비롯하여 여러 논평가들은, 발명 기재에 의해 청구범위가 결정된다고 하는 확장적인 개념은 "슈퍼－용이실시가능성" 요건이 되었다고 주장하였다. 예를 들어, 하기 § 6:4의 *Novozymes v. DuPont Nutrition* (Fed. Cir. 2013)[3] 판결 중 Rader 판사의 반대의견을 참조하라.

발명 기재 및 용이실시 가능성 요건에 근거하여 결정된 CAFC 사례들을 기술 분야별로 분석한 결과, 이 두 가지 방어 주장은 주로 화학과 생명공학 분야에서 발생한다는 것을 쉽게 알 수 있다. 이는 주로 이 두 기술 분야의 예측 불가능성 때문이다.

***

이전 장에서 분석했던 용이실시 가능성에 관한 판례와 마찬가지로, 발명 기재에 관한 판례들도 하위개념에 대한 발명 기재 요건과 상위개념에 대한 발명 기재 요건을 구분하고 있다. 이하에서는 먼저 하위개념 또는 준상위개념의 발명 기재에 관한 판례를 살펴본 다음, 상위개념의 발명 기재에 관한 판례를 다룬다.

§ 6:3 특정 실시 태양 또는 준상위개념에 대한 발명 기재 – DNA 및 단백질

Fiers v. Revel v. Sugano (Fed. Cir. 1993).[4] 이 사건은 인터페론－베타(IFN－베타) DNA(187개의 아미노산 포함)를 대상으로 하는 3자간 특허 저촉 절차로부터 기인한 것이다. 당사자 중 누구도 미국 거주자가 아니다. Sugano(일본 출원인)만이

2) 119 F.3d 1559 (Fed. Cir. 1997)
3) 723 F.3d 1336 (Fed. Cir. 2013)
4) 984 F.2d 1164 (Fed. Cir. 1993)

1980년 3월 19일자 우선권 문서에 특정 DNA 분자에 대한 발명 기재에 필요한 완전한 염기서열을 포함하고 있었다. DNA 염기서열에 대한 적절한 발명 기재가 되기 위해서는 해당 염기서열을 만들거나 입수하는 방법의 설명 또는 계획 이상의 것이 필요하지만, 다른 두 당사자가 가진 것은 그것뿐이었다.

FIERS v. REVEL v. SUGANO

U.S. Court of Appeals, Federal Circuit (1993)

3자간 특허 저촉 절차의 대상.

인간 섬유아세포 인터페론－베타 폴리펩타이드를 코딩하는 DNA로 필수적으로 구성된 DNA.

(A DNA which consists essentially of a DNA which codes for a human fibroblast interferon－beta polypeptide.)

사실관계

Sugano의 일본 출원[1980년 3월 19일]은 β－IFN을 코딩하는 DNA의 전체 뉴클레오타이드 서열과 해당 DNA를 분리하는 방법을 공개하였다. Revel의 이스라엘 출원[1979년 11월 21일]은 β－IFN을 코딩하는 DNA 단편을 분리하는 방법과 β－IFN을 코딩하는 메신저 RNA(mRNA)를 분리하는 방법을 공개하였지만, β－IFN을 코딩하는 완전한 DNA 서열은 공개하지 않았다. 해외에서 일하고 있던 Fiers는 발명의 착상 시점, 즉 자신의 아이디어를 미국으로 가져온 1979년 9월 또는 1980년 1월부터 발명 구체화가 간주된 시점, 즉 β－IFN을 코딩하는 DNA의 완전한 뉴클레오타이드 서열을 공개하는 영국 출원을 하였던 1980년 4월 3일까지 부지런히 노력하였다는 점을 우선권 주장의 근거로 하였다.

법원의 판결 이유

본 법원은 해당 DNA를 얻는 방법이 착상되었다고 하여 대상 DNA가 착상된 것은 아니라는 심판원의 결정이 올바르다고 결론짓는다.

[1] Fiers는 영국 출원일인 1980년 4월 3일에 대해서만 혜택을 받을 수 있다. DNA에 대한 적절한 발명 기재가 되기 위해서는 그것이 발명의 일부라는 단순한

진술과 잠재적인 분리 방법에 대한 언급을 넘어 DNA 자체에 대한 기재가 필요하다. Revel의 명세서에는 그러한 기재가 없다.

[2] Revel의 출원은 β-IFN을 코딩하는 *mRNA*를 얻는 데 사용될 수 있는 클론만을 개시하고 있기 때문에, 개시된 방법이 실제로 해당 DNA의 제조로 이어지며, 따라서 그가 발명을 소유하고 있었음을 입증하지도 못한다. DNA가 역전사를 통해 얻어질 수 있다는 진술과 함께 해당 DNA를 단순히 언급하는 것은 기재가 아니며, Revel이 해당 DNA를 소유하고 있었음을 보여주지 못한다. 저촉 절차 대상의 문언 기재와 명세서의 문언 기재가 일치하면 발명 기재 요건을 충족시키기에 충분하다는 Revel의 주장은 해당 문언 기재 중 어떤 것도 해당 DNA를 특별히 기재하고 있지 않으므로 설득력이 없다.

[3] 심판원은 Sugano의 1980년 3월 19일자 일본 출원이 § 112 ①의 요건을 충족하며, 따라서 Sugano가 해당 출원일에 대한 권리 소유를 입증할 책임을 충족시켰다고 올바르게 판단하였다. [Sugano가 특허 저촉 절차에서 승소하였다.]

***

1993년 *Fiers v. Revel v. Sugano* (Fed. Cir. 1993) 사건에서 승소하였던 Sugano는 17년 후 *Goeddel v. Sugano* (Fed. Cir. 2010)[5] 사건에서 패소하였으며, 이 사례는 아래에서 분석한다. Sugano의 명세서에는 더 짧은 형태의 IFN-베타에 대한 발명 기재가 없었다.

<u>Geoddel v. Sugano</u> (Fed. Cir. 2010).[6] 새로운 특허 저촉 절차는 **전서열(pre-sequence)이 없는** IFN-베타(166개의 아미노산을 가지며, "성숙"되었다고 알려짐)의 DNA에 관한 것이다. Sugano의 1980년 우선권 문서에는 전서열이 없는 성숙한 IFN-베타에 대한 기재가 없다. 성숙한 IFN-베타가 187개 아미노산을 가진 전구체 서열에 비하여 "자명"하다거나 POSITA에 의해 구상될 수 있었다는 것만으로는 충분하지 않다. 166개의 아미노산을 갖는 하위개념에 대한 발명 기재는 충분하지 않으며, Sugano는 두 번째 특허 저촉 절차에서 패소하였다.

5) 617 F.3d 1350 (Fed. Cir. 2010)

6) 617 F.3d 1350 (Fed. Cir. 2010)

DAVID V. GOEDDEL v. HARUO SUGANO

U.S. Court of Appeals, Federal Circuit (2010)

특허 저촉 절차 대상

하기의 총 166개 아미노산 서열을 가진 성숙한 인간 섬유아세포 인터페론을 코딩하며, 인간 섬유아세포 인터페론 전서열을 수반하지 않는 DNA.

Met Ser Tyr Asn Leu Leu Gly Phe Leu Gln Arg Ser Ser Asn Phe Gln Cys Gln Lys Leu Leu Trp Gln Leu Asn Gly Arg Leu Glu Tyr Cys Leu Lys Asp Arg Met Asn Phe Asp Ile Pro Glu Glu Ile Lys Gln Leu Gln Gln Phe Gln Lys Glu Asp Ala Ala Leu Thr Ile Tyr Glu Met Leu Gln Asn Ile Phe Ala Ile Phe Arg Gln Asp Ser Ser Ser Thr Gly Trp Asn Glu Thr Ile Val Glu Asn Leu Leu Ala Asn Val Tyr His Gln Ile Asn His Leu Lys Thr Val Leu Glu Glu Lys Leu Glu Lys Glu Asp Phe Thr Arg Gly Lys Leu Met Ser Ser Leu His Leu Lys Arg Tyr Tyr Gly Arg Ile Leu His Tyr Leu Lys Ala Lys Glu Tyr Ser His Cys Ala Trp Thr Ile Val Arg Val Glu Ile Leu Arg Asn Phe Tyr Phe Ile Asn Arg Leu Thr Gly Tyr Leu Arg Asn

(A DNA encoding a mature human fibroblast interferon having a total of 166 amino acids of the sequence

Met Ser Tyr Asn Leu Leu Gly Phe Leu Gln Arg Ser Ser Asn Phe Gln Cys Gln Lys Leu Leu Trp Gln Leu Asn Gly Arg Leu Glu Tyr Cys Leu Lys Asp Arg Met Asn Phe Asp Ile Pro Glu Glu Ile Lys Gln Leu Gln Gln Phe Gln Lys Glu Asp Ala Ala Leu Thr Ile Tyr Glu Met Leu Gln Asn Ile Phe Ala Ile Phe Arg Gln Asp Ser Ser Ser Thr Gly Trp Asn Glu Thr Ile Val Glu Asn Leu Leu Ala Asn Val Tyr His Gln Ile Asn His Leu Lys Thr Val Leu Glu Glu Lys Leu Glu Lys Glu Asp Phe Thr Arg Gly Lys Leu Met Ser Ser Leu His Leu Lys Arg Tyr Tyr Gly Arg Ile Leu His Tyr Leu Lys Ala Lys Glu Tyr Ser His Cys Ala Trp Thr Ile Val Arg Val Glu Ile Leu Arg Asn Phe Tyr Phe Ile Asn Arg Leu Thr Gly Tyr Leu Arg Asn

and unaccompanied by a human fibroblast interferon presequence.)

관련 기술

<u>MTNKCLLQIALLLCFSTTALS</u>MSYNLLGFLQRSSNFQCQ
KLLWQLNGRLEYCLKDRMNFDIPEEIKQLQQFQKEDAAL
TIYEMLQNIFAIFRQDSSSTGWNETIVENLLANVYHQIN
HLKTVLEEKLEKEDFTRGKLMSSLHLKRYYGRILHYLKA
KEYSHCAWTIVRVEILRNFYFINRLTGYLRN

Human Fibroblast Interferon (Interferon beta)

법원의 판결 이유

Sugano는 최초의 일본 출원에서 발명을 "적어도 전체 코딩 영역"을 포함하는 유전자를 사용하여 [IFN 베타]의 187개 아미노산 전구체를 재조합 생산하는 것이라고 기재하였다. 특허 저촉 절차에서의 우선권의 맥락에서 § 112는 출원인이 해당 발명을 소유하고 있었음을 보여줄 수 있을 정도로 충분히 대상 발명이 기재되어 있을 것을 요구한다. 166개 아미노산 단백질을 코딩하는 변형 유전자가 "구상"될 수 있었다는 것만으로는 해당 변형 유전자의 발명 구체화가 간주되지 않는다. 쟁점은 이 과학기술 분야의 통상의 기술자가 일본 출원의 가르침에 기초하여 성숙한 hFIF를 생산할 수 있었는지 여부가 아니라, 해당 출원이 "출원일 당시 발명자가 청구된 발명 대상을 소유하고 있었음을 통상의 기술자에게 전달했는지" 여부이다. *Ariad Pharm., Inc. v. Eli Lilly & Co.* [하기 § 6:22 참조] … 일본 출원에는 성숙 hFIF를 직접 생산하는 박테리아 발현 벡터가 기재되어 있지 않으며, 166개 아미노산을 갖는 성숙 hFIF를 직접 코딩하는 변형 유전자를 생산할 것이 제안되어 있지도 않다.

[Sugano는 우선권을 상실한다]

<u>In re Alton</u> (Fed. Cir. 1996).[7] 청구항은 하기 두 가지 방식으로 변형된 IFN－감마에 관한 것이다: 1) 3개의 N－말단 아미노산의 삭제, 및 2) N－말단 앞에 Met 잔기 추가. 발명 기재는 두 실시 태양의 약간 다른 조합에 대한 것이다. 즉, 3개의 아미노산은 삭제되었지만, 서열은 81번 아미노산 위치에서 라이신에 의해 추가로 치환되어 있다. 추가 치환은 특허 청구되어 있지 않다. POSITA는 기재된 두 실시 태양이 서로 연관되어 있거나 반드시 동시에 존재하는 것으로 보지는

7) 76 F.3d 1168 (Fed. Cir. 1996)

않았을 것이라는 전문가의 진술이 있었다. 심사관은 이 진술을 무시하였지만 법원은 이를 고려하라는 지시와 함께 사건을 파기 환송하였다.

IN RE NORMAN K. ALTON, ET AL

U.S. Court of Appeals, Federal Circuit (1996)

청구항 70

형질 전환 유기체에서 이를 코딩하는 DNA 서열에 의해 생성되며, 실질적으로 인간 면역 인터페론의 특성을 갖는, [Met$-^{-1}$, des$-$Cys^1, des$-$Tyr^2, des$-$Cys^3] IFN$-\gamma$ 폴리펩타이드.
([Met$-^{-1}$, des$-$Cys^1, des$-$Tyr^2, des$-$Cys^3] IFN$-\gamma$ polypeptide produced by a DNA sequence coding therefor in a transformant organism, said product having substantially the characteristics of human immune interferon.)

관련 기술

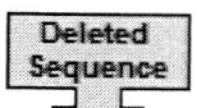

MCYCQDPYVKEAENLKKYFNAGHSDVADNG
TLFLGILKNWKEESDRKIMQSQIVSFYFKL
FKNFKDDQSIQKSVETIKEDMNVKFFNSNK
KKRDDFEKLTNYSVTDLNVQRKAIHELIQV
MAELSPAAKTGKRKRSQMLFRGRRASQ

Human Interferon Gamma

법원의 판결 이유

심판원이 채택한 최종 거절 결정서에서 심사관은, '451 출원의 출원일인 1983년 4월 15일 당시 Alton이 청구항 70의 대상 발명을 소유하고 있었음을 명세서가 보여주지 못한다고 지적하였다. 심사관은 거절 이유를 뒷받침하는 근거로 실시예 5를 언급하면서, 처음 3개의 아미노산을 삭제하고 IFN$-\gamma$ 아미노산 서열의 서두에 메티오닌을 위치시킨 명세서 중의 유일한 실시예는 추가로 IFN$-\gamma$ 사슬의 81번째 아미노산인 아스파라긴을 다른 아미노산인 라이신으로 치환하는 것을 기재하고 있다고 주장하였다. … 심사관은 "1983년 당시의 분자생물학 및 유전자 복제 및 발현 분야의 숙련된 종사자라면 제안된 변형이 성숙한 인간 면역 인터페론의 81번 위치에 있는 아르기닌[원문 오류] 잔기를 변경한다는 제안과 무관하게 기술된 것으로 이해했을 것"이라는 Wall 박사의 의견[규칙 132에 따른 진술서 중]을 배척하였다.

*** 명세서가 청구항의 대상에 대한 적절한 발명 기재를 제공하는지 여부는 사실의 문제라는 것은 잘 확립되어 있다. 따라서 '451 명세서가 청구항 70의 대상을 적절하게 기재하고 있는지 여부를 밝히고자 시도한 Wall의 진술서가 법률 문제를 다루고 있다고 한 심사관의 판단은 잘못된 것이다. … 명세서에 의해 포괄되는 가능한 유사체의 수가 상당하다는 심사관 답변서의 진술은 Wall 진술서의 핵심 취지를 반박하지 못하는데, 이는 Wall 진술서가 통상의 기술자가 어떻게 Alton이 특정 유사체를 소유하고 있었다는 사실을 알 수 있는지를 설명하고 있기 때문이다. 종합하면, 심사관은 최종 거절 결정서와 더 나아가 그의 답변서에서 Wall 진술서를 배척하면서 왜 진술서가 1983년 당시 Alton이 청구 대상 발명을 소유하였음을 통상의 기술자가 알 수 있었음을 보여주지 못하였는지에 대하여 결론적인 진술만을 제공하고 있을 뿐이다.

*** 본 판결의 이유에 부합하는 방식으로 Wall 진술서를 검토하는 추가 절차를 위해 [심판원에 환송함].

§6:4 –블레이즈 마크(Blaze Marks)xxiii)

Novozymes v. DuPont Nutrition (Fed. Cir. 2013).[8] 239번 위치에서 세린이 복수 치환될 수 있고 이 치환으로 인해 안정성이 향상된 효소의 준상위개념에 대하여 부분적으로 기능적으로 기재된 청구항이 있다. 명세서는 POSITA를 정확한 아미노산 조합과 열안정성으로 유도하는 데에 필요한 "블레이즈 마크"를 제공하지 않고 바람직한 특성을 일반적인 방법으로 교시하고 있을 뿐이다. 따라서 스크리닝을 통해 용이실시 가능할 수는 있겠지만 열안정성 효소의 준상위개념에 대한 발명 기재는 없다.

---

8) 723 F.3d 1336 (Fed. Cir. 2013)

NOVOZYMES A/S ET AL v. DUPONT NUTRITION BIOSCIENCES ET AL

U.S. Court of Appeals, Federal Circuit (2013)

청구항 1 (강조 표시 추가)

(a) 서열 번호 6[BSG 알파-아밀라아제]과 90% 이상의 상동성을 가지고, (b) 위치 넘버링을 결정하기 위해 서열번호 8[BLA 알파-아밀라아제]의 아미노산 서열을 사용하여 **모 알파-아밀라아제에 비해 239 위치에 세린 치환**을 포함하며, (c) 모 알파-아밀라아제에 비해 증가된 열안정성(pH 4.5, 90°C 및 5ppm 칼슘에서 결정됨)을 가지고, 알파-아밀라아제 활성을 가지는, 분리된 모 알파-아밀라아제 변이체.

(An isolated variant of a parent alpha-amylase, wherein:

(a) the variant has at least 90% sequence identity to SEQ ID NO: 6 [BSG alpha-amylase],

(b) the variant comprises *a substitution of serine at position 239 relative to the parent alpha amylase*, using the amino acid sequence of SEQ ID NO: 8 [BLA alpha-amylase] for determining

position numbering, and (c) the variant has increased thermostability relative to the parent alpha-amylase, wherein thermostability is determined at pH 4.5, 90° C. and 5 ppm calcium and has alpha-amylase activity.)

법원의 판결 이유

특정 모효소를 단일 아미노산 위치에서 돌연변이시켜 독특한 기능적 특성을 생성하는 특정 알파-아밀라아제 변이체를 좁게 기재하고 있는 청구항과 달리, 2000년 출원의 뒷받침 개시는 일부 조합에서 유용한 결과를 도출할 수 있는 몇 가지 변수를 나열하는 일반화된 지침만을 제공한다. 청구항을 개별 한정 사항의 합이 아닌 전체로서 고려할 때, 2000년 출원의 어떠한 내용도 Novozymes이 당시 현재 청구하고 있는 것을 소유하고 있었음을 보여주지 않는다.

2000년 출원에는 … 실제로 청구항을 충족하는 변이체에 대한 어떠한 개시도 포함되어 있지 않으며, Novozymes이 출원 당시 실제로 그러한 변이체를 소유하고 있었음을 시사하는 어떠한 내용도 없다.

2000년 출원은 '723 특허의 청구항에 기재된 각 개별 한정 사항에 대한 형식적인 문언 언급을 제공하기는 하지만, 이러한 한정 사항들 모두에 의하여 정의되며 실제 기능하는 열안정성 알파-아밀라아제 변이체에 대한 기재는 어디에도 없다. 각 청구항을 독립적인 한정 사항들의 집합이 아니라 당연히 그래야 하듯이 통합된 전체로 간주하면, 2000년 출원에서는 청구범위에 속하는 단 하나의 하위개념의 기재 또는 통상의 기술자를 수많은 경쟁 가능성 중에서 그러한 하위개념으로 이끌 수 있는 어떠한 "블레이즈 마크"도 찾을 수 없다. Novozymes은 "[청구항]에 대한 지식으로부터 거꾸로, 즉 사후 고찰함으로써" 2000년 출원에서 선택적으로 발췌한 개시 내용들을 끌어 모아 발명 기재를 뒷받침하는 자료를 도출하려고 한다.

그럼에도 불구하고 Novozymes은, 239번 위치에 주목한 통상의 기술자는 해당 위치에서 가능한 모든 변이체를 어떻게 시험할지 알고 있었을 것이며, 따라서 청구된 변이체를 당연히 발견했을 것이라고 주장한다. 그러나 이러한 주장은 요점을 놓치고 있다. 우리 앞에 놓인 문제는 2000년 출원을 접한 통상의 기술자가 이들 최종 단계를 수행하는 것이 가능한지의 여부가 아니라, 2000년 출원이 "통상의 기술자에게 [변이체]를 구체적으로, 항소인이 실제로 발명한 것으로서 개시하는지 여부"이다.

§ 6:5 저자 의견: 하위개념 또는 준상위개념 청구항의 발명 기재를 위한 블레이즈 마크

광범위한 상위개념의 기재로부터 하위개념 또는 준상위개념으로의 방향을 가리키는 '블레이즈 마크'의 개념은 화학 특허 법리에 큰 영향을 끼친 ***In re Ruschig*** (CCPA 1967)[9] 판례에서 유래한다("숲에서 나무에 화염 자국(blaze marks)을 만들어 길을 표시하는 것은 오래된 관습이다. 길이 사라졌거나 (이 사건의 경우처럼) 아직 길이 만들어지지 않은 숲에서 표시되지 않은 수많은 나무들을 단순히 마주치는 것은 길을 찾거나 스스로 길을 찾아 나아가는 데에는 아무런 도움이 되지 않는다.") *Novozymes* 사건의 법원은 "[*Ruschig*] 사건에서, 출원의 차별화되지 않은 기재는 독자가 공개된 가능성의 숲을 통해 청구된 화합물(역시 만들어질 수도 있었던 수많은 화합물들 중의 하나로 존재)로 향하도록 길을 안내할 수 있는 충분한 "블레이즈 마크"를 제공하지 못했기 때문에 불충분하였다"고 설시하였다. "블레이즈 마크"의 부재라는 개념은 다음에 소개하는 사건인 *Stanford v. CUHK* (§ 6:6)에서 CAFC의 환송에 대한 USPTO 심판원 결정의 핵심이기도 하다.

9) 379 F2d 990 (CCPA 1967)

§ 6:6 – 방법

◆ ***The Board of Trustees of the Leland Stanford Junior University (Stanford) v. The Chinese University of Hong Kong (CUHK)*** (Fed. Cir. 2017).[10) 특허 저촉 절차에서 심판원은 Stanford의 특허가 대규모 병렬 시퀀싱(MPS)의 두 가지 가능한 실시 태양 중 하나, 특히 "무작위 시퀀싱"에 대한 발명 기재가 부족하여 무효라고 결정하였다. CAFC는 Stanford의 '018 명세서가 표적 시퀀싱과 무작위 시퀀싱 중 하나 또는 둘 모두를 의미하는 것으로 해석될 수 있는데 심판원은 명세서가 표적 시퀀싱을 배제하는지 여부에 초점을 맞추었다는 이유로 심판원의 결정을 파기 환송하였다. 환송심[11)]에서 심판원은 POSITA를 무작위 MPS로 명확하게 유도하는 *Ruschig* 형식의 블레이즈 마크가 없고 무작위 MPS에 유용한 장비 및 기술에 대한 명세서의 명시적 가르침이 소유를 입증하기에 충분하지 않다는 이유로 Stanford 특허의 발명 기재 부재로 인한 특허 무효를 유지하였다. 심판원의 환송 결정에 대한 항소심 *Quake et al v Lo et al* (Fed. Cir. 2019)[12)]에서 CAFC는 발명 기재가 불충분하다는 심판원의 결정을 유지하였다. 아래에 설명된 2017년 *Stanford v CUHK* 판례 바로 아래에 CAFC의 2019년 판례를 소개한다.

THE BOARD OF TRUSTEES OF THE LELAND STANFORD JUNIOR UNIVERSITY (STANFORD) V. THE CHINESE UNIVERSITY OF HONG KONG (CUHK)

U.S. Court of Appeals, Federal Circuit (2017)

청구항 1 (강조 표시 추가)

태아 및 모체 게놈 DNA를 포함하는 모체 조직 샘플에서 태아 이수성의 유무를 결정하는, 다음의 단계를 포함하는 방법:

a. 상기 모체 조직 샘플로부터 태아 및 모체 게놈 DNA의 혼합물을 획득하는 단계;

b. 단계 a)의 태아 및 모체 게놈 DNA의 혼합물로부터 **무작위로 선택된 DNA 단편의**

---

10) 845 F.3d 1357 (Fed. Cir. 2017)

11) *Lo et al v Quake et al*, 환송심 결정 – 특허 저촉 제105,923호(USPTO 특허심판원, 2017년 12월 20일)

12) 928 F.3d 1365 (Fed. Cir. 2019)

대규모 병렬 DNA 시퀀싱을 수행하여 상기 DNA 단편의 서열을 결정하는 단계;
c. 단계 b)에서 얻은 염기서열이 속한 염색체를 식별하는 단계;
d. 상기 모체 및 태아 게놈 DNA의 혼합물에서 적어도 하나의 제1염색체의 양을 적어도 하나의 제2염색체의 양과 비교하기 위해, 단계 c)의 데이터를 사용하는 단계 (여기에서, 상기 적어도 하나의 제1염색체는 태아에서 이수성인 것으로 간주되고, 상기 적어도 하나의 제2염색체는 태아에서 이수성인 것으로 추정되어 상기 태아 이수성의 유무를 결정함).

(A method for determining presence or absence of fetal aneuploidy in a maternal tissue sample comprising fetal and maternal genomic DNA, wherein the method comprises:
a. obtaining a mixture of fetal and maternal genomic DNA from said maternal tissue sample;
b. *conducting massively parallel DNA sequencing of DNA fragments randomly selected* from the mixture of fetal and maternal genomic DNA of step a) to determine the sequence of said DNA fragments;
c. identifying chromosomes to which the sequences obtained in step b) belong;
d. using the data of step c) to compare an amount of at least one first chromosome in said mixture of maternal and fetal genomic DNA to an amount of at least one second chromosome in said mixture of maternal and fetal genomic DNA,
wherein said at least one first chromosome is presumed to be aneuploid in the fetus, wherein said at least one second chromosome is suspected to be aneuploid in the fetus, thereby determining the presence or absence of said fetal aneuploidy.)

법원의 판결 이유

*** 심판원은 Quake[즉, Stanford]의 청구항이 특허를 받을 수 없다고 판단하였다. 심판원은 명세서가 "무작위" 시퀀싱이 아닌 "표적" 시퀀싱을 개시하였으며, 이 명세서는 통상의 기술자에게 Quake가 청구한 무작위 MPS 방법을 소유하고 있다는 사실을 보여주지 않았을 것이라고 판단하였다.

*** [심판원은 '018년 명세서가 MPS 방법을 위한 Illumina 플랫폼에 대해 논의하고 있다는 점에 주목하였다.] Gabriel 박사와 심판원은 모두 Quake의 출원일 이전

Illumina 플랫폼에서의 표적 또는 무작위 시퀀싱에 대한 어떠한 증거도 인용하지 못하였다. Gabriel 박사가 Illumina GA 및 GSFLX 플랫폼에서의 표적 시퀀싱 방법의 사용에 대해 논의하는 두 개의 사후 참고 문헌[인용 생략]을 지적하기는 하였지만, 심판원은 결정을 뒷받침하기 위해 이러한 참고 문헌을 인용하거나 이에 의존하지 않았다.

*** '018 명세서의 문언이 표적 MPS를 배제하지 않는다는 심판원의 판단은 동일한 기재가 무작위 및 표적 시퀀싱을 모두 개시하는 것일 수 있다는 사실을 무시한 것이다. 다시 말해, '018 명세서가 표적 시퀀싱을 나타낼 수 있다고 하더라도 이는 또한 무작위 시퀀싱을 개시하거나 무작위 및 표적 시퀀싱을 모두 개시하는 것일 수 있다. 심판원의 판단은 잘못된 전제에 기초한 것이다. 심판원의 임무는 '018 특허의 발명 기재가 나중에 추가된 청구항에 기재된 대로 무작위 MPS 시퀀싱을 개시하는지 여부를 판단하는 것이지, 그 기재가 표적 MPS 시퀀싱을 배제하지 않는지 여부를 판단하는 것이 아니다.

*** 환송심에서 심판원은 출원일 이전 Illumina 제품에 대한 기술 관련 사실에 대한 기록 증거를 조사하여, 우선일 현재 Illumina 제품에 대한 '018 명세서의 언급이 청구항에 언급된 무작위 MPS 시퀀싱을 의미한다는 것을 통상의 기술자가 알 수 있었는지 여부를 검토하여야 한다. 심판원의 검토는, 출원일에 존재하는 무작위 MPS 시퀀싱 또는 Illumina 제품에 대한 기술 관련 사실이 출원일 이후 간행물에 포함되어 있음을 보여줄 수 있는, 발명 기재 분석과 관련된 증언 또는 증거가 기록에 포함되어 있는지 여부에 대한 분석을 포함할 수 있다. 그러나 심판원은 "출원일에 존재하지 않았던 … 나중의 기술 관련 사실에 대한 나중의 지식"에 대한 출처로서 사후 참고 문헌을 사용할 수 없다.

*** 환송심에서 심판원은 또한 명세서가 표적 MPS 시퀀싱을 배제하지 않았는지 여부가 아니라, '018 특허의 명세서가 무작위 MPS 시퀀싱을 개시한다는 것을 통상의 기술자가 이해하였을지 여부를 검토해야 한다.

***

환송심인 *Lo et al v Quake et al*[13]에서 심판원은 무작위 MPS에 대한 발명 기재가 부족하다는 이전의 결정을 유지하면서 다음과 같이 설시하였다. 무작위 대량 병렬 시퀀싱 방법과 관련된 '833 출원의 개시 내용('018 특허와 동일)으로는 무작위로 단편화된 DNA의 대량 병렬 시퀀싱에 대한 언급, "Illumina가 제공하는 제품", Balasubramanian의 인용, 및 서열의 염색체 기원을 식별하는 데 필요한 염기쌍 수에 대한 언급이 있다. '833 출원에는 무작위 대량 병렬 시퀀싱을 사용하여 태아 이

13) 특허 저촉 제105,923호, 환송심 결정(PTAB, 2017년 12월 20일)

수성의 존재 여부를 결정하기 위해 취해야 할 일련의 구체적인 단계가 명시되어 있지 않다. 본 심판원은 '833 출원이 태아 이수성을 결정하기 위해 혼합물에서 무작위로 선택된 DNA 단편을 대량 병렬 시퀀싱하는 방법에 대한 명시적인 "블레이즈 마크"를 제공하지 못한다고 판단한다. *In re Ruschig*[14]을 참조하라(유사하게, 개시 내용에 사용 가능한 반응물 목록이 나열되어 있지만 필요한 반응물이 강조되어 있지는 않음) [상기 § 6:5 참조].

STEPHEN QUAKE, ET AL V. YUK-MING DENNIS LO, ET AL

U.S. Court of Appeals, Federal Circuit (2019)

법원의 판결 이유

"발명 기재 요건의 목적은 출원인이 자신이 발명하지 않은 것을 발명했다고 나중에 주장하는 것을 방지하는 것"이며, 이 요건은 이 사건에서와 같이 출원 심사 중 나중에 다른 사람의 개발 내용에 대응하여 청구항을 추가하는 경우 특히 중요하다 [인용 생략]. 이 사건에서 Quake가 이 명세서로 무작위 MPS를 포괄하기 위해 처음 시도한 것은 무작위 MPS에 대한 Lo의 특허 출원이 공개된 이후였다. 그 후 Quake는 출원 중인 모든 청구항을 취하하고 무작위 MPS를 포함하는 청구항으로 대체하였으며, 이는 청구항과 원래 출원된 명세서 사이에 불일치를 야기하였다.

일반적으로 발명은 명세서에 명시적으로 기재되지만 이 사건의 경우에는 그러하다는 합리적인 근거가 없다. 심판원은 청구된 발명의 두 가지 요소에 대해 단락 A 및 B에서 일부 명시적 개시 내용을 발견했지만, '018 특허에서 "무작위 MPS"라는 용어는 언급된 적이 없고, 시퀀싱 전에 샘플의 모든 DNA를 증폭하는 방법은 기재된 적이 없으며, Quake는 무작위 MPS로 생성된 데이터로부터 태아의 이수성을 결정하는 데 필요한 통계 분석을 설명하는 실시 태양이 없음을 인정한다. … 방법 전체가 명시적으로 기재되어 있지 않다.

*** 단 하나의 Balasubramanian의 인용과 "염기서열을 식별하기 위해서는 약 30bp의 무작위 염기서열 정보가 필요하다"는 문장의 제한된 공개 가치에 비추어 볼 때, 이 두 가지 사항은 모두 청구한 바와 같이 태아 이수성을 결정하기 위해 무작위 MPS를 사용한다는 점을 증거하기에 적절하지 않다는 심판원의 판단을 뒷받침하는 상당한 증거가 있다. 발명 기재 요건은 숲속에서 길을 만드는 것과 비슷하다는 *Ruschig*의 비유에 비추어 볼 때, 상기 두 가지 사항은 무작위 MPS에 의해 태아

14) 379 F.2d 990 (C.C.P.A. 1967)

이수성을 결정하기 위한 (기껏해야) 희미한 "블레이즈 마크"에 불과하며, 명세서의 나머지 내용은 모두 표적 MPS로 향하는 명확한 길을 표시하고 있다. *Ruschig*, 379 F.2d, 제994−95면.

*** Quake의 '018 특허의 공통 명세서에는 … 태아 이수성을 결정하기 위해 무작위 MPS를 사용하는 방법이 개시되어 있지 않으므로, '018 특허의 4개 청구항이 … § 112에 따른 발명 기재 부재로 인하여 특허 받을 수 없는 것임을 확인하여 달라는 Lo의 신청을 심판원이 받아들인 데에는 상당한 증거의 뒷받침이 있다.

§ 6:7 – 내재적 소유(Inherent possession)

법원은 명시적으로 기재되지 않은 청구항 한정 사항의 내재적 소유를 포함하여 출원일에 완전한 발명을 소유하고 있었음을 출원인이 증명할 수 있는 한, 특허 출원이 청구항의 모든 한정 사항을 명시적으로 기재할 필요는 없다는 입장을 오랫동안 견지해 왔다. 본 항목의 첫 번째 사례인 *Enzo Biochem v. Gen−Probe* (Fed. Cir. 2002)에서 법원은 특허 출원에 서열이 기재되어 있지 않더라도 청구된 DNA 서열이 포함된 미생물 기탁(예를 들면 부다페스트 조약[15]에 따른)이 서열에 대한 발명 기재 요건을 충족시킨다고 판시하였다. 기탁은 DNA 분자의 명시적 소유와 그 염기서열의 내재적 소유를 입증한다. 본 항목의 두 번째 판례인 *Yeda v. Abbott* (Fed. Cir. 2016)는 더 나아가 내재적 소유의 원칙이 우선권 일자를 뒷받침하는 데에도 사용될 수 있음을 보여준다.

Enzo Biochem v. Gen−Probe (Fed. Cir. 2002).[16] 구체적으로 청구된 *Neisseria gonorrhea*의 DNA는 명세서에 기재되어 있지 않고 우선권 일자에 염기서열이 밝혀져 있지도 않았지만, 그 명칭이 언급되어 있고 ATCC 번호로 기탁되어 있었으며 출원일 당시에 일상적으로 염기서열 분석이 가능하지도 않았다. 이는 각 특정 서열에 대한 발명 기재로서 충분하다.

15) 특허절차를 위한 미생물 기탁의 국제적 인정에 관한 부다페스트 조약 (Budapest Treaty on the International Recognition of the Deposit of Microorganisms for the Purposes of Patent Procedure), 1977년 4월 28일, 1980년, WO002EN

16) 323 F.3d 956 (Fed. Cir. 2002)

ENZO BIOCHEM, INC. v. GEN-PROBE INC

U.S. Court of Appeals, Federal Circuit (2002)

청구항 1

적어도 하나의 뉴클레오타이드 서열 … 을 포함하는, *Neisseria gonorrhea*에 특이적인 물질 조성물.

(A composition of matter that is specific for *Neisseria gonorrhea* comprising at least one nucleotide sequence…)

청구항 4

제1항에 있어서, 상기 뉴클레오타이드 서열은 다음으로 구성된 그룹으로부터 선택되는 것인 조성물:

a. ATCC 53409, ATCC 53410 및 ATCC 53411의 *Neisseria gonorroheae* [원문 오류] DNA 삽입단편 및 그 개별 뉴클레오타이드 서열,

b. 상기 혼성화 비율 내에 있는 상기 삽입단편의 돌연변이된 개별 뉴클레오타이드 서열 및 그의 하위 서열; 및

c. 이들의 혼합물.

(The composition of claim 1 wherein said nucleotide sequences are selected from the group consisting of:

a. the *Neisseria gonorroheae* [sic] DNA insert of ATCC 53409, ATCC 53410 and ATCC 53411, and discrete nucleotide subsequences thereof,

b. mutated discrete nucleotide sequences of any of the foregoing inserts that are within said hybridization ratio and subsequences thereof; and

c. mixtures thereof.)

법원의 판결 이유

뉴클레오타이드 염기 서열의 기탁에 대한 언급이 해당 염기 서열의 적절한 기재에 해당할 수 있는지 여부는 이 법원에서 처음으로 다루어지는 쟁점이다. 특허를 목적으로 한 생물학적 기탁의 역사, 특허법의 목적, 독특한 생물학적 물질을 서면 기재로 설명하는 데 따르는 실질적인 어려움에 비추어 볼 때, 다른 방법으로는 서면 형태로 제공하는 것이 불가능한 경우 공중이 접근할 수 있는 공공 기탁 기관에 기탁한 것을 언급하는 것은 § 112 ①의 발명 기재 요건을 충족시키기에 충분하고 기탁 물질에 대한 적절한 기재에 해당한다고 판단한다.

*** 본 사건에서 Enzo의 기탁은 명세서에 참조로 언급되어 있다. 특허 명세서에서 기탁 번호를 읽은 당업계의 통상의 기술자는 해당 서열을 포함하는 기탁된 유기체로부터 뉴클레오타이드 서열을 잘라내는 적절한 기술을 사용함으로써 ATCC 기탁 기관으로부터 청구된 서열을 얻을 수 있다. … 따라서 해당 서열은 명세서의 개시로부터 입수 가능하다. 비록 이러한 서열의 구조, 즉 정확한 뉴클레오타이드 염기쌍은 명세서에 명시적으로 기재되어 있지 않지만, 이러한 구조는 1986년 Enzo의 출원 당시 합리적으로 얻을 수 없는 것이었으며 무엇보다도 Enzo 자신도 알지 못하였던 것이다.

Yeda R&D Co. v. Abbott Gmbh (Fed. Cir. 2016).[17] 청구항 구성요소를 내재적으로 개시하는 우선권 문서는 청구항 구성요소를 명시적으로 언급하는 후속 출원의 청구항을 뒷받침하기 위한 발명 기재 요건을 충족시킨다.

YEDA RESEARCH AND DEVELOPMENT CO., LTD. v. ABBOTT GMBH & CO. KG

U.S. Court of Appeals, Federal Circuit (2016)

청구항 1 ('915 특허)

분자량이 약 42,000달톤이고 N 말단에 하기 아미노산 서열을 갖는 정제 및 분리된 TNFα-결합 단백질 [TBP-II]:

Xaa Thr Pro Tyr Ala Pro Glu Pro Gly Set Thr Cys Arg Leu Arg Glu

(여기에서, Xaa는 수소, 페닐알라닌 잔기(Phe), 또는 아미노산 서열 Ala Phe, Val Ala Phe, Gln Val Ala Phe, Ala Gln Val Ala Phe, Pro Ala Gln Val Ala Phe 또는 Leu Pro Ala Gln Val Ala Phe임).

(A purified and isolated TNFα-binding protein [TBP-II] which has a molecular weight of about 42,000 daltons and has at the N terminus the amino acid sequence

17) 837 F.3d 1341 (Fed. Cir. 2016)

Xaa Thr Pro Tyr Ala Pro Glu Pro Gly Set Thr Cys Arg Leu Arg Glu

where Xaa is hydrogen, a phenylalanine residue (Phe) or the amino acid sequences Ala Phe, Val Ala Phe, Gln Val Ala Phe, Ala Gln Val Ala Phe, Pro Ala Gln Val Ala Phe or Leu Pro Ala Gln Val Ala Phe.)

법원의 판결 이유

['072 … 출원(독일 우선권 문서)은] '915 특허에서 청구된 전체 N−말단 서열을 개시하고 있지 않다. 대신 부분적인 N−말단 서열, 생물학적 공급원으로부터 단백질을 얻는 방법, 및 분자량, 생물학적 활성, 트립신에 노출되었을 때의 분해 특성과 같은 단백질의 추가 특성들을 개시한다. 양 당사자는 '072 출원에 기재된 N−말단 서열을 포함하는 유일한 단백질은 TBP−II, 즉 '915 특허에서 청구된 것과 동일한 단백질이라는 데 동의한다.

*** 내재적 개시 원칙에 따르면, 명세서가 아직 공개되지 않은 특정 내재적 특성을 가지는 발명을 기재하는 경우, 해당 명세서는 발명의 내재적 특성을 명시적으로 언급하는 후속 특허 출원을 뒷받침하는 적절한 발명 기재를 제공한다. … 이 사건의 경우, '072 출원에 개시된 것과 동일한 부분적인 N−말단 서열과 추가 특성을 갖는 단백질은 TBP−II가 유일하다는 점에는 다툼의 여지가 없다. … 따라서, '072 출원은 TBP−II의 N−말단 서열의 나머지 아미노산을 내재적으로 개시하고 있으며 TBP−II를 청구하는 특허를 뒷받침하는 적절한 발명 기재를 제공한다. 단백질에 대한 적절한 발명 기재를 제공하기 위해 출원에 단백질의 전체 N−말단 서열이 개시될 필요는 없다. 이 사건의 경우, '072 출원에 공개된 것과 동일한 부분적인 N−말단 서열과 추가 특성을 가진 단백질은 TBP−II가 유일하다는 점에 다툼의 여지가 없다.

§6:8 저자 의견: DNA 또는 단백질 서열의 오류 정정

내재적 소유 원칙은 특허 출원의 오류 정정에도 확대 적용되고 있다. 따라서 출원일 이후에 하위개념의 화학식이나 구조에 오류가 있어 정정이 필요하다는 사실이 밝혀지더라도 하위개념의 발명 기재 요건을 위반한 것이 아니다. 정정은 특허 등록 후 정정 증명서를 통해서도 가능하다. 변경된 것이 화합물 자체가 아닌 **화학식**만이고 화합물의 소유가 내재적 발명 기재에 의해 뒷받침된다는 독립적인 증거가 있는 한 정정은 신규 사항을 도입하는 것이 아니다.

Ex parte Marsili (P.T.O. Bd. Pat. App. & Interferences 1979)[18]는 화학식 오류 정정에 관한 최초의 화학 판례 중 하나이다. 이 법리는 생명공학 분야에서도 확립되어 있다. 예를 들어, 하기를 참조하라:

- ***Regents of the University of New Mexico v. Knight*** (Fed. Cir. 2003).[19] CAFC는 "화학 구조는 단순히 화합물을 기재하는 수단일 뿐 발명 자체가 아니다"라고 지적하며, 구조식을 정정하는 보정안에 신규 사항이 추가되지 않았다고 판단하였다.
- ***Sanofi v. Pfizer*** (Fed. Cir. 2013).[20] IL－13b에 대한 특허 저촉 절차에서, 후발 당사자인 Pfizer가 보유한 염기서열이 잘못되었고 선발 당사자인 Sanofi의 우선권 일자 이후까지 정정되지 않았음에도 불구하고 Pfizer가 승소하였다. 법원은 Pfizer가 승소하기 위해 소유하고 있어야 하는 것은 정확한 염기서열이 아니라 **단백질과 그 특성**이라고 판시하였다.
- ***Cubist Pharma v. Hospira*** (Fed. Cir. 2015).[21] 화합물이 변경되지 않았고; 변경된 것은 해당 아미노산이 L－ 형태가 아닌 D－ 형태를 갖는다는 통상의 기술자의 인식일 뿐이며; 화학식의 변경이 충분한 발명 기재에 의해 뒷받침된다는 점을 보여주는 증거가 있다는 이유로, 13개의 아미노산 중 하나를 "L－Asn"에서 "D－Asn"으로 변경하는 사이클릭 펩타이드의 화학식 오류 정정이 허용되었다. 따라서 발명자들이 올바른 화합물을 내재적으로 소유하고 있었음이 명백하였다.

§ 6:9 상위개념의 발명 기재 － 대표적 실시예 또는 공통 구조에 의한 －－ 폴리뉴클레오타이드 및 폴리펩타이드

Regents U California v. Eli Lilly (Fed. Cir. 1997).[22] 이 사건에는 인슐린 DNA에 대한 두 가지 유형의 청구항이 관련되어 있다. **첫째,** 인간 인슐린을 코딩하는 특정 실시 태양(예언적으로 기술됨)에 대한 한 가지 유형의 청구항(청구항 5)은 *Fiers v. Revel* (Fed. Cir. 1993)[23](상기 참조)에 따라 발명 기재 부재로 인해 무효이

18) 214 USPQ 904 (P.T.O. Bd. Pat. App. & Interferences 1979)
19) 321 F.3d 1111 (Fed. Cir. 2003)
20) 733 F.3d 1364 (Fed. Cir. 2013)
21) 805 F.3d 1112 (Fed. Cir. 2015), 상고허가 신청 기각 136 S. Ct 2393 (2016)
22) 119 F.3d 1559 (Fed. Cir. 1997)
23) 984 F.2d 1164 (Fed. Cir. 1993)

다. **둘째**, 또 다른 유형의 청구항(청구항 1 또는 2)은 척추동물 상위개념의 DNA에 관한 것이다. 이들 청구항은 상위개념의 발명 기재가 없기 때문에 무효이다. 명세서에는 척추동물 상위개념에 공통적으로 나타나는 구조적 특징에 대한 기재가 없다. 상위개념에 대한 충분한 수의 대표자가 기재되어 있지 않다. 당업계의 통상의 기술자는 상위개념이 하는 일(또는 할 것으로 예상되는 일)을 제외하고는 상위개념을 시각화할 수 없으며, 이것만으로는 충분하지 않다. 명세서에는 해당 상위개념의 구성요소들이 무엇을 할 수 있는지 뿐만 아니라 상위개념이 무엇으로 구성되어 있는지가 기재되어 있어야 한다.

REGENTS OF UNIVERSITY OF CAL. v. ELI LILLY & CO.

U.S. Court of Appeals, Federal Circuit (1997)

청구항

1. 인슐린을 코딩하는 척추동물 mRNA의 역전사체 구조를 갖는 하위 서열을 뉴클레오타이드 서열 내에 포함하는, 원핵생물 숙주에서 복제 가능한 재조합 플라스미드.
(A recombinant plasmid replicable in a prokaryotic host containing within its nucleotide sequence a subsequence having the structure of the reverse transcript of an mRNA of a vertebrate, which mRNA encodes insulin.)

2. 인슐린을 코딩하는 척추동물 mRNA의 역전사체 구조를 갖는 뉴클레오타이드 서열을 포함하도록 변형된 재조합 원핵 미생물.
(A recombinant prokaryotic microorganism modified to contain a nucleotide sequence having the structure of the reverse transcript of an mRNA of a vertebrate, which mRNA encodes insulin.)

5. 제2항에 있어서, 척추 동물이 인간인 미생물.
(A microorganism according to claim 2 wherein the vertebrate is a human.)

법원의 판결 이유

[청구항 5] [청구항 5에서] 청구된 미생물의 정의(definition)는 인간 인슐린을 인코딩하는 cDNA를 필요로 한다. 특허는 예상 실시예인 실시예 6을 통해 해당 cDNA를 얻는 방법을 설명한다. 그러나 이 실시예는 인간 인슐린 A 및 B 사슬의 아미노산 서열과 함께 인간 cDNA를 얻는 일반적인 방법(쥐 cDNA를 얻는 데 사용된 방법을 참조로 언급)만을 제공한다. 용이실시 가능하게 하는 개시를 제공하는지

여부에 관계없이, 청구항 5의 대상에 대한 발명 기재를 제공하는 데 필요한 인간 인슐린을 코딩하는 cDNA에 대한 발명 기재는 제공하지 않는다. cDNA라는 명칭은 그 자체로 해당 DNA에 대한 발명 기재가 아니며 그 정체를 식별할만한 정보를 전달하지 않는다. 이 실시예는 인간 인슐린을 인코딩하는 cDNA를 얻기 위한 방법을 제공하지만 특허에는 해당 cDNA의 관련 구조적 또는 물리적 특성과 관련된 추가 정보가 전혀 없으며, 다시 말해, 이는 인간 인슐린 cDNA를 기재하는 것이 아니다. 해당 실시예와 같이 cDNA를 제조하는 방법을 기술하거나 또한 더 나아가 cDNA가 코딩하는 단백질을 기술한다고 해도 이는 반드시 cDNA 자체를 기재하는 것은 아니다. 특허의 실시예 5에서 쥐 cDNA에 대해 나타낸 것과는 달리, 특허에는 어떤 뉴클레오타이드가 인간 cDNA를 구성하는지를 나타내는 서열 정보가 나타나 있지 않다. 따라서, 명세서는 청구항 5의 발명에 대한 발명 기재를 제공하지 않는다.

[청구항 1 및 2] *** 유전학적 물질에 대한 청구항에서 … 추가의 정보 없이 "척추동물 인슐린 cDNA" 또는 "포유류 인슐린 cDNA"와 같이 상위개념적으로 언급하는 것은 청구된 상위개념을 기능으로 구별하는 것 이외에는 다른 것과 구별하지 않으므로 상위개념에 대한 적절한 발명 기재가 아니다. 이는 해당 정의에 포함되는 어떠한 유전자도 구체적으로 정의하지 않는다. 또한, 이는 해당 상위개념의 구성원들이 공통적으로 가지며 이들을 다른 것들과 구별되게 하는 어떠한 구조적 특징도 정의하지 않는다. 따라서 통상의 기술자는 충분히 기재된 상위개념에 대하여 할 수 있는 것과 같이 해당 상위개념 구성원들의 정체를 시각화 하거나 인식할 수 없다. 앞서 언급했듯이, 기능에 의한 정의는 유전자가 무엇인지가 아니라 유전자가 하는 일을 나타내는 것일 뿐이므로 상위개념을 정의하는 데 충분하지 않다. *Fiers*를 참조하라. 이는 무엇이 그 결과를 달성하는지에 대한 정의가 아니라 유용한 결과에 대한 정의일 뿐이다. 수많은 그러한 유전자가 동일한 결과를 달성할 수 있다. 특허법의 기재 요건은 발명의 기재를 요구하는 것이지, 발명을 실행했을 때 얻을 수 있는 결과의 표시를 요구하는 것이 아니다.

*** cDNA 상위개념에 대한 기재는 상위개념의 범위에 속하는 뉴클레오타이드 서열에 의해 정의된 대표적인 수의 cDNA를 언급하거나, 그 상위개념의 구성원들에 공통적으로 나타나며 그 상위개념의 상당 부분을 구성하는 구조적 특징을 언급함으로써 달성될 수 있다.

[청구항 1, 2, 및 5는 발명 기재가 부족하여 무효이다.]

Enzo Biochem v. Gen-Probe (Fed. Cir. 2002).[24] 이는 상기 § 6:7에서 내재적 소유와 관련하여 분석한 사례와 동일한 것이다. 기탁된 3개의 *Neisseria gonorrhea* 염기서열이 염기서열의 상위개념을 기재하기에 충분한 대표성이 있는지 여부는 사실관계의 문제이며, 이는 환송심에서 결정될 사안이다.

ENZO BIOCHEM, INC. v. GEN-PROBE INC

U.S. Court of Appeals, Federal Circuit (2002)

청구항 1 (강조 표시 추가)

Neisseria gonorrhoeae [원문오류] 염색체 DNA에 혼성화 되는 서열의 양과 *Neisseria meningitidis*의 염색체 DNA에 혼성화 되는 서열의 양의 비율이 약 5보다 큰 **적어도 하나의 뉴클레오타이드 서열을 포함하고,** 상기 비율은 하기 단계들을 포함하는 방법에 의해 얻어지는 것인, **Neisseria gonorrhoeae[원문오류]에 특이적인 물질 조성물;**

(a) 상기 뉴클레오타이드 서열의 방사성 표지된 형태를 제공하는 단계;

(b) 하기 각 *N. gonorrhoeae* [원문오류] 균주로부터 정제된 염색체 DNA의 연속 희석 시리즈를 제공하는 단계; (1) ATCC 53420, (2) ATCC 53421, (3) ATCC 53422, (4) ATCC 53423, (5) ATCC 53424, (6) ATCC 53425 ...;

(c) 연속 희석 시리즈 …를 제공하는 단계;

(d) …의 동일한 부분을 혼성화 하는 단계;

(e) 표지된 뉴클레오타이드 서열 … 을 정량화 하는 단계;

(f) 단계 (e)의 데이터에서 평균 양 … 을 빼는 단계;

(g) 단계 (f)의 데이터 … 를 정규화 하는 단계;

(h) 가장 근접하게 동일한 … 정규화된 값 두 개를 선택하는 단계;

(i) 가장 근접하게 동일하고 인접한 멤버에 해당하는 … 정규화 된 값 두 개를 선택하는 단계;

(j) 단계 (h)에서 얻은 최저 평균을 단계 (i)에서 얻은 최고 평균으로 나누어 해당 비율을 구하는 단계.

(*A composition of matter that is specific for Neisseria gonorrhoeae* [sic] *comprising at least one nucleotide sequence* for which the ratio of the amount

24) 323 F.3d 956 (Fed. Cir. 2002)

of said sequence which hybridizes to chromosomal DNA of Neisseria gonorrhoeae [sic] to the amount of said sequence which hybridizes to chromosomal DNA of Neisseria meningitidis is greater than about five, said ratio being obtained by a method comprising the following steps;

(a) providing a radioactively labeled form of said nucleotide sequence;

(b) providing a serial dilution series of purified chromosomal DNA from each of the N. gonorrhoeae [sic] strains; (1) ATCC 53420, (2) ATCC 53421, (3) ATCC 53422, (4) ATCC 53423, (5) ATCC 53424, (6) ATCC 53425 … ;

(c) providing a serial dilution series … (d) hybridizing equal portions of … (e) quantifying the labeled nucleotide sequence … ;

(f) subtracting from the data of step (e) an averaged amount … ;

(g) normalizing the data of step (f) … ;

(h) selecting two normalized values that are most nearly the same … ;

(i) selecting two normalized values that are most nearly the same and that correspond to adjacent members … ;

(j) dividing the lowest average obtained in step (h) by the highest average obtained in step (i) to obtain said ratio.)

법원의 판결 이유

본 법원은 … Enzo가 기탁한 3개의 서열에 근거하여 더 넓은 상위개념 청구항 1-3 및 5의 조성물[즉, "… 적어도 하나의 뉴클레오타이드 서열을 포함하는 *Neisseria gonorrhea*에 특이적인 물질 조성물"]이 § 112 ①의 요건을 충족하기에 충분하게 기재되어 있는지를 판단하고자 한다. 만약 이들 서열이 상위개념 청구항의 범위를 대표한다면, 즉 특허권자가 상위개념을 구성하기에 충분한 하위개념들을 발명하였음을 나타낸다면 해당 서열은 상위개념 청구항의 범위를 대표할 수 있다. … 본 사안에서 3개의 기탁 서열에 의해 제공된 공개 범위가 당업계의 통상의 기술과 결합하여 청구항 1-3 및 5의 상위개념을 기재하는 것인지 여부는 사실 문제인데 지방 법원은 이를 판단하지 않았다. 환송심에서 지방법원은 본 법원의 판례 및 특허청의 지침에 따라 당업계의 통상의 기술자가 기탁의 중요성과 청구항의 범위를 인식하여 청구항 1-3 및 5의 대상이 적절히 기재된 것으로 간주할지 여부를 결정하여야 한다.

In re Wallach (Fed. Cir. 2004).[25] 청구항은 10개의 아미노산 서열만이 알려진 완전한 정제 단백질을 코딩하는 단리된 DNA에 대한 것이다. 청구항은 기능적으로 기재되어 있으며 뉴클레오타이드의 서열을 보여주지 않는다. 기능과 부분 구조 사이에는 명확한 관련성이 없다. 상기 10개의 아미노산 서열은 해당 10개의 아미노산을 코딩하는 모든 폴리뉴클레오타이드 서열이라는 상위개념을 나타낼 뿐 그 외의 어떠한 것도 나타내지 않으며, 따라서 상기 10개의 아미노산 서열은 상위개념을 대표하지 않는다.

IN RE DAVID WALLACH, ET AL

U.S. Court of Appeals, Federal Circuit (2004)

청구항 11

자연적으로 발생하는 인간 종양괴사인자(TNF) 결합 단백질 II(이하 TBP−II로 지칭)로 구성된 단백질을 코딩하는 연속적인 뉴클레오타이드 서열을 포함하는 단리 DNA 분자

(여기에서, 상기 TBP−II는 N−말단 서열 분석에 의해 서열이 결정된 단백질 부분에 아미노산 서열 Thr−Pro−Tyr−Ala−Pro−Glu−Pro−Gly−Ser−Thr [하기에 밑줄 친 TPYAPEPGST]을 포함하고, 상기 단백질은 TNF의 세포 독성 효과를 억제하는 능력을 가지며, 여기에서 상기 자연적으로 발생하는 TBP−II 단백질은, TNF의 세포 독성 효과를 억제하는 능력을 갖는 단백질로서, 투석된 인간 소변의 농축액으로부터 회수된 조단백질이 고정된 TNF 컬럼에서 친화성 크로마토그래피를 통해 정제된 후, 역상 고압 액체 크로마토그래피 컬럼에서 약 31%의 아세토니트릴에 해당하는 분획에서 단일 피크로 용출되고, 환원 조건에서 SDS−PAGE로 측정할 때 약 30 kDa의 분자량을 나타내는 단백질과 동일한 것임).

(An isolated DNA molecule comprising a contiguous nucleotide sequence coding for a protein consisting of naturally occurring human Tumor Necrosis Factor (TNF) Binding Protein II, herein designated TBP−II, said TBP−II including the amino acid sequence: Thr−Pro−Tyr−Ala−Pro−Glu−Pro−Gly−Ser−Thr [underlined below as TPYAPEPGST] in the portion of the protein sequenced by N−terminal sequence analysis, said protein having the

25) 378 F.3d 1330 (Fed. Cir. 2004)

ability to inhibit the cytotoxic effect of TNF, wherein said naturally occurring TBP－II protein is the same as that protein having the ability to inhibit the cytotoxic effect of TNF which, after being purified by subjecting a crude protein recovered from a dialyzed concentrate of human urine to affinity chromatography on a column of immobilized TNF, elutes from a reversed－phase high pressure liquid chromatography column as a single peak in a fraction corresponding to about 31% acetonitrile and shows a molecular weight of about 30 kDa when measured by SDS－PAGE under reducing conditions.)

관련 기술

MAPVAVWAALAVGLELWAAAHALPAQVAF**TPYAPEPGST**CR
LREYYDQTAQMCCSKCSPGQHAKVFCTKTSDTVCDSCEDST
YTQLWNWVPECLSCGSRCSSDQVETQACTREQNRICTCRPG
WYCALSKQEGCRLCAPLRKCRPGFGVARPGTETSDVVCKPC
APGTFSNTTSSTDICRPHQICNVVAIPGNASMDAVCTSTSP
TRSMAPGAVHLPQPVSTRSQHTQPTPEPSTAPSTSFLLPMG
PSPPAEGSTGDFALPVASLACR

TNFRSF1B | tumor necrosis factor receptor superfamily, member 1B

법원의 판결 이유

분자 생물학 기술 분야에서 출원인이 아미노산 서열을 개시하는 경우 해당 아미노산 서열을 코딩하는 핵산 서열을 명시적으로 개시할 필요는 없다. 유전자 코드는 널리 알려져 있기 때문에 아미노산 서열의 개시는 출원인이 특정 아미노산 서열을 코딩하는 핵산의 전체 상위개념을 소유하고 있다고 인정할 수 있을 정도로 충분한 정보를 제공할 수 있지만, 반드시 특정 하위개념의 소유를 보여주는 것은 아니다. … [그러나] 항소인들이 TBP－II의 전체 아미노산 서열을 얻기 전까지는 이를 코딩하는 DNA의 정체를 알고자 하는 희망 이상의 것은 가지고 있지 않았다.

*** [유전자를] 기능으로 기재하는 것은 통상의 기술자에게 구조－기능 관계가 알려져 있는 경우에만 충분할 수 있다. 위에서 설명한 바와 같이, 핵산 분자의 구조와 특정 아미노산 서열을 인코딩하는 기능 사이에는 이러한 잘 알려진 관계가 존재한다. 아미노산 서열이 주어지면 해당 서열을 인코딩하는 기능을 수행할 수 있는 모든 핵산 분자의 화학 구조를 결정할 수 있다. 그러나 해당 서열이 없거나 [본 사안과 같이] 일부 서열만 있는 경우에는 해당 구조를 결정할 수 없으며 결과적으로 발명 기재 요건을 충족하지 못한다.

◆ ***Ajinomoto Co., Inc. v. International Trade Commission*** (Fed. Cir. 2019).[26] 이 사례는 하기 § 12:6에서 침해 소송 중 청구범위 해석과 관련하여서도 논의된다. 발명 기재 요건과 관련하여, 명세서에 4개의 강력한 프로모터에 대한 실시예가 개시되어 있고, 상대적인 강도를 갖는 14개의 프로모터와 *E.coli* 박테리아에서 프로모터 강도를 결정하는 방법이 개시되어 있는 문헌이 인용되어 있으므로, "더 강력한 프로모터를 갖는 박테리아"를 언급하고 있는 청구항은 "더 강력한 프로모터"라는 용어에 대한 발명 기재가 결여되어 있지 않다. 또한 CAFC는 더 강력한 프로모터라는 상위개념에 공통적인 구조적 특징이 있다는 점에 동의하였다.

AJINOMOTO CO., INC. v. INTERNATIONAL TRADE COMMISSION

U.S. Court of Appeals, Federal Circuit (2019)

청구항 9 ('655 특허) (강조 표시 추가)

배지에 방향족 L−아미노산을 축적하는 능력을 갖는 재조합 대장균 박테리아 (여기에서, 상기 박테리아에 의한 방향족 L−아미노산 생산은 상기 박테리아의 세포 내 단백질의 활성을 상기 박테리아의 야생형에서 관찰되는 수준 이상으로 향상시킴으로써 향상되고,

[1] 상기 단백질이 SEQ ID NO: 2의 아미노산 서열로 구성되며,

[2] 상기 단백질은 박테리아가 L−페닐알라닌, 플루오로페닐알라닌 또는 5[−]플루오로−DL−트립토판에 내성을 갖도록 만드는 활성을 가지고,

[3] 상기 단백질의 활성은 [3a] 상기 단백질을 코딩하는 DNA로 상기 박테리아를 형질 전환함으로써 상기 박테리아에서 상기 단백질을 발현시키거나, [3b] 상기 박테리아의 염색체에서 상기 DNA에 선행하는 고유 프로모터를 **더 강력한 프로모터**로 대체하거나, 또는 [3c] 상기 박테리아의 염색체에 상기 단백질을 코딩하는 DNA의 다수의 복제본을 도입하여 상기 단백질을 발현함으로써 강화됨.)

(A recombinant *Escherichia coli* bacterium, which has the ability to accumulate aromatic L−amino acid in a medium, wherein the aromatic L−amino acid production by said bacterium is enhanced by enhancing activity of a protein in a cell of said bacterium beyond the levels observed in a wild−type of said bacterium,

[1] and in which said protein consists of the amino acid sequence of SEQ ID

26) 932 F.3d 1342 (Fed. Cir. 2019)

NO: 2
[2] and said protein has the activity to make the bacterium resistant to L-phenylalanine, fluoro-phenylalanine or 5[-]fluoro-DL-tryptophan,
[3] wherein the activity of the protein is enhanced by [3a] transformation of the bacterium with a DNA encoding the protein to express the protein in the bacterium, [3b] by replacing the native promoter which precedes the DNA on the chromosome of the bacterium with *a more potent promoter*, [3c] or by introduction of multiple copies of the DNA encoding said protein into the chromosome of said bacterium to express the protein in said bacterium.)

법원의 판결 이유

CAFC는 '655 특허가 본래의 프로모터보다 더 강력한 프로모터의 대표적인 수의 하위개념을 개시하고 있으며 더 강력한 프로모터라는 상위개념에는 공통적인 구조적 특징이 존재한다는 위원회의 판단을 지지하였다.

*** '655 특허는 "강력한 프로모터"의 네 가지 실시예를 개시하고 있다. 이 특허는 또한 "강력한 프로모터의 예"와 "프로모터의 강도를 [평가]하는 [방법]"을 개시하는 Deuschle 등의 1986년 논문을 인용하고 있다. …

*** 여기에서, 더 강력한 프로모터라는 상위개념은 '655 특허의 발명 당시 관련 기술 분야에서 이미 잘 탐구되어 있었다. 이러한 상황 하에서, 위원회가 당업계의 배경 지식에 비추어 더 강력한 프로모터라는 상위개념을 대표하는 다수의 하위개념이 명세서에 기재되어 있다고 판단한 것은 타당하다.

*** 공통적인 구조적 특징과 관련하여, 위원회는 통상의 기술자가 "합의 서열과 프로모터 강도 사이의 잘 알려진 연관성을 고려하여 더 강력한 프로모터를 확인할" 수 있다고, 즉 프로모터 중의 "합의 서열"로부터 차이점이 더 적은 프로모터가 그러한 서열로부터 차이점이 더 많은 프로모터보다 일반적으로 더 강력하다고 판단하였다.

*** 합의 서열과의 유사성이 공통 구조적 특징을 정의할 수 없다는 피신청인측 참가인 CJ의 주장에 대하여, CAFC는 적절한 발명 기재가 되기 위하여 상위개념 구성원과 주장되는 공통 구조적 특징 간의 완벽한 일치가 요구되지는 않는다고 설시하였다. 본 법원은 본 사안에서 문제가 된 것과 같이 기능적으로 정의된 상위개념에 대하여 "구조와 기능 간의 상관관계"를 좀 더 완화하여 판단하여 왔다.

§ 6:10 저자 의견: *Regents v. Eli Lilly, Enzo Biochem v. Gen-Probe* 및 최초 청구범위 원칙

일반적으로 실시 태양이 명세서에 기재되어 있지 않지만 최초 청구범위에 기재되어 있는 경우에도 발명 기재 요건이 충족될 수 있다. 문언 기재만으로 소유가 입증되는 기술의 경우가 이에 해당한다. 이 때 청구된 실시 태양은 출원일 상실 없이 보정을 통해 명세서로 옮겨질 수 있다. 그러나 예측 불가능한 기술 분야에서는 문언 기재만으로는 소유를 입증하기에 충분하지 않을 수 있다. *Enzo Biochem v. Gen-Probe*[27] 에서 법원은 이 문제를 다루었다:

> *Eli Lilly* 사건에서 본 법원은 청구항의 문언만으로는 발명에 대한 적절한 기재가 이루어지지 않는 일련의 사실관계에 직면하였다. … 청구된 물질의 명칭이 충분한 식별 정보를 전달하지 못하는 사안에서 "최초 청구범위" 원칙에 대한 *Eli Lilly* 판결의 해명을 주목하면, … 이러한 상황에서는 청구항이 최초 명세서에 포함되어 있고 따라서 출원일 현재 명세서에 의해 뒷받침되는지 여부와 상관없이 § 112 ¶ 1이 반드시 충족되는 것은 아니다. 발명으로 의도된 기재가 법 규정의 요건을 충족하지 못하는 경우, 그것이 최초 청구범위에 포함되어 있거나 명세서에 포함되어 있다는 사실은 이를 구제하지 못한다. 청구항은 반복되거나 오래 존재하였다고 하여 더 명확한 기재가 되지 않는다.[28]

§ 6:11 — 의약 화합물

Boston Scientific v. J&J Cordis (Fed. Cir. 2011).[29] 청구항은 라파마이신의 거대고리형 **유사체** 상위개념을 포함하는 스텐트에 관한 것이다. 특히 이들의 구조-활성 관계 및 작용 메커니즘이 잘 확립되어 있지 않기 때문에 유사체의 발명 기재는 충분하지 않다. 통상의 기술자가 다양한 실시 태양의 상위개념을 소유하도록 허용할 수 있는 충분한 예측 가능성이 없다.

---

27) 323 F.3d 956 (Fed. Cir. 2002)
28) 323 F.3d 956, 968 (Fed. Cir. 2002)
29) 647 F.3d 1353 (Fed. Cir. 2011)

BOSTON SCIENTIFIC ET AL v. J & J, CORDIS CORPORATION, AND WYETH

U.S. Court of Appeals, Federal Circuit (2011)

청구항 1 ('662 특허).

내강 내 스텐트; 내강 내 스텐트에 부착된 생체 적합성, 비침식성 고분자 코팅; 및 고분자 코팅에 포함된 FKBP12와 결합하는 약 64㎍ 내지 약 197㎍의 라파마이신 또는 이의 거대고리 트리엔 유사체를 포함하며, 인체 이식 후 12개월째에 정량 관상동맥 조영술로 측정한 약 0.5mm 미만의 스텐트 내 직경 후기 손실을 제공하는 것인, 약물 전달 장치.

(A drug delivery device comprising: an intraluminal stent; a biocompatible, nonerodible polymeric coating affixed to the intraluminal stent; and from about 64 μg to about 197 μg of rapamycin or a macrocyclic triene analog thereof that binds FKBP12 incorporated into the polymeric coating, wherein said device provides an in-stent late loss in diameter at 12 months following implantation in a human of less than about 0.5 mm, as measured by quantitative coronary angiography.)

법원의 판결 이유

항소인측 전문가들이 밝힌 바와 같이, '662 특허의 유효 출원일 당시 연구자들은 재협착을 방지하기 위해 약물 용출 스텐트에서 기능할 수 있는 화합물을 찾기 위해 계속 고군분투하고 있었다. … 따라서 '662 특허의 유효 출원일 당시 그러한 기술은 아직 초기 단계에 머물러 있었다. 그럼에도 불구하고, '662 특허는 라파마이신의 "유사체" 상위개념 또는 좀 더 구체적으로 라파마이신의 "거대고리형 트리엔 유사체" 상위개념 중 단 하나의 구성원도 개시하지 않는다. 실제로 '662 특허의 명세서에는 라파마이신에 대한 자세한 정보가 포함되어 있고 라파마이신의 "유사체"라는 광범위한 상위개념이 개시되어 있지만, 라파마이신의 "거대고리형 트리엔 유사체"라는 준상위개념에 대해서는 **전혀 개시되어 있지 않다.** 대신 특허 명세서에서 "거대고리형 트리엔"이라는 용어에 대한 유일한 언급은 "라파마이신은 macroyclic [원문 오류] 트리엔 항생제"라는 문구뿐이다.

*** 2001년 유효 출원일 당시에도 특허권자가 청구된 준상위개념 또는 준상위개념 내의 하위개념을 명시적으로 개시하지 않아도 될 정도로 라파마이신의 기능과 구조 사이의 관계가 잘 알려져 있지 않았다. 1997년 특허들과 마찬가지로 '662 특

허도 출원 당시 라파마이신의 작용 메커니즘이 잘 알려져 있지 않았음을 확인시켜 준다. 이 특허는 라파마이신이 FKBP12에 결합하여 복합체를 형성하고 이어서 이 복합체가 mTOR에 결합함을 설명하고 있지만, "신생내막 증식의 크기와 기간을 감소시키는 작용을 하는 공지의 항증식제인 라파마이신의 작용이 분자 수준에서 어떻게 일어나는지에 대해서는 여전히 밝혀지는 과정에 있다"는 점도 인정하고 있다.

*** 당시의 기술 수준과 구성요소들의 성공적인 조합이 아직 없었다는 점을 고려할 때, 통상의 기술자는 '662 특허에서 "유사체"에 대한 빈약한 개시 내용보다는 더 많은 것을 기대할 것이다. 명세서는 "거대고리형 트리엔 유사체" 준상위개념을 명칭으로도, 기능으로도, 또는 암시적으로도 개시하지 않는다. 명세서는 마찬가지로 "거대고리형 트리엔 유사체"의 단 하나의 하위개념 또는 라파마이신 유사체의 단 하나의 하위개념도 개시하지 않는다. 또한, '662 특허의 수많은 시험 결과는 라파마이신 자체에만 집중되어 있으며, 유사체에 대한 시험 결과는 전혀 없다. 청구된 준상위개념에 관한 개시가 거의 없다는 점을 감안할 때, 합리적인 배심원이라면 '662 특허의 명세서가 통상의 기술자에게 발명자들이 청구된 발명을 소유하였다는 사실을 공개한다고 결론 내릴 수 없을 것이다.

§6:12 저자 의견: 항체 – 항체에 대한 상위개념 청구항의 발명 기재에 관한 판례의 발전

항체 상위개념의 발명 기재에 관한 판례법은 15년 동안 혼란을 겪어왔으며, 이 글을 작성하고 있는 현재에 와서야 해결되었다고 볼 수 있다. 그 시작은 *Noelle v. Lederman* (Fed. Cir. 2004)[30] 판례로, 이는 종국적으로 상위개념 발명 기재 요건에 대한 "항체 예외"로 알려지게 된다. *Noelle*에서는 완전히 특정된 항원에 대한 항체 상위개념은 항원 자체에 대한 설명으로 기재할 수 있다고 판시 되었다. *Noelle*에 따르면, *Regents U. California v. Eli Lilly*에서 요구되는 것과는 달리 청구된 항체들의 대표적인 수의 실시예나 항체들 사이의 명확한 구조－기능 관계를 제공할 필요가 없었다.

이후의 3건의 판례가 상기 예외를 더욱 한정하였다. 이 판례들은 *Noelle* 원칙이 항원이 신규하고 **또한** 완전히 특정된 경우에만 적용된다는 점을 분명히 하였다: *In re Alonso* (Fed. Cir. 2008)[31] (항원이 신규한 것이지만 완전히 특정되지 않은 경우에는 *Noelle* 원칙이 적용되지 않음); *Centocor Ortho Biotech v. Abbott Labs* (Fed.

30) 355 F.3d 1343 (Fed. Cir. 2004)

31) 545 F.3d 1015 (Fed. Cir. 2008)

Cir. 2011),[32] 및 *AbbVie Deutschland v. Janssen Biotech* (Fed. Cir. 2014)[33] (항원이 잘 알려져 있고 청구항에 기능적 한정사항이 포함된 경우에는 *Noelle* 원칙이 적용되지 않음). 이러한 경우(항원이 신규하지 않거나 신규한 경우라도 완전히 특정되지 않은 경우) 항체 상위개념에 대한 발명 기재에는 *Regents U. California v. Eli Lilly* 원칙이 적용된다. 대표적인 수의 실시예 또는 공통 구조의 소유만이 발명 기재 요건을 충족시킬 수 있다.

Noelle 원칙은 신규하고 완전히 특정된 항원에 대한 항체로서 기능적 한정사항 없이 청구된 항체에 대해서만 적용되므로, 시간이 지나면서 청구된 상위개념의 발명 기재 요건에 대한 *Regents U. California v. Eli Lilly*의 일반적 원칙에 대한 "항체 예외"로 알려지게 되었다. *Noelle* 원칙은 곧 심각한 비판을 직면하게 되었다. 예를 들어, "항체 예외"에 대해 논의하면서 이는 "실제 개시된 발명의 범위를 넘어 부당하게 확장하는 청구항을 허용하게 한다"고 결론짓고 있는 Liivak, O.의 논문 "Finding Invention"[34]을 참조하라.

"항체 예외"에 대한 논란은 2017년 *Amgen Inc., et al v. Sanofi, et al* (Fed. Cir. 2017)[35]에서 불거졌는데, CAFC는 *Noelle* 원칙의 지속적인 유효성에 대해 심각한 의문을 제기하면서 무엇보다도 이 판결이 방론에만 근거하고 있다고 비판하였다. *Amgen v. Sanofi*에서 CAFC는 또한 하급심 판결을 뒤집었는데, 하급심 판결은 *Amgen* 특허 명세서의 발명 기재가 우선권 일자에 (*Regents*에서 요구하는 바와 같이) 대표적인 수의 실시예를 제공하지 않았다는 점을 입증하기 위해 청구범위 내에 속하는 후발 항체 실시 태양을 제시하는 것을 배척하였다. CAFC는 하급심 법원으로 하여금 *Noelle* 원칙을 본질적으로 무시하고 출원일 당시 해당 상위개념에 대한 발명 기재의 정도를 가늠하기 위하여 후발 항체 실시 태양의 증거를 채택하도록 지시하였다.

본서의 다음 항목에서는 먼저 *Noelle v. Lederman*에 따른 "항체 예외"를 분석한 다음, 항원이 완전히 특정되지 않았거나 신규하지 않은 경우 및 항체가 기능적으로 청구된 경우와 같은 "항체 예외"에 대한 두 가지 한정 요건을 분석한다. 이어서 *Noelle* 원칙을 무력화시킨 *Amgen v. Sanofi* 사건을 다루고, *Amgen v. Sanofi* 이후 "항체 예외"가 남아 있는지, 아니면 완전히 폐기되었는지에 대한 질문으로 마무리하고자 한다.

---

32) 636 F.3d 1341 (Fed. Cir. 2011)

33) 759 F.3d 1285 (Fed. Cir. 2014)

34) 40 *Fla. State University Law Review* 57 (2012)

35) 872 F.3d 1367 (Fed. Cir. 2017); 전원합의체 재심리 청구 기각(Fed. Cir. 2018); 상고허가 신청 기각(Sup. Ct. 2018)

§ 6:13 — "항체 예외": 완전히 특정된 항원에 대한 항체

Noelle v. Lederman (Fed. Cir. 2004).[36] *Noelle* 사건에는 세 가지 유형의 청구항이 있다:

1) 첫 번째 유형(청구항 42)은 CD40R **마우스** 수용체에 대한 항체를 대상으로 하며, ATCC에 하나의 항체(및 경쟁 어세이에 의한 것과 같이 동일한 항원에 결합하는 다른 항체들)를 기탁함으로써 기재되어 있다. 이들 청구항에 대한 발명 기재는 충분한 것으로 간주되었다;

2) 두 번째 유형(청구항 52)은 CD40R **인간** 수용체에 대한 항체를 대상으로 한다. 인간 수용체에 대한 기재가 없기 때문에 발명 기재가 충분하지 않은 것으로 간주되었다; 및

3) 세 번째 유형(청구항 51)은 CDR 수용체 상위개념에 대한 항체를 대상으로 한다. 이 청구항은 수용체 상위개념에 대한 충분한 기재에 의해 뒷받침되지 않는 것으로 간주되었다. 마우스 수용체만이 기재된 것으로 간주되었으므로, 판례의 이 부분은 *Regents v. Eli Lilly* [37](… 쥐 인슐린에 대한 DNA만이 상세히 기재되어 있었고; 인간 인슐린 DNA나 척추동물 인슐린 상위개념의 DNA는 제대로 기재되어 있지 않았음)의 사안과 유사하다.

NOELLE v. LEDERMAN

U.S. Court of Appeals, Federal Circuit (2004)

청구항 42 (마우스 수용체에 대한 항체)

활성화된 T 세포에 발현된 항원에 특이적으로 결합하는 단일클론 항체 또는 그 단편(여기에서 상기 항원은, 기탁되어 ATCC 기탁번호 HB 11048이 부여된 하이브리도마 MR1에 의해 분비되는 단일클론 항체에 특이적으로 결합하는 것임).

(A monoclonal antibody or fragment thereof which specifically binds to an antigen expressed on activated T cells, wherein said antigen is specifically bound by the monoclonal antibody secreted by hybridoma MR1 which hybridoma has been deposited and accorded ATCC Accession No. HB 11048.)

---

36) 355 F.3d 1343 (Fed. Cir. 2004)

37) 119 F.3d 1559 (Fed. Cir. 1997)

청구항 51 (수용체 상위개념에 대한 항체)

CD40CR에 특이적으로 결합하는 단일클론 항체 또는 그 단편.

(A monoclonal antibody or fragment thereof which specifically binds CD40CR.)

청구항 52 (인간 수용체에 대한 항체)

제51항에 있어서, 상기 CD40CR이 활성화된 인간 T 세포에 의해 발현되는 것인 단일클론 항체 또는 그 단편.

(The monoclonal antibody or fragment of Claim 51, wherein said CD40CR is expressed by activated human T cells.)

법원의 판결 이유

출원인이 구조, 공식, 화학명 또는 물리적 특성으로, 또는 공공기탁기관에 단백질을 기탁하는 방법으로 "완전히 특정된 항원"을 개시하였다면 출원인은 기재된 항원에 대한 결합 친화도를 기준으로 항체를 청구할 수 있다.

Noelle은 '480 출원에서 인간 CD40CR 항체 청구항[청구항 52]에 대하여 충분한 뒷받침을 제공하지 못하였는데, 그 이유는 Noelle이 선행 '799 출원에서 인간 CD40CR 항체 또는 항원의 구조적 요소들을 개시하지 않았기 때문이다. Noelle은, 항체는 물리적 구조가 아니라 항원에 대한 결합 친화도에 의해 정의되므로 인간 CD40CR 항체가 인간 CD40CR 항원에 결합한다고 기술함으로써 인간 CD40CR 항체가 충분히 기재된 것이라고 주장한다. … 그러나 Noelle은 '799 특허 출원 당시 인간 CD40CR 항원을 충분히 기재하지 않았기 때문에 이 주장은 받아들여질 수 없다. 실제로 Noelle은 마우스 항원만을 기재하면서 마우스 CD40CR 항체를 분비하는 하이브리도마의 ATCC 번호를 인용하여 마우스, 인간 및 상위개념 형태의 CD40CR 항체를 청구한 것이다. 만약 Noelle이 인간 형태의 CD40CR 항원을 충분히 기재하였다면 그는 단순히 "완전히 특정된" 해당 항원에 대한 결합 친화도만을 명시하여 해당 항체를 청구할 수 있었을 것이다. Noelle은 인간 CD40CR 항원을 기재하지 않았다. 따라서 Noelle은 미공지의 물질을 또 다른 미공지의 물질에 대한 결합 친화도로 정의하려 한 것이다. 결과적으로, Noelle의 '480 출원에서 발견되는 인간 형태의 CD40CR 항체에 대한 청구항은 선행 '799 특허 출원의 출원일 혜택을 향유할 수 없다. 또한, Noelle은 단순히 마우스 CD40CR 항원을 기재하는 것만으로는 상위개념 형태의 CD40CR 항체[청구항 51]를 특허 청구할 수 없다.

[**판단:** Noelle의 인간 수용체에 대한 항체 상위개념을 대상으로 한 청구항 52 및 수용체 상위개념에 대한 항체 상위개념을 대상으로 한 청구항 51은 발명 기재의 부

재로 인하여 가장 빠른 우선권 일자의 혜택을 받지 못하며, 중간 공지 선행 기술에 의해 신규성을 상실한다. 마우스 수용체에 대한 항체 상위개념을 대상으로 한 청구항 42는 가장 빠른 우선권의 혜택을 받을 수 있고 선행 기술과 비교하여 특허성을 인정받을 수 있다 – 그러나 종국적으로는 인간 수용체에 대한 항체를 대상으로 한 Lederman의 청구항과의 특허 저촉 절차에서는 특허성이 인정되지 않음].

§ 6:14 —"항체 예외"의 범위 축소: 항원이 잘 특정되어 있지 않거나 신규하지 않은 경우 적용 불가

◆ ***In re Alonso*** (Fed. Cir. 2008).[38] 완전히 특정되지 **않은** 항원에 대한 항체 상위개념의 용도에 기초한 용도 청구항은 이를 분비하는 단 하나의 하이브리도마 실시예(및 그의 기탁)만으로는 기재되지 않는다. 해당 상위개념을 적절하게 기재하기 위해서는 상기 § 6:9의 *Regents U. California v. Eli Lilly*에 따라 대표적인 수의 실시예 또는 공통 구조가 존재해야 한다. 본 사안에서는 양자 모두 존재하지 않는다.

IN RE KENNETH ALONSO

U.S. Court of Appeals, Federal Circuit (2008)

청구항 92

신경섬유육종 세포로부터 유래된 인간–인간 하이브리도마로부터 분비되고 인간의 신경섬유육종에 특이적인 단일클론 항체를 유효량 투여함으로써 인간의 신경섬유육종을 치료하는 방법.

(A method of treating neurofibrosarcoma in a human by administering an effective amount of a monoclonal antibody idiotypic to the neurofibrosarcoma of said human, wherein said monoclonal antibody is secreted from a human–human hybridoma derived from the neurofibrosarcoma cells.)

38) 545 F.3d 1015 (Fed. Cir. 2008)

사실관계

Alonso는 '749 명세서의 실시예 1에서 종양 샘플로부터 종양 세포 현탁액을 제조한 후 인간 비장 세포를 감작시키는 방법을 기재하였다. 감작된 비장 세포는 불멸화된 세포주(예를 들면, 태아 골수주, 림프모구주 또는 골수종의 혈장 세포주)와 융합된다. 그 결과 얻어진 세포로부터 감작 종양 세포에 특이적으로 반응하는(그리고 다양한 다른 조직 및 세포 유형에는 반응하지 않는) 항체를 분비하는 하이브리도마를 선별한다. 실시예 2는 신경섬유육종 환자인 Melanie Brown을 치료하기 위해 Alonso가 수행한 실험의 결과를 기재하였다. 성인 비장 세포를 Brown의 종양 세포로 감작시켰다. 그 결과로 얻어진 하이브리도마는 221킬로달톤의 종양 표면 항원과 반응하는 단일클론 항체를 분비하였다. 비장 세포주(AS-151), 림프모세포 융합 세포주(BM-95), 및 하이브리도마(HB983)는 1998년 9월에 American Type Culture Collection에 기탁되었다. 하이브리도마 세포주로부터 얻어진 항체는 미국 식품의약국에 기탁되었다.

법원의 판결 이유

심사관은 청구항 문언에 의해 포괄되는 광범위한 항체 상위개념에 대한 적절한 발명 기재 뒷받침이 부족하다고 판단하여 청구항 92를 거절하였다. 심판원은 항체 상위개념이 대표적인 수의 실시예 또는 모든 구성원에 대한 공통 구조에 의해 적절하게 기재되지 않았다고 결론짓고 거절결정을 유지하였다.

*** 심판원의 결론은 상당한 증거에 의해 뒷받침된다. 심판원이 근거로 든 논문들은 Alonso의 청구된 방법을 수행하는 데 필요한 항체의 조성이 상당히 다양하다는 가설을 확인시켜 준다. 본 법원은 이전에 유사한 사안에서 "생명공학 발명의 특허권자는 제한된 수의 하위개념만을 기재한 경우 반드시 그의 상위개념을 청구하지 못할 수 있는데, 이는 구체적으로 열거된 하위개념 이외의 하위개념에서 얻은 결과는 예측 불가능할 수 있기 때문이다"라고 판시한 바 있다. *Noelle v. Lederman.*

*** '749 출원의 명세서는 단일클론 항체가 결합해야 하는 항원을 특정하고 있지 않고, 실시예 2에서 확인된 하나의 항원의 분자량만을 개시하고 있다. 이는 명백히 불충분하다. 명세서에는 이 방법과 관련된 대규모 항체군에 공통적으로 적용되는 구조, 에피토프 특성, 결합 친화도, 특이도 또는 약리학적 특성에 대한 설명이 전혀 없다. Alonso의 청구항은 방법으로 작성되었지만, 항체 자체는 순전히 구조적인 문언-"상기 인간의 신경섬유육종에 대하여 특이적인 단일클론 항체"-으로 기재되어 있다. 청구항에서 항체 구조에 대하여 이와 같이 간단하게 기재하고 있는 것은 명세서에서 발견되는 항체의 상세한 제조 방법과 완전히 대조된다.

[거절결정 유지됨]

Centocor Ortho v. Abbott (Fed. Cir. 2011).[39] Centocor의 청구항 2는 TNF-알파에 대한 항체로서 특정 기능적 특성을 가진 인간 가변 영역을 가질 것이 요구되는 항체에 대한 것이다. (침해 주장된 Abbott의 항체는 TNF-알파에 대한 항체 Humira®이며, 완전히 인간화된 또는 인간 항체이다.) 이 사건 당시 *Noelle*에 따라 항원이 신규하고 완전히 특정된 경우에 "항체 예외"가 적용되었지만, 이 사건의 항원인 TNF-알파는 신규하지 않았고 청구된 기능적 특성은 매우 구체적이었다.

CENTOCOR ORTHO BIOTECH, INC. v. ABBOTT LABORATORIES

U.S. Court of Appeals, Federal Circuit (2011)

청구항

1. (권리 주장되지 않음) (i) A2 [마우스 단일클론 항체] (ATCC Accession No. PTA-7045)의 인간 TNF-α에 대한 결합을 경쟁적으로 억제하고, (ii) Scatchard 분석에 의해 결정되는 결합 상수(K_a)로 측정된 최소 $1x10^8$liter/mole의 친화력으로 생체 내에서 인간 TNF-α의 중화 에피토프에 결합하며, 인간 불변 영역을 포함하는, 분리된 재조합 항-TNF-α 항체 또는 이의 항원 결합 단편.

(An isolated recombinant anti-TNF-α antibody or antigen-binding fragment thereof, said antibody or antigen-binding fragment comprising a human constant region, wherein said antibody or antigen binding fragment (i) competitively inhibits binding of A2 [a mouse monoclonal antibody] (ATCC Accession No. PTA-7045) to human TNF-α, and (ii) binds to a neutralizing epitope of human TNF-α in vivo with an affinity of at least $1x10^8$liter/mole, measured as an association constant (K_a), as determined by Scatchard analysis.)

2. (권리 주장됨) 제1항에 있어서, 상기 항체 또는 항원 결합 단편이 인간 불변 영역 및 인간 가변 영역을 포함하는 것인, 항체 또는 항원 결합 단편.

(The antibody or antigen-binding fragment of claim 1, wherein the antibody or antigen binding fragment comprises a human constant region and a human variable region.)

39) 636 F.3d 1341 (Fed. Cir. 2011)

관련 기술

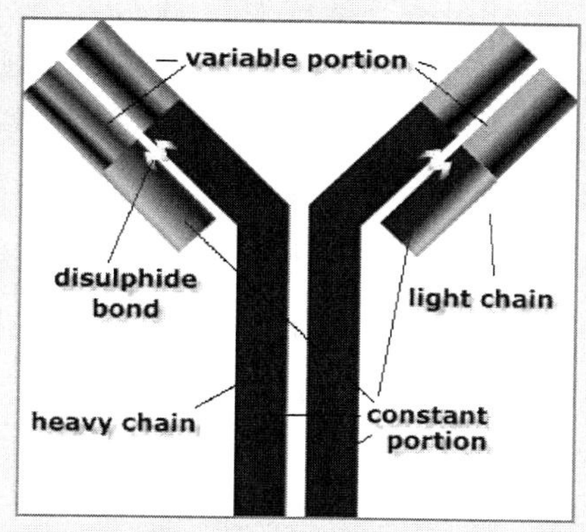

청구항 2의 불변 및 가변 영역은 인간의 것임.

법원의 판결 이유

특허는 인간 가변 영역을 포함하는 항체군을 광범위하게 청구하고 있지만, 명세서에는 청구항 한정사항을 충족하는 단 하나의 항체도 기재되어 있지 않다. … 그러한 완전 인간 항체 또는 단 하나의 인간 가변 영역에 대해서도 관련 식별 특성이 개시되어 있지 않다. …. 또한 인간 TNF-α 단백질, 청구항의 핵심 한정사항을 만족시키는 공지의 마우스 가변 영역, 및 청구항의 한정사항을 만족시키는 가능한 인간 가변 영역 사이의 어떠한 연관성도 개시되어 있지 않다. … Centocor가 권리 주장된 청구항의 범위 내에 속하는 완전 인간 항체 또는 인간 가변 영역을 소유하고 있었음을 통상의 기술자에게 이해시킬 만한 어떠한 내용도 명세서에 존재하지 않는다.

결론적으로, 권리 주장된 청구항은 완전한 인간 TNF-α 항체 치료제가 가져야 할 특성(높은 친화도, 중화 활성, 및 마우스 A2 항체와 동일한 위치에 결합하는 능력)에 대한 희망사항 목록으로 구성되어 있다. 명세서에는 기껏해야 완전한 인간 항체를 만든 다음 특허 청구된 한정사항을 충족하는 항체를 확인하겠다는 계획이 기재되어 있을 뿐이다. 그러나 청구된 발명을 얻기 위한 "단순한 희망 또는 계획" 만으로는 충분하지 않다. … 1994년 CIP 출원 당시에는 청구항을 충족하는 완전한 인간 항체가 존재하지 않았을 가능성이 매우 크다. Centocor는 1994년에 완전한 인간의, 고친화성, 중화성, A2 특이 항체를 발명하지 않았기 때문에 합리적인 배심원이라면 Centocor가 그러한 항체를 소유하였다고 결론 내릴 수 없을 것이다.

*** 본 법원의 *Noelle v. Lederman* 선례에 따르면 잘 특정된 항원을 개시함으로써 해당 항체 청구항에 대한 발명 기재 요건이 충족될 수 있지만, 이러한 논리는 청구된 항체의 생성이 일상적인 경우 새롭게 특정된 항원의 개시에 대하여 적용된

다. 본 사안에서는 인간 TNF-α 단백질과 해당 단백질에 대한 항체가 모두 문헌에 알려져 있었다. 청구된 "발명"은 특히 바람직한 치료 특성인 높은 친화도, 중화 활성 및 A2 특이성을 갖는 인간 가변 영역을 포함하는 항체군에 관한 것이다. 특정한 특성을 갖는 항체, 예를 들어 A2 특이성을 갖는 인간 TNF-α에 결합하는 항체를 청구하는 것은, 인간 TNF-α 단백질이 공개되어 있더라도 이러한 특성을 갖는 항체가 적절히 기재되어 있지 않기 때문에 발명 기재 요건을 충족하지 못하는 청구항이 될 수 있다.

◆ ***Abbvie Deutschland v. Janssen Biotech*** (Fed. Cir. 2014).[40] 청구된 범위가 명세서에 기재된 공통 구조-활성 상관관계를 넘어선다는 이유로 기능적 한정사항, 즉 IL-12 항원에 대한 k_{off} 속도로 정의된 대규모 인간 항체군에 대한 청구항이 무효로 판단되었다.

ABBVIE DEUTSCHLAND GMBH & CO., ET AL v. JANSSEN BIOTECH, INC. ET AL

U.S. Court of Appeals, Federal Circuit (2014)

청구항 29 (미국 특허 제6,914,128호)

인간 IL-12에 결합하고, 표면 플라즈몬 공명에 의해 결정되는 $1\times10^{-2}s^{-1}$ 이하의 K_{off} 속도 상수로 인간 IL-12로부터 분해되는, 분리된 중화 인간 항체 또는 그의 항원 결합 부분.

(A neutralizing isolated human antibody, or antigen-binding portion thereof that binds to human IL-12 and disassociates from human IL-12 with a K_{off} rate constant of $1\times10^{-2}s^{-1}$ or less, as determined by surface plasmon resonance.)

40) 759 F.3d 1285 (Fed. Cir. 2014)

배경 기술

Abbvie 특허는 "… 다양한 IL-12 결합 친화도를 갖는 약 300개 항체의 아미노산 서열을 기재한다. 초기 선도 물질인 Joe-9는 V_H 3형 중쇄와 람다형 경쇄를 가진다. 특허에 기재된 IL-12 항체는 모두 Joe-9로부터 유래된 것이므로 모두 V_H 3형 중쇄와 람다형 경쇄를 가진다. 기재된 항체들은 가변 영역에서 90% 이상의 아미노산 서열 유사성을 공유한다. 그리고 그중 200개 이상의 항체는 Y61의 부위 지정 돌연변이 유발에 의해 생성되었기 때문에 Y61과 단 하나의 아미노산만 다르며 가변 영역에서 99.5%의 서열 유사성을 공유한다."

Centocor는 인간 항체 유전자로 유전자 변형되어 IL-12와 같은 항원에 노출되었을 때 인간 항체를 생산할 수 있는 형질전환 생쥐 기술을 이용하여, Stelara® ("Stelara")라는 브랜드명으로 판매되는 인간 IL-12 중화 항체 의약품을 개발하였다. Stelara는 V_H 3형이 아닌 V_H 5형 중쇄와 람다형이 아닌 카파형 경쇄를 가지고 있으며, '128 및 '485 특허에 기재된 Joe-9 항체와 가변 영역에서의 서열 유사성이 단지 약 50%에 불과하다.

법원의 판결 이유

특정 개시 내용에 의해 상위개념에 대한 발명 기재 요건이 충족되는지 여부는 사실관계에 따라 달라진다. … 특허가 원하는 결과를 정의하는 기능적 문언을 사용하여 상위개념을 청구하는 경우 명세서는 출원인이 청구된 결과를 달성하는 상위개념 발명을 하였음을 입증하여야 하고, 이는 출원인이 기능적으로 정의된 상위개념에 대한 청구항을 뒷받침하기에 충분한 하위개념들을 발명하였음을 보여줌으로써 이루어져야 한다.

*** 상위개념이 크지 않거나, 크더라도 명세서가 그 범위 전체에 걸쳐 상위개념을 대표하는 하위개념을 개시하는 경우 해당 요건이 충족될 수 있다. … [법원은 이어서 상위개념의 발명 기재 요건을 토지의 구획 설명에 비유하여 다음과 같이 설시하였다]. … 공개된 하위개념이 상위개념[즉, 토지 구획]의 한쪽 구석에만 존재한다면 발명자가 [전체 구획]을 발명했거나 소유하고 있음을 보여줄 만큼 [구획]을 충분히 설명하지 않은 것이다. 그는 그 일부만을 설명한 것이다.

구획의 한쪽 구석에만 집을 짓더라도 전체 구획을 소유할 수도 있기 때문에 발명 기재 문제를 고려할 때 토지 구획의 비유를 너무 지나치게 받아들이지 않는 것이 중요하다. 가장 먼 좌표로 토지 구획을 기재하는 것은 사실상 그 구획 주변에 경계

울타리를 그리는 것과 같다. 이는 특허 청구항이 청구된 발명의 외곽 경계를 구체적으로 지적하고 명확하게 둘러싸는 기능과 유사할 수 있다. 그러나 상위개념에 대한 발명 기재와 관련하여서는 단순히 인식된 상위개념 주위에 울타리를 그리는 것은 상위개념의 기재가 아니다. 진정으로 상위개념을 발명하였음을, 즉 상위개념의 전범위를 아우르는 대표적인 하위개념들을 충분히 착상하고 기재하였음을 보여 주어야 한다. 그렇지 않다면 연구 계획만이 있을 뿐, 청구된 상위개념의 알려지지 않은 윤곽을 탐구하는 것은 다른 사람들에게 남겨진 것이다.

*** 기능적으로 정의된 상위개념 청구항은, 특히 전체 상위개념에 대한 구조와 기능 간의 상관 관계를 설정하거나 기능적으로 청구된 상위개념에 포함될 내용을 예측하기 어려운 예측 불가능성이 높은 기술 분야에서는 발명 기재 뒷받침 부재로 인한 무효 공격에 본질적으로 취약할 수 있다. 기능적으로 정의된 청구항은, 발명자에 의해 명세서에 기재된 것이든 또는 출원일 당시 당업계에 알려진 것이든 합리적인 구조-기능 상관 관계가 확립된 경우에 발명 기재 요건을 충족할 수 있다.

*** Abbvie의 특허는 구조적으로 유사한 한 가지 유형의 항체만을 기재하고 있으며 이들 항체는 청구된 상위개념의 전체 다양성 또는 범위를 대표하지 않는다. … 상위개념의 발명 기재 요건을 충족하기 위해서 상위개념 내의 모든 하위개념이 기재될 필요는 없다. 그러나 특허는 최소한 특허를 침해한 것으로 주장되는 것과 구조적으로 유사한 구성원을 대표하는 일부 하위개념을 기재하고 있어야 한다. 기록을 검토한 결과, 기재된 항체가 Stelara와 구조적으로 유사하고 따라서 Stelara를 대표한다는 것을 보여줄 수 있는 증거는 없다. 또한 통상의 기술자가 기재된 항체에 예측 가능한 변경을 가하여 Stelara와 같은 다른 유형의 항체에 도달할 수 있는지 여부를 보여주는 증거도 없다.

*** 따라서 본 법원은, 청구된 상위개념에 대한 적절한 발명 기재 부재로 인해 무효라는 배심원 평결은 상당한 증거에 의해 뒷받침된다고 결론 내리고, 해당 쟁점에 대한 지방법원의 법정판결(JMOL) 거부 결정을 유지한다.

§ 6:15 — "항체 예외"의 폐기

◆ ***Amgen Inc., et al v. Sanofi, et al*** (Fed. Cir. 2017).[41] 이는 출원일 당시의 용이실시 가능성 요건을 판단하기 위해 후발 실시 태양을 증거로 인정할지의 여부와 관련하여 상기 § 5:23에서 분석했던 사례와 동일한 것이다. 본 항목에서는

41) 872 F.3d 1367 (Fed. Cir. 2017); 재심리 신청 기각(Fed. Cir. 2018); 2018년 7월 27일 상고허가 신청됨.

발명 기재 요건과 관련된 두 가지 주제를 추가로 분석한다. **첫째**, CAFC는 *Noelle v. Ledermann*이 방론에 근거하고 있다고 심각하게 비판하였고, **둘째**, CAFC는 출원일 당시 명세서에 기재된 실시예의 대표성을 입증(또는 반증)하기 위한 후발 실시 태양 증거를 배제하였던 하급 법원의 결정을 파기하였다.

AMGEN INC., ET AL v. SANOFI, ET AL

U.S. Court of Appeals, Federal Circuit (2017)

청구항 1 ('165 특허)

PCSK9이 LDL[－]R에 결합하는 것을 차단하는, 분리된 단일클론 항체(여기에서, 상기 분리된 단일클론 항체는 PCSK9에 결합할 때 다음 잔기 중 하나 이상에 결합함: 서열 번호 3의 S153, I154, P155, R194, D238, A239, I369, S372, D374, C375, T377, C378, F379, V380 또는 S381).

(An isolated monoclonal antibody, wherein, when bound to PCSK9, the monoclonal antibody binds to at least one of the following residues: S153, I154, P155, R194, D238, A239, I369, S372, D374, C375, T377, C378, F379, V380, or S381 of SEQ ID NO:3, and wherein the monoclonal antibody blocks binding of PCSK9 to LDL[－]R.)

관련 기술

출원일 당시의 용이실시 가능성 요건을 판단하기 위해 후발 실시 태양을 증거로 인정할지의 여부와 관련하여 본 사례를 논의하는 상기 § 5:23을 참고하라.

법원의 판결 이유

소송이 진행되는 동안 지방법원은 본 항소심에서 이의가 제기된 몇 가지 판결 및 결정을 내렸다. 첫째, 지방법원은 소송 대상 특허가 적절한 발명 기재를 제공하지 않는다는 것을 보여주기 위해 항소인이 제출한 우선일 이후 증거를 모두 배제하였다. 둘째, 지방 법원은 항소인의 이의 제기에도 불구하고 배심원단에게 “출원 당시 항체 기술 분야의 기술과 지식 수준이 해당 항원에 대한 항체 생산이 통상적이거나 일상적이었다고 할 수 있는 정도라고 판단되는 경우 … 새로이 특정된 항원의 개시에 의해” 발명 기재 요건이 충족될 수 있다고 지침을 내렸다.

[CAFC는 먼저 출원일 당시 기재된 실시 태양의 "대표성"을 판단하기 위해 후발 실시 태양을 증거로 인정하는 것이 적절한지 여부를 다루었다.] *** 당사자들은 특허가 "대표적인 수의 하위개념"을 개시하는지 여부를 판단하기 위하여 법원이 우선일 이후 증거에 의존할 수 있는지 여부에 대하여 다툰다. [*Ariad Pharm, Inc. v. Eli Lilly*[42]를 인용함. 하기 § 6:22 참조] … 청구된 상위개념이 대표적인 수의 하위개념을 개시하지 않는다는 것을 보여주는 증거에는 청구된 상위개념에는 속하지만 특허에는 개시되지 않은 하위개념의 증거가 포함될 수 있으며, 그러한 하위개념의 증거는 우선일 이후의 것일 가능성이 높다. 그러한 증거가 우선일 이전의 것이라면, 이는 청구된 상위개념의 신규성을 상실케 할 것이다.

본 사안에서 항소인은 우선일 당시의 기술 수준을 조명하기 위해서가 아니라 특허가 대표적인 수의 하위개념을 개시하지 않았다는 것을 보여주기 위해 증거를 제출하고자 하였다. … 논리적으로 보아 그러한 증거는 대표성 쟁점과 관련이 있다. 간단히 말해, 특정 하위개념에 대한 우선일 이후 증거는 특허가 "통상의 기술자가 상위개념의 구성원을 '시각화 하거나 인식'할 수 있도록 상위개념의 범위에 속하는 대표적인 수의 하위개념 또는 상위개념의 구성원에 공통적인 구조적 특징을 개시하지 않았는지" 여부에 합리적으로 영향을 미칠 수 있다. *Ariad*.

*** 피항소인이 주장하는 바와 같이, 지방법원은 본 법원의 전신 법원이 내린 *In re Hogan*[43] 판결에 따라 특허가 대표적인 수의 하위개념을 개시하지 않음을 보여주기 위해 우선일 이후의 증거를 사용하는 것이 금지된다고 판단하였다. … 그러나 지방법원과 피항소인은 우선일 이후 기술 수준을 보여주기 위해 제시된 적절하지 않은 우선일 이후 증거와 특허가 대표적인 수의 하위개념을 개시하지 못하였음을 보여주기 위해 제시된 우선일 이후 증거의 차이를 혼동함으로써 *In re Hogan*을 잘못 해석한 것이다. *In re Hogan*은 전자는 금지하지만 후자에 대해서는 언급한 바 없다.

*** *In re Hogan*에서와 달리 본 사안에서는, 피항소인의 청구된 상위개념이 기술 수준의 변화로 인해 용이실시 불가능함을 보여주기 위해 항소인이 우선일 이후 증거를 제시한 것이 아니다. 대신, 항소인은 청구된 상위개념이 대표적인 수의 하위개념을 개시하지 못한다고 주장하기 위해 Praluent 및 기타 우선일 이후 항체들을 제시하였다. 위에서 설명한 바와 같이, 특허가 청구된 상위개념의 대표적인 수의 하위개념을 개시하지 않는다는 것을 보여주기 위해 우선일 이후 증거를 사용하는 것은 적절하다. … 따라서, 본 법원은 지방법원의 결정을 파기하고 발명 기재에 대한 새로운 심리를 위해 본 사건을 환송한다.

42) 598 F.3d 1336 (Fed. Cir. 2010)
43) 559 F.2d 595 (CCPA 1977)

[다음으로, CAFC는 *Noelle v. Lederman*[44]의 "완전히 특정된 항원" 원칙에 따라 항체를 상위개념으로 청구할 수 있는지를 분석하였다. 상기 § 6:12 참조]. 발명의 기재에 대한 법정 요건을 충족하기 위해서는 명세서가 발명을 어떻게 만들고 사용하는지를 보여주는 것, 즉 발명을 용이실시 가능하게 하는 것만으로는 충분하지 않다. *Ariad*, … 그러나 이 사건의 지침은 바로 그 부적절한 공식을 사용할 것을 요구한다. 배심원은 해당 지침이 항체가 쉽게 "생산"(그리고 암묵적으로 항체로 사용)될 수 있다는 이유만으로 청구항 내의 모든 항체가 적절하게 기재되었다고 간주하도록 허용하는 것이라고 자연스럽게 이해할 것이다. … 실제로, 지침은 **특정** 항체가 쉽게 만들어질 것을 요구하지도 않는다; "[새롭게 특정된] 항원"에 대한, 모두가 아니라 일부 "**항체**의 생산"이 통상적이거나 일상적일 것을 요구할 뿐이다. 이 사건 배심원 지침의 문제된 문장은 단순히 제조 및 사용 능력이 있다는 판단만으로 적절한 발명 기재가 있다고 판단하는 것을 허용함으로써 *Ariad* 판결의 아마도 핵심적인 판시 사항에 위배된다. 본 법원은 이 사건의 특별한 상황("새롭게 특정된 항원" 및 해당 항체에 대한 기능적 상위개념 청구항과 관련됨)이 "생산 및 사용"(일상적 또는 통상적 생산) 확인과 청구 물품에 대하여 요구되는 기재가 사실상 동일시 된다는 것이 배경 과학 지식에 의해 확립된 상황이라고 말할 수 없다. 본 법원이 이러한 결론을 도출하고 사실의 문제를 법적으로 요구되는 추론으로 변환시키기 위해서는, 다투어지는 과학적 명제가 사법적 고지로 인정될 정도로 확립되었다고 선언해야 할 것이다. 본 법원은 그렇게 할 수 없다.

적절한 발명 기재에는 청구된 물품의 실제 구성에 대한 충분한 정보, 즉 "해당 상위개념을 다른 물질과 구별하기에 충분한 정도의, 상위개념 내에 속하는 하위개념의 구조, 화학식, 화학명, 물리적 특성 또는 기타 특성에 의한 정확한 정의"가 포함되어야 하며, 이는 "관련 기술에 의해 구조와 기능 간의 상관관계가 확립된 경우" "기능적" 용어로 표시될 수 있다. *Ariad* … 그러나 본 사건과 본 법원이 다룬 이전의 사건 모두에서 항원의 화학 구조에 대한 지식이 상응하는 항체에 대해 필요한 종류의 구조 식별 정보를 제공하는지에 대해서는 적어도 치열하게 다툼이 있었다.

*** 또한, "새롭게 특정된 항원" 판단 기준은 발명 기재 요건에 대한 기본적인 법적 원칙에 위배된다. § 112는 "발명의 서면 기재"를 요구한다. 그러나 상기 판단 기준은 특허권자가 발명이 아닌 것, 즉 항원을 기재함으로써 항체를 청구할 수 있도록 허용한다. 따라서 이 판단 기준은 "법의 다른 요건들이 충족되었다는 전제 하에 발명을 기재하면 특허를 취득한다"는 특허 제도의 법정 "대가(quid pro quo)" 원칙에 위배된다.

---

44) 355 F.3d 956 (Fed. Cir. 2002)

§6:16 저자 의견: *Noelle v. Ledermann*의 "항체 예외"는 여전히 유효한 법인가?

완전히 또는 잘 특정된 항원에 대한 발명 기재만으로는 그것에 결합하는 항체 상위개념을 완전히 기재하기에 충분하지 않다는 *Amgen v. Sanofi*의 논의는 약화해서 말하더라도 *Noelle v. Ledermann*에 사형 선고를 내렸다고 할 수 있다. CAFC는 몇 가지 근거를 들어 *Noelle*을 비판하였는데, 그중 일부는 더 설득력이 있다.

첫째, CAFC는 항체가 일상적으로 만들어지고 사용될 수 있는 한 완전히 특정된 항원에 대한 기재는 그 항원에 대한 항체를 기재하기에 충분하다는 규칙에 대하여 *Noelle*이 방론에 근거하고 있다고 지적하였다. 그러나 법원은 완전히 특정된 항원, 즉 CD40CR **마우스** 수용체에 대한 항체 상위개념을 청구하고 있는 *Noelle*의 청구항 42가 발명 기재가 부족하다는 이의 제기를 극복하였다는 사실은 언급하지 않았다. 상위개념 청구항 42는 종국적으로 **인간** 수용체에 대한 항체와의 특허 저촉 절차에서 무효로 판단되었지만, 중간 공지 선행 기술에 대해서는 무효가 아니라고 판단되었다. 우선권 일자에 항체에 대한 적절한 상위개념적 발명 기재가 있었다는 결정은 완전히 특정된 마우스 항원 수용체에 근거한 것이므로 단순한 방론이 아니었다. 이는 상위개념 청구항 42의 유효성 판단의 기본 근거였다.

둘째, *Amgen v. Sanofi*에서 PCSK9 항원은 신규한 것이 아니었다. 그것은 선행 기술의 일부였다. Amgen 특허의 발명자들은 PCSK9과 LDL 수용체의 복합체에 대한 상세한 X-선 결정 분석을 통해, 항체가 PCSK9 항원과 LDL 수용체의 결합을 적절히 차단하려면 항체가 청구항에 나열된 15개의 잔기 중 하나 이상에 결합해야 한다는 결론을 내렸는데 이 점이 신규한 것이었다. 이러한 결론은 *Noelle*의 경우처럼 신규한 항원을 "완전히 특정한" 것이 아니다. *Amgen*의 결론은 항체가 콜레스테롤 감소제로서 제대로 기능하는 데 필요한, 알려진 항원의 알려지지 않은 영역을 추가로 특정한 것에 더 가깝다. 따라서 *Amgen*의 사실관계는 *Noelle*의 사실관계로부터 차별화될 수 있다. 실제로 *Amgen v. Sanofi*의 청구항과 더 유사한 것은 항원이 신규하지 않고 청구항이 기능적으로 기재되어 있었던 *Centocor v. Abbott* 또는 *AbbVie Deutschland*의 사안일 것이다.

주목할 만한 점은, *Amgen*에서 CAFC가 단지 신규한 항원에 대한 완전한 기재가 있으면 항체 상위개념을 일상적으로 만들고 사용할 수 있다는 이유로 항체 상위개념도 완전히 기재되었다고 보는 *Noelle*의 근거 논리는 법적 혼동에 해당한다고 비판하였다는 것이다. CAFC는 이러한 논리는 35 U.S.C § 112 (a) 하의 서로 다른 두 가지 개념, 즉 용이실시 가능성과 발명 기재 요건을 혼동하는 것이라고 설시하였다.

마지막으로, 그리고 아마도 가장 중요하게는, *Amgen* 법원은 청구된 항체가 결합하는 **청구되지 않은** PCSK9 항원에 대한 기재는 "청구된 발명"에 대한 기재가 아니므로 이에 의해 청구된 항체에 대한 발명 기재가 성립한다는 점에 대하여 상당한 우려를 나타낸 것으로 보인다. 본 저자의 의견으로는, 청구된 PCSK9의 15개의 잔기와 PCSK9의 LDL 수용체에 대한 결합 억제 사이의 상관 관계는 정확히 *Regents U. Cal. v. Eli Lilly*의 두 번째 요건에 따른 "구조－활성 관계"라고 하는 것이 합리적이다. 그렇다면 *Amgen v. Sanofi*의 결론은 *Noelle*의 근거에도, *Regents*의 대표성 판단 기준에도 의존하지 않는다. 해당 결론은 전적으로 *Regents*의 구조－활성 판단 요소에 의한 것이다.

항체에 대한 청구항이 항체가 결합하는 청구되지 않은 항원의 구조(심지어는 15개 아미노산 잔기라는 일부 구조)에 의존해서는 안 된다는 비판이 오랫동안 *Noelle v. Ledermann*의 "항체 예외"를 둘러싸고 있던 논쟁의 핵심이다. CAFC가 *Amgen v. Sanofi*에서 이러한 비판을 수용한 것은 주목할 만한 일이다. *Noelle*에 조금이라도 생명력이 남아 있는지는 시간이 지나면 알 수 있겠지만, 이 글을 쓰는 현재로서는 생명유지 장치에 의존하고 있는 것으로 보인다.

§ 6:17 저자 의견: 항체 기반 청구항에 있어서 용이실시 가능성과 발명 기재 요건의 관계

항체는 항원/면역원(예를 들면, *In re Wands* (Fed. Cir. 1988)[45]에서와 같은 HBsAg)의 면역화에 의해 자연적으로 생성되며, 결과적으로 이와 같이 생성된 항체 집합은 **필연적으로** 해당 면역원에 결합하는 항체들을 포함한다. *Wands*의 판시에 따르면, HBsAg에 대하여 면역화 생성된 항체로서 고친화성 IgM인 항체의 하위 집합에 대한 청구항이 허용되며, 명세서는 간단한 스크리닝을 통해 용이실시 가능성 요건을 충족하였다. 주목할 점은, *Wands*의 청구항에 어떠한 DNA 서열 정의도 포함되어 있지 않다는 점이다. 청구항에 포함된 유일한 구조는 매우 높은 수준의 구조적 정의인 항체의 IgM 이소타입뿐이었다.

그러나 *Wands* 판결 이후에 나타난, 예를 들면 상기 § 6:9에서 분석한 *Regents U California v Eli Lilly* (Fed. Cir. 1997)[46] 및 하기 § 6:22에서 분석하는 *Ariad Pharmaceuticals v Eli Lilly* (Fed. Cir. 2010)[47]에 따른 더욱 엄격하고 뚜렷해진 발명 기재 요건으로 인해, 이제 소유를 입증하기 위해서는 특정 항체 서열(예를 들면

45) 858 F.2d 731 (Fed. Cir. 1988)
46) 119 F.3d 1559 (Fed. Cir. 1997)
47) 598 F.3d 1336 (Fed. Cir. 2010)

하나 이상의 상보성 결정 영역, 즉 CDR의 DNA 서열)을 청구항에 포함해야 할 수 있다. 만약 *Wands*에서와 같이 청구항의 기능적 한정사항을 충족하는 항체를 스크리닝을 통해 분리 및 확인하였다면, 이제 그 서열을 청구항에 추가해야 할 수 있다. 다시 말해, *Wands*의 청구항은 이제 발명 기재 요건에 따라 무효 공격을 받을 수 있다.

항체의 가변 결합 영역 중 하나 이상의 정확한 서열을 포함시키면 모든 청구항 한정사항과 용이실시 가능성 요건 **및** 발명 기재 요건을 모두 충족하는 항체 상위개념을 정의할 수 있을 것이다. 그러나 이러한 서열 정의 청구항은 *Wands*의 청구항만큼 광범위하지 않다. 서열 정의 청구항은 분리된 항체와 동일한 가변 영역 서열을 갖는 항체로 제한되며 어떠한 다른 항체도 포함하지 않는다.

따라서, 현재의 강화된 발명 기재 요건으로 인해 *Wands*의 청구항이 정확한 항체 결합 서열(예를 들면 하나 이상의 CDR 도메인 서열)로 정의된다면, 이러한 서열과 그 기능(높은 친화력으로 HBsAg에 결합) 사이의 관계는 청구하고자 하는 범위에 따라 추가적인 문제를 야기할 수 있다. 두 가지 가능성이 있다:

A. 청구항이 예를 들어 6개의 특히 청구된 CDR 서열을 갖고 다른 서열은 갖지 않는 항체 상위개념으로 한정되어 있다면, 해당 청구항은 추가의 스크리닝 없이도 그러한 6개의 서열을 가지는 모든 항체에 대해 용이실시 가능성이 있지만 다른 서열에 대해서는 그렇지 않다. 이는 정확하게 청구된 서열(면역화에 의한 항체 생성 방법에 따라 항상 발생하는)과 그 기능 사이의 관계에 대한 예측 가능성을 전형적으로 적용한 것이다.

B. 반면에, 청구항이 6개의 CDR 서열을 **표준으로 사용하여** 정의되어 있고, 그 범위가 청구된 6개의 CDR과 예를 들어 90% 동일한 서열까지 확장되는 경우라면, CDR에서 하나 이상의 아미노산을 변경하는 것과 그것이 기능에 미치는 영향의 예측 불가능성이 문제로 대두될 수 있으며, 그러한 청구항은 용이실시 가능하지 않다고 공격받을 수 있다. 아마도 이러한 경우, *Wands*의 경우와 같이 정확하게 청구된 염기서열과 90%의 동일성을 갖는 항체를 포함하는 항체 상위개념의 범위는 과도한 실험 없이 간단한 스크리닝을 통해 탐색할 수 있다고 주장할 수 있어야 할 것이다.

상기 A와 같이 정의된 청구항 또는 B와 같이 정의된 청구항의 문제점은 그러한 청구항은 회피될 수 있다는 것이다. 이러한 청구항을 회피하고자 하는 자는 문제의 정확한 항원으로 면역화 한 후 청구항에 존재하는 서열과 완전히 다른 서열을 가진 항체들을 분리하려고 시도할 것이다. 면역화 방법(예를 들면, 특정 에피토프 서열(예를 들면, 항원의 짧은 단편)을 사용함)으로 인해, 그 서열이 청구된 것과 다르더라도, 심지어는 B의 청구항에서 요구하는 90%의 동일성을 벗어나더라도 여전히 항원에 결합하여 청구된 기능을 수행하는 항체 집합이 생성될 상당한 가능성이 있다. 청구된 것과는 다르나 여전히 적절한 결합에 필요한 3차원 구조를 생성할 수 있는 다수의 항체 결합 영역 주요 서열이 추가로 존재할 수 있다.

발명 기재 요건 하에서 가능한 한 항체 출원인은 너무 "화학적"이 되지 않도록 노력해야 하며, 정확한 서열 정보를 청구항에 포함시키지 않아야 한다. 강화된 발명 기재 요건을 고려할 때 이는 가능할 수도 있고 가능하지 않을 수도 있다. 그러나 그렇게 하는 데 성공한다면, 합성 유기 분자의 사안에서 과도한 실험으로 인한 용이실시 불가능성 결과를 가져오는 서열-기능 관계의 예측 불가능성을 회피할 수 있을 것이다.

미국 외 국가보다 미국에서 용이실시 가능성 및 발명 기재 요건이 더 엄격할 수 있으며, 미국 외 국가의 해당 기준은 미국과 다르다. 따라서 특허 출원서는 특정 서열/구조로 한정된 청구항뿐만 아니라 서열/구조로 한정되지 않은 청구항도 포함하도록 포괄적으로 작성하는 것이 중요하다.

§6:18 - 당시 기술 수준에 대한 참조에 의한: *Capon* 요소

Capon v. Eshhar (Fed. Cir. 2005).[48] 청구항은 수용체 단백질의 세포막 관통 도메인을 단쇄 가변 단편(scFv)과 융합하여 세포 표면에 나타나게 하는 키메라 유전자에 대한 것이다. Capon이나 Eshhar의 명세서에는 이 유전자의 서열이 기재되어 있지 않다(이는 특허 저촉 절차이다). 두 가지 유형의 서열은 모두 선행 기술에 존재하며 공지이다. 결론: 발명 기재 요건 충족.

CAPON v. ESHHAR v. PTO (참가인)

U.S. Court of Appeals, Federal Circuit (2005)

청구항 1

특정 항체의 단쇄 Fv 도메인(scFv)을 코딩하는 제1유전자 세그먼트 및

내인성 단백질의 막 관통 및 세포질 도메인, 및 선택적으로 세포외 도메인을 부분적으로 또는 전체적으로 코딩하는 제2유전자 세그먼트(여기에서 상기 내인성 단백질은 면역계의 세포 표면에서 발현되고 상기 세포의 활성화 및/또는 증식을 유발함)를 포함하며,

면역계의 상기 세포에 형질 감염될 때, 상기 감염된 세포의 표면에 상기 scFV 도메

48) 418 F.3d 1349 (Fed. Cir. 2005)

인과 상기 내인성 단백질의 상기 도메인을 단일 사슬로 발현시켜, 상기 감염된 세포가 활성화 및/또는 증식 유발되고 상기 발현된 scFV 도메인이 그의 항원에 결합할 때 MHC 비제한적 항체 유형 특이성을 갖도록 하는,
키메라 유전자.
(A chimeric gene comprising
a first gene segment encoding a single-chain Fv domain (scFv) of a specific antibody and
a second gene segment encoding partially or entirely the transmembrane and cytoplasmic, and optionally the extracellular, domains of an endogenous protein, wherein said endogenous protein is expressed on the surface of cells of the immune system and triggers activation and/or proliferation of said cells, which chimeric gene, upon transfection to said cells of the immune system, expresses said scFv domain and said domains of said endogenous protein in one single chain on the surface of the transfected cells such that the transfected cells are triggered to activate and/or proliferate and have MHC nonrestricted antibody-type specificity when said expressed scFV domain binds to its antigen.)

관련 기술

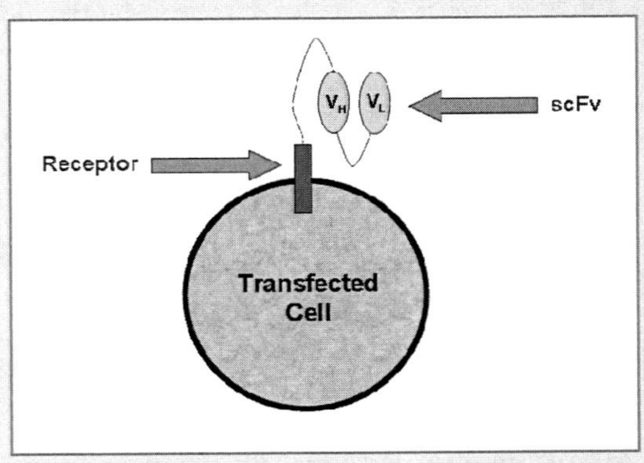

scFv에 융합된 막 관통 수용체

법원의 판결 이유

양 당사자는, 심판원이 선례를 잘못 해석하였으며, 선례는 구성 DNA 세그먼트의 구조가 이미 알려져 있거나 알려진 방법에 따라 쉽게 결정될 수 있는 경우에 뉴클

레오타이드 단위별 재분석을 요구하는 당연(per se) 규칙을 확립하지 않는다고 주장한다.

*** "발명 기재" 요건은 특정 발명의 맥락과 지식 수준에 따라 적용되어야 한다. 구성 DNA의 뉴클레오타이드 서열이 알려져 있더라도 키메라 유전자의 뉴클레오타이드 서열이 완전히 제시되어야 한다는 심판원의 결정은 부적절한 일반화이다. 선행 기술에 뉴클레오타이드 정보가 포함되어 있는 경우, 선례는 그 정보가 새로이 결정되어야 한다는 당연 규칙을 설정하지 않는다. 양 당사자는 본 발명의 분야에서 통상의 지식을 가진 사람이라면 이러한 공지된 DNA 세그먼트가 공지된 방법으로 연결될 때 그들의 DNA 서열을 유지한다는 것을 알 것이라고 진술한다. 양 당사자는 그들의 발명이 어떤 DNA 세그먼트가 면역 반응과 관련이 있는지를 발견하는 것이 아니라(이는 선행 기술에 이미 있는 것이므로), DNA 세그먼트를 새롭게 조합하여 새로운 결과를 달성하는 데에 있다고 설명한다.

"발명 기재" 요건은 특허권자가 발명을 기재해야 한다는 것이지 모든 발명을 동일한 방식으로 기재해야 한다는 것이 아니다. 각 분야가 발전함에 따라 알려진 것과 각 발명의 기여에 의해 추가되는 것 사이의 균형도 발전한다. Eshhar와 Capon은 모두 이 발명이 상기 *Regents U. California v. Eli Lilly*에서와 같이 유전자 기능이나 구조의 발견에 관한 것이 아니라고 설명한다. 여기서 문제가 되는 키메라 유전자는 알려진 기능을 갖는 알려진 DNA 서열로부터 제조된다. 이들 염기서열이 분석되고 명세서에 보고되어야 한다는 심판원의 요건은 기재 상의 실체를 더하지 않는다. 심판원은 명세서가 청구된 키메라 유전자의 뉴클레오타이드 서열에 대하여 그 구조나 구조식 또는 화학 명칭을 반복하고 있지 않기 때문에 발명 기재 요건을 충족하지 않는다고 판단하는 오류를 범하였다.

*** 선례에 따르면, 생물학적 발명 대상에 대한 상위개념 청구항을 뒷받침하기 위해 무엇이 필요한지 결정하는 것은 [1] 특정 분야의 기존 지식, [2] 선행 기술의 범위와 내용, [3] 과학 또는 기술의 성숙도, [3] 문제가 되는 측면의 예측 가능성, 및 [4] 발명 대상에 따라 적합한 기타 고려 사항 등, 다양한 요인에 따라 달라진다.

§6:19 저자 의견: 용이실시 가능성 및 발명 기재 요건의 분석에 있어서 사실 확인 문의의 유사성

*Capon v. Eshhar*에서 법원은 명세서에 청구항을 뒷받침하기에 충분한 발명 기재가 있는지 판단하기 위한 몇 가지 요소를 명시하였다. 이들 "*Capon* 요소"는 "[1] 문제가 되는 발명의 … 성격, [2] 특정 분야의 기존 지식, 선행 기술의 범위와 내용,

[3] 과학 또는 기술의 성숙도 및 … 기존의 과학 및 기술 지식, [4] 문제가 되는 측면의 예측 가능성, [5] 문제가 되는 발명의 범위, 및 [6] 발명 대상에 적합한 기타 고려 사항"이다. *Wands*[49]에 따른 상위개념 용이실시 가능성의 충분성을 분석하기 위한 요소 중 5가지와 *Capon*에 따른 상위개념 발명 기재의 충분성을 분석하기 위한 요소 중 5가지는 실질적으로 동일하다. 또한, *Regents v Lilly* (Fed. Cir. 1997)에서 상위개념의 발명 기재/소유를 평가하는 수단으로 제안된 "대표적인 수의 실시예" 기준은 *Wands*의 요소 (3) "실시예의 존재 여부"와 유사하다. Goldstein *et al*, *IP Today* (2008)[50]에서 발췌한 두 세트의 요소를 비교한 다음 표를 참조하라.

상위개념 용이실시 가능성을 위한 *Wands* 요소	**상위개념 발명 기재를 위한 *Capon* 요소 및 추가 1**
(1) 실험의 양,	
(2) 지시 또는 안내의 양,	
(3) 실시예,	[0] 대표적인 수의 실시예,
(4) 발명의 성격,	[1] 문제가 되는 발명의 … 성격,
(5) 기술 수준,	[2] 특정 분야의 기존 지식, 선행 기술의 범위 및 내용,
(6) 기술 분야의 상대적 기술,	[3] 과학 또는 기술의 성숙도 및 … 기존의 과학 및 기술 지식,
(7) 기술의 예측 가능성,	[4] 문제가 되는 측면의 예측 가능성,
(8) 청구항의 넓이	[5] 문제가 되는 발명의 범위,
	[6] 발명 대상에 적합한 기타 고려 사항.

상위개념의 용이실시 가능성과 발명 기재 요건에 대한 법적 분석은 별개이지만 몇 가지 요소가 겹친다. 용이실시 가능성에는 재현성이라는 특정한 개념(명세서 중 실험 및 지침의 양)을 다루기 위한 추가 요소가 요구되며, 이러한 요소는 용이실시 가능성에서는 중요한 역할을 하지만 발명 기재 요건에서는 그렇지 않다. 그 외의 모든 요소는 유사하다.

용이실시 가능성 및 발명 기재에 대한 분석의 수렴은 *Wands* 요소와 *Capon* 요소 간의 유사성을 넘어 계속되어 왔다. *Amgen v Sanofi* (Fed. Cir. 2021)[51]에서 CAFC는 실시예가 제시되지 않은 청구 항체는 용이실시 가능성이 없다는 이유로 항체 상위개념에 대한 Amgen의 청구항을 무효화하였다. 상기 § 5:6 참조. 이 과정에서 법원은 역시 항체 상위개념에 대한 청구항이 무효화된 *AbbVie Deutschland v Janssen*

49) 858 F.2d 731 (Fed. Cir. 1988)

50) 15 *Intellectual Property Today*, August 2008

51) 987 F.3d 1080 (Fed. Cir. 2021)

(Fed. Cir. 2014)[52]을 인용하였는데, 여기에서는 실시예가 제시되지 않은 청구된 실시 태양이 발명 기재가 부족하다는 이유로 무효화되었다. 상기 § 6:14 참조.

이들 사건에서 법원이 공통적으로 초점을 둔 것은 특허에 구체적으로 예시된 것 이외의 실시 태양들이 과도한 실험 없이 용이실시 가능하고 또한 잘 기재되었는지를 살펴보는 것이었다. *Amgen v Sanofi* (2021) 및 *AbbVie Deutschland* (2014) 모두에서 법원은 동일한 비유를 사용하여 이 문제를 설명하였다. 즉, 한 분야의 한쪽 구석만을 기재하거나 용이실시 가능하게 하는 것은 그 분야 전체를 용이실시 가능하게 하거나 기재하는 것이 아니라는 것이다.

예를 들어, *Ariad v Eli Lilly* (Fed. Cir. 2010)[53](하기 § 6:22 참조) 등에서 법원이 35 § U.S.C.A 112(a)는 용이실시 가능성 요건과 발명 기재 요건의 두 가지 요건으로 분리될 필요가 있다고 반복적으로 설시하고 있음에도 불구하고 이 두 가지를 균일화하려는 움직임이 점점 더 커지고 있는 것으로 보인다.

***

생명공학 분야는 아니지만 2019년 판결인 ***In re Global IP Holdings LLC*** (Fed. Cir. 2019)[54]는 CAFC가 "문제가 되는 측면의 예측 가능성"이라는 *Capon* 요소 7을 어떻게 분석하는지를 잘 보여준다. 문제는 특허 재발행 출원인이 특허 청구항 용어인 "열가소성 플라스틱"을 "플라스틱"으로 확장할 수 있는지, 즉 청구항을 플라스틱의 한 하위개념으로부터 모든 플라스틱이라는 상위개념으로 확장할 수 있는지에 관한 것이었다. 명세서에는 열가소성 플라스틱 이외의 다른 특정한 플라스틱에 대한 기재가 없었으며 상위개념인 "플라스틱"이라는 단어는 나타나지 않았다. CAFC는 *Capon*에 따라 소유 여부는 예측 가능성에 달려 있다는 데 동의하였다. 법원은 "발명의 한 요소를 최초 특허에 개시된 중요하지 않은 형태 자체로 제한하였던 불필요한 한정사항을 단순히 삭제"하여 청구항을 확장하는 것은 허용된다는 명제에 대하여 *In re Peters* (Fed. Cir. 1983)[55]를 인용하였다. *IP Holdings*에서 CAFC는 이어서 열가소성 한정사항이 중요한지, 예를 들면 선행 기술을 극복하기 위해 청구항에 추가되었는지 여부를 결정하도록 사건을 심판원으로 환송하였다. 중요하지 않다면 청구항을 "플라스틱"으로 확장할 수 있을 것이다.

52) 759 F.3d 1285 (Fed. Cir. 2014)
53) 598 F.3d 1336 (Fed. Cir. 2010)
54) 927 F.3d 1373 (Fed. Cir. 2019)
55) 723 F. 2d 891 (Fed. Cir. 1983)

§ 6:20 — 당시 기술 수준이 상위개념에 대한 발명 기재를 뒷받침하는 데 도움이 된 사례

Falkner v. Inglis (Fed. Cir. 2006).[56] 청구항은 유도성 프로모터의 제어 하에 외부 항원을 발현하는 백신용 수두 바이러스 상위개념에 대한 것이다. 발명이 구현되지 않았고 구체적인 실시예가 없으며 당시의 기술 수준에 잘 알려진 구조가 명세서에 포함되어 있지 않다. 이는 문제가 되지 않는다: 발명 기재는 충분한 것으로 간주된다.

FALKNER v. INGLIS

U.S. Court of Appeals, Federal Circuit (2006)

청구항 1

(a) 부모 수두 바이러스의 필수 영역에 의해 부여된 기능이 결여된 결함 수두 바이러스(여기에서, (i) 상기 결함 수두 바이러스는 항원을 코딩하는 DNA 폴리뉴클레오타이드를 포함하고, 상기 DNA 폴리뉴클레오타이드는 프로모터의 전사적 제어 하에 있으며, (ii) 상기 기능은 보완원에 의해 보완될 수 있음); 및 (b) 약학적으로 허용 가능한 담체를 포함하는 백신.

(A vaccine comprising (a) a defective poxvirus that lacks a function imparted by an essential region of its parental poxvirus, wherein (i) said defective poxvirus comprises a DNA polynucleotide encoding an antigen and said DNA polynucleotide is under transcriptional control of a promoter, and (ii) the function can be complemented by a complementing source; and (b) a pharmaceutically acceptable carrier.)

법원의 판결 이유

1. 실시예는 요구되지 않는다.

첫째로, Inglis 출원에 수두 바이러스와 관련된 실시예가 없다고 해서 발명 기재가 부적절해지는 것이 아님은 명확하다. … 명세서의 실시 태양에 청구항 문언의 전체 범위를 명시적으로 포괄하는 실시예가 포함되어 있지 않다는 이유만으로 청구

56) 448 F.3d 1357 (Fed. Cir. 2006)

항이 § 112에 근거하여 무효화 되지는 않는다. 특허 명세서는 당업계의 통상의 기술자를 위해 작성되는 것이고, 그러한 통상의 기술자는 기존의 지식을 가지고 특허를 접하기 때문이다. 이러한 맥락에서 볼 때, 명세서에 발명의 모든 세부 사항을 기재할 필요는 없으며, 당업계의 통상의 기술자에게 발명자가 발명을 소유하였음을 확신시키고 과도한 실험 없이 발명을 만들어 사용할 수 있도록 하는 정도만 포함시키면 충분하다.

***

2. 실제적 발명의 구체화는 요구되지 않는다.

심판원이 … Inglis가 실제로 수두 바이러스 백신을 생산하지 않았다는 사실을 결정적인 것으로 보지 않은 것은 타당하다. … 발명 기재 요건 충족을 위하여 실제적 발명의 구체화가 요구되지 않기 때문이다. *Univ. of Rochester* [하기]("본 법원은 물론 실제적 발명의 구체화에 대한 기재를 제공해야만 발명 기재 요건을 충족할 수 있다고 제안하려는 것은 아니다. 발명의 구체화 간주는 확립된 개시의 한 가지 방법이다. …").

***

3. 공지 구조의 언급은 요구되지 않는다.

이들 요건을 충족하는 데 필요한 기재 내용은 문제가 되는 발명의 성격과 범위, 그리고 기존의 과학 및 기술 지식에 따라 달라진다. 이러한 법칙은 특허 절차에 진입하는 각 발명 별로 적용되어야 하는데, 특허를 받은 각 발명은 당시 과학 수준과 관련하여 신규한 것이기 때문이다. … 실제로, 특허권자가 존재하는 모든 공지의 DNA 구조를 언급하여야 한다는 요건은 발명 기재 요건의 목적에 부합하지 않는다. 이는 새로운 정보의 공개를 강제함으로써 특허권자와 공중 사이의 균등 가치 교환을 실행하는 것도 아니며, 특허권자가 청구된 발명을 소유하고 있다는 것을 당업계의 통상의 기술자에게 입증하는 데 필요한 것도 아니다.

*Capon*과 *Falkner* 판례는 유전자 서열, 그 부분 또는 조합, 및 폴리펩타이드의 상위개념에 대하여 그들의 발명 기재를 위한 기본적인 지침을 제시한다. 다음의 판례, *Invitrogen v. Clontech* (Fed. Cir. 2005)[57]는 이러한 원칙을 적용하고 있다. 하기 § 6:21에서는 *Invitrogen*과 그 결과가 정반대로 나온 *Carnegie Mellon v. Hoffman－LaRoche* (Fed. Cir. 2008)[58]를 대비하여 본다. *Invitrogen*에서는 당시 기술 수준을 참조하여 상위개념의 발명 기재가 충분한 것으로 간주되었지만

57) 429 F.3d 1052 (Fed. Cir. 2005)
58) 541 F.3d 1115 (Fed. Cir. 2008)

(*Capon*에 따라), *Carnegie−Mellon*에서는 당시 기술 수준이 대표적인 실시예의 부족을 보완해 주지 못한다는 점에서 불충분한 것으로 간주되었다.

Invitrogen v. Clontech (Fed. Cir. 2005).[59] 상위개념 청구항은 강화된 중합효소 활성 및 감소된 RNAse 활성을 갖는 역전사(RT) 효소에 관한 것이다. 두 개의 실시예가 있다. 그러나 당시 기술 수준에는 많은 RT 효소가 존재하였고 이들은 상동성이 높았기 때문에 상위개념 발명 기재가 충분한 것으로 간주되었다.

INVITROGEN CORP. v. CLONTECH LABORATORIES, INC.

U.S. Court of Appeals, Federal Circuit (2005)

청구항 1 (강조 표시 추가)

DNA 중합효소 활성 및 실질적으로 감소된 RNase H 활성을 갖는 분리된 폴리펩타이드(여기에서, 상기 폴리펩타이드는 변형된 아미노산 서열을 코딩하는 변형된 역전사효소 뉴클레오타이드 서열에 의해 코딩되어 상기 폴리펩타이드가 실질적으로 감소된 RNase H 활성을 가지며, 상기 뉴클레오타이드 서열은 레트로바이러스, 효모, 뉴로스포라, 초파리, 영장류 및 설치류로 구성된 군으로부터 선택된 유기체로부터 유래되는 것임).

(An isolated polypeptide having *DNA polymerase activity and substantially reduced RNase H activity*, wherein said polypeptide is encoded by a modified reverse transcriptase nucleotide sequence that encodes a modified amino acid sequence resulting in said polypeptide having substantially reduced RNase H activity, and wherein said nucleotide sequence is derived from an organism selected from the group consisting of a retrovirus, yeast, *Neurospora*, *Drosophila*, primates and rodents.)

법원의 판결 이유

Clontech에 따르면, 문제가 된 청구항이 "명세서에 기재된 서열에 한정되어 있지 않고 DNA 또는 단백질 서열을 기재하고 있지도 않기" 때문에, 지방법원이 공통의 명세서에 기재된 DNA 서열과 당업계의 통상의 기술자의 지식 내에 충분한 구조가 존재한다고 판단한 것은 오류라고 주장한다.

이 주장은 잘못된 것이다. 첫째, 지방법원은 본건 명세서에 기재된 염기서열 외

59) 429 F.3d 1052 (Fed. Cir. 2005)

에도 "발명 당시에 RT 유전자의 염기서열이 알려져 있었고, RT 유전자 계열의 구성원은 한 하위개념 RT와 다른 하위개념 RT 사이에 상당한 상동성을 공유하였다"는 점에 다툼이 없다고 판단하였다. 발명 기재에 의하면 본 발명은 HTLV-1, BLV, RSV 및 HIV를 포함한 다른 레트로바이러스의 RT 유전자에 적용될 수 있다. … Invitrogen의 전문가가 설명하였듯이, 명세서에는 이러한 RT 유전자의 알려진 뉴클레오타이드 서열을 제공하는 참고 문헌들이 인용되어 있다. … 마지막으로, Champoux의 진술서는 이들 및 기타 대표적인 RT 유전자의 서열이 1988년 1월까지 당업계에 알려져 있었다는 것을 입증하였다.

*** 둘째, *Eli Lilly*와 *Fiers*에 대한 Clontech의 주장은 잘못된 것이다. 이들 사건에서 문제가 된 특허 명세서에는 청구된 어떠한 DNA 실시 태양의 염기서열(구조)도 명시되어 있지 않았다. 참조 *Eli Lilly* (명세서가 cDNA에 의해 코딩된 인간 인슐린 A 및 B 사슬 아미노산 서열을 기재하고 있지만 cDNA 자체의 뉴클레오타이드 서열은 제공하지 않은 사안에서, 인간 인슐린을 코딩하는 cDNA를 요구하는 청구항은 적절한 발명 기재가 제공되지 않아 무효라는 판결을 유지함); *Fiers* (특허가 인간 섬유아세포 인터페론-베타 폴리펩타이드를 코딩하는 정제된 DNA를 청구하였지만 명세서에는 단순히 DNA에 대한 언급만이 개시되어 있고 이의 서열을 결정하는 방법이 제시되어 있는 사안에서 발명 기재가 불충분하다고 판단함). 이와 대조적으로, 이 사건 특허들의 공통된 발명 기재는 청구된 RT 효소의 대표적 실시 태양의 DNA 및 아미노산 서열을 모두 기재하고 있다. 또한 명세서에는 열거된 서열에 의해 생성된 효소가 청구된 특징, 즉 RNase H 활성 없이 DNA 중합효소 활성을 갖는다는 시험 데이터도 개시되어 있다. *Eli Lilly* 및 *Fiers* 분석 모두에 따라 문제의 명세서는 충분하다.

요약하면, 계쟁 특허의 청구항이 § 112의 발명 기재 요건을 충족한다는 지방법원의 판결에는 오류가 없다.

◆ ***Immunex Corp et al v. Sandoz Inc. et al*** (Fed. Cir. 2020).[60] 이 소송은 Sandoz가 특허 의약품인 etanercept (Enbrel®로 알려짐)의 바이오시밀러를 상업화하는 것을 막기 위해 Immunex가 생물학적 제제 가격 경쟁 및 혁신법(BPCIA)에 따라 제기한 소송이다. 본 사건에서는 자명성 형식 중복 특허(obviousness-type double patenting), 자명성 및 발명 기재 요건에 대한 무효 주장이 제기되었는데, 여기에서는 후자에 대해서만 다룬다. 법원은 당해 기술 분야의 간행물들과 함께

60) 964 F.3d 1049 (Fed. Cir. 2020)

고려할 때 명세서에는 청구항에 대한 발명 기재가 충분하다고 판단하여 하급 법원이 발명 기재를 자명성 기준에 잘못 근거하여 판단하였다는 Sandoz의 주장을 기각하였다.

IMMUNEX CORP ET AL v. SANDOZ INC. ET AL

U.S. Court of Appeals, Federal Circuit (2020)

청구항 1 ('182 특허)

(a) 불용성 인간 TNF 수용체의 인간 종양괴사인자(TNF)－결합 가용성 단편(여기에서 불용성 인간 TNF 수용체는 (i) 인간 TNF에 특이적으로 결합하고, (ii) 비환원성 SDS－폴리아크릴아미드 젤 상에서 약 75킬로달톤의 겉보기 분자량을 가지며, (iii) 아미노산 서열 LPAQVAFXPYAPEPGSTC (SEQ ID NO: 10)을 포함함); 및 (b) 인간 면역글로불린 IgG 중쇄의 불변 영역 중 제1도메인을 제외한 모든 도메인을 포함하며; 인간 TNF와 특이적으로 결합하는 단백질.

(A protein comprising (a) a human tumor necrosis factor (TNF)－binding soluble fragment of an insoluble human TNF receptor, wherein the insoluble human TNF receptor (i) specifically binds human TNF, (ii) has an apparent molecular weight of about 75 kilodaltons on a non－reducing SDS－polyacrylamide gel, and (iii) comprises the amino acid sequence LPAQVAFXPYAPEPGSTC (SEQ ID NO: 10); and (b) all of the domains of the constant region of a human immunoglobulin IgG heavy chain other than the first domain of said constant region; wherein said protein specifically binds human TNF.)

관련 기술

일명 Enbrel®로 불리는 etanercept는 종양괴사인자(TNF) 수용체(TNFR) p75의 세포 외 영역과 항체 IgG1 중쇄의 불변 영역의 힌지－CH2－CH3 부분의 융합체이다. TNFR－IgG 융합체는 잉여 TNF에 결합하여 이를 중화시킨다. 이 물질은 이러한 방식으로 류마티스 관절염 환자의 자가 면역 염증 반응을 감소시킨다.

법원의 판결 이유

*** Sandoz는 우선권 출원에 (1) 전장 p75 DNA 서열; 및 (2) 청구된 p75－

IgG1 융합 단백질에 대한 발명 기재 뒷받침이 포함되어 있지 않다고 주장한다.

[전장 p75 DNA 서열의 기재에 대하여:] *** 특허 명세서에 공지의 선행 기술 개념을 다시 기재할 필요가 없다는 것은 잘 확립되어 있다. *Capon v. Eshhar*[61] 참조("'발명 기재' 요건은 특정 발명의 맥락과 기술 지식 수준에 따라 적용되어야 한다"); 또한 *Zoltek Corp. v. United States*[62] 참조("발명 기재는 이미 공지되어 있고 숙련된 공중이 입수할 수 있는 정보를 포함할 필요는 없다"). 이러한 원칙을 적용하여 지방법원은 발명자들이 전장 p75 DNA 서열을 소유하였다고 적절하게 판단하였다. 명세서에서는 p55 및 p75 TNFR을 모두 확인하고 있다. 또한 지방법원이 지적했듯이, 명세서는 "대립 유전자 변이체 및 염기서열 …의 하나 이상의 뉴클레오타이드의 삭제, 치환 및 추가에 따른 DNA 염기서열을 포함한다."

중요한 것은 지방법원은 또한 p75 서열이 발명 당시 통상의 기술자에게 알려져 있었다고 보았다는 점이다. … 지방법원에 따르면, 우선권 출원에 언급된 1990년 Smith 논문은 발명 당시 통상의 기술자가 전체 p75 서열을 알고 있었을 것임을 보여준다. 1990년 Smith 논문은 통상의 기술자에게 "전체 뉴클레오타이드 서열이 GenBank에 기탁번호 M32315로 기탁되어 있으며 신청에 의해 입수 가능하다"고 알려주었다. … 지방 법원은 또한 1990년 7월에 발표된 Roche 간행물인 Dembic 논문도 전체 p75 아미노산 서열을 개시하였음을 지적하였다.

[p75-IgG1 융합 단백질의 기재에 대하여:] Sandoz의 주장과는 달리, 지방법원의 발명 기재 분석은 특허 등록된 청구항의 문언에 기초하지 않았다. 지방법원은 명세서가 인간 IgG1 중쇄의 엑손-정의된 힌지-CH2-CH3 영역을 코딩하는 DNA 서열을 포함하는 기탁된 벡터의 사용을 언급하고 있음을 올바르게 지적하였다. … 또한 법원은 실시예 11이 가용성 TNF 결합 단편을 해당 힌지-CH2-CH3 영역에 직접 융합하는 방법을 교시하고 있음을 주목하였다. … 법원은 전문가 증언을 인용하여, 실시예 11이 p55를 사용하여 해당 개념을 개시하고 있고, 통상의 기술자는 이 실시예에 따라 청구항 및 명세서에 기초하여 etanercept를 생성할 수 있었을 것이라고 결론지었다. … 마지막으로 법원은 "IgG1 힌지-CH2-CH3도 역시 1990년 8월 당시 선행기술에 알려져 있었다"고 지적하였다. …

지방법원의 판단은 출원 당시의 명세서에 의해 뒷받침되며, 특허 등록된 청구항의 문언에 근거한 것이 아니다. 첫째, 지방법원은 청구항 문언이 "대상 발명의 필수 요소들을 명시하고 있다"고 언급하였지만, 동시에 실시예들이 Roche 발명자들이 … 를 소유하였음을 추가로 입증하여 준다고 결론지었다. … 둘째, Immunex가 올바르게 지적하고 있듯이, 출원 당시의 특허 청구항에는 TNF-결합 단백질과 IgG1

61) 418 F.3d 1349, 1357 (Fed. Cir. 2005)

62) 815 F.3d 1302, 1308 (Fed. Cir. 2016)

또는 IgG3의 융합 단백질을 청구하는 청구항 19가 포함되어 있었다. …
따라서 본 법원은 지방법원의 발명 기재 분석이 명백한 오류에 해당하지 않는다고 결론 짓는다.

§ 6:21 — 당시 기술 수준이 상위개념에 대한 발명 기재를 뒷받침하는 데 도움이 되지 않은 사례

Carnegie Mellon v. Hoffman-LaRoche (*Fed. Cir. 2008*).[63] 청구항은 광범위한 박테리아 상위개념으로부터의 중합효소(*Pol A*) 구조 유전자의 DNA를 가진 재조합 플라스미드에 관한 것이다. 대장균으로부터의 *Pol A*만이 기재되어 있고 다른 어떤 박테리아도 기재되어 있지 않다. 해당 기술 분야는 예측 불가능한 분야이다. 단지 하나의 실시예만으로는 청구된 상위개념의 발명 기재가 충분하지 않다. 상위개념을 대표할 수 있는 충분한 예시가 있어야 그들 사이에 공통된 특징이 있는지 평가할 수 있다. 상위개념에 대한 발명 기재가 불충분하다.

CARNEGIE MELLON UNIVERSITY v. HOFFMANN-LA ROCHE INC.

U.S. Court of Appeals, Federal Circuit (2008)

청구항 1 (강조 표시 추가)

구조적 유전자 코딩 영역에 기능적으로 연결된 조건부 제어 가능한 외부 프로모터의 작동 가능한 제어 하에, DNA 중합효소 I의 발현을 위해 **박테리아 공급원으로부터 분리된** 복제된 완전한 구조적 유전자 코딩 영역을 포함하며, 상기 외부 프로모터는 적합한 박테리아 또는 효모 숙주 시스템에서 상기 DNA 중합효소 I을 발현하는 기능을 갖는 것인, 재조합 플라스미드.

(A recombinant plasmid containing a cloned complete structural gene-coding region *isolated from a bacterial source* for the expression of DNA polymerase I, under operable control of a conditionally-controllable foreign promoter functionally linked to said structural gene coding region, said foreign promoter being functional to express said DNA polymerase I in a suitable bacterial or yeast host system.)

63) 541 F.3d 1115 (Fed. Cir. 2008)

법원의 판결 이유

"대표적인 수"의 만족스러운 개시 여부는 당업계의 통상의 기술자가 개시된 하위개념에 비추어 출원인이 상위개념 구성요소가 갖는 필수적인 공통 속성 또는 특징을 소유하였다는 것을 인식할 수 있는지 여부에 달려 있다. 예측 불가능한 기술 분야의 발명의 경우, 광범위한 변종 하위개념을 포괄하는 상위개념에 대한 적절한 발명 기재는 **상위개념 내의 단지 하나의 하위개념만을 개시하는 것으로는 달성할 수 없다.** … 여기에서, '708 및 '745 특허의 청구범위는 모든 박테리아 공급원으로부터의 DNA 중합효소 코딩 서열을 포함하는 재조합 플라스미드 상위개념을 포함하지만, 이와는 대조적으로 '708 및 '745 특허의 좁은 명세서는 하나의 박테리아 공급원, 즉 대장균의 *polA* 유전자 코딩 서열만을 개시하고 있다. 중요한 것은, 이 명세서에는 다른 어떠한 박테리아 하위개념에 대한 *polA* 유전자 코딩 서열도 개시되거나 기재되어 있지 않다는 점이다.

*** 본 법원은 *Eli Lilly*에 따라 대장균 *polA* 유전자에 대한 좁은 개시는 전체 상위개념을 대표하지 않으며 이를 적절하게 뒷받침하지 못한다는 지방법원의 판단에 동의한다. 화학 또는 생명공학 분야의 상위개념의 경우 발명 기재 요건을 충족하려면 일반적으로 해당 상위개념에 대한 언급 이상의 것이 필요하다. 자신이 상위개념 전체를 발명하고 개시하였음을 입증하기 위해서는 출원서에 기재된 바와 같은 충분한 하위개념들을 소유하고 있음을 보여주어야 한다. *polA* 유전자의 자연 프로모터가 심각하게 손상되거나 제거되어 있는 청구된 재조합 플라스미드의 신중한 구성에 관한 명세서의 개시에 비추어 볼 때, 그리고 다양한 박테리아 하위개념에 따라 *polA* 유전자가 달라진다는 기록상의 증거와, 추가로 대장균 이외의 박테리아에 대한 *polA* 유전자 서열이 없다는 점을 고려할 때, 본 법원은 이 사건에서 해당 요건이 충족되지 않았다고 결론 내린다.

*** 선행기술이 "785개 이상의 마우스 항체 DNA 경쇄와 1,327개의 마우스 항체 DNA 중쇄"를 포함하여 "다양한 면역 관련 DNA 세그먼트의 뉴클레오타이드 구조에 대한 광범위한 지식"을 포함하고 있었던 *Capon*의 사안과 달리, 본 사건의 기록은 수천개의 유전자 중 단 3개의 박테리아 *polA* 유전자만이 복제되었음을 보여준다.

생명공학 분야가 아닌 CAFC의 2019년 판결, ***Nuvo Pharmaceuticals et al v. Dr. Reddy's Laboratories*** (Fed. Cir. 2019)[64]은 특허권자가 우선일 당시의 기술수준에 의존하여 발명 기재 요건 충족을 주장하였다가 실패한 사례를 추가로 보여준다. 해당 청구항은 비스테로이드성 항염증제(NSAID)와 양성자 펌프 억제제

64) 923 F.3d 1368 (Fed. Cir. 2019)

(PPI)와 같은 위산 분비 억제제의 단일 용량 의약 조성물에 대한 것이었다. 문제가 된 청구항 한정사항은 "…해당 환자의 위 pH를 최소 3.5로 올리는 데 효과적인 양으로 존재하는 산 억제제 및 … 해당 산 억제제의 적어도 일부가 장용 코팅으로 둘러싸여 있지 않을 것…"이었다. 코팅되지 않은 산 억제제의 유효량이 얼마인지에 대한 기록 상의 증거는 명세서를 포함하여 어디에도 없었다. 특허권자는 당업계의 통상의 기술자가 우선일 당시에 그러한 양이 얼마인지 알 수 있었을 것이라고 주장하였지만 법원은 이에 동의하지 않았다(원문에 강조 표시 포함):

> 기록 상의 증거는 당업계의 통상의 기술자가 코팅되지 않은 PPI가 유효하다는 사실을 알거나 이해하지 못하였을 것임을 입증한다. 또한 소송대상 특허의 명세서에는 "발명자가 청구된 발명을 **실제로 발명했다**는 것을 보여주는" 내용이 전혀 없다. [모든 인용 생략] 발명자가 "모든 구성요소와 한정사항을 포함하는 청구된 발명을 … 소유하고 있었다"는 것을 입증하는 기재, 예를 들면, 발명의 구체화로 간주될 만한 기재가 일부라도 있어야 한다. …

당업계의 통상의 기술자는 코팅되지 않은 PPI가 효과가 있을 것이라고 생각하지 않았을 것임에도 불구하고 명세서는 그것이 효과가 있을 수 있다고 단순히 청구하는 것 이외에는 아무것도 제공하고 있지 않다는 사실에 비추어 볼 때 해당 명세서는 치명적인 결함을 가지고 있다.[65]

Juno Therapeutics, Inc., et al v. Kite Pharma, Inc. (Fed. Cir. 2021).[66] 이 사건은 상기 § 6:18에서 논의된 2005년 *Capon v. Eshhar* (Fed. Cir. 2005)[67]에서 시작된 사건의 연장선상에 있는 CAR-T(키메라 항원 수용체) 세포에 관한 사건이다. 이 사건에서 초점이 된 것은, 법원이 "광범위한" 상위개념이라고 지칭한 암세포의 표적에 결합하는 ScFv 상위개념에 대한 발명 기재가 부족하다는 것이다. 법원은 *Capon*과 구별하여 본 사건에서는 우선일 당시 해당 분야의 예측 불가능성

---

65) Id.
66) *Slip-op* 2020-1758 (Fed. Cir. 2021. 8. 26.)
67) 418 F.3d 1349 (Fed. Cir. 2005)

과 청구항의 기능적 성질(즉, 청구항이 **모든** 표적에 결합하기 위한 **모든** scFv를 청구하고 있다는 점)을 고려할 때, 발명 기재가 광범위한 상위개념 내에 속하거나 이의 특성을 정의하는 하위개념들의 대표적인 샘플을 제공하지 못한다고 판시한다.

JUNO THERAPHUTICS, INC v. KITE PHARMA, INC.

U.S. Court of Appeals, Federal Circuit (2021)

청구항 1 ('190 특허):

키메라 T 세포 수용체를 코딩하는 핵산 중합체
(여기에서, 상기 키메라 T 세포 수용체는,
(a) 인간 CD3 ζ 사슬의 세포 내 도메인을 포함하는 제타 사슬 부분,
(b) 공동자극 신호 영역, 및
(c) 선택된 표적[종속 **청구항 5 및 11**에서 표적은 CD19]과 특이적으로 상호작용하는 결합 요소[종속 **청구항 3 및 9**에서 결합 요소는 단일 사슬 항체 및 ScFv]
를 포함하고:
공동자극 신호 영역은 SEQ ID NO:6에 의해 코딩되는 아미노산 서열을 포함함)

(A nucleic acid polymer encoding a chimeric T cell receptor, said chimeric T cell receptor comprising
(a) a zeta chain portion comprising the intracellular domain of human CD3 ζ chain,
(b) a costimulatory signaling region, and
(c) a binding element [in dependent **claims 3 and 9:** the binding element is a single chain antibody, and ScFv] that specifically interacts with a selected target [in dependent **claims 5 and 11:** the target is CD19],
wherein the costimulatory signaling region comprises the amino acid sequence encoded by SEQ ID NO:6.)

관련 기술

관련 기술 도면은 이 사례와 유사한 사례인 *Capon v. Eshbar*[68]를 논의하는 상기 § 6:18에서 찾을 수 있다.

68) 418 F.3d 1349 (Fed. Cir. 2005)

법원의 판결 이유

*** Kite는 해당 청구항이 엄청난 수(수백억 개)의 scFv 후보 물질을 포함하는데 그중 일부만이 특정 표적에 대한 기능적 결합 한정사항을 충족하며, 발명 기재가 이 기능적 결합 한정사항에 대한 발명 기재 요건을 충족하지 못한다고 주장한다. 또한 scFv의 결합 능력은 다양한 요인에 따라 달라지기 때문에 scFv 분야는 예측 불가능하다고 주장한다.

*** 청구항 3 및 9는 세 부분으로 구성된 CAR를 코딩하는 청구된 핵산 중합체의 일부로서, **모든** 표적에 결합하기 위한 **모든** scFv를 광범위하게 포괄한다. 그러나 '190 특허의 발명 기재는 그 광범위한 상위개념에 속하거나 그 특성을 정의하는 하위개념들의 대표적 샘플을 제공하지 않는다.

*** 청구항은 선택된 표적에 결합하는 scFv에 관한 것이다. 청구항 3 및 9에는 특정 표적에 대한 제한이 없다. 발명 기재 요건을 충족하기 위해서는, 특허가 발명자들이 대표적인 수의 표적에 결합할 수 있는 특정 scFv 하위개념들을 소유하였고 이를 출원서에 개시하였음을 숙련된 기술자에게 입증하여 주었어야 한다.

*** 발명 기재 요건을 충족하기 위해서 … 발명자들은 선택된 표적에 결합하는 청구된 CAR의 일부로서, 알려지거나 알려지지 않은 모든 scFv를 포괄하는 청구 발명을 그들이 소유하였음을 보여 주었어야 한다. scFv가 알려져 있고 결합하는 것으로 알려져 있다는 사실을 인정하더라도, 명세서는 어떤 scFv가 어떤 표적에 결합할 것인지 구분할 수 있는 수단을 전혀 제공하지 않는다.

*** **[각주 2:]** 본 법원은 특허 명세서에 공지의 선행 기술 개념 … 을 다시 기재할 필요가 없다는 Juno의 주장에 동의한다(*Immunex Corp. v. Sandoz Inc.* 인용[§ 6:20[69] 참조]). '190 특허의 문제점은, 일부 scFv가 일부 표적에 결합하는 것으로 알려져 있기는 했지만, 청구항이 방대한 수의 가능한 scFv와 대부분이 선행기술에 알려져 있지 **않은** 불특정 다수의 표적을 포괄하고 있다는 것이다.

*** '190 특허는 특정 표적에 결합할 수 있는 scFv에 공통적인 구조적 특징을 개시하지 않았을 뿐만 아니라, 이들 표적에 결합할 수 있는 scFv와 결합할 수 없는 scFv를 구별하는 방법도 개시하지 않는다. '190 특허는 결합하는 scFv의 아미노산 서열이나 기타 구별되는 특성을 제공하지 않는다.

*** 청구항 3 및 9는 청구된 CAR의 일부로서 모든 표적에 결합하는 모든 scFv를 광범위하게 청구한다. 그러나 '190 특허의 발명 기재는 단 두 개의 scFv 실시예만을 개시하고 있으며, 당업계의 통상의 기술자로 하여금 어떤 scFv가 어떤 표적에 결합할지를 결정할 수 있도록 하는 특성, 서열 또는 구조에 관한 어떠한 세부 사항도

69) 964 F.3d 1049, 1064 (Fed. Cir. 2020)

제공하지 않는다. scFv가 일반적으로 잘 알려져 있다거나 일반적으로 동일한 구조를 가지고 있다고 해서 이러한 결함이 치유되는 것은 아니다.

*** (1) scFv가 추상적으로 매우 다양할 수 있다는 점, (2) 결합 특성을 확인하기 위해 "수백억 개"의 scFv를 만들어 실험해 보아야 한다는 점, 또는 (3) 어떤 scFv가 … 에 결합할지 여부는 실험해 보기 전에는 통상의 기술자가 예측할 수 없다는 점은 통상의 기술자에게 전혀 문제가 되지 않는다는 Juno의 추가 주장은 본 법원의 선례에 반하는 주장이다.

*** Juno의 주장과는 달리, 기능적 scFv 상위개념의 다양성, scFv의 결합 능력의 예측 불가능성, 및 우선일 기준으로 선행기술에 기껏해야 5개의 CD19-특이적 scFv가 알려져 있었다는 점은 모두 발명 기재 쟁점과 관련이 있다.

*** 청구된 기능적 scFv 상위개념과 관련하여, '190 특허는 당업계의 통상의 기술자가 청구된 기능을 달성하는 scFv와 그렇지 않은 scFv를 구별할 수 있도록 하는 대표적인 하위개념이나 일반적인 구조적 특징을 개시하지 않는다.

<u>BASF Plant Science v Commonwealth Scientific and Industrial Research Organization</u> (Fed. Cir. 2022).[70] 이 사건은 일군의 상위개념 청구항은 해당 기술수준으로부터 뒷받침되지 않았던 반면 다른 일군의 상위개념 청구항은 뒷받침되었다는 점에서 엇갈린 결과를 보여주는 사례이다. 이 사건은 또한 청구항의 핵심요소에 대한 실제 구체화가 없었음에도 발명 기재가 충분한 것으로 판단된 사례로서, 법원은 대신 청구항 요소에 대해 허용된 모델에서의 기능 입증에 기초하여 판단하였다. 유전자 조작 식물 세포 상위개념과 유전자 조작 카놀라 식물 세포 준상위개념에 대한 두 개 군의 청구항에 대한 발명 기재 뒷받침 여부를 평가한 CAFC는, 상위개념은 뒷받침되지 않지만 준상위개념은 뒷받침된다고 판단하였다. 카놀라 세포에서 실제로 구체화되지는 않았고, 당업계의 통상의 기술자에게 카놀라를 예측하는 것으로 널리 받아들여지는 모델 시스템인 *Arabidopsis*에서만 실제로 구체화되었음에도 불구하고 법원은 발명자들이 준상위개념을 충분히 소유하였다고 결론지었다.

70) *Slip-ops* 2020-1415, 2020-1416, 2020-1919, 2020-1920(Fed. Cir. 2022)

<u>*BASF PLANT SCIENCE, LP v. COMMONWEALTH SCIENTIFIC AND INDUSTRIAL RESEARCH ORGANISATION, v. BASF PLANT SCIENCE, LP, CARGILL, INC., BASF PLANT SCIENCE GMBH*</u>

U.S. Court of Appeals, Federal Circuit (2022)

청구항 1 (준상위개념 청구항, '792 특허).

아미노산 서열이 SEQ ID NO: 30로 기재된 Δ6 불포화효소,
Δ6 탄소쇄연장효소(elongase),
아미노산 서열이 SEQ ID NO: 131로 기재된 뉴클레오타이드 서열로 코딩된 아미노산 서열과 동일한 Δ5 불포화효소,
아미노산 서열이 SEQ ID NO:130로 기재된 아미노산 서열과 99% 이상 동일한 Δ5 탄소쇄연장효소, 및
아미노산 서열이 SEQ ID NO: 132로 기재된 뉴클레오타이드 서열로 코딩된 아미노산 서열과 동일한 Δ4 불포화효소
를 코딩하는 외인성 폴리뉴클레오타이드를 포함하고,
여기에서 각 외인성 폴리뉴클레오타이드는 세포에서 해당 폴리뉴클레오타이드의 발현을 지시하는 프로모터에 작동 가능하게 연결된 것인,
Brassica napus 세포.

(A *Brassica napus* cell, comprising exogenous polynucleotides encoding a Δ6 desaturase whose amino acid sequence is set forth as SEQ ID NO: 30,
a Δ6 elongase,
a Δ5 desaturase whose amino acid sequence is identical to the amino acid sequence encoded by the nucleotide sequence set forth as SEQ ID NO: 131,
a Δ5 elongase whose amino acid sequence is at least 99% identical to the amino acid sequence set forth as SEQ ID NO:130, and
a Δ4 desaturase whose amino acid sequence is identical to the amino acid sequence encoded by the nucleotide sequence set forth as SEQ ID NO: 132,
wherein each exogenous polynucleotide is operably linked to a promoter that directs expression of said polynucleotide in the cell.)

청구항 1 (상위개념 청구항, '357 특허).

하나 이상의 이종 폴리뉴클레오타이드를 포함하고, 에이코사펜타엔산(EPA)을 합성

하는 재조합 식물 세포
(여기에서 상기 폴리뉴클레오타이드는
a) Δ6 불포화효소, Δ6 탄소쇄연장효소 및 Δ5 불포화효소; 또는
b) Δ5/Δ6 이중 기능성 불포화효소 및 Δ5/Δ6 이중 기능성 탄소쇄연장효소
를 인코딩하고,
상기 하나 이상의 폴리뉴클레오타이드는 해당 세포 내에서 상기 폴리뉴클레오타이드의 발현을 지시할 수 있는 하나 이상의 프로모터에 작동 가능하게 연결되며,
상기 폴리뉴클레오타이드로 인코딩된 효소는 아실-CoA 기질에 작용할 수 있는 적어도 하나의 불포화효소를 포함하고,
EPA의 합성은 상기 효소의 순차적 작용을 필요로 함).

(A recombinant plant cell which synthesizes eicosapentaenoic acid (EPA), comprising more than one heterologous polynucleotide, wherein said polynucleotides encode:
a) a Δ6 desaturase, a Δ6 elongase and a Δ5 desaturase; or
b) a Δ5/Δ6 bifunctional desaturase and a Δ5/Δ6 bifunctional elongase;
wherein the more than one polynucleotides are operably linked to one or more promoters that are capable of directing expression of said polynucleotides in the cell, wherein the enzymes encoded by said polynucleotides comprise at least one desaturase which is able to act on an acyl-CoA substrate, and wherein the synthesis of EPA requires the sequential action of said enzymes.)

법원의 판결 이유

[법원은 먼저 '792 특허의 청구항 1과 같이 카놀라로 한정된 준상위개념 청구항에 대하여 판시하였다.] 카놀라[일명 *Brassica napus*]와 관련하여, 명세서 및 재판상 증거는 발명자들이 "청구된 발명을 얻기 위한 '단순한 희망 또는 계획'" … 이상의 것을 가지고 있었다는 사실을 뒷받침한다. *Regents of the Univ. of Cal. v. Eli Lilly & Co.*[71] 인용. 특히 명세서는 *Arabidopsis*의 다수의 구체 실시예를 포함한다[인용 생략]. 또한 CSIRO는 "*Arabidopsis*가 *Brassica napus*의 매우 신뢰할 만한 모델"이며, […] 2004년(그룹 A 특허가 우선권을 주장하는 연도) 당시 관련 기술자라면 *Arabidopsis*의 LC-PUFA[오메가-3 장쇄 다중불포화 지방산] 생산이 카놀라에서의 매우 긍정적인 결과를 예측할 수 있도록 한다는 사실을 이해하였을 것이라는 상당한 증거를

71) 119 F.3d 1559, 1566 (Fed. Cir. 1997)

제시하였다.

*** 이 사건은 *Nuvo Pharmaceuticals (Ireland) Designated Activity Co. v. Dr. Reddy's Laboratories Inc.*[72] 사례와 실질적으로 상이하다. 이 사례에서 본 법원은 "당업계의 통상의 기술자는 코팅되지 않은 [산 억제제]가 효과가 있을 것이라고 생각하지 않았을 것임에도 불구하고 명세서는 그것이 효과가 있을 수 있다고 단순히 청구하는 것 이외에는 아무것도 제공하고 있지 않다는 사실에 비추어 볼 때, 해당 명세서는 치명적인 결함을 가지고 있다"고 판시하였다. … 본 사안에서 배심원단은 상당한 증거(*Arabidopsis* 구체 실시예와 그것이 관련 기술자에게 카놀라에 대해 의미하는 바에 대한 증거, 및 명세서에서 카놀라가 두드러지게 나타나 있는 점)를 통해, 명세서를 읽는 관련 기술자가 청구된 발명이 카놀라에서 작동할 것으로 예상했을 것이며 2004년 명세서 제출 당시 발명자들이 청구된 발명을 소유하고 있었다는 사실을 인정할 수 있었다.

BASF가 반대 결론을 주장하면서 인용한 증거는 배심원단의 평결을 뒤집기에 충분하지 않다. 첫째, BASF는 *Arabidopsis*가 카놀라의 예측 모델이 아닌 이유 […]를 설명하는 전문가 증언을 제출하였으나, 배심원단이 CSIRO의 반대 전문가 증언을 신뢰한 것이 불합리하다는 합당한 이유를 제시하지 못하였다. 둘째, BASF가 본 기술 분야의 예측 불가능성을 인정하는 것이라고 주장한 특정 발명자 증언은 관련성이 거의 없다고 합리적으로 간주될 수 있다. 해당 발명자는 *Arabidopsis*에서의 획기적인 발견이 이루어지기 전 CSIRO 내에서의 회의론을 언급하는 것이었고, 배심원단은 일단 그 획기적인 발견이 이루어지자 카놀라에서의 성공을 예측할 수 있었다는 충분한 증거를 청취하였기 때문이다. 셋째, 그리고 마지막으로, 2004년 우선일 이후까지 카놀라에서 LC－PUFA를 생산하지 않았고 그 이후에도 수년 동안 계속 그 생산을 연구하였다는 증거에 배심원단이 거의 무게를 두지 않은 것은 합리적이었다. 실제적 발명의 구체화는 소유의 필수 요건이 아니므로 본 사안에서 실제 생산이 지연되었다고 해서 출원 당시의 소유 간주가 부정되는 것은 아니다. 또한 CSIRO가 (투자자들의 주요 관심사인) 상업화 목표를 달성하기 위해 LC－PUFA 생산을 최적화하는 방법을 연구하고 있었기 때문에 카놀라에서 LC－PUFA 생산을 달성하는 것을 미루기로 적극적으로 결정하였다는 광범위한 증언이 있었다. … 청구항은 상업적으로 의미 있는 정도의, 또는 특정한 수준의 LC－PUFA 생산을 요구하지 않는다. 따라서, 이미 인용된 증거에 의해 뒷받침되는 바와 같이, 발명자들이 2004년에 청구 발명을 소유하고 있었다는 사실을 명세서가 관련 기술자들에게 기술하고 있다는 판단은 CSIRO의 2004년 이후 연구에 의해 부정되지 않는다.

72) 923 F.3d 1368 (Fed. Cir. 2019).

*** 다른 인용 사례들은 BASF에게 더 도움이 되지 않는다. *Ariad*[73]에서 본 법원은 청구된 실시 태양을 명세서에 명시하고 고도로 예측 가능한 모델에서 구체 실시예를 제공하는 것이 적절한 기재에 대한 법적 기준을 충족하지 못한다고 판결한 적이 없으며, 여기에는 실제적 발명의 구체화 요건이 포함되어 있지 않다. [인용 생략] (명세서가 "구체 실시예나 심지어 예언적인 실시예조차 개시하지 않았다"고 지적); 또한 *Rochester* [74] 참조(효소를 선택적으로 억제하는 화합물을 기능적으로 청구하였지만 해당 기능을 수행할 수 있는 화합물을 하나도 확인하지 않은 특허를 무효화함). *Eli Lilly*에서 본 법원은 인슐린을 생산하는 쥐의 cDNA 서열을 개시하는 명세서가 인슐린을 생산하는 인간 cDNA 서열에 관한 청구항에 대한 발명 기재 뒷받침을 제공하지 않았다고 판단하였다. 그러나 해당 사안에서는 명세서 중의 어떠한 정보도 "[인간] cDNA의 관련 구조적 또는 물리적 특성에 관한 정보"를 관련 기술자에게 제공하지 않았다. … BASF가 인용한 어떤 사례도 배심원단이 본 사안에 존재한다고 합리적으로 판단할 수 있었던, 그리고 법적으로 불충분하다고 간주할만한 상황을 다루고 있지 않다. 따라서 본 법원은 카놀라 청구항에 대한 배심원의 발명 기재 요건 평결을 유지한다.

*** CSIRO는 기능적 특성을 가진 광범위한 상위개념 청구항(본 사건에서 이해되고 있는 바와 같은 청구항)에 대한 적절한 발명 기재 뒷받침 여부를 결정하는 데 중요하다고 본 법원의 선례가 지적한 종류의 증거(예를 들면, 대표적 수의 하위개념에 대한 증거)의 충분성을 지적하거나 주장하지도 못하였다. 예를 들면 *Juno Therapeutics, Inc. v. Kite Pharma, Inc.*[75]를 참조하라[인용 생략]. 이러한 상황에서, 본 법원은 제시된 증거들이 배심원단이 카놀라 … 에 대한 BASF의 무효 주장을 기각하는 데 합리적인 근거를 제공하기에 충분하다고 결론 내린다.

[법원은 마지막으로 '357의 청구항 1과 같은 상위개념 청구항에 대해 판시하였다:] 더 광범위한 상위개념 청구항에 대해서는 … [증거가 충분하지 않았다]. 후자의 경우, 배심원단은 불충분한 발명 기재에 대한 BASF의 증거는 빈약하더라도 이를 기각할 합리적인 근거가 없었다. 따라서 본 법원은 광범위한 상위개념 청구항에 대해서는 평결을 파기한다.

[**판단**: 카놀라로 한정된 준상위개념 청구항은 발명 기재 부재로 인하여 무효가 아니며, 카놀라로 한정되지 않은 상위개념 청구항은 발명 기재 부재로 무효임.]

73) 598 F.3d 1336 (Fed. Cir. 2010)

74) 358 F.3d at 927–29 (Fed. Cir. 2004)

75) 10 F.4th 1330, 1335 (Fed. Cir. 2021)

§ 6:22 상위개념 방법 청구항을 소유하지 않았음을 입증하는 조기 출원

다음 세 개의 사건, *Rochester v. Searle* (Fed. Cir. 2004),[76] *Ariad v. Eli Lilly* (Fed. Cir. 2010),[77] 및 *Billups–Rothenberg v. Arup* (Fed. Cir. 2011)[78]은 공통의 문제를 제시한다: 이들은 근본적인 분자 메커니즘의 발견에 기초한 조기 출원으로부터 비롯된 것으로 용도(method of use)를 청구한다. 이들은 플랫폼에 대한 학문적 발견에 기반한 대학 발명으로서, 청구된 상위개념 방법을 구현하기 위한 어떠한 화합물, 제품 또는 진단용 돌연변이체도 만들어지기 전에 그 발견이 발표(및 특허 출원)된 것이다.

이러한 경우의 방법 청구항은 (발견의 선구적 성격에 따라) 광범위하게 작성된다. 그러나, 이들은 일상적인 어세이(assay)를 통해 **용이실시**될 수는 있지만 충분한 발명 기재는 없다. 대표적인 실시예도 없고 공통의 구조도 없다.

***

Rochester v. Searle (Fed. Cir. 2004).[79] 청구항은 효소/수용체 COX–2의 선택적 길항제를 사용하여 염증을 치료하는 방법에 대한 것이다. 이 발명은 프로스타글란딘 합성 및 염증에 관여하는 새로운 효소(COX–2)의 발견 및 분리에 기초한다. 화합물에 대한 어떠한 기재도 없으며, 효소 및 화합물을 발견하기 위한 스크리닝 어세이에 대한 기재만 있다. 상위개념에 대한 발명 기재는 불충분한 것으로 간주된다.

UNIVERSITY OF ROCHESTER v. GD SEARLE & CO., INC.

U.S. Court of Appeals, Federal Circuit (2004)

청구항 1 (강조 표시 추가)

PGHS–2 [COX–2] 유전자 생성물의 활성을 선택적으로 억제하는 비스테로이드성 화합물을 치료가 필요한 인간 숙주에 투여하는 것을 포함하는, 인간 숙주에서 PGHS–2 [COX–2] 활성을 선택적으로 억제하는 방법.

76) 358 F.3d 916 (Fed. Cir. 2004)
77) 598 F.3d 1336 (Fed. Cir.2010)
78) 642 F.3d 1031 (Fed. Cir. 2011)
79) 358 F.3d 916 (Fed. Cir. 2004)

(A method for selectively inhibiting PGHS−2 [COX−2] activity in a human host, comprising administering *a non−steroidal compound that selectively inhibits activity of the PGHS−2* [COX−2] gene product to a human host in need of such treatment.)

법원의 판결 이유

명세서 또는 청구항(최초 청구항이라 해도)에 단순히 불명확한 단어들이 등장한다고 해서 반드시 [기재] 요건을 충족하는 것은 아니다. … 항염증 스테로이드, 즉 조직의 염증을 완화하는 기능의 관점에서 기재된 스테로이드(일반적인 구조적 용어)의 기재는 어떤 하나의 스테로이드를 동일한 활성 또는 기능을 가진 다른 스테로이드와 구별하지 못한다. 일반적으로 물질이 무엇인지가 아니라 무엇을 하는지에 대한 기재만으로는 충분하지 않다. … 개시 내용은 당업계의 통상의 기술자가 의도적으로 기재된 대상의 정체를 시각화하거나 인식할 수 있도록 해야 한다. … 마찬가지로, 예를 들어 19세기에는 "자동차"라는 단어의 사용만으로는 새로 발명된 자동차를 기재하기에 충분하지 않았을 것이다. 발명자는 자동차가 무엇인지, 즉 새시, 엔진, 좌석, 차축에 달린 바퀴 등을 기재해야 했을 것이다. 따라서, 발명의 구체적인 정체성을 전달하지 못하는 일반화된 문언만으로는 충분하지 않을 수 있다. 본 사안에서는, 일반화된 것이든 아니든 청구된 효과를 달성하는 화합물을 설명하는 어떠한 문언도 없다.

*** '850 특허가 청구된 방법에 사용될 수 있는 어떠한 화합물도 개시하지 않는다는 사실에는 다툼이 없다. 따라서 청구된 방법은 당업계의 통상의 기술자의 지식을 고려하더라도 특허 명세서에 기초하여 실시될 수 없다. 청구된 방법을 수행할 수 있는 어떠한 화합물도 개시되지 않았으며, 그러한 화합물이 알려져 있다는 어떠한 증거도 제시되지 않았다. '850 특허는 시클로옥시게나제, … COX−1 또는 COX−2 중 하나(양자 모두는 아님)를 발현하는 세포를 만드는 방법, … 및 "PGHS−2 유전자 산물의 발현 또는 활성을 억제하는 화합물을 식별하기 위하여 펩타이드, 폴리뉴클레오타이드 및 작은 유기 분자들을 포함하는 화합물을 스크리닝하는 어세이, 및 그러한 화합물을 사용하여 비정상적인 PGHS−2 활성을 특징으로 하는 질병을 치료하는 방법"에 대한 상당한 정도의 기재를 포함하며, … 또한 의약품으로의 제형화, 투여 경로, 유효 용량 추정 및 적합한 제형을 포함하여 이러한 어세이를 통해 잠재적으로 확인될 수 있는 화합물로 수행할 수 있는 작업들을 기재한다. … 그러나 '850 특허는 정확히 "**어떤** '펩타이드, 폴리뉴클레오타이드 및 작은 유기 분자'가 PGHS−2를 선택적으로 억제하는 원하는 특성을 갖는지"는 개시하지 않

는다. 그러한 개시 없이는 청구된 방법이 기재되었다고 할 수 없다.

*** 종합하면, '850 특허는 청구된 방법을 수행하는 데 사용될 수 있는 화합물(해당 특허의 모든 청구항의 필수 요소)로 숙련된 기술자를 안내하는 어떠한 지침도 제공하지 않으며 관련 시점에 통상의 기술자가 그러한 화합물을 알고 있었다는 증거도 제시하지 못하였으므로, Roche는 해당 발명자들이 청구된 발명을 개시하였는지 여부에 대한 중대한 사실의 문제(question of material fact)를 제기하지 못하였다. 따라서, 본 법원은 Pfizer의 약식판결 신청을 인용한 지방법원의 판결을 유지한다.

Ariad v. Eli Lilly (Fed. Cir. 2010).[80] 청구항은 세포에서 NF－kB의 외부 영향을 조절하는 방법에 관한 것이다. 청구된 발명은 세포막에서 핵으로 신호를 전달하는 대사산물인 NF－kB의 발견에 기초한 것이다. NF－kB와의 상호 작용은 다양한 세포상의 생리적 결과를 초래한다. 어떠한 화합물도 기재되지 않았고 상위개념 발명 기재는 불충분한 것으로 간주된다.

ARIAD PHARMACEUTICALS, INC., ET AL v. ELI LILLY AND COMPANY

U.S. Court of Appeals, Federal Circuit (2010)

청구항 (법원 판결 원본에 강조 표시 포함)

80. 진핵 세포에서 NF－kB 매개 세포 내 신호 전달을 유도하는 외부 영향의 효과를 변경하는 방법

(여기에서, 상기 방법은 외부 영향의 NF－kB 매개 효과가 변경되도록 세포 내 NF－kB 활성을 변경하는 것을 포함하며, 여기에서 세포 내 NF－kB 활성은 감소되고, 상기 **NF－kB 활성을 감소시키는 것**은 NF－kB에 의해 전사적으로 조절되는 유전자의 NF－kB 인식 부위에 대한 NF－kB의 결합을 감소시키는 것을 포함함).

(A method for modifying effects of external influences on a eukaryotic cell, which external influences induce NF－kB－mediated intracellular signaling, the method comprising altering NF－kB activity in the cells such that NF－kB－mediated effects of external influences are modified, wherein NF－kB activity in the cell is reduced] wherein *reducing NF－kB activity* comprises reducing binding of NF－kB to NF－kB recognition sites on genes which are

80) 598 F.3d 1336 (Fed. Cir. 2010)

transcriptionally regulated by NF-kB.)

95. 진핵 세포에서 NF-kB 매개 세포 내 신호 전달을 유도하는 세포 외적 영향에 의해 활성화되는 유전자의 발현 수준을 감소시키는, 인간 세포에서 수행되는 방법(여기에서, 상기 방법은 상기 유전자의 발현이 감소되도록 세포 내 **NF-kB 활성을 감소시키는 것**을 포함함).

(A method for reducing, in eukaryotic cells, the level of expression of genes which are activated by extracellular influences which induce NF-kB-mediated intracellular signaling, the method comprising *reducing NF-kB activity* in the cells such that expression of said genes is reduced], carried out on human cells.)

관련 기술

단백질 복합체 NF-kB는 감염에 대한 면역 반응을 조절하는 데 중요한 역할을 한다. NF-kB의 잘못된 조절(예를 들면 억제 또는 활성화)은 암, 염증성 및 자가 면역 질환, 패혈성 쇼크, 바이러스 감염, 부적절한 면역 발달과 관련이 있다.

법원의 판결 이유

Rochester v. Searle [상기]에 따르면, '516 특허는 Ariad가 그 방법을 수행하는 데 필요하다고 인정한 화합물 분자들에 대한 적절한 기재를 포함하여 NF-kB 활성을 감소시키는 청구된 방법을 적절히 기재하여야 한다. '516 특허의 명세서에서는 특정 억제제, 지배적으로 간섭하는 분자, 미끼 분자의 세 가지 종류의 분자가 잠재적으로 NF-kB 활성을 감소시킬 수 있다고 가정하고 있다. 본 법원은 각각에 대한 명세서의 개시 내용을 차례로 검토하여 발명 기재가 발명자가 청구된 발명을 소유하고 있음을 입증하였다는 배심원의 평결을 뒷받침하는 실질적인 증거가 있는지를 판단하고자 한다.

*** '516 특허는 NF-kB 활성을 감소시키는 방법의 구체 실시예는 물론 예언적 실시예조차 개시하지 않으며, NF-kB 활성을 감소시킬 수 있다고 예언된 분자의 완성된 합성도 개시하지 않는다. 출원 당시의 기술 수준은 원시적이고 불확실했기 때문에 Ariad는 개시 내용의 부족한 부분을 채울 수 있는 선행 기술 지식이 충분하지 않았다. *Capon* [상기]을 참조하라("예측할 수 없는 과학 분야에서는 발명자가 획득할 수 있는 권리 범위를 결정할 때 과학의 가변성을 인정하는 것이 적절하다는

것은 잘 알려진 사실이다").

*** 이 사건의 명세서에는 기껏해야 미끼 분자의 구조에 대해 기재하고 있을 뿐이며, 이러한 분자 구조가 NF−kB 활성을 감소시키는 데 사용될 수 있다는 가설을 수반하는 설명 없이 제시하고 있다. 그러나 주장된 청구항은 훨씬 더 광범위하다. 따라서 본 법원은 주장된 청구항이 적절한 발명 기재에 의해 뒷받침된다는 배심원단은 평결은 실질적인 증거가 부족하고, 따라서 주장된 청구항은 무효라고 결론내린다.

Billups−Rothenberg v. Arup (Fed. Cir. 2011)[81] (발명 기재). 관련 청구항은 진단적으로 중요한 돌연변이를 찾기 위해서는 혈색소 침착증에 대한 유전자를 평가해야 한다는 발견에 기초한 진단 방법에 관한 것이다. 유전자 서열이나 특정 돌연변이는 기재되어 있지 않으며, 상위개념적 발명 기재는 불충분한 것으로 간주된다.

BILLUPS-ROTHENBERG, INC. v. ARUP, INC.

U.S. Court of Appeals, Federal Circuit (2011)

청구항 2 ('681 특허)

다음의 단계를 포함하는, 혈색소 침착증에 걸렸거나 걸리기 쉬운 개인을 식별하는 방법:

a) 개인으로부터 비전통적 MHC 클래스 I 중쇄를 코딩하는 유전자를 포함하는 샘플을 제공하는 단계, 및

b) 상기 유전자에서 돌연변이를 검출하는 단계(여기에서, 상기 돌연변이는 상기 중쇄가 상기 03b22 마이크로글로불린과 결합하는 능력을 감소시키는 결과를 가져오며, 상기 돌연변이의 존재는 상기 개인이 혈색소 침착증에 걸렸거나 걸리기 쉬운 것으로 식별함).

(A method to identify an individual having or predisposed to having hemochromatosis, comprising the steps of:

a) providing from the individual a sample containing a gene encoding a nonclassical MHC class I heavy chain and

b) detecting a mutation in said gene, which mutation results in the reduced

81) 642 F.3d 1031 (Fed. Cir. 2011)

ability of said heavy chain to associate with said 03b22 microglobulin, wherein the presence of said mutation identifies said individual as having or predisposed to having hemochromatosis.)

법원의 판결 이유

'681 특허는 돌연변이 검사 방법을 청구하지만, '681 특허의 명세서 및 최초 출원 청구항에 혈색소 침착증 유전자 서열이나 해당 유전자 내의 특정 돌연변이가 개시되어 있지 않다는 점에는 다툼이 없다. '681 특허는 혈색소 침착증 돌연변이가 6번 염색체의 단축팔에 위치한 비전통적 MHC 클래스 I 중쇄의 a3 도메인을 코딩하는 유전자에 있다고 기술하고 있지만, 이는 돌연변이의 정확한 위치나 서열을 개시하지 않는다. … Billups는 1994년 12월 특허 출원 당시 혈색소 침착증 진단에 유용한 유전적 돌연변이를 소유하고 있지 않았다. '681 특허는 단순히 Billups의 연구 계획을 나타낼 뿐이다.

*** 해당 분야에서 혈색소 침착증 유전자의 염기서열과 그 돌연변이에 대한 지식의 부족, 선행 기술의 제한된 범위와 내용, '681 특허가 출원될 당시 과학의 미성숙성과 예측 불가능성을 고려할 때, Billups는 나중에 획득한 지식을 참조하는 것만으로는 발명 기재 요건을 충족시킬 수 없다.

§ 6:23 후발 실시 태양에 대한 발명 기재

후발 실시 태양의 발명 기재에 관한 판례는 모순과 불일치로 어려움을 겪고 있는 법의 또 다른 영역이다. 이 글을 쓰는 현재에도 여전히 유동적인 상태에 있는 측면이 있다. 따라서 항체 청구항의 발명 기재와 관련하여 상기 § 6:15에서 분석된 CAFC의 가장 최근의 관련 판결, *Amgen v. Sanofi*[82]를 논의하기에 앞서 해당 판례법을 요약해 보는 것이 좋겠다.

먼저, 예측 가능한 후발 하위개념과 상위개념의 발명 기재에 대한 규칙을 논의하고자 한다. 그런 다음 예측 불가능한 후발 실시 태양에 대한 규칙을 논의할 것이며, 이 때 예측 불가능한 실시 태양의 용이실시와 예측 불가능한 실시 태양의 발명 기재 사이의 대조에 특히 초점을 두고자 한다. 앞으로 살펴보겠지만, 일관되지 않은 하나의 판결을 제외하고는 *Stanford v. CUHK* (Fed. Cir. 2017) 및 *Amgen v. Sanofi* (Fed. Cir. 2017)와 같은 최근의 판례들이 판례법을 (대략) 명확하게 정리

82) 872 F.3d 1367 (Fed. Cir. 2017)

하였다.

§6:24 저자 의견: 예측 가능한 하위개념 청구항의 발명 기재

이 장에서 살펴본 바와 같이, 법원은 하위개념 청구항에 대한 소유 및 발명 기재 요건의 준수를 입증하기 위해서는 단순히 하위개념의 획득 계획을 제안하는 것이 아니라 하위개념을 구체적으로 기재해야 한다는 점을 명확히 하였다. 예를 들면 다음을 참조하라: *Fiers v. Revel v. Sugano* (Fed. Cir. 1993)[83] (완전한 DNA 서열만이 유전자에 대한 발명 기재로 충분함); *Goeddel v. Sugano* (Fed. Cir. 2010)[84] (기재된 것의 명백한 변이체를 구상하는 것은 청구된 변이체의 소유를 보여주지 못함); *Enzo Biochem v. Gen-Probe* (Fed. Cir. 2002)[85] (DNA 서열의 기탁은 하위개념에 대한 내재적 발명 기재로는 충분하지만 상위개념의 기재로는 충분하지 않을 수 있음); *Novozymes v. DuPont Nutrition* (Fed. Cir. 2013)[86] (블레이즈 마크가 없는 경우 광범위한 상위개념의 기재는 특정 하위개념을 기재하는 것이 아님); 또는, *Billups-Rothenberg v. Arup*(Fed. Cir. 2011)[87] (돌연변이 검출을 통한 질병 진단 방법의 경우 단순히 유전자에 대한 일반적인 언급이 아니라 특정한 돌연변이 기재가 필요함).

이러한 사례들의 공통점은 출원인이 완전한 유전자 또는 중대한 돌연변이의 발견이 임박했음을 예견하고 "성급하게" 출원했다는 점이다. 완전히 예측 가능한 실시 태양에 대해 구체적인 보호를 받고자 하는 출원인이 조기에 출원한 것이다. 또는, 이전에 제출된 출원을 되돌아보면서 출원인이 기재하지 않았던 하위개념을 청구하려고 시도하는 것이다. 법원은 본질적으로 출원인이 희망하는, 또는 소급하여 획득하고자 하는 하위개념의 소유를 입증하지 못하였고 해당 출원은 출원인의 청구항을 뒷받침할 발명 기재가 부족하다고 판단하였다.

§6:25 저자 의견: 예측 가능한 상위개념 청구항의 발명 기재

Regents U. California v. Eli Lilly (Fed. Cir. 1997)[88]에 따라 법원은 예측 가능한

83) 984 F.2d 1164 (Fed. Cir. 1993)
84) 617 F.3d 1350 (Fed. Cir. 2010)
85) 323 F.3d 956 (Fed. Cir. 2002)
86) 723 F.3d 1336 (Fed. Cir. 2013)
87) 642 F.3d 1031 (Fed. Cir. 2011)
88) 119 F.3d 1559 (Fed. Cir. 1997)

실시 태양이 있는 상위개념 청구항의 소유 또는 발명 기재에 대하여 "두 가지 대안" 판단 기준을 설정하였다: 출원인은 상위개념 내의 대표적인 수의 실시예를 기재하거나 구조-기능 상관관계에 대한 이해가 있어야 한다. 예를 들면 하기 판례를 참조하라: *Regents U. Cal.* (Fed. Cir. 1997) (쥐 인슐린의 서열에 대한 기재는 모든 척추동물에 대한 상위개념을 기재하는 것이 아님); *Enzo Biochem v. Gen-Probe* (Fed. Cir. 2002)[89] (세 개의 DNA 기탁이 상위개념을 충분히 대표하는지 불분명함); *In re Wallach* (Fed. Cir. 2004)[90] (부분 아미노산 서열은 전체 단백질을 코딩하는 DNA 서열의 전체 상위개념을 대표하지 않음).

상위개념 내에 속하는 예측 가능한 실시 태양의 발명 기재에 관한 판례는 정립된 것처럼 보이나, 상위개념 내에 속하는 예측 불가능한 실시 태양의 발명 기재에 관한 판례는 그렇지 않다. 이는 또한 다음에 분석하는 바와 같이, 때때로 용이실시 가능성 측면에서의 유사 사례들과 모순되는 것처럼 보이기도 한다.

§ 6:26 저자 의견: 예측 불가능한 후발 실시 태양 청구항의 발명 기재에 관한 초기 판례는 용이실시 가능성의 경우와 일치한다.

용이실시 가능성의 측면에서, 변형된 단자엽 식물 세포가 출원일에 예측 가능했던 *Plant Cases* (상기 § 5:19 참조)와 같은 판결에서 CAFC는 출원인이 그 시점에 용이실시 가능성 요건을 충족하도록 요구하였다. 그러나 후발 실시 태양이 예측 불가능한 경우 법원은 그의 용이실시를 요구하지 않았다. 예를 들면 다음의 판례를 참조하라: *In re Hogan* (CCPA 1977)[91] (고체 폴리프로필렌에 대한 상위개념 청구항은 나중에 발견된 예측 불가능한 비정질 폴리머를 용이실시 가능하게 하지 않는다는 이유로 특허를 받을 수 없는 것이 아님); *U.S. Steel v. Phillips Petroleum* (Fed. Cir. 1989)[92] (상위개념 청구항은 훨씬 더 높은 결정성을 갖는 후발 폴리머를 더 일찍 용이실시 가능하게 하지 못하였다는 이유로 우선권 뒷받침이 부정되지 않음); *Chiron v. Genentech* (Fed. Cir. 2004)[93] ("항체"에 대한 상위개념 청구항을 뒷받침하는 명세서는 예측하지 못한 후발 키메라 항체를 용이실시 가능하게 하지 못하였다는 이유로 우선권 뒷받침이 부정되지 않음). 우선일 당시의 예측 가능성과 예측 불가능성의 차이는 용이실시 가능성 요건에 대한 합리적인 규칙이다. 알려지지 않았거나 예측할 수

89) 323 F.3d 956 (Fed. Cir. 2002)
90) 378 F.3d 1330 (Fed. Cir. 2004)
91) 559 F.2d 595 (CCPA 1977)
92) 865 F.2d 1247 (Fed. Cir. 1989)
93) 363 F.3d 1247 (Fed. Cir. 2004)

없는 것을 용이실시 가능하게 하는 것을 기대할 수는 없다.

예측 불가능한 후발 실시 태양을 포함하는 상위개념 청구항의 발명 기재에 관한 초기 판례는, 예측 불가능한 후발 실시 태양을 포함하는 상위개념 청구항의 용이실시 가능성 요건에 대한 판례와 유사한 분석을 따른다. 용이실시 가능성 요건에 대한 *Hogan* 판결이 나온 직후, CCPA는 *Hogan*의 법리를 발명 기재 요건으로 확장한 *In re Koller* (CCPA 1980)[94] 판결을 내렸다. *Koller* 사건에서 CCPA는 물과 섞이지 않는 용매를 포함하는 후발 액체 매체를 초기에 기재하지 않았다는 이유로 출원인에게 "액체 매체"라는 상위개념 청구항 용어에 대하여 더 이른 우선권 일자를 부여하는 것을 거부하지 않았다. CCPA는 "*Hogan* 사건에서 사후 참고 문헌을 사용하여 용이실시 가능성 범위를 결정하는 분석은 허용되지 않는 것으로 결정되었다. 마찬가지로 이 사건에서와 같이 기재 요건이 문제가 되는 경우에도 이는 허용될 수 없다"[95]고 명확하게 설시하였다.

또한, 다음에서 살펴볼 청구된 재조합 물질의 예측 불가능한 후발 생산 방법에 대한 상위개념의 발명 기재에 관한 판결, *Amgen v. Hoechst Marion Roussel* (Fed. Cir. 2003)[96]에서도 CAFC는 적어도 그 판결 이유에서 우선권 일자에 존재가 알려지지도 않은 실시 태양을 기재하는 것이 논리적으로 불가능함을 인정하였다. 따라서 이 판례는 예측 불가능한 후발 실시 태양의 용이실시 가능성에 대한 *Hogan* 류의 판례(및 발명 기재 요건에 대한 *Koller* 판례)와 일치한다. 이 판례를 읽은 후 독자는 *Amgen v. Hoechst*가 후발 실시 태양에 대한 발명 기재와 35 U.S.C.A. § 112(a)의 요건을 준수하기 위하여 이들을 **기재**하는 것이 논리적으로 불가능함을 직접적으로 다루고 있다는 점에 주목할 것이다. CAFC는 "발명 기재 요건은 특허 출원 이후에 발생할 수 있는 **청구된 조성물이 제조되는 방식**의 기술적 발전을 명세서에 기재할 것을 요구하지 않는다"(강조 표시 추가)[97]고 설시하였다. 이 사건의 사실관계와 관련하여, EPO를 만드는 후발 내인성 활성화 방법을 제1 우선일에 기재할 필요가 없다는 CAFC의 이러한 설시는 또한 다른 한편으로는 청구된 물건을 만드는 방법 중 단 **하나**도 출원 시에 기재할 필요가 없다는 단순한 법리를 따른 것으로 해석할 수 있다. 청구항은 **물건**에 관한 것이기 때문에 예상하지 못한 후발의 내인성 활성화 **방법**은 전혀 기재할 필요조차 없었다.

<u>Amgen v. Hoechst Marion Roussel</u> (Fed. Cir. 2003)[98] (발명 기재). 청구항은

94) 613 F.2d 819 (CCPA 1980)

95) 613 F.2d, 825.

96) 314 F.3d 1313 (Fed. Cir. 2003)

97) 314 F.3d 1313 (Fed. Cir. 2003)

배양 중인 포유류 세포로부터 얻어진 EPO의 "치료적으로 효과적인" 약학 조성물에 대한 것이다. (외인성 유전자 발현을 통해) 조성물을 만드는 한 가지 방법을 기재하는 것으로 충분하므로 발명 기재는 충분하다. 외래 프로모터 삽입에 의한 동종 유전자 발현과 같은 후발의, 아직 발명되지 않은 방법은 기재할 필요가 없다. 이 사례는 미공지의 예측 불가능한 실시 태양에 대한 용이실시 가능성 부재가 용인되었던 상기 *Hogan* 사례의 발명 기재 요건과 관련한 유사 사례이다.

AMGEN INC. v. HOECHST MARION ROUSSEL, INC.

U.S. Court of Appeals, Federal Circuit (2003)

청구항 1 ('422 특허)

치료적으로 효과적인 양의 인간 erythropoietin 및 약학적으로 허용 가능한 희석제, 보조제 또는 담체를 포함하고, 여기에서 erythropoietin은 배양 매체에서 성장한 포유류 세포로부터 정제된 것인, 약학 조성물.

(A pharmaceutical composition comprising a therapeutically effective amount of human erythropoietin and a pharmaceutically acceptable diluent, adjuvant or carrier, wherein said erythropoietin is purified from mammalian cells grown in culture.)

관련 기술

이 사례를 용이실시 가능성 측면에서 검토한 상기 § 5:17을 참조하라.

법원의 판결 이유

지방법원은 … 청구항이 방법이 아닌 조성물에 대한 것일 경우 발명 기재 요건은 특허 출원 이후에 발생할 수 있는 청구된 조성물의 제조 방식에 대한 기술적 발전을 명세서에 기재할 것을 요구하지 않는다고 설시하였다. *United States Steel Corp. v. Phillips Petroleum Co.*[99]를 참조하라. 또한 *Hogan*을 참조하라. … 대신, § 112는 명세서가 당업계의 통상의 기술자에게 1984년 당시 Lin 박사가 소송 대상 특허에 청구된 발명 대상을 발명했음을 보여주는지 여부만을 법원이 결정하도록 요구한

98) 314 F.3d 1313 (Fed. Cir. 2003)

99) 9 USPQ2d 1461, 1465 (Fed. Cir. 1989)

다. … 따라서 발명 기재의 판단은 특허에 개시된 대로의 물건의 제조 방법과 동일한 물건의 제조 방법을 변경하거나 개선할 수 있는 이 방법의 향후 발전된 내용 간의 비교가 아니라, 명세서와 청구항 용어에 따른 발명 간의 비교에 중점을 둔다. … 따라서 지방 법원은 TKT의 외인성 DNA 주장을 검토하고 위에서 언급한 이유로 이를 배척하였다. 항소심에서 TKT는 법적 분석이 잘못되었다고 주장하지 않았다. 이와 상반되는 어떠한 판례도 인용되지 않았으므로 본 법원은 *Phillips Petroleum*에 근거한 지방법원의 법적 결론에는 오류가 없으며 외인성 DNA 쟁점을 적절히 다루었다고 결론 내린다.

*** *Gentry Gallery, Inc. v. Berkline Corp.*[100]의 구체적인 사실관계가 관련이 있는 한도 내에서 본 법원은 이 판례도 구별될 수 있다고 본다. 첫째, Amgen의 특허 발명과 *Gentry* 사건의 발명 사이에는 근본적인 차이가 있다. *Gentry*에서 발명은 소파의 두 개의 독립적인 리클라이닝 좌석이 같은 방향을 향하도록 영역구분 소파 유닛의 중앙 콘솔 상에 리클라이닝 컨트롤을 배치하는 것이었다(선행기술에 존재하는 문제점을 해결함). … *Gentry* 법원이 적절한 기재가 부족하다는 이유로 무효 판결을 내리도록 한 미개시 요소는 콘솔 상이 아닌 컨트롤의 다른 위치로, 이는 상이하고 기재되지 않은 다른 **물건**이 되게 하는 것이었다. … Amgen의 발명은 세포에 대한 제어 서열과 EPO DNA의 위치에 관한 것이 아니라 이러한 서열을 사용한 인간 EPO의 생산에 관한 것이다. 따라서 TKT가 Amgen의 물건 청구항을 무효화한다고 주장하는 미개시 요소는 청구된 조성물을 만드는 다른 **방법**(내인성 활성화)이다. 그러나 지방법원이 지적했듯이, 본 법원의 판례에 따르면 특허권자는 청구된 대로의 발명을 기재하기만 하면 되고, 청구된 물건을 만드는 청구되지 않은 방법을 기재할 필요는 없다. … 이러한 사실상의 차이만으로도 이 사건은 *Gentry*와 구별되기에 충분하다.

§ 6:27 저자 의견: 우선일 당시의 대표성 부재를 입증하기 위해 후발 실시 태양에 대한 증거가 인정될 수 있다.

Stanford v. CUHK (Fed. Cir. 2017)[101](상기 § 6:6에서 하위개념 또는 준상위개념의 발명 기재의 측면에서 분석함) 및 이보다 몇 달 후에 결정된 *Amgen v. Sanofi* (Fed. Cir. 2017)는 후발 실시 태양의 발명 기재에 관한 판례법을 매우 명확히 하였다. *Stanford*에서 CAFC는 매우 명확한 문장으로 사건이 다시 환송될 때 발명 기재

100) 45 USPQ2d 1498 (Fed. Cir. 1998)
101) 845 F.3d 1357 (Fed. Cir. 2017)

(또는 그의 부재)의 증거로서 후발 실시 태양을 도입할 수 있음을 심판원에 지시하였다. 법원은 그러한 증거가 나중이 아니라 **출원일 당시의** 청구된 발명의 소유를 입증하기 위한 목적으로만 도입되도록 심판원에 요청하였다. CAFC는 다음과 같이 설시하였다:

> 심판원의 검토 사항은, 출원일 이후 간행물에 출원일 당시 존재하는 무작위 MPS 시퀀싱 또는 Illumina 제품에 대한 기술 관련 사실관계가 포함되어 있음을 보여줄 수 있는, 발명 기재 분석과 관련된 증언 또는 증거가 기록에 포함되어 있는지 여부에 대한 분석을 포함할 수 있다. 예를 들어, *In re Hogan* 을 참조하라(용이실시 가능성 요건과 관련하여 CCPA가 "출원일 당시 기술 수준의 증거로서 사후 간행물의 사용"을 허용하였다고 언급함) (인용 생략); 또한 *Plant Genetic Sys., N.V. v. DeKalb Genetics Corp.*을 참조하라("지방법원은 1990년에 단자엽 세포가 성공적으로 변형될 수 있었음을 보여주기 위해서가 아니라 1987년[우선일]에 단자엽 세포가 쉽게 변형될 수 있었는지를 결정하기 위해 1987년 이후 보고서를 검토하였다. … 따라서 지방법원은 1987년 당시의 기술 수준에 대한 증거로 사후 보고서를 적절하게 사용한 것이다"). 그러나 심판원은 "출원일에 존재하지 않았던 이후의 기술 관련 사실관계 … 에 대한 사후 지식"에 대한 출처로 사후 참고 문헌을 사용할 수 없다. *Hogan* 및 추가로 *U.S. Steel Corp. v. Phillips Petroleum Co.*를 참조하라("지방법원은 피고의 증거가 § 112 첫 문단의 쟁점에 중요하지 않다고 올바르게 판단하였다. 지방법원이 인정한 바와 같이 피고 증거의 핵심적인 결함은 그것이 오로지 사후 기술 수준에 관한 것이었다는 점이다." 따라서 "피고의 잘못된 접근 방식은 *Hogan*에서 특허청이 부적절하게 취한 방식과 동일한 것이다").[102]

*Stanford v. CUHK*에서 CAFC는 *Hogan*과 그 후속 판례들의 생명력을 확인하여 주었으며, 용이실시 가능성 법리의 경우와 마찬가지로 후발 실시 태양에 대한 증거는 출원일 이후가 아닌 출원일 당시의 발명 기재 요건을 판단하기 위한 것으로 제한할 것을 하급심 재판부에 지시하였음이 명백하다. *Stanford*에서 법원의 상기 언급이 방론이기는 하지만 법원의 환송심을 위한 권고 내용은 용이실시 가능성의 법리와 일치한다.

*Stanford v. CUHK*에서의 CAFC의 강력한 권고를 고려하여 *AbbVie Deutschland v. Janssen* (Fed. Cir. 2014)[103](항체 실시예의 대표성과 관련하여 § 6:14에서 처음 검토한 바 있음)을 다시 한 번 살펴보자. *AbbVie Deutschland*에서 CAFC는 출원일

102) 860 F.3d 1367 (Fed. Cir. 2017)
103) 759 F.3d 1285 (Fed. Cir. 2014)

에 기재된 항체가 청구된 전체 상위개념을 대표하지 않는다는 것을 입증하기 위해 후발 실시 태양에 대한 증거를 인정하였다. 2015년에 본 저자는 *AbbVie Deutschland*의 논리와 판결을 비판한 바 있다. Goldstein, J. "*AbbVie Deutschland* 및 미지의 실시 태양: 항체에 대한 발명 기재 요건은 너무 지나친 것이 아닌가?" (2015).[104] 당시 저자의 주된 우려는, *AbbVie Deutschland*는 *Plant Cases*(예측 가능하지만 쉽게 실시할 수 없는 실시 태양(예를 들면 단핵세포)은 용이실시 가능하였어야 하고 그렇지 않다면 이를 포괄하는 상위개념 청구항은 무효라고 판단함)의 발명 기재 측면의 유사 사례로 보는 것이 더 타당하다는 것이었다. 그러나 *Amgen v. Sanofi* (Fed. Cir. 2017) 이후에는 이렇게 *Plant Cases*에 비유하는 것은 더 이상 필요하지 않다.

*Amgen v. Sanofi*에서 CAFC는 우선일에 기재된 실시 태양의 대표성 부족을 입증하기 위해 후발 실시 태양에 대한 증거를 제출하고 받아들인 것이 *Hogan*에 반하지 않는다는 점을 명확히 하였다. CAFC는 다음과 같이 설시하였다: "특허가 청구된 상위개념에 속하는 대표적인 수의 하위개념을 개시하지 않음을 보여주기 위해 우선일 이후 증거를 사용하는 것은 적절하다." *Amgen v. Sanofi*와 마찬가지로 *AbbVie Deutschland*는 이제 상위개념을 소유하지 않았음을 입증하기 위해, 즉 우선일 당시에 기재된 실시예가 해당 상위개념을 대표하지 않았음을 입증하기 위해 후발의 예측 불가능한 실시 태양에 대한 증거가 소송에서 인정된 사례로 이해하는 것이 가장 타당하다.

다시 요약하면 다음과 같다. 예측할 수 없는 후발 실시 태양을 포함할 수 있는 청구항의 발명 기재에 관한 판례법은 항상 *Koller*의 명확한 설시(아직 알려지지 않았거나 예측할 수 없는 것을 기재할 필요는 없으며 기재할 수도 없음)를 따르는 것은 아니지만 어느 정도 명확한 일련의 법리를 제시하고 있다. 적어도 발명 기재에 관한 판례는 *Hogan* 및 그 후속 판례의 용이실시 가능성 법리와 모순되지 않는다. 아직 존재하지 않았기 때문에 출원 시 그러한 실시 태양을 용이실시 가능하게 하거나 기재할 필요는 없지만(그리고 그렇게 할 수도 없음), *Stanford v. CUHK*, *AbbVie Deutschland*, 및 *Amgen v. Sanofi*에서 볼 수 있듯이 이는 **우선일 당시** 소유하지 않았음을 다투기 위해서만 특허 출원 심사 중 또는 소송 중에 증거로 받아들여질 수 있다.

104) 90 *BNA's Patent, Trademark and Copyright Journal* 1959 (2015)

§ 6:28 저자 의견: 예외가 존재함: *Chiron v. Genentech* (Fed. Cir. 2004)

예측하지 못한 후발 실시 태양의 발명 기재에 관한 판례를 조화시키려는 CAFC의 시도에도 불구하고 일관되지 않은 예외가 존재한다. 상기 § 5:21에서 초기 단계 기술의 용이실시 가능성 측면에서 분석한 *Chiron v. Genentech* (Fed. Cir. 2004)이다. 적어도 완벽을 기하기 위해 이제 이 판례를 살펴본다. *Chiron v. Genentech*에서 CAFC는 당시 출원된 명세서에 1985~1986년에야 발생한 예측 불가능한 키메라 또는 인간화 항체가 기재되어 있지 않다는 이유로 특허권자인 Chiron이 1984년 우선일의 혜택을 받지 못하도록 하였다. CAFC는 처음에 *Hogan*에 따라 예측할 수 없는 키메라 항체는 1984년에 **용이실시** 될 수 없었고 그럴 필요도 없었다고 결정하였다. 그러나 이어서 완전히 반대로 이를 **기재**할 필요가 있었다고 결정하였다. CAFC는 아래와 같이 설시하였다:

> Chiron 과학자들은 정의상 1984년 출원 당시에 존재하지도 않았던 키메라 항체라는 발명 대상을 소유하거나 개시할 수 없었다. 따라서 자명하게도 Chiron은 '561 특허에 나타난 신규 사항, 즉 키메라 항체에 대하여 발명 기재 요건을 충족시킬 수 없다.[105)]

이와 같은 근거로 법원은 Chiron에게 우선일을 인정하지 않았고 이는 궁극적으로 중간 공지 선행 기술에 대비한 무효로 이어졌다. 법원은 적절하게 추론하여 존재하지 않는 것을 기재할 수는 없다는 점을 인정하였지만, 한 걸음 더 나아가 왜 예측하지 못한 실시 태양에 대한 발명 기재가 부족하다는 이유로 출원인에게 불이익을 주면서도 동일한 예측하지 못한 실시 태양을 용이실시 가능하게 하지 않았다는 이유로는 불이익을 주지 않는지 이유를 묻지 않았다.

*Chiron v. Genentech*에서 CAFC는 덜 모순된 추론을 통해 동일한 판결을 내리는 것이 더 바람직했을 것이다. CAFC는 *Chiron*의 사실관계에 대해 언급하면서 Chiron 출원에는 항원의 구조, 기능 또는 분자량에 대한 어떠한 개시도 없으며, 1984년 우선일 당시 존재하던 것은 이와 같이 특정되지 않은 항원에 대한 쥐 항체의 기탁 하나뿐이라고 설시한다. 바로 그 해에 내려진 항체의 상위개념적 발명 기재에 관한 동일 법원의 선례 *Noelle v. Lederman* (Fed. Cir. 2004)[106)]에 따라, 법원은 1984년 우선권 문서에 항체 상위개념이 충분히 기재되지 않았다고 판단할 수 있었다. 항원에 대한 항체의 단 하나의 실시예만이 기탁에 의해 잠재적으로 기재되어 있었고, 따라서

105) 363 F.3d 1247 (Fed. Cir. 2004)
106) 355 F.3d 1343 (Fed. Cir. 2004)

항원 특정의 부재는 상위개념의 보호 부재의 결과로 이어질 수 있었다. 이는 실제로 *In re Alonso* (Fed. Cir. 2008)[107](특정되지 않은 신경섬유육종에 대한 항체 하나는 상위개념을 기재하지 않음)에서 발생한 사안이다. 또는 오늘날, 그리고 특히 *Noelle*이 더 이상 유효한 판례가 아니라면, *Chiron v. Genentech*은 *Regents U. California v. Eli Lilly*의 논리, 즉 하나의 쥐 항체가 광범위한 상위개념을 대표하지 않는다는 논리에 따라 더 잘 이해될 수 있다.

앞으로 이러한 경우 CAFC가 질문해야 할 것은 **출원인이 유효 우선일에 상위개념 발명을 했는지 여부**이지, 예측할 수 없는 후발 실시 태양을 구체적으로 기재하였는지 여부가 아니다. 키메라 항체를 기재(당시 키메라 항체를 예측할 수 없었기 때문에 논리적으로 불가능한 것으로 법원이 인정함)하지 않았다는 이유로 Chiron의 1984년 우선일을 부정하는 대신, 법원은 Chiron이 1984년에 상위개념 발명을 하지 않았으며 당시 기탁된 항체 하나의 청구항에 대해서만 권리를 가졌다고 쉽게 결론 내릴 수 있었을 것이다. 이러한 좁은 청구범위는 문언 그대로 후발의 예측 불가능한 키메라 항체를 포괄하지 못한다. 이와 같은 판결 이유라면 상식적인 논리에 반하지 않으면서 동일한 결과에 도달하였을 것이다.

반대로 Chiron이 1984년에 상위개념 발명을 기재하였다면(당시에 여전히 유효한 판례였던 *Noelle v. Lederman*에 따라 항원을 완전히 특정함으로써) 우선일이 유효하게 인정되었을 것이다. 그렇다면 Chiron은 자신의 발명이 후발 키메라 및 인간화 항체를 포괄함을 입증할 기회를 가질 수 있었을 것이다. 후발 실시 태양에 의한 침해 주장이 제기된 시점에 상위개념으로 보이는 청구항을 어떻게 해석할 것인지의 문제는 하기 § 12:15 및 § 12:16에서 더 자세히 다룬다. 이 때의 핵심적인 쟁점은 청구항을 출원일 당시의 실시 태양만을 포함하도록 좁게 해석할 것인지, 아니면 출원일 이후의 실시예들도 포함하도록 넓게 해석할 것인지이다. 그러나 *Chiron*의 경우처럼 중간 공지 선행 기술로 인해 청구항을 완전히 상실하는 것은 더 이상 문제가 되지 않을 것이다. 청구항은 살아남을 것이고 침해(또는 비침해)는 청구항 해석 법리의 적용을 받게 될 것이다.

실무 조언. 특허 출원 작성자는 상위개념 청구항을 뒷받침하기 위해 가능한 한 많은 예측 가능한 실시 태양을 기재하여야 한다(항상 자신에게 불리한 선행 기술을 만들 수 있다는 위험을 염두에 두면서). 예측 불가능한 실시예를 기재할 수 없다는 것은 자명하다. 그러나 (법이 명확해질 때까지는) 후발의 예측 불가능한 실시 태양에 대한 발명 기재 부족으로 인한 *Chiron v. Genentech* 유형의 무효를 피하기 위해서,

107) 545 F.3d 1015 (Fed. Cir. 2008)

특허 출원인은 가장 넓은 청구항부터 가장 좁은 청구항까지 중첩된 청구항을 작성하여, 가장 넓은 상위개념 청구항이 § 112(a) 발명 기재 부재로 무효화되더라도 더 좁은 준상위개념 청구항은 도전에서 살아남을 수 있도록 해야 한다. 언젠가 CAFC가 *Chiron v. Genentech*에서 법원이 야기한 용이실시 가능성과 발명 기재 사이의 논리적 모순을 인식하고 법을 명확히 할 수 있기를 바란다.

§ 6:29 미국 특허청의 조치

1. 특허 출원 심사 지침(Guidelines for the Examination of Patent Applications) 35 U.S.C. § 112, ¶ 1 "발명 기재" 요건 [R–5] 참조.108)

2. 또한 발명 기재 교육 자료(*WRITTEN DESCRIPTION TRAINING MATERIALS*) 개정 1, 2008년 3월 25일 참조.109)

§ 6:30 저자 의견: 용이실시 가능성 및 발명 기재에 대한 도표 요약

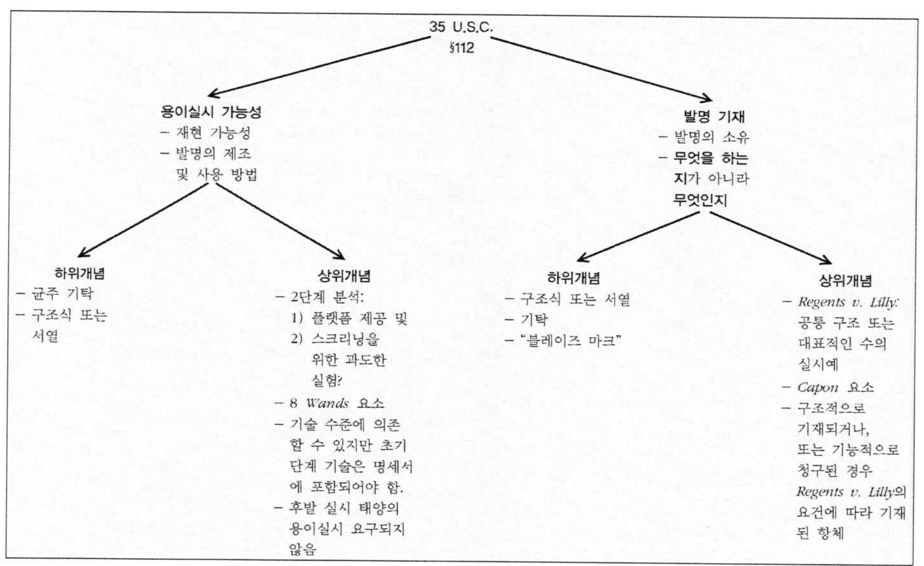

108) 특허 심사 절차 메뉴얼, 8th Ed. Rev.9 (2012) Chapter 2100 - Section 2163

109) 미국 특허청 발명 기재 교육 자료 (개정 1, March 25, 2008): http://www.uspto.gov/sites/default/files/web/menu/written.pdf

7장 청구항 언어 - 명확성 - 명료성 (CLAIM LANGUAGE - DEFINITENESS - CLARITY)

박 지 영

§7:1 법령

35 U.S.C.A. § 112(b)[1][AIA 이전에는 "두 번째 단락"으로 알려짐].

(b) 결론 — 명세서는 발명자 또는 공동 발명자가 발명이라고 보는 발명 대상을 구체적으로 특정하고 명확하게 청구하는 하나 이상의 청구항으로 결론지어야 한다.

(b) Conclusion — The specification shall conclude with one or more claims particularly pointing out and distinctly claiming the subject matter which the inventor or joint inventor regards as the invention.

§7:2 청구항 언어에 관한 법률의 역사적 맥락

청구항 언어의 명료성(clarity) 부족 문제는 두 가지 맥락에서 나타난다: 1) 35 U.S.C.A. § 112(b)(이전에는 두 번째 단락으로 알려짐)에 따른 무효 항변 및 2) 소송 중 *Markman* 청구항 해석. 청구항 해석과 독립적으로 35 U.S.C.A. § 112(b)에 따라 무효 항변을 제기하는 것이 가능하지만, § 112(b)에 따른 청구항의 명료성에 대한 문제 제기는 종종 *Markman*하의 청구항 해석 노력의 결과로 발생한다. 그 교차점에서 법적 입장은 청구항을 해석하기 위한 모든 노력을 기울였음에도 불구하고 청구항을 해석하는 것이 불가능하다면, 그 이유는 청구항이 근본적으로 불분명하고 불명확하기 때문이므로 따라서 무효라는 것이다. 이러한 일련의 법률 사건

1) 35 U.S.C. § 112(b) (2014)

은 "설명할 수 없이(insolubly)"라는 개념을 중점으로 청구항 용어가 "설명할 수 없이 모호한" 경우라면 § 112(b)에 따라 무효라는 CAFC가 사용하는 법적 테스트에 수년 동안 반영되었다. 2014년, ***Nautilus, Inc. v. Biosig Instruments, Inc*** (U.S. S. Ct. 2014)[2]에서 연방대법원은 이 기준을 거부하였다.

*Nautilus*에서 연방대법원은 "설명할 수 없이 모호한" 경우에만 청구항이 불명확하다는 CAFC의 의견에 동의하지 않았다. 대신 연방대법원은 "특허를 설명하는 명세서를 고려하여 읽히는 청구항과 심사 기록이, 합리적으로 확실(reasonable certainty)하게, 당업계 통상의 기술자에게 발명의 범위에 대해 알려주지 못하는 경우 특허는 불명확성(indefiniteness)으로 인해 무효"라는 테스트를 채택하였다. *Nautilus*의 "합리적으로 확실함"이라는 기준은 이전의 "설명할 수 없는 모호함"이라는 기준에 비해 덜 관대하다. 이는 청구항의 모호함이 해결될 **수 있다** 하더라도, 청구항이 당업계 통상의 기술자에게 합리적으로 확실하게 그 기준과 경계를 알려주지 않는다면 여전히 무효가 될 수 있음을 시사한다.

법적으로, 청구항 해석을 위한 분석은 35 U.S.C.A. § 112(b)에 따른 명료성 부족에 대한 분석과 완전 동일하지는 않지만 유사하다. ***Markman v. Westview*** (U.S. Sup. Ct. 1996)[3]에 따른 청구항 해석의 세부 원칙 설명에 대한 하기 § 12:4참조하라. 그리고, 일반적인 분석을 논하기 위하여 본 장 아래에서 설명할 *Enzo Biochem v. Applera* (Fed. Cir. 2010),[4]와 *Markman*을 비교해 보라. *Enzo Biochem*을 읽을 때, 독자는 이 사건이 *Nautilus, Inc. v. Biosig Instruments, Inc* (U.S. S. Ct. 2014)[5]의 연방대법원 판결이 있기 전 CAFC가 제시한 법적 분석의 예시라는 점을 명심해야 한다. *Enzo Biochem*의 법적 테스트는 여전히 "설명할 수 없는 모호함" 기준에 따라 이루어지고 있으며, 이는 더 이상 § 112(b) 분석의 기초가 되지 않는다. 그러나 *Nautilus*에도 불구하고 청구항 해석의 단계와 명료성 부족은 여전히 일반적인 *Markman* 분석에 기초하고 있다. 이 장에서 논의되는 사례는 명료성 부족으로 인한 무효와 선행기술로 인한 무효 또는 침해 관점에서 청구항 해석에 관한 사례들을 혼합한 것이다.

논의되는 첫 번째 사례에서는 CAFC가 *Nautilus* 기준을 어떻게 적용하는지를

2) 134 S. Ct. 2120 (U.S. Sup. Ct. 2014)
3) 517 U.S. 370 (U.S. Sup. Ct. 1996)
4) 599 F.3d 1325 (Fed. Cir. 2010)
5) 134 S. Ct. 2120 (U.S. Sup. Ct. 2014)

보여준다. 그 다음 명료성 부족으로 인해 일반적으로 문제되는 용어에 대해 논한다.

IBSA Institut Biochimique, S.A., et al. v. TEVA Pharmaceuticals USA, Inc. (Fed. Cir. 2020).[6] CAFC는 당업계 통상의 기술자가 내부적 증거(예: 청구항, 명세서, 및 출원 경과)와 외부적 증거(예: 사전적 정의, 다른 관련 없는 특허, 및 전문가 증언)를 기초로 "반–액체(half–liquid)"라는 용어의 명확한 경계를 알지 못했을 것이므로 해당 용어는 불명확하다는 연방1심법원의 판결을 인용하였다.

IBSA v. TEVA

U.S. Court of Appeals, Federal Circuit (2020)

청구항 1 ('390 특허) (강조 표시 추가):

하기 형태 중 하나인 갑상선 호르몬 또는 이의 나트륨 염을 포함하는 약제학적 조성물:

a) 젤라틴 및/또는 글리세롤, 및 선택적으로 에탄올에 용해된, 내부 상의 0.001 내지 1중량% 범위로 상기 갑상선 호르몬 또는 그 염을 포함하는 액체 또는 **반–액체** 내부상을 함유하는 젤라틴 재질의 외피로 구성되는 연질 탄성 캡슐, 상기 액체 또는 **반–액체** 내부 상은 일체의 중간층 없이 상기 외피와 직접 접촉함, 또는

b) 글리세롤 및 매트릭스의 0.001 내지 1중량% 범위로 상기 갑상선 호르몬 또는 그 염을 포함하는 삼킬 수 있는 균일한 연질 겔 매트릭스.

(A pharmaceutical composition comprising thyroid hormones or their sodium salts in the form of either:

a) a soft elastic capsule consisting of a shell of gelatin material containing a liquid or *half–liquid* inner phase comprising said thyroid hormones or their salts in a range between 0.001 and 1% by weight of said inner phase, dissolved in gelatin and/or glycerol, and optionally ethanol, said liquid or *half–liquid* inner phase being in direct contact with said shell without any interposed layers, or

b) a swallowable uniform soft–gel matrix comprising glycerol and said thyroid hormones or their salts in a range between 0.001 and 1% by weight of said matrix.)

6) –––F.3d––– (Fed. Cir. 2020) 2020 WL4379026

법원의 판결 이유

"청구항은, 그 언어가 명세서 및 출원 경과를 고려하여 읽을 때, '당업계 통상의 기술자에게 발명의 범위에 대해 합리적으로 확실하게 알려주지 못하는' 경우 불명확성(indefiniteness)으로 인해 무효이다." *HZNP Meds. LLC v. Actavis Labs. UT, Inc.*[7] (*Nautilus v BioSig Instruments* 인용).[8]

*** 양 당사자 모두 유의미한 이의를 제기하지 않는 바와 같이, '390 특허의 청구항 언어는 "반–액체"의 의미를 합리적으로 명확하게 나타내지 않는다. … 청구항 문구는 "반–액체"가 액체와 다르다는 점만 명확히 한다.

*** **[그 다음 CAFC는 명세서의 분리형 리스트를 살펴본다:]** 연방1심법원은 "특히 상기 연질 캡슐은, 현탁액이나 용액 상태의 사용 가능한 부형제와 함께 액체 (또는 반–액체) 비히클 및 갑상선 호르몬을 포함하는 액체, 반–액체, 페이스트, 겔, 에멀젼 또는 현탁액으로 이루어지는 내부 상을 함유한다"는 명세서 구절에 근거하여 "반–액체는 겔 또는 페이스트가 아니거나 적어도 반드시 그렇지는 않다"고 결정하였다. 본 법원은 동의할 뿐만 아니라 … 이러한 분리형 리스트는 "반–액체"가 페이스트 및 겔을 포함하는, 리스트의 다른 요소들에 대한 다른 대안임을 나타낸다 [고 덧붙인다].

*** **['390 미국 출원과 '390 출원이 우선권을 주장하는 이탈리아 출원에 존재하는 "반–액체"라는 용어간 불일치 문제에 대해, CAFC는 다음과 같이 판단하였다:]** 다른 단어의 선택은 다른 범위를 가지고 있음을 의미하여, 당업계 통상의 기술자는 '390 특허와 이탈리아 출원 사이에 "반–액체"와 "세미리퀴도(semiliquido)"의 불일치한 사용을 의도적인 것으로 간주할 것이다. … 외국 우선권 서류와 미국 출원 사이에 불일치가 존재하는 경우, 다른 단어 선택은 다른 범위를 가짐을 의미하므로, 이러한 불일치를 의도적이라고 보는 편이 적절할 것이다.

§ 7:3 불명확성에서 일반적으로 문제되는 용어

예를 들어, 35 U.S.C.A. § 112(b)에 따라 생명공학 분야에서 문제의 초점이 될 수 있는 몇 가지 일반적인 문구 또는 단어에 대해 설명한다. 독자들은 "약(about)"과 같은 청구항 용어가 어떤 경우에는 명확한 것으로 여겨지는 반면(예를 들면, 하기 *Hybritech v. Abbott*), 다른 경우에는 불명확한 것(예를 들면, 하기 *Amgen v. Chugai*)으로 여겨질 수 있음을 알 수 있다. 이 분야의 법률에는 엄격한 규칙이

7) 940 F.3d 680, 688 (Fed. Cir. 2019)

8) 572 U.S. at 901, 134 S. Ct. 2120 (S. Ct. 2014)

없다; 모든 것은 상황과 증거에 따라 달라진다.

§ 7:4 "실질적으로(Substantially)"

Enzo Biochem v. Applera (Fed. Cir. 2010).[9] 표지된 뉴클레오티드의 연결이 뉴클레오티드로 제조된 프로브의 혼성화를 "실질적으로 간섭해서는 안 된다"는 것은 불명확하지 않다고 판단하였다.

ENZO BIOCHEM, INC., ET AL v. APPLERA CORP. ET AL

U.S. Court of Appeals, Federal Circuit (2010)

청구항 ('824, '767, '928 특허) (강조 표시 추가)

[1] "화합물" 또는 "그 화합물을 검출 프로브로 사용하는 방법";

[2] 화합물에서, 질소성 염기 "B"는 직접 또는 "연결기"를 통해 화학 모이어티 "A"에 공유 결합된다;

[3] "연결기"는 기능적으로 다음과 같이 기재된다,

"… 상기 핵산과 혼성화되는 상기 화합물 또는 검출되는 A의 특성에 **실질적으로** 간섭하지 않으며"; 또는

"… 핵산과 혼성화되는 올리고– 또는 폴리뉴클레오티드의 특성에 **실질적으로** 간섭하지 않으며, 신호 모이어티의 형성 또는 검출 가능한 신호의 검출에 **실질적으로** 간섭하지 않는다"

([1] A "compound," or a "method of using that compound as a detection probe";

[2] In the compound, a nitrogenous base "B" is covalently attached, either directly or through a "linkage group" to a chemical moiety "A";

[3] The "linkage group" is recited functionally as,

"… not interfering *substantially* with the characteristic ability of said compound to hybridize with said nucleic acid or of A to be detected"; or

"… does not *substantially* interfere with the characteristic ability of the oligo– or polynucleotide to hybridize with a nucleic acid and does not *substantially* interfere with formation of the signaling moiety or detection of the detectable

9) 599 F.3d 1325 (Fed. Cir. 2010)

signal.")

관련 기술

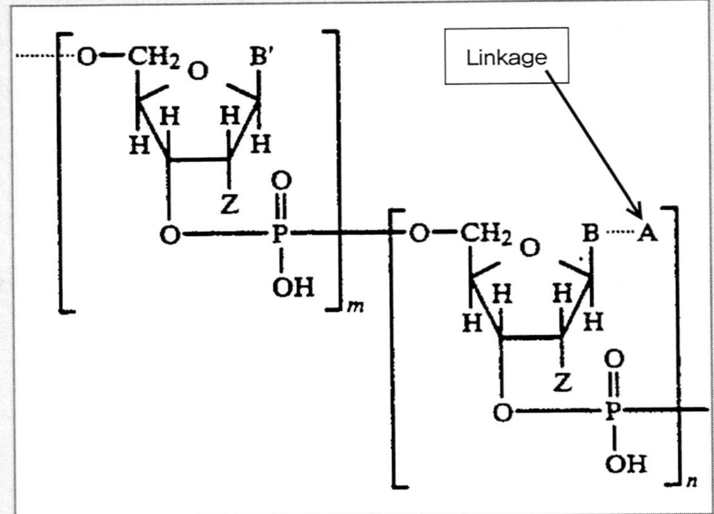

"실질적으로 간섭하지 않는" 연결기는 B와 A 사이에 있다.

법원의 판결 이유

"불명확성은 당업계 통상의 기술자가 청구항의 내용을 이해할 수 있는지 여부를 판단하기 위하여 필요하다. 이러한 판단을 내리기 위해, 본 법원은 '불명확성 주장에 대해 청구항 해석의 일반 원칙이 적용된다'고 설명한다." [인용 생략]. "이와 관련하여, 청구항 해석에는 주로 내부적 증거, 즉 청구항 언어, 명세서 및 출원 경과에 대한 고려가 포함된다." … "정도의 단어(word of degree)"가 사용된 경우, 법원은 특허가 "그 정도를 측정하는 어떤 기준"을 제공하는지 여부를 결정해야 한다. … 마찬가지로, 청구항 한정이 "순수한 기능적 용어"로 정의된 경우, 그 한정이 충분히 명확한지 여부는 "맥락(예를 들면, 명세서의 개시내용 및 관련 기술 영역 내 통상의 기술자의 지식)에 크게 좌우된다." [인용 생략].

*** "실질적으로 간섭하지 않는"이라는 문구에 사용된 것처럼, "실질적으로"라는 단어는 혼성화동안 **얼마나** 간섭이 일어날 수 있는지, 즉 미미한 간섭이 일어남을 설명하기 위한 것이므로 규모의 언어를 의미한다. … '실질적으로 아래(substantially below)'라는 문구는 규모의 언어, 즉 "미미하지 않음"을 나타낸다. 본 사건의 청구항은 어느 정도의 간섭이 허용되는지에 대한 최소한의 지침을 제공한다. 양 특허의

종속 청구항은 연결기가 특정 구조($-CH=CH-CH_2-NH-$)를 갖는다고 명시한다. … 따라서 독립 청구항의 "실질적으로 간섭하지 않는"이라는 용어는, 적어도 연결기가 종속 청구항에 명시된 구조를 가질 때 나타나는 간섭만큼은 허용하는 것으로 추정될 수 있다.

*** 본 사건에서 내부적 증거는 "당업계 통상의 기술자가 [청구범위]를 결정하기에 충분한 일반적인 지침과 예시"를 제공하기 때문에, … "실질적으로 간섭하지 않는"이라는 용어의 해석이 정확한 수치와 관련없이 해당 용어를 정의하더라도, … 청구항은 불명확하지 않다. 연방1심법원 해석의 의미 내에서 특정 연결기가 혼성화를 "실질적으로" 간섭하는지 여부를 결정할 때, 당업계 통상의 기술자는 변형된 뉴클레오티드의 열 변성 프로파일 및 혼성화 특성(Tm 포함)을 살펴보고 내부적 증거에 개시된 예시 값의 범위 내에 속하는지 확인할 것이다. … 예시된 연결기를 사용하여 출원인들이 달성한 정확한 검출 수준을 확인하기 위해 일부 실험이 필요하더라도 청구항은 불명확하지 않다. *Exxon Research v. U.S.* [10)] 참조("청구항이 용이실시 가능하고 과도한 실험이 필요하지 않다면, 청구 범위를 결정하기 위해 일부 실험이 필요할 수 있다는 사실이 청구항을 불명확하게 만들지는 않는다").

§ 7:5 "약(about)"

Hybritech v. Abbott Laboratories (Fed. Cir. 1988).[11)] 하급 법원은 샌드위치 면역 분석법의 양쪽 항체의 친화력 상수를 정의하는 데 사용되는 단어 **약**(about)이 2배 내지 3배의 내재적 측정 오류와 관련된 것으로 해석하였(고, CAFC에서 확정되었)다. (이러한 해석에 기초하여 Abbott에 의한 특허 침해로 결론지었다.)

HYBRITECH INC. v. ABBOTT LABORATORIES

U.S. Court of Appeals, Federal Circuit (1988)

청구항 19 (강조 표시 추가)

제1표지 항체, 항원 물질 및 제2항체의 삼원 복합체를 형성하는 단계를 포함하는 액체 시료 중 항원 물질의 존재 또는 농도를 결정하기 위한 면역 측정 분석법에 있어서, 상기 제2항체는 상기 액체에 불용성인 고체 담체에 결합되며, 시료 중 항원

10) 265 F.3d 1371 (Fed. Cir. 2001)

11) 849 F.2d 1446 (Fed. Cir. 1988)

물질의 존재는 고체 담체에 결합된 표지 항체의 양 또는 미반응 표지 항체의 양을 측정하여 결정되고, 개선점은 상기 표지 항체 각각에 항원 물질에 대해 적어도 **약** 10^8리터/몰의 친화도를 갖는 단일 클론 항체를 사용하는 것을 포함하는 것이고, 상기 항체는 고체 담체에 결합된 것인, 면역 측정 분석법.
(In an immunometric assay to determine the presence or concentration of an antigenic substance in a sample of a fluid comprising forming a ternary complex of a first labeled antibody, said antigenic substance, and a second antibody said second antibody being bound to a solid carrier insoluble in said fluid wherein the presence of the antigenic substance in the samples is determined by measuring either the amount of labeled antibody bound to the solid carrier or the amount of unreacted labeled antibody, the improvement comprising employing monoclonal antibodies having an affinity for the antigenic substance of at least *about* 10^8 liters/mole for each of said labeled antibody and said antibody bound to a solid carrier.)

관련 기술[12)]

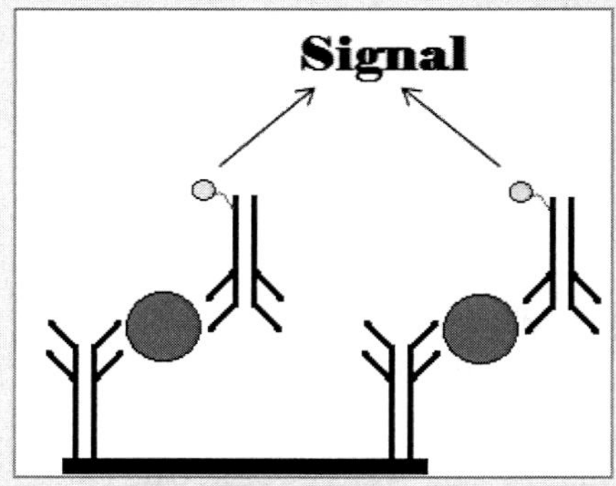

삼원 복합체를 사용하는 "샌드위치" 면역 분석법

법원의 판결 이유

'110 특허의 청구항에 포함된 친화도 한정은, 고체상 및 표지 항체 모두 "적어도 약 10^8리터/몰"의 친화도를 갖는 항체를 요구한다. 연방1심법원은 이러한 한정을 고려하여 청구 범위를 결정할 때, 친화도 측정에 내재된 2배 내지 3배의 측정 오류를 언급하였다. 명백한 잘못이라고 본 법원이 판단할 수 없는, 이러한 사실 판단에 근거하여, 연방1심법원은 법리적으로 '110 특허의 청구항 문구가 Abbott의 분석법

12) 이 파일은 Creative Commons Attribution – Share Alike 3.0 unported license에 따라 이용 가능함.

에 의한 친화도를 포함하는 친화도의 범위를 말하는 것으로 해석하였다. 본 법원은 연방1심법원이 청구항 한정을 이러한 방식으로 해석한 것이 법리적 오류라고 판단할 수 없다.

*** "적어도 약 10^8리터/몰"이라는 청구항 문구에 대한 해석에 따라, 연방1심법원은 Abbott의 TESTPACK 및 HTSH–EIA 분석법이 '110 특허의 청구 범위에 속하며, 따라서 해당 특허를 침해하였다고 판단하였다. 1×10^8리터/몰 미만의 두 측정값(즉, 4.8×10^7리터/몰 및 7.1 내지 7.5×10^7리터/몰)은 연방1심법원이 '110 특허의 청구항에 포함되는 것으로 해석한 2배 내지 3배 범위의 측정 오류에 속한다. Abbott는 이러한 판단에 반대할 근거를 제시하지 못하였다.

Amgen v. Chugai Pharma (Fed. Cir. 1991)13) (불명확성). "흡광도 단위당 적어도 **약** 160,000 IU 이상의 …" 순수 EPO는 a) 구별되었어야 할 선행 기술에 불확실하게 근접하고 b) 명세서에 "약"의 의미에 대한 설명이나 정의가 없기 때문에 불명확하다.

AMGEN, INC. v. CHUGAI PHARMA

U.S. Court of Appeals, Federal Circuit (1991)

청구항 1 (Chugai에 라이선스된 Genetics Institute의 특허 '195) (강조 표시 추가)

SDS PAGE에서 약 34,000달톤의 분자량, 역상 고성능 액체 크로마토그래피에서 단일 피크 이동, 280나노미터에서 흡광도 단위당 적어도 **약** 160,000IU 이상의 비활성도를 특징으로 하는 균질 erythropoietin.

(Homogeneous erythropoietin characterized by a molecular weight of about 34,000 Daltons on SDS PAGE, movement as a single peak on reverse phase high performance liquid chromatography and a specific activity of at least *about* 160,000 IU per absorbance unit at 280 nanometers.)

관련 기술

본 사건과 관련하여, 개방형 청구항의 용이 실시 가능성 관점에서 설명한 상기 § 5:14 참조.

13) 927 F.2d 1200 (Fed. Cir. 1991)

법원의 판결 이유

[하급] 법원은 "단어 '약'의 추가는, 특허 심사관이 발견한 선행 기술에서 예측되는, 120,000과 이전에 등록결정된 160,000IU/AU 청구항 사이 어딘가의 평균 활성도를 … 되찾기 위한 시도로 보인다"고 판단하였다. "'약' 160,000이라는 용어는 Miyake *et al.*의 값 128,620과 평균 비활성도 수준 160,000 사이의 평균값이 침해를 구성하는지에 대한 힌트를 제공하지 않기" 때문에, 법원은 "적어도 약" 청구항은 불명확성으로 인해 무효라고 판단하였다. … 이러한 판단은 명세서, 출원 경과 또는 선행 기술에서 "약"이라는 용어가 어느 범위의 비활성도를 포함하는지에 대한 어떠한 지시도 제공하지 않는다는 사실과 선행 기술 맥락에서 용어의 명확한 의미에 대해 증언한 전문가가 없다는 사실에 의해 더 뒷받침되었다.

*** 청구항의 의미가 의심스러운 경우, 특히 이 사건과 같이 근접한 선행기술이 있는 경우, 청구항은 무효로 선언되는 것이 타당하다 [인용 생략]. 따라서 본 법원은 이 문제에 대한 연방1심법원의 결정을 확정한다.

*** 이러한 결론으로, "약"이라는 용어가 청구항 4 및 6을 불명확하게 한다는 본 법원의 판단이 특허 청구항에 이 용어의 사용을 완전히 배제하는 것으로 이해되어서는 안 된다는 점에 주의해야 한다. 비록 본 사건에서는 아니지만, 이 용어는 적절한 사실 관계에서는 허용될 수 있다, 예를 들면, *W.L. Gore & Assocs., Inc. v. Garlock, Inc* [14)]("청구항에서 '초당 약 10%를 초과하는 속도로… 늘어나는'에서 사용하는 것은 불명확하지 않다").

§ 7:6 "없는 / 실질적으로 없는(Free of / Substantially free of)"

Hopkins v. Cellpro (Fed. Cir. 1998).[15] 명세서 및 청구항은 성숙 세포가 **실질적으로 없는** 적혈구 생성 줄기세포에 관한 것이다. Cellpro는 이것이 "측정할 수 없는"을 의미한다고 주장한다. 그러나, 그 대신, 법원은 "없는(free of)"이 표 9의 예시를 포함하는 것으로 해석하고 "성숙 세포 10% 이하"를 의미한다고 판단하였다. (이러한 해석으로 Cellpro에 의한 문언 침해가 되었다.)

14) 721 F.2d 1540 (Fed.Cir.1983)

15) 152 F.3d 1342 (Fed. Cir. 1998)

JOHNS HOPKINS UNIVERSITY, ET AL v. CELLPRO, INC.

U.S. Court of Appeals, Federal Circuit (1998)

청구항 1(Civins '680 특허) (강조 표시 추가)

성숙 림프구 및 골수 세포가 **실질적으로 없는** 다능성 림프-조혈모세포를 포함하는 인간 세포의 현탁액.

(A suspension of human cells comprising pluripotent lympho-hematopoietic stem cells *substantially free of* mature lymphoid and myeloid cells.)

법원의 판결 이유

Cellpro는, "실질적으로 없는"이라는 한정에 대해 연방1심법원이 10% 이하의 성숙 세포를 요구하는 것으로 해석한 것은 잘못이었다고 주장한다. 대신 CellPro는 이 한정이 측정할 수 없는 양의 성숙 세포를 의미하는 것으로 해석되어야 한다고 믿는다. 따라서 CellPro는 자신의 기술과 장비로 생산된 세포 현탁액에 "수백만 개"에 달하는 측정 가능한 양의 성숙 세포가 포함되어 있으므로 침해에 대한 JMOL 결정이 잘못되었다고 주장한다.

*** 본 법원은 연방1심법원의 "실질적으로 없는"이라는 표현에 대한 해석이 잘못되지 않았다는 Hopkins의 의견에 동의한다. 청구항의 세포 현탁액에 대해 유일하게 개시된 실시 태양인, 표 9는 청구범위를 잘 보여준다. 특허 청구항은 특허 명세서의 발명 기재 부분에 적어도 하나의 개시된 실시 태양을 포함하는 것으로 해석되어야 한다. … 따라서 개시된 실시 태양을 포함하지 않는 청구항 해석은 "거의 정확하지 않으며, 매우 설득력 있는 증거 지원이 필요하다"[인용 생략]. 따라서, 청구항의 세포 현탁액이 측정할 수 없는 양의 성숙 세포만을 포함할 수 있다는 Cellpro의 청구항 해석은, 명세서에 개시된 본 발명의 유일한 실시 태양을 설명하고, 측정 가능한 양의 성숙한 림프구 세포인, 3% 성숙 호중구, 6% 성숙 단핵구 및 1% 성숙 림프구를 포함하는 세포 현탁액을 개시하는 명세서의 표 9에 의해 약화된다.

*** Cellpro가 인용한 출원 경과 중의 어떠한 언급도, 본 법원이 '680 특허에 유일하게 개시된 세포 현탁액의 실시 태양을 포함하기 위해 필요한 청구항 해석에서 벗어나야 한다고 제안하는 "매우 설득력 있는" 증거를 구성하지는 못한다. 따라서 본 법원은 연방1심법원이 "성숙 림프구 및 골수 세포가 실질적으로 없는"이라는 문구를 성숙 림프구 및 골수 세포가 10% 이하임을 요구하는 것으로 해석한 것과 문언 침해 문제에 대해 Hopkins에 유리하게 JMOL을 승인한 것을 인용한다.

Biotec Biologische v. Biocorp (Fed. Cir. 2001).[16] "실질적으로 무수(substantially water free)"인 전분은 (선행 기술 극복을 위해 추가되었던) 출원 경과와 재판상 증언을 기초로 수분이 5% 미만인 전분을 의미한다.

BIOTEC BIOLOGISCHE v. BIOCORP

U.S. Court of Appeals, Federal Circuit (2001)

청구항 20 ('777 특허) (강조 표시 추가)

결정성 성분 함량 5% 미만의 전분 및 용해도 파라미터가 $15cal^{1/2}cm^{-3/2}$보다 큰 하나 이상의 첨가제 5중량 % 이상을 갖는 **실질적으로 무수인**, 균질 혼합물을 포함하는 열가소적으로 가공 가능한 전분으로, 상기 첨가제는 균질 혼합물의 녹는점 부근에서 ＋1bar 미만의 혼합물 내 증기압을 가지고, 혼합물의 녹는점이 전분의 분해 온도보다 낮음.

(A thermoplastically processable starch comprising a *substantially water free*, homogeneous mixture having a crystalline content of less than 5% of starch and at least 5 weight % of at least one additive having a solubility parameter of more than 15 $cal^{1/2}$ $cm^{-3/2}$, said additive having a vapor pressure in the mixture of less than ＋ 1 bar at about the melting point of the homogeneous mixture, and the melting point of the mixture being lower than the decomposition temperature of the starch.)

법원의 판결 이유

'777 특허의 심사관은 처음에는 "실질적으로 무수"라는 표현을 청구항에 사용하는 것에 대해 "기록상 '무수'라는 용어에 포함될 수 있는 것에 대해 명확하게 나타나지 않는다"는 이유로 거절하였다. 이에 대해 [출원인은] … 두 건의 진술서를 제출했는데 … [내용에] 두 건의 진술인 모두 전분 화학 분야의 전문가라고 기재되었다. 두 진술인 모두 "당업계 통상의 기술자는 5%의 수분을 함유한 전분을 '실질적으로 무수'로 여기지 않을 것"이며 "전분이 '실질적으로 무수'로 생각되기 위해서는 수분 함량이 5% 미만이어야 한다"고 진술하였다. … Biotec은, 특허 심사관이 "실질적으로 무수"라는 용어가 5% 미만의 수분을 의미하며, 이 용어가 본 발명을 Lay 인용문헌과 구별한다는 점을 인정하였다고 주장한다. Biotec은 또한 "수분 함량

16) 249 F.3d 1341 (Fed. Cir. 2001)

1.0% 미만"에 관한 (소송 대상이 아닌) 청구항 24를 지적하며, "실질적으로 무수"의 더 넓은 범위를 뒷받침하기 위해 청구항 구분 원칙(doctrine of claim differentiation)에 호소하였다.

"실질적으로 무수"의 의미는 Tomka 박사와 Biotec의 전문가인 Meijer 박사가 진술서 및 출원 경과의 다른 부분에 대해 설명한 재판 과정의 증언 주제였다. "실질적으로 무수"라는 것은 5% 미만의 수분 함량을 의미한다는 연방1심법원의 판결 및 배심원단의 설시문은 출원 경과에 따른 것이며 증거에 의해 뒷받침되었다. 이 청구항 해석은 확정된다.

Kemin Foods v. Pigmentos Vegetales (Fed. Cir. 2006)[17] 다른 카로티노이드가 "실질적으로 없는(substantially free)" 순수 루테인 결정은 다른 카로티노이드를 "실질적으로 10% 미만"으로 가지는 것으로 (명세서를 기초로) 해석되었다. 그 다음 문언이나 다른 침해 문제는 배심원단에게 사실 문제로 남겨졌다.

KEMIN FOODS ET AL v. PIGMENTOS VEGETALES DEL CENTRO ET AL

U.S. Court of Appeals, Federal Circuit (2006)

청구항 1('714 특허) (강조 표시 추가)

루테인을 함유하는 식물 추출물에서 유래한 실질적으로 순수한 루테인 결정으로 필수적으로 구성되는 카로티노이드 조성물로서 … 상기 루테인은 식물 추출물에서 천연 형태의 루테인으로 발견되는 다른 카로티노이드 및 화학적 불순물이 **실질적으로 없는** 것임.

(The carotenoid composition consisting essentially of substantially pure lutein crystals derived from plant extracts that contain lutein … wherein the lutein is *substantially free* from other carotenoids and chemical impurities found in the natural form of lutein in the plant extract.)

법원의 판결 이유

루테인 조성물이 "식물 추출물에서 천연 형태의 루테인으로 발견되는 … 다른 카로티노이드가 실질적으로 없는 것"을 요구하는 한정과 관련하여, 본 법원은 이 구성요소를 "10%보다 현저하게 낮은 다른 카로티노이드"를 요구하는 것으로 해석하

17) 464 F.3d 1339 (Fed. Cir. 2006)

였다. … 이러한 해석은 부분적으로 "일반적으로 출발 물질에 다른 카로티노이드 농도가 10% 이하여야 한다"는 명세서의 구절에 근거하였다. … 본 법원은 "출발 물질(즉, 정제 전 금잔화 꽃잎 추출물)에 일반적으로 다른 카로티노이드가 10% 이하로 함유된다면, '식물 추출물에 천연 형태의 루테인으로 발견되는 … 다른 카로티노이드가 실질적으로 없는' 루테인은 다른 카로티노이드를 10%보다 훨씬 적게 함유하는 것이라고 판단하였다.

***

In Re Eaton (Fed. Cir. 2013) 추가 참조.[18] 청구항은 비타민 B12 및/또는 엽산을 함유하는 비타민 보충제 조성물을 투여하여 건선을 치료하는 방법에 대한 것으로, … "상기 조성물은 항산화 물질이 **필수적으로 없다**(essentially free)." 이 문구는 명세서에 기초하여 "비타민 보충제의 비타민 B12 및/또는 엽산의 일부를 손상시키고 비활성화시킬 수 있는" 항산화제의 양으로 해석되었다. 이러한 해석은 선행 기술로부터의 예견에서 청구항을 보호하였다.

§ 7:7 "개선된(Improved)"

Invitrogen v. Biocrest (Fed. Cir. 2005).[19] 당업계 통상의 기술자는 명세서를 참조하여 청구항의 범위를 확인할 수 있기 때문에, 대장균 세포를 "개선된 기능(improved competence)"으로 청구하는 것은 "설명할 수 없이 모호한(insolubly ambiguous)" 것이 아니다. 침해 여부를 확인하는 것은 청구항이 명확한지를 확인하는 것과는 다르다.

상기 *Nautilus v. Biosig* 2014년 판결을 적용할 경우, 용어가 "설명할 수 없이 모호"하지는 않더라도 여전히 당업계 통상의 기술자에게 청구항의 범위와 한계에 대한 "합리적으로 확실함"을 제공하지 않았는지 여부에 대해 질문하면 동일한 판결이 나올 것이다.

18) *In Re Kevin P. Eaton*, No. 2013-1104 (Fed. Cir. 2013)
19) 429 F.3d 1052 (Fed. Cir. 2005)

INVITROGEN CORPORATION v. BIOCREST MANUFACTURING, L.P.

U.S. Court of Appeals, Federal Circuit (2005)

청구항 1 ('797 특허) (강조 표시 추가)

다음 단계를 순차적으로 포함하는 공정에 의하여 **개선된 기능**의 형질 전환 대장균 세포를 제조하는 방법:

(a) 18°C 내지 32°C 온도의 성장–유도 배지에서 대장균을 배양하고;

(b) 상기 대장균 세포를 활성화시키고; 그리고

(c) 상기 세포를 동결하는 단계.

(A process for producing transformable E. coli cells of *improved competence* by a process comprising the following steps in order:

(a) growing E. coli in a growth–conductive medium at a temperature of 18°C to 32°C;

(b) rendering said E. coli cells competent; and

(c) freezing the cells.)

법원의 판결 이유

"당업계 통상의 기술자가 명세서를 고려하여 읽을 때 청구항의 경계를 이해할 수 있다면" [인용 생략] 청구항은 명확하다. 청구항은 "청구항 해석을 위한 합리적인 노력이 무의미하다고 판명되는 경우", 즉 청구항이 "설명할 수 없을 정도로 모호하여 축소 해석을 적절하게 채택할 수 없는 경우"[인용 생략]는 불명확하다. 비록 청구항을 이해하는 것이 만만치 않은 일이고 결론이 만장일치로 받아들여지지 않더라도, 청구항의 경계가 이해될 수 있는 한 "불명확성[으로 인한] 무효를 피할 수 있을 정도로 충분히 명확하다" … 본 법원은 당업계 통상의 기술자가 청구항의 경계를 이해할 수 있도록 *Invitrogen*의 "개선된 기능"이라는 문구를 해석하였으므로, 본 항소에서 해당 문구에 허용될 수 없는 불명확성을 발견하지 못하였다. 청구항은 "설명할 수 없을 정도로 모호"하지 않다, 즉 불명확하지 않다.

*** Stratagene은 또한 "명확성 요건의 주된 목적은 … 일반인 중 이해관계자들이 … 자신들의 침해 여부를 판단할 수 있도록 청구항이 기재되어야 하는 것"[인용 생략]임에도 불구하고, 침해하고 있었는지를 판단하기 위해 청구된 방법을 실행해야만 했었다고 주장한다. 실제로 하급 법원은 Stratagene의 침해 여부를 판단하기 위해 별도의 병렬 테스트를 수행해야 했으며, 다른 증언은 침해 여부를 판단하기 위해 테스트가 필요했다고 말한다. 그러나 [판례는] 계속해서 "특허권자가 명확성

요건을 준수하기 위해 자신의 발명을 수학적으로 정밀하게 정의할 필요는 없다"고 설명한다. … Stratagene은 실제 청구항의 불명확성이 아니라 침해를 피하기 어렵다는 점에 대해 이야기하고 있다. "불명확성에 대한 테스트는, 침해를 판단하기 위하여 잠재적 침해자의 침해 의심 제품 특성을 확인하는 자신의 능력에 의존하는 것이 아니라 청구항이 통상의 기술자에게 발명의 경계를 설명하는지 여부에 의존한다." [인용 생략]. 본 법원과 연방1심법원의 청구항 해석에 따라, 청구항은 중대한 모호함이 없으므로 불명확성으로 무효되지 않는다.

§ 7:8 "3차원(Three–dimensional)"

◆ ***Massachusetts Institute of Technology et al. v. Shire Pharmaceuticals, Inc., et al.*** (Fed. Cir. 2016) (불명확성).[20] 이 사건에서 CAFC는 불명확성에 대한 *Nautilus* 기준을 적용하여 세포용 스캐폴드를 정의하는 데 사용되는 "3차원"이라는 용어는 사전적 정의와 항소인의 전문가들로부터 확인한 바와 같이 "세포가 이의 가로, 세로, 및 높이를 따라 부착될 수 있는 지지 구조체"라는 통상적으로 받아들여지는 의미에 비추어 볼 때 불명확하지 않다고 판단한다. 이 의견은 동일한 결정으로 Shire에 의한 문언 침해 판결을 이끈 청구항 해석에 대한 *Markman* 분석을 따르는데, 이에 대해서는 하기 § 12:9, 침해에서 보다 자세하게 분석한다.

MASSACHUSETTS INSTITUTE OF TECHNOLOGY ET AL. V. SHIRE PHARMACEUTICAL, INC., ET AL

U.S. Court of Appeals, Federal Circuit (2016)

청구항 1 (MIT의 '830 특허) (원문에 강조)

하기 구성을 포함하는, 생체 내 기능성 혈관 기관 조직을 생성하기 위한 세포를 성장시키는 시험관 내에서 제조된 세포–스캐폴드 조성물:

생체 적합성, 생분해성 합성 폴리머의 섬유로 구성된 섬유 **3차원** 스캐폴드; 및

스캐폴드 전체에 균일하게, 스캐폴드의 섬유 표면에 시험관 내 부착된 혈관 조직 유래 세포;

여기에서 스캐폴드의 섬유는 생체 내에서 기능성 혈관 기관 조직을 생성하는 데 효

20) 839 F.3d 1111 (Fed. Cir. 2016)

과적인 양의 세포를 시험관 내에서 부착할 수 있는 충분한 표면적을 제공하고;
스캐폴드의 섬유는 섬유에 부착된 세포 덩어리를 통해 영양소와 가스의 확산이 일어나야 하는 최대 거리가 100 내지 300 마이크론이 되도록 간격을 두고 배치되며; 그리고
확산은, 스캐폴드의 섬유에 균일하게 부착되고 그리고 혈관이 없는 스캐폴드 전체에 세포 생존력을 유지하는 데 효과적인 양으로 스캐폴드 전체에서 증식하는 세포 내외로 영양소, 가스 및 노폐물의 자유로운 교환을 제공함.
(A cell–scaffold composition prepared in vitro for growing cells to produce functional vascularized organ tissue in vivo, comprising:
a fibrous *three–dimensional* scaffold composed of fibers of a biocompatible, biodegradable, synthetic polymer; and
cells derived from a vascularized tissue attached in vitro to the surface of the fibers of the scaffold uniformly throughout the scaffold;
wherein the fibers of the scaffold provide sufficient surface area to permit attachment in vitro of an amount of the cells effective to produce the functional vascularized organ tissue in vivo;
wherein the fibers of the scaffold are spaced apart such that the maximum distance over which diffusion of nutrients and gases must occur through a mass of cells attached to the fibers is between 100 and 300 microns; and
wherein the diffusion provides free exchange of nutrients, gases and waste to and from the cells uniformly attached to the fibers of the scaffold and proliferating throughout the scaffold in an amount effective to maintain cell viability throughout the scaffold in the absence of vascularization.)

법원의 판결 이유

명세서 및 출원 경과를 고려하여 읽을 때, 청구항이 "당업계 통상의 기술자에게 발명의 범위에 대해 합리적으로 확실하게 알려주지 못하는" 경우 청구항은 불명확성으로 인해 무효이다. *Nautilus, Inc. v. Biosig Instruments, Inc.* (Sup. Ct. 2014).

*** Shire는 내부적 기록이 "3차원"의 의미에 대해 "아무런 지침"을 제공하지 않기 때문에 "3차원 스캐폴드"라는 용어가 불명확하다고 주장한다. [인용 생략] 연방1심법원은 이 주장을 기각하고 사전적 정의에 의해 확인된 대로 "3차원"이라는 용어를 통상적으로 허용되는 의미에 따라 해석하였다. Shire는 연방1심법원이 인용한 사전은 현재 나온 것으로 본질적으로 기술적이지 않다고 호소한다. 그러나 Shire는

특허 출원일 당시의 기술 사전이나 일반 사전이 이 용어를 어떻게 다르게 정의하는지 설명하지 못한다. 더욱이, 연방1심법원의 해석은 발명 당시 이 용어의 통상적인 의미에 관한 Shire 측 전문가의 의견과 일치한다: "그 당시 당업계 통상의 기술자는 세포 배양과 관련된 '3차원'이라는 용어가 구조체 위와 내부에서 성장하는 세포를 지칭하는 것으로 이해하였을 것이다. …"

8장 최적 실시예

심 미 성

§ 8:1 법령

***35 U.S.C.A. § 112.* 명세서.**[1] **(강조 표시 추가)**

(a) 총괄 규정 – 명세서는 발명 및 발명을 실시하고 이용하는 방식과 방법의 발명 기재를 포함하여야 하고, 이 때 그 기재는 발명이 속하는 업계 또는 최근접 업계의 통상의 기술자가 발명을 실시하고 이용할 수 있을 정도로 완전하고 명확하며 간결하고 정확한 용어로 기재되어 있어야 하며, **명세서에는 발명자 또는 공동 발명자가 발명을 수행하기 위해 고안한 최적 실시예가 개시되어 있어야 한다.**

((a) In General– The specification shall contain a written description of the invention, and of the manner and process of making and using it, in such full, clear, concise, and exact terms as to enable any person skilled in the art to which it pertains, or with which it is most nearly connected, to make and use the same, and *shall set forth the best mode contemplated by the inventor or joint inventor of carrying out the invention.*)

***35 U.S.C.A. § 282.* 유효성 추정; 방어 수단 (2011년 AIA에 의해 개정)**[2]

*** 특허의 유효성 또는 침해와 관련된 모든 소송에서 다음의 방어 수단이 가능하며, 이는 주장이 제기되어야 한다:

*** (3) (A) § 112의 요건 … 을 준수하지 않았다는 이유로 소송 중인 특허 또는 청구항의 무효 주장(**단, 최적 실시예를 개시하지 않은 것은 특허 청구항이 취소, 무**

1) 35 U.S.C. § 112 (a)(2014)

2) 35 U.S.C. § 282(2014)

효 또는 기타 집행 불가능한 것으로 판단될 수 있는 근거가 될 수 없음).

(*** The following shall be defenses in any action involving the validity or infringement of a patent and shall be pleaded:

*** (3) Invalidity of the patent or any claim in suit for failure to comply with (A) any requirement of … section 112, *except that the failure to disclose the best mode shall not be a basis on which any claim of a patent may be canceled or held invalid or otherwise unenforceable.*)

§8:2 최적 실시예에 대한 법의 역사적 맥락 – 생명공학 분야에서 최적 실시예 요건의 간단한 역사

명세서에 최적 실시예를 기재하지 않았다는 것은 거의 사용되지 않거나 적어도 성공적이지 못한 방어 주장이었다. 이는 주관적인 요소("… **발명자가 고안한** 최적 실시예 …")로 인해 증명하기가 매우 어렵다. 최적 실시예 요건을 평가하기 위해서는 다음의 네 가지 각각의 단계가 필요하다:

1) 청구항을 해석함,
2) 주장된 최적 실시예가 올바르게 해석된 청구항에 속하는지를 확인함,
3) 발명자가 청구된 발명을 수행함에 있어서 바람직한 또는 최적의 실시예를 가지고 있었는지 분석함, 및
4) 발명자가 이를 실제로 은폐하였는지(즉, 기재되어 있고 용이실시 가능한지)를 결정함.

처음에 실무자들은 생명공학 분야에서 선호하는 미생물을 기탁하지 않은 경우 이 문제가 발생할 수 있다고 보았다. 세포와 같은 살아있는 물질과 관련된 발명에 있어서 최적 실시예 요건을 충족하는 유일한 방법은 기탁을 통해서만 가능할 것이라고 추측되었다. 예를 들어 *In re Wands*[3])에서 출원인은 최적 실시예 요건을 만족시키기 위해 하나의 하이브리도마 세포주를 기탁하였지만, 상위개념의 용이실시를 위해서는 기탁이 필요하지 않다고 성공적으로 주장하기도 하였다.

그러나 1991년 두 건의 판례는 최적 실시예 요건을 만족시키는 수단으로서의 기탁 쟁점에 있어서 절대적인 접근 방식을 부정하였다: *Scripps v. Genentech*

3) 858 F.2d731 (Fed. Cir. 1988)

(Fed. Cir. 1991)[4] (Factor VIII) 및 *Amgen v. Chugai* (Fed. Cir. 1991)[5] (EPO). 아래에서 이를 간략히 검토한다:

<u>Scripps v. Genentech v. Chiron</u> (Fed. Cir. 1991)[6] (최적 실시예). 면역 크로마토그래피를 사용하여 제조된 Factor VIII에 대한 제법한정 물건 청구항에 있어서, 최적의 항체("2.2.9")를 기탁하지 않은 것은 최적 실시예 요건을 위반한 것이 아니다. 이는 이 항체 또는 이와 동등한 항체를 제조하는 것이 통상의 기술 수준에 속하기 때문이다.

<u>Amgen v. Chugai Pharmaceuticals</u> (Fed. Cir. 1991)[7] (최적 실시예). EPO DNA 및 EPO의 제조 방법에 대한 청구항에 있어서, 기재만으로 그러한 세포의 용이실시가 가능한 경우 최적의 형질전환 세포를 기탁할 필요는 없다.

***

이후 두 개의 판례, *Ajinomoto v. ADM* (Fed. Cir. 2000)[8] 및 *Ajinomoto v. ITC* (Fed. Cir. 2010)[9]는 최적 실시예와 미생물 기탁 사이의 관계를 더 깊이 있게 다루었다. 이 두 사례는 다른 결과를 낳았는데, 하나는 최적 실시예 요건이 충족되지 않았다고 판단되었고 다른 하나는 충족되었다고 판단되었다. 두 사건의 핵심 쟁점은 실제로 무엇이 기탁되었는가 하는 것이었다.

<u>Ajinomoto v. ADM</u> (Fed. Cir. 2000).[10] 청구항은 아미노산을 생산하는 데 사용되는 박테리아 균주에 대한 것이다. 몇 건의 기탁이 이루어졌다. 기탁된 균주가 *Rel A*+임이 명세서에 명시적으로 기재되어 있지 않음에도 불구하고 당업계의 통상의 기술자는 이들이 *Rel A*+임을 알 수 있을 것이다. 모 균주가 *Rel A* +이고 이것이 청구된 균주를 생산하는 유일한 방식 및 실시예이기 때문이다. 판결: 최적 실시예는 은폐되지 않았다.

<u>Ajinomoto v. ITC et al.</u> (Fed. Cir. 2010).[11] 라이신 생산 방법에 대한 청구항의 경우 어떤 방법으로 만들어졌든 최적의 형질전환 박테리아가 개시될 것이 요

4) 927 F.2d 1565 (Fed. Cir. 1991)
5) 927 F.2d 1200 (Fed. Cir. 1991)
6) 927 F.2d 1565 (Fed. Cir. 1991)
7) 927 F.2d 1200 (Fed. Cir. 1991)
8) 228 F.3d 1338 (Fed. Cir. 2000)
9) 597 F.3d 1267 (Fed. Cir. 2010)
10) 228 F.3d 1338 (Fed. Cir. 2000)
11) 597 F.3d 1267 (Fed. Cir. 2010)

구된다. 원고가 수크로스의 이용과 관련된 일련의 유전자와 *LysC* 돌연변이를 가진 바람직한 균주를 가지고 있었다는 증거가 있다. 이는 기재되지 않았다. *LysC* 돌연변이가 내재적으로 존재하는 다른 균주가 기탁되었지만 이는 수크로스 이용 유전자를 가지고 있지 않았다. 판결: 최적 실시예는 은폐되었다.

***

종합하면, 일상적인 실험을 통해 최적 실시예가 달성될 수 있다면 기탁은 절대적 요건이 아니다. 상기 *Scripps* (Fed. Cir. 1991) 및 *Amgen* (Fed. Cir. 1991)을 참조하라. 최적 실시예가 용이실시 가능한 한(기탁 또는 다른 방법으로) 기탁된 미생물의 내재적 특성을 기재하지 않은 것은 은폐에 해당하지 않는다. 상기 *Ajinomoto* (Fed. Cir. 2000)를 참조하라. 그러나 최적 실시예 기재 및 용이실시를 위하여 미생물 기탁이 이루어졌더라도 그 미생물이 일부 유전자만을 가지고 있고 필수적인 모든 유전자 또는 가장 바람직한 유전자를 가지고 있지 않다면 최적 실시예는 실질적으로 은폐된 것이다. 상기 *Ajinomoto* (Fed. Cir. 2000)를 참조하라.

§ 8:3 2011년 AIA 이후의 최적 실시예 요건

2011년 AIA[12]에 의한 35 U.S.C.A. § 282의 개정으로 인해 35 U.S.C.A. § 112에 따른 소송 중 무효 주장 방어 수단으로부터 최적 실시예 요건이 전격 삭제되었다. 이 요건의 주관적 기준을 고려할 때, 그리고 더 이상 최적 실시예를 공개하지 않았다는 이유로 청구항을 무효화할 수 없게 되었으므로, 남겨진 유일한 문제는 이 방어 수단이 어떻게 사용될 수 있을 것인가 하는 점이다.

최적 실시예 요건은 여전히 법 규정의 일부이므로 USPTO에 이를 공개하여야 한다. 그러나 적어도 특허 출원 심사 중에 USPTO는 최적 실시예가 은폐되었는지 아닌지를 확인할 수 있는 능력이 제한되어 있다. 한 가지 가능성은, 소송 증거 개시 절차 중 한 당사자가 최적 실시예가 개시되지 않았다는 사실을 알게 되는 경우 그 당사자는 USPTO를 오도하려는 의도로 은폐가 이루어졌다면 이것이 불공정한 특허 취득 행위에 해당한다고 주장할 수 있을 것이라는 점이다. 모든 최적 실시예 은폐가 불공정한 특허 취득 행위에 해당되는 것은 아니라는 점에 유의해야 한다. 부주의로 최적 실시예를 공개하지 않은 경우 최적 실시예 요건 위반에

12) Leahy-Smith America Invents Act, Pub. L. No. 112-129 (2011)

해당하기는 하지만 USPTO를 오도하려는 의도가 결여되어 있으므로 불공정한 특허 취득 행위에 해당하지 않는다.

최적 실시예 은폐에 의한 불공정한 특허 취득 주장은 다음과 같이 이중의 주관적 요소가 관련되어 있으므로 입증하기 어려운 방어 수단이다: **첫째**, 발명자가 최선 실시예를 알고도 이를 은폐했다는 점; 및 **둘째**, 발명자가 이를 은폐함으로써 USPTO를 오도할 의도가 있었다는 점.

9장 신규성(NOVELTY)

김 미 경

§ 9:1 법령[1]

2013년 이전 법령

미국 개정 특허법 이전 ***35 U.S.C.A. § 102*** – **특허를 받을 수 있는 조건; 신규성 및 특허권 상실.**[2]

다음과 같은 경우를 제외하고는 특허를 받을 수 있다.

(a) 해당 발명이 특허 출원인이 발명하기 전에 이 나라에서 다른 사람이 공지 또는 사용되었거나, 이 나라 또는 외국에서 특허를 받았거나 인쇄 간행물에 설명되었거나, 또는

(b) 발명이 미국 특허 출원일로부터 1년 이상 전에 미국 또는 외국에서 특허를 받았거나 인쇄된 간행물에 기재되었거나 이 나라에서 공공연하게 사용 또는 판매 중인 경우, 또는 …

*** (e) 발명이 (1) 특허 출원인이 발명을 출원하기 전에 미국 내에서 다른 사람에 의해 출원되고 § 122(b)에 따라 공표한 특허 출원서에 기재되거나 또는 (2) 특허 출원인이 발명을 출원하기 전에 미국 내에서 다른 사람에 의해 출원되고 등록된 특허에 기재된 경우…

Pre–AIA ***35 U.S.C.A. § 102*** – **Conditions for patentability; novelty and loss of right to patent.**[3]

A person shall be entitled to a patent unless –

1) 해당 법령의 관련된 항목들만 포함함.

2) 35 U.S.C. § 102 (2006)

3) 35 U.S.C. § 102 (2006)

(a) the invention was known or used by others in this country, or patented or described in a printed publication in this or a foreign country, before the invention thereof by the applicant for patent, or

(b) the invention was patented or described in a printed publication in this or a foreign country or in public use or on sale in this country, more than one year prior to the date of the application for patent in the United States, or …

*** (e) the invention was described in – (1) an application for patent, published under section 122(b), by another filed in the United States before the invention by the applicant for patent or (2) a patent granted on an application for patent by another filed in the United States before the invention by the applicant for patent …

***

현행 법령

미국 개정 특허법 이후 ***35 U.S.C.A. § 102*** – **특허를 받을 수 있는 조건; 신규성.**[4]

(a) 신규성; 선행 기술 – 다음과 같은 경우를 제외하고는 특허를 받을 자격이 있다.

(1) 청구된 발명의 유효 출원일 이전에 청구된 발명이 특허를 받았거나, 인쇄된 간행물에 기재되었거나, 대중이 사용, 판매, 또는 기타 방식으로 이용할 수 있었던 경우, 또는

(2) 청구된 발명이 이미 발행된 특허에 … 또는 공표되었거나 공표된 것으로 간주되는 특허 출원서에 기재되었는데, 해당 특허 또는 출원서는 다른 발명가를 지칭하며, 청구된 발명의 유효 출원일 이전에 효과적으로 출원된 경우.

(b) 예외 사항

(1) **청구된 발명의 유효 출원일로부터 1년 이내에 이루어진 개시** – 청구된 발명의 유효 출원일로부터 1년 이내에 이루어진 개시는 다음과 같은 경우 (a)(1)항에 따라 청구된 발명의 선행기술이 되지 않는다.

(A) 개시가 발명자, 공동 발명자, 또는 발명자나 공동 발명자로부터 직간접적으로 발명 대상을 획득한 다른 사람에 의해 이루어진 경우; 또는

(B) 개시된 발명 대상이 해당 개시 이전에 발명자, 공동 발명자, 또는 발명자나 공동 발명자로부터 직간접적으로 개시된 발명 대상을 획득한 다른 사람에 의해 공공연하게 개시된 경우.

4) 35 U.S.C. § 102 (2014)

*** **(d) 선행기술로서 유효한 특허 및 게재된 출원서 –** (a)(2)항에 따라 특허 또는 특허 출원서가 청구된 발명의 선행기술인지 여부를 결정하기 위한 목적으로, 해당 특허 또는 출원서는 특허 또는 출원서에 기재된 발명 대상과 관련하여 다음 시점을 기준으로 유효하게 출원된 것으로 간주된다.

(1) (2)항이 적용되지 않는 경우, 특허나 특허 출원서의 실제 출원일 기준으로; 또는

(2) 특허 또는 특허 출원서가 § 119, § 365(a), 또는 § 365(b)에 따라 우선권을 주장하거나, 이전에 출원된 1개 이상의 특허 출원서들을 근거로 § 120, § 121, 또는 § 365 (c)에 따라 조기 출원일의 혜택을 주장할 자격이 있는 경우, 해당 발명 대상을 기재하는 가장 먼저 출원된 특허 출원서의 출원일을 기준으로 한다.

Post–AIA ***35 U.S.C.A. § 102*** – **Conditions for patentability; novelty.**[5)]

(a) Novelty; Prior Art– A person shall be entitled to a patent unless–

(1) the claimed invention was patented, described in a printed publication, or in public use, on sale, or otherwise available to the public before the effective filing date of the claimed invention; or

(2) the claimed invention was described in a patent issued … or in an application for patent published or deemed published … in which the patent or application, as the case may be, names another inventor and was effectively filed before the effective filing date of the claimed invention.

(b) Exceptions–

(1) DISCLOSURES MADE 1 YEAR OR LESS BEFORE THE EFFECTIVE FILING DATE OF THE CLAIMED INVENTION– A disclosure made 1 year or less before the effective filing date of a claimed invention shall not be prior art to the claimed invention under subsection (a)(1) if–

(A) the disclosure was made by the inventor or joint inventor or by another who obtained the subject matter disclosed directly or indirectly from the inventor or a joint inventor; or

(B) the subject matter disclosed had, before such disclosure, been publicly disclosed by the inventor or a joint inventor or another who obtained the subject matter disclosed directly or indirectly from the inventor or a joint inventor.

---

5) 35 U.S.C. § 102 (2014)

*** **(d) Patents and Published Applications Effective as Prior Art**— For purposes of determining whether a patent or application for patent is prior art to a claimed invention under subsection (a)(2), such patent or application shall be considered to have been effectively filed, with respect to any subject matter described in the patent or application—

(1) if paragraph (2) does not apply, as of the actual filing date of the patent or the application for patent; or

(2) if the patent or application for patent is entitled to claim a right of priority under section 119, 365(a), or 365(b), or to claim the benefit of an earlier filing date under section 120, 121, or 365(c), based upon 1 or more prior filed applications for patent, as of the filing date of the earliest such application that describes the subject matter.

§ 9:2 신규성요건에 관한 미국 특허법의 역사적인 변천

2013년 이후 미국 개정 특허법(America Invents Act, AIA)의 시행으로 선행 기술의 범위가 크게 확대되었다. 미국 개정 특허법의 35 U.S.C.A. § 102(a)에 따라 청구된 발명이 "… 특허를 받았거나, 인쇄된 간행물에 기재되었거나, 대중이 사용, 판매, 또는 기타 방법으로 유효 출원일 이전에 대중에게 이용가능하게 된 경우 …" 그 청구항은 신규성이 결여된다. 미국 개정 특허법 이후에는 청구된 발명을 세계 어느 곳에서든지 "대중이 이용할 수 있는" 경우가 신규성을 타파할 수 있는 선행 기술에 포함되는 것이다. 이는 미국 내에서의 사용 또는 판매로는 제한되지만, 미국 외 지역에서의 사용 또는 판매로는 제한되지 않았던 미국 개정 특허법 이전 35 U.S.C.A. § 102(a) 및 (b)와 근본적인 다른 점이다.

사건들을 분석해 보면 2013년 미국 개정 특허법의 전면 시행 이전 혹은 이후에 상관없이, 수십 년에 걸쳐 선례들에 의해 발달된 신규성에 관한 실체법의 대부분은 계속 유효하다는 점을 인식하는 것이 중요하다. 선행기술의 실시가능 요건(enablement of the prior art) 또는 내재적 예견(inherent anticipation)의 문제와 같은 신규성 분석의 특정 기본 개념들은 계속 관련성이 있을 것이다.

생명공학 발명의 신규성에 대한 논의는 4단계에 걸친 기본적인 분석 접근 방식을 따른다.

- 첫째, 하나의 사건, 항목, 또는 간행물이 선행기술에 적절하게 포함될 수 있는지 여부이다 (§ 9:3 및 § 9:4를 참조). (이 첫 번째 단계의 기준은 특허 또는 출원 청구항이 미국 개정 특허법 이전 또는 이후의 신규성 법규에 따라 분석되어야 하는지, 그리고 청구항의 유효 출원일xxiv)이 언제인지 결정하는 것이다. 이 주제는 이 책에서 더 이상 다루지 않는다.[6])
- 둘째, 미국 특허청 또는 법원이 청구항을 어떻게 해석하게 될지이다(이하 §§ 9:5~9:11 참조).
- 셋째, 미국 특허청 또는 법원이 적절하게 해석된 청구항에 선행 기술을 적용하는지 이다(이하 § 9:12 및 § 9:13 참조).
- 넷째, 선행기술이 청구항을 예견하는 경우, 출원인 또는 특허권자는 선행기술이 청구항의 실시를 용이하게 하지 않는다 거나, 청구항을 충분히 설명하지 않는다는 등의 이유로 이의를 제기할 수 있다(이하 §§ 9:14~9:18 참조). 반대로, 도전자는 선행 기술이 내재적으로 예견한다는 주장을 할 수 있다 (이하 §§ 9:19~9:21 참조).

***

§ 9:3 생명공학 청구항에 신규성 요건 적용의 첫번째 단계: 항목이 선행 기술인지 판단하기

Delano Farms Co. et al v. California Table Grape Commission (Fed. Cir. 2015).[7] 이 사건은 미국 개정 특허법 이전의 35 U.S.C.A. § 102(b)에 따라 분석된다. 나중에 특허를 받은 포도 품종을 재배자가 비밀로 유지한 채 무단으로 은밀하게 재배한 것은 비록 수령자가 공공 도로 옆에서 품종을 재배했더라도 이는 공공연한 사용이 아니다.

---

6) 자세한 내용은 37 C.F.R. § 1.109(2015)("Effective filing date for a claimed invention under the Leahy-Smith Invents Act")을 참조.

7) 778 F.3d 1243 (Fed. Cir. 2015)

DELANO FARMS CO. ET AL v. CALIFORNIA TABLE GRAPE COMMISSION

U.S. Court of Appeals, Federal Circuit (2015)

청구항 1 (식물 특허[xxv] 16,284)

새롭고 독특한 품종의 포도나무 식물인 '어텀 킹(Autumn King)'은 실제로 그림과 설명대로, 매력적인 연한 녹색의 과일 색, 원통형에서 난형 과일 모양, 중립적인 단맛이 나는 단단한 과육 질감이 특징이다.

Claim 1 (U.S. Plant Patent No. 16284)

A new and distinct variety of grapevine plant, 'Autumn King', substantially as illustrated and described, characterized by its attractive pale green fruit color, cylindrical to ovoid fruit shape, and firm flesh texture with a neutral sweet flavor.[8)]

법원의 판결 이유

미국 개정 특허법 이전 § 102(b)에 따른 법정 제한요건(statutory bar) 중 공공연한 사용 요소에 대한 적절한 테스트는 의도된 사용에 대중이 접근할 수 있었는지 또는 의도된 사용이 상업적으로 이용되었는지 여부이다. [인용 생략]. 우리의 판례는 "대중이 접근 가능"하다는 것이 무엇을 의미하는지에 대한 윤곽을 정한다. 법정 제한요건의 근간이 되는 주요 정책은 "대중이 자유롭게 이용할 수 있다고 합리적으로 믿게 된 발명이 공공 영역에서 제거되는 것"을 방지하는 것이다.

*** 따라서 1심법원의 판결은 [수령인인] 두 Ludys가 자신들은 식물을 소유할 권한이 없고, 그들이 식물을 소유하고 있다는 것을 숨겨야 한다는 사실을 알고 있었다는 것을 분명하게 확립하였다.

*** 이 사건의 1심법원은 [또 다른 수령자인] Sandrini가 Ludys 부부의 친구이자 동업자이며 멘토라는 사실을 확인하였고, "[Ludys 부부와 Sandrini는 각자] Ludys 부부의 소유를 비밀로 유지하여 기밀 유지 환경을 조성할 동기가 있었으며, 각자는 스칼렛 로얄(Scarlet Royal) 및 어텀 킹(Autumn King) 포도나무와 그 사용에 대해 알 수 있는 사람에 대해 엄격한 통제를 유지했다"고 판단했다.

*** 이 법원은 *Dey* 사건에서[9)] "청구항을 무효화한다고 주장되는 선행 기술에

8) https://patents.google.com/patent/USPP16284P2/en

9) 715 F.3d 1351, 1359 (Fed. Cir. 2013)

서 일반인은 청구된 발명의 양상들을 알지 못하고 쉽게 식별할 수 없다면 합리적인 배심원단은 대중이 그러한 양상들을 보유하지 않았다고 결론을 내릴 수 있다"고 설명했다. 이 사건에서 사실 심리를 담당한 1심법원은 정확히 이러한 결론을 내렸고, 증거는 법원의 결론을 뒷받침하고 있다.

§9:4 저자 의견: 미국 개정 특허법 이후 미국 특허법에서는 제품의 세부 정보가 대중에게 이용가능하게 되지 않더라도 제품 판매는 법정 제한요건이 됨

화학분야 특허법의 중요한 사건인 ***Helsinn Healthcare S.A. v. Teva Pharmaceuticals USA, Inc.*** (S. Ct. 2019)[10]에서 대법원은 발명을 기밀로 유지해야 하는 제3자에 대한 상업적 판매는 발명을 "판매"한 것으로 판단할 수 있다는 미국 개정 특허법 이전 35 USCA § 102(a) 하에서의 규정은 미국 개정 특허법의 35 USCA § 102(a)(1) 하에서도 변경되지 않았다고 판시했다. 미국 개정 특허법에서도 "판매 또는 판매 제안이 발명을 무효화하는 선행기술을 구성하기 위하여 반드시 일반인들에게 발명이 이용가능하도록 만들 필요는 없다"고 명시하여 "'비밀 판매'가 특허를 무효화할 수 있다"는 점을 재확정했다.

§9:5 생명공학 청구항에 신규성 요건 적용의 두 번째 단계: 청구항 해석하기

Amgen v. Hoechst Marion Roussel (Fed. Cir. 2003).[11] 이 사건의 청구항은 포유류 세포에서 생산된 "치료적으로 효과적인 (therapeutically effective)" 에리스로포이에틴(erythropoietin)에 관한 것이다. 1심법원은 "치료적으로 효과적인"을 좁게, 즉 임상적인 의미로 해석하여, 선행 기술인 스기모토(Sugimoto)는 실시가 가능한 반면, 이는 하위임상(sub-clinical) 치료에만 해당된다고 결론을 내렸다. 미국 연방순회항소법원은 "치료적으로 효과적인"이라는 문구를 (반드시 임상적으로 효과적일 필요는 없이) 최소한의 치료적 효과만 요하는 것으로 보다 광범위하게 재해석하고, 스기모토 선행기술에 의해 예견(anticipation)되는지 재평가하도록 1심법원으

10) Helsinn Healthcare S.A. v. Teva Pharmaceuticals USA, Inc., 139 S. Ct. 628, 202 L. Ed. 2d 551 (2019).

11) 314 F.3d 1313 (Fed. Cir. 2003)

로 환송하였다. 또한 법원은 103조 분석에 사용하기 위한 목적으론 스기모토가 실시가능성 요건을 만족시킬 필요는 없다고 언급하였다. 스기모토와 관련 최신 첨단 기술들(state of the art)을 병합하여 자명성 요건 하에서 거절하기 위한 제안(suggestion)으로 사용될 수 있기 때문이다.[xxvi)]

AMGEN INC. v. HOECHST MARION ROUSSEL, INC.

U.S. Court of Appeals, Federal Circuit (2003)

청구항 1 ('422 특허) (강조 표시 추가)

치료적으로 효과적인 양의 인간 에리스로포이에틴과 제약적으로 허용되는 희석제, 보조제 또는 운반체를 포함하는 제약적 조성물로서, 상기 에리스로포이에틴은 배양에서 키운 포유류 세포들로부터 정제된 것이다.

Claim 1 (U.S. Patent No. 5955422)

A pharmaceutical composition comprising a *therapeutically effective* amount of human erythropoietin and a pharmaceutically acceptable diluent, adjuvant or carrier, wherein said erythropoietin is purified from mammalian cells grown in culture.

관련 기술

위의 § 5:18에서는 이 사례를 발명의 실시가능성과 관련하여, § 6:26에서는 발명의 기재와 관련하여 설명한다.

법원의 판결 이유

스기모토는 "인간 림프모구계 세포를 비인간 온혈 동물의 신체에 이식하여 증식시키고 … 증식된 세포가 … 인간 에리스로포이에틴을 방출하도록 하는 것을 특징으로 하는" 인간 에리스로포이에틴 생성 공정을 개시하고 있다…. 스기모토의 개시가 암젠이 주장한 특허와 유사하다는 점을 감안하여, Hoechst와 공동항소인인 TKT(Transkaryotic Therapies, Inc.) 스기모토가 미국 특허청 심사를 받았음에도 불구하고 당연히 스기모토를 잠재적으로 특허를 무효화하는 선행기술로 제기하였다.

*** **[§ 102에 따른 분석]** 1심법원은 스기모토가 35 U.S.C. § 102(a)에 따라 선행기

술이 아니라고 결론지었다. 실시가능성이 입증되지 않았기 때문이다. … 항소심에서 TKT는 1심법원이 스기모토의 실시가능성 입증 책임을 자신에게 부과한 것은 잘못이라고 주장하였다. … 선행기술로 인용된 예견적인 개시가 실시가능성이 입증되지 않은 경우 청구된 발명은 선행기술 인용문헌에 의해 예견될 수 없다.

*** ["치료 효과적인"의 의미에 대한] 이전 판결을 [고려할 때], 스기모토가 '422 특허의 청구항 1을 예견하지 않는다는 판결을 취소하고 파기 환송해야 한다. 파기 환송 시, 1심법원은 '422 특허의 청구항 1이 '치료적으로 효과적인'에 대한 [본 법원의] 새로운 정의에 비추어 스기모토보다 신규성이 있는지 여부를, 출처 제한(source limitations)이 오래된 구성(old compositions)에 신규성을 부여할 수 없다는 원칙을 염두에 두고, 고려해야 한다.

*** **[§ 103에 따른 분석]** 1심법원은 스기모토가 실시가능성을 보이지 못했다고 결론을 내렸기 때문에 자명성 분석에서 스기모토를 무시했다. 그러나 1심법원은 스기모토가 그렇지 않았다면 비자명성 분석에서 중요하고 잠재적으로 결정적인 역할을 했을 것이라는 점을 인정했다. … 그러나 § 103에 따른 인용 문헌은 실시가능성을 보일 필요는 없으며, 그 안에 무엇을 개시하든지 선행 기술에 해당한다. … 따라서 스기모토에 대한 1심법원의 자명성에 대한 판결은 취소하고 파기 환송한다. 파기 환송 시, 1심법원은 스기모토에 대한 자명성을 재검토해야 하지만, 선행기술의 실시가능성 여부는 § 103에 따라 무효를 입증하기 위한 요건이 아니므로 스기모토의 실시가능성 여부에 대한 언급 없이 재검토해야 한다.

IN RE FRANK ROBERT DITTO (Fed. Cir. 2012).[12] 이 청구는 소위 픽시밥 고양이(Pixie-Bob cat)라고 불리는 "순종(purebred)"의 고양이 종에 대한 것이다. 법원은 "순종"이라는 용어가 바람직한 특성들 이상의 것을 요구하지 않는 것으로 해석하고, 비슷한 고양이에 대한 신문 보도에 의해 이 청구가 예견되는 것으로 판단했다.

IN RE FRANK ROBERT DITTO

U. S. Court of Appeals, Federal Circuit (2012)

청구항 1 (강조 표시 추가)

밥캣(Bobcat), 살쾡이(Lynx), 또는 밥캣 살쾡이(Bobcat Lynx) 종을 집고양이

12) 499 Fed. Appx. 1 (Fed. Cir. 2012)

(domestic cat)와 교배하여 생산된 *순종* 고양이(*purebred* cat)를 교배하여 생산된 집고양이 품종.

Claim 1 (U.S. Patent Application No. 09/276,137)
A domestic cat breed produced by breeding a *purebred* cat produced by mating a Bobcat, Lynx, or Bobcat Lynx species with a domestic cat.

관련 기술[13)]

"변장한 개" 픽시밥 고양이.

법원의 판결 이유

미국 특허심판원이 적절하게 지적했[듯이], 청구항 용어는 명세서에 비추어 당업자가 이해할 수 있는 가장 넓은 범위의 합리적인 해석이 주어진다. … 미국 특허심판원은 디토(Ditto)가 청구항이나 명세서에 "순종(purebred)"에 대한 정의를 포함하지 않았다고 설명하였다. 명세서에는 청구된 고양이가 "길들임 혹은 가축화 표준(Domestic standards)에 도달할 때까지 국내 고양이와 함께 사육"되고 그러한 사육이 "원하는 효과(desired effect)에 도달할 때까지" 수행된다고 명시되어 있지만. … 디토는 "길들임 표준" 또는 "원하는 효과"라는 용어가 어떻게 그가 추구하는 번식성(reproducibility) 및 SBT(Stud Book Tradition) 등급과 같은 한정사항들을 포함하는 "순종"이라는 용어의 해석을 뒷받침하는지 설명하고 있지 않다. 본 법원은 특

13) 이 파일은 크리에이티브 커먼즈 저작자표시-동일조건변경허락 3.0 불표시 라이선스에 따라 이용할 수 있으며, 저작자는 Angie 1900입니다. (역주: 여기서 불표시 라이선스는 국가별 법률에 맞게 조정되지 않았다는 의미이다.)

허심판원이 당업자는 "순종"을 "원하는 효과에 도달할 때까지 사육하는 것"으로 해석할 수 있다고 판단한 것이 적절하다고 생각한다. 기록에서 나타난 "품종"의 사전적 정의는 이러한 결론을 훼손하지 않으며, 단지 "품종"은 "인간의 영향을 받아 야생 유형과 구별되는 가축의 독특한 그룹이며 [일반적으로] 자연에서는 그 독특한 특성(distinctive qualities)을 유지할 수 없다"고 *웹스터 사전*(1993)을 반복하고 있다. 이러한 "독특한 특성"은 미국 특허심판원의 해석에 따르면 사육의 결과로 달성할 수 있는 "원하는 효과"와 유사하다.

*** "순종"의 청구항 해석에 비추어, 본 법원은 주장된 청구항이 그린(Green)과 포터(Porter)에 의해 예견되는지 여부를 고려하였다. 디토는 참고 문헌에 기재된 품종이 "당업자에게 알려진 번식 사슬(breeding chain)의 이 단계에서 순종으로 간주되지 않기 때문에" 그린과 포터의 선행 기술이 청구된 품종을 예상하지 못한다고 주장하였다. … 그는 포터와 그린의 기사는 "번식 프로그램에 참여하고 싶은 희망을 제시"할 뿐이며 "품종으로서의 수용 가능성"은 1998년 5월까지 최종 결정되지 않았다고 주장하였다. … 이 주장은 특허심판원에 의해 정면으로 거부되었으며, 특허심판원은 포터와 그린 모두 1995년 당시 픽시밥을 고양이 품종으로 묘사했다는 사실을 발견했다. 디토는1999년 3월 25일까지 특허 출원서를 제출하지 않았는데, 이는 디토가 픽시밥이 공인된 순종 품종임을 인정하고, 국제고양이협회(The International Cat Association, TICA)가 픽시밥 품종을 TICA의 챔피언십 카테고리 II에 등재한 1998년 5월 1일 이후이다.

또한, 그린 및 포터의 참고 문헌은 청구항 1을 분명히 예견하고 있다. 그들은 원하는 효과인 순종 고양이의 특성을 개시하고 있다. 예를 들어, 그린은 픽시밥이 "개와 같은 기질 때문에 '변장한 개'라고 특징지워진다"고 언급하고, 픽시밥은 "훈련이 잘 되고" 충성심이 강하다고 언급하고 있다. … 그리고 포터는 "픽시밥은 … 살쾡이의 얼굴과 몸의 특징과 집 [고양이]의 일반적인 크기와 기질을 가지고 있다"고 말하며 "안정된" 성격을 가지고 있으며 "백 퍼센트 사람 고양이"라고 설명한다. … 디토의 품종에 대한 청구항 및 서면 기재사항과 선행 기술 참고 문헌들 사이의 유사점은 놀라울 정도이다.

§ 9:6 이행 문구 및 용어(Transitional phrases and terms)

다음 세 사건들은 청구항 서문에 사용된 문구의 적절한 해석, 즉 서문에서 "포함하는(comprises)", "구성하는(consists of)", 또는 "필수적으로 구성하는(consists essentially of)" 중 어느 문구를 사용하는지에 따라 판결이 달라진다. "포함하는"이라는 문구는 다른 화합물이나 불순물을 허용하는 개방형 구성을 나타내며, "구성하는"이라는 문구는 다른 화합물을 포함하지 않는 폐쇄형 구성을 나타낸다. "필수적으로 구성하는"이라는 문구는 다른 화합물이 "본 발명의 기본적이고 새로운 특성(basic and novel properties of the invention)"에 실질적으로 영향을 미치지 않는 한 다른 화합물을 포함할 수 있는 반폐쇄적 구성을 나타낸다.[14] "기본적이고 새로운 특성"이 무엇인지 여부는 특히 특허 침해와 관련한 소송의 대상이 되어 왔다.[15]

프로스타글란딘 3을 "필수적으로 구성"하는 조성물은 종래 기술의 조잡한 혼합물에 비해 새로운 것이다.[16]

IN RE SUNE BERGSTROM ET AL

U. S. Court of Customs and Patent Appeals (1970)

청구항 53

필수적으로 7-[3-하이드록시-2-(3-하이드록시-1,-5-옥타디엔닐)-5-옥소사이클로펜틸]-5-헵테노산[프로스타글란딘 3 또는 PGE3]으로 구성된 물질의 조성.

Claim 53

A composition of matter consisting essentially of 7-[3-hydroxy-2-(3-hydroxy-1,-5-octadienyl)-5-oxocyclopentyl]-5-heptenoic acid [Prostaglandin 3 or PGE3].

14) *HZNP Medicines LLC et al v. Actavis Labs* 940 F.3d 680 (Fed. Cir. 2019)

15) *Id.*

16) ***In re Bergstrom*** 427 F.2d 1394 (CCPA 1970)

관련 기술[17)]

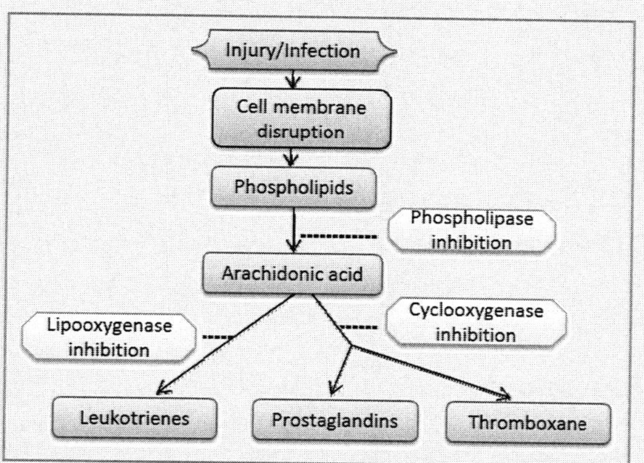

염증 캐스케이드(inflammation cascade)에 프로스타글란딘(예: PGE3)의 관여

법원의 판결 이유

우리가 보기에 미국 특허심판원 입장의 근본적인 오류는 미국 특허심판원이 정확하게 제기한 유일한 문제인 "*청구된* 순도의 물질이 참조 표준인 *순도가 낮은* 물질과 비교하여 *새로운* 것인지 여부"에 대한 분석과 답변이다. … 그 질문에 대한 답은 자명해 보인다. 정의에 따르면, … 순수한 물질은 순도가 낮거나 불순한 물질과는 반드시 다르며, 여기의 상황처럼 후자만 유일하게 존재하고 참조 표준으로 사용할 수 있는 물질인 경우, 부득이 "순수한" 물질은 "새로운" 것이다. 이 법원은 *In re Williams* [18)]에서 다음과 같이 명시했다. "한 화합물이 다른 물질의 성분으로 존재한다고 해서 순수 화합물에 대한 청구항에서 신규성이 부정되는 것은 아니다. 물론 발명성[현재의 § 103하의 비자명성]의 결핍으로 인해 해당 청구항이 특허를 받을 수 없게 될 수는 있다."

<u>In re Crish et al (Fed. Cir. 2004)</u>.[19)] 여기 청구항에서는 두 개의 이행 문구가 중첩되어 "적어도(at least)"(개방형) 다음에 "구성하는(consisting of)"(폐쇄형)이 이어진다. 법원은 전체 청구항이 개방형이라고 판단하고, 신규성이 없는 프로모터의 서열을 밝혔다고 해서 신규성이 부여되지 않는다고 판단하였다.

---

17) 이 파일은 Creative Commons Attribution－Share Alike 3.0 Unported 라이선스에 따라 이용할 수 있습니다.

18) 171 F.2d 319, 36 CCPA 756(CCPA 1948)

19) 393 F.3d 1253 (Fed. Cir. 2004)

IN RE CRISH ET AL

U.S. Court of Appeals, Federal Circuit (2004)

청구항 54 (강조 표시 추가)

정제된 올리고뉴클레오타이드는 적어도 SEQ ID NO: 1의 뉴클레오타이드 서열의 일부를 *포함하고* (*comprising*), 상기 일부는 SEQ ID NO: 1의 1141부터 2473까지의 뉴클레오타이드 서열로 *구성되며* (*consists*), 프로모터 활성을 갖는 것.

Claim 54 (U.S. patent application 08/822,509)

A purified oligonucleotide *comprising* at least a portion of the nucleotide sequence of SEQ ID NO: 1, wherein said portion *consists* of the nucleotide sequence from 1141 to 2473 of SEQ ID NO: 1, and wherein said portion of the nucleotide sequence of SEQ ID NO: 1 has promoter activity.

법원의 판결 이유

여기서 청구항에 폐쇄형 이행 용어인 "구성하다"가 포함되어 있고 이 용어가 전체 청구항을 좁힌다는 크리쉬(Crish)의 주요 주장은 설득력이 없다. "포함하다"와 "구성하다"라는 용어가 모두 포함된 청구항에 대한 합리적인 해석은 "구성하다"라는 용어는 "상기 부분"이라는 표현을 이후에 인용된 번호가 매겨진 뉴클레오타이드로 제한하지만, 앞의 "포함하다"라는 용어는 청구항에 해당 부분과 다른 뉴클레오타이드를 포함할 수 있음을 의미한다는 것이다. … 따라서 문맥에 따라 읽으면, 청구항은 추가 뉴클레오타이드를 갖는 [따라서 선행 기술에 의해 예견되는] DNA 염기서열을 배제하지 않는다.

*** hINV(human involucrin gene)의 프로모터 영역은 새로운 것이 아니다. 위에서 설명한 바와 같이 hiNV는 수년 전부터 알려지고 사용되었다. 더욱이, 크리쉬와 에커트(Eckert) 간행물에서 hINV의 프로모터 영역은 크기와 위치에 따라 구체적으로 식별되었다. 크리쉬의 출원이 이 기술에 기여한 유일한 공헌은 hiNV 프로모터 영역의 뉴클레오타이드 서열을 식별한 것이다. 그러나 알려진 물질의 특성을 발견했다고 해서 그 물질이 새로운 것이 아닌 것처럼, 선행 기술 물질의 식별 및 특성화도 그것을 새로운 것으로 만들지 않는다.

Genentech Inc. v Chiron Corp. (Fed. Cir. 1997).[20] 이 사건은 각 당사자가

20) 112 F.3d 495 (Fed. Cir. 1997)

두 단백질에 대한 개별 DNA 서열을 포함하는 융합 DNA 서열, 즉 적절한 리딩 프레임(reading frame)xxvii)에서 서로 결합된 DNA 서열에 대한 카운트(count) 발명의 우선권(priority)을 주장하는 저촉절차(interference proceeding)에서 비롯되었다.xxviii) 저촉절차의 법칙에 따르면, 당사자가 자신의 명세서에 *카운트를 예견하는* 실시 태양(the embodiment that *anticipates the count*)가 개시되어 있음을 입증하면 승소할 수 있다. (이 장에서 이 사례에 대해 설명하는 이유가 여기에 있다.) 제넨텍(Genentech)은 콜라게나제 절단 부위를 암호화하는 9개의 코돈을 추가로 포함하는 구조를 개시하였다. 제네텍의 구조에는 27개의 추가 뉴클레오타이드가 포함되어 있지만, 개방형인 "포함한다"는 단어는 추가 서열의 삽입을 배제하지 않으며, 개시된 구조는 카운트를 예견하므로 제넨텍이 승소하였다.

GENENTECH, INC. v CHIRON CORP.

U.S. Court of Appeals, Federal Circuit (1997)

저촉절차 카운트 (*Lee v. Barr*, interference count)21)xxix) (강조 표시 추가)

적절한 리딩 프레임 내에서 사카로마이세스 알파 인자 분비 리더 및 처리 신호 염기 서열과 결합된 인간 인슐린 유사 성장 인자-I의 암호화 서열을 *포함하는* DNA 구조.

The sole count of interference (Lee v. Barr, Patent Interference No. 102,208, Slip. Op. at 8 (BPAI July 19, 1994)

A DNA construct *comprising* a sequence coding for human insulin-like growth factor-I joined in proper reading frame with Saccharomyces alpha-factor secretory leader and processing signal sequence.

관련 기술

카이론(바 출원): 알파 인자 분비 리더 (alpha-factor secretory leader) - 인간

21) 이는 미국 특허청에서 벌어진 리출원 [발명자 James M. Lee, Axel Ullrich, 그리고 Arjun Singh 의 미국특허출원 06/506,078호, "재조합 DNA 기술을 통한 인간 IGF 및 EGF의 제조 (Preparation of Human IGF and EGF Via Recombinant DNA Technology)")과 바출원 [발명자 Philip J. Barr, James P. Merryweather, Guy Mullenbach, Mickey S. Urdea 의 미국특허출원06/922,199호, "성숙한 인슐린 유사 성장 인자의 하이브리드 DNA 합성 (Hybrid DNA Synthesis of Mature Insulin-Like Growth Factors)"] 간의 제 102,208호 저촉절차 사건에서 비롯되었다.

인슐린 유사 성장 인자(human insulin-like growth factor)를 암호화하는 DNA

제넨텍 (이 출원): 알파 인자 분비 리더 – 콜라게나제 절단 부위에 대한9개 코돈 (9 codons for collagenase cleavage site) – 인간 인슐린 유사 성장 인자를 암호화하는DNA

법원의 판결 이유

DNA 구조와 그 구조가 암호화하는 단백질 사이에는 밀접한 관계가 존재하지만, 이 둘은 동일하지 않다. 카운트는 구체적으로 DNA 구조를 정의하는 것이지, 그 구조에서 발현되어 생성되는 단백질을 정의하는 것은 아니다. 카운트에 열거된 특정 요소 중 카운트 내의 모든 DNA 구조에 반드시 포함되어야 하는 요소는 분비 리더를 암호화하는 DNA 서열, 처리 신호 서열, 그리고 인간 IGF-I이다. Lee의 출원서에 기재된 제넨텍의 DNA 구조에 이 세 가지 단백질에 대한 완전한 DNA 서열이 포함되어 있다는 데는 이견이 없다. 문제는 인간 IGF-I을 암호화하는 서열과 알파 인자 처리 서열 *사이에* 삽입된 콜라게나제 절단 부위를 암호화하는 9개의 추가 코돈에서 발생한다. 따라서 청구항 해석 문제는 "적절한 리딩 프레임에 결합되어(joined in proper reading frame)"라는 문구의 의미해석에 따라 결정된다.

*** 여기서 문제가 되는 카운트의 DNA 구조에서 "적절한 리딩 프레임 내(in proper reading frame)"란 인간 IGF-I의 70개 아미노산이 발현된 단백질에 적절한 서열로 통합되는 방식으로 뉴클레오티드를 읽어야 함을 의미한다. IGF-I의 70개 아미노산서열의 시작 부분에 있는 추가 아미노산들을 암호화 하는 뉴클레오티드를 제외하는 것은 "적절한 리딩 프레임 내"의 정의 안에 존재하지 않는다.

이러한 카운트 해석은 개방형 용어인 "포함하는(comprising)"과 일치한다. "포함하는"은 청구항 언어에서 사용되는 기술적인 용어로, 명명된 요소는 필수적이지만 다른 요소가 추가되어도 청구항의 범위 내에서 여전히 구성을 형성할 수 있음을 의미한다. [인용 생략].

청구항 해석의 다음 문제는 "결합(joined)"이라는 용어가 결합된 알파 인자 처리 서열과 인간 IGF-I 서열이라는 두가지 요소 사이에 추가 뉴클레오티드가 삽입될 가능성을 배제하는지 여부이다. 본 법원은 그렇지 않다고 판단한다.

*** 결합된 또는 연결된 것이 반드시 직접 합쳐지거나 연결될 필요는 없다. 이 카운트에서 직접 결합으로만 제한하고 있는 것은 아무것도 없다. 따라서 본 법원은 결합된 두개의 서열 사이에 적절한 리딩 프레임이 유지되는 한, 알파 인자 처리 서열과 인간 IGF-I 서열 사이에 뉴클레오티드 서열이 끼어있는 제넨텍의 것과 같은 DNA 구조도 이 카운트에 포함된다고 생각한다.

§ 9:7 저자 의견: 이행 용어에 관한 판례 요약

In re Bergstrom (United States Court of Customs and Patent Appeals 1970) [22)]의 신규성 판단은 청구항 서문에서 사용된 "필수적으로 구성되는" 문구로 설명된다. *In re Crish* (Fed. Cir. 2004)[23)]에서 선행기술 적용 이전에 청구항 해석도 신규성 결여 판결을 유지하는 데 중요한 역할을 했다.[xxx)] 크리쉬에서는 청구항 본문에 있는 "구성하다"라는 단어의 폐쇄적 해석과 동일한 청구항 앞부분에 있는 개방적 단어 "포함하다"와의 관계에 주목해야 한다. 이것은 중첩된 이행 문구의 전형적인 상황이다. § 5.16에서 개방형 청구항의 실시가능성의 맥락에서 분석한 *Promega Corp. v. Life Technologies* (Fed. Cir. 2014)[24)]에서 중첩된 이행문구의 또 다른 예를 이미 살펴본 바 있다. 크리쉬에서와 마찬가지로, 프로메가의 서문에는 "포함하다"라는 단어가 포함되어 있지만, 청구 본문에 "구성하다"라는 단어가 포함된 크리쉬와 달리, 프로메가의 청구 본문에는 "포함하다"라는 단어가 들어가 있다. 프로메가에서 이 두 번째 "포함"은 개방형으로 해석되었지만 실시가능성은 결핍된 것으로 보았다.

Genentech, Inc. v Chiron Corp. (Fed. Cir. 1997)[25)] 및 크리쉬 사건에서 "포함한다"는 이행 용어는 개방형 용어로서 "포함한다"의 개념을 *공유 결합으로 연결된* (*covalently linked*) 중간 또는 인접 DNA 서열들로 확장했다.[xxxi)] 이러한 개방성의 확장은 DNA 서열과 같은 생명공학적 서열들을 기반으로 하는 청구항의 고유한 특징으로서 생명공학적 서열의 화학적 특성보다 기능적 및 정보적 특성을 강조하고 있다.

§ 9:8 제법한정 물건 청구항(product by process claim)의 공정적 한정사항(process limitations)

***Amgen Inc. v Hoffman-La Roche* (Fed. Cir. 2009 – anticipation)**.[26)] 이 특허는 "… 배양 중인 포유류 세포로부터 정제된(… purified from mammalian cells in culture)" 에리스로포이에틴(erythropoietin, EPO)에 대한 것이다. 선행기술은 신장에서 생성되는 EPO(이하 urinary EPO)를 보여주는 골드바서 박사의 논문이다.[27)]

22) 427 F.2d 1394 (CCPA 1970)

23) 393 F.3d 1253 (Fed. Cir. 2004)

24) 773 F.3d 1338 (Fed. Cir. 2014)

25) 112 F.3d 495 (Fed. Cir. 1997)

26) 580 F.3d 1340 (Fed. Cir. 2009)

27) 내인성 에리스로포이에틴(EPO)은 신장의 세뇨관 주위 세포에서 자연적으로 생성되는 당단백질 호르몬으로 적혈구 생성을 자극한다. 신피질 세뇨관 주위 세포는 인체에서 대부분의 EPO를 생

미국 연방순회항소법원은 이 청구항을 제법한정 물건 발명으로 올바르게 해석하고, 하기 § 12:10에서 자세히 분석하고 있는 *Abbott v. Sandoz* (Fed. Cir. 2009) 사건의 (당시 최신) 판결에 따라 제법한정 물건 발명의 침해 맥락에서 공정/방법 한정사항은 유효성 판단에서 무시하였다. 그럼에도 불구하고, 법원은 배양에서 재조합으로 만들어진 EPO는 urinary EPO에 비해 새로운 물건이기 때문에 해당 청구가 예견되지 않는다고 판단하였다.

Amgen Inc. v. F. HOFFMANN-LA ROCHE LTD, et al.

U.S. Court of Appeals, Federal Circuit (2009)

청구항 1 ('422 특허) (강조 표시 추가)

치료적으로 효과적인 양의 인간 에리스로포이에틴과 제약적으로 허용되는 희석제, 보조제, 또는 운반체를 포함하는 제약적 조성물로서, 상기 에리스로포이에틴은 *배양에서 키워진 포유류 세포로부터 정제된 것*.

Claim 1 (U.S. Patent No. 5,955,422)

A pharmaceutical composition comprising a therapeutically effective amount of human erythropoietin and a pharmaceutically acceptable diluent, adjuvant or carrier, wherein said erythropoietin is *purified from mammalian cells grown in culture.*

청구항 3, 7, 8 ('933 특허) (강조 표시 추가)

3. 인간 에리트로포이에틴을 암호화하는 DNA 서열을 포함하는 *외인성 DNA 서열이 포유류 숙주 세포에서 발현된* 비자연적으로 발생하는 당단백질 *생성물로서*, 생체내에서 골수 세포의 망상 적혈구 및 적혈구 생산을 증가시키는 생물학적 특성을 갖는 경우.

7. 제3항, 제4항, 제5항 또는 제6항에 따른 당단백질 생성물로서, 숙주 세포가 비인간 포유류 세포인 경우.

8. 청구항 7에 따른 당단백질 생성물로서, 여기서 상기 비인간 포유류 세포는 CHO 세포인 경우.

산하지만 태아의 경우 간이 주요 생산 부위이다. 비장, 간, 골수, 폐 및 뇌에서도 소량으로 EPO 생산이 이루어진다.

Claims (U.S. Patent No. 5,547,933)

3. A non-naturally occurring glycoprotein *product of the expression in a mammalian host cell of an exogenous DNA sequence* comprising a DNA sequence encoding human erythropoietin said product possessing the in vivo biological property of causing bone marrow cells to increase production of reticulocytes and red blood cells.

7. The glycoprotein product according to claims 3, 4, 5 or 6 wherein the host cell is a non-human mammalian cell.

8. The glycoprotein product according to claim 7 wherein the nonhuman mammalian cell is a CHO cell.

법원의 판결 이유

제법한정 물건 청구항은 청구항의 공정적 한정사항을 준수하지 않는 선행 기술 제품에 의해 예견될 수 있다. 그러나 제법한정 물건 청구항의 침해를 판단할 때는 제품 자체 만큼이나 제품을 만드는 과정에 중점을 둔다. *Abbott Labs v. Sandoz, Inc.*, … (Fed. Cir. 2009) 참조. 즉, "제법한정 물건 청구항의 공정 용어들 혹은 조건들(process terms)은 침해를 판단하는 데 한정사항으로 역할을 한다." *Id.* (따옴표 생략). 결과적으로, 제법한정 물건 청구항은 청구항에 기재된 공정이 아닌 다른 공정으로 제조된 제품에 의해 침해되지 않는다. *Id.*

이러한 다양한 분석들의 영향은 상당하다. 제법한정 물건 청구항의 경우, 이전에는 예견할 수 있는 청구항이 나중에 반드시 침해하진 않는다. 선행 기술에서 다른 공정으로 제조된 제품은 제법한정 물건 청구항을 예견할 수 있지만, 다른 공정으로 제조된 피소 제품은 제법한정 물건 청구항을 침해할 수 없기 때문이다. 마찬가지로, 나중에 침해하는 것을 반드시 이전에 예견할 수 있는 것은 아니다. 이는 피소된 제품이 청구항의 각 한정사항을 충족할 수 있지만 청구된 발명을 선행기술과 구별할 수 있는 공정 한정사항에 의해 부여된 특징을 갖지 않을 수 있기 때문이다.

*** 우리가 해결해야 할 문제는 … 재조합 기술에 의한 EPO 생산이 새로운 제품을 만들어냈기 때문에 청구항 1이 골드바서 박사의 urinary EPO[인용된 선행 기술]에 의해 예상되지 않았는지 여부이다. 다시 말해, "배양에서 키워진 포유류 세포로부터 정제된(purified from mammalian cells grown in culture)"이라는 출처 제한이 재조합 EPO와 골드바서 박사의 urinary EPO를 구별하는가? … 1심법원이 암젠에 유리하게 법적판결(judgment as a matter of law, JMOL)을 승인한 데에는 아무런 오류가 없다고 생각한다.[xxxii] 1심법원은 '422 특허의 명세서와 출원력(prosecution history)을 가지고 있었으며, 두 가지 모두 재조합 EPO가 탄수화물 구성의 차이로 인해uninary EPO보다 분자량이 높고 전하가 다르다는 연구를 언급하고 있었다. … 출원력에는 탄수화물 함량에 따라 재조합 EPO를 urinary EPO와 구별할 수 있다는 암젠의 전문가인 리처드 커밍스(Richard D. Cummings) 박사의 진술도 포함되어 있었다. 재판에서 암젠의 전문가인 바르키 박사는 재조합 EPO와 urinary EPO의 탄수화물 구성의 차이에 대해 자세히 증언했다. 이러한 증거, 특허 유효성 추정, 로슈의 명백하고 확실한 증거에 의한 증명책임(burden of clear and convincing evidence)에 근거하여, 본 법원은 합리적인 배심원이라면 "배양에서 성장한 포유류 세포로부터 정제된" EPO가 그 출처를 참조하여 청구된 신제품이라고 결론을 내릴 수 밖에 없었다고 결정을 내린 법원은 잘못하지 않았다고 결론을 내린다. 따라서, 본 법원은 1심법원이 암젠에 대해 '422 특허의 청구항 1에 대한 예견이 없었다고 법적판결을 한 것을 재확인한다.

The Medicines Co., v. Hospira (Fed. Cir. 2016).[28] 첫째, 미국 연방순회항소법원은 제조 서비스 계약이 "법정 판매금지 요건 (on sale bar)"에 해당하는지 여부를 평가하고, 벤 베뉴 랩스(Ben Venue Labs)가 발명자의 특허양수인 혹은 특허소유권자인 메드코(MedCo)와의 판매 계약에 따라 항응고 펩타이드 비발리루딘(bivalirudin)을 생산하기 위해 그러한 제조 서비스를 제공하고, 소유자가 제품을 받을 준비가 될 때까지 비발리루딘을 비축하는 것은 (미국 개정 특허법 이전 법에 따라) 비발리루딘에 대한 특허소유권자의 청구를 무효화하는 "상업적 판매(commercial sale)"에 해당되지 않는다고 판단했다. 둘째, 신규성에 관해서 미국 연방순회항소법원은 문제가 된 제법한정 물건 청구를 물건 청구로 해석하고, 앞서 결정한 "법정 판매금지 요건"에 저촉되지 않는다는 점을 근거로 해당 청구를 무효화하지 않는다고 판단하였다.

THE MEDICINES COMPANY, v. HOSPIRA, INC.

U.S. Court of Appeals, Federal Circuit (2016)

청구항 1 ('343 특허):

항응고제를 필요로 하는 대상에 항응고제로 사용하기 위해 비발리루딘(SEQ ID

28) 827 F.3d 1363 (Fed. Cir. 2016)

NO 1) 및 제약적으로 허용되는 운반체를 포함하는 의약품의 제약적 배치들(batches)로, 상기 배치들은 다음을 포함하는 화합물 공정에 의해 준비됨.
(i) 비발리루딘을 용매에 녹여 첫 번째 용액을 형성하는 단계;
(ii) pH 조절 용액을 첫 번째 용액과 효율적으로 혼합하여 두 번째 용액을 형성하는 단계; 여기서, pH 조절 용액은 pH 조절 용액의 용매를 포함함; 그리고
(iii) 두 번째 용액에서 용매 및 pH 조절 용액의 용매를 제거하는 단계;
상기 배치들은 염기에 의해 조정된 pH를 갖는데, 이 pH는 주사용 수용액에서 재구성될 때 약 5 내지 6이고, 또한 상기 배치들은Asp^{9}－비발리루딘의 최대 불순물 수준이 HPLC로 측정하여 약 0.6%를 초과하지 않음.[xxxiii]

Claims (20) (U.S. Patent No. 7,598,343 Pharmaceutical formulations of bivalirudin and processes of making the same)

Pharmaceutical batches of a drug product comprising bivalirudin (SEQ ID NO: 1) and a pharmaceutically acceptable carrier, for use as an anticoagulant in a subject in need thereof, said batches prepared by a compounding process comprising
(i) dissolving bivalirudin in a solvent to form a first solution
(ii) efficiently mixing a pH－adjusting solution with the first solution to form a second solution, wherein the pH adjusting solution comprises a pH adjusting solution solvent; and
(iii) removing the solvent and pH－adjusting solution solvent from the second solution;
wherein the batches have a pH adjusted by a base, said pH is about 5－6 when reconstituted in an aqueous solution for injection, and wherein the batches have a maximum impurity level of Asp^{9}－ bivalirudin that does not exceed about 0.6% as measured by HPLC.

법원의 판결 이유

[Pfaff v. Wells Electronics (Sup. Ct. 1998)에서[29])] … 대법원은 "불필요하게 모호하다는(unnecessarily vague)" 비판을 받았던 [이전의] "상황의 총체성(totality of circumstances)" 기준을 두 가지 기준으로 대체했다 … *Pfaff*사건에서 [미국 개정 특허법 이전] 35 U.S.C.. § 102(b)에 따른 판매금지 요건은 임계일[xxxiv] 이전에 청구

29) 525 U.S. 55 (1998)

된 발명이 (1) 상업적 판매 제안의 대상이었고, (2) 특허를 받을 준비가 된 경우에 적용된다고 명확히 했다. … *Pfaff* 사건 자체는 새로 명시된 테스트의 두 번째 요건인 특허를 받을 준비가 된 것에 초점을 맞추었다. … "특허를 받을 준비가 된(ready for patenting)" 요건은 다음과 같이 적어도 두 가지 방법으로 충족될 수 있다고 판시했다. (1) 발명의 구체화에 대한 증거 혹은 증명, 또는 (2) 당업계의 통상의 기술자가 발명을 용이하게 실시할 수 있을 정도로 충분히 특정화된 도면 또는 기타 설명들 … 그러나 특허를 무효화하는 "상업적 판매 제안(commercial offer for sale)"을 구성하는 두 가지 테스트 중 첫 번째 항목에 대해서는 거의 언급하지 않았다. 법원은 "[발명가는] 발명의 첫번째 상업적 마케팅의 적기를 이해하고 통제할 수 있다 ([a]n inventor can both understand and control the timing of the first commercial marketing of his invention[.])"고 강조했다.

*** 이 경우, 주장된 모든 청구항은 물건들에 적용된다. '343 특허의 주장된 청구항은 "… 청구된 단계들을 포함하는 화합물 공정에 의해 제조된 … 제약적 배치들"에 관한 것이다… 특허 유효성을 위해, [그러한] 제법한정 물건 청구항에서 "발명"은 물건이다. *Amgen Inc. v. F. Hoffman–La Roche Ltd.* (Fed. Cir. 2009) ("제법한정 물건 청구항의 유효성을 판단할 때, 그 초점은 물건을 만드는 과정이 아니라 물건에 있다."). [기타 인용 생략].

*** 이 법원의 원래 패널이 명시했듯이 "벤 베뉴(Ben Venue)는 제조 서비스에 대한 판매 대금을 청구하였고, 제약적 배치들에 대한 권원(title)은 변경되지 않았다는 1심법원의 판단은 옳다." … 따라서 § 102(b)의 일반적인 텍스트에 따른 "발명품"의 판매는 없었다. 소유권 이전이 없었다는 것은 벤 베뉴의 제조 서비스만 판매되었다는 것을 더욱 강조한다. 벤 베뉴는 소유권이 없었기 때문에 청구된 제품을 자유롭게 사용하거나 판매할 수 없고, 메드코(MedCo) 이외의 다른 사람에게 특허 제품을 전달할 수도 없으며, 그렇게 하지도 않았다.

*** [그리고] … 제조 서비스 구매자가 특허 발명을 단순히 비축하는 것은 § 102(b)에 따른 '상업적 판매'에 해당하지 않는다. 발명의 실제 판매 또는 판매 제안이 수반되지 않는 경우, 비축 또는 재고 구축은 향후 판매에 대비한 단순한 사전 상업적 활동에 불과하다. 이는 비축된 재료가 어떻게 포장되었는지에 관계없이 해당된다. 판매금지 요건은 잠재적 또는 최종적 마케팅을 위한 준비가 아니라 발명의 실제 상업적 마케팅에 의해 촉발된다.

*** 법원은 오늘 실시태양(embodiment)에 대한 소유권이나 판매할 권리가 공급업체에게 이전되지 않은 제조 서비스를 계약 제조업체가 발명자에게 판매하는 것은 § 102(b)에 따른 특허권을 무효화하는 판매에 해당하지 않는다고 판결한다.

Biogen MA Inc. v. EMD Serono, Inc., et al (Fed. Cir. 2020).[30] 이 사건의 청구항은 재조합 생산에 의해 만들어진 인간 인터페론 베타를 이용한 질병 치료 방법, 즉 제법한정 물건을 이용한 치료 방법에 대한 것이다. 재조합 제조 방법이 제품에 새로운 정체성을 부여한다는 증거가 없는 경우, 미국 연방순회항소법원은 이러한 청구항이 천연 인간 폴리펩타이드를 사용하여 동일한 질병을 치료하는 방법에 비해 신규성이 없다는 것을 확인하였다.

BIOGEN MA INC. v. EMD SERONO, INC., et al

U.S. Court of Appeals, Federal Circuit (2020)

청구항 1 ('755 특허) (강조 표시 추가)

바이러스성 신체 상태(viral condition)[ ], 바이러스성 질환, 암 또는 종양을 *면역조절(immunomodulation) 하거나 치료하는 방법으로,* 이러한 치료가 필요한 환자에게 치료적으로 효과적인 양의 조성물을 투여하는 단계를 포함함. 여기서 조성물은 다음과 같이 구성된 그룹에서 선택된 DNA 서열을 포함하는 재조합 DNA 분자에 의해 *변형된(transformed) 비인간 숙주에 의해 생산된* 재조합 폴리펩타이드[재조합 인간 인터페론 베타, [*rHuIFN-β*]*로 지칭됨*]를 포함함.

(a) 68°C에서 0.75M NaCl의 혼성화(hybridization) 조건 및 68°C에서 0.3M NaCl의 세척 조건에서 G-pBR322(Pst)/HFIF1, G-pBR322(Pst)/ HFIF3(DSM 1791), G-pBR322(Pst)/HFIF6(DSM 1792) 및 GpBR322(Pst)/ HFIF7(DSM 1793)의 DNA 삽입단편(DNA insert)에 교잡 혹은 혼성화(hybridization)될 수 있고, 항바이러스 활성을 나타내는 폴리펩타이드를 암호화하는 DNA 서열들, 그리고

(b) (a)에서 정의된 DNA 서열들에 대한 유전자 암호화의 결과물인 축퇴된 (degenerate[xxxv]) DNA 서열들.

상기 DNA 서열은 재조합 DNA 분자의 발현 제어 서열에 작동적으로 연결됨.

Claims (3) (U.S. Patent No. 7588755)

1. *A method for immunomodulation or treating a viral condition*[ ], a viral disease, cancers or tumors comprising the step of administering to a patient in need of such treatment a therapeutically effective amount of a composition comprising:

30) 976 F.3d 1326 (Fed. Cir. 2020)

a recombinant polypeptide [referred to as recombinant human interferon beta, [*rHuIFN-β*] *produced by a non-human host transformed by a recombinant DNA* molecule comprising a DNA sequence selected from the group consisting of:

(a) DNA sequences which are capable of hybridizing to any of the DNA inserts of G-pBR322(Pst)/HFIF1, G-pBR322(Pst) / HFIF3 (DSM 1791), G-pBR322(Pst)/HFIF6 (DSM 1792), and GpBR322(Pst)/HFIF7 (DSM 1793) under hybridizing conditions of 0.75 M NaCl at 68° C. and washing conditions of 0.3 M NaCl at 68° C., and which code for a polypeptide displaying antiviral activity, and

(b) DNA sequences which are degenerate as a result of the genetic code to the DNA sequences defined in (a);

said DNA sequence being operatively linked to an expression control sequence in the recombinant DNA molecule.

법원의 판결 이유

A. 폴리펩타이드의 재조합 공급원

*** 1심법원이 재조합 및 천연의 IFN-β의 동일성을 고려하지 않은 것은 "오래된 물건이 새로운 공정으로 만들어졌다고 해도 특허를 받을 수 없다(a old product is not patentable even if it is made by a new process)"는 오랜 원칙에 위배된다. *Amgen Inc. v. Hoffman-La Roche Ltd.* (*Fed. Cir. 2009*). 31)

*** 이 사건에서 문제가 되는 청구항에 설명된 조성물의 기원 또는 출처의 특성은 관련된 모든 측면에서 *암젠* 사건에서 고려된 것과 동일하다. *암젠*에서와 마찬가지로, 물건 자체가 선행기술인 비재조합 물건과 동일하다면, 설명된 조성물의 재조합 기원만으로는 해당 조성물에 신규성을 부여할 수 없다. 청구된 폴리펩타이드가 "재조합"이고 "재조합 DNA 분자에 의해 변형된 비인간 숙주에 의해 생산"된다는 요건은 물건, 즉 "폴리펩타이드"가 형성되는 과정을 설명하는 것이다. 이는 추가적인 구조적 한정사항이 아니다.

*** 이 판례에서 문제가 되는 치료 방법 청구의 신규성에 대한 바이오젠의 유일한 근거는 투여되는 재조합 IFN-β 조성물의 신규성이다. 이 조성물은 제조 공정과

31) 580 F.3d 1340 (Fed. Cir. 2009)

관련하여 신규성이 주장된다. *암젠의* 요구대로 재조합 IFN-β *조성물의* 신규성을 판단하기 위해 그 구조를 네이티브 IFN-β의 구조와 비교해야 한다면, 해당 조성물을 사용한 투여 방법 청구항에 대해 그러한 분석을 양해해준 모든 이유를 무시하는 것이다. 이러한 규정은 재조합 조성물은 신규성이 없고, 투여 방법도 신규성이 없지만, 그 제조 과정에 의해 정의된 조성물의 투여 방법은 법적으로 신규성이 있다는 황당한 결과를 초래할 수 있다. 치료 방법 청구항 내에 제법한정 물건 한정사항이 중첩되어 있다고 해서 그 한정사항의 신규성이 평가되는 방식이 바뀌어야 할 논리적 이유는 없다. … 여기서의 분석과 유사하게, *Purdue Pharma L.P. v. Epic Pharma, LLC.* (Fed. Cir. 2016)[32]에서 법원은 비자명성을 분석할 때 출처 제한이 아닌 청구된 공정 및 선행 기술의 공정에 의한 물건들의 동일성에 초점을 맞추는 것이 적절하다고 판시했다. … 치료 방법 청구항 내에 제법한정 물건 한정사항을 중첩한다고 해서 제법한정 물건 한정사항 자체의 적절한 해석(construction)이 변경되지는 않는다.

B. 폴리펩타이드의 3차원적 구조

1심법원은 천연의 폴리펩타이드와 재조합 폴리펩타이드 각각의 접힌 3차원적 단백질들이 동일한 구조와 기능을 공유하는 경우에만 천연의 폴리펩타이드는 "재조합 폴리펩타이드"를 예견한다는 입장을 취했다. … 1심법원은 선행기술이 이러한 3차원적인 단백질을 개시하지 않고 천연의 폴리펩타이드만 보여주는 것으로 청구항에 기재된 "치료적으로 효과적인 양"으로 투여했을 때 "항바이러스 활성"을 반드시 나타내지는 않을 것이라고 판단했다. … 이것은 오류였다.

청구된 방법에서 투여되는 "물건"은 "폴리펩타이드"이다. … 위에서 언급한 바와 같이, 예견됨에 대한 핵심 질문은 천연의 "폴리펩타이드"가 설명된 재조합 공정에" 의해 생산된 (produced by)" "폴리펩타이드"와 동일한지 여부이다.

*** 항바이러스 활성을 주장하는 청구항에는 이러한 활성을 유발하는 특정 접힌 3차원 구조가 언급되어 있지 않다. 아미노산 서열만으로는 항바이러스 활성을 일으킬 수 없다는 것은 분명하지만, 단백질의 모든 선형 서열이 *어떤* 3차원적인 구조로 접힐 것이라는 것 또한 분명하다. 청구된 항바이러스 활성은 청구된 재조합 "폴리펩타이드"와 동일한 선형 아미노산 서열을 가진 어느 3차원 단백질의 투여로 부터 발생할 수 있다.

[**판결요지:** rHuIFN-β를 이용한 치료 방법은 천연의 인간IFN-β를 이용한 선행기

32) 811 F.3d 1345, 1353 (Fed. Cir. 2016)

술의 치료 방법에 의해 예견된다].

§ 9:9 저자 의견: 신규성 판단 목적의 제법한정 물건 청구항에 대한 해석

Amgen Inc. v. Hoffman La-Roche (Fed. Cir. 2009)[33]에서 볼 수 있듯이, 제법한정 물건 청구항의 공정에서의 한정사항이 단지 제품 제조 방법만을 나타내는 경우 신규성을 위해 무시될 수 있지만, 이 판례는 ("포유류 세포로부터 정제된") 공정에서의 한정사항에 구조적 의미도 포함되어 있는 경우 이를 무시할 수 없으며 청구항의 신규성을 판단할 때 고려해야 한다는 것을 보여준다. 이와는 대조적으로, *Biogen MA v Serono (Fed. Cir. 2020)*[34]에서는 특허권자가 재조합 인터페론이 천연의 인터페론과 다른 구조적 의미를 가지고 있음을 입증하지 못하였다. 그 결과, 해당 청구항은 신규성 부족으로 무효화되었다.

2018년 판결된 ***In re Nordt Development Co.*** (Fed. Cir 2018)[35]에서는 이 규칙("사출 성형(injection molded)"은 구조를 함축함)을 재확인하고 이를 뒷받침하는 판례 목록을 인용하면서 각 판례에서 한정사항(limitation)이 함축하는 구조를 구체적으로 인용했다. ***In re Garnero*** (CCPA 1969),[36] ("상호 융합에 의해 서로 결합됨(interbonded one to another by interfusion)"); ***Hazani v. U.S. ITC*** (Fed. Cir. 1997)[37] ("화학적으로 새겨진 (chemically engraved)"); ***SmithKline Beecham Corp., v. Apotex Corp*** (Fed. Cir. 2006)[38] ("성형 플라스틱 (a molded plastic)").

Nordt 사건에서 미국 연방순회항소법원은 ***3M Innovative v. Avery Dennison*** (Fed. Cir. 2003)[39] (강조 표시 추가)를 인용하면서, 법에 따라 "*특허권자가 달리 입증하지 않는 한*, 물건의 구조적 특성 또는 제조 공정을 동등한 힘으로 내포할 수 있는 한정사항 문구는 일반적으로 그리고 기본적으로 구조적 의미로 해석된다"고 밝혔다(words of limitation that can connote with equal force a structural characteristic of the product or a process of manufacture are commonly and by default interpreted in their structural sense, unless the patentee has

33) 580 F.3d 1340 (Fed. Cir. 2009)
34) --F.3d--- (Fed. Cir. 2020) 2020 WL 5755468
35) 881 F.3d 1371 (Fed. Cir. 2018)
36) 412 F.2d 276(CCPA 1969)
37) 126 F.3d 1473 (Fed. Cir. 1997)
38) 439 F.3d 1312 (Fed. Cir. 2006)
39) 350 F.3d 1365 (Fed. Cir. 2003).

demonstrated otherwise[40]). *3M Innovative*에서 법원은 공정 한정사항이 구조를 함축한다는 추정이 있으며, 공정 한정사항이 제조 단계들일 뿐 그 이상은 아니라는 것을 입증할 책임은 특허권자에게 있다고 명시했다. *Nordt*와 *3M Innovative*의 이 진술들은 추가 분석이 필요하다.

첫째, 본 법원은 구조적 의미(structural connotation)가 구조적 구별성(structural distinctness)과 동일하지 않다는 점을 지적해야 한다. *Nordt* 및 *3M Innovative* 판결에서 구조적 함축성이 추정됨에도 불구하고, 특허 청구된 물건의 함축적 구조가 선행기술의 물건의 구조와 *구별된다는* 증거를 제시해야 하는 부담은 여전히 특허권자에게 남아 있다. 특허권자가 이러한 입증책임을 부담한 사례는 *Amgen v HLR* (Fed. Cir. 2009)이다("재조합" EPO는 선행 기술의 urinary EPO와 구조적으로 구별되므로 특허 청구가 예견되지 않음). 이와 대조적으로, *EMD Serono에서는* 특허권자가 재조합 인터페론이 천연 인터페론과 비교했을 때 구조가 다르다는 증거를 제시하지 못하여 신규성 부족으로 특허 청구항들을 상실했다. 요컨대, 제법한정 물건 신규성 분석 과정에서 입증책임부담의 이동에 관한 판례의 합리적인 해석은, 구조적 *함축성*(connotation) 추정에도 불구하고 특허권자가 함축된 구조가 선행기술의 구조와 *구별된다는* 증거를 제시해야 한다는 것이다.

둘째, *Nordt* 및 *3M Innovative*에서 법원의 판결을 살펴보면, 제법한정 물건 청구항을 평가할 때 공정 단계들은 제조 단계들일 뿐 그 이상은 아니라는 점을 입증할 책임은 특허 보유자에게 있다. 문제는 특허 보유자가 공정에서의 한정사항이 구조를 의미하는 것이 아니라 제조 단계에 불과하다는 것을 입증하는 것이 언제 유리한가 하는 점이다. 아래의 **§ 12:10 저자 의견: 소송에서 제법한정 물건 청구항의 해석**에서 분석한 바와 같이, 침해 여부를 판단할 때는 제법한정 물건 청구항의 공정 한정사항을 충분히 고려해야 한다는 점을 염두에 두는 것이 중요하다. 따라서 특허권자가 제법한정 물건 청구항의 침해를 입증하기 위해서는 침해 혐의자가 청구된 제조 단계들에 따라 물건을 생산하고 있어야 한다.

법원에서 선행 기술 도전을 방어하는 특허권자가 법원이 그의 제법한정 물건 청구항에 (지나치게) 구조 기반 한정사항들의 의미를 부여하는 것을 피하고 싶어하는 독특한 상황을 상상해 볼 수 있다. 이러한 상황은 침해 혐의자가 동일한 제조 단계를 사용하지만 다른 구조를 가진 물건을 상용화할 때 발생할 수 있다. 제법한정 물건 청구항이 제조 공정에 의해 구조적으로 제한된다는 점을 인정하지 않음으로써 해당 청구항이 침해자를 억누를 수 있다. 피소된 물건에 대한 동일한 제조 공정이 청구된 물건과 동일한 구조를 의미하지 않는 경우는 드문 경우일 수 있다. 그러나 *3M*

40) 881 F. 3d 1375.

Innovative에서 법원이 "그렇지 않다는 것을 입증하는 것은" 특허권자의 부담이라고 언급한 것은 바로 이러한 점을 고려한 것일 수 있다.

§ 9:10 중요하지 않은 한정사항들

In re Ngai (Fed. Cir. 2004).[41] 청구항은 지침들이 포함된 오래된 시약 키트에 대한 것이다. 그러나 지침들은 알려진 시약에 신규성을 제공하지 않는다. 방법은 특허를 받을 수 있지만 키트는 특허를 받을 수 없다.

IN RE JOHN NGAI

U. S. Court of Appeals, Federal Circuit (2004)

청구항 19

RNA 집단을 정규화하고 증폭하기 위한 키트임. 상기 키트는 [1] 청구항 1의 방법을 설명하는 지침들과 [2] 올리고 dT 바이오티닐화 프라이머, T7 RNA 중합효소, 어닐링 바이오티닐화 프라이머, 스트렙타비딘 비드, 폴리아데닐 전사인자, 역전사효소, RNase H, DNA *pol I*, 버퍼 및 뉴클레오타이드로 구성된 그룹에서 선택한 시약의 사전 측정된 부분을 포함함.

Claim 19 (U.S. Patent application No. 09/597,608)

A kit for normalizing and amplifying an RNA population, said kit comprising [1] instructions describing the method of claim 1 and [2] a premeasured portion of a reagent selected from the group consisting of: oligo dT biotinylated primer, T7 RNA polymerase, annealed biotinylated primers, streptavidin beads, polyadenyl transferase, reverse transcriptase, RNase H, DNA *pol I*, buffers and nucleotides.

법원의 판결 이유

[항소인은 굴락(Gulack) 사건을 기반으로 그의 주장을 뒷받침하고 있다 (Fed. Cir. 1983)[42]]. 그러나 이 사건은 굴락사건과는 다르다. 굴락에서는 인쇄물과 밴드

41) 367 F.3d 1336 (Fed. Cir. 2004)
42) 703 F.2d 1381 (Fed. Cir. 1983)

의 원형성이 상호 연관되어 "교육 및 오락용 수학" 목적에 유용한 새로운 물건을 생산했다. 이 사건에서는 알려진 키트에 새로운 지침 세트를 추가하여도 숫자들이 밴드와 상호 연관되는 것처럼 키트와 상호 연관되지 않는다. 굴락에서 인쇄물은 밴드없이 교육적 목적을 달성할 수 없고, 인쇄물이 없는 밴드도 마찬가지로 원하는 목적을 달성할 수 없다. 여기서는 인쇄물은 키트에 의존하지 않으며 키트도 인쇄물에 의존하지 않는다. 인쇄물은 단지 기존 제품에 대한 새로운 사용법을 알려줄 뿐이다. 굴락 법원은 "인쇄물이 기질과 기능적으로 관련이 없는 경우, 인쇄물은 본 발명을 특허성 측면에서 선행 기술과 차별되게 하지 않을 것"이라고 지적했다. … 우리가 응가이(Ngai)의 입장을 채택한다면, 누구든지 제품에 새로운 사용 설명서를 추가하기만 하면 제품에 대한 특허출원을 무한정 할 수 있다. 이는굴락 사건에서 상상하지 못한 상황이다. 응가이(Nagi)는 새로운 RNA 추출 방법의 발명에 대한 특허를 받을 자격이 있으며, 따라서 해당 발명에 대한 청구항은 적절하게 허용되었다. 그러나 응가이는 이미 알려진 제품에 그 제품사용 설명서 세트를 단순히 첨부함으로써 특허를 받을 수는 없다.

Enzo Biochem v. Gen-Probe (Fed. Cir. 2005).[43] 청구항 5는 청구항 1의 특정 반응성 디엔에이 탐침(DNA probe)들을 사용한 분석 방법에 관한 것이고, 청구항 4는 청구항 1을 보다 특정한 것이다. 위 탐침들 중 하나인 GC155는 출원하기 일 년 보다 더 이전에 청구된 용도로 판매되었다. GC 155반응성 탐침의 다른 용도는 없기 때문에, GC 155의 판매는 § 102(b) 에 따라 방법 청구항을 무효화한다.

ENZO BIOCHEM, INC. v. GEN-PROBE, INC

U.S. Court of Appeals, Federal Circuit (2005)

청구항 4 ('659 특허)

[적어도 하나의 뉴클레오티드 서열을 포함하는 *임질균에* 특이적인] 청구항 1의 조성물임. 여기서 상기 뉴클레오티드 서열들은 다음과 같이 구성된 그룹으로부터 선택됨.

a. ATCC 53409, ATCC 53410 및 ATCC 53411 [GC 155]의 *Neisseria gonorrhoeae* [원문] DNA 삽입단편 및 그 개별 뉴클레오티드 염기의 하부서열;

b. 상기 혼성화 비율 내에 있는 전술한 인서트들 중 어느 하나의 돌연변이된 개별

43) 424 F.3d 1276 (Fed. Cir. 2005)

뉴클레오티드 서열 및 그 하부서열; 그리고
c. 이들의 혼합물.

청구항 5 ('659 특허)

탐침이 샘플과 접촉하여 혼성화된 탐침의 양을 검출하는 폴리뉴클레오티드 탐침을 이용한 *임질균* 검출을 위한 핵산 혼성화 분석의 개선된 방법으로서, 검출 가능한 마커로 표지된 청구항 1의 한 조성물을 상기 핵산 탐침으로 활용한다.

Claims (6) (U.S. Patent No. 4,900,659)

4. The composition of claim 1 [specific for *Neisseria gonorrhoeae* [sic] comprising at least one nucleotide sequence] wherein said nucleotide sequences are selected from the group consisting of:
a. the *Neisseria gonorrhoeae* [sic] DNA insert of ATCC 53409, ATCC 53410 and ATCC 53411 [GC 155], and discrete nucleotide subsequences thereof,
b. mutated discrete nucleotide sequences of any of the foregoing inserts that are within said hybridization ratio and subsequences thereof; and
c. mixtures thereof.

5. In a nucleic acid hybridization assay for the detection of *Neisseria gonorrhoeae* utilizing a polynucleotide probe, wherein said probe is contacted with a sample and the amount of any hybridized probe is detected, the improvement which comprises utilizing as said nucleotide probe a composition of claim 1, wherein said composition is labeled with a detectable marker.

법원의 판결 이유

1982년 6월 Enzo와Cambridge Research Labs와 제휴된 Ortho Diagnostic Systems(ODS)은 연구 개발 공동 자금 지원 계약을 체결했다. … 중요한 것은 Enzo-ODS 계약의 2.14단락이 다음과 같이 규정하고 있다는 점이다.

> **2.14.** ENZO는 ODS에 공급하고, ODS는 라이선스 제품에 사용할 유효성분을ODS의 미국 요구량의 90% 이상 또는 ODS의 전세계 요구량의 75% 이상을 ENZO로부터 구매해야 한다….

Gen-Probe는 '659 특허의 모든 청구항이 Enzo와 ODS의 계약에 포함된 판매제안에 의해 35 U.S.C. § 102(b) 하의 법정 제한요건 중 판매금지조항을 위반했다고 주장하며 무효 약식 판결을 신청했다.

*** [단락] 2.14는 … 명백히 상업적 목적을 위하여ODS가 전세계 요구량을 공급하는 것과 특정적으로 관련되어 있다. 합리적인 시기와 가격으로 전세계 요구량을 공급하는 것은 분명히 상업적 공급을 의미하며, 해당 조항은 수락된 판매 제안에 해당한다. … 따라서 본 법원은 Enzo와 ODS 사이에 구속력 있는 계약이 형성되어 있었고, 그 결과인 특허 출원 1년 전보다 이전에 이루어진 상업적 판매 제안은 § 102(b) 판매금지 조항에 위배된다는 1심법원의 판단에 동의한다.

*** 계약서에 '659 특허나 GC155 탐침이나 ATCC 53411에 대한 명시적인 언급은 없었지만, 1심법원은 Gen-Probe가 해당 계약에 따른 의무에 따라 GC155를 선적했고, GC155가 특허의 유효성을 뒷받침하기 위해 특허에 인용된 ATCC 53411과 동일한 물질이며, 따라서 2.14 단락의 판매 제안은 '659특허의 실시 태양과 관련 있다고 결론지었다. … 본 법원은 1984년 12월에 Enzo가 ODS에 배송한 물질이 GC155인지 여부에 대하여 중대한 사실관계의 문제가 없다는 1심법원의 판단에 동의한다.

*** 실제적으로, 조성물들의 판매 제안은 조성물 청구항인 청구항 1과 2뿐만 아니라 동일한 탐침에 기반한 방법 청구항인 청구항 5와 6또한 무효화 한다. (본질적으로 선행 기술의 제조 물품이 사용될 환경에 배치될 때 발생될 일을 단순하게 정의한 방법 청구항은 해당 선행기술의 제조물품을 기반으로 예견됨에 따른 거절 결정을 지지할 수 있다고 판단한) *In re King* (Fed.Cir.1986)[[44]]을 일반적으로 참조하길 바란다.

Billups–Rothenberg v. ARUP (2011)[45] (신규성). 청구항은 HFE 유전자의 돌연변이를 검출하여 혈색소침착증(hemochromatosis)을 유전적으로 진단하는 방법에 관한 것이다. 이러한 돌연변이의 중요성에 대해서는 ("단지 다형성일 뿐(it is only a polymorphism)"이라는) 착오가 있었지만, 그 중 하나를 검출하는 것은 선행기술에 기재되어 있었다. 그리고 그 중요성에 대해서 어떤 착오가 있었다는 것은 중요하지 않다. 이 돌연변이와 그 진단적 용도의 상관관계는, 그 중요성에 대한 완전한 이해가 없거나 또는 오류의 가능성이 있음에도 불구하고, (당시 최첨단의) 기술 수준(state of the art)인 것이다.

44) 801 F.2d 1324 (Fed. Cir. 1986)
45) 642 F.3d 1031 (Fed. Cir. 2011)

BILLUPS-ROTHENBERG, INC. v. ARUP, INC.

U.S. Court of Appeals, Federal Circuit (2011)

청구항 1 ('425 특허)

포유류에서 철분 장애 또는 상기 장애 발병에 대한 유전적 민감성(susceptibility)을 진단하는 방법으로, 상기 포유류의 생물학적 샘플에서 HFE 핵산의 액손 2에 있는 돌연변이[S65C 돌연변이]의 존재여부를 결정하는 것을 포함함. 여기서 상기 돌연변이는 SEQ ID NO: 1의 뉴클레오티드 187에서 C → G 치환이 아니며, 상기 돌연변이의 존재는 상기 장애 또는 상기 장애 발병에 대한 유전적 민감성을 나타냄.

Claim (1) (U.S. Patent No. 6,355,425)

A method of diagnosing an iron disorder or a genetic susceptibility to developing said disorder in a mammal, comprising determining the presence of a mutation in exon 2 of an HFE nucleic acid in a biological sample from said mammal [the S65C mutation], wherein said mutation is not a C → G substitution at nucleotide 187 of SEQ ID NO: 1 and wherein the presence of said mutation is indicative of said disorder or a genetic susceptibility to developing said disorder.

법원의 판결 이유

[주요 선행 기술인] '130 특허는 혈색소침착증 진단에 있어 S65C 돌연변이의 유용성을 평가절하하고 있지만, 본 법원은 "본 발명을 개시한 후 참고 문헌이 이를 폄하한다고 해서, 그 참고 문헌이 덜 예견적인 것은 아니다 (a reference is no less anticipatory if, after disclosing the invention, the reference then disparages it)" 라고 판시한 바 있다. *Celeritas Techs* (Fed. Cir. 1998) [46)]. … '130 특허는, *Celeritas*의 선행 기술 참고 문헌과 마찬가지로, 혈색소침착증을 진단할 때 S65C 돌연변이를 사용하는 것을 개시하고 있지만, 해당 돌연변이가 "다형성변이일 수도 있다"는 관찰을 통해 해당 개시에 단서를 달았다. 두가지 경우 모두에서 선행기술은 개시된 발명 적용의 유용성에 의문을 제기했지만 그럼에도 불구하고 발명은 개시된 것이다.

*** '425 특허의 발명가들이 실험을 통해 처음에 의심했던 것보다 S65C 돌연변이의 진단적 유용성이 더 크다는 사실을 밝혀냈지만, S65C 돌연변이를 진단적 도구

46) 150 F.3d 1354, 1361 (Fed. Cir. 1998)

로서 사용하는 것은 이미 '130 특허에 의해 고려되고 있었다.

§9:11 저자 의견: 청구항의 중요하지 않은 한정사항들은 그 청구항의 신규성 결여를 극복하는 데 도움되지 않는다.

적절하게 해석된 청구항의 한정사항 모두가 청구항의 신규성 결여를 극복하는 데 충분한 것은 아니다. 예를 들어, 이상의 분석된 사례에서 *Crish*의 선행 기술에 있는 DNA 프로모터의 서열, 응가이의 키트를 위한 지침, *Enzo*의 판매 중인 DNA 탐침 사용법의 단계들, 또는 *Billups*의 진단의 확실성 ("… 상기 돌연변이의 존재는 상기 장애를 나타낸다 (the presence of said mutation is indicative of said disorder) …")은 중요하지 않으며, 신규성 결여를 극복하는 데 도움이 되지 않는다.

§9:12 생명공학 청구항에 신규성 요건 적용의 세 번째 단계: 선행 기술 적용

법원은 청구항을 해석하여 중요한 용어들의 의미를 결정한 후 (예: 청구항에 고유한 이행 용어, 중요하지 않은 한정사항, 공정상 한정사항 등이 포함되어 있는지 여부를 결정한 후), 적절하게 해석된 청구항과 관련하여 선행 기술을 평가한다. 이를 위해 다음 두 가지를 문의한다. *첫째*, 선행기술이 청구된 발명을 적절하게 기재하고 있는가 (즉, 임계일 이전에 대중이 발명을 보유하고 있었음을 보여주는가?) *둘째*, 그 선행기술이 실시가능한 (enabled) 것이었는가? 실시가능성 문제는 아래 § 9:14에서 분석되고, 여기서는 선행기술의 발명의 기재(written description)요건에 대해 설명한다. 발명의 기재요건 충족에 대한 문의는 특히 예견성(anticipation)의 맥락에서 중요한데, 청구항의 모든 요소가 각각 단일 인용문헌에서 "동일하게 개시 또는 기재될(identically disclosed or described)" 때만 예견성이 입증된다는 것이 잘 알려져 있다.

§9:13 저자 의견: 선행기술이 청구된 발명을 충분히 설명하는가?

유효성에 이의가 제기된 바이오 혹은 제약 청구항의 범위에 따라, 예견성 분석에서 일반적으로, 1) 청구항이 속(genus) 혹은 상위개념과 관련된 경우와, 2) 청구항이

종(species) 혹은 하위개념과 관련된 두 가지 범주가 발생한다.

1. *속(genus) 혹은 상위개념에 대한 청구항.* 이의가 제기된 청구항이 분자 또는 조성물의 속(屬)에 대한 것인 경우, (선행 기술의 단일 항목 내) 그 속에 속하는 실시가능하고 충분히 기재된 종이 하나 존재하는 것 만으로 그 속은 예견될 수 있다. 예를 들어, *Titanium Metals v. Banner* (Fed. Cir. 1985)[47] 참조 ("범위의 나열 또는 기타 방법으로 한 청구항이 몇가지 구성들을 포함하는 경우, 그 중 *한 구성이* 선행 기술에 있으면 그 청구항은 '예견'된다는 것은 특허법의 기본 원칙이기도 하다(It is also an elementary principle of patent law that when, as by a recitation of ranges or otherwise, a claim covers several compositions, the claim is 'anticipated' if *one* of them is in the prior art").
2. *종(species) 혹은 하위개념에 대한 청구항.* 유효성에 이의가 제기된 청구항이 종, 즉 개별적인 분자 또는 조성에 대한 것인 경우, 미국 연방순회항소법원은, 2A) 단일 선행 기술 인용문헌이 하나의 목록을 기재하는 경우와, 2B) 단일 선행 기술 인용문헌이 속(genus) 혹은 상위개념을 기재하는 경우 두 가지로 상황을 구분하였다. 즉, 예견성 여부를 분석할 때 판례법에서는 목록과 속 혹은 상위개념을 종종 다르게 취급하였다. *In re Gleave* (Fed. Cir. 2009)[48] 법원은 ('[한 화합물]이 긴 목록 내 특별한 강조 없이 나타났기 때문에 예견될 수 없다는 개념'을 거부한) *Perricone v. Medicis Pharm. Corp.* (Fed. Cir. 2005)[49] 판결과, ('선행 기술에서 속이 개시되었다고 해서 반드시 그 속을 구성하는 모든 종이 개시되는 것은 아니라는 것이 잘 알려져 있다.'고 밝힌) *Atofina v. Great Lakes Chem.* (Fed. Cir. 2006)[50] 판결을 비교하라고 하였다.

2A) 선행기술 목록. 범주 2A)에 따라, 청구된 종 이름들을 밝히는 긴 목록이라 할지라도 그 목록에 기재된 종이 달리 실시 가능하다면, 그리고 그 목록이 다양한 종에 대한 유용성을 포함하지 않더라도 (사용 방법이 아닌 분자 또는 조성물에 대한 청구인 경우에는) 그 목록은 청구항을 예견할 수 있다. *In re Gleave* (Fed. Cir. 2009) 참조.[51]

(2B의 상황의 경우) 속 혹은 상위개념 선행 기술과 관련하여, 다음과 같이 법원은 추가로 세 가지 상황을 구분했다. 2B i) 선행발명의 속 혹은 상위개념이 한정된 경

47) 778 F.2d 775 (Fed. Cir. 1985)
48) 560 F.3d 1331 (Fed. Cir. 2009)
49) 432 F.3d 1368, 1376 (Fed.Cir.2005)
50) 441 F.3d 991, 999 (Fed.Cir.2006)
51) 560 F.3d 1331 (Fed. Cir. 2009)

우, 2B ii) 속이 크지만 블레이즈 마크(blaze marks)를 포함하는 경우, 그리고 2B iii) 속이 크지만 블레이즈 마크가 없는 경우이다.

2B I) 선행기술 속이 한정된 경우. 선행기술 속에 속하는 화합물의 종류가 매우 제한적이어서 당업자가 "이 제한된 종류의 각 구성원을 한 번에 *상상할(envisage)* 수 있는" 경우 속과 목록의 구분은 무너진다. *Eli Lilly v. Zenith Goldline* (Fed. Cir. 2006)[52] (강조 표시 추가). 이러한 제한적인 상황에서는, 작은 속을 설명하는 참고문헌은 그 속 내의 모든 종을 예견할 수 있다.

2B ii) 블레이즈 마크가 있는 선행 기술 속. 종(species) 혹은 하위개념을 명확하게 명명하지는 않지만 이를 포괄하는 광범위한 속을 보여주는 선행 기술의 한 항목으로 종(species) 청구항에 이의를 제기하는 경우, 미국 연방순회항소법원은 광범위하게 작성된 명세서의 좁은 청구항에 대한 기재요건에 관해 *In re Ruschig* (C.C.P.A., 1967)[53]에서 사용한 블레이즈 마크 분석을 따랐다. 기재요건 분석에서 블레이즈 마크의 필요성에 대해서는 § 6:4 **저자 의견**을 참조. 법원이 선행 기술 분석에서 이러한 블레이즈 마크를 사용한 예에 대해서는 ***In re Arkley*** (1972)[54]를 참조.

> 따라서, [예견성으로 인한] 거절 [ ]이 적절하기 위해서는, [단일 선행기술인] Flynn 플린 인용문헌이 청구된 화합물을 명확하고 분명하게 개시하거나, 서로 직접 관련이 없는 다양한 개시를 취사선택 및 조합할 필요 없이 인용문헌의 가르침으로 당업자를 그 화합물로 이끌어야 한다. 이와 같이 고르고 선택하는 것은, 출원인이 선행기술과 청구하는 대상의 유사성으로부터 발생할 수 있는 자명성의 추론을 객관적인 증거로 반박할 수 있는 기회가 제공돼야 하는 자명성 거절 심사에서는 전적으로 적절할 수 있지만, 예견성 거절 심사에서는 적절하지 않다.[55]

2B iii) 블레이즈 마크가 없는 선행 기술 속. 단일 선행 기술 인용문헌에 개시된 속이 청구된 종(species) 또는 더 좁은 아속(subgenus)으로 POSA를 유도하는 블레이즈 마크를 보여주지 않는 경우, 선행 기술의 속은 기껏해야 35 USCA § 103에 따른 자명성에 대한 일응의 유리한 사건 (*prima facie case*)을 제기할 수 있을 뿐이다. 그 예외는 선행 기술이 실제로 청구된 종과 다른 것을 가르치는 경우로서, 이 경우에서는 자명성에 대한 일응의 유리한 사건은 성립되지 않는다. *Golderma Labs v. Tolmar, Inc.* (Fed. Cir. 2013)[56] 및 *In re Baird et al.* (Fed. Cir. 1994)[57] ("수백

52) 471 F.3d 1369 (Fed. Cir. 2006)
53) 379 F.2d 990 (C.C.P.A 1967)
54) 455 F.2d 586 (C.C.P.A. 1972)
55) 587쪽.

만 개의 화합물에 대한 개시가 세 가지 화합물에 대한 청구항을 자명하게 만들지 않는다. 그 개시가 청구된 화합물들에서 *벗어나는* 선호도를 나타내는 경우해당 개시는 청구된 화합물에서 벗어나는 선호도를 나타내는 경우에는 특히 그러하다.") 이하 § 10:6의 자명성 분석을 위한 체크리스트 – 청구항은 일견 자명성을 보이는가?를 참조.

다음 판례인 ***Genentech, Inc. v. Hospira, Inc.*** (Fed. Cir. 2020)[58]는 청구 범위와 부분적으로 겹치는 선행 기술의 한 범위에 대한 기재요건이라는 독특한 문제를 다루고 있다. 이러한 상황에서는 청구된 범위가 예견된다는 반박가능한 추정이 이루어지게 되므로, 출원인 또는 특허권 보유자가 그렇지 않다는 것을 증명해야 한다.

Genentech, Inc. v. Hospira, Inc. (Fed. Cir. 2020).[59] 미국 연방순회항소법원은 중복되는 범위(예: 실온, 즉 "섭씨 18도에서 25도")를 개시하는 선행 기술 인용문헌은 더 낮은 온도 범위(예: "섭씨 10도에서 18도") 청구항에 대한 일응의 예견성이 있으며, 제넨택이 청구 범위의 중요성을 입증하지 못했기 때문에 그 청구는 예견된다고 판시했다.

GENENTECH INC. v. HOSPIRA INC.

Court of Appeals, Federal Circuit (2020)

청구항 1 ('799특허, 원문에서 강조)

C_H2/C_H3 영역[xxxvi]을 포함하는 단백질을 정제하는 방법으로 상기 단백질을 포함하는 조성물을 약 10°C 내지 약 18°C 범위의 온도에서 단백질 A 친화성 크로마토그래피를 거치게 하는 것을 포함함.

Claim 1 (U.S. Patent No. 7,807,799)

A method of purifying a protein which comprises C_H2/C_H3 region, comprising subjecting a composition comprising said protein to protein A affinity chromatography at a temperature in the range from about 10°C to about 18°C.

56) 737 F.3d 731 (Fed. Cir. 2013)

57) 16 F. 3d 380 (Fed. Cir.1994)

58) 2020 WL 111268, *slip. op.* 2018–1933 (Fed. Cir. 2020)

59) 2020 WL 111268, *slip. op.* 2018–1933 (Fed. Cir. 2020)

법원의 판결 이유

*** [선행 기술 인용문헌] WO '389에 개시된 온도 범위인 "섭씨 18도에서 25도"는 "약 섭씨 18도"의 해석과 관계없이 "약 섭씨 10도에서 18도"의 청구 범위와 겹친다.

*** 청구 범위와 중복되지만 다른 범위를 개시하는 선행 기술 인용문헌은 선행 기술 범위가 청구 범위와 부분적으로 또는 약간만 겹치는 경우에도 예견성이 인정될 수 있다. *Ineos USA LLC vs. Berry Plastics Corp.*, [60)] … 특허 도전자가 중복되는 범위를 통해 예견성을 입증하면, "법원은 반드시 특허권자가 청구한 범위가 청구한 발명의 작동성(operability)에 중요하다는 사실을 입증했는지 평가해야 한다." [*Atofina v. Great Lakes Chemical Corp.* (Fed. Cir. 2006)[61] 사건에서 다음과 같이 **선행 기술 범위에 의한 청구 범위의 예견성에 관한 좋은 설명을** 찾을 수 있다. "선행기술이 특정 지점이 아닌 자체 범위를 개시하는 경우, 선행기술이 청구 범위를 충분히 구체적으로 설명하여 합리적인 사실확인자라면 발명이 그 범위에서 작동하는 방식에 합리적인 차이가 없다고 결론을 내릴 수 있는 경우에만 선행기술이 예상가능하다고 간주한다."("If the prior art discloses its own range, rather than a specific point, then the prior art is only anticipatory if it describes the claimed range with sufficient specificity such that a reasonable fact finder could conclude that there is no reasonable difference in how the invention operates over the ranges.")]

*** 여기서 미국 특허심판원은 제넨텍이 청구한 온도 범위인 "약 섭씨 10도에서 18도"가 단백질 A 크로마토그래피를 수행하는 데 중요하다는 것을 입증하지 못했다고 판단했다. 제넨텍은 임계성(criticality)에 대한 미국 특허심판원의 판단에 이의를 제기하지 않았고, 따라서 청구된 온도 범위가 WO '389의 개시된 온도 범위와 다른 실행 결과를 달성할지 여부는 항소심에서 쟁점이 되지 않는다.

§9:14 생명공학 청구항에 신규성 요건 적용의 네 번째 단계: 선행 기술 실시 가능 여부 판단 – 식물 특허법 사례들

<u>In re Le Grice</u> (CCPA 1962).[62] 이것은 35 U.S.C.A. § 161에 따른 특허 출원이다.[63] 법원은 장미 사진이 청구된 장미의 실시를 가능하게 하지 않으므로 청구

60) 783 F.3d 865 (Fed. Cir. 2015)
61) 441 F.3d 991 (Fed. Cir. 2006)
62) 301 F.2d 929(CCPA 1962)

항의 신규성을 무효화하지 않는다고 판시했다.

APPLICATION OF EDWARD BURTON LE GRICE

U.S. Court of Customs and Patent Appeals (1962)

청구항 1

다음과 같은 특징들의 조합을 특징으로 하는 새롭고 독특한 종류의 플로리분다(Floribunda) 장미 식물임.

(a) 상당히 연속적 기반위에 매력적인 단일 주홍색 붉은 꽃들을 풍성하게 형성하고,

(b) 덤불 같은 성장 습관을 보이고,

(c) 매력적인 매우 조밀한 반 광택 식물을 형성하고, 그리고

(d) 특히 조경에서 관상용으로 키우기에 적합함.

여기에 보여지고 기재된 바와 실질적으로 동일함.

Claim 1

A new and distinct variety of Floribunda rose plant characterized by the following combination of characteristics:

(a) forms in abundance attractive single scarlet red blossoms on a substantially continuous basis,

(b) exhibits a bushy growth habit,

(c) forms attractive very dense semi-glossy vegetation, and

(d) is particularly well suited for growing as ornamentation in the landscape; substantially as herein shown and described.

63) 35 U.S.C. § 161 (1954)

관련 기술64)

플로리분다 로즈 (***Floribunda*** Rose)

법원의 판결 이유

수많은 다양한 특성으로 인해 동일한 계보(parentage) 품종이라 할지라도 두 가지 [장미] 품종이 완전히 같을 수는 없다. 플로렌스 코츠(Florence Coates)가 "대지의 시 (The Poetry of Earth)"에서 다음과 같이 적절하게 말한 바 있다.

"아름다움을 위한 공간은 언제나 존재한다: 기억
무수히 많은 아름다운 꽃들이 둘러싼다
그러나 거기에 무엇이 있었든지 여전히 있는 것은
다른 장미를 위한 공간이다"

*** 본 법원은 … 새로운 식물 품종에 대한 인쇄된 간행물에 있는 기재는, 35 U.S.C. § 102(b)에 따라 법정 제한요건으로 사용되기 이전에, 인쇄된 간행물에 있는 기재가 비식물 특허 사례에서 제한요건이 되기 전에 충족해야 하는 기준과 동일한 기준을 충족해야 한다고 판시하였다. 35 U.S.C. § 161에는 "인쇄된 간행물에 기재된" 이란 절의 해석에 대한 어떠한 제한도 포함되어 있지 않으며, 의회 또한 "달리 제공"하지 않았다. 이러한 점을 고려할 때, 이 판례에서 문제가 된 인쇄 간행물에 기재된 설명은, 이 규정이 수많은 사례에서 해석되어 온 것처럼, "실시를 가능하게 하는 (enabling)" 설명의 요건을 충족하지 않고 있다.

*** 식물에 대한 단순한 설명이 반드시 "실시를 가능하게 하는" 개시가 되는 것은 아니다. 다른 유형의 발명의 경우와 마찬가지로, 특허 등록을 금지하기 위해서는

---

64) 이 파일은 크리에이티브 커먼즈 저작자표시－동일조건변경허락 3.0 불포함 라이선스에 따라 이용할 수 있습니다.

그러한 설명이 해당 발명이 속하는 기술 분야의 당업자의 지식과 함께 해당 발명을 당업자가 소유할 수 있도록 해야 한다.

*** 당장 이 간행물에 기재된 새로운 장미에 대한 설명은 식물 육종가들이 현재 보유하고 있는 지식에 비추어 해석할 때 그 설명만으로는 이 장미를 공공의 영역에 배치할 수 없다. 따라서, 항소된 특허 출원서에 개시된 장미는 35 U.S.C. § 102(b)의 의미 내에서 "인쇄된 간행물에 기재된" 장미가 아니다.

In re Elsner (Fed. Cir. 2004).[65] 청구된 제라늄은 제라늄의 사진과 함께 미국 외 지역에서의 종자 판매로 인해 신규성이 결여된다. 비록 종자 판매는 미국 개정 특허법 이전 법령에 따라 (미국 이외의 지역에서 이루어졌다는 점에서) 그 자체로는 선행 기술이 아니지만, 판매는 출판을 보완하는 역할을 했다. 이 사건은 판매된 종자의 재연성을 입증하기 위해 환송되었다. 오늘날은 미국 개정 특허법 신규성 법규에 따라 미국 외 지역에서 종자를 판매한 것은 선행 기술로 간주되며, 청구항은 적어도 일응의 신규성 결여로 판단될 수 있다.

IN RE ELSNER

U.S. Court of Appeals, Federal Circuit (2004)

청구항 1

본 문서에 설명 및 그림으로 표시된 바와 같은 "펜덱(Pendec)"이라는 새롭고 독특한 품종의 제라늄 식물.

Claim 1

A new and distinct variety of geranium plant named "Pendec" as described and illustrated herein.

법원의 판결 이유

항소인의 [인쇄된] Plant Breeder's Rights(PBR) 출원서는 청구된 식물 품종들을 개시하였으나, 그 자체만으로는 당업계의 통상의 기술자가 청구된 발명을 실시하거나 식물을 재생산할 수 있도록 하지는 못한다고 인정된다. 하지만 그로부터 청구된 식물을 재생산할 수 있는 식물의 해외 판매를 통해 일반인이 청구된 발명에 접근할

65) 381 F.3d 1125 (Fed. Cir. 2004)

수 있었을 수 있으므로, PBR 출원서는 적절하게 실시 가능하게 되었다고 할 수 있다. 출판된 출원서는 식물의 해외 판매가 결합되어 청구된 발명을 일반 대중의 소유 하에 두었으므로, § 102(b)에 따라 특허성을 제한할 수 있는 예견성을 부여하는 적절한 인용문헌이라고 판단한다.

*** 항소인은 해외 판매는 선행기술이 아니며 당업계의 통상의 기술자의 지식에 속하지 않는다고 주장한다. 하지만 분석의 정확한 초점은 해외 판매 자체가 § 102(b) 선행 기술인지 여부가 아니라, 해당 간행물로 인해 청구된 발명을 임계일 이전에 대중이 소유할 수 있게 되었는지 여부이다. 따라서, 청구된 발명의 해외 판매는 당업계의 통상의 기술자의 지식 범위 내에 있을 수 있으며, 대중에게 항소인의 발명에 대한 접근성을 제공하는 것으로 간주될 수 있다.

*** 미국 특허심판원은 관심 있는 대중이 해외 판매 사실을 쉽게 알 수 있다고 하더라도, 해당 판매로 인해 당업자가 과도한 실험 없이 청구된 식물을 재현할 수 있다고 판단하지는 않았다. 이와 같은 판단은 해외 판매가 인쇄된 간행물을 실시 가능하게 할 수 있는지 여부에 대한 질문에 매우 중요하다.

*** 따라서 청구된 식물의 해외 판매에 대한 접근성 및 판매된 식물에서 청구된 식물의 재생산 가능성과 관련된 추가 사실 확인을 위해 두 판례를 모두 환송한다.

§ 9:15 저자 의견: 실시 가능성을 보이기 위해 추가 인용문헌들을 사용한다고 예견성을 부인할 수는 없다.

In re Elsner (Fed. Cir. 2004)[66]는 비록 실시가능성은 두번째 인용문헌(*Elsner* 에서는 종자 판매)에 의해 증명되더라도, 35 U.S.C.A § 102에 따른 예견성 사건을 35 U.S.C.A § 103 에 따른 자명성 사건으로 전환하지 않고, 단일 인용문헌 (*Elsner*에서 제라늄 사진)으로 예견할 수 있다는 명제를 보여주는 한 예이다.

이 법적 명제에 대한 좋은 설명은 *Bristol-Myers Squibb Company v. Ben Venue Laboratories, Inc., et al* (Fed. Cir. 2001)[67]에서 찾아볼 수 있다. "예견적인 인용문헌의 실시가능성은 추후 인용문헌을 통해 증명될 수 있다. [*In re Donohue*] (Fed. Cir. 1985)[68]에서 본 법원은 이전의 예견적 인용문헌인 Nomura가 실시 가능함을 보여주기 위해 이후 인용문헌인 Lincoln의 사용을 허용했다. … 예견성은 단일 인용 문헌에서 청구항의 각 한정사항 보여줄 것을 요구하지만, 본 법원은 'Nomura에 개시된 청구 대상이 대중의 소유에 있었다는 것을 보여주기 위해서만' Lincoln 및 다른

66) 381 F.3d 1125 (Fed. Cir. 2004)
67) 246 F.3d 1368 (Fed. Cir. 2001)
68) 766 F.2d 531 (Fed. Cir. 1985)

> 인용 문헌을 살펴보았다. … *In re Samour* (C.C.P.A. 1978)[69]에서 우리의 전임 법원(predecessor court)은 35 U.S.C. § 102(b)에 따른 예견성 분석에서 '항소인의 출원일로부터 1년 이상 전에 청구된 대상을 준비하는 방법을 … 당업계의 통상의 기술자가 알고 있거나, 자명했을 것이라는 증거로서만' 추가 인용 문헌에 의존할 수 있다고 판시하였다. 또한, 해당 법원은 예견적 인용 문헌의 실시 가능성을 보여주기 위해서만 사용되는 추가 인용 문헌은 예견적 인용 문헌보다 앞설 필요는 없지만, 출원일로부터 1년 이상 전에 일반 대중이 청구된 대상을 보유하고 있었음을 보여 주어야 한다고 판시했다."

§ 9:16 Wands 요건들에 따라 결정되는 실시가능성 여부

Impax Laboratories, Inc v. Aventis Pharmaceuticals Inc. (Fed. Cir. 2008).[70] 미국 연방순회항소법원은 선행 기술로 인용된 특허가 *이의 제기된 청구항을* 실시 가능하게 하는지 평가할 때, 위 § 5:6 및 § 5:7의 해설을 참조하여, Wands 요건들을 적용한다. 법원은 이의 제기된 청구된 발명을 만들기 위해 과도한 실험이 필요하다는 것을 기반으로 선행 기술은 실시 가능하지 않았다고 판단하였고, 실시 가능하지 않았던 선행 기술 특허는 예견적일 수 없다고 판단하였다.

IMPAX LABORATORIES, INC V. AVENTIS PHARMACEUTICALS INC,

U.S. Court of Appeals, Federal Circuit (2008)

청구항 1 ('814 특허)

근위축성 측삭 경화증[ALS]을 가진 포유류를 치료하는 방법으로, 상기 치료가 필요하다고 인정되는 상기 포유류에 유효한 양의 2-아미노-6(트리푸로메톡시) 벤조티아졸["릴루졸"] 또는 이의 제약적으로 허용되는 염을 투여하는 단계를 포함함.

Claims (13) (U.S. Patent No. 5,527,814 (the 814 patent) Use of 2-amino-6-(trifluoromethoxy)benzothiazole for obtaining a medicament for the treatment of amyotrophic lateral sclerosis)

1. A method for treating a mammal with amyotrophic lateral sclerosis [ALS],

69) 571 F.2d 559 (C.C.P.A. 1978)

70) 545 F.3d 1312 (Fed. Cir. 2008)

comprising the step of administering to said mammal in recognized need of said treatment an effective amount of 2-amino-6 (trifuoromethoxy) benzothiazole ["riluzole"] or a pharmaceutically acceptable salt thereof.

법원의 판결 이유

1심법원은 [예견적 선행기술로 인용된] '940 특허[71]는 당업자가 릴루졸로 ALS를 치료하는 것을 가능하게 하지 못하므로 '814 특허의 청구항 1부터 5를 예견하지 못한다고 판단했다.

발행된 특허는 유효한 것으로 추정된다. … 따라서 특허 유효성에 이의를 제기하는 당사자는 명확하고 설득력 있는 증거로 자신의 주장을 입증해야 할 책임이 있다. …

청구된 발명을 예견하기 위해서는 선행 기술 인용문헌이 당업자로 하여금 과도한 실험 없이 발명을 만들 수 있도록 해야 한다.… 즉, 선행 기술이 청구된 발명을 실시 가능하게 해야 한다.… 이 등식의 "과도한 실험" 요소는 (1) 실험의 양; (2) 기존의 지시 또는 지침의 양; (3) 작동 예들의 존재 여부; (4) 발명의 본질; (5) 선행 기술의 상태; (6) 당업자의 가술에서의 상대적 숙련도; (7) 기술의 예측 가능성 또는 불가능성; 그리고 (8) 청구 범위의 폭을 검토한다. *In re Wands* [위 § 5:6 참조].

*** 본 법원은 1심법원의 사실 판단에서 명백한 오류는 물론이고, 그냥 오류도 발견하지 못했다. Wands 요건들의 무게를 제어 볼 때, 원심 법원의 판결은 당업계의 통상의 기술자는 발명을 소유하기 위해 과도한 실험을 해야 할 필요가 있었을 것이라는 원심법원의 결론을 적절히 뒷받침 한다. 원심 법원이 밝힌 바와 같이, '940 특허의 용량결정 지침은 치료 요법을 처방하기 위한 충분한 방향이나 지침이 없이 광범위하고 일반적이다. 주장된 선행 기술에는 작동 예도 포함되어 있지 않다. 마지막으로, '940 특허의 어떤 내용도 당업자가 릴루졸을 ALS의 치료제로 알아보도록 이끌지 못한다. 요약하면, '940 특허의 가르침을 기반으로, 청구된 발명의 각 구성 요소인 릴루졸을 ALS의 치료제로 식별하고, 용량결정 매개변수들을 고안하는 것은 과도한 실험을 요한다. '940 특허는 당업자가 릴루졸로 ALS를 치료하는 것을 가능하게 하지 않기 때문에, '814 특허의 청구항 1부터 5를 예견할 수 없다.

71) United States Patent No. 5,236,940 (the 940 patent) Pharmaceutical compositions, 2-benzothiazolamine derivatives, and their preparation

§ 9:17 선행 기술의 예언적 실시가능성(Prophetic Enablement of the Prior Art)

Elan Pharma v. Mayo (Fed. Cir. 2003).[72] 이 청구항은 형질전환(transgenic) 설치류에 대한 것이다. 당시 기술수준은 예언적이고, 그렇기 때문에 하위 법원에 의해 기각되었다. 미국 연방순회항소법원은 비록 예언적이지만 그 기술 수준이 실시 가능할 수 있는지 평가하도록 환송하였다.

ELAN PHARMACEUTICALS v. MAYO FOUNDATION

U.S. Court of Appeals, Federal Circuit (2003)

청구항 1 ('486 특허)

다음과 같은 구성을 포함하는 형질 전환 설치류임.

스웨덴 돌연변이를 갖는 이종 APP 폴리펩타이드를 암호화하는 트랜스 유전자를 포함하는 이배체 게놈으로, 인간 APP695에서 595 및 596 위치에 해당하는 위치에 아미노산 잔기는 각각 아스파라긴 및 류신임.

여기서, 트랜스 유전자는 스웨덴 돌연변이를 갖는 인간 APP 폴리펩타이드를 생산하도록 발현되고,

상기 폴리펩타이드는 상기 형질 전환 설치류의 뇌 균질액에서 검출될 수 있는 충분한 양의 ATF－β－APP로 처리됨.

Claim 1 (U.S. Patent No. 5,612,486 (the '486 patent) Transgenic Animals Harboring APP Allele Having Swedish Mutation)

1. A transgenic rodent comprising

a diploid genome comprising a transgene encoding a heterologous APP polypeptide having the Swedish mutation[,] wherein the amino acid residues at positions corresponding to positions 595 and 596 in human APP695[,] are asparagine and leucine, respectively,

wherein the transgene is expressed to produce a human APP polypeptide having the Swedish mutation,

and wherein said polypeptide is processed to ATF－beta－APP in a sufficient

72) 346 F.3d 1051 (Fed. Cir. 2003)

amount to be detectable in a brain homogenate of said transgenic rodent.

관련 기술[73)]

형질 전환 마우스 "트랜지"

법원의 판결 이유

35 U.S.C. § 102(b)에 의거한 선행기술은 청구된 발명을 대중이 소유할 수 있을 정도로 충분히 설명해야 한다. 이러한 소유는 당업자가 청구된 발명을 만들기 위해서 간행물에 있는 발명에 대한 기재과 자신의 지식을 결합할 수 있는 경우 이루어질 수 있다. 따라서, 청구된 발명이 인쇄된 간행물에 개시되어 있더라도, 그 개시가 실시를 가능하게 하지 않으면 선행기술로서 충분하지 않다. 하지만 실시 가능 요건을 충족하기 위해 간행물에 개시된 발명이 실제로 만들어질 필요는 없다.

*** 문제는 [예언적이지만 최선의 선행 기술인] Mullan의 가르침이 당시의 과학기술 수준을 정확하게 모은 것인지 여부가 아니며, 그런 근거로 이의가 제기되지 않는다. 문제는 그 가르침이 통상의 기술을 가진 사람이 과도한 실험 없이 원하는 형질 전환 마우스를 생산할 수 있게 해주었는지 여부이다. 1심법원은 약식 판결 신청의 대상이 아닌 실시 가능성에 대한 질문을 직접 다루지 않았다.

따라서 본 법원은 관련 증거를 고려하고 이 판례의 사실 관계에 법리를 적용하여, Mullan 인용문헌이 본 발명의 분야의 당업계의 통상의 기술자로 하여금 과도한 실험 없이 원하는 돌연변이 마우스를 만들 수 있게 할지에 대한 1심법원의 판단을 위해 파기 환송한다.

73) 이 파일은 CeCILL license 조건에 따라 복제되었으며, www.cecill.info에서 확인할 수 있습니다.

§9:18 저자 의견: 선행 기술의 실시 가능성에 대한 입증 책임

위 § 9:12에서 미국 연방순회항소법원은 *Impax v. Aventis* 사건에서 선행 기술로 인용된 특허가 이의 제기된 청구의 실시를 가능하게 하지 않는다는 설득의 책임을 누가 부담해야 하는지에 대한 중요한 질문에 대해 논의하고, 다음과 같이 설명했다.

> … 선행 기술 특허가 특정 특허 청구항을 예견한다고 침해혐의자가 주장하는 경우, 침해혐의자는 예견적 개시가 청구된 발명을 실시 가능하게 한다는 추정을 누릴 수 있다 … 그러나 특허권자는 선행 기술 특허가 청구된 발명을 실시 가능하게 하지 않는다는 설득력 있는 증거를 제시하여 이러한 추정을 극복할 수 있다. …
>
> [*Amgen v. Hoechst Marion Roussel* (Fed. Cir. 2003)[74]에서] 1심법원은 침해혐의자에게 청구된 발명에 대한 선행 기술 인용 문헌의 *실시 가능성(enablement)을* 입증할 적극적 부담을 부과했다. … 본 법원은 이러한 부담 전가는 오류라고 판단했다. 이 [*Impax v. Aventis*] 사건에서 1심법원은 특허권자에게 *실시 비가능성(non-enablement)의* 입증 책임을 올바르게 부과했다. 그런 다음 특허권자는 '940 특허가 '814 특허의 청구항 1부터 5를 실시 가능하게 하지 않는다는 설득력 있는 증거를 통해 그 부담을 충족시켰다. 1심법원은 법원의 올바른 부담 전가틀을 구체적으로 표현할 필요는 없었다. 이 사건에서는, 1심법원이 판단한 바와 같이, 기록이 실시 가능성 추정을 극복할 수 있는 충분한 증거를 보여준다[75)].

Amgen v. Hoechst Marion Roussel (Fed. Cir. 2003)[76]에서, 미국 연방순회항소법원은 또한 ***In re Sasse*** (CCPA 1980)를 인용하여 선행 기술 특허의 청구된 대상 및 청구되지 않은 대상이 모두 실시 가능한 것으로 추정됨을 확인했다.[77]

§9:19 내재적 예견

In re Cruciferous Sprout Litigation (Fed. Cir. 2002).[78] 새싹을 재배하여 글루코시놀레이트(glucosinolates)가 풍부한 식품을 제조하는 것은 새로운 것이 아니

74) 314 F.3d 1313 (Fed. Cir. 2003)

75) 545 F.3d, 1316 (Fed. Cir. 2008) (강조 표시 추가).

76) 314 F.3d 1313 (Fed. Cir. 2003)

77) 629 F.2d 675 (CCPA 1980)

78) In re Cruciferous Sprout Litigation, 301 F.3d 1343 (Fed. Cir. 2002)

다. 글루코시놀레이트의 건강 효과를 알지 못했음에도 불구하고 고대부터 관련 기술은 새싹을 재배하여 글루코시놀레이트가 풍부한 식품을 제조해 왔다. 예견성 분석에서는 자명성 분석에서와 같은 선택적 분석은 없다.

IN RE CRUCIFEROUS SPROUT LITIGATION

U.S. Court of Appeals, Federal Circuit (2002)

청구항 1 ('895 특허)

글루코시놀레이트가 풍부한 식품을 제조하는 방법으로, [1] 양배추, 유채, 겨자 및 무 씨앗을 제외한 십자화과 씨앗을 발아시키고, [2] 2엽 단계 이전에 새싹을 수확하여 복수의 새싹들을 포함하는 식품을 형성하는 것을 포함함.

Claim 1 (U.S. Patent No. 5,725,895)

1. A method of preparing a food product rich in glucosinolates, comprising [1] germinating cruciferous seeds, with the exception of cabbage, cress, mustard and radish seeds, and [2] harvesting sprouts prior to the 2-leaf stage, to form a food product comprising a plurality of sprouts.

법원의 판결 이유

[항소인]은 1심법원이 '895 특허의 청구항 1의 서문을 청구항의 한정사항으로 취급하지 않음으로써 청구항을 잘못 해석했다고 주장하였다. 또한, [항소인]은 1심법원이 (청구항 1에 나타나는…) "글루코시놀레이트가 풍부한"이라는 한정사항을 해석하지 않았다고 주장하였다. … [재심사 이전] 문구는 특허권자가 청구된 발명이 선행 기술에 의해 예견되지 않는다고 미국 특허청을 설득하기 위해 서문에 명백히 의존하고 있음을 보여준다. 따라서 서문은 청구항의 한정사항이다.

[항소인]은 새로운 종류의 새싹을 발명했거나, 새싹을 재배하거나 수확하는 새로운 방법을 발명했다고 주장하지 않는다. 오히려 [항소인]은 일부 새싹에는 글루코시놀레이트가 풍부하지만, 다른 새싹에는 그렇지 않다는 사실을 인정했다. '895 특허 참조 ("일반적으로 항암 화학요법 보호제의 공급원으로 적합한 새싹은 양배추, … 유채과 야채, … 겨자, … 무 … 새싹을 제외한 십자화과 새싹이다"). 그러나 새싹의 글루코시놀레이트 내용물은 … 새싹 자체만큼 오래 전부터 존재해 왔으며, 이는 여기서 문제가 된 신청일로부터 확실히 1년 이상 전이다. 예를 들어, Karen

Cross Whyte, *The Complete Sprouting Cookbook 4* (1973) 참조.

[항소인]에 따르면, 선행기술은 어떤 품종을 발아시켜야 하는지 명시하지 않기 때문에 청구항의 단계들을 충족하지 못한다. 하지만 [항소인]의 특허에서 확인된 적절한 품종들은 모두 공공 영역에 있다. … [항소인]은 지금까지 아무도 자신의 특허에 의해 확인된 많은 적합한 품종 중 하나를 재배하고 먹어본 적이 없다고 확실하게 주장할 수 없다. 예견되기 위해서 이런 특정 품종을 재배하는 사람들이 글루코시놀레이트가 풍부한 것을 싹 틔우고 있다는 것을 인식하고 있었을 필요는 없다.

*** 선행 기술은 명백하게 [항소인]이 글루코시놀레이트가 풍부하다고 인정한 특정 새싹을 재배하고, 수확하고, 섭취하는 방법을 포함하고 있다. … 그러나 이러한 새싹의 글루코시놀레이트 내용물은 [항소인]이 아니라 자연이 거기에 집어넣은 새싹의 고유한 특성이다. [항소인]은 그야말로 아무것도 새로운 것을 청구하지 않았고 따라서 그 청구항들은 유효하지 않다.

Schering v. Geneva (Fed. Cir. 2003)[79] (신규성). 로라타딘(loratadine)을 인간 환자에게 투여한 것에 관한 발표는 로라타딘의 대사산물인 "데스카르보에톡실로라타딘(descarboethoxyloratadine, DCL)"에 대한 청구항을 내재적으로 예견한다. 대사산물의 존재가 내재적이기 위해서는 "필요하고 불가피한" 것이어야 한다. DCL의 특성이 알려지지 않았다는 것은 중요하지 않다. (원래자리에서 대사 산물을 생성하는) 로라타딘을 투여하는 것은 DCL에 대한 청구항을 침해했을 것이므로, 이는 "나중에 (발명을) 침해하는 것은, 앞서서는 (발명을) 예견한다"는 규칙을 따른다.

SCHERING CORP v. GENEVA PHARM, INC. ET AL

U. S. Court of Appeals, Federal Circuit (2003)

청구항 3 ('716 특허)

[데스카보에톡실로라타딘("DCL")] 또는 이의 제약적으로 허용되는 염.

Claim 1 (U.S. Patent No. 4,659,716)

[Descarboethoxyloratadine ("DCL")] or a pharmaceutically acceptable salt thereof.[xxxvii]

79) 339 F.3d 1373 (Fed. Cir. 2003)

사실 관계

선행 기술: 로라타딘(Loratadine)	청구항: 데스카복시에톡실오라타딘 (Descarboxyethoxyloratadine)
환자에게 투여한 약물	환자 몸에서 생성되는 약물의 대사산물
당시 최첨단 기술에 기재됨 (미국 특허 '233xxxviii))	기재되어 있지 않지만 양측 모두 대사 산물은 내재적으로 생성된다고 명기하고 있음

법원의 판결 이유

1심법원은 [선행 기술인] '233 특허는 DCL을 명시적으로 개시하지 않았다고 판결했다. 그럼에도 불구하고, 1심법원은 '233 특허에 개시된 과정을 수행함으로써 필연적으로 대사산물로 DCL이 형성된다는 사실도 확인했다.

*** 단일 선행 기술 인용 문헌이 청구된 발명의 모든 각각의 한정사항을 개시하는 경우 특허는 예견되어 유효하지 않다. … 또한, 선행 기술 인용 문헌은 누락된 특징이 예견적인 단일 인용 문헌에 반드시 존재하거나 내재하는 경우에는 청구된 발명의 특징을 개시하지 않고도 예견할 수 있다. … [그리고] 내재성에 의한 예견됨을 보여주기 위해 '716 특허의 임계일 이전에 당업자가 인식할 필요는 없다.

*** 우발적 예견과 관련하여, 로라타딘을 섭취할 때 DCL은 우발적으로 또는 이례적인 조건하에서는 형성되지 않는다. 기록에 따르면 DCL은 정상적인 조건하에서는 로라타딘으로부터 필연적으로 그리고 불가피하게 형성된다. DCL은 환자에게 로라타딘을 투여하는데 따른 필연적인 결과이다. 기록은 또한 DCL이 졸음을 유발하지 않는 활성 항히스타민제 역할을 하기 때문에 유용한 결과를 제공한다는 것을 보여준다. 요약하면, 이 법원의 판례는 당업계의 통상의 기술자가 청구된 발명을 예견하는 선행 기술의 내재적 특성을 인식할 것을 요구하지 않는다. … 명시적 개시 뿐만 아니라 내재성도 대상을 공공영역에 배치하기 때문에, 청구된 대상 전체의 내재적 개시는 청구된 대상의 단일 특징의 내재적 개시를 예견한다. 내재적 개시의 정도 혹은 범위는 그 예견적 효과를 제한하지 않는다. … *In re Kratz* (CCPA 1979) [80)] 참조 (화합물의 존재가 알려지지 않았음에도 불구하고 그 화합물에 대한 내재적 예견을 암시함).

*** 이 판례로 돌아가면, 로라타딘의 사용은 대사산물 DCL을 다루는 '716 특허의 청구항 1과 3을 침해하게 된다. 이 법원은 사람이 대사 작용을 통해 대사 산물을 형성하는 화합물을 섭취하는 경우, 그 사람은 그 대사 산물에 대한 청구항을 침해할 수 있음을 인정했다. … *Zenith Labs., Inc. v. Bristol-Myers Squibb Co.* (Fed.

80) 592 F.2d 1169, 1174 (CCPA 1979)

Cir. 1994) [81)] (화합물 청구항은 이를 섭취시 형성되는 화합물을 포함할 수 있음을 명시함). 동일한 대사 산물이 시간적으로 더 빠르다면 청구된 화합물을 예견해야만 한다.

*** 기록에 따르면 선행기술 로라타딘의 대사산물은 청구된 발명과 동일한 화합물이다. … DCL은 [청구항 1]의 범위 내에 있다. 선행 기술 대사 산물은 본질적으로 DCL을 개시했기 때문에, 청구항 1은 … 예견되고 무효화 된다. 예를 들어, 이 경우에는 청구항 1 및 3은 구조적으로만 정의된 화합물들을 광범위하게 포함한다. 이러한 가장 기본적인 화합물 청구항들은 약물의 대사산물로서 인체 내를 포함한 어떤 상황 혹은 환경에 있는 화학적 종들(species)을 인용된 화합물들로 그 범위 내에 포함한다. 이 사건에서 알 수 있듯이, 이러한 광범위한 화합물 청구항은 청구된 화합물로 대사되는 한 약물을 개시하는 선행 기술에 의해 내재적으로 예견된다.

그러나 숙련된 특허 초안 작성자는 예견을 피하는 방법으로 대사산물을 포함하는 청구항을 만들 수 있다. 예를 들어, *Kratz* [실질적으로 순수한(substantially pure) 딸기 향료 화합물을 포함하는 식품 조성물들은 자명하지 않음] 및 *Bergstrom* 에서와 같이 대사산물을 순수하고 분리된 형태로 청구하거나[§ 9:6 참조], 혹은 (예: 제약적으로 허용되는 운반체와 함께) 제약 조성물로 청구할 수 있다. 특허 초안 작성자는 또한 대사산물 또는 해당 제약 조성물의 투여 방법을 청구할 수도 있다. 예를 들어, '233 특허는 DCL의 분리(isolation)를 개시하지 않기 때문에 '233 특허는 이러한 청구항들을 예견할 수 있는 실시가능한 개시를 제공하지 않는다.

U.S. Water Services, Inc. v. Novozymes A/S (Fed. Cir. 2016).[82)] 미국 연방순회항소법원은 선행 기술 방법들이 청구된 7가지 한정사항들 중 하나("[불용성] 침전물 형성 감소")를 필연적으로 초래하지 않는다는 증거가 중요한 사실에 대한 진정한 문제(genuine issue of material fact)를 제기한다는 이유로, 1심법원의 내재적 예견에 대한 약식 판결을 뒤집었다.

81) 19 F.3d 1418, 1421–22 (Fed. Cir. 1994)

82) 843 F.3d 1345 (Fed. Cir. 2016)

U.S. WATER SERVICES, INC. V. Novozymes A/S

U.S. Court of Appeals, Federal Circuit (2016)

청구항 1 (강조 추가)

얇은 스틸레지, 백셋, 또는 이들의 혼합물과 접촉하는 식품 또는 연료의 에탄올 처리 장비에서 피틴산 또는 피틴산 염의 불용성 침전물 형성을 줄이는 방법으로 다음을 포함함.

불용성 피틴산 또는 피틴산 염을 가용성 생성물로 전환하기에 적합한 조건 하에서 피틴산 또는 피틴산 염을 함유하는 상기 얇은 스틸리지, 백셋 또는 이들의 혼합물에 피타제를 첨가함.

그렇게 함으로써 장비에 *불용성 피틴산 또는 피틴산 염의 침전물이 형성되는 것을 줄임.*

Claim 1 (U.S. Patent No. 8,039,244)

1. A method of reducing formation of insoluble deposits of phytic acid or salts of phytic acid in a food or fuel ethanol−processing equipment that contacts thin stillage, backset, or mixtures thereof, the method comprising:

> adding phytase to said thin stillage, backset, or mixture thereof containing phytic acid or salts of phytic acid under conditions suitable for converting the insoluble phytic acid or phytic acid salts to soluble products;
>
> thereby reducing the formation of deposits of insoluble phytic acid or phytic acid salts in the equipment.

법원의 판결 이유

내재성은 … 확률이나 가능성에 의해 확립되지 않을 수 있다. 주어진 일련의 상황에서 특정 결과가 발생 *할 수* 있다는 사실만으로는 충분하지 않다 [인용 생략]. 오히려, 내재적 결과는 개시된 단계들로부터 필연적으로 발생해야 한다 … [인용 생략].

*** Eric Dorn, Dr. George Reed, Rodney Simms 등 US Water의 전문가들의 증언에 따르면, Antrim 또는 Veit [선행 기술]에 개시된 방식으로 피타제를 첨가하면 본 소송의 특허에서 주장한 대로 불용성 유기금속염 침전물이 반드시 감소하는

지에 대한 논쟁이 있음을 알 수 있다. 예를 들어, 이들 전문가들은 불용성 유기금속염 침전물의 궁극적인 감소에 영향을 미치는 수많은 요인들이 있다고 증언했다. [Joint Appendix] 760(Reed 박사가 "수많은 요인들이 에탄올 처리 과정에서 피틴산을 가수분해 생성물로 전환하는 피타제의 능력에 영향을 미칠 수 있다"고 진술함), 854(Dorn 씨는 "처리 세부 사항과 공정 조건이 올바르지 않으면 공장에서 오염 감소 공정이 관찰되지 않을 수 있다", 그리고 "피타제 용량이 임계 용량 값 이하로 감소하거나 공정 조건이나 매개 변수가 변경되었는데 적절하게 수정되지 않으면," 마치 피타제를 첨가하지 않은 것처럼 오염이 다시 나타날 수 있다고 진술함), 855(Dorn 씨는 또한 "많은 양의 대부분의 피테이트를 제거하고도 오염 공정 속도에는 측정 가능한 정도의 영향을 미치지 않을 수 있다"고 진술함), 그리고 1025(Simms 씨는 "Antrim … 및 Veit방식으로 액화 및 발효를 개선하기 위해 존재하는 피틴산 및 피테이트에 충분히 영향을 미칠 수 있도록 피타제 효소를 사용할 수 있지만, 침전물 형성에 영향을 미치기에는 불충분할 수 있다"고 진술함) 참조. U.S. Water 전문가들의 증언은 중요한 사실에 대한 진정한 분쟁이 남아 있고, 결과적으로 1심법원이 내재적 예견에 대한 약식 판결을 부적절하게 내렸음을 보여준다.

§ 9:20 저자 의견: 내재적 및 우발적 예견성 원칙들

Schering v. Geneva (Fed. Cir. 2003)[83] 이후, 내재적으로 예견되는 선행 기술의 경우, 당업계의 통상의 기술자는 결과의 존재에 대한 터득과 이해를 보여줄 필요가 없는 것으로 보인다. 내재성의 경우, 그런 당업계의 통상의 기술자는 결과를 이해할 필요가 없다.

내재적 예견은 ***In re Seaborg*** (CCPA 1964)의 소위 *우발적 예견 원칙(doctrine of accidental anticipation)*과 대조되어야 한다.[84] *Seaborg* 사건에서 법원은 물질의 *우발적인* 생산이 나중에 해당 물질을 청구하는 특허를 예견하거나 그 신규성을 깨지 않는다고 판시했다. 항소인인 *Seaborg* 는 원소 아메리슘(americium), "원소 95"에 대한 특허를 신청했다. 미국 특허청은 앞선 페르미의 특허에서 원자로가 정상 작동 중에 극소량의 아메리슘을 생산한다는 기재가 있다는 이유로 그의 신청을 거부했다. 미국 관세 특허 항소법원(U.S. Court of Customs and Patent Appeals, CCPA)은 특허 거부가 우발적인 예견을 근거로 한 것이라는 이유로 미국 특허청의 의견에 동의하지 않고 특허를 승인했다. 원자로는 유용한 양의 아메리슘을 생산하거나 얻을 수

83) 339 F.3d 1373 (Fed. Cir. 2003)
84) 328 F.2d 996 (CCPA 1964)

있는 현실적인 방법이 아니었다.

우발적인 예견의 개념에는 우연히, 의도치 않게, 우발적으로 그리고/또는 비정상적인 조건에서 화합물을 만드는 것이 포함되며, 내재적 예견과는 달리 후속 청구항의 신규성을 파괴하지 않는다. 명확하지 않은 것은, *Schering v. Geneva* (Fed. Cir. 2003) 이후, 우발적 예견의 원칙이 존속하고 있는지 혹은 사라졌는지 여부이다. 예를 들어, 이후 (뇌경색에 대한 임상 연구 제안의 발표가 비록 결과가 없었지만, 동일한 방법으로 뇌경색을 치료한다는 추후 청구항의 신규성을 내재적으로 파괴했다고 판결한) ***In re Montgomery*** (Fed. Cir. 2012)[85] 사건의 반대 의견에서, 로리 판사는 *Schering v. Geneva* (Fed. Cir. 2003) 판결이 우발적 예견의 원칙을 사실상 제거한 것으로 보인다고 통탄하였다.

내재적 예견과 우발적 예견은 동전의 양면과 같다고 보는 것이 더 나은 관점일 수 있다. 어떤 일이 필연적이고 불가피한 것이라면 내재적으로 예견 가능한 것이지만, 그렇지 않은 경우, 즉 가끔 발생하고 재현할 수 없는 것이라면 우발적인 것으로 신규성을 훼손하지 않을 것이다. 예를 들어, 이 절의 윗부분에서 분석한 *U.S. Water Services, Inc. v. Novozymes A/S* (Fed. Cir. 2016)에서 미국 연방순회항소법원은 이의 제기된 청구항의 한 요소 (즉, 피타제 효소로 처리하면 피틴산 염 침전물이 감소한다는 요소)가 선행 기술에서 아무런 분쟁이 없는 것으로 입증되지 않았다고 판시했다. 따라서 법원은 선행 기술이 내재적으로 예견하였다고 판단하는 것은 부적절하다고 결론지었다. 미국 연방순회항소법원은 선행 기술의 결과를 "우발적인" 것으로 표현하지는 않았지만, 그 판결은 피타제 효소로 처리하면 때로는 침전물이 제거되고 때로는 제거되지 않는다는 것, 즉 청구된 침전물 감소는 선행 기술에서 우발적인 것으로서 내재적이지 않다는 것을 암시하는 것으로 읽을 수 있다.

저자의 법률사무소 사건인 ***Ariosa Diagnostics v. Isis Innovation Ltd.*** (Pat. Trial App. Bd. 2014)[86]에서도 우발적 예견과 내재적 예견의 차이점을 간접적으로 다루고 있다. 이 사건에서 미국 특허심판원은 선행 기술의 실험에서, 선행 기술이 내재적 예견성을 상실하지 않는, 즉 단지 우발적인 것이 되지 않는 정도의 오류를 허용했다. *Ariosa Diagnostics* 사건은 당사자계 심판 (*Inter Partes* Review)[xxxix] 절차에서 발생했으며, 발명대상 문제를 다룰 때 위의 § 3:31에서 분석한 *Ariosa Diagnostics v. Sequenom, Inc* (Fed. Cir. 2015)[87]의 동반 판례이다. 주요 주장은 태아 기원의 부계 유전 DNA 검출에 관한 것이다(강조 추가).

임산부의 모체 혈청 또는 혈장 샘플에서 수행되는 태아 기원의 부계 유전 핵산을

85) 677 F.3d 1375 (Fed. Cir. 2012)

86) IPR2012－00022, 논문 166 (PTAB 2014), 다른 이유로 기각, 논문 171 (PTAB 2015)

87) 788 F.3d 1371 (Fed. Cir. 2015)

검출하는 방법으로, 상기 방법은 혈청 또는 혈장 샘플에서 부계 유전 핵산을 증폭하고, 그 샘플에서 태아 기원의 부계 유전 핵산의 존재를 **검출하는 것을** 포함한다.

청구인은 이 청구항을 내재적으로 예견할 수 있다고 주장되는 선행 기술로서 Kazakov를 인용했다. Kazakov는 모체 혈청에서 증폭된 DNA에 대해 수행한 전기영동 실험의 여러 겔 레인들을 보여주었는데, 일부 겔 레인들에서는 임계 밴드가 나타났지만 다른 겔 레인들에서는 그렇지 않았다. 청구인은 그 밴드는 아버지로 부터 상속받은 태아 기원의 핵산이라고 주장한 반면, 특허 소유자인 Isis는 (그 출현은 그의 특허의 위 청구항을 예견하게 될) 임계 밴드가 실험의 필연적이고 불가피한 결과가 아니라는 것을 보여준다고 주장했다. 이는 밴드의 출현 시기와 출현 여부는 우발적이고 따라서 신규성을 훼손할 수 없음을 암시한다.

미국 특허심판원은 "검출하는(detecting)"이라는 단어를 광범위하게 해석하여, 임산부의 혈장 또는 혈청에서 분리된 핵산이 아버지로부터 유전된 것인지 혹은 심지어 태아로부터 나온 것인지 특정적으로 식별할 것을 요구하지 않고, 아버지로부터 유전된 태아의 핵산을 포함한 일정 수준의 핵산을 포함하는지만 식별할 것을 요구한다고 해석하였다. 이러한 해석을 바탕으로 미국 특허심판원은 특허 소유권자의 의견에 동의하지 않고, 내재적으로 예견적인 선행 기술도 어느 정도의 실험적 오류는 허용된다고 설명했다.

Isis의 입장은 … 태아 DNA가 모체 혈청에 필연적으로 존재하더라도, PCR 반응 수행 방식의 오류, 오염, 또는 다른 원인에 기인해서든지 아니든지, Kazakov가 보고한 결과의 일부 또는 전체에 실험적 오류가 있었을 수 있으므로, 내재성의 원칙 하에서 Kazakov는 청구된 방법을 예견할 수 없다는 것이다. 본 법원은 내재성의 원칙을 그렇게 엄격하게 읽지 않는다. … 판례는 Kazakov가 실험적 실수를 저질렀을 수 있기 때문에 Kazakov는 청구된 방법들을 예견할 수 없다는 Isis의 입장을 지지하지 않는다. 임산부로부터 얻은 혈액의 혈청에서 핵산을 증폭할 때 나오는 자연적인 결과는, 양쪽 당사자가 내재적으로 존재할 것이라고 동의하는 태아 핵산이 증폭되는 것이며, 여기에는 태아가 아버지로부터 물려받은 핵산이 포함될 수 있다.

<u>*Novo Nordisk v. BTG*</u> (Fed. Cir. 2005). 청구항은 더 긴 폴리펩타이드 발현과 효소적 절단에 의해 생성된, 뇌하수체 유래 인간 성장호르몬(human growth hormone; hGH)은 없는,[88] 191개의 아미노산을 가진 "숙성된" hGH(이하 ripe

88) "Until the mid-1980's, hGH for therapeutic purposes could be obtained only from the pituitary gland of a human cadaver (known as "pituitary-derived hGH"). However, the

hGH)[xl]에 대한 것이다.[xli] 최신 기술은 모든 한정사항을 (관련 출처에서 사용된) 동일 용어 그대로 (*ipsis verbis*, in the same words) 설명하지 않고도 내재적으로 예견할 수 있는 Pavlakis[xlii]이다. 미국 연방순회항소법원은 (위 § 4:4에서 유용성 요건의 맥락에서 분석한) *Rasmusson v. SmithKline Beecham* (Fed. Cir. 2005)[89]을 인용하며, 최첨단 기술을 담은 간행물이 35 U.S.C.A. § 112의 "사용(use)" 요건을 준수할 필요는 없다고 언급하였다. 거기엔 이중 기준이 있다. 특허 출원서는 특허를 청구한 물건을 어떻게 사용할 수 있는지 기재해야 하지만, 제3자의 특허 청구항들을 예견하는 출판된 출원서는, 제3자가 청구한 물건을 사용하는 방법은 기재할 필요 없이, 제3자가 청구한 물건을 기재하고 (그 물건의 생산을 용이하게 할 수 있게 만 하면) 된다.

NOVO NORDISK PHARMACEUTICALS v. BIO-TECHNOLOGY GENERAL CORP

U.S. Court of Appeals, Federal Circuit (2005)

청구항들 ('352 특허) (강조 표시 추가)

1. 뇌하수체 유래 인간 성장호르몬에서 나온 오염물이 없는, 생합성된 *성숙된* 인간 성장 호르몬.

2. 아미노 말단이 연장 인간 성장호르몬 융합 단백질을 이러한 발현이 가능한 미생물에 발현시키고, 아미노 말단 연장 부위를 효소적으로 절단하고, 생합성적으로 생산된 *성숙된* 인간 성장호르몬을 회수하여 생산한, 생합성된 *성숙된* 인간 성장호르몬.

Claims (U.S. Patent No. 5,633,352)

1. Biosynthetic *ripe* human growth hormone free of contaminants from pituitary derived human growth hormone.

2. Biosynthetic *ripe* human growth hormone produced by expressing an amino terminal extended human growth hormone fusion protein in a microorganism capable of such expression, enzymatically cleaving the amino terminal

use of pituitary-derived hGH carried a high risk of contamination and infection for the patient." *Novo Nordisk Pharmaceuticals, Inc. v. Bio-Technology General Corp.*, 424 F.3d 1347, 1349 (Fed. Cir. 2005)

89) 339 F.3d 1373 (Fed. Cir. 2005)

extension and recovering the biosynthetically produced *ripe* human growth hormone.

관련 기술

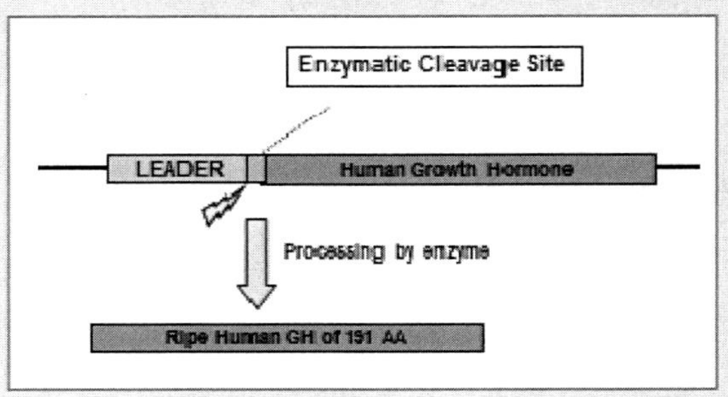

효소 절단에 의한 ripe hGH 생산

법원의 판결 이유

35 U.S.C. § 102(a)에 따라 인쇄된 간행물에 근거한 예견은 청구된 발명의 모든 한정사항이 각각 간행물에 존재해야 한다. … 그러나 "누락된 청구된 발명의 특징이 단일의 예견적 인용문헌에 반드시 존재하거나 내재되어 있다면, 선행 기술 인용문헌은 그 특징을 개시하지 않고 예견할 수 있다"고 규정하고 있다.

***선행기술 개시가 예견적이기 위해서는 발명을 실시 가능하게 하는 것으로, 당업자는 과도한 실험 없이 본 발명을 실시할 수 있을 것이다. … § 102에 따른 예견을 위한 선행기술 인용문헌의 실시가능성 기준은 35 U.S.C. § 112에 따른 실시 가능성 기준과 다르다. *Rasmusson* … § 112는 "명세서는 당업자가 본 발명을 '사용'하는 것이 가능하도록 해야 한다고 규정"하는 반면, … "§ 102는 예견적 개시와 관련하여 그러한 요구를 하지 않고 있다."

*** 본 법원은1981년 Pavlakis 논문이 '352 특허 청구항 1의 두 번째 및 세 번째 한정사항요소를 개시하고 있다는 1심법원의 판단에 오류가 없다고 본다. 이 한정사항들은hGH 단백질이 뇌하수체 유래 hGH와 동일한 191개 아미노산 서열로 구성되어야 하고, 단백질이 뇌하수체 유래 hGH의 완전한 생물학적 활성을 가져야 한다는 것이다. 그에 관하여 이 논문은 "DNA 서열에서 예측되듯이, hGH1 단백질은 뇌하수체에서 추출된 hGH의 *주요 형태와 모든 면에서 동일하게 보인다*"고 진술하고 있다. (강조 추가). 또한 이 논문은 hGH 제품의 특성을 분석하는 데 사용된 실험적 테스트들에 대해 논하고 있다. 이러한 테스트들은 hGH1 단백질이 뇌하수체 유래 hGH와 동일한 아미노산 서열 및 생물학적 활성을 갖는지 확인하기 위해 고안되었

다. 이 논문의 테스트들에 대한 논의는 1981년 파블라키스 논문이 청구항 1의 대상을 개시한다는 1심법원의 결론을 강력하게 뒷받침한다.

1981년 파블라키스 논문은, 특정 재료와 특정 방법론(secretion approach; 분비 접근법)을 논의하고 있기 때문에, ripe hGH 단백질의 생산을 실시 가능한 방식으로 개시하고 있다. 다시 말해, 이 논문은 출판 당시 통상의 기술을 가진 당업자가 이해할 수 있는 표준 재조합 DNA 기술에 의존하고 있다. 1981년 파블라키스 논문이 [청구항 1]의 예견적인 인용 문헌으로서 충분히 실시 가능할 수 있게 한다는 1심법원의 결론을 교란할 필요가 없다고 판단한다.

Monsanto Technology LLC v. E.I. Dupont De Nemours & Company (Fed. Cir. 2018).[90] 미국 연방순회항소법원은 특정 오일 조성을 갖는 식물 자손(plant progeny)을 얻기 위한 방법 청구항은, 필연적으로 해당 오일 조성의 결과를 낼, 부모 식물들(parent plants)의 교배를 개시하는 인용 문헌에 의해 내재적으로 예견된다고 판시했다. 인용 문헌이 문헌에는 명시적으로 보여지지 않은 많은 결과들을 얻는다고 기재하고 있고, 필연적으로 자손들 중 하나는 그 청구항의 모든 요소들을 충족한다는 상당한 증거가 있을 때는, 인용 문헌이 청구항을 예견하지 않는 선택적인 하위집합의 결과들을 명시적으로 개시하고 있다는 사실로 청구항의 내재성이 배제되지 않는다.

MONSANTO TECHNOLOGY LLC v. E.I. DUPONT DE NEMOURS & COMPANY

U.S. Court of Appeals, Federal Circuit (2018)

청구항 1 ('953 특허)

다음 단계들을 포함하는 종자유(seed oil) 지방산 조성이 변경된 대두 식물을 얻는 방법.

(a) 중량 기준으로 총 종자 지방산의 약 3% 이하인 리놀렌산 함량을 포함한 종자유 지방산 조성을 갖는 제1 대두 모계와 (i) 올레산 수준이 중량 기준 총 종자 지방산의 약 55%보다 크거나, (ii) 포화 지방산 수준이 중량 기준 총 종자 지방산의 약 8% 이하이고 올레산의 수준이 중량 기준 총 종자 지방산의 약 55% 이상인 종자유

90) 878 F.3d.1336 (Fed. Cir. 2018)

지방산 조성을 갖는 제2 대두 모계를 교배하는 단계;
상기 제2 대두 모계는 (i)의 제2 모계 대두의 중량 기준 총 종자 지방산의 약 55%보다 큰 올레산 수준을 제공하기 위해 내인성 대두 FAD2-1 유전자의 발현을 감소시키는 형질 전환 유전자를 포함하거나, 또는 중량 기준으로 약 8% 이하의 포화 지방산 수준 및 (ii)의 상기 제2 모계 대두 계통의 중량 기준으로 총 종자 지방산의 약 55%보다 큰 올레산 수준을 제공하기 위해 내인성 대두 FATB 유전자의 발현을 감소시키는 형질전환 유전자와 내인성 대두 FAD2-1 유전자의 발현을 감소시키는 형질전환 유전자를 둘 다 포함함.
그리고
(b) 중량 기준 총 지방산의 약 3% 이하의 리놀렌산 함량을 포함하고, 또한 i) 총 종자 지방산의 중량 기준 [약] 55% 내지 [약] 80% 범위의 올레산 수준, 또는 ii) 총 종자 지방산 중량의 약 8% 이하의 포화 지방산 수준과 총 종자 지방산 중량의 [약] 55% ~ [약] 80%의 올레산 수준을 모두 포함하는 종자유 지방산 조성물을 나타내는 자손 식물을 얻는 단계.

Claim 1 (U.S. Patent No. 7,790,953)

A method of obtaining a soybean plant with an altered seed oil fatty acid composition comprising the steps of:
(a) crossing a first soybean parent line having a seed oil fatty acid composition comprising a linolenic acid content of about 3% or less 2 of total seed fatty acids by weight with a second soybean parent line having a seed oil fatty acid composition wherein the i) level of oleic acid is greater than about 55% of total seed fatty acids by weight, or ii) wherein both the level of saturated fatty acid is about 8% or less of total seed fatty acids by weight and the level of oleic acid is greater than about 55% of total seed fatty acids by weight, said second soybean parent line comprising either a transgene that decreases the expression of an endogenous soybean FAD2-1 gene to provide the level of oleic acid greater than about 55% of total seed fatty acids by weight of said second parent soybean line of (i); or both a transgene that decreases the expression of an endogenous soybean FATB gene and a trans gene that decreases the expression of an endogenous soybean FAD2-1 gene to provide the level of saturated fatty acid of about 8% or less by weight and the level of oleic acid greater than about 55% of total seed fatty acids by weight of said second

parent soybean line of (ii); and

(b) obtaining a progeny plant exhibiting a seed oil fatty acid composition comprising a linolenic acid content of about 3% or less of total fatty acids by weight and also comprising either i) an oleic acid level in the range of [about] 55% to [about] 80% of total seed fatty acids by weight, or ii) both a saturated fatty acid level of about 8% or less of total seed fatty acids by weight and an oleic acid level of [about] 55% to [about] 80% of total seed fatty acids by weight, thereby obtaining a soybean plant with an altered seed oil fatty acid composition.

법원의 판결 이유

*** 부스(Booth) [선행 기술]는 청구항 1의 (a) 단계를 명시적으로 개시한다는 미국 특허심판원의 판단을 뒷받침하는 상당한 증거가 있다.

*** 또한 상당한 증거는 주장된 청구항들의 (b) 단계를 부스가 "반드시 포함한다"는 미국 특허심판원의 발견을 뒷받침한다. … 몬산토(Monsanto)는 표 12가 청구항 1단계 (b)의 중량별 지방산 특성을 가진 자손을 명시적으로 확인하지 않고 오히려 '953 특허의 청구 범위를 초과하는 종자유 올레산 함량을 가진 자손을 확인함으로써 "내재성에 대한 모든 주장을 배제"하기 때문에, 부스는 청구항 1단계 (b)를 예견하지 못한다고 주장하였다. [몬산토의 주장과는 달리,] 부스는 예 8의 교배 가계들로부터 많은 자손을 얻는 것을 기재하면서 결과들 중 "선택적인" 하위 집합만 표 12에 보고하고 있으며, [또한] 표 12의 "선택적인" 하위 집합은 내재성을 배제하지 않는다. [듀폰(Dupont)은 또한 "예 8의 개시된 방법에 따라 생산된 '부스 특허의 표 12에 포함안된 식물들을 포함하는' 추가 자손의 데이터를 보여주기 위해" 두 개의 키니 진술서(Kinney Declarations)를 생성하였다.]

*** 내재적 예견은 여기에 적용된다. … [키니 진술서들은 (a) 단계로 부터 나온 교배는 (b) 단계에서 청구된 바와 같은 "올레산 농도와 리놀렌산 농도를 갖는 자손 식물을 반드시 포함"한다는 것을 확인해 주어서, 부스가 내재적으로 확인대상 청구항들의 (b) 단계를 해석된 대로 예견함을 입증한다는 상당한 증거가 존재한다.

*** 미국 특허심판원은 키니 진술서들에 적절하게 의존했다. … [왜냐하면] 키니 진술서들은 부스의 의미를 확장하거나 선행기술로 작용하지 않으며, 다양한 종자유 지방산 프로파일을 가진 부스 자손에 내재된 것이 무엇인지를 보여주기 때문이다. … 키니 진술서들은 이 항소의 목적을 위해 단일 선행 기술 예견적 인용 문헌으로 사용되지 않았다. 그 대신, 키니 진술서들은 이미 법원의 기록에 등재되어 있는 선

행 기술인 부스의 예견성을 뒷받침하기 위해 제공되었다. 이러한 내재성 분석에서 외적 증거에 의존하는 것은 적절하다는 것이 잘 확립되어 있다.

Arbutus Biopharma Corporation v. ModernaTx, Inc. (Fed. Cir. 2023).[91] 미국 연방순회항소법원은 다른 간행물을 참조에 의해 통합한[xliii] 선행 기술 인용문헌을 내재적 예견 원칙에 따라 청구항을 무효화하는데 사용할 수 있다고 판시했다. 선행기술은 청구된 조성물을 명시적으로 개시하지 않았지만, 참조에 의한 통합을 통해 조성물 내에서 입자를 생성하는 과정을 개시했다. 법원은 참조에 의한 통합을 허용하면서, 이의가 제기된 특허가 유사하게 동일한 목적을 위해 동일한 인용문헌을 통합했고, 선행 기술 인용문헌은 문제가 된 청구항과 동일한 정도로 내재적으로 개시된 한정요소를 충족하면 된다는 점을 언급하였다.

ARBUTUS BIOPHARMA CORPORATION V. MODERNATX, INC.

U.S. Court of Appeals, Federal Circuit (2023)

청구항 1 ('127 특허) (강조 표시 추가)

복수의 핵산-지질 입자를 포함하는 조성물로서, 복수의 입자 내의 각 입자는 (a) 핵산; (b) 양이온성 지질; (c) 비양이온성 지질; 그리고 (d) 입자들의 응집을 억제하는 두 화합물의 결합으로 된 지질로 구성되며, *복수의 입자들 내의 적어도 약 95% 입자는 비-라멜라 형태를 갖는다.* **[이탤릭체로 표시된 부분을 "형태학적 한정사항"이라고 한다.]**

Claim 1 (U.S. Patent No. 9,404,127)

A composition comprising:

a plurality of nucleic acid-lipid particles, wherein each particle in the plurality of particles comprises:

(a) a nucleic acid;

(b) a cationic lipid;

(c) a non-cationic lipid; and

(d) a conjugated lipid that inhibits aggregation of particles,

wherein at least about 95% of the particles in the plurality of particles have a

91) ― ― ― F.4 ― ― ―, 2023 WL 2876820 (Fed. Cir. 2023).

non-lamellar morphology. [The italicized portion is referred to as the "Morphology Limitation."]

법원의 판결 이유

'069 특허[선행기술]가 형태학적 한정사항(Morphology Limitation)을 명시적으로 가르치지 않는다는 점에 대해서는 다툼이 없다. […] 알부투스(Arbutus)는 그 형태학적 한정사항이 개시들에 의해 내재적으로 충족된다고 판단한 미국 특허심판원이 오류를 범했다고 보여주지는 않았다.

먼저, 제형들에 대한 개시들을 살펴본다. Moderna의 설명에 따르면, '127[이의제기된 특허]와 '069[선행 기술 특허]는 "거의 동일한 문구"로 동일한 제형을 개시하고 있다. [ ] 두 특허 모두 1:57 및 1:62 제형에 대해 동일한 지질 조성을 개시하고 있다. [ ] 다른 제형들(2:30, 2:40, 10:15)의 경우, 알부투스의 전문가는 캡슐화 효율, 입자 크기, 다분산성 등의 매개변수들이 형태학적 한정사항에 영향을 미치지 않고 대체될 수 있다고 설명했다. [ ] '069 특허에 개시된 구체성은 '127 특허와 동일하다.92) 따라서, 두 특허의 제형들이 "동일하거나 본질적으로 동일하다"는 특허심판원의 판단을 뒷받침하는 상당한 증거가 있다.

둘째, 공정에 대한 개시들을 살펴본다. 이 조사에는 '127 및 '069 특허가 공정 매개변수인 ["직접 희석 방법(Direct Dilution Method)"으로 기재된] DDM을 어떻게 언급하고 있는지 평가하는 것이 포함된다. … '069 특허는 "이러한 직접 희석 공정을 수행하기 위한 공정들과 장치들은 [031 간행물]에 자세히 설명되어 있다"고 명시하고 있다." … '127 특허는 비-라멜라 형태가 "당업계의 통상의 기술자에게 알려져 있고 당업자가 사용하는 기술을 사용하여 쉽게 결정될 수 있다"고 설명한다. … '127 특허는 '069 특허에 포함되지 않은 세부 사항을 제공하지만, '127 특허는 "직접 희석 방법"을 지속적으로 참조표시를 하고, '031 간행물을 통합하여 이 공정을 수행하기 위한 세부 사항을 제공한다. … ("직접 희석 방법('DDM')과 DDM 을 수행하기 위한 장치는 [031간행물]에 상세히 기재되어 있으며, 031 간행물의 개시 내용은 어떤 목적을 위해서든지 전부가 여기에 참조에 의해 통합된다"). 따라서 인용 문헌들이 DDM을 동일한 방식으로 개시하고 기재한다는 특허심판원의 판단은 상당한 증거에 의해 뒷받침된다. [ ]

마지막으로, 내재적 예견성 분석은, 통합된 참조문헌의 공와 함께 '127 및 '069 특허 모두에 유사하게 개시되어 있는 DDM 공정에 의해 제형(1:57 또는 1:62)을 만들면 당연히 그 형태학적 한정사항을 갖는 조성물이 생성되는지 여부를 이해하는

---

92) 616 F.3d 1267, 1276 (Fed. Cir. 2010) 인용.

것을 포함한다. … 본 법원은 내재적 예견성에 대한 "중요한 질문"은 "(작동/운영 기능의 설정이 무엇이든지) [선행기술] 특허가 한정사항의 대상을 필연적으로 포함하거나 결과적으로 초래하는, 하나 이상의 실시 태양(embodiments)을 충분히 기재하고 가능하게 하는지 여부"라고 설명했다. …[93] 여기서, 선행기술이 '127 특허와 동일한 제형들 및 동일한 DDM을 가르친다는 미국 특허심판원의 판단에 오류가 없으므로, '069 특허가 형태학적 한정사항을 내재적으로 예견한다는 미국 특허심판원의 결론에 오류가 없다고 본다. 예견적이기 위하여 선행기술은 특허 발명과 동일한 정도로 내재적으로 개시된 한정사항을 충족하면 된다. 특허심판원은 '127 특허 자체가 1:62 제형과 같은 개시된 제형들을 '031 간행물에 기재된 DDM 공정으로 제조하는 방법을 가르치고 있으며, 당연히 청구된 형태학적 특성을 갖는 조성물을 생성할 수 있다고 합리적으로 판단했다.

*** **[법원은 그 공정에서 "형태학적 한정사항이 발생할 확률만" 있다는 주장에 대해 반박했다.]** 이는 당업자가 따라야 할 "제한된 수의 도구들"(5가지 제형과 2가지 공정)이 있는 경우이다. 특허심판원은 당업자가 이러한 개시 사항을 따르면 내재된 형태학적 특성을 가진 조성물을 얻게 된다고 합리적으로 판단했다. 특허심판원은 청구항 1의 형태학적 한정사항이 '069 특허에 의해 내재적으로 예견된다고 판단함에 있어서 오류를 범하지 않았다.

§ 9:21 저자 의견: 선행기술의 내재성(또는 그 결핍)에 대한 입증 책임

선행 기술이 이의 제기자(예: 미국 특허청의 심사관, 법원의 침해 혐의자 또는 당사자계 심판의 청구인)에 의해 내재적으로 예견가능한 것으로 인용될 때 항상 제기되는 문제는 이의 제기자의 입증 책임이 무엇인가이다. 출원된 청구항이 내재성에 근거한 신규성 결여로 무효임을 입증할 책임은 항상 도전자에게 있으므로, 이 문제에 대한 보다 정확한 기술은 증거제출의 부담(the burden of production)에 근거한 부담이다. 누가 그 부담을 가지고 있으며, 도전자가 내재성에 관한 일응의 유리한 판례를 만들기 위해 얼마나 많은 증거제출이 필요한가? 그 시점에서 증거제출의 부담은 내재성을 반박해야 하는 특허 보유자 또는 출원인에게로 이동한다.

In re Mousa (Fed. Cir. 2012)[94]에서 미국 연방순회항소법원은 이러한 부담 이동을 다음과 같이 기재했다.

심사관은 청구항 한정사항(claim limitation)이 선행 기술의 내재적 특성이라

93) 355 F.3d 1313, 1321 (Fed. Cir. 2004) 인용.
94) *Slip-op* No. 2011-1294(Fed. Cir. 2012) (전례가 없는)

> 는 합리적인 증거를 제공할 책임이 있다. ***In re Best*** [95)] … 심사관은 "'출원인이 적절하게 통지받고 대응할 수 있도록 자신이 인지한 단점들을 제대로 설명함'으로써 이러한 증거제출의 부담"을 충족시킬 수 있다. [인용 생략] … 그런 다음 입증 책임은 "선행 기술에 있는 것으로 보이는 대상이 (심사관이) 의존한 특성을 가지고 있지 않다는 것을 증명하기 위해" 출원인에게 전환된다. … ***In re Schreiber*** [96)] (일단 심사관이 일응의 유리한 예견성 사건을 확립하면, 내재성이 발견됨을 반박해야 할 발명가에게 그 입증 책임은 적절하게 전환된다고 판시함).
>
> *** 이러한 부담 이동의 공정성은 "미국 특허청이 물건을 제조하거나 선행 기술 물건들을 입수하여 비교할 능력이 없다는 점에서 입증된다." *In re Best* ... ("여기서와 같이 청구된 물건과 선행 기술 물건이 동일하거나 실질적으로 동일한 경우 … 미국 특허청은 출원인에게 선행 기술 물건들이 반드시 또는 내재적으로 청구된 제품의 특성을 가지고 있지 않다는 것을 증명하도록 요구할 수 있다.") … [그리고 충분한 반박을 위한 증거 또는 추론의 필요성에 대해 언급하면서 미국 연방순회항소법원은 다음과 같이 덧붙였다.] "뒷받침되지 않은 항소인의 진술들은 … 심사관의 주장을 반박하기에 충분한 증거가 되지 못한다." [인용 생략].

일응의 유리한 내재성 사건의 요소들은 사건마다 다를 것이지만, 도전자에게는 두 가지 명확한 요구 조건이 있다: (1) 합리적인 증거와 (2) 특허권자에게 적절한 통지와 대응 기회를 제공하기에 충분한 제대로 된 설명이 있어야 한다.

물론 방금 분석한 *Monsanto Technology LLC v. E.I. Dupont De Nemours & Company* 사건에서와 같이, 이의 제기자가 실험실 실험을 수행할 수 있는 접근성과 능력이 있는 위 사건에서는 Dupont 같은 제3자인 경우, 내재적으로 존재한다고 주장되는 물건이 실제로 존재하며 청구항의 한정사항들을 충족한다는 실제 증거를 제시할 수 있다. 그런 다음 Monsanto와 같은 특허 보유자는 도전자가 제시한 증거를 반박할 수 있는 증거를 제시해야 한다. *Monsanto Technology* 사건에서 특허 보유자는 그렇게 하지 않았고, Dupont이 키니 진술서들을 제출한 것의 적절성만을 공격했다. 법원은 반박 증거를 제시하지 않은 것은 Monsanto가 반박 주장을 포기한 것이라고 판단하여 짧게 정리했다.

95) 562 F.2d 1252, 1254–55 (C.C.P.A. 1977)

96) 128 F.3d 1473, 1478 (Fed. Cir. 1997)

10장 자명성(OBVIOUSNESS)

김관식 · 신혜은

§ 10:1 법령

35 U.S.C.A. § 103 (a)[1] **특허요건: 자명하지 않은 법정 주제**(2011년 9월 AIA에서 개정)

청구된 발명이 § 102에 규정된 것과 동일하게 개시되어 있지 않더라도 청구된 발명과 선행 기술 간의 차이점이, 청구된 발명을 전체적으로 청구된 발명의 유효 출원일 이전에 청구된 발명이 관련된 기술 분야에서 통상의 기술을 가진 자에게 자명하게 하는 정도라면, 청구된 발명에 대하여 특허받을 수 없다. 특허성은 발명이 이루어진 방식에 의해 부정되지 않는다.

35 U.S.C.A. § 103 (a) Conditions for patentability; non-obvious subject matter (As amended Sept 2011 by the AIA)

A patent for a claimed invention may not be obtained, notwithstanding that the claimed invention is not identically disclosed as set forth in section 102, if the differences between the claimed invention and the prior art are such that the claimed invention as a whole would have been obvious before the effective filing date of the claimed invention to a person having ordinary skill in the art to which the claimed invention pertains. Patentability shall not be negated by the manner in which the invention was made.

1) 35 U.S.C. § 103(a)(2014)

§ 10:2 자명성에 관한 법리의 역사적 맥락

최근 자명성의 일반 법리에서 가장 중요한 발전은 2007년 대법원의 ***KSR v. Teleflex*** 판결(U.S. Sup. Ct. 2007)이다.[2] *KSR* 판결은 청구된 발명의 자명성을 입증하기 위해 여러 선행 기술의 항목을 결합하거나 하나의 항목을 수정하는 것이 법적으로 허용되는지 여부를 결정하기 위해 수년 동안 CAFC에서 사용되어 온 TSM 시험의 배타성(exclusivity)을 제거함으로써 자명성의 법리에 다시 초점을 맞췄다. TSM은 선행 기술의 가르침(teaching), 제안(suggestion), 및 동기(motivation), 즉 선행 기술의 가르침, 제안(선행 기술의 여러 항목을 결합하거나 한 항목을 수정하는 것), 및 그렇게 하도록 하는 동기를 의미한다. *KSR* 대법원은 TSM 시험이 사용될 수 있지만 배타적이지는 않다고 판시했다.

§ 10:3 KSR v. Teleflex 이후의 판례법

KSR 이후 자명성 분석의 법적 분석 체계는 대법원의 이전 판례인 ***Graham v. John Deere*** (U.S. Sup. Ct. 1966)[3]를 기반으로 추가적인 고려사항이 있다. 이 분석에서는 이른바 "4개"의 *Graham*요소로 시작한다:

1. 선행 기술의 범위 및 내용;
2. 통상의 기술자의 기술 수준;
3. 청구된 발명과 선행 기술 간의 차이점, 그리고
4. 자명하지 않다는 이차적 고려 사항의 모든 징후. 이러한 징후에는 청구항 발명의 상업적 성공, 예상치 못한 결과 및/또는 타인의 회의론 등이 있다.

*KSR*판례에서는 이러한 잘 확립된 원칙에 다른 원칙을 몇 개 추가하여 이전의 TSM 시험의 엄격성을 완화했고, 그 결과 같은 발명이 2007년 이전보다 2007년 이후에 자명하다고 판단될 가능성이 더욱 높아졌다. *KSR*에 의한 비장명성 기준의 강화에는 다음과 같은 고려 사항이 포함된다:

- 익숙한 요소를 알려진 방법에 따라 조합하면 예측 가능한 결과만 얻을 수 있을 뿐이므로 자명하게 될 가능성이 높다.

---

2) 127 S. Ct. 1727 (U.S. Sup. Ct. 2007)

3) 383 U.S. 1 (U.S. Sup. Ct. 1966)

- 상식적으로 익숙한 물건은 주된 용도 외에 다른 용도가 있을 수 있으며, 보통의 기술을 가진 사람이라면 퍼즐 조각을 맞추듯 여러 선행 기술의 가르침을 서로 맞출 수 있는 경우가 많다.
- 법원은 관련 분야에서 통상의 기술자가 청구된 발명의 방식으로 요소를 결합하도록 유도했을 만한 이유만 확인하면 된다.
- 문제를 해결해야 하는 설계상의 필요성이나 시장의 압력이 있고 예측 가능한 해법이 한정되어 있는 경우, 보통의 기술을 가진 사람이라면 자신의 기술 범위 내에서 알려진 선택지를 추구할 충분한 이유가 있다. 이것이 예상되는 성공으로 이어진다면 혁신이 아니라 평범한 기술과 상식의 산물일 가능성이 높다. 이때 이러한 조합이 **시도하기에 자명**하다(obvious to try)는 사실은 § 103에 따라 자명하다는 것을 보여줄 수 있다.
- "시도의 자명성"이라는 개념은 이전에 CAFC가 *In re O'Farrell* (Fed. Cir. 1988)에서 논의한 바 있는데,[4] 그 중요성을 감안하여 § 10:10에서 자세히 설명한다. 1988년 판결인 이 사건은 *KSR v. Teleflex* (U.S. Sup. Ct. 2007)[5] 이전의 판결인데 *KSR* 판결에서 "부활"되었다. *In re O'Farrell*에서 처음 논의된 바 있는, 발명 시도의 자명성과 같은 특정 개념은 *KSR* 에 의해서 다시 정립되어 지지되었다. 이러한 개념은 *KSR* 이후의 모든 자명성 분석에 포함되어야 한다.

§ 10:4 자명성 분석에 앞서 청구항 해석하기

자명성 이론에 따라 청구항을 공격하거나 방어하는 경우, 먼저 청구항을 해석해야 한다. 이 절차는 신규성(제9장) 또는 침해(제12장)의 목적으로 청구항을 해석할 때와 동일하다. 청구항의 해석은 특별한 정의(있는 경우), 내재적 증거 및 외재적 증거를 사용하는 *Markman* 분석에 기반을 두고 있다(특히 **§ 12:3 침해의 법리 – 침해를 판단하기 위한 분석 절차** 참조).

다음 사례인 *Celgene Corp v. Laura Peter, Deputy Director of the USPTO,*

4) 853 F.2d 894 (Fed. Cir. 1988)
5) 127 S. Ct. 1727 (U.S. Sup. Ct. 2007)

Intervenor (Fed. Cir. 2019)[6]에서는 청구항의 해석과 자명성의 관계에 대한 좋은 사례를 제공한다. 이 사건은 또 다른 이유로도 흥미롭다. 이 사건의 청구항은 생명공학을 주제로 하고 있지만 전형적인 생명공학 청구항이 아니다. 이는 탈리도마이드(thalidomide)의 조제를 위한 약국 기반 개인 맞춤형 의약품 프로토콜을 보호하기 위해 컴퓨터로 구현된 방법을 기반으로 청구항의 초안을 작성하고자 하는 교묘한 시도이다. 이러한 유형의 청구의 유효성에 대한 공격을 35 U.S.C.A § 101 및 *Alice Corp v. CLS Bank* (U.S. Sup. Ct. 2014)[7]에 근거하여, 범용 컴퓨터가 구현한 추상적 사상에 불과한 것으로 간주할 수도 있지만, 여기서는 35 U.S.C.A § 103 자명성에 근거하여 무효 주장을 제기할 수 있다. (35 U.S.C.A § 101에 따른 이의 제기는 IPR에서는 법적으로 불가능하다.) '저렴한 약을 위한 연합'(Coalition for Affordable Drugs, CFAD)이라는 명칭의 무효 주장의 제기자는 의약품의 정밀한 배분(precision dispensation)을 차단하기 위해 지식재산권 공격을 제기하는 특허 비실시 단체(non-practicing entity)이다. CFAD는 특허심판원(Patent Trial and Appeal Board)에서 승소했지만 CAFC에 대한 항소에는 참여하지 않고, 대신에 미국 특허청장이 항소 단계에서 개입하였다. 결국 자명성 이의 제기가 성공하여, 특허법의 다른 조항에 따른 충분한 공격 근거가 있음에도 특허성(patantability)의 문제 제기를 남용하는 것을 비판한 많은 논평가들의 견해에 신빙성을 부여하였다.

Celgene Corp v. Laura Peter, Deputy Director of the USPTO, Intervenor (Fed. Cir. 2019).[8] 이 사건은, 청구항을 단어의 용례나 출원 경과에만 의존하여 해석하도록 법원에 의존할 것이 아니라, 명세서 내부에 특별한 정의를 포함하는 것이 중요함을 보여주는 사건이다. 명세서 내에 "컴퓨터 판독 가능 매체"라는 용어에 대한 특별한 정의가 있었다면 특허권자는 자명성의 거절을 더 쉽게 극복할 수 있었을 것이어서 청구항이 무효로 되지 않았을 것이다.

---

6) 931 F.3d 1342 (Fed. Cir. 2019)

7) 134 S. Ct. 2347 (U.S. Sup. Ct. 2014)

8) 931 F.3d 1342 (Fed. Cir. 2019)

CELGENE CORP v. LAURA PETER, DEPUTY DIRECTOR OF THE USPTO, INTERVENOR

Court of Appeals, Federal Circuit (2019)

청구항 1. ('501 특허, 강조 추가)

기형 유발 약물[**청구항 2**: 탈리도마이드]를 태아에게 전달하지 않으면서 해당 약물을 필요로 하는 환자에게 전달하는 아래의 단계를 포함하는 방법:

a. 해당 약물을 처방할 자격이 있는 처방자를 **컴퓨터로 읽을 수 있는 저장 매체**에 등록하는 단계;
b. 해당 약품에 대한 처방전을 작성하기 위한 약국을 **상기 매체**에 등록하는 단계;
c. 여성 환자의 임신 능력 및 남성 환자의 여성 임신 능력에 관한 정보를 포함하여 **상기 매체**에 해당 환자를 등록하는 단계;
d. **상기 매체**로부터 임신이 가능한 여성 환자 및 여성을 임신시킬 수 있는 남성 환자의 하위 집단을 식별하는 정보를 검색하는 단계;
e. 해당 약물에 대한 태아 노출에 수반되는 위험에 관한 상담 정보를 하위 집단에 제공하는 단계;
f. 해당 하위 집단을 구성하는 환자가 임신 중인지 여부 확인하는 단계; 및
g. 해당 환자에 대한 비임신 결정에 따라 해당 등록 약국이 해당 비임신 등록 환자에 대해 해당 등록 처방자의 처방전을 조제하도록 승인하는 단계.

Claim 1. ('501 patent, emphasis added)

A method for delivering a teratogenic drug [**Claim 2**: thalidomide] to patients in need of the drug while avoiding the delivery of said drug to a foetus comprising:

a. registering in a *computer readable storage medium* prescribers who are qualified to prescribe said drug;
b. registering in *said medium* pharmacies to fill prescriptions for said drug;
c. registering said patients in *said medium*, including information concerning the ability of female patients to become pregnant and the ability of male patients to impregnate females;
d. retrieving from *said medium* information identifying a subpopulation of said female patients who are capable of becoming pregnant and male patients who are capable of impregnating females;

e. providing to the subpopulation, counseling information concerning the risks attendant to fetal exposure to said drug;
f. determining whether patients comprising said subpopulation are pregnant; and
g. in response to a determination of non-pregnancy for said patients, authorizing said registered pharmacies to fill prescriptions from said registered prescribers for said non-pregnant registered patients.

법원 판결 이유

*** Celgene 사는 항소심에서 심판원에서의 자명하다는 판단을 세 가지 측면, 즉 (1) 청구항 해석의 주장에 의존하는 것으로 선행 기술이 '컴퓨터 판독 가능 저장 매체'의 한정을 충족한다는 사실판단, (2) 기형 유발 약물의 위험성에 대해 남성 환자에게 상담하는 것이 자명하다는 판단, (3) 이차적 고려 사항에 대한 판단 등을 공격하였다.

여기서는 청구항 해석에 대해서만 논의한다: Celgene 사는 심판원에서, 청구항 1의 "컴퓨터 판독 가능한 저장매체"라는 용어는 "청구항의 처방자, 약국 및 환자에 관한 모든 등록 정보가 포함되어 있는 중앙집중식의 컴퓨터 판독가능 저장매체", 즉 "**중앙 집중식** 데이터베이스"를 필요로 한다고 주장했다.

*** Celgene 사에 따르면, 청구항에서 "컴퓨터 판독 가능 저장 매체"를 다시 인용하는 "상기 매체"라는 용어를 사용한 것은 컴퓨터 판독이 가능한 단수의 중앙 저장 매체여야 함을 나타낸다. … 그러나 특허청이 지적했듯이 개방형의 "포함(comprising)" 청구항에서 "a" 또는 "an"을 사용하는 것은 "하나 이상"을 의미한다. *Baldwin Graphic Sys., Inc. v. Siebert, Inc.*, (Fed. Cir. 2008)[9]. 그리고 "동일한 청구항을 다시 지칭하기 위해 청구항에서 정관사 'the' 또는 'said'를 사용하는 것에 의하여 이러한 일반적인 복수 규칙이 변경되지는 않으며 단순히 단수가 아닌 의미로 재인용하는 것이다.[10] "a" 또는 "an"이 둘 이상의 의미를 갖는다는 일반적인 규칙에 대한 예외는 "청구항 자체의 언어, 명세서 또는 출원 이력에 의하여 이러한 규칙에서 벗어날 필요가 있을 때에만 발생한다."

청구항 자체, 명세서 또는 출원 이력의 어느 것에 의하더라도 이러한 규칙의 변경은 필요한 것이 아니다. … 청구항에서는 "컴퓨터 판독 가능한 저장매체"를 언급하고 있으며 중앙 집중식이라고 명시하지 않고 있다. 명세서는 컴퓨터 판독 가능한 저장매체를 중앙 집중식을 요하지 않는다. 오히려 명세서는 복수의 별개의 컴퓨터

9) 512 F.3d 1338 (Fed. Cir. 2008).
10) *Id.*, at 1342

> 판독 가능한 저장매체, 즉 처방자, 약국 및 환자를 위한 별도의 매체가 있을 수 있다고 상정하고 있다. …
>
> 또한, 우리는 출원 과정에서 비중앙집중식 컴퓨터 판독 가능한 저장매체를 부인했다는 Celgene의 주장을 수긍할 수 없다. … 우리는 출원경과를 더욱 잘 읽으면, Celgene이 청구항 발명은 컴퓨터 판독 가능한 저장매체를 사용하는 반면 선행 기술은 인터넷을 사용하는 점을 근거로 청구항 발명을 선행 기술과 차별화했다는 PTO의 주장에 동의한다. …
>
> 마지막으로, 내적 증거에 의하면 **중앙 집중식** 컴퓨터 판독 가능한 저장매체를 필요로 하지 않으므로 심판원에서, 전문가 증언을 포함한 외적 증거가 "이 사건에서 설득력 있는 내적 증거보다 우선"하는 것으로 허용하지 않은 점은 옳다. … 따라서 심판원에서는 가장 폭넓고 합리적인 해석에 따라 청구항 1이 **중앙 집중식** 컴퓨터 판독 가능한 저장매체에 한정되지 않는다고 판단한 것은 옳다.
>
> **판결:** 청구항은 자명성을 이유로 35 U.S.C. § 103에 따라 특허를 받을 수 없음

§ 10:5 자명성 분석을 위한 체크리스트

청구항의 해석 후 특허 실무가들은 아래에 기술된 것과 같은 자명성 관련 문제에 초점을 맞춘 체크리스트를 사용할 것을 고려해 볼 수 있다. 이 목록은 두 단계로 구성되어 있는데, **첫째**, 일응의 자명성 사례(prima facie case of obviousness)가 있는지, **둘째**, 자명하다면 이차적 고려 사항이나 객관적인 비자명성 징후로 이를 번복할 수 있는지 여부이다. 다음은 질문해야 할 사항과 결정해야 할 사항이다.

§ 10:6 청구항이 일응 자명한가?

1. 청구항의 유효 출원일은 언제인가? 이에 따라 선행 기술로 간주할 항목과 그렇지 않은 항목이 결정된다. 청구의 유효 출원일이 AIA 이후인 경우에는 선행 기술의 범위가 훨씬 더 넓어진다. 상기 § 9:1부터 § 9:4까지 참조.

2. *Graham v. John Deere* (U.S. Sup. Ct. 1966)[11] 및 *KSR v. Teleflex* (U.S. Sup. Ct. 2007)[12]는 청구항의 유효 출원일과 무관하게 적용되므로, 이 두 개의 판

11) 383 U.S. 1 (U.S. Sup. Ct. 1966)
12) 127 S. Ct. 1727 (U.S. Sup. Ct. 2007)

례와 CAFC 및 USPTO의 해석 및 적용을 중심으로 분석할 필요가 있다.

3. 청구항에 대해 사용된(또는 사용될) 선행기술의 모든 항목이 본 발명의 분야와 "유사"(analogous)한가? *In re Clay* (Fed. Cir. 1992)[13] 에서는 선행기술 분야의 유사성 여부를 판단하는 두 가지 기준을 제시하고 있다: "(1) 선행기술이 해결된 문제와 관계없이 동일한 분야의 기술인지 여부, (2) 인용문헌이 발명가의 노력 분야가 아닌 경우, 인용문헌이 발명가가 관여하는 특정 문제와 여전히 합리적으로 관련성이 있는지 여부"에 대해 설명한다. 무효를 주장하는 자는 인용된 기술이 다른 선행 기술의 항목이 아니라 공격 대상 특허의 기술분야와 유사하다는 것을 입증해야 한다. *Sanofi−Aventis Deutschland GmbH v Mylan Pharmaceuticals, Inc.* (Fed. Cir. 2023).[14] 선행 기술의 항목이 관련성이 없거나 유사하지 않은 경우에는 해당 기술 자체를 이용하여 공격하든지 아니면 자명성 공격의 근거로부터 제거해야 한다.

4. 선행 기술을 수정하거나 결합해야 할 명시적인 이유가 있는가? 무효의 주장이 제기된 청구항을 도출하기 위해 선행 기술의 하나의 선행문헌 항목을 수정해야 하거나 여러 항목을 결합해야 하는 경우, 하나 이상의 항목에서 수정 또는 결합에 대한 명시적인 가르침, 제안 또는 동기(즉, TSM)가 발견되는지 여부가 문제된다.

5. 어느 한 선행문헌 항목에 명시적인 TSM이 없는 경우, 통상의 기술자가 자신의 상식(*KSR* 이후에는 선행 기술을 개선하려는 기본적인 동기("통상의 발명성 ordinary inventiveness")를 가정해야 함)을 적용하여 이를 수정하거나 결합할 어떤 이유가 있는가? 이러한 이유는 문헌이나 해당 기술의 일반적인 관행 또는 전문가 증언에서 비롯될 수 있다.

6. 이와는 대조적으로, 선행 기술에는 청구항 발명에 대한 이른바 "반대적 교시"(teaching away)가 존재할 수 있으며, 이에 의하여 자명성의 추정이 무효화 될 수 있다. 그러나 이러한 반대적 교시는 "청구항 발명에 대한 탐구를 비판, 불신 또는 기타의 방법으로 방해"해야 한다. 예를 들어, *Galderma Labs., L.P. v. Tolmar, Inc.* (Fed. Cir. 2013) 참조.[15] 대체적 발명 또는 실시례에 대한 단순한 선

---

13) 966 F.2d 656 (Fed. Cir. 1992)

14) − − F.4th − − − 2023 WL 3311549(Fed. Cir. 2023)

15) 737 F.3d 731, 738 (Fed. Cir. 2013)

호는 반대적 교시가 아니다.

7. 선행 기술을 수정하거나 결합할 이유가 있는 경우, 수정 또는 결합을 통해 실제로 청구항의 모든 구성요소를 얻을 수 있는가? 그렇지 않다면, 그 수정 또는 조합이 일응의 자명성에 불충분할 수 있다.

8. 수정 또는 조합으로 인해 제한된 수의 결과가 발생하고 그 중 하나가 청구된 경우, 해당 상황은 "시도해 볼 수 있음이 **자명한**" 상황일 수 있으며, 이 역시 자명성을 인정하기에 충분할 수 있다.

9. 선행기술 중 어느 한 문헌의 실시가능성(enablement)의 여부는 신규성 결여에 따른 무효주장의 제기만큼 중요하지는 않지만, 수정되거나 결합된 선행 기술 전체가 청구항 발명을 실시가능하도록 하고 있는가?

10. 수정 또는 조합에 의하여 청구항의 모든 구성요소가 도출되는 경우, 청구항 발명의 결과를 달성하는 데 성공할 것이라는 합리적인 기대가 있는가? 절대적인 예측 가능성은 필요하지 않지만, 성공에 대한 합리적 기대가 없다면 일응의 자명성이 부정될 수 있다. 2016년 사건인 *Intelligent Bio-Systems, Inc.* (Fed. Cir. 2016)[16] (하기 § 10:10에서 상세히 설명)에서는 선행 기술을 결합(또는 수정)해야 하는 이유와 성공에 대한 합리적 기대 사이의 관계를 설명한다. *Intelligent Bio-Systems* 판결의 주요 교훈은 결합 사유는 청구항과 무관하며 인용문헌 자체(TSM 분석) 또는 다른 선행문헌에서(*KSR*에 의함) 찾을 수 있다는 것이다. 반대로 성공에 대한 기대는 청구항의 한정과 범위에 따라 달라진다.

§ 10:7 일응 자명한 경우 복멸될 수 있나?

1. 선행 기술의 수정 또는 조합으로 청구된 발명을 달성할 수 있을 것이라는 합리적인 기대와 함께 무효 주장이 제기된 청구항의 모든 구성요소가 도출되는 경우, 이차적 고려 사항 또는 비자명성에 관한 객관적 지표로 일응의 자명성을 복멸할 수 있는가? 그렇지 않다면 이는 자명하다는 최종적 결론으로 이어질 수 있다.

2. 보다 구체적으로, 청구항 발명에 의해 달성된 결과가 예상치 못했거나 예측할 수 없는 것이 있는가? 이러한 결과가 발명과 관련성이 있는가? 이차적인 고려 사항 또는 비자명성의 징후로 입증될 수 있는가? 이차적 고려 사항이 될 수 있

16) 821F.3d 1359 (Fed. Cir. 2016)

는 항목의 목록에는 다음이 포함된다:

a) 놀랍거나 및/또는 예상하지 못한 기술적 또는 과학적 결과;

b) 상업적 성공;

c) 오랫동안 느껴졌지만 해결되지 않은 필요;

d) 타인의 실패;

e) 타인에 의한 초기의 회의론;

f) 타인에 의한 초기 또는 최종적 찬사 및 수용; 및/또는

g) 경쟁업체에 의한 해당 발명의 복제 및/또는 광범위한 채택.

3. 중요한 것은 이차적 고려사항이 입증될 수 있는 경우, 청구항 발명과 이차적 고려사항 사이에 직접적인 관련성(nexus)이 있는가 하는 점이다. 이러한 관련성이 없으면 증명에 실패하고 일응의 자명성은 번복되지 않는다.

4. 이차적 고려 사항의 범위와 범위가 청구범위에 상응하는가? 증거가 광범위한 상위개념(genus) 청구항의 하나 또는 몇 가지 실시례와 관련된 것일 경우, 이 증거는 광범위한 상위개념 청구항의 일응의 자명성을 복멸하기에 충분하지 않을 수 있다.

***

"시도의 자명성"의 중요성이 새롭게 부각되는 것과 같이 *KSR/O'Farrell*의 결과는 현재도 느껴지고 있으며 앞으로도 오랫동안 느껴질 것이다. 이 장의 후반부 부분에서는 생명공학 발명에 큰 영향을 미칠 수 있는 고전적 제약 발명의 비자명성 일반 법리에서 최근의 기타 발전에 대해 논의한다. § 10:24에서는 **내재적 자명성**(Inherent Obviousness)이라는 개념의 발전에 대해, § 10:25과 § 10:26에서는 **선도적 화합물 이론**(Lead Compound Theory)에 대해, 그리고 § 10:27에서는 **정밀 의학**(Precision Medicine) 청구항의 자명성에 대해 논의한다. 이러한 모든 현재 및 예상되는 법의 변화를 고려할 때, 모든 실무가들은 CAFC가 선고하는 모든 새로운 비자명성 판결을 면밀히 주시하는 것이 중요하다.

§ 10:8 저자 의견: 생명공학을 위한 추가 요소

생명공학 분야에서는 *KSR* 사건 이후, 기술 자체의 발전이라는 이유로 인해 자명

성 판례가 더욱 혼란스러워졌다. 생명공학 기술이 아직 예측 가능하지 않았던 80년대와 90년대의 기술 초기 단계에서 판결된 사건인 아래의 *Hybritech v. Monoclonal Antibodies* (Fed. Cir. 1986)[17] 또는 *In re Bell* (Fed. Cir. 1993)[18] 사건에서 법원은 자명성 여부에 대해서 비자명성을 선호하는 판결을 내리는 것으로 보였다. 하지만 그 이후 (생명공학 기술의 예측 가능성이 높아진 2000년대와 2010년대)에 판결된 사건의 경우는 그 반대이다. 예를 들어, *In re Kubin* (Fed. Cir. 2009)[19] 및 *In re Dröge* (Fed. Cir. 2012)[20] 참조. 따라서 1980년대에 비자명한 것으로 간주되었던 특정 발명이 이 책 최신판 발행 시점에서는 자명한 것으로 간주될 수도 있다.

생명공학의 과학적 발전과 *KSR* 이후의 비자명성 원리의 법적 발전이라는 두 가지 요인이 함께 자명성 법리에 지대한 영향을 미쳤다. 생명공학 청구항이 자명한지 여부를 분석할 때 중요한 것은 35 U.S.C.A. § 103에 따른 법적 분석틀과 미국 특허청과 법원의 추론 방식을 이해하는 것이다. 각 사건에서 결과를 좌우하는 것은 특히 과학적 사실과 같은 구체적인 사실과 이들의 해당 사건에서의 적용이다. 이 분야의 생명공학 관련 사건은 매우 사실 집약적이어서 하나의 사건이 다음 사건에 항상 좋은 선례가 되는 것은 아니다.

이러한 모든 고려 사항을 염두에 두고 이제 생명공학 발명의 불명확성에 관한 판례를 살펴보고자 한다.

§ 10:9 동기 부여와 성공에 대한 합리적 기대 사이의 관계

Intelligent Bio-Systems, Inc., v. Illumina Cambridge Ltd. (Fed. Cir. 2016).[21] 두 개 이상의 선행기술 문헌의 조합을 근거로 자명성을 주장하기 위해서는 최소한 두 가지 조건이 필요하다: **첫째**, 인용문헌을 결합할 이유가 있어야 하고, **둘째**, 청구항 발명을 달성하는 데 성공할 것이라는 합리적 기대가 있어야 한다. 성공의 여부는 청구범위에 의하여 측정되는대로 충족되며 그 이상을 요하지 않는다. 그러나 결합의 이유는 청구범위와 무관하며, 인용문헌 자체에서 발견되거나 통상의 기술자의 필요에 의해 제공되는, 인용문헌을 결합해야 하는 객관적인 이유에 근거해야 한다. 이 사례에서 볼 수 있듯이, 성공에 대한 합리적인 기대가

17) 802 F.2d 1367 (Fed. Cir. 1993)
18) 991 F.2d 781 (Fed. Cir. 1993)
19) 561 F.3d 1351 (Fed. Cir. 2009)
20) 695 F.3d 1334 (Fed. Cir. 2012)
21) 821 F.3d 1359 (Fed. Cir. 2016)

있더라도 선행 기술 문헌을 결합할 이유가 없다면 청구항은 여전히 자명하지 않다.

INTELLIGENT BIO-SYSTEMS, INC., ILLUMINA CAMBRIDGE LTD.

U.S. Court of Appeals, Federal Circuit (2016)

청구항 1. (강조는 원문)

핵산 분자에 라벨링하는 방법으로서, 상기 방법은 핵산 분자에 뉴클레오티드 또는 뉴클레오시드 분자를 통합하는 것을 포함하며, 상기 뉴클레오티드 또는 뉴클레오시드 분자는 절단 가능한 링커를 통해 검출 가능한 표지자와 연결된 염기를 가지며, 상기 뉴클레오티드 또는 뉴클레오시드 분자는 리보스 또는 데옥시리보스 당 모이오티를 가지며, 여기서, 리보스 또는 데옥시리보스 당 모이오티는 2′ 또는 3′ 산소 원자를 통해 부착된 보호기를 포함하고, **상기 보호기는 3′ OH기를 노출하도록 변형 또는 제거될 수 있으며, 당해 보호기는 아지도기를 포함**하는 방법.

Claim 1. (emphasis in the original)

A method of labeling a nucleic acid molecule, the method comprising incorporating into the nucleic acid molecule a nucleotide or nucleoside molecule, wherein the nucleotide or nucleoside molecule has a base that is linked to a detectable label via a cleavable linker and the nucleotide or nucleoside molecule has a ribose or deoxyribose sugar moiety, wherein the ribose or deoxyribose sugar moiety comprises a protecting group attached via the 2′ or 3′ oxygen atom, *and said protecting group can be modified or removed to expose a 3′ OH group and the protecting group comprises an azido group.*

법원 판결 이유

이 항소심에서 쟁점이 되는 선행기술은 세편 즉, (1) Tsien, (2) Ju, (3) Zavgorodny이다. … 선행기술 Ju와 Tsien은 모두 SBS 방법 [”SBS”는 청구항의 방법을 사용하는 “합성에 의한 시퀀싱”을 의미함]을 포함하는 미지의 DNA 시퀀싱 방법을 공개하고 있으며, 여기에는 검출을 위한 뉴클레오타이드의 라벨링과 뉴클레오타이드의 3′-OH 위치에 보호기를 사용하는 것이 포함되어 있다. 그러나 Ju나 Tsien은 아지도 그룹을 구성하는 보호기를 개시하지 않는다.

선행기술 Zavgorodny와 관련하여, 심판원에서는 “아지도메틸 모이오티는 뉴클레오시드의 3′ OH 위치에 적합한 보호기이며, 이는 Ju 또는 Tsien의 공정에서 보호가 필요한 위치이며, 아지도메틸기가 특정하고 온화한 조건에서 뉴클레오시드로부터 절단 가능하다는 사실"을 가르친다는 것을 발견했다.

*** 이 항소심에서 특히 중요한 것은 "3′ 차단 그룹의 성공적인 사용을 위한 기준" 중 하나가 "신속하고 **정량적인** 차단 해제를 위한 온화한 조건의 가용성"이라는 점이다. … 신청인과 피신청인은 차단 해제(즉, 보호 그룹 제거)가 정량적으로 이루어지기 위해서는 100% 또는 거의 100%의 효율로 이루어져야 한다는 데 동의하는 것으로 보인다…

*** **법원에서의 의견서 순서과 달리, 먼저 결합의 동기 부족에 대해 논의한다.** 심판원에서는… "Tsien의 정량적 차단 제거 요건을 인정했음에도 불구하고, … 청구인은 왜 통상의 기술자가 Zavgorodny의 아지도메틸 보호기가 Tsien의 염기서열 분석법에 사용하기에 적합한 조건에서 Tsien의 정량적 차단 제거 요건을 충족할 것으로 기대했는가에 대한 구체적이거나 신뢰할 만한 설명을 제공하지 않았다"고 판단한 것은 정당하다. … 이러한 한계는 정량적 차단 제거가 전혀 필요하지 않은 '537 특허의 청구항을 충족하는 데 성공할 것이라는 합리적인 기대가 없었다는 결과와는 무관하지만, 결합의 동기가 없다는 결과의 핵심이다. 이는 청구인이 통상의 기술자가 Zavgorody의 아지도메틸기를 Tsien의 SBS 방법과 결합할 동기를 부여하는 이유에 대한 **유일한** 논거가 Tsien의 정량적 차단 해제 요건을 충족하기 때문이라는 것이기 때문이다.

*** **다음으로 성공에 대한 합리적 기대에 대해 논의한다.** 성공에 대한 합리적 기대 요건은 청구 발명의 한계를 충족하기 위해 참조 문헌을 결합할 때 성공할 가능성을 의미한다. "성공에 대한 합리적 기대 요건을 평가할 때 특허가 **청구된 발명**의 적법한 범위를 고려하지 않는 것은 법률적인 오류를 구성하며, 이는 존중 없이(without deference) 재심리되는 것이다." *Allergan v. Apotex*[22] … Zavgorody의 보호 그룹이 Tsien 또는 Ju의 시퀀싱 방법에서 정량적으로 제거되지 않는다는 것은 중요하지 않는데, 이는 단순히 '537 특허의 청구항에 의해 제거가 요구되지 않기 때문이다. 심판원에서는 "성공에 대한 합리적 기대"에 대한 질문이 선행기술 문헌이 결합된 후 의도한 대로 작동할 것으로 합리적으로 기대할 수 있는지에 대한 질문이라고 생각하는 것 같다. 이는 올바른 질문이 아니다. 문제가 된 특허에서 주장하는 바를 달성할 수 있다는 합리적 기대와 함께 결합 동기가 있어야 한다. 따라서 심판원이 성공에 대한 합리적 기대가 없다는 것에 의존한 것은 부적절하다.

[**판결**: 결합의 동기가 없으므로 심판원의 비자명성 판단이 유지되었다.]

22) 754 F.3d 952, 966 (Fed. Cir. 2014) (강조 표시 추가).

§ 10:10 발명 시도의 자명성

In re O'Farrell (Fed. Cir. 1988).[23] 이 사건 청구항은 유전 공학에 의해 "미리 결정된" 단백질을 생산하는 공정에 관한 것으로, 미리 결정된 단백질과 베타 갈락토시다아제 유전자의 융합을 사용한다. 법원은 이 과정이 nonsence rRNA 인코디드 단백질, 즉 베타 갈락토시다아제에 융합된 "미리 결정되지 않은" 단백질을 생산하는 선행기술에 의하여 자명하다고 판결하였다. 출원일 당시에 단순히 "시도하는 것이 자명"한 것이 아니라 성공에 대한 합리적인 기대가 있었다. "시도의 자명성" 개념은 CAFC에서 인정되었지만, 1988년 당시에도 이 개념은 여전히 선호되지 않았다.

IN RE PATRICK H. O'FARRELL, ET AL

U. S. Court of Appeals, Federal Circuit (1988)

청구항 1 (강조는 추가)

세균의 변형된 숙주 종에서 **특정한** 정적인 형태의 특정 단백질을 생산하는 방법에 있어서, *E. coli* 플라스미드를 제공하는 방법을 포함하며, 해당 플라스미드는 운영자, 프로모터, 번역 시작을 위한 사이트 및 적어도 *E. coli* 젖당 조절자의 베타-갈락토시다아제 유전자의 상당 부분을 포함하며, 상기 베타-갈락토시다아제 유전자의 상당 부분은 상기 운영자, 프로모터 및 번역 시작을 위한 사이트의 제어하에 있으며, 상기 베타-갈락토시다아제 유전자의 상당 부분은 정상 유전자 종결 신호가 없으며, 이와 상기 베타-갈락토시다아제 유전자 부분의 말단에 상기 **특정한** 단백질을 부호화하는 이종 유전자를 연결하는 것으로, 상기 이종 유전자는 적절한 방향으로 있으며, 해당 이종 유전자의 코돈은 상기 베타-갈락토시다아제 유전자 부분의 코돈과 동일한 열에서 배열되어 있어, 상기 베타-갈락토시다아제 유전자 부분에서 읽기가 이루어진 후에도 동일한 열에서 상기 이종 유전자로 읽기가 연속될 수 있도록 하며, 상기 이종 유전자 부분은 상기 숙주 세균 종을 변형하는 데 사용될 때, 상기 플라스미드가 사용되었을 때, 해당 **특정한** 단백질에 안정성을 부여하기 위한 충분한 크기의 융합 단백질을 발현하는 데 필요한 충분한 DNA 서열을 추가로 포함하는 방법

23) 853 F.2d 894 (Fed. Cir. 1988)

Claim 1 (emphasis added)

A method for producing a *predetermined* protein in a stable form in a transformed host species of bacteria, comprising, providing an *E. coli* plasmid having an operator, a promoter, a site for the initiation of translation, and at least a substantial portion of the beta-galactosidase gene of the *E. coli* lactose operon, said substantial portion of said beta-galactosidase gene being under the control of said operator, promoter and site for initiation of translation, said substantial portion of said beta-galactosidase gene lacking the normal gene termination signal, and linking a heterologous gene encoding said *predetermined* protein to said beta-galactosidase gene portion at its distal end, said heterologous gene being in proper orientation and having codons arranged in the same reading frame as the codons of the said beta-galactosidase gene portion so that read-through can occur from said beta-galactosidase gene portion into said heterologous gene in the same reading frame, said heterologous gene portion further containing sufficient DNA sequences to result in expression of a fused protein having sufficient size so as to confer stability on said *predetermined* protein when said vector is used to transform said host species of bacteria.

관련 기술

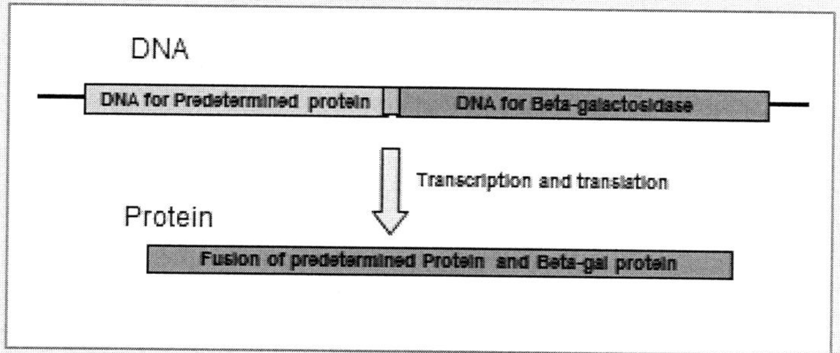

β-갈락토시다아제에 융합된 특정 단백질의 DNA 및 단백질 생성물의 발현

법원 판결 이유

리보솜 RNA는 메신저 RNA와 동일한 뉴클레오타이드로 구성되어 있고, 뉴클레오타이드의 서열은 코돈으로 3개 그룹으로 읽을 수 있으며, 이러한 코돈을 읽으면 정지 코돈을 만날 때까지 길어지는 폴리펩티드 사슬을 지정해야 한다는 것은 통상의

기술자에게 잘 알려져 있었다. 따라서 예비 관찰 결과 베타 갈락토시다아제 유전자의 끝을 넘어서는 코돈이 펩타이드 사슬로 번역되고 있음을 보여주었다. 이는 통상의 기술자에게 베타 갈락토시다아제 유전자의 끝을 넘어 삽입된 코돈이 "미리 결정된 단백질"을 코딩하는 경우 해당 단백질이 생성될 것이라는 것을 합리적으로 시사한다. 즉, 가장 가까운 선행 기술인 Polisky에서 보고된 관찰을 통해 넌센스 RNA가 넌센스 폴리펩타이드를 생성하므로 리보솜 RNA 대신 의미 있는 RNA를 삽입하면 유용한 단백질이 생성될 것이라는 결론을 내리는 것이 당연하고 합리적일 수 있었다. 통상의 기술자는 사슬이 너무 길어지기 전에 무작위 서열의 뉴클레오타이드가 정지 코돈을 생성한다는 것을 알았을 것이기 때문에 추가 된 사슬의 상대적 짧음도 불확실성의 원인이 아니다.

항소인들은 변형된 박테리아에서 미리 정해진 단백질이 아직 생산되지 않았기 때문에 이것이 가능한지 여부에 대한 불확실성이 있었으며, 따라서 거절은 허용되지 않는 "자명한 시도" 기준에 근거한 것이라고 불평한다. 당 법원과 그 전임 법원에서 "자명한 시도"가 § 103에 따른 기준이 아니라는 점을 반복해서 강조한 것은 사실이다. 그러나 이 격언의 의미를 간혹 잊어버리는 경우가 있다. 실제로 § 103에 따라 자명한 발명은 어떤 의미에서 시도해 볼 수 있는 발명이기도 하다. 문제는 시도하는 것이 자명한 발명이 그럼에도 불구하고 언제 자명하지 않게 되는 것인지이다.

*** "시도의 자명성"이 § 103의 기준이 아니라는 훈계는 주로 두 가지 종류의 오류를 겨냥한 것이다. 어떤 경우에는 모든 매개변수를 변경하거나 성공적인 결과에 도달할 때까지 가능한 수많은 선택을 각각 "시도해 보는 것이 자명"하였겠지만, 선행 기술에서는 어떤 매개변수가 중요한지 표시하지 않거나 여러 가능한 선택 중 어떤 것이 성공할 가능성이 있는지에 대한 방향성을 제공하지 않는다.

*** 다른 경우, "시도하는 것이 자명하다"는 것은 새로운 기술이나 유망한 실험 분야로 보이는 일반적인 접근 방식을 탐구하는 것이었는데, 선행 기술에서는 청구된 발명의 특정 형태 또는 이를 달성하는 방법에 대한 일반적인 지침만 제공했다.

*** 이러한 상황 중 어느 것도 이 사건에 해당하지 않는다. … 자명성은 성공의 절대적인 예측 가능성을 요구하지 않는다. 실제로 매우 자명해 보이는 많은 발명의 경우, 발명이 실제로 구현될 때까지 성공에 대한 절대적인 예측 가능성은 없다. 적어도 예상치 못한 결과가 나올 가능성은 항상 존재하며, 이는 발명이 겉으로는 자명하지만 법적으로는 자명하지 않다는 것을 보여주는 객관적인 근거가 된다. … § 103에 따른 자명성의 경우 성공에 대한 합리적인 기대만 있으면 된다. … 인용문헌 Pllisky에 있는 정보를 인용문헌 Bahl과 결합하면 그러한 합리적인 성공 기대치를 제공한다.

항소인들은 특허를 신청하기 1년 초과 전에 박테리아에서 개구리 리보솜 RNA

유전자의 발현에 대한 선구적인 연구를 발표했다. 1년 이내에 특허를 신청하지 않아 사실상 모든 방법을 대중에게 제공하여, 다른 선행 기술의 공개 여부와 관계없이 그들의 발표로부터 통상의 기술자에게 자명한 방법에 대한 특허를 받을 수 없도록 그들 스스로를 제한했다. 심판원의 심결을 유지한다.

§ 10:11 저자 의견: *O'Farrell* 사건

O'Farrell 사건의 항소인은 심판원에서 자명성을 판단할 때 부당한 "자명한 시도" 기준을 사용했다고 소를 제기했고 항소심에서는 법원이 그렇게 하지 말 것을 요구했다. 이에 대해 법원은 장문의 방론(dicta)을 통해 *O'Farrell* 사건 이전에 법원이 '시도의 자명성'의 원칙을 자명성과 동일시하는 것은 오류라고 결론을 내린 판례에 대해 논의했다. *O'Farrell* 사건에서 법원은 '시도의 자명성'과 '자명성'을 동일시하는 데 오류가 있었던 두 가지 상황을 설명한다:

- 어떤 경우에는 모든 매개변수를 변경하거나 한 가지 가능성이 성공적인 결과에 도달할 때까지 수많은 가능성을 각각 시도하는 것이 "시도하는 것이 자명한"(그러나 법적으로는 "자명"하지 않음) 방법이었을 수 있으며, 최신 기술로는 어떤 매개변수가 중요한지 알 수 없거나 여러 가능한 선택 중 어떤 것이 성공할 가능성이 있는지에 대한 방향성을 제시하지 못하는 경우도 있었다.
- 다른 경우, "시도의 자명성"(그러나 여전히 법적으로는 "자명"하지 않음)은 선행 기술이 청구된 발명의 특정 형태를 달성하기 위한 일반적인 지침만 제공하는 유망한 실험 분야로 보이는 새로운 기술 또는 일반적인 접근 방식을 탐색하는 것이었다.

분명한 의미는 이 두 가지 상황이 아닌 다른 상황에서는 자명성을 판단할 때 '시도의 자명성' 분석을 적용하는 것이 부적절하지 **않다**는 것이다.

***O'Farrell* 사건의 중요성.** *KSR*(U.S. Sup. Ct. 2007)의 중요한 결과는 "발명을 시도하는 것이 자명하다"는 원칙이 새로운 주목을 받았다는 것이다. *KSR* 이전에는 이 원칙이 법적 의미의 "자명성"과 구별하는 데 사용되었다. 이 문제에 대한 광범위한 논의는 비록 방론(dicta)에서 논의 되었지만 *O'Farrell* (Fed. Cir. 1988)에서도 확인할 수 있다. 그러나 *KSR* 이후에는 사건의 사실이 위에서 설명한 두 가지 유형(즉, 방향 없이 매개변수를 변경하거나, 새로운 기술을 탐색하는 경우)에 해당하지 않는 한, 발명 자체가 "시도하는 것이 자명"했다는 원칙을 "자명성"과 동일시할 수 있게 되었다.

O'Farrell 판결의 중요성이 새롭게 부각되면서 자명성 주장의 영역도 넓어졌다.

§ 10:12 생명공학 청구항의 자명성

생명공학 분야의 자명성에 관한 판례를 자세히 분석하기 전에 1995년 화학 제조방법(chemical process) 청구항에 관한 ***In re Ochiai et al*** (Fed. Cir. 1995)에서 CAFC가 언급한 것을 되새겨볼 필요가 있다.[24] *Ochiai*사건에서 법원은 각각의 자명성 사건은 개별의 사실에 따라 분석되어야 하며, 이 법리의 영역에는 그 자체로의 법칙(per se rule)이 존재하지 않는다고 경고했다:

> 청구항 및 선행 기술에 대한 사실관계 분석이 필요 없는 그 자체로의 법칙은 특허청 심사관 및 심판원에게 행정적으로 편리할 수 있다. 실제로 이러한 법칙은 심판원으로부터 승인을 받기도 했다. 그러나 자명성이라는 그 자체로의 법칙에 의존하는 것은 법적으로 올바르지 않으며 중단되어야 한다. 이러한 행정 편의주의는, *Graham*과 그 후속 판례들에 따라 특허청이 선행기술과 청구범위 제한을 구체적으로 비교하여 출원서에 청구된 발명이 인용된 선행기술에 비하여 자명하다는 것을 입증하지 않는 한, 신청자에게 정당한 특허를 발행할 수 있는 권한을 부여하는 제103조와 부합하지 않는다. 우리는 오늘, 당법원의 판례들이 자명성에 관한 그 자체로서의 법칙의 제정을 명시적으로 거부하였듯이, 판례들에 의하여 자명성에 대한 그 자체로의 법칙이 제정되지 않는다고 다시 한번 판결한다.[25]

유기화학보다 훨씬 더 예측하기 어려운 과학 분야인 생명공학 분야의 자명성 판례를 연구할 때 법원의 경고를 염두에 두어야 한다. 또한 생명공학의 한 일부 영역(예: DNA 청구)에서 다른 일부 영역(예: 동물)으로의 판례의 선례적 가치는 제한적이므로, 기술별 일부 영역에 대한 자명성에 대해 논의할 것이다. 또한 판례가 2007년(*KSR* 사건의 연도) 이전과 이후로 나뉘었기 때문에 각 일부 영역을 '이전'과 '이후'로 구분하여 정리한다.

---

24) 71 F.3d 1565 (Fed. Cir. 1995)

25) 71 F.3d at 1572

§ 10:13 분리된 유전자 및 유전자 구조 – *KSR* 이전

In re Bell (Fed. Cir. 1993) 사건.[26] 청구범위는 연역(deduction)에 의하여 인간 IGF를 코딩할 수 있는 모든 가능한 유전자 서열이라는 상위 개념(인간+비인간)의 하위 개념(**인간** 서열)에 관한 것이다. SotA(Rinderknecht)의 AA 서열을 감안할 때, 인간+비인간 서열은 천 개가 넘을 것이다. 그중 몇 개만 **인간** 서열이 될 것이므로 인간 서열은 자명하지 않다. 이것은 1,000개 이상의 서열로 구성된 상위 개념에서 하위 개념의 선택 발명이다. 청구항이 방법이 아닌 화합물(염기 서열)에 관한 것이므로 인간 염기 서열을 얻는 방법이 알려져 있다는 사실은 문제가 되지 않는다.

IN RE GRAEME I. BELL

U.S. Court of Appeals, Federal Circuit (1993)

청구항.

유사인슐린 성장 인자(hIGF)를 코딩하는 **인간** 서열을 포함하는 핵산 분자를 포함하며 상기 hIGF 서열을 포함하지 않는 핵산 분자가 실질적으로 없는 조성물로, 상기 hIGF 서열은 다음의 서열,

(a) 5'–GGA ... GCU–3', 여기서 U는 T일 수도 있음;

(b) 5'–GCU ... GAG–3', 여기서 U는 T일 수도 있음;

(c) (a) 또는 (b)와 상보적인 핵산 서열; 및

(d) 길이가 18염기 이상이고 hIGF를 코딩하는 인간 게놈 DNA에 선택적으로 혼성화될 수 있는 (a), (b) 또는 (c)의 단편,

으로 구성되는 그룹에서 선택되는 조성물

Claim.

A composition comprising nucleic acid molecules containing a *human* sequence encoding insulin–like growth factor (hIGF) substantially free of nucleic acid molecules not containing said hIGF sequence, wherein said hIGF sequence is selected from the group consisting of:

26) 991 F.2d 781 (Fed. Cir. 1993)

(a) 5'−GGA ... GCU−3', wherein U can also be T;
(b) 5'−GCU ... GAG−3', wherein U can also be T;
(c) nucleic acid sequences complementary to (a) or (b); and
(d) fragments of (a), (b) or (c) that are at least 18 bases in length and which will selectively hybridize to human genomic DNA encoding hIGF.

관련 기술[27)]

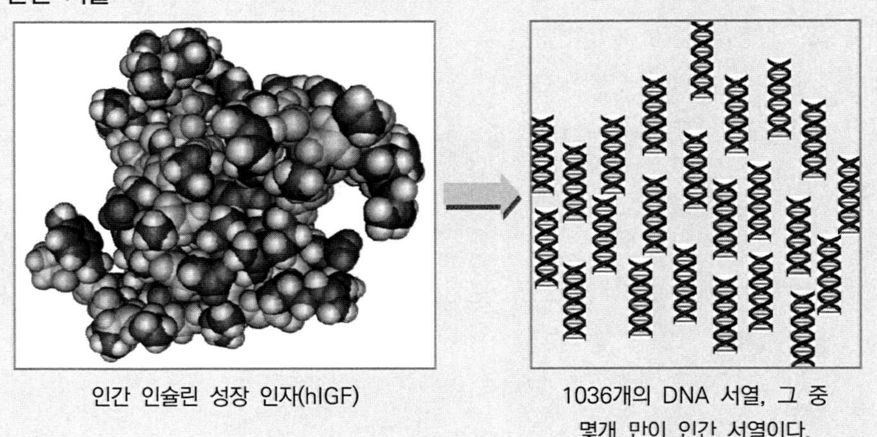

인간 인슐린 성장 인자(hIGF)

1036개의 DNA 서열, 그 중 몇개 만이 인간 서열이다.

법원 판결 이유

단백질의 구조를 알면 유전자 코드를 사용하여 해당 유전자의 가능한 구조를 가설로 세울 수 있고, 따라서 해당 유전자를 얻을 수 있는 가능성이 있다는 것은 사실일 수 있다. 그러나 유전자 코드의 축퇴성(degeneracy)으로 인해 특정 단백질을 코딩할 수 있는 뉴클레오티드 서열은 매우 많다. IGF의 경우, Bell은 Rinderknecht 아미노산 서열이 1036개 이상의 서로 다른 뉴클레오티드 서열로 코딩될 수 있으며, 그중 일부만이 현재 Bell이 주장하는 인간 서열이라고 모순 없이 주장해왔다. 따라서 선행기술이 제시하는 거의 무한대에 가까운 가능성과 인용된 선행기술이 이러한 가능성 중 어떤 것이 인간 서열인지 제시하지 못하는 점을 고려할 때, 청구된 서열은 자명하지 않았을 것이다.

*** 특허청은 Bell이 주장한 염기서열을 만든 방법과 Weissman 이 가르친 방법의 유사성을 강조한다. Bell의 방법에 대한 특허청의 초점은 잘못되었다. Bell은 방법을 청구하지 않는다. Bell은 조성물을 청구하고 있으며, 문제는 청구된 조성물의 자명성이지 조성물을 만드는 방법의 자명성이 아니다.

27) 이 파일은 크리에이티브 커먼즈 저작자표시−동일조건변경허락 3.0 불포함 라이선스에 따라 이용할 수 있다.

In re Deuel (Fed. Cir. 1995).[28] 여기에는 두 가지 유형의 청구항이 있다. 즉 **첫째,** 청구항 5와 7은 특정 서열에 대한 것으로, *Bell* 의 원칙(가능한 모든 서열인 준상위개념(sub－genus)은 상위개념(genus)에 대하여 자명하지 않으며, 청구항이 조성물에 관한 것인 경우에는 방법과 무관함)을 적용하여 CAFC는 이를 자명하지 않다고 판결했다. **둘째,** 청구항 4와 6은 일반 청구항으로 준상위 뿐만 아니라 모든 서열을 포함하는데 AA 서열에서 파생된다. 이는 자명할 수 있겠지만, 선행기술의 AA 서열은 일부에 불과하기 때문에 청구항의 전체 DNA 서열은 자명하지 않다. 일반적인 실시가능성의 흠결 가능성에 대하여 법원의 방론이 있다.

[**주의**: 이후의 사건인 *In re Wallach* (Fed. Cir. 2004)[29]는 상위 개념(genus)에 대한 서면 기재(written description)의 맥락에서 § 6:8에서도 논의하고 있는데, 단백질의 부분 아미노산 서열은 이를 코딩하는 완전한 DNA 서열을 기재하지 않는다고 판결하였다.

IN RE THOMAS F. DEUEL, ET AL

U.S. Court of Appeals, Federal Circuit (1995)

청구항

4. 다음의 아미노산 서열을 갖는 168 아미노산의 인간 헤파린 결합 성장 인자를 암호화하는 서열로 구성된 정제되고 분리된 DNA 서열: Met Gln Ala … [168개 아미노산 서열의 나머지].

5. 다음과 같은 뉴클레오티드 서열을 갖는 인간 헤파린 결합 성장 인자의 정제 및 분리된 cDNA: GTCAAAGGCA … [961개의 뉴클레오티드 서열 중 나머지].

6. 다음의 아미노산 서열을 갖는 168 아미노산의 소 헤파린 결합 성장 인자를 암호화하는 서열로 구성된 정제 및 분리된 DNA 서열: Met Gln Thr … [168 아미노산 서열의 나머지].

7. 다음과 같은 뉴클레오티드 서열을 갖는 소 헤파린 결합 성장 인자의 정제 및 분리된 cDNA: GAGTGGAGAG … [1196개의 뉴클레오티드 서열의 나머지 부분].

28) 51 F.3d 1552 (Fed. Cir. 1995)

29) 378 F.3d. 1330 (Fed. Cir. 2004)

Claims

4. A purified and isolated DNA sequence consisting of a sequence encoding human heparin binding growth factor of 168 amino acids having the following amino acid sequence: Met Gln Ala ... [remainder of 168 amino acid sequence].
5. The purified and isolated cDNA of human heparin-binding growth factor having the following nucleotide sequence: GTCAAAGGCA ... [remainder of 961 nucleotide sequence].
6. A purified and isolated DNA sequence consisting of a sequence encoding bovine heparin binding growth factor of 168 amino acids having the following amino acid sequence: Met Gln Thr ... [remainder of 168 amino acid sequence].
7. The purified and isolated cDNA of bovine heparin-binding growth factor having the following nucleotide sequence: GAGTGGAGAG ... [remainder of 1196 nucleotide sequence].

법원 판결 이유

청구항 5 및 7에 대해, 우리는 … 오늘 *Bell* 사건에서 명시된 원칙을 유지한다: cDNA 또는 DNA 분자를 분리하는 일반적인 방법의 존재는 청구된 DNA를 암시하는 다른 선행기술이 없는 경우 특정 분자 자체가 자명했을지 여부와 본질적으로 무관하다. … 그러나 여전히 청구된 화합물을 암시하는 선행기술이 존재해야 일응의 자명성이 증명된다. 그런데 우리가 이미 지적했듯이, 청구항 5 및 7과 관련하여 선행기술이 부족하다. 따라서 심사관이 언급한 바와 같이, 단백질 구조에 대한 지식과 결합된 일반적인 복제 기술의 존재가 cDNA를 준비하도록 동기를 제공하거나 특정 청구된 cDNA를 반드시 자명하게 만들지 않는 cDNA를 준비하도록 자명하게 만들 수 있다고 하더라도, 이는 청구항 5 및 7과 관련하여 선행기술이 부족하다는 것을 의미한다. "시도의 자명성"은 자명성을 구성하지 않는 것으로 오랫동안 판시되어 왔다. *In re O'Farrell* … 일반적인 동기는 특정한 결과를 자명하게 만들지 않으며, 그러한 노력을 수행할 수 있는 기술의 존재도 마찬가지이다. 따라서 선행문헌 Maniatis의 가르침은 선행문헌 Bohlen과 결합하더라도 청구된 발명을 제안하기에 부족하다.

*** 청구항 4 및 6의 범위는 청구항 5 및 7과 상이하다. Deuel이 인정한 바와 같이, 이들은 일반적으로 인간 및 소의 HBGF를 코딩하는 모든 DNA 서열을 포괄한다. 이러한 결과 지향적인 형태로 작성된 청구항 4 및 6은 따라서 단백질을 코딩하는 모든 유전자, 즉 문제에 대한 모든 해결책에 대한 일반적인 사상에 해당한다.

이러한 사상은 단백질의 **완전한** 아미노산 서열과 유전자 코드에 대한 지식으로부터 자명했을 수 있는데, 왜냐하면 이러한 정보는 통상의 기술자가 청구범위에 기재된 모든 구성요소를 상상할 수 있고, 아마도 컴퓨터의 도움을 받아 식별할 수도 있었기 때문이다. 그러나 인용문헌 Bohlen은 아미노산 서열의 일부만을 공개하고 있으므로, 위의 분석에 따르면 청구된 하위개념은 이 선행기술 공개를 통해 자명하지 않았을 것으로 보인다. 따라서 청구항 4 및 6에 대한 최종 거절을 파기한다.

*** 한 가지 추가적으로 언급할 사항이 있다. Deuel의 특허 출원서에는 공개된 cDNA 분자를 제외하고는 DNA를 얻는 방법이 설명되어 있지 않으므로, 청구항 4 및 6은 출원서의 공개에 의해 뒷받침이 충분하게 되지 않는 것으로 간주될 수 있다.

§ 10:14 *KSR* 이후

In re Kubin (Fed. Cir. 2009).[30] 여기서 논의 중인 청구항은 특정 단백질의 AA 22－221을 코딩하는 폴리뉴클레오티드에 대한 것이다. *Bell* 및 *Deuel* 판결 하에서는 이 청구항이 자명하지 않았을 가능성이 있지만, "자명한 시도"가 허용되는 *KSR* 이후에는 더 이상 그렇지 않다. *Kubin* 사건에서 법원은 *O'Farrel*사건에서의 시도해 볼 수 있었음이 자명한 것에 대한 설명을 언급하고 이를 *KSR*과 결합하여 해당 청구항이 출원일에 자명했을 것으로 판결했다.

IN RE MAREK Z. KUBIN ET AL

U.S. Court of Appeals, Federal Circuit (2009)

청구항 73

분리된 핵산 분자에 있어서, 폴리펩타이드가 CD48에 결합하는 SEQ ID NO:2의 아미노산 22－221과 적어도 80% 동일한 폴리펩타이드를 코딩하는 폴리뉴클레오타이드를 포함하는 분리된 핵산 분자.

Claim 73

An isolated nucleic acid molecule comprising a polynucleotide encoding a polypeptide at least 80% identical to amino acids 22－221 of SEQ ID NO:2, wherein the polypeptide binds CD48.

30) 561 F.3d 1351 (Fed. Cir. 2009)

관련 기술(AA 위치 22-221은 굵게 표시):

... Tyr Gln Gly Lys Gly Cys Gln **Gly Ser Ala Asp His Val Val Ser Ile Ser Gly Val Pro Leu Gln Leu Gln Pro Asn Ser Ile Gln Thr Lys Val Asp Ser Ile Ala Trp Lys Lys Leu Leu Pro Ser Gln Asn Gly Phe His His Ile Leu Lys Trp Glu Asn Gly Ser Leu Pro Ser Asn Thr Ser Asn Asp Arg Phe Ser Phe Ile Val Lys Asn Leu Ser Leu Leu Ile Lys Ala Ala Gln Gln Gln Asp Ser Gly Leu Tyr Cys Le'u Glu Val Thr Ser Ile Ser Gly Lys Val Gln Thr Ala Thr Phe Gln val Phe Val Phe Asp Lys Val Glu Lys Pro Arg Leu Gln Gly Gln Gly Lys Ile Leu Asp Arg Gly Arg Cys Gln Val Ala Leu Ser Cys Leu Val Ser Arg Asp Gly Asn Val Ser Tyr Ala Trp Tyr Arg Gly Ser Lys Leu Ile Gln Thr Ala Gly Asn Leu Thr Tyr Leu Asp Glu Glu val Asp Ile Asn Gly Thr His Thr Tyr Thr Cys Asn Val Ser Asn Pro Val Ser Trp Glu Ser His Thr Leu Asn Leu Thr Gln Asp Cys Gln Asn Ala His Gln Glu Phe Arg Phe** Trp Pro Phe Leu Val Ile Ile Leu Ser Ala Leu Phe Leu Gly Thr Leu Ala cys Phe Cys Val Trp Arg Arg Lys Arg Lys Glu Lys Gln Ser Glu Thr Ser Pro Lys Glu Phe Leu Thr Ile Tyr Glu Asp Val Lys Asp Leu ... Gln Pro Ser Arg Lys ...

자연 살해 세포 활성화 유도 리간드("NAIL")의 AA 서열

법원 판결 이유

선행기술 문헌은 NAIL과 동일한 단백질, NAIL에 특이적인 상업적으로 이용 가능한 단일 클론 항체, 그리고 NAIL의 DNA 서열을 얻기 위한 명시적인 지침을 함께 가르쳐 주는데, 이는 "여러 가능한 선택 중 어떤 것이 성공할 가능성이 있는지에 대한 방향을 제시하지 않거나" 또는 "청구 발명의 특정 형태 또는 이를 달성하는 방법에 대한 일반적인 지침만 제시하는" 선행기술과 관련성이 적다. *O'Farrell* … 심판원에서 발견했듯이, 여기서의 선행 기술은 청구항 73의 범위 내에서 폴리뉴클레오타이드를 얻기 위한 "성공에 대한 합리적인 기대"를 제공하며… "§ 103에 따른 자명성만 있으면 된다"고 판단했다. *O'Farrell* … 따라서 이 법원은 자명성에 대한 심판원의 심결을 유지한다.

Genetics Institute v. Novartis (Fed. Cir. 2011).[31] 이 사건은 특허와 특허 사

31) 655 F.3d 1291 (Fed. Cir. 2011)

이의 저촉(interference)으로 인해 발생한다. 문제는 한 특허의 모든 청구항이 다른 특허의 청구항에 대하여 또한 ("양방향 테스트"xliv) 하에서) 그 역의 경우에도 자명한지 여부이다. 자명하지 않음을 입증하기 위해 (또한 저촉을 피하기 위하여) 당사자 중 한 명이 예상치 못한 결과에 대한 증거를 제시한다. 법원에서는 양당사자의 수정된 VIII:C 인자(vWF라고도 함)의 서열이 출원일에 서로 자명하지 않다고 판단했다. 또한 소송 중에 법원에서는 예상치 못한 결과와 같은 모든 유형의 이차적 고려사항이 출원일 이후에 심지어 등록일 **이후**에도 발생할 수 있음을 확인하고 있다.

GENETICS INSTITUTE v. NOVARTIS VACCINES

U.S. Court of Appeals, Federal Circuit (2011)

청구항 1 ('112 GI).

발현 시 활성 응고인자인 절단된 제8인자 단백질을 생성하는 재조합 DNA로서, 재조합 DNA는 Arg-759와 Ser-1709 사이의 영역 내에서 적어도 581개의 아미노산에 해당하는 결실을 제외하고 인간 제8인자 C의 아미노산 서열을 갖는 단백질을 암호화하며, 여기서 아미노산 번호는 인간 제8인자 C리더 서열의 Met-1을 참조하는 재조합 DNA.

Claim 1 ('112 of GI).

A recombinant DNA which upon expression results in a truncated Factor VIII protein which is an active procoagulant wherein the recombinant DNA encodes for a protein having the amino acid sequence of a human Factor VIII:C except for having a deletion corresponding to at least 581 amino acids within the region between Arg-759 and Ser-1709, wherein the amino acid numbering is with reference to Met-1 of the human Factor VIII:C leader sequence.

법원 판결 이유

두 청구항이 서로 저촉하게 되려면, 한쪽 청구항은 다른 청구항을 예견하거나 또는 자명하게 해야 하며, 어느 한 청구항이 다른 청구항을 예견하거나 자명하게 하지 못하면 저촉 심사에서 패소한다. *Medichem*[32] ("양방향 테스트의 각 요건을 충족하지 않으면 저촉의 사실이 있을 수 없다").

32) 353 F.3d 928, 935 (Fed. Cir. 2003)

*** '112 특허와 '620 특허에서 청구된 단백질 간의 구조적 차이를 고려할 때, 지방법원에서는 일응의 자명성 조사의 일환으로 연구자가 청구된 화합물에 도달하기 위해 특정 방식으로 선행기술 화합물을 수정하도록 유도 했을만한 어떠한 이유라도 확인하도록 올바르게 요구했다. [인용 생략] … CAFC는 GI가 주장한 단백질을 수정할 이유가 없다고 판단하고 이차적 고려 사항으로 넘어갔다.

*** 우리는… 지방법원이 '620 특허에서 청구된 발명의 예상치 못한 결과를 자명성 분석의 일부로 인정함으로써 오류를 범했다는 Genetics의 주장을 배척한다. Genetics는 '620 특허의 출원일 당시에는 vWF 결합에 대한 a3 영역의 중요성이 알려지지 않았기 때문에, '620 특허의 청구항 단백질에 있는 a3 영역의 보유와 그에 상응하는 vWF 결합 능력은 해당 단백질의 예상치 못한 결과를 입증하는 데 의존해서는 안 된다고 주장한다. 우리는 동의하지 않는다. 당법원의 판례는… 청구된 화합물의 모든 특성이 특허 출원일을 기준으로 자명하지 않다고 완전히 인식될 필요는 없다는 점을 명확하게 하고 있다.

*** 이러한 이유로, 당법원에서는 예상치 못한 결과의 증거가 특허 출원일 또는 등록일 이후에 입수된 증거라 할지라도, 그 증거가 일응의 자명성 주장을 번복하는 데 사용될 수 있다고 판단해 왔다. … 관련된 이차적 고려사항은 특허가 발행된 후에도 드러나지 않는 경우가 종종 있다.

§ 10:15 저자 의견: 예상치 못한 결과에 대한 출원후 증거의 사용

방금 *Genetics Institute v. Novartis* (Fed. Cir. 2011)[33]에서 보았듯이, 법원은 "예상치 못한 결과에 대한 증거는 특허 출원일 또는 등록일 이후에 입수한 증거라 할지라도 일응의 자명성 주장을 번복하는 데 사용될 수 있다. … 관련 이차적 고려 사항은 특허가 등록된 후에도 종종 드러나지 않는다"고 판시한 바 있다. 이 문구는 주로 화학 및 제약 특허법에서 동일한 원칙을 명시한 오래된 판례에 따른 것이다. 예를 들어, ***Sanofi−Aventis v. Glenmark*** (Fed. Cir. 2014),[34] 또는 ***Knoll Pharma v. Teva*** (Fed. Cir. 2004) 참조.[35]

이와 대조적으로, ***Bristol Myers Squibb v. Teva Pharmaceuticals*** (Fed. Cir. 2014),[36] 및 그 재심 청구 기각 사건에서 CAFC는 출원일 **이후에** 2'−CDG가 독성이 있는 것으로 밝혀졌음에도 불구하고 선행 기술의 화합물인 2'−CDG가 후속 화합물

33) 655 F.3d 1291 (Fed. Cir. 2011)
34) 748 F.3d 1354 (Fed. Cir. 2014)
35) 367 F.3d 1381 (Fed. Cir. 2004)
36) 752 F.3d 967 (Fed. Cir. 2014)

의 설계에 여전히 선구 물질로 간주될 수 있다고 결정한 바 있다. 법원은 *Genetics Institute v. Novartis* 사건에서와 같이 예상치 못한 결과에 대한 출원 후 증거(증거가 허용되고 권장되는 경우)와, 출원 전(즉, 발명 당시)[xlv]에 특정 화합물이 **사후**에 독성이 있는 것으로 밝혀지더라도 통상의 기술자가 특정 화합물로 일단(prima facie) 시작했는지를 결정하는 데 관련된 다양한 고려 사항을 구분했다. O'Malley 판사는 재심리 거부 결정에 동의하면서 다음과 같이 말했다:

> 통상의 기술자가가 이해하고 합리적으로 기대하는 것이 무엇인지에 대한 질의는 발명의 시점을 기준으로 고정되어야 한다. 발명 당시에 알려진 발명의 특성만이 그 질의를 알리기 위한 목적으로 고려될 수 있다고 말하지 않는다. 실제로 수년에 걸쳐 반복적으로 언급했듯이, 불명확성의 객관적 징후에 관한 특허등록 후의 증거는 종종 기록에서 가장 유력하고 설득력 있는 증거가 될 수 있다. *** 지방법원은 2'-CDG 선도 화합물의 독성에 대한 사후의 증거는 당시 연구자들이 2'-CDG를 선도 화합물로 시작하여 특히 청구 화합물 엔테카비르를 만드는 방식으로 수정할 동기가 있었다는 강력한 증거를 번복하기에 충분하지 않다고 판단했다.

따라서 법원은 일응의 자명성을 **복멸**하는 사건에서 비자명성을 입증하기 위하여 출원 후 증거를 고려하는 것과, 일응의 자명성 주장의 **성립**을 위해 출원 후 증거를 고려하지 않는 것을 구분한다.

§ 10:16 항체 및 분석 – *KSR* 이전

Hybritech v. Monoclonal Antibodies (Fed. Cir. 1986).[37] 주요 청구항은 젭슨 형식으로 청구된 샌드위치 면역분석에 관한 것이다. 하급 법원은 다클론 AB를 최근에 발명된 단일 클론 항체로 대체하는 측면에서 자명성을 분석했다. CAFC는 이것이 오류라고 판결하였다. § 103는 발명을 부분별로 분석하는 것이 아니라 전체적으로 분석할 것을 요구한다. 또한 자명성에 관한 이차적 고려 사항으로 '홍보의 과장성(hyperbole of publicity)'과 무관하고 발명의 이점과 관련된 것도 있다.

37) 802 F.2d 1367 (Fed. Cir. 1986)

HYBRITECH INC. v. MONOCLONAL ANTIBODIES, INC.

U.S. Court of Appeals, Federal Circuit (1986)

청구항 19 (강조는 추가)

유체 샘플 내에서 항원 물질의 존재 또는 농도를 결정하기 위한 **면역 측정** 분석에서, 제1표지된 항체와 상기 항원 물질 및 제2항체의 삼원 복합체를 형성하는 것을 포함하고, 상기 제2항체는 상기 유체에 불용성인 고체 담체에 결합되며, 샘플에서 항원 물질의 존재는 고체 담체에 결합된 표지 항체의 양 또는 미반응 표지 항체의 양을 측정하여 결정되며, **개선 내용**으로 상기 표지된 항체 및 상기 고체 담체에 결합된 항체 각각에 대해 적어도 약 10^8리터/몰의 항원 물질에 대한 친화력을 갖는 단일 클론 항체를 사용하는 것을 **포함**하는 면역 측정 분석법.

Claim 19 (emphasis added)

In an immunometric assay to determine the presence or concentration of an antigenic substance in a sample of a fluid comprising forming a ternary complex of a first labeled antibody, said antigenic substance, and a second antibody said second antibody being bound to a solid carrier insoluble in said fluid wherein the presence of the antigenic substance in the samples is determined by measuring either the amount of labeled antibody bound to the solid carrier or the amount of unreacted labeled antibody, *the improvement comprising* employing monoclonal antibodies having an affinity for the antigenic substance of at least about 10^8liters/mole for each of said labeled antibody and said antibody bound to a solid carrier.

관련 기술

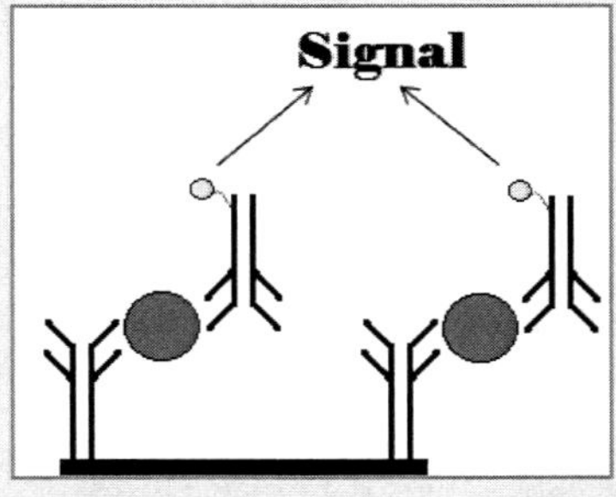

삼원 복합체를 사용한 "샌드위치" 면역 분석법

법원 판결 이유

§ 103 및 위 *Graham*사건에서 요구하는 비자명성의 증거를 고려한 후, 우리는 법리적으로 '110 특허의 청구항이 발명이 이루어진 당시의 통상의 기술자에게는 자명하지 않았을 것이며 따라서 법원의 판단을 파기한다고 반대로 판결한다. 지방 법원이 자명성을 보여주기 위해 전체적으로 의존한 다수의 참고 문헌(약 20개)은 전체적으로 청구항 발명의 주위를 둘러싸지만 전체적으로 청구항 발명을 제안하지는 않는데, 이는 유효성의 추정을 극복하기 위해 반드시 필요한 것이다. 지방법원에서 청구항 발명을 샌드위치 분석에서 단일 클론 항체를 다클론 항체로 단순히 대체한 것으로 자주 설명하는 것처럼, 발명 전체가 아니라 대체 및 차이의 자명성에 초점을 맞추는 것은 어려운 자명성 판단을 단순화하는 것으로 법적으로 타당하지 않는 방법이다.

*** 비자명성의 객관적 지표와 관련하여, *Hybritech*사에 의한 키트의 성공에 마케팅과 자금 조달이 영향을 미쳤다는 증거가 있지만, 다른 제품과 마찬가지로 이 사건의 상업적 성공은 청구된 발명의 장점에 기인한 것임이 기록 전체에 비추어 명확하다. *Hybritech* 사의 성공이 발명의 장점에 기인하지 않았다면, 그 성공이 인정된 것만큼 크고 오래 지속되었을 것이라고는 기록상 주장할 수 없다. 그 증거는 이 키트가 빠르고 정확하며 안전한 진단을 내려야 하는 사람들의 신뢰를 얻기 위해 수많은 다른 키트와 성공적으로 경쟁하고 있다는 것이다. 이것은 과장된 광고로 판매할 수 있는 종류의 상품이 아니다.

Sibia v. Cadus (Fed. Cir. 2000).[38] 청구범위는 세포에서 세포 신호를 활성화하고 세포의 표현형을 변화시키는 화합물을 선별하기 위한 분석에 대한 것이다. 세포와 그 변화는 SotA에서 알려져 있었는데, 즉 SotA에서는 표현형을 변경하기 위해 미리 알려진 화합물을 사용했다. 청구항에서 유일한 차이점은 사용된 화합물이 표현형에 영향을 미치는 것으로 이전에는 알려지지 않았다는 것이다. CAFC는 스크리닝에 기존의 분석법을 사용하는 것이 출원일에 자명하였을 것으로 판결하였다.

38) 225 F.3d 1349 (Fed. Cir. 2000)

SIBIA NEUROSCIENCES, INC v. CADUS PHARMACEUTICAL

U.S. Court of Appeals, Federal Circuit (2000)

청구항 1

화합물과 세포 표면 단백질의 상호 작용 시 생성되는 신호의 세포 내 전달을 감지하여 세포 표면 단백질 매개 활성을 조절하는 화합물을 식별하는 방법에 있어서 다음의 단계,

[1] 리포터 유전자의 전사량 또는 화합물이 존재할 때 제1재조합 세포에서 발현되는 리포터 유전자 산물의 양을 화합물이 없을 때의 전사량 또는 산물의 양 또는 제2재조합 세포에서의 전사량 또는 산물의 양과 비교하는 단계; 및

[2] 리포터 유전자의 전사량 또는 화합물 부재 하의 전사 또는 산물의 양과 비교하여 화합물의 존재 하에 제1재조합 세포에서 발현된 리포터 유전자 산물의 양 또는 리포터 유전자 산물의 양을 변화시키는 화합물, 또는 제2재조합 세포 내 전사 또는 생성물의 양을 선택하는 방법을 포함하며,

여기서 세포 표면 단백질은 표면 수용체 또는 이온 채널이고, 제1재조합 세포는 리포터 유전자 구성물을 함유하고 세포 표면 단백질을 발현하며;

두 번째 재조합 세포는 세포 표면 단백질을 발현하지 않는다는 점을 제외하고는 첫 번째 재조합 세포와 동일하며; 그리고

리포터 유전자 구성에는 아래의

(a) 효능제와 세포 표면 단백질의 상호작용에 의해 생성되는 세포내 신호에 반응하는 전사 제어 요소; 및

(b) 검출 가능한 전사 또는 번역 산물을 코딩하고 전사 제어 요소와 작동적으로 연관되어 있는 리포터 유전자

를 포함하는 방법

Claim 1

A method for identifying compounds that modulate cell surface protein-mediated activity by detecting intracellular transduction of a signal generated upon interaction of the compound with the cell surface protein, comprising:

[1] comparing the amount of transcription of a reporter gene or the amount of reporter gene product expressed in a first recombinant cell in the presence of the compound with the amount of transcription or product in the absence of the compound, or with the amount of transcription or product in a second

recombinant cell; and
[2] selecting compounds that change the amount of transcription of a reporter gene or the amount of reporter gene product expressed in the first recombinant cell in the presence of the compound compared to the amount of transcription or product in the absence of the compound, or compared to the amount of transcription or product in the second recombinant cell, wherein:
the cell surface protein is a surface receptor or ion channel;
the first recombinant cell contains a reporter gene construct and expresses the cell surface protein;
the second recombinant cell is identical to the first recombinant cell, except that it does not express the cell surface protein; and
the reporter gene construct contains:
(a) a transcriptional control element that is responsive to the intracellular signal that is generated by the interaction of an agonist with the cell surface protein; and
(b) a reporter gene that encodes a detectable transcriptional or translational product and that is in operative association with the transcriptional control element.

법원 판결 이유

양 당사자의 어느 누구도 "화합물 식별" 및 "화합물 선택"이라는 용어가 청구된 방법을 특정 세포 표면 단백질과 상호작용하는 것으로 사전에 알려지지 않은 화합물을 식별하고 선택하는 것으로 제한한다는 점에 대해 이의를 제기하지 않는다.

*** 선행기술 Stumpo는 이종 세포 표면 수용체와 반응성 리포터 유전자 구조를 모두 갖도록 조작된 재조합 세포를 설명하고 있다. 이러한 세포는 청구된 방법에서 사용된 재조합 세포와 동일하다. Stumpo는 세포 표면 수용체 활성화를 검출하기 위해 전사 기반 분석에서 이러한 세포를 사용하는 것을 설명한다. … Stumpo 논문과 청구항 1에 설명된 실험의 유일한 차이점은 Stumpo 논문에서는 화합물이 세포 표면 단백질과 상호 작용하는 것으로 알려져 있지만 청구항 1에서는 그렇지 않다는 점이다.

*** Stumpo 논문의 논란의 여지가 없는 가르침에 의해서 '629 특허의 청구항 1은 예견되는 것이라는 견해에 매우 근접한 범위 내로 인도된다. 본 발명의 명시적 가르침은 약물 스크리닝을 목적으로 이전에 상호작용하는 것으로 알려지지 않은 화

합물과 함께 사용해야 하도록 Stumpo 를 수정할 동기와 제안을 제공한다. 배심원 평결에서 승소한 SIBIA사는, 이 법원이 배심원 평결을 심리하는 존경하는 기준 하에서도 이러한 명시적 가르침을 반박할 만한 실질적인 증거를 제시하지 못했다. 따라서 청구항 1은 자명성에 근거하여 무효화되어야 한다.

§ 10:17 *KSR* 이후

In re Chapman (Fed. Cir. 2010).[39] 이 사건 청구항은 반감기를 증가시키기 위하여 폴리머를 통하여 연결되어 있는 F(ab')$_2$ 항체 단편에 관한 것이다. 심판원에서 이 청구항은 선행 기술(Gonzalez)에 대하여 자명하다고 심결했다. 그러나 CAFC는 심판원의 판단에 세 가지의 오류가 있으며, 그 중 두 가지 오류는 심판원이 선행기술 Gonzalez를 완전히 이해하지 못했음을 시사한다고 판결하였다. CAFC는 이러한 오류가 심판원을 잘못된 길로 인도하지 않았다고 확신할 수 없기 때문에 이러한 오류는 해로운 오류이며 Gonzalez를 이해하고 자명성에 대해 다시 심결하라는 지침과 함께 파기환송이 필요하다고 판결했다.

IN RE CHAPMAN

U.S. Court of Appeals, Federal Circuit (2010)

청구항 1

2가 항체 단편에 있어서, [a] 2개의 항체 중쇄 및 [b] 공유 결합에서 상기 단편의 순환 반감기를 증가시키는 데 효과적인 적어도 하나의 고분자 분자를 포함하고, [c] 각각 중쇄는 한 사슬의 시스테인 잔기의 황 원자와 다른 사슬의 시스테인 잔기의 황 원자를 연결하는 적어도 하나의 비이황화물 간 사슬 브리지에 의해 서로 공유 결합되어 있고, 상기 시스테인 잔기는 각 사슬의 가변 영역 영역 외부에 위치하며, 상기 적어도 하나의 비이황화물 간 사슬 브리지는 적어도 하나의 공유 결합 고분자 분자를 포함하는 것을 특징으로 하는 2가 항체 단편.

---

39) 93 USPQ2d 1713 (Fed. Cir. 2010)

Claim 1

A divalent antibody fragment comprising [a] two antibody heavy chains and [b] at least one polymer molecule effective for increasing the circulating half-life of said fragment in covalent linkage [c] each heavy chain being covalently linked to the other by at least one non-disulphide interchain bridge linking the sulphur atom of a cysteine residue in one chain to the sulphur atom of a cysteine residue in the other chain, said cysteine residues being located outside of the variable region domain of each chain, characterized in that the at least one non-disulphide interchain bridge contains the at least one covalently linked polymer molecule.

관련 기술

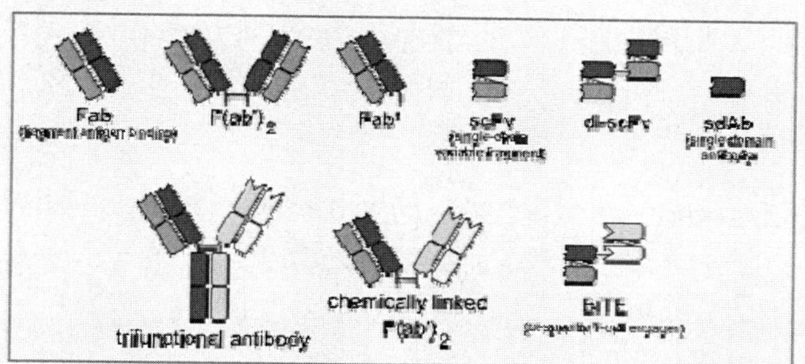

화학적으로 연결된 항체를 포함한 항체 및 그 조각의 구성 요소

법원 판결 이유

행정부에서는 3인 심판부의 오류가 무해하다고 주장하지만, 우리는 이러한 오류에 의해서 Chapman이 자명성을 이유로 특허를 잘못 거절 당할 가능성이 높아진다는 점에서 해롭다고 결론 내린다. 심판원이 인용문헌 Gonzalez에 대한 오해에 근거하여 심결을 내리는 경우, 자명성에 관한 결론에 의문이 제기된다. 두 번째 오류와 관련하여, 심판원은 Gonzalez가 인용된 실시예의 $F(ab')_2$ 단편에서 경쇄와 중쇄를 연결하기 위해 폴리머를 사용하도록 가르치고 있는지 여부에 대해 잘못 판단했다. 따라서 Chapman이 폴리머를 사용하여 두 개의 F(ab') 단편을 연결한 것은 자명하지 않을 수 있다. 또한 세 번째 오류와 관련하여, 만약 심판원이 인용문헌 Gonzalez에 개시된 항체 단편들의 전체 범위를 인식하지 못했다면, Chapman의 분자를 형성하기 위해 그 중 하나를 선택하는 것이 자명하다는 최종 결론에 대해 확신할 수 없는데, 이는 선택할 수 있는 가능성이 더 많은 것으로 보이기 때문이다.

이러한 오류가 없었을 때 심판원이 동일한 결론에 도달했을 것으로 확신할 수 없으므로, 우리는 이러한 오류가 실제로 유해하다고 확신한다.

***

다음의 두 사건, 즉 이곳 § 10:17의 *Teva v Lilly* (Fed. Cir. 2021)[40] 및 다음의 § 10:18의 *Lilly v Teva* (Fed. Cir. 2021)[41]는 조성물 청구항과 치료 방법 청구항 사이의 명확한 구분을 보여준다. 자명성에 대한 두건의 이의 제기에서 동일한 선행기술 문헌이 사용되었는데, 조성물 청구항은 구조적 한정이 아닌 기능적 한정으로 인해 매우 광범위하여 자명한 것으로 간주된다. 반면 치료 방법 청구항은 더 협소하여 자명하지 않은 것으로 간주된다. CAFC는 치료 방법 청구항의 전제부(preamble)는 방법 청구항의 본질을 구현하며, 방법 청구항의 자명성 심사를 위해서는 청구항의 전제부를 수행할 때 성공할 수 있다는 합리적인 기대가 필요하다고 판결하고 있다.

◆ ***<u>Teva Pharmaceuticals v. Eli Lilly</u>*** (Fed. Cir. 2021).[42] 이 사건은 아래의 § 10:18에서 논의하는 것으로, 이 사건에서 청구된 것과 동일한 항체를 사용하는 치료 방법 청구항이 자명하지 않다고 법원이 판단한 *Eli Lilly v Teva* (Fed. Cir. 2021)[43] 사건과 병행하는 사건이다. *Eli Lilly v Teva*와 대조적으로 법원에서는 이 사건 청구항이 기능적이라는 이유로 치료 방법 사건에서 인용된 동일한 선행기술에 비하여 이 사건 항체가 자명하다고 판단했고, *Teva* 사는 이의가 제기된 청구항, 상용 제품, 문제가 된 특허 라이선스 사이의 연관성(nexus)을 입증하지 못했다.

---

40) Teva Pharma. v.Eli Lilly --- F. 3d --- WL 3611367 (Fed. Cir 2021)
41) Eli Lilly v. Teva Pharma --- F. 3.d --- WL 3611277 (Fed. Cir. 2021)
42) Teva Pharma. v.Eli Lilly --- F. 3d --- WL 3611367 (Fed. Cir 2021)
43) Eli Lilly v. Teva Pharma --- F. 3.d --- WL 3611277 (Fed. Cir. 2021)

TEVA PHARMACEUTICALS INTERNATIONAL GMBH v. ELI LILLY AND COMPANY

U.S. Court of Appeals, Federal Circuit (2021)

청구항 1 ('614 특허)

아밀린에 비해 인간 α−CGRP에 우선적으로 결합하는 인간 또는 인간화 단클론 항−CGRP 길항제 항체.

청구항 1 ('951 특허)

(1) 인간 α−CGRP와 결합하고 (2) 세포에서 사이클릭 아데노신 모노포스페이트(cAMP) 활성화를 억제하는 인간 또는 인간화 단클론 항−CGRP 길항제 항체.

청구항 1 ('210년 특허)

인간화 단일클론 항칼시토닌 유전자 관련 펩타이드(CGRP) 길항제 항체에 있어서,
2개의 인간 IgG 중쇄, 각 중쇄는 3개의 상보성 결정 영역(CDR)과 4개의 프레임워크 영역으로 구성되고, 여기서 두 중쇄의 일부가 함께 Fc 영역을 형성하며; 또한
2개의 라이트 체인, 각 라이트 체인은 3개의 CDR과 4개의 프레임워크 영역으로 구성되며; 또한
여기서 CDR은 항체에 SEQ ID NO:15 또는 SEQ ID NO:43의 아미노산 잔기 1 내지 37로 구성된 CGRP에 특이적으로 결합하도록 하는 것을,
포함하는 항체

Claim 1 ('614 patent)

A human or humanized monoclonal anti−CGRP antagonist antibody that preferentially binds to human α−CGRP as compared to amylin.

Claim 1 ('951 patent)

A human or humanized monoclonal anti−CGRP antagonist antibody that (1) binds human α−CGRP and (2) inhibits cyclic adenosine monophosphate (cAMP) activation in cells.

Claim 1 ('210 patent)

A humanized monoclonal anti−Calcitonin Gene−Related Peptide (CGRP)

antagonist antibody, comprising:
two human IgG heavy chains, each heavy chain comprising three complementarity determining regions (CDRs) and four framework regions, wherein portions of the two heavy chains together form an Fc region; and
two light chains, each light chain comprising three CDRs and four framework regions;
wherein the CDRs impart to the antibody specific binding to a CGRP consisting of amino acid residues 1 to 37 of SEQ ID NO:15 or SEQ ID NO:43.

법원 판결 이유

CAFC는 먼저 선행기술을 결합할 동기와 성공에 대한 합리적인 기대가 있었다고 판단했다. 청구항은 인간화된 항체에 관한 것이므로, 심판원에서는 발명 당시의 숙련된 기술자가 청구된 인간화 항체를 만들 동기가 있었을지 여부가 문제이지, 숙련된 기술자가 인간 질병을 치료하기 위해 이러한 항체를 사용할 동기가 있었을지 여부가 문제가 되지 않는다.

*** 우리는 인간화 항-CGRP 항체를 만들어 인간 질병 치료에 사용할 수 있는 치료 잠재력을 연구하려는 동기를 뒷받침하는 상당한 증거가 있다는데 Lilly 사의 의견에 동의한다.

다음으로, 법원은 상업적 성공의 이차적 고려사항에 대한 테바의 증거를 분석하면서 다음과 같은 연관성의 결여에 초점을 맞추었다. … 이 사건 청구항은 구조적 제한이 없어 그 범위가 넓기 때문에, 여기에 인용된 상업용 제품에서 청구되지 않은 특징들은 상호연관성 분석에서 특히 중요하다. 심판원은 'AJOVY®' 및 'Emgality®' 항체의 미청구 특징 4가지가 제품의 기능, 즉 항-CGRP 길항제 항체로서의 기능에 어떤 영향을 미치는지 고려했다. 예를 들어, 특허심판원은 청구항에 아미노산 서열이 명시되어 있지는 않지만, AJOVY® 및 Emgality®에는 결합 친화력에 중대한 영향을 미치고 항체가 세포를 죽이는 능력을 억제하는 특정 서열이 있다는 사실을 발견했다. 심판원은 또한 청구항이 피코몰 결합 친화성, 전장 항체 대 단편 또는 IgG 항체 클래스에 관한 제한 사항을 언급하지 않았지만 이러한 모든 특징이 인간화 항-CGRP 길항제 항체로서 기능하는 AJOVY® 및 Emgality® 항체의 능력에 중요하다는 사실을 발견했다. 따라서 청구되지 않은 기능에 대한 심판원의 사실적 발견은 상당한 증거에 의해 뒷받침되며 Teva는 달리 입증하지 않았다.

*** Teva는 "어느 시점", 즉 상용 제품과 특허 청구항 사이의 상호연관성 스펙트럼의 어딘가에서 "제품과 특허 청구항 사이의 차이점이 너무 커서 연관성을 추정할 수 없게 된다"는 점을 인정한다. 이의를 제기한 청구항에서 기능적으로 청구된 항체의 범위가 매우 광범위하고, AJOVY® 및 Emgality®가 인간화 항-CGRP 길항제 항체로서 기능하는 방식에 명백히 중대한 영향을 미치는 청구되지 않은 특징들을 고려할 때, 합리적인 사실의 발견자는 이 사건에서 그 점을 넘지 않았다고 결론을 내릴 수 없다. 따라서 Teva는 이 사건에서 연관성 추정이 적용된다는 점을 입증하지 못했다. Teva는 이 추정이 연관성 주장의 유일한 근거라는 심판원의 진술에 대해 이의를 제기하지 않는 것으로 보이므로, 당사는 이의를 제기한 청구와 AJOVY® 및 Emgality® 제품에 근거한 이차적 고려사항 사이에 연관성이 없다고 결론을 내린다.

라이선스에 대해 법원은 다음과 같이 말했다: … Teva는 AlderBio 라이선스가 존재한다는 것 이상을 입증하지 못했다. Teva는 AlderBio가 라이선스를 체결한 동기가 이의를 제기한 세 건의 특허의 유효성 또는 집행 가능성과 관련이 있다는 직접적인 증거를 제시하지 않았다. 그러한 증거가 없는 상황에서 심판원이 라이선스의 "whereas" 조항을 통해 라이선스의 목적, 즉 AlderBio의 제품 개발을 파악한 것을 잘못이라고 할 수 없다. 이러한 목적을 염두에 두고, 심판원은 Teva가 이의 제기된 청구항과 해당 제품 개발 사이의 관계에 대한 증거를 제시했는지 여부를 합리적으로 고려했다. 심판원은 Teva가 "제품과 이의 제기된 청구항을 비교하여 이의 제기된 특허가 Alder 제품을 포함한다는 것을 보여주지 않았다"고 명시적으로 판단했다. Teva의 주장은 "사실의 발견자가 라이선싱이 특허에서 '청구된 주제의 인식과 수락에서 비롯된 것'임을 추론할 수 있는지 여부"를 고려하는 연계 요건의 진정한 목적을 놓치고 있다. Teva는 대신 판례에서 사용된 용어, 즉 "라이선스 활동"과 라이선스 사용자의 "제품" 사이의 미묘한 차이에 자신의 주장의 근거를 두고 있다. 결론적으로, 심판원은 상당한 증거에 의해 뒷받침되는 관련 사실이 "이의를 제기한 청구와 AlderBio 라이선스 간의 연관성을 최소화"한다고 판단했다. 따라서 당법원은 무효가 제기된 청구항과 라이선싱의 이차적 고려 사항 사이에 연관성이 부족하다는 심판원의 결정을 뒷받침하는 상당한 증거가 있다고 판단한다.

§ 10:18 치료 방법 – *KSR* 이후

◆ ***Eli Lilly v. Teva Pharmaceuticals*** (Fed. Cir. 2021).[44] 이 사건은 상기

§ 10:17에서 논의한 것으로 이 사건 방법에서 사용된 항체에 대한 물건 청구항이 자명하다고 판단한 *Teva v Eli Lilly* (Fed. Cir. 2021)[45]와 유사한 사건이다. 이 사건에서는 위와 반대로 위 사건에서 인용된 동일한 항체와 동일한 선행 기술을 사용하는 치료 방법 청구항은 자명하지 않다고 판단했다. 법원은 청구항의 전제부를 의도된 용도가 아니라 발명의 본질을 구현하는 한정 사항으로 해석했으며, CAFC는 전제부에 질병 치료 성공에 대한 합리적인 기대가 없다고 판단했다.

ELI LILLY AND COMPANY v. TEVA PHARMACEUTICALS INTERNATIONAL GMBH

U.S. Court of Appeals, Federal Circuit (2021)

청구항 1 ('045 특허, 강조는 추가)

개인에게서 적어도 하나의 혈관 운동 증상의 발생을 감소시키거나 치료하는 방법에 있어서, 항-CGRP 길항 항체의 **유효량을 개인에게 투여하는** 것을 포함하는 방법으로, 여기서 상기 항-CGRP 길항 항체는 인간 단일 클론 항체 또는 인간화 단일 클론 항체인 방법

Claim 1 ('045 patent, emphasis added)

A method for *reducing incidence of or treating at least one vasomotor symptom in an individual*, comprising *administering to the individual an effective amount* of an anti-CGRP antagonist antibody, wherein said anti- CGRP antagonist antibody is a human monoclonal antibody or a humanized monoclonal antibody.

청구항 1 ('907 특허, 강조는 추가)

개인의 두통을 치료하는 방법에 있어서, 다음의 단계,

인간화 단클론 항 칼시토닌 유전자 관련 펩타이드(CGRP) 길항제 항체의 **유효량을 개인에게 투여하는** 단계를 포함하고,

이 단계는 2개의 인간 IgG 중쇄, 각 중쇄는 3개의 상보성 결정 영역(CDR)과 4개의 프레임워크 영역으로 구성되며, 두 중쇄의 일부가 함께 Fc 영역을 형성하고, 2개의

44) Eli Lilly v. Teva Pharma --- F.3d --- WL 3611277 (Fed. Cir. 2021)

45) Teva Pharma. v.Eli Lilly --- F.3d --- WL 3611367 (Fed. Cir 2021)

경쇄, 각 경쇄는 3개의 CDR과 4개의 프레임워크 영역으로 구성되고;
여기서, CDR은 항체에 염기서열 번호 15 또는 염기서열 번호 43의 아미노산 잔기 1 내지 37로 구성된 CGRP에 대한 특이적인 결합을 부여하는
개인의 두통 치료 방법.

('908 특허의) **청구항 1의 추가 내용:** … 그리고 여기서 항체는 37°C에서 표면 플라스몬 공명으로 측정한 결과 약 10nm 이하의 결합 친화도(KD)로 CGRP에 결합하는 방법.

Claim 1 ('907 patent, emphasis added)
A method *for treating headache in an individual*, comprising:
administering to the individual an effective amount of a humanized monoclonal anti-Calcitonin Gene-Related Peptide (CGRP) antagonist antibody, comprising:
two human IgG heavy chains, each heavy chain comprising three complementarity determining regions (CDRs) and four framework regions, wherein portions of the two heavy chains together form an Fc region; and two light chains, each light chain comprising three CDRs and four framework regions;
wherein the CDRs impart to the antibody specific binding to a CGRP consisting of amino acid residues 1 to 37 of SEQ ID NO:15 or SEQ ID NO:43

[**Claim 1** (of the '908 patent) **adds:**] … and wherein the antibody binds to the CGRP with a binding affinity (KD) of about 10 nM or less as measured by surface plasmon resonance at 37° C.

법원 판결 이유(강조는 원문)

이 사건의 청구항은 방법, 보다 구체적으로는 특정 목적을 위해 조성물을 사용하는 방법에 관한 것이다. 각 청구항은 혈관 운동 증상의 발생을 치료하거나 감소시키는 방법에 관한 것이며, 그 방법은 효과적인 양의 조성물, 즉 인간화 항-CGRP 길항제 항체를 투여하는 단일 단계를 포함한다. 이러한 청구항 형식은 청구항 전체를 고려할 때 특히 관련이 있는데, 전제부가 한정적인지 여부를 판단하는 명확한 규칙은 없지만, 당법원에서는 일반적으로 이러한 방법 청구항에서 의도된 목적의

진술을 한정적인 것으로 해석해 왔기 때문이다.

*** 명세서 전체에서 혈관 운동 증상의 치료에 대해 강조한 후, 청구범위에서도 그러한 치료를 언급하고 있지만, 전제부에서만 언급하고 있다. 따라서, 청구항에서 혈관운동 증상을 치료하는 방법이라는 청구발명의 본질을 구현하는 부분은 청구항의 전제부이다. 이러한 상황에서, 우리는 청구항을 실시하기 위해 수행될 필요가 없는 의도된 목적만을 기재하고 있다는 Lilly의 제안을 거부한다. 이러한 청구항은 예를 들어, 다른 질환을 치료하기 위한 동일한 방법 단계의 수행에 대해서는 언급하지 않기 때문에 청구항의 범위를 제한한다.

이러한 사상을 바탕으로, 청구항 문구는 각 독립 청구항에 항-CGRP 항체의 "유효량"을 투여하는 단계를 포함시킴으로써 서두의 제한적 성격을 더욱 뒷받침한다. 전제부는 청구항을 실행하는 사람이 투여된 양이 "유효량"인지 여부를 판단할 수 있는 유일한 지표를 제공한다. 따라서 혈관 운동 증상의 치료에 "효과적인" 항-CGRP 길항 항체의 "양"은 다른 질환의 치료에 효과적인 양과 같지 않을 수 있으며, 그렇지 않을 가능성이 높기 때문에, Lilly가 "전제부와 관계없이 '동일한 방식으로' 수행될 것"이라고 주장하는 것은 잘못이다. 따라서 이 사건은 목적에 관계없이 정해진 양을 투여하는 경우와는 다르다. [인용 생략].

*** 전제부는 각 청구항의 방법 단계에 생명과 의미를 부여하는 것 외에도 독립 청구항에서 적어도 하나의 후행의 청구항 용어, 즉 "**개인에게** 투여"라는 용어에 대한 선행적 근거를 제공하며, 이는 서문의 "… **개인에게** 치료"라는 용어를 다시 인용한다. Lilly는 전제부에서 다른 용어가 이후 청구항에 대한 선행 근거를 제공하더라도 전제부의 의도된 목적에 대한 진술은 비제한적일 수 있다는 명제에 대해 *Cochlear Bone*[46]을 인용한다. 그러나 인용문헌 *Cochlear*는 전제부의 의도된 목적 진술이 청구항 본문에 기술된 완전한 청구항 구조 장치에 대한 구조를 제공하지 않는 장치 청구항과 관련되었다. *Id. Cochlear*에서는 **전제부**에서 "환자"라는 용어가 "환자"의 두개골 뼈를 구체적으로 언급한 이후 청구항 용어에 대한 선행적 근거를 제공했지만, 청구된 장치는 명시된 의도된 목적, 즉 "일측성 난청의 재활을 위해" 사용되었는지 여부에 관계없이 동일하게 기능한다. 이와 대조적으로, 전제부는 이 청구항이 "개인"의 증상, 즉 해당 증상을 겪고 있는 개인에게 해당 증상을 치료하기 위한 "유효량"을 "개인에게" 투여하여 증상을 치료하는 방법이라고 언급하고 있다. 당연히 혈관 운동 증상을 경험하는 개인이 없다면, 존재하지 않는 증상을 치료하는 데 사용할 수 있는 효과적인 양이 없을 것이다. 따라서 "개인"은 "개인의 적어도 하나의 혈관 운동 증상 치료"를 위한 의도된 목적 진술의 일부이며, 전체가 나

46) *Cochlear Bone Anchored Solutions AB v. Oticon Med. AB* 958 F.3d 1348 (Fed. Cir. 2020)

중에 "개인에게 투여"라는 청구 용어에 대한 선행 근거를 제공한다.

*** 이 사건에서 청구항의 전제부가 한정적이라는 판단에 비추어 보고, 또한 특허의 유효성을 다투는 자는 성공에 대한 합리적 기대만을 입증해야 한다는 요건에 관한 판례에 비추어 볼 때, 심판원의 이러한 결론에 어떠한 오류도 발견할 수 없다.

§ 10:19 살아있는 유기체: 단세포 및 다세포 – *KSR* 이전

In re Mancy (CCPA 1974).[47] 이 사건 청구항은 특정 번호가 매겨진 *Streptomyces bifurcus* 균주를 사용하여 다우노루비신(daunorubicin)을 생산하는 방법에 관한 것이다. 미국 관세특허항소법원(CCPA)[xlvi]은 어떤 미생물의 알려진 속(genus)에 있는 새로운 균주(strain)는 동일한 속에 포함되어 있는 다른 균주에 대하여 자명하지 않다고 판결하였다.

IN RE DENISE MANCY ET AL

U.S. Court of Customs and Patent Appeals (1974).

청구항 1 (강조 추가)

다우노루비신을 제조하는 방법에 있어서, [1] 탄소, 질소 및 무기 물질의 동화 가능한 공급원을 포함하는 수성 영양 배지를 사용하여, *Streptomyces bifurcus* 균주 *DS 23,219*(NRRL 3539) 또는 다우노루비신을 생산하는 그 변종을 호기적으로 배양하고, [2] 배양 중에 형성된 다우노루비신을 분리하는 것을 포함하는 제조방법.

Claim 1 (emphasis added)

Process for the production of Daunorubicin which comprises [1] aerobically cultivating *Streptomyces bifurcus, strain DS 23,219* (NRRL 3539), of [sic, or] a daunorubicin–producing mutant thereof, using an aqueous nutrient medium containing assimilable sources of carbon, nitrogen and inorganic substances, and [2] separating daunorubicin formed during the culture

법원 판결 이유

항소인의 준비서면 중 이 상황을 잘 묘사하는 다음의 장황한 언급을 인용함:

47) 499 F.2d 1289 (CCPA 1974)

"인용문헌에서 가르치는 일반적인 기술 중의 하나가 무엇인가? 이것은 *Streptomyces coeruleorubidus 8899*, *Streptomyces coeruleorubidus 31,723*, *Streptomyces peucetius*를 배양하면 다우노루비신을 만들 수 있다는 점을 가르쳐 주는 것이고 그 이상이 아니다. 이러한 인용문헌을 고려할 때, 통상의 기술자가 어떻게 *Streptomyces bifurcus, DS 23,219*로 인도되고, 어떻게 이 새로운 *Streptomyces* 균주에서 생산된 다우노루비신으로 인도될 수 있을까? 그는 항소인이 직접 공개한 도로 표지판에 제시된 지침을 통해서만 그곳으로 인도될 수 있다."

*** 설령 모든 *Streptomyces* 균주가 특정 조건에서 다우노루비신을 생산한다고 하더라도, *Streptomyces bifurcus*를 배양하여 항생제를 생산하는 과정은 미생물이 알려지지 않았다는 단순한 이유만으로는 통상의 기술자에게 여전히 자명하지 않을 것이다. 심판원에서 항소인이 다른 균주를 "선택"했을 뿐이라는 의견에 대해서는, 미지의 것으로부터 선택할 수는 없다.

Ex parte Allen (P.T.O. Bd. Pat. App. & Interferences 1987)[48] (자명성) 이 사건은 이미 상기 § 3:14에서 특허 적격성(eleigibility)의 관점에서 논의한 바 있다. 청구항은 배수체 굴 및 그 제조 방법에 관한 것이다. 청구항은 2개인데, 1) 제법 한정 물건 청구항인 청구항 8, 및 2) 정수적(靜水的, hydrostatic) 제조방법 청구항 1이다. 제조방법 청구항 1은 다배체화를 유도하기 위해 정수적 방법이 아닌 화학적 공정을 사용했고 성공에 대한 기대가 없었다는 점에서 자명하지 않은 것으로 간주된다. 그러나 제조방법 청구항 8에 따른 제품은 양식 공정의 비자명성에 의해 평가되어서는 안된다. 굴 자체가 상품으로서 자명하지 않아야 하는데 여기서는 그렇지 않다.

EX PARTE ALLEN

USPTO Board of Appeals and Interferences (1987)

청구항 1. [등록결정]. 굴에서 다배체성을 유도하는 다음 단계를 포함하는 방법: [1] 수컷 굴이 암컷 굴로부터 분리되도록 굴을 서로 분리하는 단계; [2] 상기 굴이 산란하도록 유도하는 단계; [3] 상기 굴로부터 난의 온도를 조절하는 단계; [4] 상기 난을 정자와 수정시켜 접합체를 형성하는 단계; [5] 상기 접합체가 형성된 후 소

48) 2 USPQ 2d 1425(P.T.O. Bd. Pat. App. & Interferences 1987)

정 시간 동안 소정 강도로 상기 접합체에 수압을 가하여 다배체화를 유도하는 단계; 및 [6] 상기 다배체 접합체를 배양하는 단계를 포함하는 굴 다배체화 방법.

청구항 8. [거절결정]. 청구항 1의 방법에 의해 생산 된 배수체 태평양 굴

Claim 1. [Allowed]. A method of inducing polyploidy in oysters, comprising: [1] separating oysters from one another such that male oysters are isolated from female oysters; [2] inducing said oysters to spawn; [3] controlling the temperature of eggs from said oysters; [4] fertilizing said eggs with sperm to form zygotes; [5] applying hydrostatic pressure to said zygotes at a predetermined intensity for a predetermined duration after a predetermined time following formation of said zygotes to induce polyploidy; and [6] cultivating said polyploid zygotes

Claim 8. [Not allowed]. Polyploid Pacific oysters produced by the method of claim 1

심판원 심결 이유

우리는 한 종의 굴에서 다배체성을 성공적으로 유도한 통상의 기술자인 Stanley 등의 출판물의 명시적인 권고에 비추어 볼 때, 통상의 기술자에게는 태평양 *Crassostrea gigas* 굴에서 다배체성을 유도하는 것이 자명했을 것이라는 심사관의 의견에 동의한다. 더욱이 통상의 기술자는 Stanley 등이 *Crassostrea virginica* 굴을 이용한 성공과 Stanley 등이 양식 굴에 이 방법을 활용하도록 권고한 것을 근거로 Stanley 등의 방법이 *Crassostrea gigas* 굴에서 다배체성을 유도하는 데 성공할 것이라는 합리적인 기대를 가질 수 있을 것이다. 항소인은 화학적 처리 대신 정수적(hydrostatic) 수압을 사용하는 등 Stanley 등과는 다른 공정을 사용하여 굴의 배수체성을 유도하지만, 제품의 특허성은 생산 방법에 따라 달라지지 않는다. 만일 제법한정 물건 청구항의 제품이 선행 기술의 제품과 동일하거나 자명한 경우, 선행 제품이 다른 공정으로 만들어졌다고 하더라도 해당 청구항은 특허를 받을 수 없다. *** 따라서 심사관은 청구된 다배체 굴에 대한 일응의 자명성의 사례에 대한 증거를 올바르게 제시했으며, 일응의 자명성을 번복해야 할 책임은 항소인에게로 넘어갔다. 우리가 보기에 항소인들은 그렇게 하지 못하였다.

In re Vaeck (Fed. Cir. 1991)[49] (자명성). 이 사건은 *Bacillus* 에서 유래한 이

49) 947 F.2d 488 (Fed. Cir. 1991)

종 살충 유전자의 발현을 위한 숙주로 사용되는 *Cyanobacteria* (남조류)를 다루고 있다. (아래 청구항은 유전자 구성에 관한 것이지만 주요 쟁점은 숙주인 *Cyanobacteria* 의 자명성이다.) SotA는 *Cyanobacteria* 가 광합성과 관련된 이종 단백질 생산의 숙주로 사용되었지만 살충 활성과는 관련이 없다는 것을 보여주었다. CAFC는 출원일에 성공에 대한 합리적인 기대가 없었다고 판결했다.

IN RE VAECK ET AL

U.S. Court of Appeals, Federal Circuit (1991)

청구항 1

Cyanobacteria 세포에서 발현될 수 있는 키메라 유전자로,
(a) *Cyanobacteria* 에서 DNA 단편의 발현에 효과적인 프로모터 영역을 포함하는 DNA 단편; 및
(b) *Bacillus* 균주에 의해 생성되는 살충 활성 단백질을 코딩하거나, 상기 단백질의 살충 활성 절단 형태를 코딩하거나, 활성 단백질과 상당한 서열 상동성을 갖는 단백질을 코딩하는 적어도 하나의 DNA 단편을
포함하는 키메라 유전자.

Claim 1

A chimeric gene capable of being expressed in *Cyanobacteria* cells comprising:
(a) a DNA fragment comprising a promoter region which is effective for expression of a DNA fragment in a *Cyanobacterium*; and
(b) at least one DNA fragment coding for an insecticidally active protein produced by a *Bacillus* strain, or coding for an insecticidally active truncated form of the above protein or coding for a protein having substantial sequence homology to the active protein.

관련 기술50)

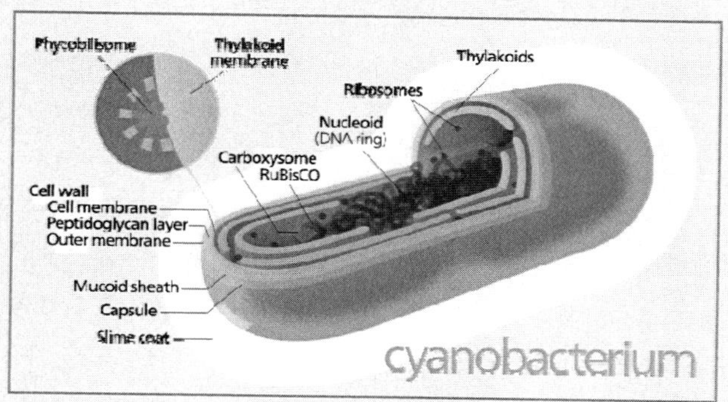

Cyanobacteria 구조

법원 판결 이유

우리는 특허청이 청구된 주제의 일응의 자명성을 입증하지 못했다는 항소인의 견해에 동의한다. 선행기술은 살충 활성 단백질을 코딩하는 키메라 유전자의 cyanobacteria에서의 발현을 공개하거나 제안하지 않으며, 통상의 기술자에게 그렇게 함으로써 성공할 수 있다는 합리적인 기대감을 부여하지도 않는다. 특히, 모든 청구항에 대해 인용된 주요 참고 문헌인 Dzelzkalns에는 공개된 플라스미드에서 *Bacillus* 살충 단백질을 코딩하는 구조적 유전자를 선택 목적으로 활용된 CAT 유전자로 대체한다는 제안이 없다. cyanobacteria에서 항생제 내성을 부여하는 유전자의 발현은 그 이상 없이 cyanobacteria에서 관련 없는 목적을 위해 관련 없는 유전자의 발현을 자명하게 만들지 않는다.

*** 특허청에서는 통상의 기술자가 선행 기술을 통해 cyanobacteria가 모든 이종 유전자의 발현에 매력적인 숙주라는 결론을 내릴 수 있다는 데 동의할 것을 요구하고 있다. 다시 말하지만 우리는 이에 동의할 수 없다. 관련 선행기술은 cyano-bacteria가 **광합성에 관여하는 고유 유전자 및 이종 유전자** 모두의 발현에 매력적인 숙주임을 나타낸다(산소 광합성을 할 수 있는 능력이 cyanobacteria를 원핵생물 중에서 독특하게 만드는 것이기 때문에 당연한 일이다). 그러나 이러한 참고문헌은 cyanobacteria가 *Bacillus* 살충 단백질을 코딩하는 유전자처럼 **관련 없는** 이종 유전자의 발현에 똑같이 매력적인 숙주가 될 수 있음을 시사하지는 않는다.

50) 이 파일은 크리에이티브 커먼즈 저작자표시-동일조건변경허락 3.0 불포함 라이선스에 따라 이용할 수 있다.

§ 10:20 저자 의견: *KSR* 전후 비교 분석

지적인 연습을 위해서, 방금 분석한 *Vaeck* (Fed. Cir. 1991)[51] 사건에서의 사실관계에 2007년 *KSR*에서 인정한 "시도의 자명성" 시험을 적용하면, *Cyanobacteria*에서 살충 단백질을 생산하기 위해 이종 유전자를 사용하는 것이 1) 다수의 매개변수나 가능성을 지시나 지침 없이 변경하는 것, 또는 2) 새로운 기술을 탐구하는 것과, 유사하다고 말할 수 있을지 확인해 보자. 만일 둘 중 하나라도 사실이라면, *Vaeck*의 발명은 법적으로 "시도의 자명성"을 인정할 수 없어 청구항은 여전히 자명하지 않게 된다. 혹은 *Cyanobacteria*의 유전자 변형에 대한 최신 기술에는 지침과 방향이 있다고 말할 수 있다는 것이 사실이어서, 이는 신기술이 아니라는 것이 사실일까? 그렇다면 이 발명은 법적으로 "시도할 수 있음이 자명"하고 *KSR*에 따라 청구항은 자명하게 될 것이다. 물론 자명성 법리의 다른 많은 부분과 마찬가지로 궁극적인 해답은 사실관계에 따라 달라진다. 경험이 많은 변호사는 자신의 주장을 뒷받침할 증거를 수집할 것이다. 중요한 것은 "시도의 자명성"이 유효한 분석 방법이 된 이후에는 자명성 조사가 달라졌다는 점을 인식하는 것이다.

이 장의 뒷부분인 하기 § 10:23에서는 *In re Dröge* (Fed. Cir. 2012)[52]을 분석하는데, 이 사건은 *Vaeck* 사건(DNA를 특정 부위에 특정 방식으로 진핵세포에 재조합하는 것)과 다소 유사한 사실을 제시한다. *In re Dröge*에서는 *O'Farrell/KSR* 이후에 사용된 "시도의 자명성" 시험에 따라 자명성 분석을 수행했으며, *Vaeck* 사건과 반대의 결론에 도달했다.

§ 10:21 *KSR* 이후

PharmaStem v. ViaCell (Fed. Cir. 2007).[53] 이 사건 청구항은 성인 혈액을 재구성하는 동결 보존 줄기세포 조성물 및 방법에 관한 것이다. 비록 특허권자의 전문가가 제대혈에 (청구항의 한정인) 줄기세포가 포함되어 있는지 여부에 대하여 선행기술에는 불확실성이 있다고 증언했지만, 특허권자 자신의 명세서에 줄기세포가 실제로 존재한다고 명시되어 있어, CAFC는 이를 이익에 반하는 자백으로 판단하고 있다. "통상의 경로에서 발생할 수 있는 발전"에 관한 *KSR*판결의 강한 영향력을 주목하라.

51) 947 F.2d 488 (Fed. Cir. 1991)
52) 695 F.3d 1334 (Fed. Cir. 2012)
53) 491 F.3d 1342 (Fed. Cir. 2007)

PHARMASTEM THERAPEUTICS, INC. v. VIACELL, INC., ET AL

U.S. Court of Appeals, Federal Circuit (2007)

청구항 1 ('681)

인간 출생 시 채취된 단일 인간의 제대혈 또는 태반혈로부터 유래된 생존 가능한 인간 신생아 또는 태아 조혈 줄기세포를 포함하는 동결보존된 치료 조성물로서, 상기 세포는 인간 성인의 조혈 재구성에 영향을 미치기에 충분한 양으로 존재하며, 상기 세포의 동결 보존에 충분한 양의 동결 보존제를 포함하는 조성물.

Claim 1 ('681)

A cryopreserved therapeutic composition comprising viable human neonatal or fetal hematopoietic stem cells derived from the umbilical cord blood or placental blood of a single human collected at the birth of said human, in which said cells are present in an amount sufficient to effect hematopoietic reconstitution of a human adult; and an amount of cryopreservative sufficient for cryopreservation of said cells.

법원 판결 이유

어려운 문제는 선행 기술이 '553 특허에 청구된 제조방법과 '681 특허에 청구된 조성물을 만드는 데 성공할 것이라는 합리적인 기대를 불러일으켰는지 여부이다.

*** 선행 기술이 제대혈에 줄기세포의 존재를 공개하지 않았다는 특허권자측 전문가인 Bernstein박사의 주장과 달리, 발명자들은 여러 선행 기술 참고 문헌을 인용하면서 "조혈 줄기세포가 인간 제대혈에서 입증되었다"고 단호하게 진술했다. 또한 발명자들은 선행 기술 문헌에 따르면 제대혈의 줄기세포 농도가 "성인보다 훨씬 높은 수준"이라고 언급했다.

*** 따라서 특허에 기술된 실험 이전에 줄기세포가 제대혈에 존재한다는 것이 증명되지 않았다는 PharmaStem 사의 주장은 선행기술이 제대혈에 줄기세포를 공개했다는 명세서의 표현에 반하는 것이다. 선행 기술에 관한 명세서의 진술은 후속의 자명성 심사 시에 특허권자에게 구속력을 갖는다. *Constant v. Advanced Micro-Devices, Inc.* (Fed.Cir.1988) 참조.[54] ("선행 기술에 어떤 것이 있다는 특허 명세서의 진술은 출원인과 특허권자에게 신규성 및 자명성 판단을 할 때에 구속력을 갖는다.")

54) 848 F.2d 1560 (Fed.Cir.1988)

*** 발명가들은 제대혈이 조혈 재건이 가능하다는 이전부터 강력하게 의심되던 사실을 결정적으로 증명했을 수도 있고, 제대혈에 줄기세포가 존재한다는 의심을 제거함으로써 조혈 이식 과학의 수준을 크게 발전시켰을 수도 있지만, 마우스 실험과 그로부터 도출된 결론은 본질적으로 발명적이지 않다. 오히려 발명가들은 일상적인 연구 방법을 사용하여 이미 사실로 믿어지는 것을 증명했을 뿐이다. 이미 사실이라고 믿었던 것을 과학적으로 확인하는 것은 가치 있는 공헌일 수 있지만, 특허를 받을 수 있는 발명으로 이어지는 것은 아니다. *KSR* 참조 … ("진정한 혁신 없이 통상적인 과정에서 일어날 수 있는 발전에 특허 보호를 부여하는 것은 발전을 지연시킨다. …")

§ 10:22 저자 의견: *Durden* 사건의 10년 (1985 – 1995) – 화학 및 생화학적 제조 방법(process) 청구항 법리의 간략한 연혁

1985년, 화학 및 생명공학적 제조 방법 청구항의 자명성 또는 비자명성에 대한 법리는 이후 2007년의 *KSR*에 의한 것 이상의 추가적인 법리의 격변을 겪었다. 2007년이라는 중요한 해를 염두에 두면서 이 분야의 판례를 이해하기 위해서는 1985년과 1995년 사이 법리의 상황과 1995년 이후의 법리의 상황도 비교할 필요가 있다.

1985년, ***In re Durden*** (Fed. Cir. 1985)[55]에서 CAFC는 옥심(oxime)을 카바메이트(carbamate)로 전환하기 위하여 잘 알려진 일반적인 방법을 사용하여 특정한 옥심(이미 Durden사에서 이 물건 특허를 취득)을 특정한 카바메이트(역시 Durden사에서 물건 특허를 취득)로 전환하는 제조방법에 대한 특허 청구가 자명하다고 판시한 바 있다. 비록 출발 물질과 최종 제품이 새롭고 자명하지 않은(그리고 특허를 받은) 것이지만, CAFC는 이러한 물질에 오래된 변환 공정을 적용하는 것은 (이러한 특정 물질에 적용했을 때 청구항이 신규한 것임에도 불구하고) 자명하다고 판결하였다.

Durden 판결은 미국 생명공학 산업에 큰 영향을 미쳤다. 문제는 Amgen과 다른 생명공학 회사들이, 미국 이외의 지역에서 제조된 단백질과 같은 제품의 수입을 자신의 특허를 이용하여 막으려는 것이었다. 그러나 *Durden* 판결로 인해 Amgen과 다른 회사들은 (특허를 받은) 재조합 미생물로부터 (종종 특허되어 있는) 단백질을 만드는, 잘 알려진 유전자 발현 방법에 대한 제조방법 특허를 획득할 수 없게 되었다. 수입에 관한 2개의 미국의 법률, 하나는 ITC(국제무역위원회)에서 사용되는 19 U.S.C.A. § 1337(a)(1)[56] 및 연방 법원에서 사용되는 35 U.S.C.A. § 271(g)[57] (이 둘

55) 763 F.2d 1406 (Fed. Cir. 1985)
56) 19 U.S.C. § 1337(a)(1)(2014)
57) 35 U.S.C.A. § 271(g)(2014)

은 아래의 § 12:25에서 자세히 분석함)에 따라 제품 수입을 중단하기 위해서는 제조방법 청구항이 필요하지만, *Durden* 사건으로 인해 이러한 청구항은 미국 특허청에서 등록되지 않았다. 이러한 맥락에서 가장 중요한 사례는 Amgen이 제조방법 청구가 아닌 (유전자 벡터에 대한) 물건 청구항을 사용하여 erythropoietin의 수입을 금지할 수 없었기 때문에 발생했다(미국으로의 제품 수입과 관련하여 아래의 § 12:26에서 분석하는 *Amgen v. U.S. ITC* (Fed. Cir. 1990)[58] 참조.

업계의 불만으로 인해 1995년 미국 의회는 생명공학 제조방법의 자명성에 관한 법률을 개정하여 *Durden* 법리를 폐기했다. 35 U.S.C.A. § 103(b) 참조.[59] 이러한 법 개정의 영향을 받은 것으로 보이는 1995년 말, 연방항소법원(CAFC)은 *In re Ochiai et al* (Fed. Cir. 1995)[60]에서 CAFC는 *Durden* 판례를 사실관계에 국한하는 것으로 인정하여 구속력 있는 판례로 인정하지 않았다. 기본적으로 법원은 초기 화합물과 최종 화합물이 자명하지 않은 경우, 하나를 다른 화합물로 변환하는 과정은 자명하지 않다고 판시했다. *Ochiai* 법원은 또한 *Durden* 판례 한 건을 가지고 자명성에 대한 일반적인 법칙 같은 것이 있다고 결론을 내리는 것의 위험성을 설명했다. *Ochiai* 판례는 35 U.S.C.A. § 103에 따른 자명성 분석에는 법칙 자체라는 것은 없음을 매우 강력한 언어로 경고하고 있다. CAFC는 각각의 사례는 그 자체의 사실 관계에 따라 분석되어야 하며 선례는 거의 가치가 없다고 말한다.

***

2011년, 미 의회는 AIA에 의하여 35 U.S.C.A. § 103(b)를 폐지하여[61] 26년간의 역사를 마감하였다.

§ 10:23 진핵생물의 유전자 조작 – *Durden* 10년 이후 및 *KSR* 이후

이곳 § 10:23에서 소개하는 *In re Dröge* (Fed. Cir. 2012), *Pasteur v Focarino* (Fed. Cir. 2013), *UC v Broad* (Fed. Cir. 2018) 사건들은 하나의 공통점이 있는데 이는 원핵생물의 선행 기술에서 수행된 유전자 조작이 진핵생물에서 수행될 때 자명하다고 할 수 있는지 여부를 시험한다는 점이다. 이 분석은 진핵생물이 원핵생물보다 더 복잡한 숙주인지, 그리고 이러한 복잡성의 증가로 인해 성공에 대한 합리적인 기대가 부족해지는지 여부에 중점을 둔다. 이러한 사례는 광합성 남조류

58) 902 F.2d 1532 (Fed. Cir. 1990)

59) 35 U.S.C.A. § 103(b)(2006) 참조

60) 71 F.3d 1565 (Fed. Cir. 1995)

61) Leahy-Smith America Invents Act, Pub. L. No. 112–129 (2011)

의 세포 환경이 복잡하여 비광합성 유전자의 발현이 자명하지 않다고 판단한 *In re Vaeck* (Fed. Cir. 1991)[62] 사건 (상기 § 10:19 참조) 과 유사한 사실 관계를 가지고 있다.

In re Dröge (Fed. Cir. 2012).[63] 청구범위는 DNA를 진핵 세포의 DNA에 부위에 따라 특징적인 방법으로 재조합하는 방법에 관한 것이다. 법원은 출원일에 원핵 생물에서 부위 특징적 재조합을 위해 선행 기술에서 사용된 유사한 방법이 진핵 생물에서도 효과가 있을 것이라는 합리적 성공의 기대가 있었기 때문에 청구항이 자명하다고 판단했다. 이 판결에서는 *KSR* **이후** 두개의 판례인 *Kubin* 및 *O'Farrell*을 그 논거로 인용하고 있다.

IN RE DRÖGE, et al.

U.S. Court of Appeals, Federal Circuit (2012)

청구항

진핵 세포에서 DNA의 특정 염기 서열을 재조합하는 방법으로, 아래의 단계:

(a) 상기 진핵 세포를 제공하고, 상기 세포는 상기 세포의 게놈에 통합된 제1 DNA 세그먼트를 포함하고, 상기 제1 DNA 세그먼트는 attB, attP, attL 또는 attR 서열 또는 이의 유도체를 포함하고…

(b) 상기 세포에 두 번째 DNA 세그먼트를 도입하고,

(c) 상기 세포에 변형된 박테리오파지 람다 통합체 *Int*를 제공하는 단계를 더 포함하며, 여기서 상기 변형된 Tnt는 mt−h 또는 Int−h1218로서, 상기 attB 및 attP 또는 attR 및 attL 서열을 통해 서열 특이적 재조합을 유도하는,

것을 포함하는 방법

Claim

A method of sequence specific recombination of DNA in a eukaryotic cell, comprising:

(a) Providing said eukaryotic cell, said cell comprising a first DNA segment integrated into the genome of said cell, said first DNA segment comprising an [attB, attP, attL, or attR sequence or derivative thereof]…

62) 947 F.2d 488 (Fed. Cir. 1991)

63) 695 F.3d 1334 (Fed. Cir. 2012)

(b) Introducing a second DNA segment into said cell
(c) Further comprising providing to said cell a modified bacteriophage lambda integrate *Int*, wherein said modified Tnt is mt−h or Int−h1218, which induces sequence specific recombination through said attB and attP or attR and attL sequences.

법원 판결 이유

이러한 선행기술의 개시는 통상의 기술자가 인용문헌Crouzet에서 가르치고 있는 방법에서, 야생형 Tnt 대신에 Christ & Droge에 공개된 변형된 인테그라제(integrase)를 사용하여 성공할 것이라는 합리적 기대가 있었을 것이라는 심판원의 판단을 뒷받침하는 상당한 증거를 제공한다. "자명성은 성공에 대한 절대적인 예측 가능성을 요구하지 않는다… 필요한 것은 성공에 대한 합리적인 기대뿐이다." *In re Kubin* … [*In re O'Farrell*을 인용] … 참고 문헌들은 야생형 Tnt가 진핵세포에서 재조합을 매개하고, Tnt−h 및 Int−h/218이 IHF가 없는 경우에도 재조합을 수행할 수 있음을 공개하고 있으므로, 통상의 기술자라면 Tnt−h 및 Int−h/218이 진핵 숙주 세포에서 재조합을 매개할 것이라는 합리적인 기대를 가졌을 것이라는 심판원의 사실 판단은 상당한 증거에 의해 뒷받침된다. 따라서 우리는 심판원이 항소심에서 문제가 된 '772 청구항이 선행기술에 비해 자명했을 것이라는 결론을 올바르게 내린 것으로 판결한다.

Pasteur v. Focarino (Fed. Cir. 2013).[64] 이 청구항은 진핵생물의 상동(homologous) 재조합 방법에 대한 것으로, 원핵생물의 유사한 방법에 의하여 자명하다고 판단되어 거절되었다. 법원은 *KSR*을 광범위하게 인용하면서도 성공에 대한 합리적 기대의 부족과 다른 사람의 라이센싱과 같은 객관적인 지표에 초점을 맞추어 USPTO의 심결을 파기하였다.

INSTITUT PASTEUR et al v. FOCARINO

U.S. Court Of Appeals, Federal Circuit (2013)

청구항 7 ('545 특허)

유기체에서 생체 내 부위 지시 유전자 재조합을 위한 방법으로, 아래의 단계인:

64) 738 F.3d 1337 (Fed. Cir. 2013)

(a) 염색체의 고유 위치에 삽입된 적어도 하나의 그룹 I 인트론 인코딩 엔도뉴클레아제 인식 부위를 갖는 형질 전환 진핵 세포를 제공하는 단계;
(b) 상기 형질 전환 세포에서 상기 엔도뉴클레아제를 발현하는 발현 벡터를 제공하는 단계;
(c) 관심 유전자 및 염색체 서열과 상동하는 DNA 서열을 포함하는 플라스미드를 제공하여 상동 재조합을 가능하게 하는 단계;
(d) 상기 형질전환 세포를 상기 (c)단계의 플라스미드로 형질전환 세포를 감염시키는 단계;
(e) 상기 세포에서 상기 발현 벡터로부터 상기 엔도뉴클레아제를 발현하는 단계; 및
(f) 상기 엔도뉴클레아제로 상기 적어도 하나의 그룹 I 인트론 인코딩 엔도뉴클레아제 인식 부위를 절단하는 단계로서, 상기 절단은 상동 재조합에 의해 상기 유기체의 특정 부위에서 상기 관심 유전자의 상기 염색체로의 삽입을 촉진하는 단계;
를 포함하는 유전자 재조합 방법

Claim 7 ('545 patent)

A method for in vivo site directed genetic recombination in an organism comprising:
(a) providing a transgenic eukaryotic cell having at least one Group I intron encoded endonuclease recognition site inserted at a unique location in a chromosome;
(b) providing an expression vector that expresses said endonuclease in said transgenic cell;
(c) providing a plasmid comprising a gene of interest and a DNA sequence homologous to the sequence of the chromosome, allowing homologous recombination;
(d) transfecting said transgenic cell with said plasmid of step (c);
(e) expressing said endonuclease from said expression vector in said cell; and
(f) cleaving said at least one Group I intron encoded endonuclease recognition site with said endonuclease, whereby said cleavage promotes the insertion of said gene of interest into said chromosome of said organism at a specific site by homologous recombination.

법원 판결 이유

자명성의 평가는 선행기술이 가르치는 내용과 "이차적 고려사항"(또는 객관적 지표)에 대한 선행기술 외의 증거가 해당 시점에 발명이 자명했는지 여부를 나타내는 것에 따라 달라진다. *KSR* … 여기서 심판원은 선행 기술의 범위와 내용을 확인함에 있어 상당한 증거에 의해 뒷받침되지 않는 사실 판단을 내렸다. 또한 심판원은 자명성 평가에 중요한 (1) 세포의 염색체 DNA를 표적으로 하는 것이 세포에 독성이 있을 수 있다는 선행 기술의 가르침, (2) Pasteur 발명에 대한 업계의 찬사 및 라이선스 등 최소 두 가지 범주의 증거를 적절히 고려하지 않았다. 이러한 오류는 편견에 의한 것이었다. 선행 기술을 제대로 읽고, 청구된 방법이 세포에 독성이 있을 수 있다는 명확한 가르침과 Pasteur 의 객관적인 불명확성 표시를 정당하게 고려한 결과, 통상의 기술자가 진핵 세포의 염색체 DNA를 표적으로 삼기 위한 Quirk 및 Bell－Pedersen의 성공적인 적용을 합리적으로 예측하지 못했을 것이라는 결론을 내린다. …

*** 요컨대, 선행기술은 특정 결과를 산출하는 방법의 잠재적 보상이 크다는 것을 확인했다. 이러한 보상에 대한 욕구는 해당 방법을 추구하도록 동기를 부여할 수 있지만, "목표에 대한 지식이 있다고 해서 그 목표의 달성이 자명한 것은 아니며"[인용 생략], 자명성은 일반적으로 숙련된 기술자가 해당 목표를 달성하는 데 합리적으로 성공할 것으로 기대할 수 있어야 한다. 중요한 것은 여기에는 없는 달리 수행하는 것에 대한 합당한 설명이 없다면, 성공 기대 분석은 매우 바람직한 목표와 일치해야 하며, 덜 도전적일 수 있지만 가치가 더 낮은 다른 목표로 전환해서는 안 된다는 것이다. *KSR* 참조 (어떤 문제에 "해결해야 할 설계적 필요성 또는 시장의 압력"이 있는지, 그리고 동일한 문제가 "식별되고 예측 가능한 해결책"이 있는 문제인지 질의함).

*** 심판원은 Pasteur의 라이선스 활동을 지나치게 세밀하게 분석했다. 심판원은 "Choulika 박사가 제3자가 특허에 기술되어 있지만 관련 특허에서 주장하거나 청구하지 않은 다른 기술이 아니라 '545 특허에 청구된 주제에 접근하기 위해 특허군에 대한 라이선스를 구체적으로 취득했다는 사실을 입증하지 못했기 때문에 증거를 거부했다"고 밝혔다. … 그러나 이러한 이론적 가능성은 '545 특허 라이선스의 강력한 입증 가치를 약화시키지 않는다. 특허에 기술된 핵심적인 성공은 선행기술이 기대했던 것이며 쟁점 청구항에 포착된 것, 즉 살아있는 세포, 특히 효모에서 염색체 DNA의 표적 수정을 달성하기 위해 GIIE 엔도뉴클레아제와 상동 재조합을 사용하는 방법이다. … 따라서 Pasteur의 발명의 타인에 대한 라이선스와 같은 업계의 찬사는 통상의 기술자가 진핵 세포에서 GITE 엔도뉴클레아제가 염색체 DNA를 성

공적으로 수정할 수 있다고 합리적으로 기대하지 않았을 것이라는, 증거력과 설득력이 있는 근거를 제시하고 있다.

◆ *Regents of the University of California v. Broad Institute, Inc.* (Fed. Cir. 2018).[65] 연방항소법원은 저촉의 문제 제기에 의한 사건에서 모든 생물학적 시스템에서 CRISPR－Cas9을 사용하는 방법(이는 선행기술로 사용됨)에 관한 캘리포니아 대학교(UC)의 청구항과 진핵세포에서 CRISPR－Cas9을 사용하는 방법에 관한 Broad Institute의 청구항 사이에는 사실의 문제로서의 저촉이 없다는 심판원의 심결을 유지했다. 법원에 따르면, UC의 청구항은 통상의 기술자가 출원일에 진핵세포에 CRISPR－Cas9 시스템을 적용하는 데 성공할 것이라는 합리적인 기대를 갖지 않았을 것이기 때문에 Broad의 청구항은 자명한 것으로 되지 않는다.

UC v. BROAD INSTITUTE

U.S. Court of Appeals, Federal Circuit (2018)

청구항 165 (UC의 '859 출원 – 선행기술로 사용됨)

표적 서열을 갖는 표적 DNA 분자를 공학적으로 및/또는 비자연적으로 발생하는 유형 II CRISPR－Cas (Clustered Regularly Interspaced Short Palindromic Repeats (CRISPR)—CRISPR associated (Cas)) 시스템과 접촉시키는 것을 포함하는 핵산을 절단하는 방법으로,

a) Cas9 단백질; 및

b) 다음을 포함하는 단일 분자 DNA 표적 RNA

  i) 표적 서열과 혼성화되는 표적－RNA, 그리고

  ii) 타겟터－RNA와 하이브리드하여 단백질 결합 세그먼트의 이중 가닥 RNA 듀플렉스를 형성하는 활성화제－RNA,

를 포함하고,

여기서 활성화제－RNA와 타겟터－RNA는 중간 뉴클레오타이드로 서로 공유 결합되어 있고,

여기서 단일 분자 DNA 표적 RNA가 Cas9 단백질과 복합체를 형성하고,

이로써 단일 분자 DNA 표적 RNA가 표적 염기 서열을 표적으로 삼고 Cas9 단백질이 표적 DNA 분자를 절단하는,

65) 903 F. 3d 1286 (Fed. Cir. 2018)

방법.

Claim 165 (UC's '859 application – Used as prior art)

A method of cleaving a nucleic acid comprising contacting a target DNA molecule having a target sequence with an engineered and/or non-naturally-occurring Type II Clustered Regularly Interspaced Short Palindromic Repeats (CRISPR)— CRISPR associated (Cas) (CRISPR-Cas) system comprising

a) a Cas9 protein; and

b) a single molecule DNA-targeting RNA comprising

i) a targeter-RNA that hybridizes with the target sequence, and

ii) an activator-RNA that hybridizes with the targeter-RNA to form a double-stranded RNA duplex of a protein-binding segment,

wherein the activator-RNA and the targeter-RNA are covalently linked to one another with intervening nucleotides,

wherein the single molecule DNA-targeting RNA forms a complex with the Cas9 protein,

whereby the single molecule DNA-targeting RNA targets the target sequence, and the Cas9 protein cleaves the target DNA molecule.

청구항 1 (Broad사의 '359 특허 – 이 청구항의 자명성 혹은 비자명성은 상기 UC의 청구항 165에 대하여 판단되었다) (강조 표시 추가)

적어도 하나의 유전자 산물의 발현을 변경하는 방법으로, 표적 서열을 가지며 유전자 산물을 인코딩하는 DNA 분자를 포함하며 발현하는 **진핵 세포 내부**에, 하나 이상의 벡터를 포함하며 공학적으로 조작된 비자연적으로 발생하는CRISPR-Cas (Clustered Regularly Interspaced Short Palindromic Repeats (CRISPR)—CRISPR associated (Cas))시스템을 **도입하는** 것을 포함하는 방법이며, 상기 벡터는,

a) 표적 서열과 혼성화되는 CRISPR-Cas 가이드 RNA를 코딩하는 적어도 하나의 뉴클레오티드 서열에 작동 가능하게 연결되는 **진핵세포에서 작동 가능한** 제1 조절 요소, 및

b) 타입 II Cas9 단백질을 코딩하는 뉴클레오티드 서열에 작동 가능하게 연결되는 **진핵 세포에서 작동 가능한** 두 번째 조절 요소,

를 포함하며,

상기 구성 요소 (a) 및 (b)는 시스템의 동일하거나 다른 벡터에 위치하며, 이로써

가이드 RNA가 표적 서열을 표적으로 하고 Cas9 단백질이 DNA 분자를 절단하고, 이로써 적어도 하나의 유전자 산물의 발현이 변경되며, 또한 여기서Cas9 단백질과 가이드 RNA가 자연적으로 함께 발생하지 않는,
방법

Claim 1 (Broad's '359 patent – the obviousness or non-obviousness of this claim was evaluated against the above claim 165 of UC; emphases added.)

A method of altering expression of at least one gene product comprising *introducing into a eukaryotic cell* containing and expressing a DNA molecule having a target sequence and encoding the gene product an engineered, nonnaturally occurring Clustered Regularly Interspaced Short Palindromic Repeats (CRISPR)—CRISPR associated (Cas) (CRISPR–Cas) system comprising one or more vectors comprising:
a) a first regulatory element *operable in a eukaryotic cell* operably linked to at least one nucleotide sequence encoding a CRISPR–Cas system guide RNA that hybridizes with the target sequence, and
b) a second regulatory element *operable in a eukaryotic cell* operably linked to a nucleotide sequence encoding a Type–II Cas9 protein,
wherein components (a) and (b) are located on same or different vectors of the system, whereby the guide RNA targets the target sequence and the Cas9 protein cleaves the DNA molecule, whereby expression of the at least one gene product is altered; and, wherein the Cas9 protein and the guide RNA do not naturally occur together

관련 기술66)

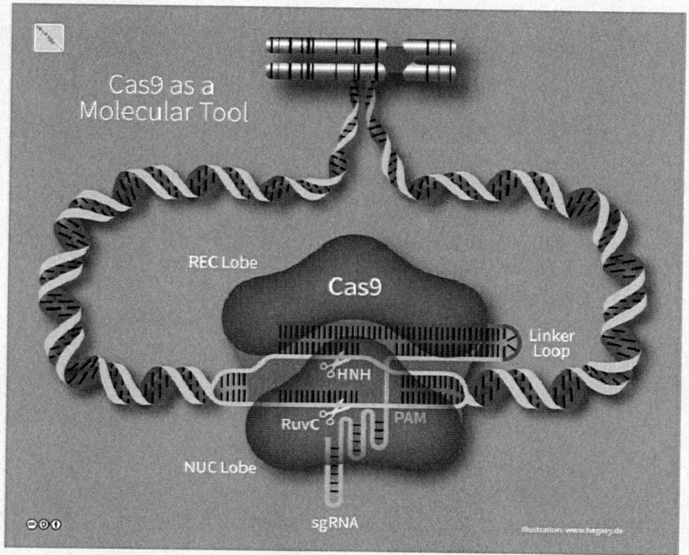

CRISPR Cas-9 유전자 편집 시스템

법원 판결 이유

*** 기록에 있는 증거를 종합적으로 고려할 때, 우리는 성공에 대한 합리적인 기대가 없다는 심판원의 판단이 상당한 증거에 의하여 뒷받침된다고 판단하여, 심판원의 판단을 유지한다. UC는 심판원이 (1) 선행 기술에 구체적인 지침이 포함되어야 한다는 엄격한 자명성 기준을 부적절하게 채택했으며, (2) 동시 발명에 대한 증거를 이와 관련이 없는 것으로서 기각하는 오류를 범했다고 주장한다. 아래에 기재된 이유로, 우리는 심판원이 분석에서 오류를 범하지 않았다고 판결한다.

성공에 대한 합리적인 기대

*** 심판원의 전문가인 Paul Simons 박사는 원핵생물 시스템과 진핵생물 시스템의 차이로 인해 진핵세포에 CRISPR－Cas9 시스템을 적용하는 것이 예측 불가능해졌다고 증언했다.

*** Simons 박사는 숙련된 기술자라면 이 시스템이 진핵세포에서 작동할 것이라는 합리적 기대를 하지 않았을 것이라고 증언한 CRISPR－Cas9 시스템과 관련하여 추가 우려 사항을 확인했다. … 진핵 세포에는 리보뉴클레아제라고 알려진 여러 분자가 포함되어 있는데, 이 분자는 RNA 분자를 절단하는 원핵 세포에는 존재하지

66) 저작자 표시: Hegasy Illustrations; 크리에이티브 커먼즈 저작자표시－동일조건변경허락 4.0 국제 라이선스; 일부 판권 소유.

않는다. 진핵 세포에는 또한 이중 가닥 RNA를 분해하는 시스템이 포함되어 있다. CRISPR-Cas9 시스템에는 이중 가닥 RNA의 일부가 포함되어 있는데, 이 부분에는 crRNA가 tracrRNA와 결합하여 불확실성을 더한다.

*** 2012년 9월 기사에서 UC의 전문가 증인인 Dana Carroll 박사는 진핵 세포에 CRISPR-Cas9 시스템을 적용하려고 시도할 때 발생할 수 있는 많은 동일한 문제를 인식했다. 여기에는 CRISPR-Cas9이 진핵 세포의 핵 분해 효소에 의해 분해될 수 있다는 가능성과 진핵 세포에 사용하면 독성이 발생할 수 있다는 가능성이 포함되었다. … 궁극적으로 Carroll 박사는 CRISPR-Cas9 시스템이 진핵 생물에서 작동할지 여부는 "아직 밝혀지지 않았다"며 "진핵 생물에 시스템을 적용하려는 시도만이 이러한 우려를 해결할 수있을 것"이라고 결론지었다. 이는 숙련된 기술자가 진핵 생물에 CRISPR-Cas9 시스템을 구현할 때 많은 문제가 발생할 수 있다고 생각했다는 실질적인 증거이며, 심판원은 보통의 숙련된 기술자가 성공에 대한 합리적인 기대가 부족했을 것으로 간주했다.

*** UC 발명가들은 또한 진핵 세포에서 작동하도록 CRISPR-Cas9 시스템을 엔지니어링하는 것에 대한 의심과 좌절을 인정하고 Broad의 성공의 중요성에 주목하는 진술의 증거를 심판원에 제시했다. 발명자 중 한 명인 Jennifer Doudna 박사는 동물과 인간의 유전자를 변형시키는 데 있어 "거대한 병목 현상"을 인정했으며, 초기 UC 연구가 발표된 후 "2012년 논문은 큰 성공을 거두었지만 문제가 있었다. CRISPR/Cas9이 진핵생물에서 효과가 있을지 확신할 수 없었다."라고 말했다. 또한 그녀는 CRISPR-Cas9이 인간 세포에서 작동하도록 하는 데 "많은 좌절"을 겪었으며, 이를 성공하면 "심대한 발견"이 될 것이라고 생각했다고 설명했다.

***

구체적인 지침

UC는 심판원이 성공에 대한 합리적 가능성을 입증하기 위해 선행 기술에 구체적인 지침이 있어야 한다는 시험을 채택한 것은 잘못이라고 주장한다. *** 심판원은 합리적 성공 가능성을 판단하기 위해 선행 기술에 구체적인 지침이 있어야 한다는 시험을 채택하지 않았으며, 심판원의 분석에 오류가 있다고 생각하지 않는다. 심판원은 기술의 확실성이 필요하지 않다는 점을 인정하고 올바른 법적 기준에 따라 사실 분석을 수행했다. *** 심판원은 이 사건에서 당업자에게 성공에 대한 합리적 기대를 갖게 하는 CRISPR-Cas9에 대한 구체적인 지침이 당업자에게 제공되지 않았을 것이며, "다른 시스템에서 입증된 실패는 성공에 대한 합리적 기대가 없음을 나타내는 것으로 확신"한다고 판단했다. *** 심판원은 진핵 생물에 CRISPR-Cas9을 적용하는 방법을 설명하는 구체적인 지침이 없다는 이유만으로 성공에 대한 합리적 기대가 없었을 것이라고 판단한 적이 없다. 우리는 심판원이 일반적인 지침에 따라 원핵생물 시스템을 진핵세포에 적용하는 데 실패한 이전의 사례와 함께 구체적인 지침이 없다는 점을 고려한 것에 오류가 있다고 생각하지 않는다.

동시 발명에 대한 증거의 취급

동시 발명은 모든 상황에 비추어 고려할 때 자명성의 증거가 될 수 있다. *Lindemann Maschinenfabrik GMBH v. Am. Hoist & Derrick Co.*[67] 우리는 동시 발명이 두 가지 방식으로 자명성 분석에 영향을 미칠 수 있음을 인정했다. [인용 생략]. 첫째, 통상의 기술자의 기술 수준에 대한 증거이다. … 둘째, 통상의 기술자가 문제와 그 문제에 대한 해결책을 이해했다는 객관적인 증거를 구성한다. … 저촉 관행의 존재에 내재하는 원칙은 동시 발명의 증거만으로는 자명성을 입증할 수 없으며, 그렇지 않으면 저촉과 관련된 모든 청구항은 자명성으로 인해 특허를 받을 수 없다는 것이다. … 따라서 동시 발명에 대한 증거의 비중은 모든 상황에 비추어 신중하게 고려되어야 한다.

*** UC는 여러 연구팀이 특정 접근법을 추구했고 그 접근법이 궁극적으로 성공했기 때문에 그 접근법이 효과가 있을 것으로 예상했을 것이라고 심판원이 추론하게 할 수도 있었다. UC는 성공에 대한 기대가 없었다면 여러 그룹이 "진핵 세포에서 UC의 Type-II CRISPR-Cas 시스템을 사용하지 않았을 것"이라고 심판원에서 주장했다. 심판원은 이러한 명확한 규칙을 거부하고 대신 이 사례에서 동시 발명의 증거가 "당시 기술의 특정 맥락"을 고려할 때 성공에 대한 합리적인 기대치를 확립하지 못했다고 판단했다. 심판원은 "과학 또는 기술의 특성, 발전 상태, 알려진 선택의 성격, 선행 기술의 특수성 또는 일반성, 관심 분야의 결과 예측 가능성 등 각 사안의 구체적인 맥락에서 결정해야 한다"고 설명했다. 우리는 이러한 분석에서 어떠한 오류도 발견하지 못했다. UC의 주장과는 달리 심판원은 UC의 동시 발명에 대한 증거가 자명성 판단과 관련이 있음을 인정했다. 우리는 Broad의 동시 발명에 대한 증거를 당시 기술 상태, 발명가들의 진술, 유사한 기술과 관련된 실패 사례 및 나머지 기록 증거와 함께 고려하며, 심판원의 판단이 상당한 증거에 의해 뒷받침된다고 결론을 내린다.

§ 10:24 자명성 법리의 미래 – 내재적 자명성

위 항목 § 9:15에서 분석한 내재적 예견(inherent anticipation) 개념과 유사하게, CAFC는 화학 및 제약 특허법에서 "내재적 자명성" 이론(a doctrine of "inherent

67) 730 F.2d 1452, 1460 (Fed. Cir. 1984)

obviousness")을 개발했다. 이 이론은 두 개 이상의 항목 또는 선행 기술을 결합하거나 선행 기술 중 한 항목을 수정하면 반드시 내재적으로 "자연스러운 결과"가 도출될 것이라는 기대에 기초한다. 이 분야에 대한 초기 판결은 ***Par Pharma v. TWI Pharma*** (Fed. Cir. 2014)이다.[68] 법원은 이 이론에 대해 설명하고 엄격한 한계를 제시했다:

> 우리는…원래 예견(anticipation)에 뿌리를 둔 교리인 내재성의 사용은 자명성의 맥락에서 신중하게 제한되어야 한다고 설명했다. 예를 들어, *In re Rijckaert* (Fed. Cir. 1993)[69] ("특정 사물이 주어진 상황으로부터 발생할 수 있다는 사실만으로는 [내재성을 입증하기에] 충분하지 않다.") 참조. (내부 인용 생략)). *In re Oelrich* (CCPA 1981)[70]("선행기술의 사물이 본질적으로 가지고 있는 새로 발견된 기능이나 속성을 단순히 제시한다고 해서 그러한 사물에 도출된 청구항이 선행기술과 구별되지 않는다."). *Application of Shetty* (C.C.P.A. 1977)[71] ("장점의 내재성과 그 자명성은 완전히 다른 문제이다 … 자명성은 미지의 것에 근거하여 예측할 수 없다.")
> 따라서 법원의 초기 판례와 이전 판례는 내재성 개념은 자명성에 적용될 때 제한되어야 하며, 문제가 되는 [청구된] 한정이 선행 기술 요소의 조합의 "자연스러운 결과"인 경우에만 내재적이라는 점을 확립했다.

이러한 법리 유보에도 불구하고, *Par Pharma* 사건에서 법원은 선행기술 문헌이 중요한 청구범위 한정을 공개하지 않았음에도 불구하고 선행기술 문헌의 조합으로 인해 내재적 자명성이 발생한다고 판단했다. 법원은 누락된 한정이 내재적이라고 판시했다.

2017 판결인 ***Millennium Pharma. v. Sandoz Inc. et al*** (Fed. Cir. 2017)[72]는 물건 청구항의 내재적 자명성과 관련하여 다음과 같이 설명한다.

---

68) 773 F.3d 1186 (Fed. Cir. 2014)
69) 9 F.3d 1531 (Fed. Cir. 1993)
70) 666 F.2d 578 (CCPA 1981)
71) 566 F.2d 81, 195 USPQ 753(CCPA 1977)
72) 862 F.3d 1356 (Fed. Cir. 2017)

청구항 20: 동결 건조된 화합물 D-만니톨 N-(2-피라진)카르보닐-L-페닐알라닌-L-루신 보로네이트.

이 청구항에 대한 도전은, 선행 기술에 보로네이트 제품을 만드는 공정을 수행해야 할 일견 자명한 이유가 있다는 것이다. 그리고 일단 제조 공정을 수행하면, 그 공정은 필연적으로 그리고 피할 수 없이 안정성과 같은 본질적으로 우월한 모든 특성과 몇 가지 이차적인 비명자성 징후를 가진 합리적으로 예상되는 청구항 제품을 산출한다. 이러한 특성을 무시하고 하급심 법원은 청구항이 내재적으로 자명하다고 판단했다. 그러나 CAFC는 제품의 특성이나 제품을 둘러싼 기타 이차적인 고려 사항을 무시하는 것은 **허용되지 않는다**고 명시했다. CAFC는 청구된 화합물에 대한 오랜 필요성이 충족되었고, 달성된 결과가 예상치 못한 것이며, 제품의 상업적 성공은 화합물의 구조에 최종적으로 포함된 성분의 선택에 뿌리를 두고 있다고 판단했다. 이 사례는 이차적인 고려사항이 내재적 예견(anticipation) 분석에서 중요한 역할을 하지는 않지만, 내재적 자명성 문제에 대한 강력한 대항마로 남아 있음을 보여준다.

이와 대조적으로, 2023년 ***In re John L. Couvaras*** (Fed. Cir. 2023)[73]에서 연방순회법원은 결과가 순전히 기계론적이고 실제 결과에 영향을 미치지 않는 경우, 예상치 못한 결과를 사용하여 일응의 내재적 자명성 사례를 극복할 수 있는 자격을 부여했다. 해당 청구항은 다음과 같다(강조 표시 추가).

다음과 같은 단계로 구성되는, 본태성 고혈압 환자의 전신 혈관에서 프로스타사이클린 방출을 증가시켜 혈관 확장을 개선하는 방법:
본태성 고혈압으로 인해 전신 혈관에 가바 수용체를 발현하는 인간 개체를 제공하는 단계;
가바 작용제 용량과 ARB 용량을 조합하여 전달 가능한 형태로 제공하는 조성물로서, ARB는 안지오텐신 II, 1형 수용체 길항제인 조성물을 제공하는 단계;
경구 또는 정맥 주사를 통해 GABA-a 작용제의 용량과 ARB의 용량을 함께 투여하여 사람의 순환계에 조성물을 전달하는 단계;

73) F.4 ----, WL 3984753, slip op 2022-1489 (Fed. Cir. 2023)

> 일정 기간 동안 안지오텐신 II의 존재로 인한 GABA－a 수용체 억제를 감소시키는 ARB의 작용을 통해 인체 내 안지오텐신 II를 차단하고, 일정 기간 동안 GABA－a 작용제의 작용을 통해 억제되지 않은 GABA－a 수용체를 활성화함으로써 프로스타사이클린의 방출 증가를 상승적으로 촉진하는 단계: 및
> 프로스타사이클린 방출 증가로 인해 전신 혈관의 평활근이 이완되는 단계.

항소인이 원심판단의 일응의 자명성을 극복하기 위해 제기한 주요 주장은, 두 가지 잘 알려진 항고혈압제를 개별적으로 투여하는 것과 같은 이유로 병용 투여했을 때 시너지 효과로 프로스타사이클린의 방출을 증가시켜 혈관을 이완시킨다는 사실을 예기치 않게 발견했다는 것이다. 법원은 다음과 같이 판시했다:

> 작용 메커니즘이 항상 가장 엄격한 내재성 기준을 충족하는 것은 아니지만, 그것은 여전히 단지 특정 화합물 또는 화합물의 혼합물을 투여함으로써 자연스럽게 도출되는 결과일 뿐이다. 알려진 화합물이 알려진 결과를 산출하는 메커니즘을 나열하는 것은 그 메커니즘의 특성이 예상치 못한 경우라도 일응의 자명성을 극복할 수 없다.

또한 법원은 *Couvaras* 사건의 결과를 *Millennium Pharma v Sandoz* (Fed. Cir. 2017, 위 참조)의 결과와 구별하는 데 도움이 되는 맥락에서 다음과 같이 덧붙였다:

> *** 작용기전을 나열하는 것은, 비록 그것이 예상치 못한 것이라고 할지라도 반드시 일응의 자명성을 극복할 수 있는 것은 아니다. 예상치 못한 결과를 입증하려면 Couvaras는 GABA 작용제와 ARB의 병용 투여가 고혈압의 더 나은 조절, 환자에 대한 독성 감소 또는 놀랍도록 낮은 용량을 사용할 수 있는 능력과 같은 예상치 못한 이점을 제공했음을 보여 주었어야 했다. 우리는 그러한 이점이 입증되지 않았으며 따라서 예상치 못한 결과에 대한 증거가 존재하지 않는다는 위원회의 의견에 동의한다.

달리 말하면, 근본적인 작용 메커니즘의 발견은 예상치 못한 것이더라도 **일응의 내재적 자명성** 사례를 극복하기에 충분하지 않으며, *Millennium Pharma*에

서와 같이 실제 세계에서의 이점에 대한 증거가 있어야 한다.

내재적 자명성의 교리는 조만간 생명공학 청구항에 대한 도전에 적용될 것으로 예상된다.

§ 10:25 선도 화합물 이론

약리학 분야에서 화학 화합물의 자명성을 평가할 때, 법원은 ***Takeda Chem. Indus., Ltd. v. Alphapharm Pty., Ltd*** (Fed. Cir. 2007)[74] 사건을 필두로 "선도 화합물(lead compound)"이라는 법적 개념을 사용했다. "선도 화합물"은 선행 기술에서 추가 설계의 출발점이 될 수 있는 화합물이다. "선도"는 활성을 개선하고 더 나은 활성을 가진 화합물을 얻기 위해 구조적으로 수정할 가능성이 가장 높은 선행 기술의 화합물이다. 선도 화합물의 자명한 변형이 청구항 화합물로 이어지는 경우, 청구된 화합물은 35 U.S.C.A. § 103에 따라 자명할 수 있다. 여기서 선도 화합물 분석의 개념을 소개하는 것은 생명공학에 적용될 가능성이 높을 것으로 예상되고 소개할 가치가 있다.

Takeda 사건에서 문제가 된 것은 피오글리타존이라는 항당뇨병 화합물에 대한 특허였다. 이 화합물은 에틸 치환 피리딜 고리(동그라미 표시 안)를 가진 화합물 계열에 속한다:

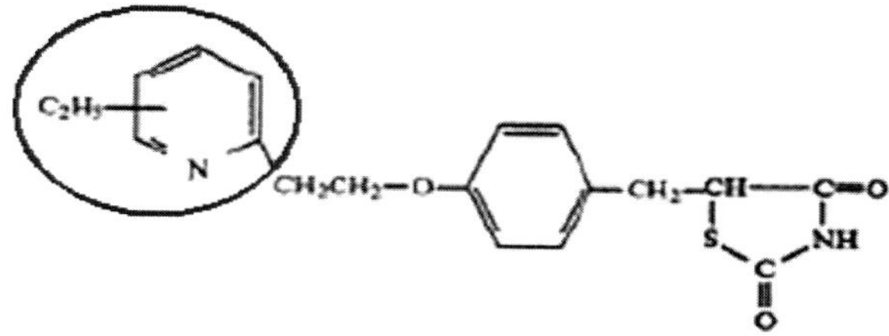

청구항 1: 피오글리타존 계열

Takeda 특허의 청구항 1(그림)은 에틸 치환체($-C_2H_5$)가 피리딜 고리의 4가지 가능한 위치 중 하나에 위치하여 3-, 4-, 5- 및 6-에틸 화합물을 생성하는 4가지 가능한 화합물을 포함하는 한편, Takeda는 종속 청구항 2를 주장하고

74) 492 F.3d 1350 (Fed. Cir. 2007)

있다. 이 청구항은 피리딜 고리의 5번째 위치에 에틸 치환체가 부착된 실제 피오글리타존 화합물에 대한 것이다:

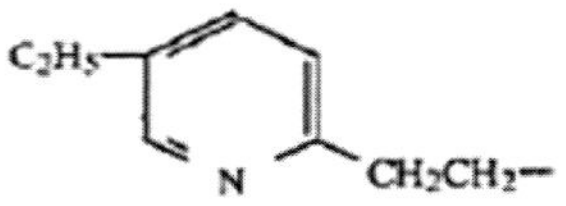

청구항 2: 피오글리타존

Alphapharm은 "화합물 b"로 알려진 선행 기술 화합물을 고려할 때, 청구된 화합물이 발명 당시에는 자명했을 것이라고 주장했다. 화합물 b는 6번째 위치에 메틸($-CH_3$) 그룹이 부착된 피리딜 고리를 가지고 있다.

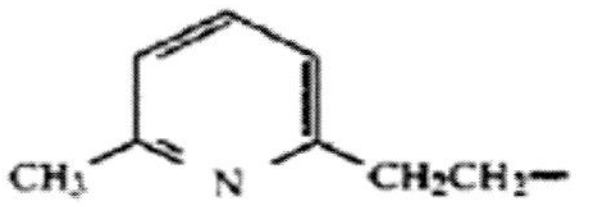

화합물 "b"

법원은 '선도 화합물'의 기본 개념을 수용하는 듯 보였지만 증거 부족을 이유로 Alphapharm의 주장을 받아들이지 않았다. 법원은 아래와 같이 판시했다.

> Alphapharm은 선행 기술이 당업자가 화합물 b를 선도 화합물로 선택하도록 유도했을 것이라고 주장한다. "선도 화합물"이란 Alphapharm 이 항당뇨 활성을 개선하고 더 나은 활성을 가진 화합물을 얻기 위해 변경할 가능성이 가장 높은 선행 기술 화합물을 지칭하는 것으로 이해된다. Alphapharm은 항당뇨병 연구를 위해 화합물을 선택함에 있어서, 당업자라면 두 가지 자명한 화학적 변화, 즉 첫째, 메틸기를 에틸기로 치환하여 6-에틸 화합물을 생성하는 동질화, 둘째, 에틸 치환기를 고리의 다른 위치인 5-위치로 이동시키는 "링 워킹"을 수행하여 피오글리타존을 발견했을 것이라고 주장했다. 따라서 Alphapharm의 자명성 주장은 당업자가 화합물 b를 선도 화합물로 선택했을 것이라는 예비적 발견에 명백히 의존하고 있다.

그러나 법원은 선행 기술에는 항당뇨병 치료를 위한 예측 가능한 해결책이 있었던 것이 아니라, 선도 화합물로 선택될 수 있는 여러 화합물이 있었다고 결론 지었다. 또한 법원은 Alphapharm이 화합물 b가 선택되었을 것이라는 증거를 제시하지 않았으며, 선택되었다 하더라도 청구 화합물인 피오글리타존에 도달하기 위해 필요한 화학적 변형을 수행하는 방법을 제시하지 않았다고 판단하여 Alphapharm에 불리한 판결을 내렸다.

Daiichi Sankyo Co. v. Matrix Laboratories, Ltd. (Fed. Cir. 2010)[75]에서 CAFC는 "선도 화합물"이 하나 이상 존재할 수 있다고 설명했다. 그리고 ***Otsuka Pharmaceutical Co., Ltd. v. Sandoz, Inc.*** (Fed. Cir. 2012)[76]에서 법원은 "선도 화합물" 분석을 두 단계로 공식화했다. **첫째:** 선행 기술에서 화학자가 구조와 특성을 모두 검토하여 개선된 특성을 달성하기 위해 수정하기로 선택할 화합물이 있는가, **둘째:** 선행 기술이 당업자에게 성공에 대한 합리적인 기대와 함께 수정할 이유와 동기를 제공했을 것인가?

§ 10:26 저자 의견: 생명 공학에 대한 선도 화합물 자명성 이론의 응용

하나 이상의 뉴클레오타이드가 선행 기술의 다른 유사한 서열에서 알려진 바람직한 기능 또는 특성을 달성하기 위해 수정된 변형 핵산 서열은 선도 화합물 분석에 적합하다. 실제로 *Genetics Institute v. Novartis Vaccines* (Fed. Cir. 2011)[77]에서 CAFC는, *Takeda v. Alphapharm* (Fed. Cir. 2007)을 인용하면서, 선도 화합물 이론을 사용하여 유사한 선행기술 단백질에 대한 청구된 단백질의 자명성(또는 그 결여)을 분석했다. 법원은 다음과 같이 판시했다.

> '112 특허와 '620 특허에서 청구된 단백질 사이의 이러한 구조적 차이를 고려할 때, 지방법원은 일응의 자명성 심사의 일부로서 연구자가 청구된 화합물에 도달하기 위해 특정 방식으로 선행 기술 화합물을 수정하도록 유도했을 어떤 이유의 확인을 올바르게 요구했다. … *Takeda Chem. Indus., Ltd. v. Alphapharm Pty., Ltd.*, (Fed. Cir. 2007) 참조.

선도 화합물 분석이 가능한 또 다른 생명공학 분야는 조작된(engineered) 항체

75) 619 F.3d 1346 (Fed. Cir. 2010)
76) 678 F.3d 1280 (Fed. Cir. 2012)
77) 655 F.3d 1291 (Fed. Cir. 2011)

또는 단편이다. 인간화 또는 기타 바람직한 특성으로 이어지는 항체 사슬 서열의 특정 돌연변이는 선도 화합물 이론을 사용하여 자명한 것으로 이의를 제기할 수 있다. 예를 들어, 이 이론으로 분석할 수 있는 사실 관계로, 위의 *In re Chapman* (Fed. Cir. 2010)[78] 참조.

§ 10:27 정밀 의학 또는 개인 맞춤 의학

2015년 CAFC의 판결 ***Prometheus Labs., Inc. v. Roxane Labs., Inc.*** (Fed. Cir. 2015)[79]는, 과민성 대장 증후군(irritable bowel syndrome, 'IBS') 치료를 위한 저분자 화합물 알로세트론의 투여를 다루면서, 유전자 진단과 같은 생명공학 기반 발명을 사용하는 (개인 맞춤형 의학이라고도 알려진) 정밀 의학분야의 자명성 분석에 영향을 미칠 수 있는 몇 가지 코멘트를 **방론으로** 설시했다.

Prometheus 법원은 이 사건 청구항이 모든 가능한 환자의 하위 집단(즉, 법적으로는 준상위개념)에 대한 투여로 한정되어 있음에도 불구하고, 공지된 알로스테론을 공지된 과민성 대장 증후군 치료용으로 투여하는 것은 자명하다고 판시했다. 청구된 하위 집단은 설사가 우세한 과민성 대장 증후군을 앓고 있고, 변비가 잦으며, 최소 6개월 이상 증상을 경험한 것으로 평가된 여성이다. *Graham v. John Deere* (U. S. Sup. Ct. 1966)[80] 및 *KSR v. Teleflex* (U.S. Sup. Ct. 2007)[81] 판결을 인용하여, CAFC는 당업자가 청구된 환자의 한정된 준상위개념을 별도로 치료하는 것이 자명했을 것이며, 예상치 못한 결과는 특허 외적인 요인에 기인한다고 판시했다.

법원은 생명공학 테스트를 포함하는 정밀 의학 방법에 대한 청구항과 관련된 구절에서 다음과 같이 판시했다.

> 예를 들어, 특정 치료법이 특정 환자 하위 집단에 대해서는 효과적일 수 있지만 다른 환자 하위 집단에 대해서는 비효과적(심지어 해로울 수도 있음)일 수 있는 맞춤 의학 분야에서는 상위개념－하위개념 구분이 특히 관련성이 있을 수 있다[인용 생략]. 특정 환자 하위 집단(예: 특정 유전자를

78) 93 USPQ2d 1713 (Fed. Cir. 2010)
79) 116 USPQ2d 1942 (Fed. Cir. 2015)
80) 383 U.S. 1 (U.S. Sup. Ct. 1966)
81) 127 S. Ct. 1727 (U.S. Sup. Ct. 2007)

> 가진 환자)을 치료 대상으로 선정하는 것은, 환자에게 일반적으로 사용되는 치료 방법을 공개하는 선행기술 또는 선행특허가 존재함에도 불구하고 특허를 받을 수 있는 새롭고 유용한 발명일 수 있다. 새로운 환자 하위 집단이 예상치 못한 결과를 보이는 경우, 자명성을 이유로 거절하는 것은 적절하지 않을 수 있다.

§ 12:17 ~ § 12:21 항목에서는 정밀 의학 청구항의 분할 침해(즉, 서로 다른 당사자가 수행한 청구항의 여러 단계에 대한 침해)의 맥락에서 정밀 의학 청구항 이슈를 분석한다. 분할 침해 문제가 최종적으로 어떻게 해결되든 간에, *Prometheus v. Roxane* 사건에서 CAFC가 그러한 청구항에 대한 비자명성 근거를 마련하고 있다는 점은 고무적이다.

11장 착상 및 발명자권

신 혜 은

§ 11:1 잘못된 발명자권 – 관련 법령

AIA에서 폐지

35 U.S.C.A. § 102(f)[1] [파생]

특허를 받고자 하는 주제를 직접 발명하지 않은 사람은 특허를 받을 수 없다.

***

AIA 후 남은 부분

35 U.S.C.A. § 115. 발명자의 선서문 또는 선언서. [2]

(a) 발명자 명명; 발명자의 선서문 또는 선언서 –

§ 111(a)에 따라 제출했거나 제371조에 따라 국내 단계를 개시한 특허 출원에는 그 출원에서 청구된 발명에 대한 발명자의 이름이 포함되거나 포함되도록 수정되어야 한다. 이 조에서 달리 정하는 경우를 제외하고, 특허 출원에서 청구된 발명의 발명자 또는 공동 발명자 각각은 출원시 선서문 또는 선언서를 작성해야 한다.

35 U.S.C.A. § 135. **파생 절차.**[3]

(a) … (1) 일반사항 – 특허출원인은 자신의 발명에 대한 파생절차의 개시를 특허청에 신청할 수 있다. 신청서에는 선출원에 기명된 발명자 또는 공동발명자의 발명이 신청인 측 출원에 기명된 발명자 또는 공동발명자의 발명에서 별도 승인 없이 파생됐다는 점과 그와 같이 동일한 발명을 선출원에서 청구하고 있다는 점을 결정하기 위한 근거를 구체적으로 명시하여야 한다. …

1) 35 U.S.C. § 102(f)(2006)
2) 35 U.S.C. § 115 (2012)
3) 35 U.S.C. § 135 (2014)

35 U.S.C.A. § 116. **발명자**[4] [공동 발명]

(a) 공동 발명 – 2인 이상이 공동으로 발명을 한 경우, 본 조에서 달리 규정된 경우를 제외하고는 공동으로 특허를 신청하고 각자가 필요한 선서를 해야 한다. 발명자들은 (1) 물리적으로 함께 또는 동시에 작업하지 않았거나, (2) 각자가 동일한 유형 또는 금액의 기여를 하지 않았거나, (3) 각자가 특허의 모든 청구항의 주제에 기여하지 않았더라도 공동으로 특허를 신청할 수 있다.

35 U.S.C.A. § 262. **공동 소유자.**[5]

달리 반대되는 계약을 체결한 바 없다면, 특허의 공동소유자 각각은 다른 소유자의 동의 없이 그리고 다른 소유자의 의사를 고려하지 아니한 상태에서 특허발명을 미국에서 제조·사용·판매제안 또는 판매하거나 특허발명을 미국으로 수입할 수 있다.

35 U.S.C.A. § 256. **기명 발명자의 정정.**[6]

(a) 정정 – 오류로 인하여 기존에 발급된 특허에 발명자의 이름이 잘못 기재되어 있는 경우 또는 오류로 인하여 발명자의 이름이 기존에 발급된 특허에서 누락된 경우 특허청장은 당사자 및 양수인 전원이 신청하면 사실증거 및 그 밖에 정해진 요건을 고려하여 오류 정정 증명서를 발행할 수 있다

§ 11:2 발명자권에 대한 법률의 역사적 맥락

AIA 전 및 후의 절차. AIA가 제정되기 전에는 발명자권을 다루는 법령으로 35 U.S.C.A. § 102(f)[7] (파생이라고 함)이 있었다. 이 조항은 올바른 발명자권을 요구하는 근거가 되었으며, 파생은 특허 유효성에 대한 절대적인 방어수단이었다. 35 U.S.C.A. § 102(f)는 2011년에 AIA가 제정되면서 폐지되었고, 35 U.S.C.A. § 135(파생 절차)[8]로 대체되었다. § 135는 유효성에 대한 방어가 아니고 대부분 절차적 성격이 강하며, 자신의 발명이 제3자에 의해 파생되었고 그 후 자신의 승인 없이 USPTO에 출원되었다고 주장하는 사람이 이용할 수 있다.

반면, AIA 이후에는 35 U.S.C.A § 115(a)에 따라 잘못된 발명자권에 대해 이의를 제기할 수 있다.[9] 이 조항은 미국 특허청에 제출된 출원서에 "… 청구된 발

4) 35 U.S.C. § 116 (2014)
5) 35 U.S.C. § 262 (2014)
6) 35 U.S.C. § 256 (2014)
7) 35 U.S.C.A. § 102(f)(2006)
8) 35 U.S.C.A. § 135 (2014)
9) 35 U.S.C.A. § 115 (2012)

명에 대한 발명자의 이름을 포함해야 한다. …"고 분명하게 명시하고 있다. 해당 문구는 청구항별로 발명자를 결정한다는 점을 강조한다. 법령의 추가 문구에 따르면 모든 개인은 "선서를 이행해야 한다"고 명시되어 있다. 해당 조문은 각 청구항에 대해 올바른 발명자만 이름을 올리도록 하는 무거운 부담을 지우고 있다.

발명자권 및 그 결과를 다루는 기타 AIA 이전 조문들, 예를 들어 35 U.S.C.A. § 116(a)[10] (공동 발명자), 35 U.S.C.A. § 262[11] (공동 소유자), 35 U.S.C.A. § 256 (발행된 특허에서 발명자 명단의 정정)[12]은 AIA 이후에도 남아 있다.

특허 청구항의 발명자 또는 공동 발명자로 적절하게 지명되기 위한 조건을 명시적으로 규정하는 단일 조문은 없다. 공동 발명에 대한 기준을 제시하는 35 U.S.C.A. § 116(a)를 제외하고, 적절한 발명자의 기준은 판례법에서 나온다. 판례법은 역사적으로 두 가지 맥락에서 발전했다. 첫 번째는 AIA 이전 35 U.S.C.A § 102(f)에 의해 통제되는 *ex parte* 절차에 근거한 것으로, 이 절차에 따라 USPTO의 출원인은 정확한 발명자를 결정하고 기명해야 하며, 그렇지 않을 경우 특허가 무효화될 수 있다. 두 번째 맥락은 미국이 지금과 같은 "선출원주의"가 아닌 "선발명주의"를 채택하고 있던 AIA 이전의 저촉절차에서 비롯되었다. 당시에는 누가 먼저 발명을 했는지를 파악하는 것이 중요했고, 이 문제를 다루는 많은 판례가 개발되었다. 그리고 저촉은 (일부 기존 간섭을 제외하면) 대부분 사라졌지만, AIA의 35 U.S.C.A. § 135[13] 파생 절차는 최소한 35 U.S.C.A. § 256에 따라 발급된 특허의 정정을 허용한다.[14] 판례법에 근거한 적절한 발명자권 원칙은 이러한 절차에도 여전히 적용된다.

완전한 착상. ***Sewall v. Walters*** (Fed. Cir. 1994)[15]와 같은 사례에서 비롯된 발명자권에 대한 기본 원칙은, (모든 청구범위 한정을 포함하여) 청구된 형태로 **완전한** 발명을 착상하여 통상의 기술자가 더 이상의 발명이나 광범위한 실험 없이 이를 실시할 수 있도록 한 사람이 발명자(또는 공동 발명자 팀)라는 것이다. 이 테스트는 발명의 구현 여부가 아니라 착상의 **완전성**에 중점을 둔다. ***Burroughs***

10) 35 U.S.C.A. § 116 (2014)
11) 35 U.S.C.A. § 262 (2014)
12) 35 U.S.C.A. § 256 (2014)
13) 35 U.S.C.A. § 135 (2014)
14) 35 U.S.C.A. § 256 (2014)
15) 21 F.3d 411 (Fed. Cir. 1994)

Wellcome v. Barr (Fed. Cir. 1994)[16] 참조 (아래에서 자세히 분석).

법률상 서면기재의 핵심 개념인 착상의 완전성과 소유의 완전성에 대한 법적 분석에는 유사점이 있다. 예를 들어, 위 항목 § 6:3에서 분석한 *Fiers v. Revel* (Fed. Cir. 1993)[17]에서 DNA 염기서열에 대한 서면기재 내용(유전자를 얻기 위한 계획에만 근거한 경우 유전자 착상은 완전하지 않다) 참조. 또한 *Amgen, Inc. v. Chugai Pharmaceutical Co.* (Fed. Cir. 1991)[18] (유전자의 착상은 생물학적 활성에만 근거할 경우 완전하지 않음) 참조. 실제로 항소법원은 두 기준의 유사성에 대해 언급했다. *In re Jolley* (Fed. Cir. 2002)[19]에서 CAFC는 "착상을 증명하는 기준은 청구항에 대한 공개에서 뒷받침의 적절성 … 을 증명하는 데 필요한 기준과 본질적으로 다르지 않다"는 명제를 위해 선례 *Spero v. Ringold* (CCPA 1967)[20]를 인용했다.

청구항의 완전한 착상이 없는 경우의 법적 결과는 관련된 소송 절차에 따라 달라진다. 발명자권과 관련된 일방 절차(ex parte prosecution) 또는 유효성 소송에서는 착상의 불완전성은 공동 발명자권으로 이어질 수 있다. 예를 들어, 아래에서 분석하는 ***Dana−Farber Cancer Institute, Inc. v. Ono Pharmaceutical et al.*** (Fed. Cir. 2020)[21] 참조. 둘 이상의 당사자 중 누가 먼저 발명했는지가 쟁점이 되는 특허저촉절차에서, 일방 당사자가 계쟁대상에 해당하는 실시예를 불완전하게 착상했다면 발명 날짜의 지연을 초래할 수 있다. 착상이 완전한 경우에만 당사자는 선발명을 입증하는 데 성공할 수 있다. 물론, 저촉 규칙에 따라, 해당 당사자는 계쟁 대상에 대해 간주된 것이든 또는 실제적인 것이든 완전히 착상된 실시태양의 형태로 발명의 구현을 입증해야 한다.

소유권. 첫 번째 예로, 청구된 발명의 소유권은 발명자권을 따른다. ***Ethicon, Inc. v. U.S. Surgical Corp.*** (Fed. Cir. 1998)[22] 참조. 특허 청구항 중 하나라도 단독 또는 공동으로 발명하면 발명자 또는 공동 발명자로 특허에 이름을 올릴 수 있으며, 양수인(대부분의 경우 고용주)은 특허 전체에 대한 지분을 단독으로 소유할 수 있는 자격이 부여된다. 위의 *Ethicon, Inc. v. U.S. Surgical Corp.*[23] 35

16) 40 F.3d 1223 (Fed. Cir. 1994)
17) 984 F.2d 1164 (Fed. Cir. 1993)
18) 927 F.2d 1200 (Fed. Cir. 1991)
19) 308 F.3d 1317 (Fed. Cir. 2002)
20) 377 F.2d 652(CCPA 1967)
21) 964 F.3d 1365 (2020)
22) 135 F3d 1456 (Fed. Cir. 1998)

U.S.C.A. § 262[24)]에 따라 결정되는 특허의 공동 소유자는 다른 공동 소유자에 대한 "동의 없이" 자신의 지분에 대해 원하는 대로 자유롭게 행동할 수 있으므로 당사자들이 전체 특허의 공동 소유권을 확보하기 위해 단지 하나의 청구항에 대해 발명자권 또는 공동 발명자권 소송을 제기하는 것도 드문 일이 아니다.

§ 11:3 저자 의견: 공동 발명자권 요건

발명자권 관련 소송의 대부분은 청구된 발명이 공동 발명되었다는 주장에서 비롯된다. 일반적으로 다른 법인에 고용된 다른 당사자의 기여 없이는 청구된 발명이 완전히 착상되지 않았다는 것이 이의사항이다. 판례는 공동 발명자권을 다루는 법 조항인 ***35 U.S.C.A. § 116*** **발명자[25)]를** 해석하고 적용하려고 한다. 해당 조문은 다음과 같다:

(a) 공동 발명 – 2인 이상이 공동으로 발명을 한 경우, 본 조에서 달리 규정된 경우를 제외하고는 공동으로 특허를 신청하고 각자가 필요한 선서를 해야 한다. 발명자들은 (1) 물리적으로 함께 또는 동시에 작업하지 않았거나, (2) 각자가 동일한 유형 또는 금액의 기여를 하지 않았거나, (3) 각자가 특허의 모든 청구항의 주제에 기여하지 않았더라도 공동으로 특허를 신청할 수 있다.

공동발명자권 법리는 다른 사람의 기여를 분석하는 판례로 가득 차 있다. 이 판례들은 모두 35 U.S.C.A. § 116의 이전 및 이후 판례이다. 아래에 몇 가지 예시적인 판례와 해당 판례에 대한 판결 요약을 제공한다.

- 공동 발명자는 "그 기여를 전체 발명의 차원에서 측정할 때, 청구된 발명에 대해 질적인 면에서 의미있는 기여를 해야 한다." *Pannu v Iolab Corp.* (Fed. Cir. 1998).[26)]
- 공동 발명자는 각각 청구항의 발명적 특징에 대한 정신적 인상(mental impressions)을 가지고 있어야 한다. *Pannu v Iolab Corp.* (Fed. Cir. 1998).[27)]
- 협업은 같은 목표를 향해 일하고 어느 정도의 협력이 필요하다. *Kimberly-Clarke v Proctor & Gamble* (Fed. Cir. 1992)[28)]
- 발명자가 착상 후 발명을 구현하는 것을 돕는 것은 발명적 기여가 아니다. *Burroughs Wellcome v Barr* (Fed. Cir. 1994).[29)]

23) 135 F3d 1456 (Fed. Cir. 1998)
24) 35 U.S.C. § 262 (2014)
25) 35 U.S.C. § 116 (2014)
26) 155 F.3d 1344 (Fed. Cir. 1998)
27) 155 F.3d 1344 (Fed. Cir. 1998)
28) 973 F.2d 911 (Fed. Cir. 1992)

- 기술 상태를 설명하거나 잘 알려진 원리를 적용하는 것은 발명적 기여가 아니다. *Ethicon v U.S. Surgical Corp* (Fed. Cir. 1998),[30] *FSU v Am. BioScience* (Fed. Cir. 2003).[31]
- 각 공동 발명자는 식별 가능한 발명 개념의 착상에 기여해야 한다. *Ethicon v U.S. Surgical Corp* (Fed. Cir. 1998),[32] *Burroughs Wellcome v Barr*(Fed. Cir. 1994).[33]
- 광범위한 연구나 실험 없이 일반적인 기술을 사용하여 발명을 구현하는 것은 공동 착상이 아니다. *Ethicon v U.S. Surgical Corp* (Fed. Cir. 1998).[34]
- 공동 발명자는 공동 발명자로 기명될 권리를 잃지 않고 자신의 기여를 사전 출판할 수 있다. *Dana−Farber Cancer Institute, Inc. v. Ono Pharmaceutical et al.* (Fed. Cir. 2020).[35]
- 공동 발명자의 기여는 청구된 발명에 의미 없는 것이 아닌 한 모든 청구항에 존재할 필요는 없다. *Dana−Farber Cancer Institute, Inc. v. Ono Pharmaceutical 등.* (Fed. Cir. 2020).[36]

§ 11:4 발명자권 성취를 위한 착상의 완전성

이 섹션에서 분석하는 두 가지 사례는 착상의 완성 여부와 시기, 그리고 특허의 공동 소유권에 대한 결과에 관한 가장 중요한 법적 테스트를 다룬다. 두 사례의 판결은 대조적인 연구이다. 첫 번째 사례 ***Burroughs Wellcome v. Barr*** (Fed. Cir. 1994)[37]에서 법원은 착상이 완성되었다고 판시한 반면, 두 번째 사례 ***Dana−Farber Cancer Institute, Inc. v. Ono Pharmaceutical et al.*** (Fed. Cir. 2020)[38]에서 법원은 착상이 완성되지 않았다고 판시했다.

Burroughs Wellcome v. Barr (Fed. Cir. 1994).[39] Barr는 AZT를 사용한 에

29) 40 F.3d 1223 (Fed. Cir. 1994)
30) 135 F.3d 1456 (Fed. Cir. 1998)
31) 333 F. 3d 1330 (Fed. Cir. 2003)
32) 135 F.3d 1456 (Fed. Cir. 1998)
33) 40 F.3d 1223 (Fed. Cir. 1994)
34) 135 F.3d 1456 (Fed. Cir. 1998)
35) 964 F.3d 1365 (2020)
36) 964 F.3d 1365 (2020)
37) 40 F.3d 1223 (Fed. Cir. 1994)
38) 964 F.3d 1365 (2020)

이즈 치료 방법에 대한 BW 특허의 무효를 주장했다. Barr는 테스트를 수행한 NIH 과학자들이 특정 청구항의 공동 발명자라고 주장했다. 과학자들이 공동 발명자라면 NIH는 공동 양수인이 되고, 피고인 Barr는 NIH가 가질 수 있는 모든 권리에 대한 라이선스를 획득한 것이다. 공동 소유자 중 한 명의 라이선스 사용권자(licensee)인 Barr는 35 U.S.C.A. § 262(위의 내용 참조)가 제공하는 보호를 이용하여 상업화할 수 있기를 희망했다. 법원은 발명가들은 착상을 해야지 발명의 구현을 해서는 안된다고 주장한다. 비록 추측적이고 예측 가능성이 낮은 분야이기는 하지만, NIH의 테스트 이전에 완전한 착상이 이루어졌다면, 일상적인 발명의 구현 외에는 아무것도 남지 않았다. NIH 과학자들은 확인 테스트를 수행했으며, 확인 테스트는 발명의 구현의 일부이다. 따라서 NIH는 공동 양수인이 아니다.

BURROUGHS WELLCOME v. BARR / NOVOPHARM

U.S. Court of Appeals, Federal Circuit (1994)

청구항 1 (특허 4,724,332)

후천성 면역결핍 증후군을 가진 인간을 치료하는 방법으로서, 상기 인간에게 3'-아지도-3'-데옥시티미딘의 효과적인 후천성 면역결핍 증후군 치료량을 경구 투여하는 것을 포함한다.

법원의 판결 이유

Barr와 Novopharm의 주장은 모두 발명가들이 발명을 착상한 시점에 관한 것이다. Burroughs Wellcome은 그것이 NIH 테스트 결과를 알기 전이라고 주장하고, Barr와 Novopharm은 NIH 테스트를 통해 발명의 작동 가능성을 확인한 것이 발명 과정의 필수적인 부분이었다고 말한다. Burroughs Wellcome의 주장이 옳다면, 특허는 적절한 발명자를 지칭하며 무효가 아니며 항소인은 특허 침해에 대한 책임이 있다. Barr와 Novopharm의 주장이 맞다면, [NIH 과학자들이] 공동 발명자로 기명되어야 하며 Burroughs Wellcome의 침해 소송 해결은 시기상조이다.

*** 착상 테스트는 발명자가 당업자가 발명을 이해할 수 있을 정도로 명확하고 영구적인 아이디어를 가졌는지 여부이며, 발명자는 가급적 동시 공개를 통해 확증적인 증거를 제시함으로써 자신의 착상을 입증해야 한다. 아이디어는 발명자가 추

39) 40 F.3d 1223 (Fed. Cir. 1994)

구하고자 하는 일반적인 목표나 연구 계획이 아니라 당면한 문제에 대한 구체적이고 확정된 아이디어, 구체적인 해결책을 가지고 있을 때 명확하고 영구적이다. 참조 … *Amgen v. Chugai* (Fed. Cir. 1991) (생물학적 활성에만 근거한 화합물은 착상이 없음). 착상 분석은 필연적으로 발명자가 자신의 발명을 구체적으로 설명할 수 있는 능력에 달려있다. 그렇게 할 수 있기 전까지는 발명에 대한 완전한 정신적 구상을 소유하고 있음을 증명할 수 없다. 이러한 규칙은 발명자가 명확하고 구체적인 발명을 가리킬 수 있을 정도로 아이디어가 발전한 경우에만 특허권이 부여되도록 보장한다.

그러나 발명자는 발명의 완성을 위해 자신의 발명이 작동할 것인지 알 필요는 없다. … 발명자는 아이디어가 있다는 것만 보여주면 된다; 발명이 실제로 작동한다는 발견은 발명의 구현 과정의 일부이다. … 그러나 여기서 [NIH의] 테스트는 신청서 초안에 공개된 내용의 작동 가능성을 단순히 확인하는 간단한 것이었다. 사실, Burroughs Wellcome의 과학자들이 발명품을 만들 당시에는 HIV와 에이즈를 둘러싼 과학은 예측할 수 없었고 매우 실험적이었다. 그러나 발명의 착상에서 중요한 것은 발명자들이 작동가능한 발명품에 대한 확실하고 영구적인 아이디어를 가지고 있었는지 여부이다. 이 사건의 경우, 착상으로 이어지는 오랜 기간 동안 광범위한 연구, 실험 및 수정이 이루어지지 않았다. 모든 설명에 따르면, 그 이후에는 의약품이 시장에 출시되기 위한 일상적인 임상시험 과정이 진행되었을 뿐이다.

*** 문제는 Burroughs Wellcome이 발명이 의도한 목적에 맞게 작동할 것이라고 합리적으로 믿었는지 여부가 아니라, … 발명자들이 그 목적에 맞게 사용한다는 아이디어를 충분히 최종적인 형태로 형성하여, 통상적인 기술을 시행하여 발명을 구현하는 것만 남았는지 여부이다.

*** [판시: NIH 과학자는 공동 발명자가 아니며 NIH는 공동 양수인이 아니다.]

Dana-Farber Cancer Institute, Inc. v. Ono Pharmaceutical et al. (Fed. Cir. 2020).[40] CAFC는 Dana-Farber 의 과학자였던 Freeman 박사와Wood 박사가 암 치료를 위한 항-PD-1 항체 사용에 관한 6건의 특허의 공동 발명자(Dana-Farber 는 공동 특허권자)라는 하급 법원의 판결을 확정했다. 원래는 Tasuku Honjo 박사만 이름을 올린 특허였다. CAFC는 1) Freeman 박사와Wood 박사의 기여가 선공개되었고, 2) 특허 발명이 이전에 출원된 기여에 비해 새롭고

40) 964 F.3d 1365 (Fed. Cir. 2020)

자명하지 않으며, 3) 특허 청구 발명의 일부에만 기여했고, 4) 특허 청구항에 이들의 기여가 구체적으로 언급되지 않았음에도 불구하고 Freeman 박사와 Wood 박사의 기여가 상당하다고 판단했다.

DANA-FARBER CANCER INSTITUTE, INC. V. ONO PHARMACEUTICAL ET AL.

U.S. Court of Appeals, Federal Circuit (2020)

청구항 1 ('474 특허)

환자에게 약학적으로 유효한 양의 항 PD−1 단일 클론 항체를 투여하는 것을 포함하는 종양 치료 방법.

법원의 판결 이유

[Freeman/Wood의 기여가 '474 특허 청구항의 일부가 되어야 하는지에 대한 문제에 대해 법원은 다음과 같이 판시했다.] '474 특허는 암 치료에 항 PD−1 항체를 사용한다고 청구하고 있고, PD−L1을 명시적으로 언급하지 않는다. 그러나 PD−1은 단지 수용체일 뿐이다. PD−1 수용체가 PD−L1과 같은 면역 반응을 억제하는 리간드에 적어도 하나 이상 결합한다는 사실을 알지 못한다면, [Freeman 박사와Wood 박사의 공헌이 바로 그것이다] 종양 치료에 항−PD−1 항체를 사용할 이유가 없을 것이다. PD−L1에 대한 연구가 본 발명을 착상하는 데 중요한 기여를 했다고 해서 '474 특허 청구항에 PD−L1을 명시적으로 기재할 필요는 없다.

[발명 기여 주장에 대한 사전 출판 문제에 대해 법원은 다음과 같이 판시했다.] Ono는 … Freeman 박사와Wood 박사의 발명 기여 주장은 Honjo박사와의 작업이 … 특허 발명의 착상 이전에 출판되었기 때문에 발명자권과 무관한 것으로 간주되어야 한다고 주장한다. […] Ono는 우리에게 불필요하게 높은 발명자권 기준을 채택할 것을 요청한다.

*** Ono는 … 전체 발명의 착상일 이전에 공개된 연구는 전체 발명의 착상에 상당한 기여를 한 것으로 인정할 수 없다고 단호하게 주장한다. 이러한 원칙은 공동 작업의 현실, 특히 공동 작업은 일반적으로 오랜 기간에 걸쳐 이루어지며 복수의 기여를 포함할 수 있다는 점을 무시하는 것이다. 단순히 선행 기술의 상태를 다른 사람에게 알렸다고 해서 공동 발명자가 되는 것은 아니다. [인용 생략]. 그러나 공

동 발명자가 전체 발명에 미치지 못하는 아이디어를 다른 사람에게 공개했다고 해서, 특히 이 사건에서처럼 공동 발명자들이 공개하기 약 1년 전부터 함께 일해 왔고 공개가 발명을 착상하기 불과 몇 주 전에 이루어진 경우, 협업이 부정되는 것은 아니다. 복잡한 발명의 발명자권은 시간이 지남에 따라 발명에 부분적으로 기여한 정도에 따라 달라질 수 있으며, 대중의 이익을 위해 발명의 일부가 착상 전에 공개되었다는 이유로 공동 작업자의 진정한 기여를 무시할 원칙적인 이유는 없다. 발명의 조기 공개는 분명히 특허성에 잠재적인 위험이 될 수 있지만, 복잡한 발명의 일부가 공개되었다고 해서 해당 발명에 대한 공동 발명자권이 반드시 무효로 되는 것은 아니며, 여기서는 그렇지 않다.

[법원은 Freeman 박사와Wood 박사의 기여 정도에 관한 쟁점에 대해 다음과 같이 판시했다.] *** Ono는 Freeman 박사와Wood 박사가 청구항 발명의 착상에 이르게 한 특정 실험에 참여하지 않았다는 이유로 Freeman 박사와Wood 박사의 발명자권을 공격하지만, 법령과 우리 판례는 공동 발명자가 발명의 모든 측면에 기여할 필요는 없음을 분명히 하고 있다 [인용 생략]. Freeman 박사와Wood 박사가 청구항 발명의 착상으로 이어진 모든 실험에 참석하거나 참여하지 않았다고 해서 Honjo박사와의 협력 전반에 걸쳐 그들의 전반적인 기여가 부정되는 것은 아니다.

[청구항 발명이 별도의 가출원서에 기재된 Freeman 박사와Wood 박사의 기여에 비해 새롭고 자명하지 않아야 하는지에 대한 쟁점에 대해 법원은 다음과 같이 판단했다.] 청구항 발명이 특정 연구자의 기여에 비해 신규하거나 자명하지 않은지 여부에 따라 발명자권이 좌우되지 않는다. 협업과 공동의 노력의 결과가 공동 발명자권이다. [인용 생략]. 가출원에 대한 청구항 발명의 신규성 및 비자명성은 Honjo, Freeman, Wood 박사의 공동 연구 노력이 이 사건 청구 발명으로 이어졌는지 또는 각 연구자의 기여가 발명의 착상에 중요한지 여부를 입증하는 것이 아니다.

§ 11:5 저촉(interference) 목적을 위한 착상의 완전성

생명공학에서 저촉과 발명자권 판단에 영향을 미치는 한 가지 특별한 쟁점은 예측 불가능성을 고려할 때 착상(conception)과 발명의 구현(reduction to practice)을 분리하는 것이 적절한지, 아니면 생명공학에서 착상 및 발명의 구현을 발명의 구현이 발생한 시점으로 병합하는 것이 적절한지 여부이다. 예를 들어, ***Smith v.***

Bousquet (CCPA 1940).[41] (실험의 과학인 화학 및 생물학의 예측 불가능성, 특히 화학 구조와 생물학 활성 사이의 불확실한 관계를 고려할 때, 발명이 그후 구현되기 전까지는 살충제로서의 펜티아진에 대한 착상이 없었다.)

CCPA는 *Smith* 판결에서 실험의 과학인 화학 및 생물학의 예측 불가능성, 특히 화학 구조와 생물학적 활성 사이의 불확실한 관계에 대해 언급했다. CCPA는 때때로 이로 인해 발명이 실제로 구현되거나 발명의 구현으로 간주될 때까지 착상 개념을 찾지 못하는 경우가 있다고 판시했다. 그러나 *Burroughs Wellcome v Barr* 판례는, *Smith* 판례 및 다른 판례들이 예측 불가능하거나 실험적인 분야에서는 발명이 구현될 때까지 발명자가 발명을 완전히 착상할 수 없다는 절대적인 명제를 지지하는 것이 아니라는 점을 분명히 했다. *Burroughs* 법원은 *Smith* 사건과 *Burroughs* 사건을 구별한 것이지, *Smith* 사건은 저촉 사건이고 *Burroughs* 사건은 그렇지 않다는 이유로 *Smith* 사건을 구별한 것은 아니다. 이는 CAFC가 염두에 둔 주요 쟁점은 아닌 것 같았다. 법원은 *Smith*의 경우 착상이 발명의 구현보다 일찍 완료되지 않은 이유가 과학의 본질적인 예측 불가능성 때문이 아니라는 점을 명확히 했다: **동시성은 확증이 부족했기 때문이다.** 선행 기술 화합물과의 구조적 유사성이나 실제 조건에서의 신뢰할 수 있는 테스트와 같이 펜티아진이 살충제 화합물이라는 착상을 확증할 수 있는 증거가 없었다. 완전한 착상을 증명하는데 있어 확증은 절차적 맥락과 관계없이 필요한 증명의 중요 부분이다.

착상 및 발명의 구현의 동시성 주장은 드물게 성공적이었으며, 대부분은 저촉 맥락에서 이루어졌다. 이 논리가 성공한 사례로는 본 항목에서 분석하는 *Hitzeman v. Rutter* (Fed. Cir. 2001)[42]가 있으며, 이 사건에서 CAFC는 중요한 청구범위 한정(청구된 공정의 산물인 특정 입자의 크기)을 발명의 구현에 앞서 착상할 수 없다고 판시한 바 있다. 발명자가 시행착오를 통해 유용한 미생물이나 화합물을 발견할 때, 그 발견 이전에 그 존재와 용도에 대한 착상을 할 수 없었던 경우와 같은 상황에서도 동시성이 성립할 수 있다고 쉽게 상상할 수 있다.

착상에 대한 이러한 시행착오적 접근 방식과 동시성의 필요성을 보여주는 좋은 예가 또 다른 저촉절차인 *Bergendahl v. Sasai* (Pat. Trial App. Board 2016) 사건이다.[43] Bergendhal 은 수천 개의 작은 분자로 줄기세포를 배양하여 만능 인간

41) 111 F2d 157(CCPA 1940)

42) 243 F.3d 1345 (Fed. Cir. 2001)

배아 줄기세포의 복제 성장을 촉진하는 화합물을 식별해 내게 하기 위해 고용량 처리 스크리닝을 사용했다. Bergendhal이 저촉절차의 계쟁화합물인 HA-100을 식별해 내기 전까지는 그의 착상이 완성되지 않았다. 그는 HA-100을 발견하기 전에는 이 화합물의 용도를 완전히 착상할 수 없었을 것이다. (위원회는 또한 Bergendhal이 착상과 발명의 구현이 동시에 이루어진 날짜에 HA-100이 계쟁 대상인 바위 억제제(Rock inhibitor)라는 것을 인식할 필요가 없으며, 이는 고유한 속성이라고 판단했다.)

먼저 *Hitzeman v Rutter* 판례를 분석한 다음, § 11:6 항목의 저자 의견에서 착상과 발명의 구현의 동시성에 대해 더 자세히 논의한다. 해당 저자 의견은 또한 발명자권 결정의 동시성 결론을 다룬다.

Hitzeman v. Rutter (Fed. Cir. 2001).[44] 이 저촉절차의 계쟁대상은 효모에서 특정 간염 입자가 생성되어야 하며, 실제 22nm 입자와 동일한 침강 속도를 가져야 한다. CAFC는 Hitzeman 이 효모가 22nm 입자를 생성할 것이라는 사실을 완전히 착상하지 못했을 것이라고 판시했다. 이는 합리적인 예측이 아니었다(소송 과정에서 그는 효모에서 생산되는 것은 예측할 수 없으므로 자명하지 않다고 주장했다). 법원은 *Burroughs Welcome* 사건에서는 발명자들이 이미 생산된 AZT를 **사용하는** 방법이 성공할 수 있을지에 대해 불확실했던 반면, *Hitzeman* 사건에서는 발명자들이 HBsAg 22nm 입자를 **생산**할 수 있을지조차 몰랐다는 점에서 *Burroughs Welcome* 사건과 차별화 하였다. 결과적으로 착상은 불완전했다.

HITZEMAN, et al v. RUTTER, et al

U. S. Court of Appeals, Federal Circuit (2001)

계쟁대상 1 ('416 저촉절차, 강조추가)

효모 숙주 균주와 호환되는 프로모터 및 B형 간염 표면 항원을 코딩하는 DNA 서열을 포함하는, 효모 숙주 균주에서 복제 및 표현형 선택이 가능한 DNA 발현 벡터로서, 상기 서열은 상기 프로모터의 제어 하에 상기 벡터에서 번역 시작 및 중지 신호와 함께 위치하여 형질전환 효모 균주에서 **실제 22nm 간염 표면 항원 입자와 사실상 동일한 침강 속도를 갖는 입자 형태로** B형 간염 표면 항원을 생성하도록 발현되

43) 2016 Pat. App. LEXIS 4564 (PTAB, 2016)

44) 243 F.3d 1345 (Fed. Cir. 2001)

는 것을 특징으로 하는, 효모 균주에서 복제와 표현형 선택이 가능한 DNA 발현 벡터.

법원의 판결 이유

결정적인 결함은 Hitzeman이 효모에서 한 번도 달성된 적이 없는 해당 조립 과정을 효모가 수행할 것이라는 희망 또는 소망만을 가지고 생물학적 과정(즉, 효모에 의한 S-단백질의 발현과 그 후의 S-단백질의 입자로의 조립)의 결과를 구체적으로 청구했다는 것이다. 이러한 막연한 희망만으로는 착상을 확립하기에 충분하지 않다… 연구 계획에서 발명자가 실제로 계쟁대상의 한정이 충족될 것이라는 합리적인 기대를 갖기 전에 광범위한 연구가 필요한 경우 완전한 착상이 발생하지 않은 것이다.

*** "이 출원이 제출될 당시의 당업자는 효모에 의해 HBsAg가 발현될 수 있고 [입자 형태로 될 수 있다]는 것을 합리적으로 예측할 수 없었을 것"이라는 Hitzeman의 소송 절차에서의 진술은 그가 완전한 착상, 즉 입자 크기 및 침강 속도 한정을 포함하는 착상이 부족했음을 입증한다. 또한, 위에서 인용한 1983년 Nucleic Acids Research에 게재된 Hitzeman의 논문에서 알 수 있듯이, Hitzeman은 효모에서 입자가 어떻게 형성되는지에 대해 자신의 발명을 구현한 후에도 적어도 2년 동안은 불분명한 상태였던 것으로 보인다.

*** 모든 생명공학 발명이 반드시 Hitzeman과 같이 착상 및 발명의 구현의 동시성을 특징으로 할 필요는 없다. … 유기체의 특정 세포 내 과정 수행이 합리적으로 예측 가능한 상황이 있을 수 있으며, 그러한 예측 가능성에 대한 증거는 발명의 구현 이전의 착상 발견을 뒷받침하기에 충분할 수 있다. 그러나 이 사건에서는 Hitzeman이 효모가 계쟁대상으로 언급된 입자를 생산할 것이라는 합리적인 확신이 부족하다는 위원회의 판단을 뒷받침하는 상당한 증거가 있다. … [위에서 언급한] *Burroughs Wellcome v. Barr* … 는 발명자가 청구된 장치 또는 조성물을 생산할 합리적인 기대가 있었는지 여부가 아니라 발명자가 장치 또는 조성물이 완성되면 의도된 목적에 맞게 작동할 것이라는 합리적인 기대가 있었는지 여부를 다루고 있다. 이와는 대조적으로, 여기서는 발명자가 청구된 발명을 생산할 것이라는 합리적 기대가 있었는지 여부에 초점을 맞추고 있다.

§ 11:6 저자 의견: 착상 및 발명의 구현의 동시 진행

동시성 및 청구항 특이성. *Hitzeman* 사건에서, *Burroughs Welcome v. Barr* 사건은 서로 다른 청구항을 기준으로 구별될 수 있다고 한 구분(즉, *Burroughs Welcome*

에서는 사용 방법 청구항이고, 동시성이 없는 반면, *Hitzeman*에서는 제조방법 청구항이며, 동시성이 있음)은 설득력이 떨어진다.

Hitzeman과 같은 해에 내려진 CAFC 판결 ***Mycogen Plant Science, Inc. et al v. Monsanto Company et al,*** (Fed. Cir. 2001)[45])은 훨씬 더 나은 근거를 제시한다. *Mycogen의* 청구항은 식물 세포에 사용하기 위해 박테리아 유전자를 설계하는 방법에 대한 것이었다(법원에 의한 강조):

1. **식물에서 더 많이 발현되도록** 합성 **바실러스 튜링겐시스** 유전자를 설계하는 방법으로, 다음과 같은 단계로 구성된다:
   (a) 살충제 단백질 독소를 암호화하는 **바실러스 튜링겐시스에서** 유래한 유전자의 코딩 서열을 분석하는 단계;
   (b) 상기 코딩 서열의 일부를 수정하여, 수정 전의 상기 코딩 서열보다 의도된 식물 숙주에 의해 선호되는 더 많은 수의 코돈을 포함하는 수정된 서열을 산출하는 단계(상기 수정은 상기 코딩 서열의 식물 폴리아데닐화 신호 사이의 영역에서 코돈 위치 II 및 III에 CG를 갖는 코돈의 수를 감소시키는 것을 포함한다);
   (c) 상기 변형된 서열을 식물 세포의 게놈에 삽입하는 단계; 및
   (d) 상기 식물 세포를 상기 추가 식물 세포의 게놈에서 상기 변형된 서열을 갖는 추가 식물 세포를 생산하기 위해 상기 식물 세포의 복제를 허용하기에 적합한 조건 하에서 유지하는 단계(**여기서 상기 합성 바실러스 튜링겐시스 유전자는 살충 단백질 독소를 생산하도록 발현된다).**

이 사건의 쟁점은 Monsanto가 Mycogen이 특허 출원을 제출하기 전에 청구항의 발명을 발명했는지 여부였다. 만약 그렇다면, 청구항은 35 U.S.C.A. § 102(g)에 따라 예상대로 무효가 된다. 문제가 된 것은 발명자권도 저촉도 아니었다. 비록 방론이지만, CAFC는 동시성 문제에 대해 어느 정도 상세히 논의했다. *Mycogen* 사건에서 법원은 먼저 청구항이 공정의 최종 결과의 효능에 대한 지식이 청구된 방법에 중요하도록 작성되었다는 점에 주목했다. 법원은 청구된 특정 발명의 착상과 구현이 각각 별도로 발생할 수 있는지 여부를 결정하지 않고, 이는 "… 그 공정이 실제로 [단백질 Bt]를 더 많이 발현시키는 것으로 결정될 때까지 착상되지 않았을 수도 있는 …" 유형의 발명이라고 설시했다.

이것이 착상과 발명의 구현의 동시성, 즉 청구항에서 얻어야 할 특정 결과가 존재하는 단서이다. *Hitzeman에서* 구체적인 결과는 22nm 입자의 HBSAg를 얻는 것이

45) 243 F.3d 1316 (Fed. Cir. 2001)

었고, *Mycogen에서* 구체적인 결과는 더 많이 발현된 유전자를 얻는 것이었다. 원하는 구체적인 결과를 청구할 경우, 청구된 프로세스나 방법으로 그 결과를 얻을 수 있는지 미리 알기 어려울 수 있다.

Burroughs Welcome에서는 이러한 구체적인 결과가 없었고, 청구항은 단순히 HIV-AIDS에 대한 인간 치료 방법에 관한 것이었다. *Burroughs Welcome의* 청구항에 "… 해당 사람의 바이러스 부하가 치료 전보다 25% 이하가 될 때까지"와 같은 구체적인 결과가 포함되었다면 사실관계가 *Mycogen* 및 *Hitzeman의* 사실관계에 더 가까웠을 것이다. 그러면 착상과 실제 발명의 구현이 분리될 수 있다고 주장하기가 더 어려웠을 수도 있다.

동시성의 또 다른 예, 즉 발명의 구현 없이는 완전한 착상을 달성할 수 없는 경우의 예로는 *Amgen v Chugai* (Fed. Cir. 1991)[46] ("발명자가 유전자를 다른 물질과 구별할 수 있는 유전자의 상세한 구성과 이를 얻기 위한 방법을 구상할 수 없는 경우, 발명의 구현이 이루어질 때까지, 즉 유전자가 분리된 후에야 착상이 달성된 것으로 간주한다")를 들 수 있다. 또 다른 예는 발명자가 아이디어를 착상한 후 발명의 구현을 달성하기 위해 노력하는 과정에서 어려움을 겪는 경우이다. 이에 대한 좋은 예는 *Rey-Bellet v. Engelhardt* (CCPA 1974)[47] (발명자가 당혹스럽고 복잡한 어려움에 직면하지 않았다는 지표로서 후속 연구의 성격에 초점을 맞추고 있음). 착상 개념의 문제와 관련된 것은 실험 과학을 둘러싼 **일반적인 불확실성이 아니라 구체적인 사실적 불확실성이다.**

발명자권 판단에서 동시성. CAFC가 *Burroughs Wellcome v Barr* or *Mycogen v Monsanto*와 같은 비저촉 사건과 *Smith v Bousquet*, 또는 *Hitzeman v Rutter*와 같은 저촉 사건을 비교하고 구분한 것을 보면, 법원이 동시성이 저촉 맥락에만 국한되지 않는다는 개념을 기꺼이 받아들이고 있다는 것을 알 수 있다. 앞서 언급한 바와 같이, 저촉 절차와 **일방 당사자 절차**(ex parte) 또는 기타 소송 절차에서 발명자권을 판단하기 위한 공통 개념은 착상의 완전성이다.

발명자권 판단에서 착상 및 발명의 구현의 동시성 예는 *위의 Burroughs Wellcome v Barr에서* 찾을 수 있다. *Burroughs Wellcome에는* 또 다른 특허인 미국 4,818,750 특허가 있었는데, 이 특허에는 위에 표시된 '332 특허의 청구항과 문구가 다른 청구항이 포함되어 있다. '750 특허의 청구항 1은 다음과 같다(강조 추가):

> HTLV III 바이러스에 감염된 **사람의 T 림프구 수를 증가시키는 방법으로서,** 상기 사람에게 유효량의 3'-아지도-3'-데옥시티미딘 또는 약학적으로 허용되는

46) 927 F.2d 1200 (Fed. Cir. 1991)

47) 493 F.2d 1380 (CCPA 1974)

이들의 알칼리 금속, 알칼리토 또는 암모늄 염을 투여하는 것을 포함하는 방법.

이 청구항에는 “사람의 T 림프구 수를 증가시키는 방법 …”이라는 문구가 포함되어 있다. 이 문구는 기계적인 한정의 성격이 있다. CAFC는 '750 특허의 이 청구항이 '332 특허의 청구항과 다르다고 지적했다. Burroughs Wellcome 의 발명자들이 AZT가 환자의 T세포 수치를 높일 수 있다고 착상했다는 증거는 없다. 사실, T세포 수치의 증가는 나중에 NIH 과학자들이 AZT가 인간 세포에서 HIV 에이즈를 치료할 수 있다는 것을 확인하기 위해 실험을 수행하던 중 관찰된 것이다. 하급 법원은 비록 기록에 이러한 한정을 착상한 명시적인 증거가 없었지만, T세포 수치의 증가는 “바이러스의 억제로 인해 발생할 수 있는 명백한 자연 현상으로서 [BW] 발명가들이 알고 있었다”고 판결했다. 그러나 T세포 수 증가의 결과가 내재적인 것이 아닐 수도 있으며, NIH 과학자들이 '750 특허의 청구항 1을 착상하는 데 기여했을 수도 있다는 증거도 있었다. 이에 CAFC는 '750 특허 청구항의 완전한 발명자권을 둘러싼 사실 문제를 해결하기 위해 하급 법원으로 환송했다.

이 사건이 어떻게 해결되었는지는 알 수 없지만, '750 특허의 청구항 1에 대한 착상의 완전성 분석은 '332 특허의 청구항 발명을 구현하는 데 관여한 NIH와 같은 과학자들의 공동 발명 가능성을 보여주는 훌륭한 예이다. Burroughs Wellcome 의 과학자들은 AZT로 HIV 에이즈를 치료하는 방법에 대한 특허 청구항을 완전히 착상할 수 있었지만, NIH의 과학자들이 실험적으로 이 현상을 관찰하기 전까지는 T 림프구를 증가시키는 방법에 대해서는 착상하지 못했다. 이것이 동시성의 전형적인 사례이다.

기계적인 한정의 위험. '332 특허의 청구항과 '750 특허의 청구항에 대해 얻은 다른 결과는 발명자권을 결정할 때 모든 특허에서 모든 청구항 한정의 착상에 대해 평가하는 것이 중요하다는 것을 강조한다. 또한 특허 청구범위에 기계적인 한정들이 포함될 때 수반되는 위험성을 보여준다. 기계적인 한정은 내재적인 것으로 볼 수 있지만, 내재적인지 여부에 대한 사실적 논쟁이 있을 수 있다. 내재적이지 않은 경우, 기계적 한정을 실현하면 공동 발명자가 추가되어 발명자권이 희석되고 특허의 소유권도 희석될 수 있다.

12장 침해(INFRINGEMENT)

김두규 · 이상호

Ⅰ. 침해 일반

§ 12:1 법령

35 U.S.C.A. § 271. 특허 침해 *(Infringement of patent).*[1]

(a) 본 법에 달리 규정된 경우를 제외하고, 특허 기간 동안 권한 없이 미국 내에서 특허 발명을 생산, 사용, 판매 제안 또는 판매하거나 특허 발명을 미국으로 수입하는 사람은 특허를 침해한다.

(b) 특허 침해를 적극적으로 유도한 자는 침해자로서 책임을 진다.

(c) 발명의 중요한 부분을 구성하는 특허 장치, 제조물, 조합물 또는 합성물의 구성 요소 또는 특허받은 프로세스를 실행하는 데 사용하기 위한 재료 또는 장치를, 그것이 특허를 침해하는 데 사용하기 위해 특별히 제작되거나 특별히 개조된 것으로서 실질적으로 비침해적 사용에 적합한 기본 물품 또는 상업 상품이 아니라는 것을 알면서, 미국 내에서 판매 또는 판매할 것을 제안하거나 미국으로 수입하는 자는 기여 침해자로서의 책임을 진다.

(a) Except as otherwise provided in this title, whoever without authority makes, uses, offers to sell, or sells any patented invention, within the United States, or imports into the United States any patented invention during the term of the patent therefor, infringes the patent.

(b) Whoever actively induces infringement of a patent shall be liable as an infringer.

(c) Whoever offers to sell or sells within the United States or imports into the United States a component of a patented machine, manufacture,

1) 35 U.S.C.A. § 271 (2012)

> combination, or composition, or a material or apparatus for use in practicing a patented process, constituting a material part of the invention, knowing the same to be especially made or especially adapted for use in an infringement of such patent, and not a staple article or commodity of commerce suitable for substantial noninfringing use, shall be liable as a contributory infringer.

§ 12:2 침해의 법리

이 장에서의 논의 목적 상, 35 U.S.C.A. § 271은 두 개의 주요 분야를 포함한다. § 271(a)는 소위 "직접 침해(direct infringement)"이고, § 271(b) 및 § 271(c)는 "간접 침해(indirect infringement)"이다. 간접 침해 중 § 271(b)는 유도 침해(induced infringement)이고, § 271(c)는 기여 침해(contributory infringement)이다. 직접 침해건 간접 침해건, 침해는 문언적 침해(literal infringement)일 수도 있고 균등론(doctrine of equivalents)에 따른 침해일 수도 있다. 또한 피소 제품 또는 프로세스가 모든 청구항 한정사항을 충족하지만(즉, 문언적 침해의 경우) 청구된 발명과 너무 멀리 떨어져 있어 침해를 인정하는 것이 불공평할 경우, 법원은 또 다른 공평 원칙인 "역균등론(reverse doctrine of equivalents)"에 의지할 수 있다. 역균등론이 적용되는 경우는 드물지만, 이 법리가 적용되면 법원은 침해 판단을 하지 않을 수 있다.

§ 12:3 침해 판단을 위한 분석 프로세스

침해 판단의 분석 프로세스는 2단계로 이루어진다:

첫째 – 청구항의 주요 다툼이 있는 용어를 해석하고

둘째 – 피소 제품 또는 프로세스에 올바르게 해석된 청구항 용어를 적용한다.

법원은 내재적 증거와 외재적 증거를 모두 사용하여 청구항에 포함된 단어나 표현을 해석하는 규칙들을 발전시켜 왔다. 예를 들어 내재적 증거에는 다음이 포함된다:

- 청구항 분석 및 (반증가능한) 청구항 차별화의 추정(presumption of claim differentiation)과 같은 청구항 상호관계.

- 명세서 분석.
- 출원인/특허권자가 제시한 청구항 단어나 표현의 정의("특별 정의(special definition)"라고 함). 출원인/특허권자의 정의, 명세서에서의 용례 및/또는 실시예를 통해 출원인/특허권자가 해당 단어를 어떻게 사용하였는지 평가하는 것이 중요하다.
- 보정 또는 의견서에 의한 권리포기(disclaimer), 부인(disavowal) 및 금반언(estoppel)을 포함한 출원 경과 분석.

외재적 증거에는 다음이 포함된다:

- 침해일이 아닌 출원일에 청구항 용어의 통상적이고 관습적인 의미와 일반적 용례.
- 기술의 발전상태.
- 전문가 증언.
- 사전적 정의.

또한 내재적 증거와 외재적 증거 사이에도 관계가 있다:

- 청구항 용어는 통상적이고 관습적인 의미, 즉 특허 전체를 읽은 통상의 기술자가 이해할 수 있는 의미를 부여해야 한다는 강한 추정이 있다.
- 내재적 증거가 해석을 지배하며 가장 중요하다.
- 외재적 증거는 허용될 수 있지만 내재적 증거와 모순되는 경우에는 허용되지 않는다.
- 출원인/특허권자의 특별 정의는 (사전 및 전문가 증언에 따른) 일반적 용례와 비교된다.
- 특별 정의는 그 사용이 명확하고 일관된 이상 일반적 용례에 우선한다.
- 청구항 용어는 선행 기술에 대한 청구항 적용 목적과 피소 제품 또는 프로세스에 대한 적용 목적에 동일하게 해석되어야 한다. 이는 "나중이었으면 침해하는 것은 앞서면 신규성을 조각한다(That which infringes if later, anticipates when earlier)"는 법언의 변형된 표현이다. 이 규칙의 유일한 예외는 제법한정 물건 청구항(product-by-process claim)의 특별한 경우이며, 이에 대해서는 아래 § 12:10에서 설명한다.
- 청구항이 35 U.S.C.A § 112(b)에 따라 불명확성(indefiniteness)을 이유로 무효가 아닌 한, 일반적으로 청구항 해석에 유효성은 고려되지 않는데, 이에

대해서는 청구항 언어를 주제로 앞서 § 7:2에서 자세히 설명한 *Nautilus, Inc. v. Biosig Instruments, Inc* (U.S. S. Ct. 2014) 판결의 기준이 사용된다. 달리 말하면, 청구항 해석의 모든 도구를 고려한 후에도 청구항이 당업자에게 합리적인 확실성을 가진 의미를 제공하지 않는다면, 청구항 해석의 문제에서 청구항 무효의 문제로 전환된다.

- 역균등론은 불공평을 방지하는 데 사용될 수 있다.

§ 12:4 청구항 해석에 대한 항소심 검토 기준 — 법률 쟁점 대 사실 쟁점

법정에서 청구항의 적절한 해석은 법률 문제이며, 청구항을 피소 제품 또는 프로세스에 적용하는 것은 사실의 문제이다. 첫째 단계는 대법원 사건 ***Markman v. Westview*** (U.S. Sup. Ct. 1996)[2]에 따라 법원에서 소위 "**마크만** 변론(*Markman* hearing)"에서 수행된다. ("청구항의 기술 용어를 포함한 특허의 해석은 전적으로 법원의 권한 범위 내에 있다는 것이 우리의 판단이다.")

청구항 해석이 순전히 법률 문제라는 원칙은 2015년 미국 대법원 ***Teva Pharm. USA, Inc. v. Sandoz, Inc.*** (U.S. Sup. Ct. 2015)[3] 사건에서 약간 수정되었다. 대법원은 청구항 용어의 궁극적인 해석은 항소심에서 새롭게 검토하는(de novo) 법률 문제이지만, 연방1심법원이 내린 기초적인 사실 판단은 명백한 오류(clear error)가 있는지를 기준으로 검토한다고 판시했다. 구체적으로, 연방1심법원이 특허에 내재된 증거(특허 청구항 및 명세서, 특허의 출원 경과)만 검토하는 경우 판사의 결정은 오로지 법률 판단에 해당하며, CAFC는 해당 청구항 해석을 새롭게 검토한다. 그러나 연방1심법원이 내재적 증거를 넘어 관련 과학을 이해하기 위해 전문가 증언이나 교과서 등 외재적 증거를 참조하는 경우, 이러한 보조적 사실 판단은 명백한 오류가 있는지를 기준으로 검토한다.

§ 12:5 법정에서의 해석 대 USPTO 심사 중 해석

USPTO(미 특허상표청) 심사관은 특허성을 판단하기 위해 출원 중인 청구항을

2) 517 U.S. 370 (U.S. Sup. Ct. 1996)
3) 135 S. Ct. 831 (U.S. Sup. Ct. 2015)

해석한 다음 이를 선행 기술에 적용함에 있어서, 법원이 특허된 청구항을 해석한 다음 이를 선행 기술이나 피소된 제품에 적용하는 경우보다는 더 완화된 청구항 해석 기준을 항상 사용해 왔다. 심사 중 USPTO는 청구항에 소위 **가장 넓은 합리적 해석**(Broadest Reasonable Interpretation, BRI)을 적용하는데, 이는 청구항 상태의 주요 차이점 때문이다. 즉, USPTO에서 심사 중인 청구항은 보정이 가능하지만 법원에서 검토하는 특허된 청구항은 보정이 불가능하다는 것이 그 차이이다. 이러한 청구항 해석 기준의 차이는 USPTO의 다른 판단기관, 구체적으로 당사자계 무효심판(*Inter Parte* Review; IPR) 절차 중 특허심판원(Patent Trial and Appeal Board, PTAB)에서도 수년간 사용되었는데, 이 절차 중에도 특허권자가 청구항을 보정할 수 있기 때문이다. PTAB과 연방1심법원 재판의 기준이 서로 달라서 동일한 청구항에 대해 일관되지 않은 결과가 나온다. USPTO의 PTAB에서 청구항 해석에 대한 보다 완화된 기준(그리고 그에 따른 유효성 추정 부재)으로 인해, 법원에서는 무효가 아닌 것으로 판단된 청구항이 USPTO의 PTAB에서는 무효로 판정되는 경우가 드물지 않다. 예를 들어, ***Novartis Ag, et al v. Noven Pharmaceuticals Inc.*** (Fed. Cir. 2017) 참조.[4]

그러나 2018년 말, USPTO는 PTAB에서의 IPR 또는 PGR과 같은 심판 절차에서의 청구항 해석 기준을 변경하는 규칙을 발표했다. **특허심판 및 항고 위원회에서의 심판 절차에서 청구항을 해석하기 위한 청구항 해석 기준 변경**(*Changes to the Claim Construction Standard for Interpreting Claims in Trial Proceedings Before the Patent Trial and Appeal Board*) 참조.[5] 특허청은 **가장 넓은 합리적 해석** 기준 대신에 앞으로는 연방1심법원의 민사소송에서 청구항을 해석하는 데 사용되는 더 엄격한 청구항 해석 기준을 사용하여 청구항을 해석하도록 했다.

이제 생명공학 분야의 침해 판례법을 살펴본다.

§ 12:6 문언적 침해 – 물건 청구항 – 청구항 해석: 청구항 용어의 명세서에서의 용례

No. American v. Cyanamid (Fed. Cir. 1993).[6] 청구항은 다당류의 "한 말단

4) 2017 WL 1229742 ––– F.3d ––––(Fed. Cir. April 2017)

5) 83 FR 51340 (November 13, 2018)

부(a terminal portion)"에 연결된 단백질에 대한 것이다. 분쟁은 단어 "a"의 해석에 대한 것이다.

첫째 – 해석: 특허분야 전문 용어로 단어 "a" 또는 "an"은 일반적으로 "하나 이상"을 의미하지만, 출원인은 "a"를 일반적인 용법으로, 즉 "하나만(one and no more than one)"으로 사용하고 예시했다. **둘째 – 적용**: 피소 제품 HibTITER®는 다당류 사슬 끝에 하나보다 많은 폴리펩타이드가 부착되어 광범위한 가교 결합을 일으키기 때문에 문언적 침해는 없다.

NORTH AMERICAN v. CYANAMID

U.S. Court of Appeals, Federal Circuit (1993)

청구항 1 (강조 표시 추가)

항원–다당류–단백질 접합체로서, 다당류와 단백질이 CH2–NH–단백질 결합을 통해 다당류의 **한** 말단부에 상당한 가교 없이 공유 결합되며, 상기 항원 다당류는 약 2,000을 초과하는 MW[분자량]를 갖는 것인 접합체.

An antigenic–polysaccharide–protein conjugate wherein the polysaccharide and protein are covalently linked through a

CH_2–NH–protein linkage

to *a* terminal portion of the polysaccharide without significant crosslinking, said antigenic polysaccharide having a MW [molecular weight] above about 2,000.

관련기술

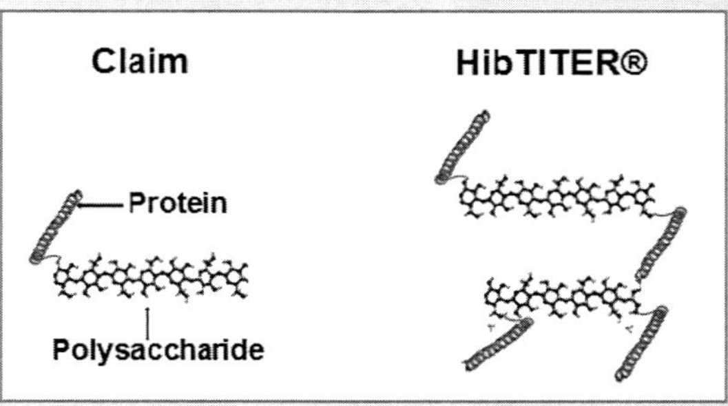

제대로 해석된 청구항과 피소 제품의 비교

6) 7 F.3d 1571 (Fed. Cir. 1993)

법원의 판결 이유

일반적으로 특허 용어 "a"는 하나 이상의 … 를 의미할 수 있다고 인정되지만 (*Faber* (1990)[7] ("청구항에서 부정관사 A 또는 AN은 '하나 이상'을 의미한다") 참조), 특허 명세서에는 발명자들이 용어의 일반적 의미인 단수가 아닌 다른 의미를 의도했다는 징후가 없다. 청구항 용어의 의미가 의심스러운 경우, 우리는 명세서에서 지침을 구한다. … 여기서는 특허 명세서에서 발명자들이 발명의 범위에 복수의 종단간 결합을 포함하고자 의도했다는 어떠한 징후도 발견할 수 없다. 다당류 연결에 대한 모든 참조는 다중 결합이 아닌 단일 결합만을 언급하고 있다.

*** "한 말단부(a terminal portion)"라는 표현을 단일 작용기만 포함하는 것으로 해석하였으므로, "상당한 가교 없이(without significant crosslinking)"라는 한정은 단일 작용기 결합 아닌 다른 결합을 청구항에서 제외하고 있는 것이 명백하다. 다당류의 양쪽 말단부에 복수의 단백질 결합으로 구성된 종단간 교차결합은 "한 말단부(a terminal portion)"라는 표현의 명확한 의미와 모순된다.

*** 청구항을 해석한 후, 다음은 침해 판단이다. … 위에서 언급한 바와 같이, HibTITER®의 특성은 논란의 여지가 없다. 유일한 쟁점은 "다당류의 한 말단부에 상당한 가교 없이 결합(linkage to a terminal portion of the polysaccharide without significant crosslinking)"이라는 표현이 HibTITER® 제품에 전체적으로 읽히는지 여부이며, 구술 변론에서 NRC가 인정한 내용을 고려하여 이 표현이 단량체뿐만 아니라 이량체와 삼량체도 포함하는 제품에 읽히는지 여부를 결정해야 한다. 이 표현이 다당류의 단일 말단에서의 결합을 포함하고 종단 간 가교결합을 포함하지 않는다는 당법원의 판단에 비추어 볼 때, 이량체와 삼량체를 포함하는 HibTITER® 제품은 청구항의 범위에 포함되지 않음이 분명하다. 따라서, HibTITER®가 특허를 침해하지 않는다고 한 연방1심법원의 결론에는 명백한 오류가 없다.

__*Biogen Inc. v. Berlex Laboratories, Inc.*__ (Fed. Cir. 2003).[8] **첫째 – 해석:** 법원은 청구된 세포 배양 조성물에서 IFN–베타의 특정 활성 범위는 생산 공정이 **끝날 때**의 용액을 가리키는 것으로 해석한다. **둘째 – 적용:** CAFC는 피고의 IFN–베타가 최종 순도에 도달하는 도중에 청구된 범위를 통과하지만 피고의 IFN–베타의 최종 순도는 청구된 범위의 상한보다 높아, 피고의 세포 배양은 문언적 침해가 성립되지 않는다는 하급 법원의 판단을 지지한다.

---

7) *Faber, Robert C.*, Landis on Mechanics of Patent Claim Drafting 531 (3d ed. 1990)

8) 318 F.3d 1132 (Fed. Cir. 2003)

BIOGEN, INC. v. BERLEX LABORATORIES, INC. et al

U.S. Court of Appeals, Federal Circuit (2003)

청구항 1 (특허 5,795,779) (강조 표시 추가)

(a) 인간 IFN−베타를 암호화하는 DNA로 형질 전환된 CHO 세포 또는 그 자손과, (b) 상기 DNA의 발현에 의해 생성된 IFN−베타를 포함하는 배지를 포함하는 CHO 세포 배지 조성물로서, 상기 배지 조성물은 상기 CHO 세포로부터 상기 IFN−베타의 분비로부터 직접 생성되며, 상기 **IFN−베타의 양은 150,000−600,000 IU/㎖의 배지**인, CHO 세포 배지 조성물.

A CHO cell culture composition comprising (a) CHO cells transformed with DNA encoding human IFN−beta, or progeny thereof, and (b) medium comprising IFN−beta produced by expression of said DNA, said culture composition directly resulting from secretion of said IFN−beta from said CHO cells and wherein *the amount of said IFN−beta is 150,000−600,000 IU/ml of medium.*

법원의 판결 이유

연방1심법원은 '779 청구항을 150,000~600,000IU/ml가 '합류 및 초유도' 후, 즉 생산 공정의 마지막 단계에서 얻은 인터페론의 활성도를 의미한다고 해석하여 침해 문제를 판단했다. Biogen 조성물의 최종 인터페론 농도는 1,200,000IU/ml를 초과한다. Biogen은 자사 제품이 최종 농도에 도달하는 도중에 150,000~600,000IU/ml 범위를 통과한다고 밝혔다. 연방1심법원은 Biogen 조성물이 청구된 농도를 통과하는 것은 상관없다고 판단하고, Biogen의 비침해 약식판결 신청을 승인했다.

Berlex는 생산 프로세스 도중 언제라도 청구된 농도의 인터페론을 함유하는 조성물은 청구항 1을 침해한다고 주장한다. 연방1심법원은 Berlex의 해석이 청구항 기재, 명세서 및 출원 경과와 상반된다고 설명했다. 명세서는 여러 실험의 수행완료 시점에서 인터페론 농도를 보고하고, 그 측정값을 합류 및 초유도 후의 활성도라고 설명한다. 법원은 더 높은 활성도의 조성물이 생산 도중에는 일반적으로 낮은 범위를 지나가는데, 최종 제품의 활성도에 관한 것이 아니라면 150,000−600,000IU/ml 청구항 한정은 무의미하게 된다고 설명했다.

*** 연방1심법원의 올바른 청구항 해석에 기초하여, '779 특허의 비침해 약식판결은 지지된다.

Enzo Biochem Inc. et al v. Applera Corp (Fed. Cir. 2015).[9] 이 판결은 앞서 § 7:4에서 35 U.S.C.A. § 112(b)의 맥락에서, "실질적으로 간섭하지 않는(does not substantially interfere)"이라는 표현의 불명료를 논한 사건의 침해에 대한 (후속) 판단이다.

첫째 – 해석: 다른 청구항 표현인 "신호 모이티의 적어도 한 성분(at least one component of a signaling moiety)"는 신호 모이티가 하나보다 많은 성분을 가지며 **간접적인** 검출이 필요함을 의미하는 것으로 해석된다. **둘째 – 적용:** 침해되지 않음.

ENZO BIOCEM INC. ET AL. v. APPLERA CORP

U.S. Court of Appeals, Federal Circuit (2015)

청구항 1 ('767 특허) (강조 표시 추가)

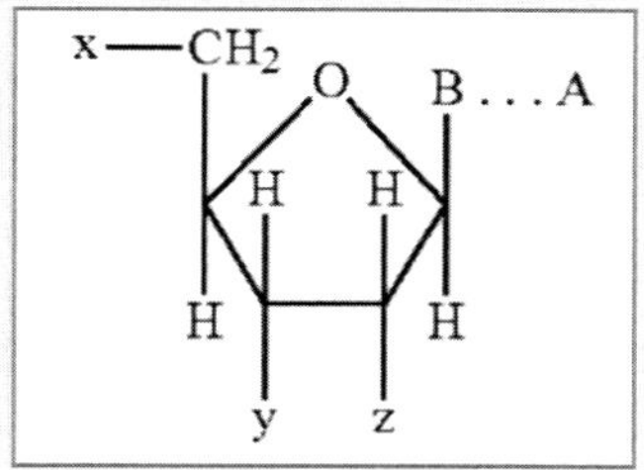

구조를 갖는 뉴클레오티드를 함유하는 올리고– 또는 폴리뉴클레오티드로서,

… A는 적어도 3개의 탄소 원자를 포함하고 검출 가능한 신호를 생성할 수 있는 **신호 모이티의 적어도 한 성분**을 나타내고;

B와 A는 직접 공유 결합되거나 또는 올리고– 또는 폴리뉴클레오티드가 핵산과 혼성화되는 특성 능력을 실질적으로 방해하지 않고 신호 모이티의 형성이나 검출 가능한 신호의 검출을 실질적으로 방해하지 않는 연결기를 통해 공유 결합되는… 올리고– 또는 폴리뉴클레오티드.

An oligo– or polynucleotide containing a nucleotide having the structure:

9) 780 F.3d 1149 (Fed. Cir. 2015)

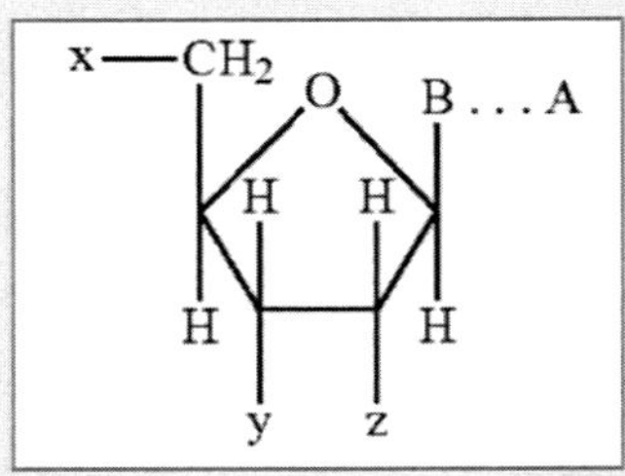

··· wherein A comprises at least three carbon atoms and represents *at least one component of a signaling moiety* capable of producing a detectable signal; wherein B and A are covalently attached directly or through a linkage group that does not substantially interfere with the characteristic ability of the oligo- or polynucleotide to hybridize with a nucleic acid and does not substantially interfere with formation of the signaling moiety or detection of the detectable signal ···

법원의 판결 이유

첫째, "신호 모이티의 적어도 한 성분(at least one component of a signalling moiety)"이라는 표현은 "성분(component)"이라는 용어 자체로 다성분 시스템을 의미하므로 신호 모이티가 다성분으로 구성되어 있음을 가리킨다. 따라서 이 사건에서 연방1심법원이 한 것처럼 이 문구를 단성분 시스템을 허용하는 것으로 해석하면 "신호 모이티의 성분(component of a signalling moiety)"이라는 표현을 빼고 읽는 것이 되어 청구항을 부당하게 확장하게 된다.

*** 표현 "신호 모이티의 형성이나 검출 가능한 신호의 검출을 실질적으로 방해하지 않는(does not substantially interfere with formation of the signalling moiety or detection of the detectable signal)"을 평이하게 읽으면, 청구된 화합물이 형성된 신호 모이티를 포함하지 않기 때문에 "A"는 신호 모이티의 전부가 될 수 없다. 즉, 연방1심법원이 판시한 바와 같이 "A"만으로 신호 모이티일 수 있다면, 신호 모이티가 "A" 단독의 존재에 의해 형성되므로 "A"가 신호 모이티의 형성을 방해하지 않는다는 요건을 청구항에서 빼고 읽는 것이 된다.

Enzo는 발명가들이 "적어도 한(at least one of)"이라는 용어를 포함시켰으므로 직접 및 간접 검출이 모두 허용된다고 주장한다. Enzo는 이 주장을 뒷받침하기 위해, *Howmedica Osteonics Corp. v. Wright Medical Technology, Inc.* (Fed. Cir. 2008)[10]를 인용한다. 구체적으로, Enzo는*Howmedica* 판례가 특허권자가 여러 실시예를 아우르기 위해 "적어도 하나(at least one)"와 같은 개방형 언어를 사용한다는 것을 보여준다고 주장한다. … 여기에서 다툼이 있는 청구항 용어를 평범하게 읽으면 신호 모이티는 복수 구성요소로 이루어져야 하며, 그 중 적어도 하나는 "A" 여야 한다.

*** 명세서에서 직접 검출(여기서는 방사성 라벨링)에 대한 유일한 논의는 간접 검출이 얼마나 우수한 방법인지를 논하는 맥락에서만 이루어졌다. 명세서는 방사성 라벨링 사용의 한계와 단점을 논할 뿐만 아니라, 청구된 화합물이 "검출 및 정위(localization)를 위한 방사성 동위 원소 대신" 사용될 수 있으며 이 화합물은 "방사성 동위 원소를 활용하는 제품 이상의 검출 능력을 가지며 더 빠르고 더 큰 분해능으로 수행되는 경우가 많다"고 기술한다. 발명자들은 '767 특허 전반에 걸쳐 "A"가 다른 화학 물질과 결합하여 신호 모이티를 형성하는 것이지 "A" 자체가 신호 모이티가 될 수 있는 것이 아니라는 점을 반복해서 강조했다. 따라서 우리는 발명자들이 간접 검출만을 청구했다고 확신한다.

Ajinomoto Co., Inc. v. International Trade Commission (Fed. Cir. 2019).[11)] 우리는 "더 강력한 프로모터(more potent promoter)"라는 용어 기재의 맥락에서 앞서 § 6:8에서 이 사건에 대해 논의했다. 문언적 침해의 맥락에서, "천연 프로모터를 더 강력한 프로모터로 대체(replacing the native promoter … with a more potent promoter)"라는 청구항 문구는 화학적 돌연변이 유발에 의해 단일 뉴클레오티드 돌연변이를 갖는 프로모터를 사용하는 것으로는 침해되지 않는다. CAFC는 이 청구항 문구가 프로모터 **전체**를 단위로 교체하는 것을 가리킨다는 점, 명세서에서 내인성 프로모터의 "치환(substitution)"을 설명하고 전체 프로모터를 교체하는 것을 예시한 점, 심사 과정에서 출원인이 기재요건 및 실시가능성 요건 거절을 극복하기 위해 해당 문구를 추가했다는 점에 주목했다.

Ajinomoto Co., Inc. v. International Trade Commission

U.S. Court of Appeals, Federal Circuit (2019)

청구항 9 ('655 특허) (강조 표시 추가)

9. 배지에 방향족 L-아미노산을 축적하는 능력을 가진 재조합 **대장균** 박테리아로서, 상기 박테리아에 의한 방향족 L-아미노산 생산은 상기 박테리아의 세포 내 단

10) 540 F.3d 1337 (Fed. Cir. 2008)

11) *Slip-op* (Fed. Cir. May 2019)

백질의 활성을 상기 박테리아의 야생형에서 관찰되는 수준을 넘도록 향상시킴으로써 향상되고,

[1] 상기 단백질은 SEQ ID NO: 2의 아미노산 서열로 구성되고,

[2] 상기 단백질은 박테리아가 L－페닐알라닌, 플루오로－페닐알라닌 또는 5－플루오로－DL－트립토판에 내성을 갖도록 만드는 활성을 갖고,

[3] 상기 단백질의 활성은 [3a] 박테리아에서 단백질을 발현하기 위해 단백질을 암호화하는 DNA로 박테리아를 변형시키거나, [3b] 박테리아의 염색체에서 DNA 앞에 있는 천연 프로모터를 **더 강력한 프로모터**로 대체하거나, [3c] 상기 단백질을 암호화하는 DNA의 여러 복사본을 상기 박테리아의 염색체에 삽입하여 해당 박테리아의 단백질을 발현시키는 것인, 재조합 대장균 박테리아.

9. A recombinant *Escherichia coli* bacterium, which has the ability to accumulate aromatic L－amino acid in a medium, wherein the aromatic L－amino acid production by said bacterium is enhanced by enhancing activity of a protein in a cell of said bacterium beyond the levels observed in a wild－type of said bacterium,

[1] and in which said protein consists of the amino acid sequence of SEQ ID NO: 2

[2] and said protein has the activity to make the bacterium resistant to L－phenylalanine, fluoro－phenylalanine or 5[－]fluoro－DL－tryptophan,

[3] wherein the activity of the protein is enhanced by [3a] transformation of the bacterium with a DNA encoding the protein to express the protein in the bacterium, [3b] by replacing the native promoter which precedes the DNA on the chromosome of the bacterium *with a more potent promoter*, [3c] or by introduction of multiple copies of the DNA encoding said protein
into the chromosome of said bacterium to express the protein in said bacterium.

법원의 판결 이유

청구항 언어의 통상적이고 관습적인 의미는 위원회의 청구항 해석을 뒷받침한다. 표현 “천연 프로모터를 더 강력한 프로모터로 대체(replacing the native promoter … with a more potent promoter)”는 통상의 언어에서 프로모터의 작은 구성요소인 단일 뉴클레오티드 수준에서가 아니라 전체 프로모터 수준에서 단위로 이루어진다는 것을 알 수 있게 한다.

*** 명세서에는 "유전자 발현의 개선은 본 발명의 DNA를 천연 프로모터 대신 더 강력한 프로모터의 제어하에 둠으로써 달성될 수 있다"고 기재되어 있다. 이 기재는 프로모터를 단위로 설명한다. … 명세서는 프로모터를 "치환(substitution)"하는 것을 논함에 있어서, 위에 나타낸 바와 같이 "대체(replacing)"의 적절한 정의가 되는 용어를 사용하고 있다. 명세서는 "본 발명"을 "DNA의 천연 프로모터가 보다 강력한 프로모터로 치환된 상기 박테리아에 따른 박테리아"를 포함한다고 설명하고 있다. … "치환"의 이 유일한 명세서에서의 예는 위원회의 청구항 해석에 부합한다.

*** 출원 경과는 청구항 언어와 명세서에 의해 이미 제시된 의미를 강화한다. 최초 출원의 청구항 2는 "제1항에 따른 박테리아에 있어서, 단백질의 상기 활성은 단백질을 위해 암호화하는 DNA로 상기 박테리아를 변형함으로써 또는 박테리아의 염색체에 상기 DNA의 **발현 규율 서열의 변경에 의해** 향상되는([t]he bacterium according to claim 1, wherein said activities of proteins … is enhanced by transformation of said bacterium with DNA coding for the protein ... *or by alteration of expression regulation sequence* of said DNA on the chromosome of the bacterium)"으로 기재되어 있었다. … 심사관은 기재불비와 실시가능성 요건 흠결을 이유로 청구항을 거절했다. … 거절에 대응하여, 출원인들은 "상기 DNA의 발현 규율 서열의 변경에 의해(by alteration of expression regulation sequence of said DNA)" 대신 "상기 단백질을 암호화하는 DNA 앞에 있는 천연 프로모터를 더 강력한 프로모터로 대체(replacing the native promoter that precedes a DNA encoding said protein ... with a more potent promoter)"로 청구항 기재를 보정했다. 출원인들은 보정에 대해 "출원인들은 명세서가 SEQ ID NO: 2를 암호화하는 DNA의 천연 프로모터를 더 강력한 프로모터로 치환하여 변경된 대장균 균주를 실시가능하게 한다는 심사관의 인식에 부합하도록 청구항 2를 보정했다"고 설명했다.

*** 출원인 등의 의견서는, 단어 선택 및 명세서에 비추어 이해하면, 새로운 청구항 문구가 개별 뉴클레오티드의 돌연변이 유발을 포함하지 않는다는 위원회의 결론을 강화한다.

이러한 이유로, 우리는 위원회의 청구항 해석과 그 청구항 해석에 근거하여 CJ의 초기 균주가 침해하지 않는다고 한 위원회의 판단을 지지한다.

◆ ***Baxalta, Inc. v. Genentech, Inc.*** (Fed. Cir. 2020).[12] 이 사건은 Genentech의 이중특이성 항체 Hemlibra®가 Baxalta의 특허를 침해했다는 주장을 다룬다. CAFC는 "항체"라는 용어를 이중특이성 항체를 제외하는 것으로 해석

12) ―――F3d――― (Fed. Cir. 2020) 2020 WL 5048435

한 것이 오류라는 이유로 연방1심법원의 판결을 파기했다. CAFC는 명세서에서 "항체"라는 용어의 정의가 좁게 정의되어 있지만, 용어의 해석은 청구항, 명세서 및 출원 경과를 고려해야 하며, 특히 청구항 해석으로 인해 종속 청구항이 무효가 되게 해서는 안 된다고 지적했다.

BAXALTA V. GENENTECH

U.S. Court of Appeals, Federal Circuit (2020)

청구항 ('590 특허)

1. Factor IX 또는 Factor IXa에 결합하여 Factor IXa의 응고제 활성을 증가시키는 분리된 항체 또는 그 항체 단편.

4. 제1항에 따른 항체 또는 항체 단편에 있어서, 상기 항체 또는 항체 단편은 단클론 항체, 키메라 항체, 인간화 항체, 단일 사슬 항체, 이중 특이 항체, 당뇨 항체 및 이들의 이중-, 올리고- 또는 다중체로 이루어진 그룹으로부터 선택되는 것인 항체 또는 항체 단편.

19. 제4항에 따른 항체 또는 항체 단편에 있어서, 상기 항체는 인간화 항체인 항체 또는 항체 단편.

1. An isolated antibody or antibody fragment thereof that binds Factor IX or Factor IXa and increases the procoagulant activity of Factor IXa.

4. The antibody or antibody fragment according to claim 1, wherein said antibody or antibody fragment is selected from the group consisting of a monoclonal antibody, a chimeric antibody, a humanized antibody, a single chain antibody, a bispecific antibody, a diabody, and di-, oligo- or multimers thereof.

19. The antibody or antibody fragment according to claim 4, wherein the antibody is a humanized antibody.

법원의 판결 이유

*** 연방1심법원은 … 특허권자가 특허의 칼럼 5에서 [이중특이성 항체를 제외한] 항체를 명시적으로 정의함으로써 "[Genentech이 제안한] 좁은 정의를 선택했다"고 판단했다. … 연방1심법원은 '590 특허가 "동일한 중쇄(heavy chain)와 경쇄(light chain)를 갖지 않는 이중특이성 항체"와 "2개보다 많은 중쇄와 2개보다 많은

경쇄를 가질 수 있는" IgM 및 IgA 항체를 청구하고 개시함을 인정했지만, 청구된 실시예는 "항체"가 아니라 "항체 유도체"라고 판단했다. … 연방1심법원은 또한 Genentech이 [제안한 좁은] "항체"의 정의와 "적어도 종속 청구항 4 및 19" 사이의 "모순"이 칼럼 5의 정의 언어를 극복하기에는 충분하지 않다고 했다.

*** [**연방순회항소법원은 연방1심법원의 해석을 거절하면서**] 이들 종속항 [4 및 19]의 문언이 Baxalta의 넓은 청구항 해석 채택을 지지한다고 판단했다. [연방1심법원의 청구항 해석이 일부 종속항을 무효화한다고 지적하면서, 항소법원은] *Intellectual Ventures I v T-Mobile USA*[13)]에서와 마찬가지로 종속 청구항을 무효로 만드는 연방1심법원의 해석을 거절한다고 했다. [항소법원은 나아가] 청구항 1의 문언 어디에도 "항체"라는 용어가 두 개의 동일한 중쇄와 두 개의 동일한 경쇄로 구성된 특정 항체 또는 합성을 유도한 항원 또는 매우 유사한 항원에만 결합하는 항체로 제한되어 있지 않음을 주목했다. 종속 청구항은 "항체"가 그렇게 제한되지 않는다는 것을 확인해준다. 예를 들어, 종속 청구항 4는 "[청구항 1에 따른] 항체 또는 항체 단편으로서, 상기 항체 또는 항체 단편은 … 키메라 항체, 인간화 항체, … [및] 이중특이성 항체로 구성된 그룹으로부터 선택되는 것"으로 기재하고 있다. 이들 청구된 "항체" 각각은 "합성을 유도한 항원 또는 매우 유사한 항원에만 결합"하지 않기 때문에 연방1심법원의 해석에서 벗어난다. "이중특이성 항체"도 연방1심법원의 "항체"의 해석을 충족하지 못하는데, 이중특이성 항체는 두 개의 동일한 H 사슬과 두 개의 동일한 L 사슬로 구성되지 않기 때문이다. 종속 청구항 19는 "항체가 인간화 항체"라고 청구함으로써 청구항 1 및 4를 더욱 한정하는데, 이 역시 연방1심법원의 "항체" 해석에서 벗어난다.

*** [**다음 항소법원은 명세서를 고려했다. "항체"의 정의부에 별도로 초첨을 맞추지 않고,**] 법원은 청구항 해석을 위해서는 "명세서 전체를 고려하고, 가능하면 특허를 내부적으로 일관성 있게 발명의 설명의 모든 부분을 읽어야 한다"고 강조했다. 항소법원은 칼럼 5의 일반적인 설명 외에도 명세서 기재가 이중특이성, 키메라, 인간화 항체 및 그 생산 방법에 관한 구체적인 개시를 제공하고 있으며, 이들 모두 연방1심법원의 해석에 부합하지 않는다는 점을 주목한다. 예를 들어, 명세서는 "본 발명의 항체와 항체 유도체 및 그로부터 유래된 유기 화합물은 이중특이성 항체를 포함한다"고 설명한다. 명세서는 또한 "항체 및 항체 유도체는 … 키메라 또는 인간화 항체 … 와 같은 '기술적으로 변형된 항체'도 포함할 수 있다"고 개시한다.

13) 902 F.3d 1372 (Fed. Cir. 2018)

*** **[법원은 출원 경과를 분석하면서]** 칼럼 5의 발췌가 확정적이라는 전제를 거절하고, 출원 경과가 충분히 명확하고 틀림없다고 보지 않기 때문에, 출원 경과가 청구항 및 명세서로부터 파악된 "항체"의 의미를 극복하기에 충분하지 않다고 결론내린다.

*** 출원 경과에 … 명확한 권리포기는 없다… 특허권자가 "**항체 단편을** 제외한 이중특이성 항체를 포함하는" 항체 파생물을 권리포기했다는 연방1심법원의 판단은 심사관이 이후에 적어도 청구항 4를 허용한 것과 모순된다. 앞서 설명한 바와 같이, 청구항 4는 "이중특이성 항체"를 명시적으로 청구하고 있는데, 이는 권리포기가 있었다는 주장과 직접적으로 상충하는 청구된 실시예이다. 따라서 출원 경과는 연방1심법원의 "항체" 해석을 뒷받침하지 않는다.

◆ *Immunex Corp. v. Sanofi-Aventis U.S. LLC, et al* (Fed. Cir. 2020).[14)]청구항 언어, 명세서의 언어, 출원 경과 및 외재적 증거를 분석한 후, CAFC는 가장 넓은 합리적 해석 하에서 청구항 용어 "인간 항체"는 "완전한 인간 항체"를 의미하지 않으며, 따라서 이러한 넓은 청구항 해석 하에서 청구항은 선행 기술로부터 특허 받을 수 없다는 데 동의함으로써 특허청의 결정을 지지한다.

IMMUNEX CORP. v. SANOFI-AVENTIS U.S. LLC, et al.

U.S. Court of Appeals, Federal Circuit (2020)

청구항 1. ('487 특허, 강조는 원문에서 옴)

인간 IL-4 인터루킨-4(IL-4) 수용체에의 결합에 참조 항체와 경쟁하는 분리된 **인간 항체**로서, 상기 참조 항체의 경쇄는 SEQ ID NO:10의 아미노산 서열을 포함하고, 상기 참조 항체의 중쇄는 SEQ ID NO:12의 아미노산 서열을 포함하는 것인, 분리된 인간 항체.

An isolated *human antibody* that competes with a reference antibody for binding to human IL-4 interleukin-4 (IL-4) receptor, wherein the light chain of said reference antibody comprises the amino acid sequence of SEQ ID NO:10 and the heavy chain of said reference antibody comprises the amino acid sequence of SEQ ID NO:12.

---

14) ---F.3d--- (Fed. Cir. 2020) 2020 WL6038926

법원의 판결 이유

청구항 해석에 대한 다툼은, 이 특허의 맥락에서 "인간 항체"는 완전히 인간이어야 하는가, 아니면 "인간화"를 포함하여 "부분적 인간"일 수도 있는가이다.

*** 청구항 자체의 언어를 살펴봄으로써 청구항 해석을 시작한다. … 그러나, 청구항 언어 어디에도 "인간 항체"를 완전한 인간 항체로 제한한 곳은 없다. 이는 놀라울 게 없는데, 항체는 빠르게 진화하는 과학 배경 속에서 통상의 의미를 넘어서는 청구항 해석 분쟁의 대상이 되는 경우가 빈번하다. 예컨대, *Baxalta Inc. v. Genentech, Inc.*[15]; *UCB, Inc. v. Yeda Rsch. & Dev. Co.*[16]; *Biogen Idec, Inc. v. GlaxoSmithKline LLC.*[17]. 종속 청구항이 다른 지침을 제공하지 않으므로 청구항 맥락도 도움이 되지 않는다.

따라서 나머지 내재적 기록을 살펴본다. … 하지만 여기에도 명시적인 정의가 없다. 그러나 명세서를 통틀어 사용된 "인간"의 용례는 그 범위를 확인해준다.

명세서는 "부분적 인간"을 "완전히" 또는 "온전히 인간"과 구별한다. … 예를 들어, 명세서에는 "본 발명의 항체는 부분적으로 인간(바람직하게는 완전히 인간) 단클론 항체를 포함하지만 이에 국한되지 않는다"고 기재되어 있다. … 그리고 다른 곳에서는 "원하는 항체는 적어도 부분적으로 인간이며, 바람직하게는 완전히 인간"이라고 기재되어 있다.

*** **[다음으로 법원은 출원 경과를 살펴본다.]** 최초 제출된 청구항 1은 단순히 "분리된 항체(an isolated antibody)"라고만 기재되어 있었다. … 나중에 "human"이라는 단어가 추가되었고, 동시에 "인간, 부분적 인간, 인간화 또는 키메라 항체"를 기재한 종속 청구항 11은 삭제되었다.

*** Immunex가 범위를 **완전한** 인간으로 제한하기 위해 "human"을 추가했다는 징후가 없다는 위원회의 의견에 동의한다. 거절이유를 볼 때 그렇게 할 명백한 필요가 없었고, Immunex가 쟁점이 아닌 대상을 포기했다고 해석할 만한 증거도 없다.

*** 다음으로, 위원회의 해석에서 외재적 증거의 역할을 살펴본다. … 외재적 증거는 잘 이해된 기술적 의미를 밝혀줄 수 있는 경우가 있지만 … 그렇다고 해서 소송 당사자가 특허 자체의 언어 사용을 무시하는 방식으로 모호함을 도입할 수 있다는 것은 아니다. 특허 작성자는 명세서의 내용을 통제하고, 청구항을 작성하며, 특허청 조치에 대응한다. 따라서 특허 작성자는 모호함 또는 권리범위의 문제를 예상

15) 972 F.3d 1341, 1345–49 (Fed. Cir. 2020)
16) 837 F.3d 1256, 1259–61 (Fed. Cir. 2016)
17) 713 F.3d 1090, 1095–97 (Fed. Cir. 2013)

하고 그에 따라 특허를 작성할 수 있는 가장 좋은 위치에 있다. 실제로 우리는 내재적 증거를 "일관성이 없는" 외재적 증거보다 "우선시"한다.

*** 그러나 여기서 내재적 증거에서 파악된 "인간 항체"의 의미는 Immunex가 외재적 증거에서 선택적으로 추출한 의미와 정면으로 상충된다. … 따라서 내재적 기록이 우선한다.

§ 12:7 저자 의견: 명세서의 용례에 의해 청구항을 해석한 추가 판례

명세서에서의 청구항 용어의 용례에 기반한 청구항 해석을 다룬 다른 판례는 ***Amgen v. Hoechst Marion Roussel*** (Fed. Cir. 2003)[18]으로, 균등론에 따른 침해의 맥락에서 뒤에 § 12:13에서 논한다. CAFC는 "도 6의 성숙한 EPO"라는 청구항 문구가 166개 AA를 필요로 한다고 해석했는데, 그것이 도면에 표시된 내용이기 때문이다. 나중에 "성숙한 EPO"가 실제로 165개의 AA를 가지고 있음이 입증되었지만, "성숙한 EPO"가 166개의 AA를 갖는 것으로 정의하는 게 출원 당시의 기술 지식에 부합한다. 그리고 발전하는 기술의 맥락에서 아래 § 12:15에서 논한 ***Schering v. Amgen*** (Fed. Cir. 2000)[19]에서 CAFC는 출원일에 발명가 Weissman이 IFN-알파 아형-1(IFN-alpha subtype-1)만 분리 및 기탁(따라서 기재)하고 다른 아형(subtype)은 그렇게 하지 않았다는 이유로 "알파형 IFN (IFN of the alpha type)"이라는 청구항 문구를 알파 아형-1로 좁게 제한하여 해석했다.

앞서 § 12:6에서 분석한 판례들: *No. American v. Cyanamid* (Fed. Cir. 1993),[20] *Biogen Inc. v. Berlex Laboratories, Inc.* (Fed. Cir. 2003),[21] *Enzo Biochem Inc. et al v. Applera Corp* (Fed. Cir. 2015),[22] *Ajinomoto Co., Inc. v. International Trade Commission* (Fed. Cir. 2019),[23] 그리고 이 주석에서 논하는 두 개의 *Amgen* 판례는 한 가지 공통점을 갖는데, 명세서에 특별한 정의가 없다는 것이다. 그 결과, 청구항 해석은 전적으로 명세서 또는 출원 경과의 용례에 기초했다. 따라서 다툼이 있는 용어의 해석에 대해 침해 혐의자 측이 치열하게 다툴 수밖에 없었다. 다툼이 있는 청구항의 의미는 결국 법원의 판결에 의존하고, 이는 항상 불확실한 명제가 되었다.

18) 314 F.3d 1313 (Fed. Cir. 2003)
19) 222 F.3d 1347 (Fed. Cir. 2000)
20) 7 F.3d 1571 (Fed. Cir. 1993)
21) 318 F.3d 1132 (Fed. Cir. 2003)
22) 780 F.3d 1149 (Fed. Cir. 2015)
23) *Slip-op* (Fed. Cir. May 2019)

§ 12:8 청구항 해석: 외재적 증거의 사용

Genentech v. Wellcome (Fed. Cir. 1994).[24] 이 사건은 자연에서 분리된 제품(tPA)을 기반으로 한 청구항과 재조합으로 만들어진 유사 제품(FE1X-TPA)을 비교한 사건이다.

첫째 – 해석: 청구항에서는 tPA가 500,000IU/mg이어야 한다. 법원은 이 수치가 청구된 제품의 특정 활성(specific activity, SA)을 가장 근접한 기술의 SA (266,000IU/mg) 및 재조합 제품과 비교하는 데 사용된 매우 구체적인 분석법(피브린 플라크 분석법)에 따른다고 판단했다. 이 분석법을 사용하면 피소된 FE1X는 약 208,000~299,000IU/mg이다(측정 오차 18% 포함). **둘째 – 적용**: 피소 제품의 208,000~299,000IU/mg 범위는 청구된 500,000IU/mg을 벗어난다. 청구된 500,000의 값이 FE1X를 포함한다면, 해당 청구항은 SotA도 포함하므로 무효가 된다.

GENENTECH v. WELLCOME

U.S. Court of Appeals, Federal Circuit (1994)

청구항 1 ('603 특허) (강조 표시 추가)

혈전용해 특성을 가지며, 우로키나아제와 면역학적으로 구별되고, WHO 1차 국제 참조 제제 t-PA(조직 플라스미노겐 활성화제)를 분석 표준으로 사용하여 **약 500,000IU/mg의** 특정 활성 또는 WHO 1차 국제 참조 제제 우로키나아제를 분석 표준으로 사용하여 약 90,000IU/mg의 특정 활성을 갖는, 인간 플라스미노겐 활성제.
Human plasminogen activator, having thrombolytic properties, immunologically distinct from urokinase and having a specific activity of *about 500,000 IU/mg* using the WHO First International Reference Preparation of t-PA (tissue plasminogen activator) as assay standard or a specific activity of about 90,000 IU/mg using the WHO First International Reference Preparation of urokinase as assay standard.

법원의 판결 이유

기록에 있는 선행 기술에 따르면, t-PA의 특정 활성에 대한 수치 측정은 사용되

---

24) 29 F.3d 1555 (Fed. Cir. 1994)

는 특정 분석법에 따라 3배 이상 달라질 수 있다. 따라서 500,000이라는 수치가 선행 기술 값인 266,000IU/mg [Rijken 박사의 연구]와 차별화 되려면, 그 수치에 구체적인 분석법 유형을 할당할 필요가 있다. … Rijken 박사의 선행기술에서 특정 활성은 명확하게 소 섬유소판 분석법을 사용하여 측정되었으므로 [소 섬유소판] 분석법은 그 수치가 Rijken 박사의 선행기술과 비교되고, 역시 특정 활성이 소 섬유소판 분석법을 사용하여 측정된 '603 특허의 출원에 이른 연구와도 비교되도록 사용되었다. 따라서 500,000이라는 수치는 소 섬유소 플레이트 분석법을 사용하여 측정한 IU/mg을 의미한다.

*** '603 청구항에 나타난 특정 활성 한정이 [피소 제품인] FE1X에 의해 … 문언적으로 … 충족되고 상당한 증거에 의해 뒷받침되는지 여부의 문제부터 살펴본다. 결론적으로 그렇지 않다. … 기록상 FE1X의 특정 활성의 문제에 대한 유일한 증거는 원고의 전문가인 Mann 박사의 증언이다. 이 증언에 따르면, 소 섬유소 플레이트 분석법을 사용한 FE1X의 특정 활성은 253,800IU/mg ± 18%, 즉 208,116에서 299,484이다. [이는 "약 500,000IU/mg"에 해당하지 않으므로 문언적 침해는 없다].

§ 12:9 저자 의견: 청구항 해석: 금반언(estoppel) 및 부인(disavowal) – 보정 또는 의견서에 의해 청구항의 의미를 제한함

문언적 침해를 위해 청구항을 해석할 때, 법원은 해당 특허의 출원 경과를 검토하며, 때로는 해당 특허의 부모 특허 또는 자손 특허의 출원 이력을 검토하기도 한다. 법원은 USPTO와의 교신에서 출원인이 청구항의 해석에 추가적인 도움을 주는 방식으로 청구항 용어를 사용했는지 파악하려고 한다. 이러한 분석에서 나타나는 가장 중요한 문제 중 하나는 출원인이 USPTO의 거절 또는 이의를 극복하기 위해 청구항 용어의 의미를 **제한했는지** 여부이다. 이러한 의미 제한은 두 가지 시나리오에서 발생할 수 있다. **첫째는,** 소위 보정에 의한 금반언(estoppel by amendment)인데, 출원인은 선행 기술에 기초한 거절 또는 실시가능성 요건 또는 기재불비를 이유로 한 거절에 대응하여 넓은 용어를 좁은 용어로 바꾸면서 청구항을 보정하거나 삭제하여 실질적으로 어느 범위를 청구항에서 제외할 수 있다. 그런 다음 보정된 청구항을(또는 심지어 제외된 범위를 포함할 수도 있는 보정되지 않은 넓은 청구항이라 하더라도) 소송 중에 원래대로 넓게 해석하려 하는 시도는 금반언의 원칙에 따라 불허된다. **둘째는,** 소위 주장에 의한 금반언(estoppel by argument)인데, 역시 USPTO의 거절 또는 이의에 대응하여 출원인은 보정, 용어의 수정 또는 삭제 없이 용어의 범위를 언급하면서 넓은 해석을 배제 또는 차별화하여 좁게 해석할 수 있다. 이후 소송 중에 청구항 용어를 더 넓게 해석하려는 시도는 부인(disavowal) 또는 권리포기(disclamer)의 원칙에 따라 불허된다.

여기 § 12:9에서는 이 두 가지 상황을 모두 다룬다. ***UCB, Inc. v. Yeda Research and Development Co., Ltd.*** (Fed. Cir. 2016)[25]에서, CAFC는 (별도로 청구된) 어떤 넓은 용어에 속하는 "단클론 항체"의 보다 좁은 실시예에 대한 별도의 청구항을 삭제하였다면, 금반언을 발생시켜 나중에 그 넓은 용어를 삭제된 실시예를 다시 포섭하도록 해석할 수 없게 한다고 판단했다. ***Massachusetts Institute of Technology et al. v. Shire Pharmaceuticals, Inc., et al.*** (Fed. Cir. 2016)[26]에서 CAFC는 출원인이 다른 출원의 심사 과정에서 특정 청구항 의미를 명백히 권리포기했지만, 이는 문제의 청구항과 다른 맥락에서 이루어졌다는 점에서 부인(disavowal) 또는 권리포기(disclaimer)를 구성하지는 않는다고 판단했다.

이 절에서도 논의된 ***Intervet America, Inc. v. Kee-Vet Laboratories, Inc.*** (Fed Cir. 1989)[27]에서, 법원은 한 청구항의 보정에 수반된 출원 대리인의 틀린 발언(모든 청구항이 동일한 방식으로 한정되었다는 발언)이 모든 청구항에 대한 금반언 또는 부인으로 간주되지 않는 상황을 다루었다. 대리인의 발언으로, 보정에 의해 한정되지 않은 청구항은 좁혀지지 않았다.

아래 § 12:15에서 분석한 ***Biogen IDEC et al v. Glaxo et al*** (Fed. Cir. 2013)[28]은 발전하는 기술 문제를 다루는데, CAFC는 출원 과정에서 발생한 권리포기/부인을 이유로 "CD20 항체"라는 용어가 Biogen이 처음에 예시한 항체 Rituxan®을 생성하는 데 사용한 CD20의 큰 고리 에피토프에 대한 항체에 한정된다고 해석했다.

UCB, Inc. v. Yeda Research and Development Co., Ltd. (Fed. Cir. 2016).[29] "단클론 항체"에 대한 주 청구항이 심사 과정에서 보정되지 않았고, 상황이 달랐다면 단클론 항체의 여러 특정 실시예(예를 들어, 쥐, 인간 또는 키메라)를 포함하는 것으로 해석될 수도 있었겠지만, 보다 구체적인 실시예가 별도의 청구항으로 제시되었다가 심사관의 기재불비를 이유로 거절된 후 삭제된 경우에는 그러한 청구항 해석이 불허된다. 이들 특정 실시예를 넓게 포섭하는 특허권자의 청구항 해석은 금반언에 의해 불허된다.

---

25) 837 F.3d 1256 (Fed. Cir. 2016)
26) 839 F.3d 1111 (Fed. Cir. 2016)
27) 887 F.2d 1050 (Fed. Cir. 1989)
28) 713 F.3d 1090 (Fed. Cir. 2013)
29) 837 F.3d 1256 (Fed. Cir. 2016)

UCB, INC. v. YEDA RESEARCH AND DEVELOPMENT CO., LTD.

U.S. Court of Appeals, Federal Circuit (2016)

청구항 1. (강조 표시 추가)

폴리아크릴아미드 겔 전기 이동에 의해 결정된 분자량 약 17,500을 갖는 인간 세포 독소에 특이적으로 결합하는 **단클론 항체**로서, 상기 세포 독소는 자극된 인간 단핵구로부터 얻을 수 있고, 상기 세포 독소는 시클로헥시미드 감작 SV−80 세포에 대한 세포 독성 효과를 나타내는 것과, 불순한 제제로부터 제어된 기공 유리 비드에 세포 독소를 흡착하고 이어서 순도가 향상된 상태에서 세포 독소를 탈착함으로써 순도가 향상된 상태로 얻을 수 있는 것을 특징으로 하는, 단클론 항체.

A monoclonal antibody which specifically binds a human cytotoxin having a molecular weight of about 17,500 as determined by polyacrylamide gel electrophoresis, said cytotoxin being obtainable from stimulated human monocytes, said cytotoxin being further characterized by exhibiting a cytotoxic effect on cycloheximide−sensitized SV−80 cells and by being obtainable in a state of enhanced purity by adsorption of the cytotoxin from an impure preparation onto controlled pore glass beads, and subsequent desorption of the cytotoxin in a state of enhanced purity.

법원의 판결 이유

청구항의 일반 용어[예컨대 "단클론 항체"]가 이미 알려진 바에 비추어 해석된다는 Yeda의 주장은 옳다. 그러나, 청구항에서 일반 용어의 범위를 정의할 때는 명세서의 내용과 출원 중 행위 및 주장도 고려해야 한다.

*** 출원 과정에서, Yeda는 "쥐, 햄스터 및 인간 항체 및 이들의 키메라"에 특정된 새로운 청구항과 쥐 단클론 항체의 "키메라" 및 "쥐 아닌" 단클론 항체를 구체적으로 포함하는 청구항을 제출했다. Yeda는 본 발명이 인간 세포 독소에 작용하는 쥐 항체에 국한되지 않으며 "유전자 조작 세포주에 의해 생산된 키메라 단클론 항체를 포함해야 한다"고 주장했다. … 심사관은 명세서에 뒷받침되지 않는 신규사항임을 근거로 제안된 청구항을 거절했다. 그 후 Yeda는 제안된 특정 청구항을 삭제했고 출원은 특허 되었다.

*** Yeda는 … "단클론 항체 …"라고 기재된 청구항 1은 항체의 특정 형태나 출처를 명시하지 않았다고 주장한다. Yeda는 키메라 또는 인간화 단클론 항체는 우선권 출원 당시인 1984년 12월 20일에 알려져 있었으며, 따라서 청구항 1의 단클론

항체에 포함되어야 한다고 주장한다.

*** Yeda는, 현재의 청구항 1에 대한 축소 보정이 없는 한, 일부 다른 청구항들이 심사관에 의해 거절되었다가 출원인에 의해 삭제되었다는 이유만으로 청구항 1의 범위에 대한 출원 금반언이 성립할 수 없다고 주장한다. 이는 올바른 일반 원칙이 아니다. 특허의 각 청구항은 특정 사실과 기록에 비추어 독립적으로 고려되어야 하지만, 일반적인 원칙은 특허 출원인이 출원 중에 요청했다가 심사관 거절 후 삭제한 청구항 범위를 나중에 포획할 수 없다는 것이다.

청구항 1이 보정되지는 않았지만, 연방1심법원이 청구항 1에 금반언을 적용한 것은 합리적이다. … Yeda가 '923 특허에서 청구한 단클론 항체의 범위 내에 키메라 및 인간화 항체를 포함할 수 없다는 결론을 지지한다.

[**판단**: 키메라 항체에 의한 침해 없음.]

Massachusetts Institute of Technology et al. v. Shire Pharmaceuticals, Inc., et al. (Fed. Cir. 2016).[30] 이 판례는 "3차원"이라는 용어가 불명확하다고 주장되어 35 U.S.C.A. § 112(b)에 따라 청구항의 무효 주장(실패됨)이 제기된 청구항의 맥락에서 앞서 § 7:8에서 분석한 판례이다. **첫째 – 해석**: "혈관화된 기관 조직(vascularized organ tissue)" 및 "혈관화된 조직에서 유래한 세포(cells derived from vascularized tissue)"라는 용어는, 출원 과정에서 MIT가 한 진술에도 불구하고, 어느 세포 유형, 예컨대 각각 피부 세포 및 비실질 세포를 배제하지 않는 것으로 해석되었는데, 이는 해당 진술이, 해당 용어를 포함하지 않은 다른 청구항의 맥락에서 이루어진 것이므로 "명백하고 틀림없는(clear and unmistakable)" 부인(dis–avowal)을 구성하지 않았기 때문이다. **둘째–적용**: CAFC는 Shire가 비실질 세포를 포함하는 피부 세포 스캐폴드를 판매한 것은 청구항을 문언적으로 침해한다는 하급 법원의 판결을 지지했다.

30) 839 F.3d 1111 (Fed. Cir. 2016)

MASSACHUSETTS INSTITUTE OF TECHNOLOGY ET AL. v. SHIRE PHARMA, INC., ET AL.

U.S. Court of Appeals, Federal Circuit (2016)

청구항 1. (MIT의 '830 특허) (강조는 원문에서 옴)

생체 내에서 기능성 **혈관화된 기관 조직을** 생성할 수 있도록 세포를 성장시키기 위해 시험관 내에서 준비된 세포-스캐폴드 조성물로서,

생체 적합성 생분해성 합성 고분자 섬유로 구성된 섬유질 **3차원 스캐폴드**; 및

시험관 내에서 스캐폴드의 섬유 표면에 스캐폴드를 통틀어 균일하게 부착된 혈관화된 조직으로부터 유도된 세포를 포함하며;

스캐폴드의 섬유는 생체 내에서 기능성 혈관화된 기관 조직을 생성하는 데 유효한 양의 세포를 시험관 내에서 부착할 수 있도록 충분한 표면적을 제공하고;

스캐폴드의 섬유는 섬유에 부착된 세포 덩어리를 통해 영양분과 가스의 확산이 일어나야 하는 최대 거리가 100~300 미크론이 되도록 이격되고;

확산은, 스캐폴드의 섬유에 균일하게 부착되고 혈관이 없는 상태에서 스캐폴드 전체에서 세포 생존력을 유지하는 데 유효한 양으로 증식하는 세포와 영양분, 가스 및 노폐물을 자유롭게 교환하는 것인, 세포-스캐폴드 조성물.

A cell-scaffold composition prepared in vitro for growing cells to produce functional *vascularized organ tissue* in vivo, comprising:

a fibrous *three-dimensional scaffold* composed of fibers of a biocompatible, biodegradable, synthetic polymer; and

cells derived from a vascularized tissue attached in vitro to the surface of the fibers of the scaffold uniformly throughout the scaffold;

wherein the fibers of the scaffold provide sufficient surface area to permit attachment in vitro of an amount of the cells effective to produce the functional vascularized organ tissue in vivo;

wherein the fibers of the scaffold are spaced apart such that the maximum distance over which diffusion of nutrients and gases must occur through a mass of cells attached to the fibers is between 100 and 300 microns; and

wherein the diffusion provides free exchange of nutrients, gases and waste to and from the cells uniformly attached to the fibers of the scaffold and proliferating throughout the scaffold in an amount effective to maintain cell viability throughout the scaffold in the absence of vascularization.

법원의 판결 이유

Shire는 "기관(organ)"의 통상적인 의미에 피부가 포함된다는 점을 다투지 않지만 … 그럼에도 불구하고 Shire는 주장된 특허 패밀리의 출원 과정에서 MIT가 작성한 진술에 근거하여 "혈관화된 기관 조직(vascularized organ tissue)"의 해석에서 피부는 제외된다고 주장한다. 먼저, Shire는 1988년 모출원인 '018 출원의 출원 과정에서 작성된 1988년 인터뷰 요약에서 주장된 선행기술이 "피부 대체물을 제조하는 데 사용하기 위해 극도로 얇은 콜라겐 매트릭스 조각으로 제한되어 장기 균등물을 만드는 데 사용할 수 없다"고 한 문장을 발췌했다. [인용 생략]. 그러나 이 진술은 "혈관화된 기관 조직(vascularized organ tissue)" 또는 심지어 "기관 조직(organ tissue)"이라는 용어도 포함되지 않은 다른 청구항의 맥락에서 이루어진 것이다.

*** Shire는 또한 Vacanti 박사가 '018 출원의 출원 과정에서 제출한 1989년 선언서를 지적한다. 특히, Shire는 … 선행 기술 방법들이 "매우 얇은 세포 층으로 제한"되지만, "청구된 방법은 매우 얇은 구조를 만드는 방법이 아니다"라는 Vacanti 박사의 진술을 지적한다. [인용 생략] 그러나 이 선언서는 특허된 청구항에 존재하지 않는 청구항 한정을 뒷받침하기 위해 제출된 것이다. 특정 청구항 언어에 명확하고 모호하지 않은 권리포기(disclaimer)가 있었는지 여부를 결정할 때, 출원 경과 전체와 당시 계류중인 청구항의 맥락에서 출원인이 진술한 내용을 고려하는 것이 중요하다. [인용 생략].

*** Shire가 당업자에게 분명히 인식되는 "명확하고 틀림없는(clear and un-ambiguous)" 권리포기(disclamer)가 있었음을 입증해야 할 책임을 충족하지 못했다는 연방1심법원의 판단에 동의한다. [인용 생략]. 출원 경과 전체의 맥락에서 볼 때, Shire가 권리포기라고 주장한 진술은 청구범위에 존재하지 않는 청구항 한정에 관한 것으로, 명세서에 사용된 "혈관화된 기관 조직"의 통상적인 의미를 변경하거나 포기하지 않는다. 우리는 연방1심법원이 "혈관화된 기관 조직"이 피부를 기관으로서 포함한다고 판단한 것은 적절하다고 결론을 내린다.

*** 또한 연방1심법원이 "혈관화된 조직에서 유래한 세포"를 실질 세포와 비실질(예컨대 골형성) 세포를 모두 포함하도록 해석한 것에 동의한다. 이 청구항 자체는 실질 세포와 비실질 세포를 구분하지 않는다. Shire도 비실질 세포의 일종인 골형성 세포가 청구 범위 내에 포함된다는 것을 인정한다. 마찬가지로, Shire의 전문가도 "혈관화된 조직에서 유래한 세포"의 통상적인 의미는 "실질 세포와 비실질 세포를 모두 포함한다"는 데 동의하고 있다. [인용 생략]. 또한, 여러 종속 청구항에 실질 세포와 비실질 세포가 있는 조직이 명시적으로 포함되어 있다. 또한, 각 명세서에서 "혈관화된 조직에서 유래한 세포"라는 용어를 실질 세포로 제한하지 않고,

오히려 이 용어를 여러 유형의 비실질 기질 세포, 즉 평활근 세포 및 혈관 내피 세포를 지칭하는 데 사용하고 있다. [인용 생략].

◆ <u>*Intervet America, Inc. V. Kee-Vet Laboratories, Inc.*</u> (Fed. Cir. 1989).[31]
하급 법원이 청구항에 없는 특정 외부로부터의 한정("single administration" 및 "unattenuated")을 백신 및 바이러스 청구항에 넣어 읽은 것은 잘못이다. 하급 법원은 Kee-Vet의 제품 Bio-Burs I이 약독화(attenuated)되어 특허를 침해하지 않는다고 판단했는데, 이는 당 법원의 분석에 비추어 볼 때 잘못이다. 또한 청구항 1에만 "1회 투여"라는 한정사항이 포함되어 있어, 다른 청구항에도 이 한정사항이 포함된다는 변호사의 주장은 청구항의 실제 내용을 고려할 때 배격되어야 한다.

INTERVET AMERICA, INC. v. KEE-VET LABORATORIES, INC.
U.S. Court of Appeals, Federal Circuit (1989)

청구항 (강조 표시 추가)

1. VR-2041호로 ATCC에 기탁된 균주에 속하는 살아있는 감염성 부루세라병 바이러스를 포함하는, 통상적인 접종 연령의 가금류에 **1회 접종** 시 가금류에서 감염성 부루셀라병에 대항하는 효과를 갖는 생백신.

4. VR-2041호로 ATCC에 기탁된 감염성 부르셀라병 바이러스를 포함하는 바이러스 현탁액.

5. VR-2031호로 ATCC에 기탁된 감염성 부르셀라병 바이러스를 포함하는 동결 건조 바이러스 조성물.

1. A live vaccine effective against Infectious Bursal Disease in poultry *upon a single administration* to birds at the usual age of vaccination comprising a live Infectious Bursal Disease virus belonging to the strain deposited at the ATCC under No. VR-2041.

4. A virus suspension containing the Infectious Bursal Disease virus deposited at the ATCC under no. VR-2041.

5. A lyophilized virus composition containing the Infectious Bursal Disease virus deposited at ATCC under no. VR-2041.

31) 887 F.2d 1050 (Fed. Cir. 1989)

법원의 판결 이유

***

B. 가정된 단일 투여 체계 한정

*** [출원] 대리인은 … 특허 청구항 1을 포함한 청구항 중 세 개를 "단일 투여" 효과를 언급하도록 보정했지만, 다른 청구항은 그렇게 보정하지 않았다. 그러나 대리인은 보정과 함께 제출한 "의견서"에서 "청구항은 1회 백신 접종 체계로 제한된다"는 부적절하고 지금은 틀린 것으로 인정되는 진술을 했다.

주장된 특허 청구항 중 청구항 1에만 그러한 한정이 포함된 것으로 보인다. 청구항 4, 5 및 7[관련성이 덜 있는 프로세스 청구항임]에는 이러한 한정이 없다. 그럼에도 불구하고 재판 판사는 잘못된 발언을 근거로 특허의 모든 청구항을 제한했다. 단순히 대리인이 제출한 의견에 근거하여 이 세 청구항에 포함되지 않고 포함된 적도 없는 한정사항을 보태 읽은 것이다. 이것은 잘못이다.

출원 심사 과정에서 대리인의 잘못된 진술과, 최종적으로 기재되고 특허청이 등록시킨 특허 청구항 중 어느 것이 지배하는지의 문제에서, 법적으로 선택의 여지가 없다. 청구항이 지배한다.

*** 여러 청구항에서 "단일 투여" 효과 한정이 없음은 충분히 논의되었다. 심사관은 분명히 이를 알고 있었다. 35 U.S.C. § 282에 따른 유효성 추정에는 심사관이 자신의 의무를 다했고 어떤 청구항을 허용하는지 알고 있었다는 추정이 수반된다. 어쨌든 허여된 청구항이 우리가 다룰 대상이며, 청구항에 없는 한정사항을 청구항에 포함된다고 판단할 수 없다.

*** 원심 법원은 Intervet이 제기한 청구항 해석의 문제, 즉 단일 투여 문구가 청구항 1의 한정사항인지 아닌지[전제부에 나타난다는 점에서]의 바로 그 문제도 전혀 다루지 않았다. 이 문제는 아직 해결되지 않은 상태로 남아 있으며 환송 시 다루어질 필요가 있을 수도 없을 수도 있다.

***

C. 가정된 비약독화 바이러스 한정

원심 법원은 침해 사실을 판단할 때 특허권자의 제품이 아닌 피고의 제품과 특허의 청구항을 비교해야 한다고 올바르게 판시했다.

*** 또한, 법원은 "단일 투여" 말고도 다른 많은 없는 한정사항[즉, 주장된 바이러스와 백신이 약독화되지 않았다는 것]을 청구항에 보태 읽었으며, 또 인용된 참고 문헌과의 차이점을 주장하는 과정에서 대리인이 제출한 의견을 청구항에 보태 읽었다. 주장된 청구항은 위에 전부 기재되어 있는데 약독화에 대한 언급이 전혀

없음은 분명하다.

이미 논의한 이유로 … 원심 법원은 청구항에 비약독화 바이러스에 대한 한정사항을 보태 읽은 오류를 범했다. 청구항은 대리인이 참고 문헌에 대해 논의하면서 한 발언이 아니라 청구항의 기재내용에 근거하여 다뤄져야 하며, 침해 문제도 그에 따라 결정되어야 한다.

***

청구항 4, 5, 7의 침해 여부는 여전히 미지수이다.

[판단: 파기 환송]

§ 12:10 저자 의견: 제법한정 물건 청구항(Product-by-Process Claim)의 문언적 침해 – 소송에서 제법한정 물건 청구항의 해석

이 분야는 특허법에서 전환기와 불확실성의 단계를 거쳐 온 분야이다. 문제는 이 절에서 분석하려고 하는 *Scripps v. Genentech v. Chiron* (Fed. Cir. 1991)[32] 이전의 판례법이 전통적으로 USPTO와 법원 사이에 제법한정 물건 청구항을 해석하는 방법에 대한 이중적 표준을 확립했다는 것이다. USPTO에서 이러한 청구항을 해석할 때 심사관들은 제법 단계들을 배제하고 제품 그 자체로서 청구항의 신규성 및 비자명성을 평가했다. (제법한정 물건 청구항의 신규성 맥락에서 제법 한정이 구조를 의미하며 제조 단계에 불과하다는 것을 입증할 책임은 특허권자에게 있다는 반증가능한 추정에 대해서는 앞서 설명한 § 9:8 참조). 이와 대조적으로, *Scripps* 이전에도 법원에서 소송이 진행되는 동안 동일한 청구항이 침해 분석을 위해서는 제법 단계를 포함하는 것으로 해석되었고 유효성 판단을 위해서는 – USPTO와 마찬가지로 - 공정단계를 제외하는 것으로 해석되었다. 피소 제품은 청구항의 제법 단계에 따라 만들어져야 하며, 그렇지 않으면 침해가 인정되지 않았다.

Scripps v. Genentech (Fed. Cir. 1991)에서 CAFC 합의부는 앞으로 법원 소송에서 제법한정 물건 청구항은 침해 판단에서도 유효성 판단에서와 동일한 방식으로 해석할 것이라고 결정했다. *Scripps* 판결 이후, 침해 판단을 위한 청구항 해석은 제법 단계들을 무시하는 USPTO의 관행과 유사해졌고, 유효성 판단을 위해 제법 단계를 무시하던 법원의 관행과도 유사해졌는데, 즉 제법한정 물건 청구항은 모든 목적과 모든 판단기관에서 제품 자체 청구항으로 취급될 참이었다.

32) 927 F.2d 1565 (Fed. Cir. 1991)

Scripps 판결이 있은 지 약 1년 후, 반대 판결인 *Atlantic Thermoplastic v. Faytex* (Fed. Cir. 1992)[33]이 있었는데, 동 법원의 다른 합의부에서 나온 판결이다. 이로 인해 후술할 17년 후 *Abbott v. Sandoz* (Fed. Cir. 2009)[34] 판결이 나올 때까지 법적 충돌이 해결되지 않았다. *Abbott* 판결에서 CAFC는 침해 분석에서 제법한정 물건 청구항을 해석할 때 제법 한정은 충족되어야 한다고 판단하여 *Scripps* 판결과 Atlantic 판결 간의 충돌을 해결했다. 그러나 USPTO에서 특허성을 평가하거나 법원에서 유효성을 평가할 때는 제법한정을 무시할 수 있다. 즉, 이중 기준이 다시 판례가 된 것이다.

이 이중 기준은 *Amgen, Inc. v. F. Hoffmann La-Roche* (Fed. Cir. 2009)[35]에서 완전하게 적용되었는데, 이 판결은 앞서 § 9:7에서 신규성 판단을 위해 제법한정 물건 청구항을 해석하는 맥락에서 분석했다. 침해 판단을 목적으로 여기서 다시 분석한다.

Scripps v. Genentech v. Chiron (Fed. Cir. 1991).[36] 청구항 13은 자연에서 분리 제조된 청구된 Factor VIII 제품을 재조합 제조된 피소된 FVIII와 비교한다. Scripps는 청구항이 유효성과 침해를 위해 동일하게 해석되어야 한다는 주장에 성공했으며, CAFC 합의부는 침해 소송 중에 제법 한정이 적절히 무시될 수 있다고 판시했다.

SCRIPPS CLINIC & RESEARCH v. GENENTECH, INC. v. CHIRON CORP.

U.S. Court of Appeals, Federal Circuit (1991)

청구항 13

청구항 1의 방법에 따라 제조된 고도로 정제되고 농축된 인간 또는 돼지 VIII:C.

Highly purified and concentrated human or porcine VIII:C prepared in accordance with the method of claim 1.

청구항 1:

Factor VIII 응고 활성 단백질을 제조하는 개선된 방법으로서, …

(a) 혈장 또는 상업용 농축액 공급원으로부터의 VIII:C/VIII:RP 복합체를 VIII:RP에

33) 974 F.2d 1299 (Fed. Cir. 1992)

34) 566 F.3d 1282 (Fed. Cir. 2009)

35) 580 F. 3d 1340 (Fed. Cir. 2009)

36) 927 F.2d 1565 (Fed. Cir. 1991)

특이적인 단클론 항체에 결합된 입자에 흡착하는 단계와,
(b) VIII:C를 용출하는 단계와,
(c) (b)단계에서 얻은 VIII:C를 다른 흡착에서 흡착하여 농축 및 추가 정제하는 단계와,
(d) 흡착된 VIII:C를 용출하는 단계, 및
(e) 고도로 정제되고 농축된 VIII:C를 회수하는 단계
를 포함하는 방법.

An improved method of preparing Factor VIII procoagulant activity protein comprising the steps of … (a) adsorbing a VIII:C/VIII:RP complex from a plasma or commercial concentrate source onto particles bound to a monoclonal antibody specific to VIII:RP,
(b) eluting the VIII:C,
(c) adsorbing the VIII:C obtained in step (b) in another adsorption to concentrate and further purify same,
(d) eluting the adsorbed VIII:C, and
(e) recovering highly purified and concentrated VIII:C.

법원의 판결 이유

Scripps는 Genentech의 재조합 제조된 Factor VIII:C가 문언적으로 또는 균등론에 의해 제법한정 물건 [청구항 13]을 침해한다고 주장한다. 연방1심법원은 동일한 공정이 실행되지 않는 한 제법한정 물건 청구항은 침해되지 않는다고 했다. Scripps는 우리 법원의 이전 판례가 특허 침해가 아닌 특허 출원 과정의 맥락에서 발생한 것임을 인정하면서 이것이 우리 법원의 이전 판례에서 벗어난 것으로 보인다고 올바르게 지적한다. [인용 생략].

*** 특허성을 결정할 때 우리는 제품이 청구항에 기재된 제법에 의해 제한되지 않는 것으로 해석한다. 청구항은 유효성과 침해에 대해 동일한 방식으로 해석되어야 하므로, 제법한정 물건 청구항의 올바른 해석은 청구항에 명시된 제법에 의해 제조된 제품으로 제한되지 않는 것이다. … 제법한정 물건 청구항의 침해는 재판에서 검토될 수 있다.

Atlantic Thermoplastics v. Faytex (Fed. Cir. 1992).[37] 이 판결에서 법원은 대법원 판례에 따라 제법한정 물건 청구항의 침해를 평가할 때 제법 한정사항을

37) 927 F.2d 1565 (Fed. Cir. 1991)

무시해서는 **안 된다**고 판시한 다른(*Scripps v. Genentech* 합의부와 다른) 합의부의 결정에 대해 전원합의체 재심리를 거부했다.

Abbott v. Sandoz (Fed. Cir. 2009).[38] 이 판결은 *Scripps* (1991) 판결과 *Atlantic Thermoplastics* (1992) 판례 간의 충돌을 해결했다. 예를 들어, 청구항 5 참조(강조 표시 추가):

[a] 알코올에 7－[2－(2－ 아미노티아졸－4－일)－2－하이드록시이미노아세타미도]－3－비닐－3－세펨－4－카복실산(**합성** 이성질체)을 용해하는 단계,

[b] 용액을 데우면서 천천히 계속 젓는 단계,

[c] 용액을 실온으로 냉각하는 단계,

[d] 용액을 그대로 두는 단계

를 포함하는 방법으로 **얻을 수 있는** 결정성 7－[2－(2－ 아미노티아졸－4－일)－2－하이드록시이미노아세타미도]－3－비닐－3－세펨－4－카복실산(합성 이성질체).

Crystalline 7－[2－(2－aminothiazol－4－yl)－2－hydroxyiminoaceta－mido]－ 3－vinyl－3－cephem－4－carboxylic acid (syn isomer) *which is obtainable by*

[a] Dissolving 7－[2－(2－aminothiazol－4－yl)－2－hydroxyimino－acetamido]－3－vinyl－3－cephem－4－carboxylic acid (*syn* isomer) in an alcohol,

[b] Continuing to stir the solution slowly under warming, then

[c] Cooling the solution to room temperature and

[d] Allowing the solution to stand.

CAFC는 "의해 얻을 수 있는(obtainable by)"이라는 전제부 문구는 제법한정이지 선택적 단계가 아니라고 했다: 즉, "…에 의해 획득된"을 의미한다. 그리고 이는 청구항의 엄격한 한정사항이므로, 침해 판단 목적으로 볼 때 [a]－[d] 단계들은 한정사항이다.

__Amgen Inc. v. F. Hoffmann－La Roche Ltd, et al__ (Fed. Cir. 2009).[39] (제법

38) 566 F.3d 1282 (Fed. Cir. 2009)

39) 580 F. 3d 1340 (Fed. Cir. 2009)

한정 물건 청구항의 침해). *Abbott v. Sandoz* (Fed. Cir. 2009)와 일관되게, 이 사건에서 CAFC는 "배양 중인 포유류 세포로부터 정제하는 …"의 청구항 한정사항을 충족하기 위해 피소 제품이 재조합으로 만들어져야 한다고 했다. 또한, 법원은 "인간 에리스로포이에틴 … 을 포함하는"이라는 청구항 문구가 피소된 인간 EPO와 폴리에틸렌 글리콜의 복합체("PEG-EPO")에 의해 충족되는 것으로 해석하고, PEG-EPO 복합체의 EPO 성분이 재조합으로 만들어진 인간 EPO이므로 이 청구항은 문언적 침해라고 판시했다. 법원은, 최종적인 피소 분자가 단순히 혼합물이 아니라 공유 결합에 의해 결합된 경우에도 PEG에 결합된 "인간 EPO"를 포함한다고 판시했다.

AMGEN INC. v. F. HOFFMANN-LA ROCHE LTD, et al

U.S. Court of Appeals, Federal Circuit (2009)

청구항 1 ('422 특허) (강조 표시 추가)

치료적으로 유효한 양의 **인간 에리스로포이에틴**과 약학적으로 허용되는 희석제, 보조제 또는 담체를 포함하는 제약 조성물로서, **상기 에리스로포이에틴은 배양에서 성장한 포유류 세포로부터 정제된 것**인, 조성물.

A pharmaceutical composition comprising a therapeutically effective amount of *human erythropoietin* and a pharmaceutically acceptable diluent, adjuvant or carrier, *wherein said erythropoietin is purified from mammalian cells grown in culture.*

관련기술

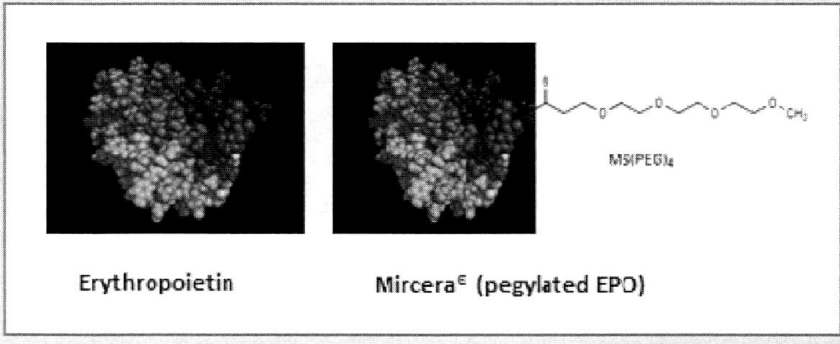

Erythropoietin　　Mircera® (pegylated EPO)

법원의 판결 이유

Amgen은 침해를 입증하기 위해 MIRCERA®[피소 제품]가 재조합으로 만들어진 EPO를 포함함을 입증해야 했는데, 재판법원은 입증이 되었다고 결론 내렸다. 중요하게는, Amgen이 MIRCERA®가 비뇨기 EPO와 구조적 및 기능적으로 다르다는 점을 입증할 필요가 없었다. 다시 말해, 재판 법원은 유효성의 경우 EPO에 신규성을 인정받기 위한 출처 한정사항을 요구했지만 Goldwasser 박사의 EPO [선행 기술]이 출처 한정사항을 충족할 것은 요구하지 않은 것은 옳았고, 침해의 경우 MIRCERA®가 출처 한정사항을 충족할 것을 요구했지만 MIRCERA®가 비뇨기 EPO와 다를 것은 요구하지 않은 것도 옳았다. 이러한 이유로 재판법원은 '933 및 '422 특허의 주장된 청구항에 대해 상이한 유효성 및 침해 분석을 수행함에 있어 잘못이 없다.

*** MIRCERA®는 "인간 소변에서 분리된 EPO의 아미노산 서열과 같은 인간 에리스로포이에틴의 아미노산 서열을 갖는 단백질"을 포함하고 있기 때문에 "인간 에리스로포이에틴"을 포함한다. Roche의 내부 문서와 FDA 진술에 따르면 MIRCERA® 또는 PEG－EPO는 인간 에리스로포이에틴의 아미노산 서열을 갖는 단백질을 포함한다. 이들 문서와 전문가 증언으로부터, 라이신 측쇄로부터든 단백질의 N－말단으로부터든 수소 원자 손실이 단백질에 EPO의 아미노산 서열이 부족하다는 것을 의미하는 것은 아님을 알 수 있다.

또한, 인간 EPO의 청구항 해석에서 어느 것도 PEG 분자의 결합을 배제하지는 않으며, '422 및 '933 특허의 공통적인 명세서에는 추가 분자의 결합을 고려하고 있다 … 인간 EPO가 PEG 분자와 반응하면 더 이상 "화학적으로" 존재하지 않는다는 Roche의 주장은 설득력이 없는데, 기록에 따르면 인간 EPO 성분이 최종 제품에 존재하면서 그 구조적 및 기능적 특성을 MIRCERA®에 제공하는 것으로 나타나기 때문이다. 따라서 … PEG 분자의 결합은 구성의 추가이므로 여전히 침해이고, 만약 근본적인 화학적 변형이었다면 MIRCERA®가 침해가 아니었겠지만 그렇지 않았다는 것이 기록에 의해 지지된다.

MIRCERA®는 또 포유류 세포에서 생산되고 정제된 EPO를 포함하여, 주장된 청구항의 출처 한정사항을 충족한다. Roche가 FDA에 제출한 서류와 기타 인정한 내용에 따르면, CERA[지속형 에리스로포이에틴 수용체 활성화제("Continuous Erythro－poietin Receptor Activator"), MIRCERA®의 활성 분자임]의 시작 성분인 에포에틴 베타는 배양에서 성장한 포유류 세포로부터 생산되고 정제된다. … Roche는, 주장된 청구항이 MIRCERA®가 포유류 세포에서 생산되고 정제되어야 하고 세포에서 생산된 구조를 가져야 한다고 해석하지만 근본적으로 잘못된 해석이다. … 이들 청구항이 요구하는 것은 MIRCERA®가 포유류 세포에서 생산되고 정제된 EPO를 포함하는 것뿐이다. … MIRCERA® 자체가 세포 외부에서만 생산될 수 있다는 것은 출처한정과는 무관하다. 따라서 재판법원이 배심원단에게 출처한정이 MIRCERA®가 세포에서 생산되어야 한다고 지시하지 않은 것은 적절했다.

MIRCERA®는 주장된 청구항의 인간 EPO 및 출처한정을 구현하기 때문에, 우리는 연방1심법원이 Amgen에 대해 '422 특허 청구항 1의 침해 약식 판결을 한 것을 지지한다. …

§ 12:11 – 프로세스 청구항

◆ ***Embrex, Inc. v. Service Eng'g Corp.*** (Fed. Cir. 2000).[40] 피고 SEC는 청구된 접종 방법을 수행하는 데 적합화된 기계를 판매했지만, 청구항이 개별 알 접종이 아닌 전체 무리에 대한 접종에 제한된다고 주장했다. 법원은 이에 동의하지 않았는데, "면역을 유도하는 데 유효한 백신(vaccine effective for inducing immunity)"라는 문구에서 "유효한(effective)"이라는 단어는 청구된 방법 전체가 아니라 "백신(vaccine)"이라는 단어를 수식하는 것이라고 지적했다. 이 청구항은 개별 병아리를 접종하는 데 유효한 백신만을 요구한다. 명세서에서는 단일 알의 백신 접종을 반복적으로 언급하고 있다. 단수 형태의 단어를 사용한다고 해서 복수를 포함하는 의미가 배제되는 것은 아니지만, 개별 알에 대한 단수 주사를 설명한 것을 조류 무리 전체에 대한 접종만 포함하는 것으로 청구항을 제한할 수는 없다.

EMBREX, INC. V. SERVICE ENG'G CORP.

U.S. Court of Appeals, Federal Circuit (2000)

청구항 1 (강조 표시 추가)

조류 종에서 바이러스, 박테리아 또는 미생물 기원의 면역 가능한 질병을 제어하는 방법으로서, 상기 조류 종의 배아를 구현하는 알에 상기 질병에 대한 **면역을 유도하는 데 유효한 백신**을 주입하는 단계를 포함하며, 상기 주입은 배아가 이미 면역 능력을 발달시킨 배양 기간의 마지막 분기 동안 이루어지고 상기 백신은 양막 또는 난황낭으로 정의되는 영역에 주입되는 것인, 방법.

A method for controlling an immunizable disease of viral, bacterial, or

40) 216 F.3d 1343 (Fed. Cir. 2000)

microbial origin in an avian species comprising injecting a *vaccine effective for inducing immunity* against said disease into the egg embodying the embryo of said avian species, wherein said injection is made during the final quarter of the incubation period whereby the embryo has developed immunologic competence and wherein said vaccine is injected within the region defined by either the amnion or the yolk sac.

법원의 판결 이유

[청구항이 전체 무리 또는 개별 병아리에 대한 면역화로 제한되는지 여부:] 독립 청구항 1의 전제부는 "[여러 단계]를 포함하는 조류 종에서 … 면역 가능한 질병을 제어하는" 방법을 기재하고 있다. 이 문구 때문에, 당 법원은 "면역 가능한 질병을 통제하는 것"이 전체 조류 개체군에 대한 접종과 처치받은 새들의 높은 퍼센티지의 효과적인 면역 접종을 요구하는지 여부를 판단해야 한다. 연방1심법원은 청구항 1을 단순히 청구된 방법의 목적, 즉 개별 새들의 질병을 예방 또는 관리하여 질병을 통제하는 것을 설명하기 위함이라고 해석했다.

청구항의 언어는 연방1심법원의 해석을 뒷받침한다. 청구항은 하나의 알에 백신을 접종하는 프로세스를 설명한다. 예를 들어, 청구항 1은 "배아를 구현하는 알에 백신을 주입하고 … 상기 주입은 배아가 면역 능력을 발달시킨 배양 기간 마지막 분기에 이루어진다"고 기재한다. … 이 문구를 보면, 청구항은 전체 새들 개체군에 대한 프로세스가 아니라 개별 알에 대한 면역 접종 과정을 수반한 프로세스에 대한 것이다.

청구항은 또 "면역을 유도하는 데 유효한 백신"이라고 기재되어 있다. … 이 문구는 이 방법이 모든 새들 또는 특정 기준 퍼센티지의 새들에 유효할 것을 요구하지 않는다. 문맥상 "유효한"이라는 단어는 청구된 방법 전체가 아니라 "백신"이라는 단어를 수식하는 것이다. 청구항은 개별 병아리를 접종하는 데 유효한 백신 그 이상을 요구하지 않는다. 따라서 연방1심법원은 청구항이 주입된 백신이 효과가 있다고 알려질 것을 요구할 뿐, 알에 접종할 때마다 실제로 면역이 부여될 것을 요구하는 것은 아니라고 바르게 해석했다.

*** 명세서도 단일 알에의 주입이 청구항이 요구하는 전부라는 연방1심법원의 해석을 뒷받침한다. 단수 형태의 단어를 사용한다고 해서 복수를 포함하는 의미가 배제되는 것은 아니지만[인용 생략], 개별 알에 대한 단수 주사를 한다는 설명은 그것만으로는 청구항이 전체 새들 무리에 접종하는 것으로 그 범위를 제한하지 않는다. 논리적으로, 단수 사용이 복수 의미를 포함할 수 있다는 규칙을 가지고, 복수 의미가 강제되는 것으로 해석할 수는 없다.

◆ ***Boehringer Ingelheim Vetmedica, Inc. v. Schering–Plough Corp.*** (Fed. Cir. 2003).[41] 이 사건은 균등론의 맥락에서 아래 § 12:13에서 분석된다. 여기에서는 기탁번호 "ATCC–VR2332"라는 청구항 용어의 해석을 분석한다. Schering은 이 용어가 "질병을 유발하는"이라는 의미로만 해석되기를 원했고, Boehringer는 이 용어가 기탁된 것과 동일한 특성을 가진 "모든 PRRS 바이러스"를 포괄하는 것으로 넓게 해석되기를 원했다. 그러나 법원은 둘 다 거부했는데, 명세서에 질병을 유발하는 바이러스뿐만 아니라 약독화되거나 변형된 바이러스도 포함되어 있다고 설명했다. 한편, Boehringer는 명세서에서 "ATCC–VR2332"라는 용어를 정의하지 않았고, ATCC–VR2332가 "일반" 또는 "프로토타입" 바이러스라고 기재하지도 않았다. 이러한 점이 불리하게 작용하여, 법원은 "ATCC–VR2332"가 ATCC에 기탁된 바이러스 균주를 지칭하는 것으로 해석했다.

BOEHRINGER INGELHEIM VETMEDICA, INC. v. SCHERING–PLOUGH CORP.

U.S. Court of Appeals, Federal Circuit (2003)

청구항

1. 돼지 불임 및 호흡기 증후군 바이러스인 ATCC–VR2332를 배양 및 분리하는 방법으로서, 적절한 배양 배지에서 혈청과 함께 시미안 세포의 전체 또는 일부 시트에 바이러스를 접종하고 CPE가 관찰될 때까지 약 34°C~37°C에서 접종된 세포 시트를 배양하는 것인 방법.

2. 청구항 1에 개시된 방법으로서, 시미안 세포주는 MA–104인 방법.

1. A method of growing and isolating swine infertility and respiratory syndrome virus, ATCC–VR2332, which comprises inoculating the virus on a full or partial sheet of simian cells in the presence of serum in a suitable grown medium and incubating the inoculated cell sheet at about 34°C to 37°C until CPE is observed.

2. The method as recited in claim 1 wherein the simian cell line is MA–104.

41) 320 F.3d 1339 (Fed. Cir. 2003)

법원의 판결 이유

[Schering은 청구항에 "질병을 유발하는"이란 한정을 추가하려 하는데], 이러한 주장은 설득력이 있기 어렵다. ATCC에 기탁된 바이러스 균주가 실제로 PRRS[돼지 생식기 호흡기 증후군(Porcine Reproductive Respiratory Syndrome)]을 유발할 것이기 때문에 연방1심법원의 청구항 해석은 이미 질병을 유발하는 바이러스로 특정하는 것이다. 아마도 Schering은 명시적인 "질병을 유발하는"이란 한정을 추가하여 균등물로 판단하는 것은 이 한정을 완전히 무력화하게 될 것임을 주장하려 하는 것 같다. 설득력이 없다. Schering이 지적한 바와 같이, 명세서에는 ATCC－VR2332가 돼지에 투여될 경우 질병을 유발할 것이라고 기재되어 있다. … 그러나 명세서에는 "변형된 또는 약독화된 살아있는 ATCC－VR2332"라고도 언급되어 있어 "ATCC－VR2332"라는 용어 자체가 병원성을 요구하지는 않음을 알 수 있다. 결론적으로, Schering의 주장은 단순한 오류에 근거하는데, 즉 모든 PRRS가 "ATCC－VR332"에 의해 발생하고 따라서 모든 "ATCC－VR2332"는 PRRS를 유발하는 것이어야 한다는 것이다. 이러한 주장은 논리적으로 타당하지 않기 때문에 연방1심법원이 청구항에 추가 한정을 보태려는 Schering의 시도를 거부한 것은 옳다.

반면에 Boeringer는 연방1심법원이 "ATCC－VR2332"를 너무 좁게 해석하는 오류를 범했다고 주장한다. 연방1심법원은 이 용어를 Boeringer가 ATCC에 기탁한 특정 PRRS 바이러스 변종을 의미하는 것으로 해석했지만, 법원은 피고 바이러스가 이 정의에 부합함을 입증하기 위해 정확히 어떤 특성을 보여야 하는지 설명하지 않았다. Boeringer는 이러한 해석이 잘못이며, "ATCC－VR2332"라는 용어는 기탁된 균주를 지칭하는 것이 아니라 모든 PRRS 바이러스의 "프로토타입" 또는 "포괄적" 용어로 이해해야 한다고 주장한다.

이 점에서 Boeringer의 주장은 Schering의 주장보다 더 설득력이 없다. Boeringer는 "ATCC－VR2332"라는 용어를 사용하여 자사의 바이러스를 주장하기로 결정했는데, 이 용어는 특정 ATCC 기탁을 지칭하는 용어이다. Boeringer는 "PRRS 바이러스"라는 더 넓은 용어를 사용하지 않았으며, 명세서에 개시된 보다 일반적인 기능적 및 구조적 성질의 관점에서 바이러스를 청구하려고 하지도 않았다. Boeringer는 명세서에서 "ATCC－VR2332"라는 용어를 정의하지 않았고, ATCC－VR2332가 "일반적" 또는 "프로토타입" 바이러스라고 명시하지도 않았으며, 분리된 균주와 관련이 있지만 동일하지는 않은 바이러스가 발명의 범위 내에 있다고 주장하지도 않았다. 이러한 선택은 Boeringer에 불리하게 작용할 수밖에 없다. 따라서 우리의 결론은 연방1심법원이 "ATCC－VR2332"를 ATCC에 기탁된 바이러스 균주를 지칭하는 것으로 해석한 것은 적절하다는 것이다.

Skinmedica v. Histogen (Fed. Cir. 2013).[42] 청구항은 세포를 3차원으로 배양하는 방법에 대한 것이다.

첫째 – 해석: "3차원(three dimensional)"의 일반적인 의미는 Histogen이 하고 있는 비드를 이용한 배양을 포함할 수 있다. 그러나, Skinmedica의 특허에는 특별한 정의가 없었고, 명세서와 출원 중 용례로부터 법원은 Skinmedica가 비드를 이용한 배양을 청구항에서 제외하려고 의도했다고 본다. **둘째 – 적용**: 침해 아님.

SKINMEDICA, INC. v. HISTOGEN INC., et al

U.S. Court of Appeals, Federal Circuit (2013)

청구항 1 (강조 표시 추가)

1. 조성물을 제조하는 방법으로서,

(a) 세포 배양 배지가 원하는 수준의 세포 외 생성물을 함유하여 조절된 배지가 형성될 때까지 체외에서 세포를 성장시키는 데 필요한 영양적 요구를 충족시키기에 충분한 세포 배양 배지에서 섬유 아세포를 **3차원으로** 배양하는 단계;

(b) 배양된 세포에서 조절된 배지를 제거하는 단계; 및

(c) 조절된 배지를 약학적으로 허용되는 담체와 결합하여 조성물을 형성하는 단계를 포함하는 방법.

1. A method of making a composition comprising:

(a) culturing fibroblast cells *in three dimensions* in a cell culture medium sufficient to meet the nutritional needs required to grow the cells in vitro until the cell culture medium contains a desired level of extracellular products so that a conditioned medium is formed;

(b) removing the conditioned medium from the cultured cells; and

(c) combining the conditioned medium with a pharmaceutically acceptable carrier to form the composition.

법원의 판결 이유

청구항을 해석할 때 용어가 항상 통상적인 의미를 갖는 것은 아니다. 이 사건에서, "세포를 … 3차원으로 배양"의 통상적인 의미는 비드의 사용까지 포함할 것이다. 문제는 여기서 특허권자가 "세포를 … 3차원으로 배양"을 비드 사용을 배제하

42) 727 F.3d 1187 (Fed. Cir. 2013)

는 것으로 대신 정의했는지 여부이다. 만약 명세서에 "특허권자가 청구항 용어에 일반적인 의미와 다르게 부여한 특별 정의가 있다면, … 발명자의 사전적 정의가 우선한다."

*** 다툼이 있는 이 문구의 해석에서 비드를 제외한 재판법원에 동의한다. 특허권자들은 명세서에서 비드를 사용한 배양과 3차원 배양을 분명하고 반복적으로 구분했다. 비드 사용을 2차원 배양으로 명시적으로 정의했다. 또 2차원 배양으로 생산된 배지가 3차원 배양으로 생산된 배지보다 열등하고 화학적으로 구별된다고 주장함으로써 출원 과정에서 신규성 선행 기술을 피했다. Skinmedica가 제시한 어떤 증거도 내재적 증거를 합리적으로 다르게 해석할 수 있게 하지는 못했기 때문에, 발명자들은 이 문구의 통상적인 의미에 포함될 수도 있었던 비드의 사용을 권리포기(disclaim)함으로써 "세포를 … 3차원으로 배양"하는 범위로 명확하게 재정의한 것으로 판단된다.

*** "세포를 … 3차원으로 배양"이라는 문구에 대한 연방1심법원의 해석을 뒤집을 근거는 발견되지 않았다. 특허 명세서는 비드를 사용한 배양을 2차원 배양으로 명시적으로 규정하고 있기 때문에 특허권자가 비드를 사용한 배양을 제외하도록 청구항에 청구된 3차원 배양으로 정의한 것임을 명확히 입증한다. 권리포기의 문제로 보건 용어 정의의 문제로 보건 결과는 마찬가지이다: 즉, 특허가 보호하는 3차원 배양에는 비드 사용이 제외된다. 피소된 방법은 비드를 사용하기 때문에 소송 특허를 침해할 수 없다. 따라서 우리는 연방1심법원이 Histogen에 대해 비침해 약식 판결을 내린 것을 지지한다.

<u>Aria Diagnostics v. Sequenom</u> (Fed. Cir. 2013).[43] CAFC는 가처분 신청의 맥락에서 "부계 유전 핵산" 및 "증폭"이라는 용어에 대한 하급 법원의 청구항 해석을 뒤집고 특허권자가 침해의 상당한 가능성과 유효성을 입증했는지 여부를 판단하도록 환송했다.

<u>ARIA DIAGNOSTICS, INC., v. SEQUENOM, INC.</u>

U.S. Court of Appeals, Federal Circuit (2013)

청구항 1 (강조 표시 추가)

임산부로부터 모체 혈청 또는 혈장 샘플에 수행되는 태아 기원의 **부계 유전 핵산**을

43) 726 F.3d 1296 (Fed. Cir. 2013)

검출하는 방법으로서, 상기 방법은 혈청 또는 혈장 샘플에서 부계 유전 핵산을 **증폭**하고 샘플에서 태아 기원의 부계 유전 핵산의 존재를 검출하는 단계를 포함하는 것인, 방법.

A method for detecting a *paternally inherited nucleic acid* of fetal origin performed on a maternal serum or plasma sample from a pregnant female, which method comprises *amplifying* a paternally inherited nucleic acid from the serum or plasma sample and detecting the presence of a paternally inherited nucleic acid of fetal origin in the sample.

법원의 판결 이유 (첫 번째 각괄호는 원문에서 옴)

연방1심법원은, 적어도 이 예비적 시점에, "부계 유전 핵산"은 "어머니가 가지고 있지 않은 아버지로부터만 받는 것으로 [먼저] 알려진 DNA 염기서열"을 의미한다고 판시했다. … 원심 법원은 주문에서 각괄호로 묶은 "먼저"라는 문구를 사용하지는 않았다. 그러나 당사자들은 지방법원의 해석에 따르면 순서가 어머니가 소유하지 않고 아버지로부터만 받은 것으로 "먼저" 알려진 것이어야 한다는 데 동의한다. 이 해석에 따르면 사용자가 (예컨대 유전자형 분석을 통해) 아버지의 유전자 서열을 알고 있는 경우에만 침해가 발생할 수 있다. 다음과 같은 이유로 이 해석은 옳지 않다.

*** 기록은 "먼저 알려진"이라는 한정을 청구항에 추가하는 것을 뒷받침하지 않는다. 따라서 연방1심법원이 이러한 해석에 의존하여 Ariosa가 상당한 비침해 가능성을 제기했다고 판단한 것은 잘못이다.

*** 청구항 언어는 다른 핵산의 양에 미치는 영향에 대한 언급 없이 부계로부터 유전된 핵산을 "증폭"할 것을 요구한다. 따라서 기재된 바와 같은 청구항은 다른 핵산이 증폭되었는지 여부와 관계없이 침해가 성립한다. 부계로부터 물려받은 핵산을 증폭하는 당사자는 다른 핵산의 증폭과 무관하게 이 청구항 한정사항을 충족한다. 청구항에는 부계로부터 물려받은 핵산이 "선택적으로" 또는 "유일하게" 증폭된다고 명시되어 있지 않다.

*** 연방1심법원은 "증폭"을 샘플의 다른 DNA에 대해 상대적으로 부계로부터 물려받은 DNA의 비율을 변경하는 것을 의미한다고 정의함으로써 이 용어를 잘못 해석했다. 따라서 연방1심법원의 잘못된 해석 때문에 본 법원은 Ariosa가 상당한 비침해 가능성을 제기했다는 연방1심법원의 결론을 뒤집는다.

◆ ***Amgen Inc. et al v. Sandoz, Inc. et al*** (Fed Cir. 2019).[44] 이 사건은 "바이오시밀러법(Biosimilars Statute)"으로도 알려진 생물학적 제제 가격 경쟁 및 혁신법(Biologics Price Competition and Innovation Act, BPCIA)에서 비롯되었다. Amgen은 참조 생물학적 제제 필그라스팀 및 페그필그라스팀의 제조 및 사용 방법에 대한 특허를 보유한 의약품 제조사이자 특허권자이다. Sandoz는 FDA에 약식 생물학적 허가 신청서(abreviated Biological License Application, aBLA)를 제출한 후 바이오시밀러 Zarxio®를 출시했다. CAFC는 먼저 두 특허의 청구항을 해석함에, 제조 방법 청구항을 두 개의 구별되는 개별 단계가 필요한 것으로 해석하는데, Sandoz는 이 두 단계를 하나로 병합했다. 또한, 사용 방법 청구항을 단순히 줄기세포를 화학요법제와 함께 가동화하는 것이 아니라 질병 치료까지를 요구하는 것으로 해석한다. 이러한 해석에 따르면 바이오시밀러에 의한 특허 침해는 없다.

AMGEN INC., et al v. SANDOZ INC., et al

U.S. Court of Appeals, Federal Circuit (2019)

청구항 7 ('878 특허) (강조 표시 추가)

7. 비포유류 발현 시스템에서 비자연적 제한된 용해도 형태로 발현된 단백질을 정제하는 방법으로서,

(a) 비포유류 세포에서 비자연적 제한된 용해도 형태로 단백질을 발현하는 단계;

(b) 비포유류 세포를 용해하는 단계;

(c) 다음 중 하나 이상을 포함하는 가용화 용액에 발현된 단백질을 가용화하는 단계:

(i) 변성제;

(ii) 환원제; 및

(iii) 계면활성제;

(d) 가용화 용액 및 리폴드 버퍼를 포함하는 리폴드 용액을 형성하는 단계로서, 리폴드 버퍼는 다음 중 하나 이상을 포함하는 것인 단계:

(i) 변성제;

(ii) 집계 억제기;

(iii) 단백질 안정제; 및

(iv) 산화 환원 성분;

44) ――― F.3d ――― 2019 WL 2017501(Fed. Cir. 2019)

(e) 단백질이 매트릭스와 결합하기에 적합한 조건에서 리폴드 용액을 분리 매트릭스에 직접 가하는 단계;

(f) 분리 매트릭스를 세척하는 단계; 및

(g) 분리 매트릭스에서 단백질을 용리하는 단계로서, 분리 매트릭스는 이온 교환, 혼합 모드 및 소수성 상호 작용 수지로 구성된 그룹에서 선택된 비친화성 수지인 것인, 단계

를 포함하는 정제 방법.

7. A method of purifying a protein expressed in a non−native limited solubility form in a non−mammalian expression system comprising:

(a) expressing a protein in a non−native limited solubility form in a non−mammalian cell;

(b) lysing a non−mammalian cell;

(c) solubilizing the expressed protein in a solubilization solution comprising one or more of the following:

(i) a denaturant;

(ii) a reductant; and

(iii) a surfactant;

(d) forming a refold solution comprising the solubilization solution and a refold buffer, the refold buffer comprising one or more of the following:

(i) a denaturant;

(ii) an aggregation suppressor;

(iii) a protein stabilizer; and

(iv) a redox component;

(e) directly applying the refold solution to a separation matrix under conditions suitable for the protein to associate with the matrix;

(f) *washing the separation matrix; and*

(g) eluting the protein from the separation matrix, wherein the separation matrix is a non−affinity resin selected from the group consisting of ion exchange, mixed mode, and a hydrophobic interaction resin.

청구항 1 ('427 특허) (강조 표시 추가)

1. 말초 줄기세포 이식이 필요한 환자에게 말초 줄기세포 이식이 필요한 질병을 치료하는 방법으로서,

조혈 줄기 세포를 동원하는 데 유효한 양의 G-CSF를 환자에게 투여하는 단계, 및 그 후 환자에게 **질병 치료에 유효한** 양의 적어도 하나의 화학 요법제를 투여하는 단계를 포함하는 것인, 방법.

1. A method of treating a disease requiring peripheral stem cell transplantation in a patient in need of such treatment, comprising

administering to the patient a hematopoietic stem cell mobilizing-effective amount of G-CSF; and

thereafter administering to the patient a *disease treating-effective* amount of at least one chemotherapeutic agent.

법원의 판결 이유

I. '878 특허

*** 청구항 7의 세척 및 용리 단계가 다른 용액을 필요로 한다는 Sandoz의 주장에 동의한다. 이에 반하는 Amgen 주장의 핵심은 "세척" 및 "용리" 한정이 실제 프로세스 단계가 아니라 기능을 설명한다는 것이다. ("청구항 및 명세서는 세척 및 용리를 기능적 단계로 정의하고 있다.") 두 가지 이유로 이 주장은 배격된다. 첫째, *Mformation v. Research in Motion Ltd.*[45]에서와 같이, 청구항 언어는 논리적으로 (a)~(g)로 표시된 단계가 순서대로 수행될 것을 요구한다. … 둘째, 세척과 용리는 서로 다른 용액에 의해 수행되는 별도의 단계로 명세서에 일관되게 기재되어 있다.

[앞서 당 법원은 '878 특허에 대해 다음과 같이 언급했다: "Sandoz의 프로세스는 별도의 세척 또는 용출 단계 없이 리폴드 용액을 매트릭스에 가하는 한 단계만 수반된다는 점에 다툼이 없으므로, 연방1심법원은 Zarxio®나 Sandoz가 제시한 페그필그라스팀 바이오시밀러가 '878 특허의 청구항 7을 침해하지 않는다고 약식 판결을 내렸다."]

*** Sandoz의 현재 프로세스는 한 단계와 한 용액만을 사용한다는 데 다툼이 없으므로, … 문언적으로 청구항 7을 침해할 수 없다.

II. '427 특허

… Amgen은 연방1심법원이 '427 특허 청구항 1의 화학요법제의 "질병 치료에 유효한 양" 한정사항을 "적어도 하나의 화학요법제가 처방되는 질병을 치료하기에 충분한 양"으로 잘못 해석했다고 주장한다… 구체적으로, Amgen은 이 문구가 투여되는 화학요법제의 양만을 제한하며 청구항 1의 방법이 "화학요법제가 기저 질환의

45) 764 F.3d 1392, 1398-1400 (Fed. Cir. 2014)

치료가 아닌 줄기세포 가동화만을 위해 처방되는 상황"도 포함한다고 주장한다.

*** 청구된 방법은 … 기저 질환을 치료하기 위해 수행되어야 한다. 청구항 자체에 명시된 바와 같이, 화학요법제의 "질병 치료에 유효한 양"은 정확히 그렇다. 또한, 청구항이나 명세서 어디에도 "질병 치료에 유효한 양"에 대한 Amgen의 해석을 뒷받침하지 않는다. Amgen의 해석은 청구항 1을 줄기세포를 가동화하기 위한 목적으로만 G-CSF 및 화학요법제를 투여하는 것도 포함하는 것으로 확대한다. 이러한 결론을 내리려면 "질병 치료"를 "줄기세포 가동화"로 해석하는 것이 필요하지만, "우리의 판례는 청구항 용어가 다르면 의미가 다르다고 추정한다."

[앞서 당 법원은 '427 특허에 대해 다음과 같이 언급했다: "[연방1심]법원은 … [질병 치료에 유효한] 양이 기저 질환에 미치는 영향과 관계없이 '줄기세포의 가동화를 향상시키기에 충분'해야 한다는 Amgen의 주장을 배격했다. 그 후 Amgen은 항소권을 조건으로 '427 특허의 비침해를 주장했다.]

Amgen v. Hospira (Fed. Cir. 2019).[46] 이 사건은 35 U.S.C.A. § 271(e)(1)에 따른 침해에 대한 세이프 하버 예외(Safe Harbor exemption)의 맥락에서 뒤에 § 12:39에서도 분석된다. 이 절에서는 Amgen의 프로세스 청구항에 대한 CAFC의 침해 분석에 대해 논한다. 청구항 언어, 명세서의 내재적 증거를 평가하고, 전문가 증언, 즉 외재적 증거에 더 작은 가중치를 부여한 결과, 법원은 이소형 혼합물을 동시에 제조함에 있어 Hospira의 방법은 문언적으로 특허를 침해한다고 결론지었다.

AMGEN V. HOSPIRA

U.S. Court of Appeals, Federal Circuit (2019)

청구항 27 ('298 특허) (강조 표시 추가)

소정의 생체 내 특이적 활성을 갖는 에리스로포이에틴 조성물을 얻는 방법으로서, **청구항 1의 둘 이상의 에리스로포이에틴 이소형 혼합물**을 준비하는 단계를 포함하는 방법 [한편 **청구항 1은 다음과 같음:** 단일 등전점을 가지며 분자당 특정 수의 시알산을 갖는 **분리된** 생물학적 활성 에리스로포이에틴 이소형으로서, 상기 수는 1-14로 구성된 그룹으로부터 선택되고, 상기 이소형은 비인간 유핵 숙주 세포에서 외인성 DNA 서열의 발현의 산물인 것인, 이소형].

46) *Slip. op.* 2019-1067, 2019-1102(Fed. Cir. 2019)

A method for obtaining an erythropoietin composition having a predetermined in vivo specific activity comprising preparing a *mixture of two or more erythropoietin isoforms of claim 1* [wherein Claim 1 is as follows: An *isolated* biologically active erythropoietin isoform having a single isoelectric point and having a specific number of sialic acids per molecule, said number selected from the group consisting of 1−14, and said isoform being the product of the expression of an exogenous DNA sequence in a non−human eucaryotic host cell.]

법원의 판결 이유

Hospira의 비침해 약식 판결 신청을 기각하면서 지방법원은 "[청구항] 언어 어디에도 청구항 1의 개별 이소형들이 혼합물을 만들기 전에 별도로 준비되어야 한다는 것을 제시하는 내용은 없다"고 설명했다. … 따라서 배심원단에게 제시된 최종 청구항 해석에는 다음의 문장이 포함되었다: "청구항 27은 혼합물을 제조하기 전에 청구항 1의 개별 이소형들이 별도로 준비될 것을 요구하지 않는다."

*** Hospira에 따르면 [그러나], 청구항 27의 올바른 해석은 청구항 1의 "분리된" 이소형들을 혼합해야 하지만, 연방1심법원의 해석은 혼합물을 만들기 전에 이소형들을 별도로 준비할 필요가 없다고 하여 "분리된"이라는 문구를 빼고 읽었다.

*** 청구항 언어나 명세서 어디에도 Hospira가 제안하는 방식으로 청구항 27을 제한하는 것이 적절함을 보여주는 곳은 없다. … 실제로, 명세서는 "선택된 에리스로포이에틴 이소형들을 **동시에** 분리"함으로써 "에리스로포이에틴 이소형 혼합물"을 생산할 수 있다고 개시하고 있다. [강조는 원문에서 옴].

*** 내재적 증거는 청구항이 개별 이소형들을 따로 제조하여 혼합하는 방법에 국한되지 않음을 알게 해준다. 따라서 [전문가] Strickland 박사의 증언에 근거하여 청구항 27을 한 실시예로 제한하는 것은 부적절하다. *Phillips v. AWH Corp.* (Fed. Cir. 2005) 참조[47] (외재적 증거는 "청구항 용어를 어떻게 읽을 것인지 결정하는 데 있어 특허와 그 출원경과보다 신뢰성이 낮다"). 따라서, 우리는 연방1심법원이 청구항 27을 "혼합물을 제조하기 전에 청구항 1의 개별 이소형들을 별도로 준비할 필요가 없다"고 해석한 것에 잘못이 없다고 판단한다. ***

청구항 27의 침해에 대한 배심원단의 평결을 뒷받침하는 상당한 증거가 있다고 결론 내린다.

47) 415 F.3d 1303 (Fed. Cir. 2005)

§ 12:12 문언적 침해와 역균등론 (Reverse Doctrine of Equivalents)

Scripps v. Genentech v. Chiron (Fed. Cir. 1991)[48] (물건 침해). 이 사건은 청구항 28 및 29에서 청구된 (자연에서 분리된) Factor VIII:C 제품과 피고의 재조합으로 만든 FVIII:C 제품을 비교한다.

첫째 – 해석: Genentech은 먼저 제품 자체 청구항이 자연적 분리 프로세스를 포함하는 것으로 해석되어야 한다고 주장했지만, 법원은 동의하지 않았고 청구항을 프로세스 한정이 없는 것으로 해석했다. 다음 Genentech은 역균등론을 주장했다. **둘째 – 적용**: CAFC는 사실상 재조합 생산된 FVIII:C가 청구된 것과 이론상 너무 멀어 문언적 침해로 결론 내는 것이 불공평한지를 평가하라는 취지로 환송한다.

SCRIPPS CLINIC & RESEARCH v. GENENTECH, INC. v. CHIRON CORP.

U.S. Court of Appeals, Federal Circuit (1991)

청구항 28 (강조 표시 추가)

2240단위/mg를 초과하는 특정 활성을 갖는 **인간 VIII:C 제제.**

A *human VIII:C preparation* having a specific activity greater than 2240 units/mg.

청구항 29.

청구항 28의 **인간 VIII:C 제제**에 있어서, 효능은 134~1172단위/㎖ 범위에 드는 것인, 제제.

A *human VIII:C preparation* of claim 28 wherein the potency is in the range of 134 to 1172 units/ml.

법원의 판결 이유

Genentech은 … 물건 청구항에서 "인간 VIII:C 제제(human VIII:C pre–paration)"라는 용어는 혈장으로부터 분리하여 얻은 Factor VIII:C에 국한되는 것으

48) 927 F.2d 1565 (Fed. Cir. 1991)

로 해석되어야 한다고 주장한다. 본질적으로, Genentech은 Scripps가 인간 Factor VIII:C를 발명하지 않았고, 그 구조 또는 혈액내 응고 인자로서의 특성을 발견한 것도 아니고, 단순히 이를 이전보다 더 높은 순도로 정제하는 프로세스를 발견한 것이라는 점에 근거하여 이들 청구항이 고유의 프로세스 한정을 수반하는 것으로 해석되어야 한다고 주장한다. … Genentech이 요청한 청구항 해석은 법률상 뒷받침되지 않고, [따라서 거부된다].

*** [다음으로] 소위 "역균등론"을 살펴보는데, 이는 피소된 장치에 적절하게 해석된 청구항을 적용할 때 작동하는 공평 원칙 법리이다. "균등론"이 특허권자의 발명을 "약탈"하는 것을 방지하고자 하는 목적이듯이, "역"균등론도 특허권자의 발명에 대한 정당한 범위를 넘어 청구항을 부당하게 확장하는 것을 방지하기 위한 목적이다.

역균등론은 미 대법원이 *Graver Tank*[49]에서 피소 물건이 청구항 문언에 포함되더라도 "특허 물건과 원리적으로 너무 변경되어 동일 또는 유사 기능을 실질적으로 다른 방식으로 수행한다고 할 정도"인 경우 침해를 피할 수 있다고 판시한 데서 유래한다.

*** Genentech은 특히 선행 기술의 맥락에서 볼 때 자사 제품이 공평의 견지에서 "원리적으로" 변경된 것으로 보인다고 주장한다. Genentech은 재조합 기술로 얻을 수 있는 특정 활성과 순도가 Scripps 프로세스로 얻을 수 있는 범위를 초과한다고 주장했는데, Scripps는 이 주장을 다투지만 만약 맞다면 – 유사점과 차이점의 구체적인 사실 판단에 따라 – 역균등론을 발동할 충분한 근거를 제공할 수 있다. 이러한 점들이 연방1심법원에서 논의되지 않았다. … 외재적 증거에 대한 고려가 필요하고 약식 판결은 부적절하다. … 청구항 28 및 29의 침해 약식 판결 허여는 취소한다. 이 문제는 재판이 필요하다.

§ 12:13 균등론(Doctrine of Equivalents, DoE)에 의한 침해

DoE는 법원이 고안한 공평 원칙으로, 명문 규정이 아니다. 그 현대적 공식화는 ***Graver Tank Mfg. Co., Inc. v. Linde Co.*** (U.S. Sup. Ct. 1950)에서 이루어졌다.[50] DoE는 발명의 복제(또는 약탈)를 방지한다; 즉 문언적 침해를 피하면서 발명을 착복하는 최소한의 변형을 금지한다. 피소 제품 또는 프로세스와 청구된 제품 또는 프로세스의 차이가 실질적이지 않은지 여부를 묻는다. 또 다른 공식은 피

49) 339 U.S. 605 (Sup. Ct. 1950)

50) 339 U.S. 605 (Sup. Ct. 1950)

소된 제품 또는 프로세스가 청구된 제품 또는 프로세스와 "실질적으로 동일한 기능을 실질적으로 동일한 방식으로 수행하여 실질적으로 동일한 결과를 달성"하는지 여부이다. 이는 사실판단의 문제이며, (대부분의 경우) 입증 책임은 특허권자에게 있다. ***Festo Corp. v. Shoketsu et al*** (U.S. Sup. Ct. 2002) 참조.[51]

Genentech v. Wellcome (Fed. Cir. 1994).[52] 피소된 제품 tPA/FE1X는 법원이 해석한 "인간 조직 플라스미노겐 활성화제"라는 청구항 문구와 비교된다.

첫째 – 해석: 명세서에는 "인간 조직 플라스미노겐 활성화제"에 대한 가장 좁은 정의(구조적)부터 가장 넓은 정의(기능적)까지 네 개의 가능한 정의가 있다. 법원은 가장 좁은 정의를 채택하는데, 이는 USPTO에서 실시가능성 요건을 평가할 때와 같다.

둘째 – 적용: 좁은 구조적 정의로는 FE1X가 구조적으로 tPA와 다르기 때문에 문언적 침해가 없다. 또한 FE1X는 실질적으로 다른 방식으로 작동하기 때문에 DoE에 따른 침해도 없다. 법원은 생명공학은 예측이 안되며, 특허권자에게 생물학적 메커니즘을 증명하도록 요구하는 것이, 가능하다고손 쳐도, 항상 공정한 것은 아니라는 점을 방론에서 인정한다.

GENENTECH v. WELLCOME

U.S. Court of Appeals, Federal Circuit (1994)

청구항 3 ('075 특허) (강조 표시 추가)

인간 조직 플라스미노겐 활성화제를 암호화하는 DNA 서열을 포함하는 재조합 발현 벡터로서, 이 벡터는 형질전환된 미생물 또는 세포 배양에서 인간 조직 플라스미노겐 활성화제를 발현할 수 있는 것인, 벡터.

A recombinant expression vector containing a DNA sequence encoding *human tissue plasminogen activator*, wherein the vector is capable of expressing human tissue plasminogen activator in a transformed microorganism or cell culture.

51) 535 U.S. 722 (U.S. Sup. Ct. 2002)

52) 29 F.3d 1555 (Fed. Cir. 1994)

법원의 판결 이유

우리는 … '075 … 청구항에 나타나는 "인간 조직 플라즈미노겐 활정화제(human tissue plasminogen activator)"라는 문구의 의미에 대한 문제를 다룬다. 청구항 자체에서 해당 문구의 정의를 얻어낼 수 없기 때문에, 우리는 명세서에서 지침을 찾는다 … 이제 명세서에 기재된 문구에 대한 최소 네 가지 가능한 정의가 있기 때문에 문제가 생긴다. **첫째,** 좁은 의미의 구조적 정의가 있는데, 재조합 DNA 기술을 통해 생산되었지만 천연 t-PA와 동일한 구조를 갖는 t-PA가 그것이다. **둘째,** 보다 넓은 구조적 정의가 있는데, "본질적인" Kringle 영역과 Serine Protease 영역을 포함하는 모든 제품이 그것이다. **셋째,** 좀 더 넓은 구조적 정의가 있는데, 그냥 효소 활성 부분, 즉 Serine Protease 부분을 포함하는 모든 제품이 그것이다. **넷째,** 기능적 정의가 있는데, "플라스미노겐의 플라스민으로의 전환을 촉매할 수 있고, 피브린에 결합하며, 위에 명시된 면역학적 특성에 기반하여 t-PA로 분류되는 것"이 그것이다.

*** 이 문제를 해결하기 위한 적절한 방법은 PTO가 특허를 허여할 때 합리적으로 의존할 수 없었던 정의들은 피하는 것이다. … 이 접근법에 따르면, 첫째 정의가 네 가지 정의 중 채택하기에 적절한 정의이며, 청구항이 작성된 제한된 형태와 가장 일관되고, 다른 정의들은 지나치게 넓다. … 따라서 우리는 '075 및 '330 특허의 청구항에 나타나는 "인간 조직 플라스미노겐 활성화제(human tissue plasminogen activator)"가 천연 t-PA를 의미한다고 결론 내린다.

*** FE1X는 문언적으로 한정사항을 충족시키지 못한다 – 천연 t-PA가 아니다. 따라서 문제는 이 한정이 기능, 방식 및 결과의 실질적 균등을 입증해야 하는 균등론에 따라 FE1X의 균등 요소에 의해 충족된다는 사실을 증거가 뒷받침하는지 여부이다 … FE1X가 인체에서 인간 t-PA와 상당히 다르게 작용한다는 다툼 없는 증거가 있다. 반감기가 천연 t-PA의 약 10배에 달하며, 내피 세포에 결합하는 친화력이 인간 t-PA에 비해 현저히 낮다. … 따라서 달성되는 결과가 실질적 동일과 거리가 멀다.

우리는 이 분야의 과학 수준이 매우 부정확하다는 점을 염두에 둔다. 따라서 원고/피항소인에게 FE1X가 피브린에 결합하는 구체적인 메커니즘을 증명하라고 요구하거나 FE1X가 나타내는 다른 특성 및 구조가 결합 기능과 무관함을 증명하도록 요구하는 것은 부적절하다. 우리의 요지는 K2 영역이 각각의 결합 기능에 중요한 역할을 한다는 것을 보여주는 것만으로는 충분하지 않다는 것이며, 특히 각각의 특성과 구조에 큰 차이가 있다는 점을 고려할 때 더욱 그렇다.

Boehringer Ingelheim v. Schering (Fed. Cir. 2003).[53] 이 사건은 § 12:11에서 "ATCC-VR2332"라는 용어의 청구항 해석의 맥락에서 분석했다. 여기서는, 균등론에 따른 침해에 대해 분석한다. 청구항은 "CPE[세포 병증 효과(cytopathic effect)]가 관찰될 때까지" 바이러스를 배양할 것을 요구한다. Boeringer는 이 문구를 CPE가 관찰된 후에도 배양이 계속되는지는 상관없는 것으로 해석해야 한다고 주장했다. Schering은 반대로 주장했는데, 즉 CPE가 관찰된 후에도 프로세스가 계속되는 경우 문언적으로나 균등론으로나 침해하지 않는다는 주장이다.

첫째 - 해석: 법원은 배양 시간 제한이 있는 것처럼 지나치게 좁게 해석한 하급 법원의 판결을 파기했다. (재판판사는 바이러스 배양을 "바삭함이 관찰될 때까지" 칠면조를 요리하는 것에 비교하면서 요리가 중단되어야 한다고 결론내렸다.) 그러나 청구항은 "comprises"라는 단어를 가지고 있어 개방형이다.

둘째 - 적용: 좁은 의미로 해석하더라도 해당 청구는 DoE에 따라 침해된다.

BOEHRINGER INGELHEIM VETMEDICA, INC v. SCHERING-PLOUGH CORP

U.S. Court of Appeals, Federal Circuit (2003)

청구항 1 (강조 표시 추가)

돼지 불임 및 호흡기 증후군 바이러스인 ATCC-VR2332를 배양 및 분리하는 방법으로서, 적절한 배양 배지에서 혈청 존재하에 시미안 세포의 전체 또는 일부 시트에 바이러스를 접종하고 **CPE[세포 병리 효과]가 관찰될 때까지** 약 34°C~37°C에서 접종된 세포 시트를 배양하는 단계를 포함하는 방법.

A method of growing and isolating swine infertility and respiratory syndrome virus, ATCC-VR2332, which comprises inoculating the virus on a full or partial sheet of simian cells in the presence of serum in a suitable grown medium and incubating the inoculated cell sheet at about 34°C to 37°C *until CPE [cytopathic effect] is observed.*

법원의 판결 이유

이 한정사항("CPE가 관찰될 때까지")의 해석에 대한 다툼은 이것이 세포를 배양

53) 320 F.3d 1339 (Fed. Cir. 2003)

해야 하는 **최소** 기간만을 정하는 것인지, 아니면 그 이상 배양이 허용되지 않는 **종료 시점**도 정하는 것인지이다. 연방1심법원에서 Boeringer는 이 용어가 "배양 기간이 CPE가 관찰될 수 있을 만큼 충분히 길어야 하는 것을 요구하지만, 첫 번째 관찰 직후에 프로세스가 중단되어야 하는 것은 아니"라고 주장했다.

*** 즉, Boeringer의 해석에 따르면, 청구항이 요구하는 것은 적어도 어느 정도의 CPE가 관찰되는 시점까지만 배양을 계속하면 된다는 주장이다. 그러나 Schering은 "CPE가 관찰될 때까지"는 CPE가 처음 관찰되는 즉시 배양을 중단하는 것을 의미하며, 그 이상 계속되는 배양은 침해가 되지 않는다고 주장했다. 이 해석에 따르면 Schering의 시간 측정 배양은 CPE가 처음 관찰되는 시점이 훨씬 지난 후에도 계속되기 때문에 Schering은 균등론에 따르더라도 아마도 침해를 피할 수 있을 것이다.

*** Boeringer는 청구항 언어가 서문에서 "포함하는(comprising)"이라는 용어를 사용하여 개방형이기 때문에 청구된 방법은 추가 단계에 개방적이라고 주장하는데, 이 주장은 옳다. 따라서, 청구항은 CPE 관찰까지 최소한의 배양 시간을 요구하지만, 그 시점 이후의 추가 배양 시간이 배제되는 것은 아니다. … 이러한 추가 단계는 개방형 청구항의 구조에서 허용되며, 연방1심법원이 그러한 단계를 거절한 것은 [배양이] … 너무 오래 진행되면 청구항의 목적이 몰각된다는 전제에 근거한 것이다. 청구항 1의 효용은 특정 종료점을 전제로 하고 있지 않기 때문에 추가 배양 시간을 배제하지 않는다.

*** [우리는] 연방1심법원의 지나치게 좁은 해석 하에서도 배심원단이 할 수 있는 균등물 판단을 뒷받침하는 상당한 증거가 있다는 데 의심의 여지가 없다. Schering이 생산 프로세스 중, 아마 배양 종료의 신호로는 아니겠지만 실제로 CPE의 정도를 관찰하고 기록한다는 문헌 증거가 있고, 바이러스 배양액을 정해진 기간 동안 배양하는 Schering의 방식이 정해진 CPE가 관찰될 때까지 배양하는 것과 동일한 기능을 동일한 방식으로 수행하여 동일한 결과를 얻는다는 전문가 증언이 제시되었다. … [판단: Schering의 프로세스의 균등 및 Boeringer 특허의 침해].

§ 12:14 저자 의견: 균등론의 한계

균등론의 적용에 대한 제한 또는 한계를 다룬 판례법이 잘 발달되어 있는데, ***UCB, Inc.,et al v. Watson Laboratories Inc., et al*** (Fed. Cir. 2019)[54]에 요약되어 있다. **첫째,** 이들 한계 중에는 **출원 경과 금반언**(*prosecution history estoppel*)이 있는데, 이

54) 927 F.3d 1272 (Fed. Cir. 2019)

에 따르면 특허권자는 출원 중에 포기한 대상을 DoE를 이용하여 침해범위로 회복하는 것이 금지된다. **둘째, 좁은 청구**(*narrow claiming*)인데, 청구항을 좁게 작성한 출원인은 – 특히 그렇게 하는 것이 예측 가능한 실시예를 의도적으로 피한 것이면 – DoE 하에서 그러한 실시예를 포섭하는 것이 금지될 수 있다. **셋째,** 청구항 한정사항을 무의미하거나 비효율적으로 만드는 경우 DoE의 적용이 안되는 **무력화**(*vitiation*)인데, 즉 DoE는 청구항 한정사항을 실질적으로 완전히 제거할 수 없다. **마지막으로, 포획**(*ensnarement*)이 있는데 특허권자는 선행 기술을 포섭 또는 포획할 수 있는 균등 범위를 주장할 수 없다.

이 절에 나오는 판례들은 이들 한계 중 하나 이상을 다룬다. ***Amgen v. Hoechst Marion Roussel*** (Fed. Cir. 2003)[55] 및 그 후속 사건인 ***Amgen Inc. v. Hoechst Marion Roussel, Inc.*** (Fed. Cir. 2006)[56]에서, CAFC는 증거에 따르면 (청구된) 166개 AA를 가진 에리스로포이에틴 개체와 (피소된) 165개 AA를 가진 에리스로포이에틴 개체가 사실상 균등한 것으로 밝혀졌다고 하더라도 Amgen이 금반언에 의해 DoE 주장이 금지된다고 판시했다. 법원은 165개 아미노산을 가진 EPO는 출원일에 예측가능했던 균등물이며, 특허권자가 165개 아미노산 EPO 균등물을 청구하지 않고 좁게 청구한 것은 양해될 수 없다고 판단했다. 이들 *Amgen v. HMR* 판결은 1990년 사건인 ***Hormone Research Foundation v. Genentech*** (Fed. Cir. 1990)[57]과 궁극적인 결과가 매우 유사한데, 여기서는 특허 청구항이 인간 성장 호르몬의 특정 염기 서열을 보여주는 도면을 참조하였고, 피고의 나중에 나온 (그리고 다른) 염기 서열은 문언적으로나 DoE에 따르더라도 (역시 금반언으로 인해) 침해하지 않는다고 판단되었다.

Amgen v Coherus (Fed. Cir. 2019)[58]에서 법원은 출원인이 제기한 세 가지 주장 중 하나에서 주장에 의한 금반언이 발생했으며, 균등론에 따른 침해는 허용되지 않는다고 판단했다. ***Amgen Inc. et al v. Sandoz, Inc. et al*** (Fed Cir. 2019)[59]에서 법원은 두 개의 청구된 단계를 하나로 병합하는 것은 청구항 구성요소의 무력화로 인해 균등론 하에서도 침해가 되지 않는다고 판시했다. ***Bio–Rad Laboratories, Inc. v. 10X Genomics Inc.*** (Fed. Cir. 2020)[60]에서 CAFC는 출원 보정이 문제의 균등물과 최소한의 관련성만 있고 청구항 한정이 무력화되지 않는다고 보고 금반언이 적용되지 않는다고 결론 내렸다.

55) 314 F.3d 1313 (Fed. Cir. 2003)
56) 457 F.3d 1293 (Fed. Cir. 2006)
57) 904 F.2d 1558 (Fed. Cir. 1990)
58) 931 F. 3d 1154 (Fed. Cir. 2019)
59) ––– F.3d ––– 2019 WL 2017501(Fed. Cir. 2019)
60) 967 F.3d 1353 (Fed. Cir. 2020)

Amgen v. Hoechst Marion Roussel (Fed. Cir. 2003).[61] (균등론). 청구항은 도 6의 서열에 따른 **성숙** EPO에 대한 것이다. 도 6은 출원일 당시에는 성숙 EPO로 여겨졌던 166개 AA로 구성된 EPO를 보여준다. 나중에, 성숙 EPO에는 165개의 AA가 있다는 것이 밝혀졌다. HMR은 165개 AA의 EPO를 생산한다.

첫째 – 해석: 법원은 "도 6의 성숙 EPO(mature EPO of Figure 6)"라는 문구를 출원일 당시의 정의에 따라 166개 AA가 필요한 것으로 해석한다.

둘째 – 적용: 문언적 침해는 없다. 하급 법원은 DoE에 따라 침해가 있다고 판단했지만, CAFC는 "도 6의"라는 한정은 이중 특허를 피하기 위해 청구항에 추가되었고, 특허성에 관련성이 있으므로, *Festo*에 따라 금반언이 적용되는지 분석하도록 환송했다.

AMGEN INC. v. HOECHST MARION ROUSSEL, INC

U.S. Court of Appeals, Federal Circuit (2003)

청구항 3 ('080 특허) (강조 표시 추가)

골수 세포가 망상 적혈구 및 적혈구의 생산을 증가시키는 생체 내 생물학적 활성을 갖는 비자연 발생 에리스로포이에틴 당단백질로서, 상기 에리스로포이에틴 당단백질은 **도 6의** 성숙 에리스로포이에틴 아미노산 **서열**을 포함하는 것인, 당단백질.

A non–naturally occurring erythropoietin glycoprotein having the in vivo biological activity of causing bone marrow cells to increase production of reticulocytes and red blood cells, wherein said erythropoietin glycoprotein comprises the mature erythropoietin amino acid *sequence of FIG. 6.*

관련기술

+1

Ala Pro Pro Arg Leu Ile Cys Asp Ser Arg Val Leu Glu Arg Tyr Leu Glu Ala

Lys Glu Ala Glu Asn Ile Thr Thr Gly Cys Ala Glu His Cys Ser Leu Asn Glu

Asn Ile Thr Val Pro Asp Thr Lys Val Asn Phe Tyr Ala Trp Lys Arg Met Glu

Val Gly Gln Gln Ala Val Glu Val Trp Gln Gly Leu Leu Ser Glu Ala Val Leu

61) 314 F.3d 1313 (Fed. Cir. 2003)

Arg Gly Gln Ala Leu Leu Val Asn Ser Ser Gln Pro Trp Glu Pro Leu Gln Leu
His Val Asp Lys Ala Val Ser Gly Leu Arg Ser Leu Thr Thr Leu Leu Arg Ala
Leu Gly Ala Gln Lys Glu Ala Ile Ser Pro Pro Asp Ala Ala Ser Ala Ala Pro Leu
Arg Thr Ile Thr Ala Asp Thr Phe Arg Lys Leu Phe Arg Lys Leu Phe Arg Val
Tyr Ser Asn Phe Leu Arg Gly Lys Leu Lys Leu Tyr Thr Gly Glu Ala Cys Arg
Thr Gly Asp Arg
166

도 6의 성숙 적혈구 생성인자 서열로 잉여 Arg-166 포함

법원의 판결 이유

특허가 작성될 당시에는 서열에 166개의 아미노산이 포함되어 있다고 믿었으며, 이러한 믿음은 도 6에 나와 있다. 실제로는, 이후 연구에 따르면 전체 서열은 사실 165개의 아미노산이며, 마지막(아르기닌)은 세포에서 단백질이 분비되기 전에 절단된다. … 따라서 연방1심법원은 Amgen 사건이 종결된 후 HMR4396 [165개 AA]가 문언적으로 '080 특허의 주장된 청구항을 침해하지 않는다고 판결했다.

*** 균등론에 따른 침해 문제는 양측 입장이 팽팽했고, "도 6" 한정사항이 그 중심에 있었다. 연방1심법원은 Amgen이 165개 아미노산 서열이 기능-방법-결과 테스트를 충족한다는 것을 증거의 우위(preponderance of the evidence)로 입증했다고 결론내렸으며, 특히 TKT에서 누락된 아르기닌 잔여물(도 6에 나타나는 166번째 아미노산)이 EPO 제품의 **생체 내** 생물학적 활성에 영향을 미치지 않는다는 Lodish 박사의 증언을 특히 신뢰했다.

*** 균등론에 따른 침해 인정에 대해, TKT는 Amgen이 *Festo*에 따라 금반언에 의해 그러한 범위를 획득하는 것이 금지된다고 주장한다. 특히, TKT는 '080 특허에 나타나는 "도 6의 성숙 아미노산 서열" 한정이 이중특허 거절을 극복하기 위해 추가되었으므로 특허성과 관련된 보정에 해당한다고 주장한다. 동의한다.

*** 따라서 연방1심법원의 '080 특허의 균등론에 의한 침해 판단을 파기하고, 대법원의 금반언 추정을 물리치는 방법을 좁게 하여 다시 심리하도록 환송한다.

Amgen Inc., et al v. Coherus Biosciences Inc. (Fed. Cir. 2019).[62] CAFC는, USPTO에서 청구항의 심사과정에서 주장에 의한 금반언이 발생했다고 결론 내면서, 세 가지 주장 중 하나에 의해서만 금반언이 발생하더라도 그 하나만으로도

62) 931 F. 3d 1154 (Fed. Cir. 2019)

DoE 적용을 막기에 충분하다는 것을 재확인했다.

AMGEN INC., et al v. COHERUS BIOSCIENCES INC.

U.S. Court of Appeals, Federal Circuit (2019)

청구항 1 (강조 표시 추가)

단백질에 대한 칼럼의 동적 용량이 증가하도록 소수성 상호 작용 크로마토그래피 [HIC] 칼럼에서 단백질을 정제하는 프로세스로서, 단백질을 포함하는 제제를 제1염 및 제2염의 조합과 혼합하는 단계와, 혼합물을 소수성 상호 작용 크로마토그래피 칼럼에 가하는 단계와, 단백질을 용리하는 단계를 포함하며, 제1 및 제2염은 각각 **구연산염과 황산염, 구연산염과 아세테이트, 황산염과 아세테이트**로 이루어진 그룹으로부터 선택되고, 혼합물 내 제1염 및 제2염 각각의 농도는 약 0.1 M 및 약 1.0인 것인, 프로세스.

A process for purifying a protein on a hydrophobic interaction chromatography [HIC] column such that the dynamic capacity of the column is increased for the protein, comprising mixing a preparation containing the protein with a combination of a first salt and a second salt, loading the mixture onto a hydrophobic interaction chromatography column, and eluting the protein, wherein the first and second salts are selected from the group consisting of *citrate and sulfate*, *citrate and acetate*, and *sulfate and acetate*, respectively, and wherein the concentration of each of the first salt and the second salt in the mixture is between about 0.1 M and about 1.0.

법원의 판결 이유

출원 경과 금반언에 의해 Amgen의 균등론에 따른 침해 주장이 금지되고, 따라서 우리는 연방1심법원의 명령을 지지한다.

*** 연방1심법원은 '707 특허의 심사 과정에서 Amgen이 청구항에 기재된 특정 조합 이외의 다른 염 조합을 명확하고 틀림없이 포기했다고 판단했는데, 동의한다. 따라서 출원 경과 금반언에 의해 Amgen은 균등론에 따른 침해 주장은 허용될 수 없다.

*** 우리는 Amgen이 출원 과정에서 청구되지 않은 염 조합을 명확하고 틀림없이(clearly and unmistakably) 포기했기 때문에 주장에 의한 출원 경과 금반언이 적용된다고 판단한다. 2011년 1월 6일 답변서에서 Amgen은 Holtz[청구항에 대해 인용된 선행기술]와 차별화했는데, Amgen의 청구항에 기재된 "**특정** 염 조합"을 Holtz

가 교시 또는 제시하지 않았다는 점을 그 근거로 제시했다. … 실제로 Amgen은 "특정"을 강조하고 두 페이지에 걸쳐 특정 염을 세 번이나 언급했다.

*** Amgen의 답변서 및 진술서에는 청구된 염 조합 이외의 염 조합에 대한 언급이 없다. 출원 과정에서의 Amgen의 서술에 근거하면, Amgen이 청구되지 않은 염 조합을 포기했다고 "경쟁사가 합리적으로 믿을 수 있었을" 것이라는 연방1심법원의 결론에 동의한다.

*** 2011년 1월 6일 답변서에서 Amgen은 Holtz와 차별화를 위해 세 가지 근거를 주장했는데: (1) "Holtz 특허에는 염 조합이 교시 또는 제시되어 있지 않다는 것", (2) "[Holtz]에 출원 청구항에 기재된 **특정** 염 조합이 교시 또는 제시되어 있지 않다는 것", (3) "Holtz 특허에는 HIC의 동적 용량을 증가시키기 위한 어떠한 염 조합의 사용도 기술 또는 제시되어 있지 않다는 것"이다. … 따라서 Amgen은 Holtz가 차별화되는지에 대해 여러 이유를 주장하였는데, 우리 판례에 따르면 각 주장에 금반언이 적용될 수 있다. "특허 출원인이 자신의 발명과 인용된 선행 기술을 차별화하기 위해 여러 가지 근거를 제시하는 경우, 선행 기술이 이러한 다양한 근거의 조합에 기초하여 차별화되지 않는 한, 개별 주장은 별도의 금반언을 구성할 수 있다." *PODS, Inc. v. Porta Stor, Inc.*[63)]

◆ ***Amgen Inc. et al v. Sandoz, Inc. et al*** (Fed Cir. 2019).[64)] 이 사건은 앞서 § 12:11에서 문언적 침해에 따라 분석한 사건과 같은 사건이다. 두 특허 중 하나인 '878 특허는 필그라스팀 제조 방법을 청구하는데, 법원은 균등론에 따른 침해도 다루었다. 법원은 Sandoz가 구체적이고 명확하게 청구된 두 프로세스 단계를 병합했기 때문에, 균등론에 따르더라도 침해하지 않는다고 판단했다.

AMGEN INC., et al v. SANDOZ INC., et al

U.S. Court of Appeals, Federal Circuit (2019)

청구항 7 ('878 특허) (강조 표시 추가)

7. 비포유류 발현 시스템에서 비자연적 제한된 용해도 형태로 발현된 단백질을 정제하는 방법으로서,

(a) 비포유류 세포에서 비자연적 제한된 용해도 형태로 단백질을 발현하는 단계;

63) 484 F.3d 1359, 1367 (Fed. Cir. 2007)

64) – – – F.3d – – – 2019 WL 2017501(Fed. Cir. 2019)

(b) 비포유류 세포를 용해하는 단계;

(c) 다음 중 하나 이상을 포함하는 가용화 용액에 발현된 단백질을 가용화하는 단계:

(i) 변성제;

(ii) 환원제; 및

(iii) 계면활성제;

(d) 가용화 용액 및 리폴드 버퍼를 포함하는 리폴드 용액을 형성하는 단계로서, 리폴드 버퍼는 다음 중 하나 이상을 포함하는 것인 단계:

(i) 변성제;

(ii) 집계 억제기;

(iii) 단백질 안정제; 및

(iv) 산화 환원 성분;

(e) 단백질이 매트릭스와 결합하기에 적합한 조건에서 리폴드 용액을 분리 매트릭스에 직접 가하는 단계;

(f) 분리 매트릭스를 세척하는 단계; 및

(g) 분리 매트릭스에서 단백질을 용리하는 단계로서, 여기서 분리 매트릭스는 이온 교환, 혼합 모드 및 소수성 상호 작용 수지로 구성된 그룹에서 선택된 비친화성 수지인 것인, 단계

를 포함하는 방법.

7. A method of purifying a protein expressed in a non−native limited solubility form in a non−mammalian expression system comprising:

(a) expressing a protein in a non−native limited solubility form in a non−mammalian cell;

(b) lysing a non−mammalian cell;

(c) solubilizing the expressed protein in a solubilization solution comprising one or more of the following:

(i) a denaturant;

(ii) a reductant; and

(iii) a surfactant;

(d) forming a refold solution comprising the solubilization solution and a refold buffer, the refold buffer comprising one or more of the following:

(i) a denaturant;

(ii) an aggregation suppressor;

(iii) a protein stabilizer; and

(iv) a redox component;
(e) directly applying the refold solution to a separation matrix under conditions suitable for the protein to associate with the matrix;
(f) *washing the separation matrix; and*
(g) eluting the protein from the separation matrix, wherein the separation matrix is a non-affinity resin selected from the group consisting of ion exchange, mixed mode, and a hydrophobic interaction resin.

법원의 판단 근거

Amgen은 … 연방1심법원이 Sandoz의 프로세스가 균등론에 따라 청구항 7을 침해한다는 주장을 배척하는 오류를 범했다고 주장한다. Amgen은 Sandoz의 1단계 1용액 프로세스가 "동일한 기능(세척 및 용출)을 실질적으로 동일한 방식(오염물질에 비해 우선적으로 단백질을 결합시킨 다음 염 농도를 높여 단백질 결합을 역전시킴)으로 동일한 결과(단백질 정제)를 달성하기 때문에 주장된 3단계 3용액 프로세스와 별로 다르지 않다"고 주장한다.

*** 본 법원은 Sandoz의 의견에 동의하며, 연방1심법원이 Sandoz의 1단계 1용액 프로세스가 청구된 프로세스와 같은 방식으로 작동하지 않는다고 판단한 것은 옳다고 결론 내린다. 본질적으로 Amgen은 흡착제 매트릭스에서 염 농도 구배를 사용하여 문제의 단백질을 다른 용질로부터 분리하는 임의의 방법을 어떻게든 포함시키려 한다. 그러나 청구항 7은 그렇게 넓지 않다. 연방1심법원이 판시한 바와 같이, 청구항은 "리폴드", "세척" 및 "용리" 용액의 적용을 필요로 하는 일련의 단계를 나열하고 있는데, 우리 판례에 따르면 청구항 7의 자연어를 무시하고 이러한 한정사항을 거의 모든 유형의 흡착 크로마토그래피 분리를 포함하도록 확장하는 것은 금지된다. *Duncan Parking Techs., Inc. v. IPS Grp., Inc.*[65] ("균등론은 청구항 한정사항을 실질적으로 빼고 읽도록 사용될 수 없다. … 대중은 특허 청구항의 언어에 의존할 권리가 있기 때문이다"). 따라서, 연방1심법원이 Sandoz의 1단계 1용액 정제 프로세스가 청구된 3단계 3용액 프로세스와 실질적으로 다른 방식으로 작동하기 때문에 균등론에 따르더라도 Sandoz가 청구항 7을 침해하지 않는다고 약식 판결을 내린 것은 옳다.

65) 914 F.3d 1347, 1362 (Fed. Cir. 2019)

Bio-Rad Laboratories, Inc. v. 10X Genomics Inc (Fed. Cir. 2020).[66) CAFC는 마이크로채널에 미량의 불소를 함유한 10X의 제품이 비불소화 마이크로채널을 기재한 '083 특허의 청구항 1을 균등론에 따라 침해한다고 판시했다. "비불소화 마이크로채널(non-fluorinated microchannel)"을 추가하는 축소 보정이 문제의 균등물과 관련성이 낮고, 무시 가능한 양의 불소를 포함하는 마이크로채널은 비불소화 마이크로채널과 별로 다르지 않으므로 피고 10X의 출원 경과 금반언 및 청구항 무력화(claim vitiation) 주장은 배척된다.

BIO-RAD v. 10X GENOMICS

U.S. Court of Appeals, Federal Circuit (2020)

청구항 1 ('083 특허) (강조 추가됨)

1. 마이크로플루이드 시스템으로서,

비불소화 마이크로 채널;

불소화 오일과 마이크로 채널에 친수성 헤드 그룹을 포함하는 불소화 계면활성제를 포함하는 캐리어 유체;

마이크로 채널에 수성 플러그 유체를 포함하고 캐리어 유체에 의해 실질적으로 둘러싸인 적어도 하나의 플러그

를 포함하며,

불소화 계면활성제는 플러그-유체/마이크로채널 벽 인터페이스의 표면 장력이 플러그-유체/캐리어 유체 인터페이스의 표면 장력보다 높게 하는 농도로 존재하는 것인, 마이크로플루이드 시스템.

1. A microfluidic system comprising:

a *non-fluorinated* microchannel;

a carrier fluid comprising a fluorinated oil and a fluorinated surfactant comprising a hydrophilic head group in the microchannel;

at least one plug comprising an aqueous plug-fluid in the microchannel and substantially encased by the carrier-fluid,

wherein the fluorinated surfactant is present at a concentration such that surface tension at the plug-fluid/microchannel wall interface is higher than surface tension at the plug-fluid/carrier fluid interface.

66) 967 F.3d 1353 (Fed. Cir. 2020)

법원의 판결 이유

*** '083 특허의 주장된 청구항에는 "비불소화 마이크로채널(non-fluorinated microchannels)"이 기재되어 있다. 재판 당시 10X의 피소 제품에는 0.02%의 Kynar (불소 함유 코팅 수지임)이 포함된 마이크로 채널이 포함되어 있었다. 배심원단은 10X의 피소 제품이, 변형된 상태로, "비불소화 마이크로채널(non-fluorinated microchannels)" 한정사항을 문언적으로는 충족하지 않지만 균등론에 따라 충족한다고 판단했다. 항소심에서 10X는, "두 가지 독자적인 법리," 즉 출원 경과 금반언과 청구항 무력화(claim vitiation)가 Bio-Rad의 균등론 주장을 금지하기 때문에 연방1심법원이 JMOL을 거부한 것은 잘못이라고 주장했다. 10X는 또 자사 제품이 플러그-유체/캐리어-유체 계면에서의 표면 장력과 관련된 청구항 한정사항 중 하나를 충족할 수 없다고 주장한다.

a. 출원 경과 금반언(Prosecution History Estoppel)

*** 10X는 연방1심법원에서 주장했던 것과 마찬가지로 '083 특허 발명자들이 "불소화" 마이크로채널을 교시한 Quake를 극복하기 위해 "비불소화 마이크로채널(non-fluorinated microchannel)"을 기재한 청구항으로 좁혔기 때문에 출원 경과 금반언이 적용된다고 주장한다. 10X는 이 보정으로 발명자들이 원래의 한정사항, 즉 일반적 마이크로채널과 보정된 한정사항, 즉 비불소화 마이크로채널 사이의 모든 영역을 포기했다고 주장한다.

*** [연방순회항소법원은] '083 특허의 출원 경과에 따르면 "비불소화 마이크로채널" 한정사항을 추가한 객관적으로 명백한 이유는 문제의 균등물과의 관련성이 명백히 미미한 정도일 뿐이라고 했다. 청구항을 보정할 때 특허권자들은 청구된 발명을 캐리어 유체와 반응하는 불소화 마이크로채널 벽 코팅을 개시한 Quake와 차별화하고자 했다. 발명자들은 물방울이 마이크로채널 벽에 달라붙는 것을 방지하려면 계면활성제가 캐리어 유체와 화학적으로 유사하고 채널 벽과 화학적으로 다를 필요가 있다고 주장했다. 따라서 발명자들은 캐리어 유체와 마이크로 채널 벽이 화학적으로 구별되어야 한다는 점을 명확히 하기 위해 청구항을 보정한 것이다. 비불소화 마이크로채널과 불소화 계면활성제를 청구함으로써, 발명자들은 Quake의 개시와 달리 청구된 발명의 캐리어 유체와 마이크로채널이 서로 반응하지 않아 물방울이 마이크로채널 벽에 달라붙는 것을 방지할 수 있음을 분명히 했다. 따라서 "비불소화 마이크로채널" 한정사항을 추가하겠다는 발명자들의 결정은 동시에 캐리어 유체에 "불소화 계면활성제"의 한정사항을 추가한 것과 같은 맥락에서 고려되어야 한다.

*** [연방순회항소법원에 따르면] 출원 과정에서의 발명자들 진술이, "[축소] 보

정의 기저 이유는 문제의 균등물(즉, 캐리어 유체와 반응할 수 없는 미량의 불소 함유 마이크로 채널)과 관련성이 미미함"을 확인시켜 준다.

b. 청구항 무력화(Claim Vitiation)

*** 10X는 "불소화"와 "비불소화"는 "정반대"이고 불소화 마이크로채널은 비불소화 마이크로채널의 "대립"이기 때문에 균등론은 Bio-Rad에 적용될 수 없다고 주장한다. 10X에 따르면, Bio-Rad가 불소화 마이크로채널이 비불소화 마이크로채널과 균등하다고 주장하는 것을 허용하면 "비불소화 마이크로채널" 한정사항이 완전히 무력화된다는 것이다.

*** [연방순회항소법원은] "불소화" 마이크로채널과 "비불소화" 마이크로채널 사이의 이분법적 선택으로 문제를 한정하려는 10X의 시도와, Bio-Rad에게 균등론에 따른 침해는 법률적으로 불허된다는 10X의 단정을 배격한다. 적절한 질문은, 합리적 배심원이 무시 가능한 만큼 불소화된 마이크로채널이 비불소화 마이크로채널과 동일한 기능을 동일한 방식으로 수행하여 동일한 결과를 달성한다고 판단할 수 있었을까이다. 여기서 재판에 제출된 증거(Bio-Rad의 전문가인 Sia 박사의 증언을 포함함)를 바탕으로 연방1심법원은 합리적인 배심원이라면 0.02%의 Kynar 포함 마이크로채널이 비불소화 마이크로채널과 거의 다르지 않다는 결론을 내릴 수 있다고 판단했다. 비불소화 마이크로채널 청구항 한정이 의미 없어지거나 "실질적으로 제거"되는 것은 아니다.

§ 12:15 저자 의견: 침해 및 발전하는 기술의 문제

이 절에서는 출원일(및 특허 설정일)과 침해일 사이에 해당 기술이 바뀌었거나 명확해진 상황을 논한다. 예를 들어, 출원 당시에는 특정 실시예처럼 보였던 것이 침해 시에는 훨씬 더 넓은 청구항의 아속(subgenus; 청구항보다 하위개념이지만 종에 비해서는 상위개념) 또는 종(species; 하위개념)으로 판명될 수 있다. 생명공학 분야의 극단적인 예로는 Isaacs의 미국 특허 3,699,222(우선권 출원일 1958년, 등록일 1972년)를 들 수 있다. Isaacs는 인터페론을 발견한 사람이다. 발견일인 1958년, Isaacs는 단 하나의 물질만 존재한다고 생각했고 이를 "인터페론"이라고 불렀다. 그는 "인터페론"이라는 매우 넓은 청구항 1을 출원하여 등록 받았다. (이 시기는 *AMP v. Myriad Genetics* (Sup. Ct. 2013)[67] 이전이었는데, 오늘날 이런 청구항은 35 U.S.C.A § 101에 따라 특허적격성 흠결로 거절될 것이다). 이제는 인터페론이 세 가지 유형과 여러 가지 하위 유형으로 나뉘어 수십 종류가 있다는 것을 안다. 문제는 법원이 침해 날짜

67) 133 S. Ct. 2107 (2013)

에 "인터페론"이라는 단어를 어떻게 해석할 것인가이다. 법원은 이 문제에 대해 다양한 방식으로 접근해 왔다.

In re Hogan (CCPA 1977)[68]은 앞서 § 5:18에서 예기치 않은 실시예의 실시가능성 요건 맥락에서 분석했는데, 이 분야의 중요한 판례이다. 1953년 Hogan에게 새로 발견된 고유한 물질인 "고체 폴리프로필렌(solid polypropylene)"은 1962년에 결정질과 비정질의 두 고체 형태 중 하나임이 밝혀졌다. *Hogan* 판결은 침해가 아닌 실시가능성 요건에 대한 판결이지만, 법원은 침해 소송 시 전통적인 해석 원칙을 사용하여 청구항을 해석해야 할 것이라고 방론에서 언급했다. 이는 법원의 업무이지 USPTO의 업무가 아니라고 했다.

Hogan 판결의 방론은 ***U.S. Steel v. Phillips Petroleum*** (Fed. Cir. 1989)[69]에서 추종되었는데, 여기서 법원은 "상당한 결정성 폴리프로필렌 함량을 갖는 … 통상적으로 고체인 폴리프로필렌"이라는 용어를 해석함에 있어 나중의 기술 상태를 무시했다. 법원은 청구항이 더 높은 고유 점도를 가진 나중의 결정성 폴리프로필렌을 포함할 수 있는지는 실시가능성 요건의 문제가 아니라 특허 침해 시 청구항 해석의 문제라고 판결했다. 그러고 나서, 청구항을 넓게 해석하여 문언적 침해를 인정했다.

Innogenetics v Abbott (Fed. Cir. 2008)[70] 사건으로 생명공학 사례 분석을 시작할 것인데, 이 사건에서 법원은 잘 작성된 **상위개념**(*generic*) 청구항이 출원일에 존재하는 것으로 알려지지 않은 실시예에 의해 침해될 수 있음을 재확인한다. 이 절에서 아래 분석하는 그 다음 두 판례, *Schering v. Amgen* (Fed. Cir. 2000),[71] 및 *Biogen IDEC v. Glaxo* (Fed. Cir. 2013)[72] 에서는, 출원일에는 **구체적인** 청구항으로 보였으나 침해일에는 포괄적인 청구항인 것으로 밝혀진 청구항의 해석 문제를 다룬다. 이 절의 마지막 판례인 *Bayer CropScience v. Dow Agro* (Fed. Cir. 2013)[73] 사건은 시간이 지나면서 기재되고 청구된 물질에 대한 새로운 사실이 밝혀짐에 따라 명세서 및 청구항의 언어를 업데이트해야 할 필요를 보여준다. 이 판례는 또한 초기의 기계론적 믿음은 나중에 오류로 판명될 수 있으므로 청구항에 포함시키지 않도록 실무자들에게 주의를 준다.

68) 559 F.2d 595 (CCPA 1977)
69) 865 F.2d 1247 (Fed. Cir. 1989)
70) 512 F.3d 1363 (Fed. Cir. 2008)
71) 222 F.3d 1347 (Fed. Cir. 2000)
72) 713 F.3d 1090 (Fed. Cir. 2013)
73) 728 F3d 1324 (Fed. Cir. 2013)

Innogenetics NV v Abbott Labs (Fed. Cir. 2008).[74] 문제의 청구항은 핵산 혼성화에 의해 C형 간염 바이러스를 유전자형 분석하는 방법에 관한 것으로, 피고의 RealTime PCR의 사용에 의해 침해되었다고 판단되었는데, 이 기술은 출원 기준일에는 이용 가능한 기술이 아니었다고 주장되었다. CAFC는 잘 작성된 포괄적 청구항이 출원일에 존재하지 않았던 실시예에 의해 문언적으로 침해될 수 없다는 개념은 잘못된 것이라고 일축했다.

INNOGENETICS NV V ABBOTT LABS

U.S. Court of Appeals, Federal Circuit (2008)

청구항 1. ('704 특허) (강조 표시 추가)

생물학적 시료에 존재하는 HCV의 유전자형을 분석하는 방법으로서, 생물학적 시료의 핵산을 적어도 하나의 프로브와 하이브리드화하는 단계와, HCV의 5' 미변환 영역의 −291 내지 −66 위치에 있는 뉴클레오티드로부터 연장되는 도메인에 특이적으로 하이브리드화하는 프로브를 사용하여 상기 프로브와 상기 HCV의 핵산으로 형성된 **바의** 복합체를 검출하는 단계를 포함하는 것인, 방법.

A method of genotyping HCV present in a biological sample comprising hybridizing nucleic acids in a biological sample with at least one probe and detecting a complex **as** formed with said probe and said nucleic acids of HCV, using a probe that specifically hybridizes to the domain extending from the nucleotides at positions −291 to −66 of the 5' untranslated region of the HCV.

법원의 판결 이유

Abbott는 "상기 프로브와 상기 HCV의 핵산으로 형성된 바의 복합체를 검출(detecting a complex as formed with said probe and said nucleic acids of HCV)"이라는 청구항 한정사항에서 "as"라는 단어에 대한 연방1심법원의 해석을 맹비난한다. Abbott에 따르면, "as"라는 단어는 문제의 청구항을 동시적으로 하이브리드화된 복합체를 검출하는 것으로 한정한다. 따라서 Abbott는 자사의 제품은 실제 복합체 자체 대신 복합체가 파괴된 후 방출되는 형광을 관찰하여 하이브리드화된 복합체의 형성을 검출하기 때문에 '704 특허에 포함되지 않는다고 주장한다. 청구항 언어가 그러한 구분을 하지 않고 있다는 것이 우리의 결론이다. Abbott가 제시한 해석은

74) 512 F.3d 1363 (Fed. Cir. 2008)

"as formed with said probe and said nucleic acids of HCV"이라는 전체 문맥에서 "as"라는 단어를 분리함으로써 '704 특허의 청구항을 부당하게 제한한다.

*** 연방1심법원이 지적한 바와 같이, 하이브리드화된 복합체 자체를 검출하는 방법과 하이브리드화된 복합체가 파괴된 직후 방출되는 형광을 통해 검출하는 방법 사이에는 의미 있는 차이가 거의 없다. 검출되는 것은 여전히 "상기 프로브와 상기 HCV의 핵산으로 형성된" 복합체이다. 우리는 연방1심법원의 청구항 해석이 문제의 청구항 한정사항에 대한 우리의 이해와 일치하기 때문에 연방1심법원의 청구항 해석을 지지한다.

*** 연방1심법원이 Abbott가 제안한 청구항 해석을 채택하지 않았음을 감안할 때, Abbott가 주장하는 문언적 침해에 대한 유일한 방어는 분석 키트에 사용된 검출 방법인 RealTime PCR이 '704 특허 출원 당시 통상의 기술자에게 알려지지 않았다는 것이다.

*** 기본적으로 Abbott는 특허 출원 시점에 존재하지 않았던 실시예에 의해 특허가 문언적으로 침해될 수 없다고 주장한다. 우리 판례법은 충분히 넓게 작성된 유효한 청구항의 문언적 범위 내에 후발 기술이 포획될 수 있다는 것이다. *SuperGuide Corp. v. DirecTV Enters., Inc.* (Fed. Cir. 2004)[75] (출원일에 디지털 신호를 수신할 수 있는 텔레비전이 존재하지 않았지만 청구항 한정사항인 "정규적으로 수신된 텔레비전 신호(regularly received television signal)"는 디지털 신호를 포획할 수 있을 정도로 충분히 넓다고 판단함) 참조.

Schering v. Amgen (Fed. Cir. 2000).[76] 출원일에 발명자 Weissman은 "백혈구(leukocyte) IFN"을 설명했다. 이후 과학계는 이를 "IFN－알파(alpha)"라고 불렀고, Weissman은 USPTO에서 명명법을 수정했다. 청구항은 "알파형 인터페론(interferon of the alpha－type)"이라는 표현으로 특허되었다. 수년 후 그는 알파형 공통서열을 갖는 Amgen을 상대로 특허를 주장했다.

첫째 – 해석: 법원은 "IFN 알파형"이라는 문구를 나중이 아닌 출원일 당시의 의미에 따라 해석했다. 출원일에 Weissman은 IFN－알파 아형－1을 분리했다고 밝혀졌다. CAFC는 이 청구항이 IFN－알파－1에 국한되어 작성된 것으로 해석한다.

둘째 – 적용: 법원은 문언적 침해가 없다고 결론 내린다.

75) 358 F.3d 870 (Fed. Cir. 2004)
76) 222 F.3d 1347 (Fed. Cir. 2000)

SCHERING CORPORATION v. AMGEN INC.

U.S. Court of Appeals, Federal Circuit (2000)

청구항 1 (강조 표시 추가)

살아있는 세포 외부에서 종단 간 결합되어 일부 숙주를 감염시키고 그 안에서 유지될 수 있는 능력을 가진 서로 다른 게놈의 DNA 세그먼트로 구성된 재조합 DNA 분자 및 그 자손으로서, 다음과 같은 그룹으로부터 선택되는 DNA 서열을 포함하고,

(a) Z－pBR322(Pst)/HcIF－2h(DSM 1700), Z－pBR322(Pst)/HcIF－SN35(DSM 1701), Z－pBR322(Pst)/HcIF－SN42(DSM 1702) 및 Z－pKT287(Pst)/HcIF－2h－AH6(DSM 1703)의 DNA 인서트,

(b) 전술한 DNA 인서트 중 어느 하나에 혼성화되고 **IFN-α형의 폴리펩타이드에** 대한 발현을 암호화하는 DNA 서열, 및

(c) 전술한 DNA 서열 및 인서트 중 어느 하나에 의해 발현되도록 암호화된 **IFN-α형의 폴리펩타이드에** 대해 발현을 암호화하는 DNA 서열,

상기 DNA 서열 및 인서트는 상기 재조합 DNA 분자 내의 발현 제어 서열에 조작적으로 연결되는 것인, DNA 분자 및 그 자손.

A recombinant DNA molecule consisting of segments of DNA from different genomes which have been joined end－to－end outside of living cells and which have the capacity to infect some host and to be maintained therein, and the progeny thereof, comprising a DNA sequence selected from the group consisting of:

(a) the DNA inserts of Z－pBR322(Pst)/HcIF－2h (DSM 1700), Z－pBR322 (Pst)/HcIF－SN35 (DSM 1701), Z－pBR322(Pst)/HcIF－SN42 (DSM 1702) and Z－pKT287(Pst)/HcIF－2h－AH6 (DSM 1703),

(b) DNA sequences which hybridize to any of the foregoing DNA inserts and which code on expression for *a polypeptide of the IFN－α type*, and

(c) DNA sequences which code on expression for *a polypeptide of the IFN－α type* coded for on expression by any of the foregoing DNA sequences and inserts,

said DNA sequences and inserts being operatively linked to an expression control sequence in said recombinant DNA molecule

관련기술

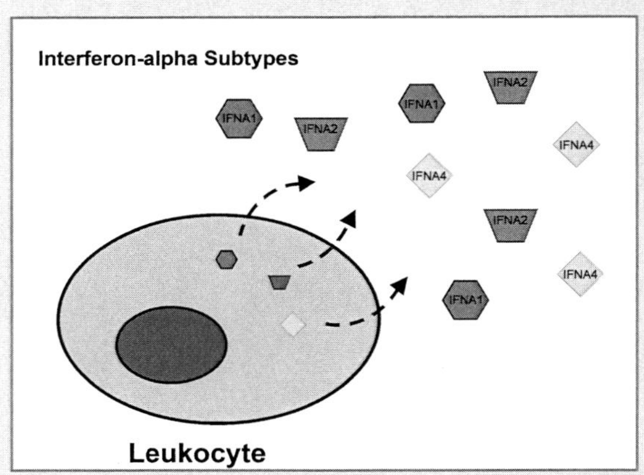

백혈구 IFN의 다양한 하위 유형(알파 유형으로 알려짐)

법원의 판결 이유

Amgen은 천연 IFN−α 아형(subtype)에서 발견되는 서열의 공통 또는 평균인 아미노산 서열을 암호화하는 재조합 DNA 서열을 생산했다. 따라서 Amgen은 각 위치에 하나 이상의 알려진 IFN−α 아형으로 존재하는 아미노산을 포함하는 아미노산 서열을 생산하지만 어느 단일 IFN−α 아형의 아미노산 서열을 복제하지는 않는다.

*** 최초 출원 당시, '901 특허로 등록된 출원('901 출원)은 IFN−α가 아니라 백혈구 인터페론으로 지칭했다. … 당 법원은 "IFN−α"라는 용어로 "백혈구 인터페론(leukocyte interferon)"을 대체한 것에 신규사항 위반을 발견하지 못했다. 당 법원은 특허 명세서에 비추어 청구항 용어 "IFN−α"를 해석한다. 이리 하여, 당 법원이 출원 당시 청구항 용어 "IFN−α형 폴리펩타이드(polypeptide of the IFN−α type)"의 범위에 다시 집중하게 된다. 이미 언급한 바와 같이, 당 법원은 이 사건 청구항이 출원 당시 명세서가 뒷받침하는 범위를 벗어나지 않게 해석한다. 기록에 따르면 당시 과학계와 Weissmann 박사는 이 인터페론이 백혈구에서 생성되는 유일한 인터페론 폴리펩타이드라고 이해했다. 따라서 당업자들은 백혈구에서 유래하는 인터페론 폴리펩타이드를 나타내기 위해 "백혈구 인터페론"이라는 용어를 사용했다. 나중에야 과학자들은 인터페론에 많은 아형이 있다는 사실을 알게 되었다.

*** 따라서, 기록에 따르면 염기 서열을 분석하면 인서트가 IFN−α−1을 암호화하는 것으로 밝혀졌는데, 이는 Weissmann 박사의 특허가 설명하고 아우르는 유일한 인터페론 아형이다. 더 넓은 범위를 인정하는 것은 Weissmann 박사가 하지도 않은 발명에 대해 보상하는 것이 된다.

*** 당 법원은 연방1심법원이 '901 특허의 청구항이 현재 당업자에게 IFN−α−1

로 알려진 미성숙 형태의 폴리펩타이드만을 포함하는 것으로 올바르게 해석했다고 판단하므로, Amgen에 유리하게 Schering의 약식 명령 신청을 승인한 연방1심법원의 판결을 지지한다.

Biogen IDEC et al v. Glaxo et al (Fed. Cir. 2013).[77] 출원시 Biogen IDEC는 CD20 항원에 대한 항체 Rituxan®(Rituximab®이라고도 함)을 만들었다. 10년 후 Glaxo는 동일한 항원 CD20에 대한 항체이지만 "작은 고리"라고 불리는 다른 에피토프에 대한 항체 Arzerra®를 만들었다. 출원 당시에는 CD20의 (나중에 명명된) "큰 고리"만이 알려져 있었다. CAFC는 앞서 설명한 *Schering v. Amgen* (Fed. Cir. 2000)에서와 같이 (그리고 이 사건에서 출원 과정에서 모르고 했지만 치명적인 권리포기에 의해 지지되듯이), "항－CD20 항체(anti－CD20 antibody)"라는 용어를 Biogen이 처음에 Rituxan®을 생산하는 데 사용한 큰 고리 에피토프에 대한 항체로 한정하여 해석하고 Arzerra®가 특허를 침해하지 않았다고 결론내렸다.

BIOGEN IDEC, INC. AND GENENTECH, INC v. GLAXOSMITHKLINE LLC et al.

U.S. Court of Appeals, Federal Circuit (2013)

청구항 1 (강조 표시 추가)

인간 환자의 만성 림프구 백혈병을 치료하는 방법으로서, 만성 림프구 백혈병을 치료하는 데 유효한 양으로 환자에게 **항-CD20 항체를** 투여하는 단계를 포함하며, 상기 방법은 방사성 표지 **항-CD20 항체를** 사용한 치료를 포함하지 않는 것인 방법.
A method for treating chronic lymphocytic leukemia in a human patient comprising administering an *anti－CD20 antibody* to the patient in an amount effective to treat the chronic lymphocytic leukemia, wherein the method does not comprise treatment with a radiolabeled *anti－CD20 antibody.*

77) 713 F.3d 1090 (Fed. Cir. 2013)

관련기술[78)]

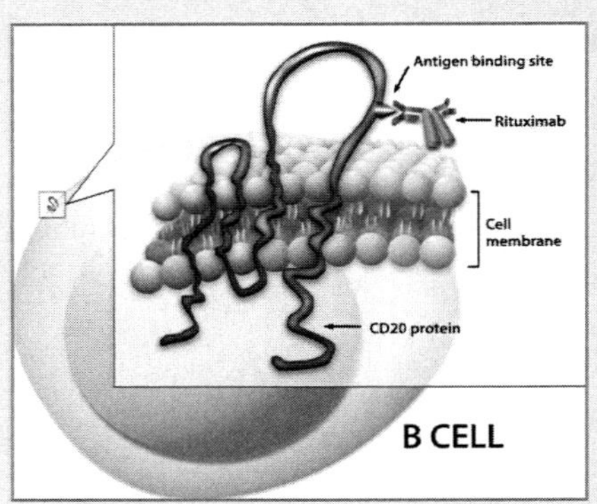

큰 고리와 작은 고리가 있는 CD20 항원

법원의 판결 이유

현재 Biogen은, 특정 "에피토프"를 명시적으로 언급한 적이 없고 특허 출원 당시 CD20은 하나의 에피토프만 가지는 것으로 여겨졌기 때문에, 출원인들은 단지 일반적인 의미의 특이성과 친화성, 즉 항－CD20이 결합하는 특정 CD20 에피토프와 관계없이 B 세포에 대한 항－CD20의 일반적인 선호를 언급한 것에 불과하다고 주장한다. 그러나 전체 내용을 보면 출원 경과는 Biogen의 입장을 뒷받침하지 않는다. 심사관은 특정 에피토프에 대한 특이성 및 친화성에 의해 항체를 특징화했고, 출원인들은 Rituxan®과 유사한 항체로 그들 청구항을 제한할 때 이러한 특징화를 받아들였다. 부인(disavowal)하는 진술은 "합리적인 명확성과 의도성을 보여줄 수 있을 정도로 명확해야 하지만" … 이 요건은 출원인이 구체적인 거절 이유에 대해 명확하고 의도적으로 대응할 때 심사관이 사용한 언어를 그대로 되풀이할 것을 요구하는 것은 아니다. 출원인이 원하면, 권리포기(disclaimer) 가능성을 피하기 위해 심사관의 특징화에 이의를 제기할 수 있었지만, 이 사건 출원인들은 심사관의 특징화에 직접 이의를 제기하지 않았다. … ("특허권자가 심사관의 문제에 대한 견해에 이의를 제기하기로 선택했는지 여부는 청구항 해석에 유관한데, 법원은 PTO가 실제로 검토하고 허여한 대상이 무엇인지 정확히 확인해야 하기 때문이다.") 대신, 그냥 Rituxan®, Rituximab, 2B8－MX－DTPA로 좁게 한정된 '612 특허의 개시 내용과 관련하여 특이성 및 친화성에 대해 논했을 뿐이었다. Rituxan®이 결합하는 특정 에피토프에 대해 유사한 친화성과 특이성을 갖지 않는 항체에 대한 권리포기는 명백하고 분명(clear and unmistakable)했다. 따라서 연방1심법원은 출원 경과 권리포

78) 이 파일은 크리에이티브 커먼즈 저작자표시 2.0 일반 라이선스(Creative Commons Attribution 2.0 Generic license)에 따라 라이선스 허여됨.

기에 근거하여 청구항 용어인 "항-CD20 항체(anti-CD20 antibody)"의 범위를 적절히 제한했다.

Bayer CropScience v. DowAgro (Fed. Cir. 2013).[79] 이 사건은 기저 과학의 변화하는 이해, 그에 수반되는 명명법, 기계론적 고려 사항을 청구항에 포함하는 위험을 다룬다. 처음에 관련 효소에 대해 사용된 "모노-옥시게나제(mono-oxygenase)"라는 청구된 용어는 7년 동안 청구항에 그대로 유지되었으며, 과학에 의해 그 효소가 디-옥시게나제(di-oxygenase)임이 밝혀졌음에도 불구하고 Bayer는 이를 정정하지 않았다. 청구된 용어는 나중에 잘못된 것으로 밝혀진 효소 메커니즘을 암시한다. 또한 청구항 1에는 "모노-옥시게나제(mono-oxygenase)"라고 되어 있지만, 종속 청구항 4의 실제 효소는 디옥시게나제의 서열(도면 10)을 가지고 있고, 따라서 청구항 종속성 및 불명확성이라는 추가적인 문제가 있다.

BAYER CROPSCIENCE v. DOW AGROSCIENCES LLC

U.S. Court of Appeals, Federal Circuit (2013)

청구항 1 ('401 특허) (강조 표시 추가)

작동 가능하게 연결된 구조 유전자의 식물 내 발현을 촉진할 수 있는 이종 프로모터에 작동 가능하게 연결된, 식물에서 발현될 수 있는 **2,4-D 모노-옥시게나제의** 생물학적 활성을 갖는 폴리펩타이드를 암호화하는 DNA 서열을 포함하는 재조합 유전자.

A recombinant gene, comprising a DNA sequence encoding a polypeptide having the biological activity of *2,4-D mono-oxygenase*, which is capable of being expressed in a plant, operably linked to a heterologous promoter capable of promoting the expression in a plant of a structural gene operably linked thereto.

청구항 4

[청구항 1의 재조합 유전자에 있어서,] DNA 서열은 개시 코돈이 ATG인 것을 제외하고, 도 10의 구조적 유전자 서열인, … 재조합 유전자.

79) 728 F.3d 1324 (Fed. Cir. 2013)

[The recombinant gene of claim 1] wherein the DNA sequence is the structural gene sequence of FIG. 10, except that the initiation codon is ATG …

법원의 판결 이유

공중에의 고지 및 특허권자 작성 의무와 관련한 잘 알려진 청구항 해석 원칙에 따르면 명확성이 요구된다고 봄이 적절한데, 즉 Bayer는 효소를 정확하게 기술했다는 확인되지 않은 믿음에 기초하여 언어를 선택했고, 특허 출원 중에 그 믿음이 잘못임을 알고도 특허되기 전 7년이라는 기간 동안 언어를 수정할 수 있었지만 그러지 않았다.

*** 특정 작용 메커니즘을 설명하는 이 용어의 인정된 과학적 의미 대신에 Bayer의 “2,4-D 모노옥시게나제(monooxygenase)”로 특허에 넓은 의미를 부여하겠다는 명확한 메시지가 없다. 이 법정에서 Bayer가 사용한 용어 역시 이러한 결론을 뒷받침한다. Bayer가 사용한 언어에 계속해서 클래스를 정의하는 설명적 의미를 제시한 게 많다.

*** 요컨대, 연방1심법원이 설명한 바와 같이, 청구항 언어는 강하게 인정된 과학적 의미를 갖는다. Bayer가 제시한 해석은 청구항 언어인 모노옥시게나제 절반에 인정된 설명적 의미를 지워버리고, 생물학적 활성의 명세서 “정의”를 주장하는 것이다. 명세서나 출원 경과에 이를 정당화할 만한 충분한 근거가 없다.

*** Bayer가 제안한 해석은 2,4-D의 측쇄 절단을 유발하는 기능으로 정의된 효소 클래스를 넓게 포함하지만, 명세서는 단 하나의 유전자 서열과 그것이 암호화하는 효소를 구조적으로 특정하고 있다. 어떨 때 § 112(a)의 기재요건이 위반되는가를 판별할 포괄적이고 정교한 공식을 제시한 적은 없으며, 실제로 우리는 이 분야에서 “명확한 규칙”을 적용하지 말라고 권고한 바 있다. *Ariad Pharms., Inc. v. Eli Lilly & Co.* … 그러나 우리는 이 사건과 같은 어떤 분야에서는 발명을 구조적으로 특정하는 게 우선시된다고 교시해왔으며, 달리 특정할 수 있는 수단이 가능할 때도 그러한 대안적 수단이 구조와 충분히 관련되는지에 집중했다. 예를 들어, *Novozymes A/S v. DuPont Nutrition Biosciences APS* …; *Ariad* …; *Carnegie Mellon Univ. v. Hoffman-La Roche Inc.* …; *Univ. of Rochester v. G.D. Searle & Co., Inc.* … (“유전 물질의 기능적 설명은 어떤 경우에는 그러한 기능적 특성들이 “기능과 구조 사이의 알려진 또는 공개된 상관관계와 연관되거나 또는 그러한 특성의 조합일 때” 기재 요건을 충족할 수 있다.”)

*** 가장 정교하게 작성된 청구항인 청구항 4는 독립 청구항이 아니라 종속 청구항으로 작성되었으므로 청구항 1을 만족해야 하며, 따라서 청구항 1의 언어를 제

대로 해석해야 한다. 더욱이, 보호받을 수 있었던 발명을 한 특허권자가 청구항 작성에서 잘못된 선택으로 인해 그러한 보호를 확보하는 데 실패하는 예는 많다. …

§ 12:16 저자 의견: 발전하는 기술의 쟁점에서 침해의 규칙

Amgen v. Hoechst Marion Roussel (Fed. Cir. 2003)[80]은 앞서 § 12:13에서 DoE의 맥락에서 논의한 사건으로, 여기서 (DoE 쟁점에 도달하기 전에) 먼저, 출원일 "성숙한" EPO에 166개 AA가 있다고 믿었기 때문에 (청구항에 포함된 도 6에 166개 AA가 표시됨) 피소된 "성숙한" EPO의 문언적 침해가 없다고 판단한 바 있다. 피소 제품은 침해시 165개 AA를 가졌다. 이는 문언적 침해에서 청구항은 출원시를 기준으로 해석된다는 규칙을 적용한 것이다. *Schering v. Amgen* (Fed. Cir. 2000)[81] ("IFN 알파형"은 "알파-1"을 의미한다) 및 *Biogen IDEC v. Glaxo* (Fed. Cir. 2013)[82] ("CD20"은 "큰 고리 CD20"를 의미한다)는 출원 당시에는 구체적인 것이라 이해되었으나 침해 시점에는 포괄적이 된 용어를 가지는 청구항의 사례로서, 동일한 규칙을 확인했다.

Bayer CropScience v. DowAgro (Fed. Cir. 2013)[83] ("모노 옥시게나제"를 침해일 현재 "디옥시나제"를 의미하는 것으로 재해석할 수 없다) 사건은 이 규칙의 특히 엄격한 사례이다. 이 사건에서 출원인은 디옥시게나제를 **가지고** 있었지만 그 사실을 알지 못했고, 그 사실이 당업자에게 명백해졌을 때는 (기계론적 의미를 갖는) 명명법을 수정하지 않았다. 청구된 화합물이 동일하게 유지되고 신규사항 추가 없이 기재요건을 위반하지 않는 한, 화학식 또는 명명법을 수정할 수 있다. § 6:7 (내재적 보유) 주석 참조.

실시가능성 요건/기재요건 불비 또는 좁은 해석?

예측 불가능한 실시예.

하위개념(종; species) 청구항이 출원일에 알려지지 않았거나 예측할 수 없었던 실시예를 명백히 포함하는 경우(예컨대, *Schering v. Amgen*에서 "알파형 인터페론(interferon-α type)" 또는 *Biogen IDEC v. Glaxo* 사건에서 "CD20"), 법원은 실시가능성 요건 불비를 이유로 청구항을 무효로 판결하지 않을 것이다. 이는 예기치 않은 실시예를 실시가능하게 기재하는 것이 불가능하기 때문에 *Hogan* 규칙과는 일관

80) 314 F.3d 1313 (Fed. Cir. 2003)
81) 222 F.3d 1347 (Fed. Cir. 2000)
82) 713 F.3d 1090 (Fed. Cir. 2013)
83) 728 F.3d 1324 (Fed. Cir. 2013)

되지 않는다. 법원은 이러한 청구항들을 출원일에 이루어진 하위개념 발명만을 포함하고 나중에 침해일에야 비로소 인식된 넓은 상위개념(속; genus)을 포함하지 않는 것으로 좁게 해석할 것이다. 따라서 법원은 축소된 형태로라도 특허를 보존해준다.

초기 우선권 문서에서 예측할 수 없는 후발 실시예를 기재하지 않아 특허 청구항이 무효로 판시된 한 사례는 *Chiron v. Genentech* (Fed. Cir. 2004)[84]인데, 앞서 § 6:24 주석에서 정확히 이 점에 대해 논했다. 저자의 견해로는, 이 사례는 특허권자가 원래 상위개념 발명을 하지 않았고 (따라서 설명할 수 없었고), 나중에 청구된 하위개념 발명에 대한 우선권의 혜택을 받을 수 없었으며, 사이에 낀 선행 기술에 의해 특허를 상실한 것으로 이해하는 것이 낫다고 생각한다.

예측 가능한 실시예.

앞서 § 5:19에서 예측 가능한 실시예의 실시가능성 요건 맥락에서 분석한 *Plant Cases*와 같은 사례에서, 또는 앞서 § 6:13에서 기능적으로 청구된 알려진 항원에 대한 기재요건의 맥락에서 분석한 *Abbvie Deutschland **v.** Janssen*에서, 법원은 USPTO에서의 당사자계 무효사건 결정을 검토하건 침해 소송 하급 법원의 판결을 검토하건, 각각 실시가능성 요건과 기재요건 불비를 이유로 청구항이 특허를 받을 수 없다고 판결했다. 이러한 무효 판단의 근거는 나중에 침해 혐의로 피소된 실시예(예컨대 *Plant Cases*의 단자엽 식물 또는 *Abbvie Deutschland* 사건의 다른 V_H 5 인간 항체 하위 클래스)가 출원 당시 예측가능했지만 실시가능성 요건 위반 또는 기재 불비였다는 것이다. 이러한 상황에서는 특허가 결국 무효된다.

기술적 발전 대 새로운 물질.

앞서 § 12:15에서 첫째 주석에서 논한 바와 같이, *U.S. Steel v. Phillips* (Fed. Cir. 1989)[85]에서 CAFC는 나중에 발견된 고점성 폴리머를 실시가능성 요건 위반으로 청구항을 무효화하지는 않았다. 이는 *Hogan* 규칙과 일치한다. 그러나 *U.S. Steel* 사건에서 흥미로운 점은 법원이 피소된 고점성 폴리머가 해석된 청구항을 문언적으로 침해했다고 판단했다는 점이다. 즉, *U.S. Steel* 사건에서 법원은 청구항을 넓게 포괄적으로 해석했다. (이는 앞서 논한 *Innogenetics v Abbott* (Fed. Cir. 2008) 사건에서도 마찬가지인데, 다만 *Innogenetics* 사건은 *U.S. Steel* 사건과 달리 물건 또는 조성물 청구항이 아닌 테스트 방법을 다루며, 포괄적으로 작성된 테스트 방법은 조성물 청구항보다 후발 기술을 포함할 가능성이 더 높다.)

U.S. Steel 판결은 *Schering v. Amgen* (알파형 IFN) 또는 *Biogen IDEC v.*

84) 363 F.3d 1247 (Fed. Cir. 2004)

85) 865 F.2d 1247 (Fed. Cir. 1989)

Glaxo(CD20에 대한 항체)와는 완전히 대비되는데, 여기에서는 앞서 살펴본 바와 같이 법원이 청구항을 출원 당시 기재하고 청구한 하위개념에 국한하여 **좁게** 해석하고 나중에 발견된 하위개념에 의한 문언적 침해가 없다고 판단했다. 무엇이 차이를 만들었을까?

한 가지 가능한 설명은, 법원이 청구된 것과 **동일한** 물질의 기술적 발전(예컨대 *U.S. Steel*에서의 고점성 폴리머)을 다룰 때는 청구항을 넓게 해석하여 침해를 인정한다는 것이다. 대조적으로, 법원이 **새로운** 물질(예컨대 *Schering v. Amgen* 사건에서 인터페론의 공통물 또는 *Biogen IDEC v. Glaxo*에서의 작은 고리 항체)를 다룰 때는 청구항을 좁게 해석하고 청구항이 **다른** 물질을 포함하기 때문에 침해가 없다고 판단한다. 법원은 *Schering*에서나 *Biogen IDEC*에서 발명자가 원천적인 최초의 물질을 발견하고 연구 개발의 새로운 장에 문을 열었다는 사실은 상관하지 않는 것으로 보인다.

나중에 발견된 실시예의 침해 문제에 대한 보다 상세한 내용은 Goldstein, J.의 "**생명공학 특허에서 나중에 발견된 실시예의 포획**(*Capturing After–Discovered Embodiments in Biotechnology Patents*)"[86] 참조.

§ 12:17 저자 의견: 분할 침해 – 분할 침해에 관한 법의 굴곡진 역사

분할 침해는 다단계 프로세스 청구항(예컨대 "… 단계 (a) … 단계 (b) … 및 단계 (c)를 포함하는 프로세스")에서 하나 이상의 단계를 미국에서 어느 당사자가 수행하고 다른 단계를 미국에서 다른 당사자가 수행하는 경우에 발생한다.

Akamai Technologies v. Limelight Networks (Fed. Cir. 2012)[87] ("*Akamai II*")에서 CAFC는 전원합의체 판결에서 분할 침해에 관한 법률이 한 당사자의 직접 침해를 요구하지 않는다고 했다. 법원은 한 당사자(예컨대 의사 또는 연구소)가 명시적 또는 묵시적으로 다른 당사자의 **침해를 유도**하는 경우, 유도된 당사자가 청구항의 모든 단계를 수행할 필요는 없고, 당사자 간에 대리인 관계가 있을 필요도 없다고 판시했다.

그러나 이러한 분할 침해 책임의 유도 이론은 2014년 미국 대법원에서 ***Limelight Networks, Inc. v. Akamai Technologies, Inc., et al.*** (U.S. Sup. Ct. 2014)[88] ("*Akamai III*")에서 즉각 거절되었다. 대법원은 2012년 전원합의체 *Akamai II* 판결을 검토한 후, 이를 파기하면서 유도만으로는 충분하지 않고 반드시 **누군가**에 의한

86) *25 Fed. Cir. Bar J.* 401 (2016)
87) 692 F.3d 1301 (Fed. Cir. 2012)
88) 134 S. Ct. 2111 (U.S. Sup. Ct. 2014)

직접 침해가 있어야 한다는 원칙을 재확인했다. 대법원은 여러 당사자에 의한 침해에 여러 당사자 간에 대리인 관계가 필요한지를 결정하도록 CAFC에 환송했다.

Akamai Technologies, Inc., v. Limelight Networks, Inc. (Fed. Cir. 2015)[89] ("*Akamai IV*")에서 CAFC 합의부는 환송심에서, Limelight가 방법 청구항의 모든 단계를 수행하지 않았고 고객들의 행위에 대해 Limelight에 책임을 물을 다른 근거가 없기 때문에(즉, 대리인 관계나 합작 기업 관계가 없기 때문에) Limelight가 관련 특허를 직접 침해한 것이 아니라고 판시했다.

몇 달 후, CAFC는 다시 전원합의체 회의를 통해 *Akamai IV* 판결을 뒤집고, ***Akamai Technologies et al v. Limelight Networks*** (Fed. Cir. 2015)[90] ("*Akamai V*")에서 Limelight가 고객의 행동에 책임이 있다고 판단하고 Limelight가 35 U.S.C.A. § 271(a)를 직접 침해했다고 판단했다. 이 판결은 다단계 침해에 대한 테스트를 다음과 같이 명확히 했다(강조 표시 추가): "… **침해 혐의자가 활동에의 참가 또는 이익의 수령을** 특허받은 방법의 한 단계 또는 여러 단계의 수행을 **조건으로** 하고 그 수행 방식 또는 시기를 정하는 경우에도 § 271(a)에 따른 책임이 인정될 수 있다."[91]

요약하면, 청구항이 미국에서 하나보다 많은 당사자에 의해 수행되도록 작성된 경우 침해를 분석하는 구분되는 세 가지 모델이 있다:

1. "합작 사업(joint enterprise)" 접근법, 여기서는 양 당사자가 일종의 대리인-주인 관계에 있다는 증거가 있어야 한다;
2. "조건부 참여(conditioned participation)" 접근법, 여기서는 한 당사자가 법적 또는 기타 방식으로 다른 당사자의 행위를 조건으로 한 증거가 있어야 한다; 또는
3. "유도-직접 침해(inducement-direct infringement)" 접근법, 여기서 a) 한 당사자가 적극적으로 유도했다는 증거와 b) 상대방이 직접 침해했다는 증거가 모두 있어야 한다.

CAFC는 아직 생명공학 분야에 *Akamai* 법리를 적용할 기회가 없었다. 그러나 법원이 저분자 제약 분야의 분할 주장들을 다룰 때 *Akamai* 유형의 분석을 수행한 사례가 몇 건 있다. 이들 몇 판결(***Vanda Pharm v West Pharma*** (Fed. Cir. 2018)의 주목할 만한 예외는 있음)은 법원이 생명공학 분야의 사건에 직면했을 때 어떤 일이 일어날 수 있는지에 대한 좋은 모델이다.

조건부 수행에 대한 *Akamai V* 테스트가 환자와 의사 간에 분할이 있었던 ***Eli***

89) 786 F.3d 899 (Fed. Cir., 2015)

90) 797 F.3d 1020 (Fed. Cir. 2015)

91) 797 F.3d 1020, 1023 (Fed. Cir. 2015)

Lilly v. Teva Parenteral Med. (Fed. Cir. 2017)에서 적용되었는데, 아래 § 12:18에서 설명한다. ***Cleveland Clinic Foundation v. True Health Diagnostics*** (Fed. Cir. 2017)에서는 *Akamai V* 테스트가 적용되지 않았는데, 여기서는 클리닉 실험실과 의사 사이에 분할이 있었는데, 아래 § 12:19에서 설명한다. *Cleveland Clinic* 사건에서 법원은 유도-직접침해 테스트를 사용하여 사실관계가 유도를 입증하지 못한다고 판단했다. 그리고 아래 § 12:20에서 설명하는 ***Vanda Pharm. v. West Pharma*** (Fed. Cir. 2018) 사건에서 법원은 ANDA 사건에서 제네릭 제약 출원인이 FDA가 제네릭 의약품을 승인할 경우 사용하도록 제안한 라벨을 유도 및 직접 침해의 충분한 증거가 된다고 평가했다.

다단계 청구항 프로세스가 미국 밖에서 수행되고 최종 제품이 수입되는 경우 35 U.S.C.A § 271(a)에 따른 분할 침해 문제는 35 U.S.C.A § 271(g)로 넘어가지 않는다. § 12:26("유형의 제품 수입")에서 자세히 분석하는 사건인 ***Syngenta Crop Protection, LLC v. Willowood, LLC et al*** (Fed. Cir. 2019)[92]에서 CAFC는 35 U.S.C.A. § 271(g)는 단일 당사자가 특허 프로세스의 모든 단계를 미국 밖에서 수행할 것을 요구하지 않는다고 판시했는데, § 271(g)는 미국에서 특허받은 공정에 의해 미국 또는 해외에서 제조된 제품의 미국 내 수입, 판매 또는 사용되는 경우만을 다루고 있기 때문이다. 미국 밖에서 수행되는 프로세스가 둘 이상의 당사자가 관여하는 다단계 프로세스인 경우 수입 문제는 법적으로 상관 없다.

§ 12:18 환자 – 의사

Eli Lilly and Company v. Teva Parenteral Medicines (Fed. Cir. 2017).[93] CAFC는 *Akamai V*에 명시된 테스트에 따라 환자가 한 단계, 의사가 다른 단계를 수행하여 두 당사자가 실행하는 방법에 대한 청구항은 의사가 환자의 행위를 충분히 지시하거나 통제하기 때문에 의사가 직접 특허를 침해한다고 판시했다. 이렇게 판결하면서, 법원은 제품 라벨에 두 번째 약물의 독성을 줄이기 위해 첫 번째 약물이 "사전 투약 요건"이라고 표시되어 있고, 환자에게 첫 번째 약물을 특정 용량으로 특정 투약 스케줄에 따라 복용하라고 말하라고 의사에게 지시하고 첫 번째 약물이 투여되지 않으면 두 번째 약물 치료를 보류하라고까지 지시했음을 고려했다.

92) 2019 WL 6884529 ---F.3d --- (Fed. Cir. 2019)

93) 845 F.3d 1357 (Fed. Cir. 2017)

ELI LILLY AND COMPANY v. TEVA PARENTERAL MEDICINES, INC.

U.S. Court of Appeals, Federal Circuit (2017)

청구항 12 (강조 표시 추가)

12. 화학요법 치료가 필요한 환자에게 페메트렉시드 디나트륨을 투여하는 개선된 방법으로서,

a) 페메트렉시드 디나트륨을 처음 투여하기 전에 약 350μg에서 약 1000μg의 **엽산을 투여**하는 단계와;

b) 페메트렉시드 디나트륨을 처음 투여하기 전에 약 500μg~약 1500μg의 **비타민 B12를 투여**하는 단계; 및

c) **페메트렉시드 디나트륨을 투여**하는 단계

를 포함하는 방법.

12. An improved method for administering pemetrexed disodium to a patient in need of chemotherapeutic treatment, wherein the improvement comprises:

a) *administration* of between about 350 μg and about 1000 μg of *folic acid* prior to the first administration of pemetrexed disodium;

b) *administration* of about 500 μg to about 1500 μg of *vitamin B12*, prior to the first administration of pemetrexed disodium; and

c) *administration of pemetrexed disodium.*

법원의 판결 이유

*** 여기서와 같이, 단일 행위자가 방법 청구항의 모든 단계를 수행하지 않는 경우, "한 행위자의 행위 원인이 다른 행위자에게 귀속되어 단일 주체가 침해에 대한 책임이 있다고 할" 경우에만 직접 침해가 발생한다. *Akamai V*, 797 F.3d at 1022. 방법 단계들의 수행의 책임이 다른 주체에 귀속되는 경우는 두 가지 상황인데: 한 주체가 다른 주체의 행위를 "지시 또는 통제"할 때 또는 행위자들이 "합작 사업을 형성"할 때이다. *Id.* Eli Lilly는 합작 사업론을 주장하지 않았으므로, 우리가 살펴볼 직접 침해의 문제는 의사들이 환자의 엽산 투여를 지시 또는 통제하는지 여부이다.

*** 의사들이 비타민 B12와 페메트렉시드를 투여하지만, 환자가 의사의 지침에 따라 엽산을 자가 투여한다. 따라서 Eli Lilly의 침해 이론은 분할 침해 책임을 입증해야 하는데, 소송 계류 중 적극적으로 재검토한 법률 분야이다.

* 엽산 전처치의 중요성과 의사들의 진료 실무에 관한 증거는, 의사들이 환자에게 엽산 복용을 단순히 안내하거나 지시하는 것으로부터 페메트렉시드 치료에 엽산

투여를 조건화하는 것까지 그 경계를 넘나든다는 사실판단을 뒷받침한다. 환자가 지시에 따라 엽산을 복용하지 않는 경우, 의사는 재량에 따라 환자가 엽산 투여 단계를 수행하지 않았다는 이유로 페메트렉시드 치료를 제공하지 않아도 된다.

* 또한 피고는, 행위자가 "그렇게 할 법적 의무를 부과하거나 참여의 불가피한 기술적 전제 조건으로 그 단계를 개입시키거나, 아니면 [*Akamai V*]에서와 같이 둘 다에 의해서"만 단계의 수행을 조건화할 수 있다고 주장하지만, 이 주장은 받아들이지 않는다. *Id.* [*Akamai V*]에서 피고가 모든 고객에게 피고의 서비스를 사용하기 위해 고객이 수행해야 하는 단계를 설명하는 표준 계약서에 서명하도록 요구했다는 증거를 바탕으로 "조건부"가 있다고 판단했다. … 하지만 "조건부"를 법적 의무나 기술적 전제 요건으로 제한한 것은 아니다. 우리는 "행위요인 귀속의 원칙은 제시된 특정 사실관계의 맥락에서 고려되어야 한다"고 주의를 주었으며, 심지어 § 271(a) 위반이 "주인－대리인 관계, 계약 약정 및 합작 사업에만 국한되지 않는다"고 명시적으로 밝혔다. … 앞에서 논한 증언과 함께 제품 라벨링은 의사들이 엽산 전처리를 페메트렉시드 치료 조건으로 했다는 충분한 증거를 제공한다.

§ 12:19 임상 실험실 – 의사

◆ ***<u>The Cleveland Clinic Foundation v. True Health Diagnostics LLC</u>*** (Fed. Cir. 2017).[94] 이 사건은 앞서 § 3:30에서 평가 방법 청구항의 특허적격성 맥락에서 분석했다. 여기서는 특허적격성 흠결을 이유로 이의가 제기되지 않은 '260 특허에 대해 다룬다. '260 특허의 주요 청구항은 세 단계를 가지는데, 처음 두 단계 (a)와 (b)는 True Health가 수행한 MPO 수치가 높은 환자의 분석 및 선별 단계이고, 세 번째 단계 (c)는 의사가 수행한 투여 단계이다. 따라서 이 사건의 청구항은 서로 대리인이 아닌 두 당사자의 전형적인 분할 침해 상황을 제시한다. 그러나 CAFC는 침해를 분할 침해로 취급하지 않고, 대신 잠재적 환자의 MPO 수치를 보여주는 True Health의 실험실 보고서가 기여 침해에 필요한 "재료 또는 장치"가 아니며 의사의 침해를 유도하는 요건에 따른 구체적인 의도와 행동을 입증하기에도 충분하지 않다는 연방1심법원의 결정을 지지했다.

94) 859 F.3d 1352 (Fed. Cir. 2017)

THE CLEVELAND CLINIC FOUNDATION V. TRUE HEALTH DIAGNOSTICS LLC

U.S. Court of Appeals, Federal Circuit (2017)

청구항 1 (Cleveland Clinic의 '260 특허)

미엘로퍼옥시다제(MPO) 질량 및/또는 활성의 증가에 기초하여 인간 환자에게 지질 저하제를 투여하는 방법으로서,

(a) 혈청 또는 혈장 샘플을 항-MPO 항체와 접촉시키고 혈청 또는 혈장 샘플에서 MPO 활성을 측정하기 위한 과산화효소 활성 분석을 포함하는 효소결합면역흡착분석법(ELISA)을 수행하는 단계와;

(b) 겉보기에 건강한 대조군 피험자의 MPO 질량 및/또는 활동 수준과 비교하여 MPO 질량 및/또는 활동 수준이 높은 환자를 선택하는 단계와;

(c) 선택한 인간 환자에게 지질 저하제를 투여하는 단계

를 포함하는 방법.

A method for administering a lipid lowering agent to a human patient based on elevated levels of myeloperoxidase (MPO) mass and/or activity comprising:

(a) performing an enzyme linked immunosorbent assay (ELISA) comprising contacting a serum or plasma sample with an anti-MPO antibody and a peroxidase activity assay to determine MPO activity in the serum or plasma sample;

(b) selecting a patient who has elevated levels of MPO mass and/or activity compared to levels of MPO mass and/or activity in apparently healthy control subjects; and

(c) administering a lipid lowering agent to the selected human patient.

법원의 판결 이유

[기여 침해] *** 당사자가 특허 프로세스를 실행하는 데 사용하기 위한 재료 또는 장치를 판매하거나 판매를 제안하고, 그 "재료 또는 장치"가 발명을 실행하는 데 중요하고, 실질적인 비침해 용도가 없으며, 당사자가 "해당 특허를 침해하는 데 사용하기 위해 특별히 제작되었거나 특별히 개조된 것임"을 알고 한 경우 기여 침해가 발생한다. … 우리는 "소장에 첨부된 실험실 보고서는 피고가 제공하는 서비스의 결과를 보고하는 방법을 보여준다"고 한 연방1심법원의 판단에 동의한다. 이들은 "재료 또는 장치"가 아니다.

[유도 침해] *** 타인에 의한 침해 가능성을 단순히 인지하는 것만으로는 유도에 해당하지 않으며, 침해를 유도하기 위한 구체적인 의도와 행동이 입증되어야 한다. … True Health가 지질 저하제를 환자에게 판매하거나 처방하지 않은 것에는 다툼이 없다. Cleveland Clinic은 True Health의 실험실 보고서가 그 보고서를 주문한 의사가 그 결과에 의존하여 환자에게 심혈관 질환 위험이 있는 것으로 나타난 경우 지질 저하제를 투여할 것이라는 합리적인 추론을 형성하기에 충분하다고 주장한다. Cleveland Clinic은 True Health와 지질 저하제를 처방할 수 있는 의사 사이의 관계를 시사하는 어떠한 사실도 주장하지 않았다. 따라서 Cleveland Clinic의 주장은 True Health를 대신하여 '260 특허의 침해를 유도하는 "구체적인 의도 및 행동"을 보여주기에 부족하다.

§ 12:20 저자 의견: 분할 침해 사건에서 유도

앞서 § 12:19에 언급된 *Cleveland Clinic v. True Health* (Fed. Cir. 2017)에서 CAFC는 '260 특허에서 문제의 청구항이 두 당사자, 즉 임상 실험실 및 그와 무관한 의사에 의해 수행되었음을 인정했지만, 그 때문에 침해가 분할 또는 분리된 것이라고 언급하지는 않았다. 대신, 법원은 의사의 침해를 임상 실험실이 적극적으로 유인하였다고 보기에 부족하다고 판단했다. 특허권자인 Cleveland Clinic이 선택한 전략은 분석할 가치가 있다. 특허권자는 두 당사자 간의 합작 사업이 있음을 입증할 수도 없고 ***Eli Lilly and Company v. Teva Parenteral Medicines*** (Fed. Cir. 2017)에서의 경우처럼 임상 실험실 또는 의사가 상대방의 어떤 행동을 어떤 명시적 또는 묵시적 요건을 조건부로 했다고 입증할 수도 없다고 생각했을 수 있다.[95] 또한, ***Limelight Networks, Inc. v. Akamai Technologies, Inc., et al.*** (U.S. Sup. Ct. 2014)[96] (*Akamai III*)에서 미 대법원이 직접 침해에 대한 입증 없이 유도에만 근거한 분할 침해 이론을 거절한 바 있다는 것을 알고, Cleveland Clinic은 의사의 직접 침해의 증거가 수반되는 유도 이론으로 승소할 수 있다고 판단했을 가능성이 높다. 그러나 이 사건에서 알 수 있듯이 유도 의도의 요소가 없었다는 점에서 이 시도는 실패했다.

이 결과는, 앞서 § 3:32에서 임상적 진단 상관관계의 특허적격성 맥락에서 논의한 ***Vanda Pharm. v. West-Ward Pharm.*** (Fed. Cir. 2018)[97]과 대비된다. *Vanda* 사건에서 청구된 단계들은 두 당사자에게 나뉘어져 있는데: 첫째 단계는 "… 유전자형 분석법을 통해 환자가 CYP2D6 저대사자인지 여부를 … 판단"하기 위한 임상 테스

95) 845 F.3d 1357 (Fed. Cir. 2017)

96) 134 S. Ct. 2111 (U.S. Sup. Ct. 2014)

97) 887 F.3d 1117, 126 U.S.P.Q. 2d 1266 (Fed. Cir. 2018)

트이고, 둘째 단계는 환자가 저대사자인지 여부에 따라 12mg/일보다 낮거나 높은 양으로 "… 환자에게 일로페리돈을 투여 …"하는 것이다. CAFC는 특허권자가 직접 침해와 유도 침해를 모두 입증했다는 하급 법원의 판결을 지지했다.

Akamai III (Sup. Ct. 2014)[98]에 따라 분할 침해 상황에서 직접 침해 증거 없이 유도만으로는 충분하지 않다는 점을 알고, *Vanda* 사건에서 CAFC는 유도 **및** 직접 침해가 둘 다 있다고 명시적으로 판단했다. 이 사건에서 중요한 역할을 한 요인은 이 소송이 약가 경쟁 및 특허기간 회복법("Drug Price Competition and Patent Term Restoration Act"; 일명 Hatch Waxman Act)[99]에 의거 제기되었다는 점이다. 특허권자는 피고가 ANDA를 신청하고 FDA에 특허가 침해되지 않을 것이라고 확인해준 후에 피고에 대해 소송을 제기했다. CAFC는 ANDA 피고가 제안한 라벨을 검토하였고, 그 언어를 따르면 해당 라벨이 ANDA 의약품이 상용화될 경우 의사들을 유도할 것이라고 판단했다. 또한 법원은 의사들이 직접 침해할 수밖에 없다고 판단했다. 라벨 평가는 유도 및 직접 침해의 문제를 둘 다 해결했다. 법원은 이렇게 말했다:

> Vanda는 제안된 ANDA 제품이 판매될 경우 '610 특허를 침해할 것이라는 점을 보여줌으로써 단정된 직접 침해를 입증할 책임을 충족시킬 수 있다. 연방1심법원은 제안된 라벨이 의사들에게 청구된 단계를 수행하도록 "권장"한다고 사실 판단을 하였고 … 의사의 직접 침해 가능성을 평가하기 위한 연방1심법원의 제안된 라벨 분석은 우리의 판례에 따르면 적절하다. [인용 생략]
>
> ***("따라서 침해 판단은 모든 관련 증거의 고려에 기반하는데, 제약 제조업체는 의약품에 대한 ANDA의 설명에 부합하는 제품만 판매해야 한다는 엄격한 법조문에 구속되기 때문에, ANDA 자체가 분석을 주도한다.") [인용 생략]. 따라서 연방1심법원은 [제안된 라벨이] "의사가 환자의 CYP2D6 저대사자 여부를 판단하기 위해 유전자형 분석을 수행하거나 수행하였기를 권장한다"고 판단함에 있어 명백한 오류를 범하지 않았다. … 양측의 전문가들은 언급된 "실험실 검사"가 "유전자형 검사"라고 증언했다. … 따라서 연방1심법원은 "라벨에 저대사자를 식별하기 위해 "실험실 검사"가 사용가능하다고 기재되어 있을 때 그 라벨은 '유전자형 검사'를 의미하는 것"이라고 판단했다. … 우리는 이 판단에 명백한 오류를 발견하지 못했다.

독자는 *Vanda v. West-Ward* 사건에서 특허권자가 직접 및 유도 침해를 입증하는 데 도움이 되었던 ANDA를 통한 제네릭 의약품 신청에 대한 엄격한 규정이 생물

98) 134 S. Ct 2111, 189 L.Ed 2d 52, 110 USPQ 2d 1681 (2014)

99) 제약 제조업체가 식품의약국(FDA)의 제네릭 의약품 승인을 위해 약식 신약 신청서(ANDA)를 제출하는 절차를 간략하게 설명하는 21 U.S.C.A § 335(j) 참조.

학적 제제의 맥락에서는 적용되지 않는다는 점을 유의해야 한다. Hatch－Waxman Act의 특정 부분(예컨대 제안된 라벨에 의한 문서상 침해)은 생명공학 분자가 아닌 저분자의 경우에만 적용된다. 따라서 *Vanda* 판례는 분할 침해 사건의 문제를 해결하고자 하는 생명공학 분야 특허실무자에게만 제한적으로 활용될 수 있다.

§12:21 저자 의견: 정밀 의약 프로토콜에서 분할 또는 개별 침해

침해 책임은 다단계 정밀 의약(개인 맞춤형이라고도 함) 청구항을 갖는 특허를 보유한 특허권자에게 중요한 법적 문제이다. *Cleveland Clinic*의 사실관계에서 알 수 있듯이, 이러한 특허의 특허권자에게 문제는 정밀 의약 분야에서 잠재적 침해자의 행위가 일반적으로 두 가지 단계로 나뉜다는 점이다:

1단계: 한 당사자(일반적으로 임상 실험실)가 환자의 유전적 또는 기타 마커 기반 진단을 평가한다.

2단계: 결과에 따라 제2 당사자(일반적으로 의사)가 환자에게 적절한 약물을 투여한다.

한쪽 또는 다른 쪽 당사자의 침해 행위 또는 양쪽의 합작 행위를 포획하기 위해 세 가지 유형의 특허 청구항을 그려볼 수 있는데: **첫째는**, 합작 행위를 포획하는 이중 당사자 청구항, **둘째는**, 첫째 당사자의 행위, 즉 임상 진단 활동을 포획하는 단일 당사자 청구항, **셋째는**, 둘째 당사자의 행위, 즉 치료법 투여 활동을 포획하는 단일 당사자 청구항이다. 이 세 유형의 청구항에는 모두 심각한 문제가 있다. 차례로 살펴본다.

이중 당사자 청구항.

이중 당사자 청구항은 “환자에게 돌연변이 Y가 있나 **검사하는** 제1 단계, 및 그 결과에 따라 환자에게 효과적인 양의 약물 Z를 **투여하는** 단계를 포함하는, X 질병 환자 치료 방법”과 같은 형태일 것이다. 이는 *Cleveland Clinic*의 '260 특허와 *Vanda v. West－Pharm*에서의 청구항 유형이다.

기본적 침해 법리에 따르면, 이러한 이중 당사자 청구항은 두 단계가 모두 수행된 경우에만 침해가 된다. 이 시나리오의 당사자들의 독립성을 고려할 때, 이는 잠재적으로 문제이다. 청구된 두 단계를 수행하는 두 당사자가 있는데, 임상 실험실(검사)과 실험실에서 검사를 주문하는 의사(투여)이다. 이 둘은 서로 독립적이다. 상호 서비스에 대한 계약도 거의 없다. 그들의 관계는 그들이 서비스를 제공하는 환자를 통해 이루어진다. 또한 임상 실험실이 의사의 대리인인 경우도 거의 없고 그 반대도 마찬가지이며, 어느 쪽도 상대방의 행위를 통제하지 않는다. 그리고 단순 책임소재의 이유로 서로가 서로의 대리인으로 보이기를 원하지도 않을 것이다: 어느 쪽도 상대방의 과실 가능성에 대해 부담 지기를 원하지 않는다.

간단히 말해서, 이중 당사자 청구항의 침해는 서로 관련이 없는 독립적인 두 당사자 사이에 분할되어 있다. 분할 침해 문제에 대한 한 가지 해결책은 특허권자가 두 당사자를 상대로 소송을 제기하고 두 당사자가 **공동으로**(*jointly*) 침해했다고 주장하는 것이다. 하지만 이는 말처럼 명확하거나 쉽지 않다.

공동 침해의 법적 쟁점은, 앞서 논의한 바와 같이, 1) 특허권자가 임상 실험실이 의사의 침해를 유도했다는 사실을 입증할 수 있고 **그리고** 의사가 실제로 침해를 했다는 증거가 있거나(이 전략은 *Cleveland Clinic v. True Health*에서 실패했지만 *Vanda v. West-Ward*에서 ANDA 맥락에서는 성공했음) 또는 2) 두 당사자 중 한 쪽이 다른 쪽의 "… 활동 또는 이익 수령에 대한 참여를 특허받은 방법의 한 단계 또는 여러 단계의 수행을 **조건으로** 하고 그 수행 방식 또는 시기를 정하는 경우"와 같이 두 당사자 사이에 합작 사업이 있는 경우, 공동 침해가 발생한다는 명제에 이중 당사자 청구항의 공동 침해에 관한 법리가 정착한 것으로 보인다는 것이다. 또 *Eli Lilly v. Teva Parenteral* (Fed. Cir. 2017)은 이 두 법적 테스트 중 두 번째 요건이 의사와 환자라는 두 당사자에 의해 충족된 사례이다. 그러나 *Akamai V*의 조건화 요건은 정밀 의약에서 이중 당사자 청구항의 행사 가능성에 불확실성을 초래한다.

Eli Lilly v. Teva Parenteral 판결에도 불구하고, *Akamai*에 의해 기대되는 공동 침해가 인정되기 위한 의사에 의한 임상 연구소 행위의 조건화 또는 그 역은 흔하지 않다. 아마도 ANDA 상황을 제외하고는, 정밀 의약의 맥락에서 분할 침해가 계속 기준이 될 가능성이 높다. 이는 정밀 의약 분야에서 이중 당사자 청구항이 주장 및 권리행사가 어려울 것임을 알게 한다.

단일 당사자 청구항.

정밀 의약 분야에서 특허 보호를 위한 또 다른 대안은 침해가 잠재적으로 두 당사자에게 분할되지 않는 청구항을 시도하고 획득하는 것, 즉 단일 당사자 청구항를 시도하여 획득하는 것이다.

한 가지 가능성은 프로토콜의 첫째 단계, 즉 환자에게 돌연변이가 있는지 검사하여 환자가 질병에 걸릴 성향이 있는지 또는 치료의 혜택을 받을 가능성이 있는지 판단하는 단계에 대해서만 작성된 특허 청구항이다. 이러한 청구항은 임상 실험실 단독으로 침해될 수 있다. 그러나 이러한 청구항은, 진단 방법에 대한 특허적격성의 맥락에서 § 3:30에서 분석한 *Assoc. Molec. Pathology et al v. USPTO and Myriad Genetics* (Fed. Cir. 2012)[100]와 같은 판례들 때문에 아마도 좌절될 것이다. 여기서

100) 689 F.3d 1303 (Fed. Cir. 2012)

청구항은 (단일 당사자에 의해 수행될 것인) 전통적인 테스트 및/또는 검출에 한정되어, 거의 "자연법칙"에 대한 청구항이라는 이유로 특허적격성이 부정됨을 보았다.

두 번째로 가능한 단일 당사자 청구항은 프로토콜의 둘째 단계, 즉 치료 투여 방법에 대해서만 작성된 것이다. 여기서 정밀 의약 개념은 특정 돌연변이 또는 유전적 변이를 보유한 환자의 치료와 같은 청구항을 작성하는 것인데, 예컨대 "돌연변이 Y를 보유한 환자를 치료하는 방법으로서, 환자에게 효과적인 양의 약물 Z를 투여하는 단계를 포함하는 방법"이다. 이러한 방식으로 청구항은 사전에 별도의 유전적 결정 단계 없이 치료 방법 청구항으로 유지된다. 이러한 청구항은 (테스트 청구항과 마찬가지로) 한 당사자(이 경우 의사)에 의해 수행되며 침해는 의사와 임상 실험실 사이에 분할되지 않는다. *Natural Alternatives Int'l v. Creative Compounds, et al* (Fed. Cir. 2019)101)과 같은 최근 판례는 이러한 치료 방법 청구항의 특허적격성을 긍정했다.

그러나 이러한 청구항에는 잠재적인 문제가 있다. 이러한 청구항들은 완전히 다른 문제, 즉 내재적 신규성 흠결의 문제가 있다. 앞서 § 9:15에서 내재적 선행기술에 의한 신규성 흠결 맥락에서 분석한 *Schering Corp v. Geneva Pharm* (Fed. Cir. 2003)102)이 좋은 예이다. X 질환에 대한 약물 Z의 투여가 이전에(즉, 정밀 의약 시대 이전에) 발생했고, 당시 투여 받은 사람이 돌연변이 Y를 보유하고 있었다는 사실이 나중에 입증될 수 있는 경우, 제안된 단일 당사자 청구항은 내재적 신규성 흠결로 실패할 것이다.

정밀 의학 분야에서 특허의 보호 및 권리행사 가능성에 대한 문제는 많고 해결이 쉽지 않다. 적어도 앞서 § 10:26에서 개인 맞춤형 의약품 청구항의 자명성 맥락에서 살펴본 *Prometheus Labs., Inc. v. Roxane Labs., Inc.* (Fed. Cir. 2015)103)에서, CAFC는 방론에서 그러한 청구항의 비자명성 분석을 위한 특정 파라미터를 제시했다. 그러나 여기서 살펴본 바와 같이 비자명성은 이 분야 특허의 문제 중 가장 작은 문제이다. 현재 다수 당사자 또는 단일 당사자 정밀 의약 청구항의 건전성은 취약하다.

---

101) --- F.3d. --- 2019 WL 1216226 (Fed. Cir. 2019)

102) 339 F.3d 1373 (Fed. Cir. 2003)

103) 805 F.3d 1092 (Fed. Cir. 2015)

Ⅱ. 역외행위에 의한 침해(INFRINGEMENT BY ACTIVITIES OUTSIDE THE U.S.)

§ 12:22 소개

본 장에서는 미국 특허권 침해와 관련하여 미국에서 소송이 가능한 두 가지 유형의 역외 실시에 대해 논의한다. 이하 § 12:23 내지 § 12:31에서 설명하는 첫 번째 유형의 실시는 미국에서 특허를 받은 방법으로 미국 외 지역에서 제조된 물품을 *수입하는* 것이다. 본 주제를 다루는 두 개의 법령은 19 U.S.C.A. § 1337[104] 및 35 U.S.C.A. § 271(g)이다.[105] 두 번째 유형의 역외실시는 미국 외부에서 조립될 구성부품의 수출이며, 이에 대해서는 이하 § 12:32 내지 § 12:33에서 다루도록 한다.

§ 12:23 수입에 관한 두 가지 침해 규정–미국 국제무역위원회(ITC)

19 U.S.C.A. § 1337: 수입에 있어서 불공정 관행(Unfair practices in Import Trade).[106]

(a) 불공정행위; 해당산업; 정의

(1) (2)항에 따라 다음 행위는 불법이며, ITC위원회에(Commission) 의해 불법으로 판명된 경우 다른 법률 조항과 더불어 본 섹션에 규정된 대로 처리해야 한다:

*** (B) 아래 기재된 물품의 미국내로의 수입, 수입을 위한 판매 또는 소유자, 수입업자, 수탁인에 의한 수입후의 미국내의 판매–

*** (ii) 유효하고 집행가능한 미국 특허권의 청구범위에 속하는 방법에 따라 또는 그 방법에 의해 제조, 생산, 가공 또는 채굴된 물품

*** (2) (1)항의 (B)호는 … 관련된 특허권 … 에 의해 보호되는 물품과 관련하여 미국내 산업이 존재하거나 또는 정착되는 과정에 있는 경우만 적용된다.

104) 19 U.S.C.A. § 1337 (2014)

105) 35 U.S.C.A. § 271(g) (2014)

106) 19 U.S.C.A. § 1337 (2014)

(a) Unlawful activities; covered industries; definitions

(1) Subject to paragraph (2), the following are unlawful, and when found by the Commission to exist shall be dealt with, in addition to any other provision of law, as provided in this section:

*** (B) The importation into the United States, the sale for importation, or the sale within the United States after importation by the owner, importer, or consignee, of articles that—

*** (ii) are made, produced, processed, or mined under, or by means of, a process covered by the claims of a valid and enforceable United States patent.

*** (2) Subparagraph (B) … of paragraph (1) [applies] only if an industry in the United States, relating to the articles protected by the patent … concerned, exists or is in the process of being established.

§ 12:24 수입에 관한 두 가지 침해 규정–연방 법원

35 U.S.C.A. § 271(g). 특허침해(Infringement of Patent).[107)]

미국에서 특허를 받은 방법에 의해 만들어진 물품을 권한 없이 미국으로 수입하거나 미국 내에서 판매 청약, 판매 또는 사용하는자는 물품의 수입, 판매, 판매청약, 또는 사용이 해당 방법 특허 유효기간 중에 발생하는 경우 특허침해자로서 책임을 지게 된다. 방법 특허 침해 소송에서 물품의 비상업적 사용 또는 소매 판매로 인한 침해에 대해서는 해당 물품의 수입 또는 기타 사용, 판매청약 또는 판매로 인한 침해에 대해 본 법령에 따른 적절한 구제책이 없는 한 구제책이 부여되지 않을 수 있다. 본 법령의 목적상 다음과 같은 경우에는 특허화된 방법에 의해 만들어진 물품은 그렇지 않은 것으로 간주된다.

(1) 후속적인 방법에 의해 중대히 변화하거나

(2) 다른 제품의 사소하고 비본질적인 부품이 되는 경우

Whoever without authority imports into the United States or offers to sell, sells, or uses within the United States a product which is made by a process patented in the United States shall be liable as an infringer, if the importation,

107) 35 U.S.C.A. § 271(g) (2014)

offer to sell, sale, or use of the product occurs during the term of such process patent. In an action for infringement of a process patent, no remedy may be granted for infringement on account of the noncommercial use or retail sale of a product unless there is no adequate remedy under this title for infringement on account of the importation or other use, offer to sell, or sale of that product. A product which is made by a patented process will, for purposes of this title, not be considered to be so made after —

(1) it is materially changed by subsequent processes; or

(2) it becomes a trivial and nonessential component of another product.

§ 12:25 두 법령의 비교

두 법령은 담당하는 법원의 관할권, 규정 및 실질적 조건에 있어 차이가 있다. 두 법령 모두 미국의 방법특허에 의해 미국 외 지역에서 제조된 물품을 수입하고 있다는 증거를 제출할 것을 요구하지만, 이러한 공통점을 제외하면 두 법령은 중요한 세부 사항에서 다르다.

첫번째 법령인 19 U.S.C.A. § 1337(a)(1)[108]은 불공정 거래 관련 법령으로 국제무역위원회(ITC)에서 집행한다. 이 법의 적용 여부는 수입 상품과 관련된 산업이 미국에 존재하거나 설립 과정에 있다는 증거를 조건으로 한다. 미국에 기존 산업이 존재하지 않거나 초기 단계에 있는 산업이 없는 경우 해당 법령은 적용되지 않는다.

두 번째 법령인 35 U.S.C.A. § 271(g)[109]는 연방 법원에서 적용한다. 여기에는 두 가지 면책 조건이 있는데 수입 물품이 (1) 후속적인 방법에 의해 중대히(material) 변화되지 않거나 (2) 다른 물품의 사소하고 비본질적인 부품이 되지 않는 경우이다.

어떤 법규를 적용할지(따라서 어느 법원을 선택할지) 결정하는 것은 각 사건의 사실관계에 따라 달라진다. 준거법 선택에 관한 전략적 세부 사항은 본 고의 범위를 넘어서기에 다루지 않는다.

108) 19 U.S.C.A. § 1337(a)(1)(2014)

109) 35 U.S.C.A. § 271(g)(2014)

§ 12:26 수입에 관한 두 가지 침해 규정–수입–유형 물품

Amgen v. U.S. ITC (Fed. Cir. 1990).[110] 19 U.S.C.A. § 1337(a)(1)에 따라 ITC에 제기된 본 사건의 청구항은 EPO를 생산할 수 있는 형질전환 숙주 세포(*즉, 물건* 청구항)에 관한 것이다. EPO는 특허된 세포를 사용하여 일본에서 제조된 후 수입되었다. 그러나 Amgen은 법령에서 요구하는 *방법 청구항을* 획득할 수 없었고, 따라서 방법 청구항을 보유하지도 않았다. (참고로 상기 § 10:21에서 제조물 공정에 관한 청구항의 비자명성 맥락에서 다룬 In re Durden(Fed. Cir. 1985) 판결에 따라 근 10년 가까이 미국 특허상표청으로부터 방법 청구항이 등록받을 수 없었다.)[111] Amgen은 패소하였다.

AMGEN, INC. v. U.S. ITC

U.S. Court of Appeals, Federal Circuit (1990)

청구항 4 ('008 특허)

숙주 세포가 에리트로포이에틴[rEPO]을 발현하도록 하는 방식으로 제1항, 제2항 또는 제3항에 따른 DNA로 형질전환되거나 형질감염된 원핵 또는 진핵 숙주 세포. A prokaryotic or eukaryotic host cell transformed or transfected with a DNA sequence according to claim 1, 2 or 3 in a manner allowing the host cell to express erythropoietin [rEPO].

법원 판결 이유

이 사건의 쟁점은 일반적으로 법령 § 1337(a)(1)(B)(ii)가 미국 특허 청구항에 따른 물품(즉 새로운 숙주 세포)이 사용된 제조방법에 의해 해외에서 제조된 물품의 수입을 금지하기 위한 것인지 여부이다. … [우리는 이것이 해당 법령의 의도가 아니라고 결론을 내린다]. '008 특허의 청구항 중 어느 것도 해외에서Chugai가 수행한 방법을 포함하지 않으므로, § 1337(a)(1)(B)(ii)에 따른 Amgen의 제소는 기각되어야 한다.

110) 902 F.2d 1532 (Fed. Cir. 1990)

111) 763 F.2d 1406 (Fed. Cir. 1985)

Novo v. Genentech (Fed. Cir. 1996).[112] 이 사건은 35 U.S.C.A. § 271(g)에 따라 연방법원에 제기되었다. 청구항은 직접 발현(direct expression)에 의한 hGH 생산 방법에 대한 것이다. Novo는 덴마크에서 추출 가능한(즉, 간접적) 발현에 의해 제조된 hGH을 수입한다. *첫째*, 법원은 본 청구항이 직접 표현(direct expression)에 제한된 것으로 해석하고, *둘째*, 법원은 그렇게 해석된 청구항을 덴마크 공정에 적용하여 수입에 의한 침해가 없다고 판단하였다.

NOVO v. GENENTECH

U.S. Court of Appeals, Federal Circuit (1996)

청구항 2 (강조 표시 추가)

형질전환체 박테리아 내에서 **인간 성장 호르몬의 선도 시퀀스 또는 그에 결합되는 다른 외래성 단백질을 수반하지 않는** 인간 성장 호르몬을 위한 유전자를 발현할 수 있는 재조합 플라스미드(plasmids)를 포함하는 박테리아 형질전환체를 배양하고, 상기 발현된 인간 성장 호르몬을 단리하고 정제하는 것을 포함하는, 인간 성장 호르몬을 생산하기 위한 방법.

A method for producing human growth hormone, which method comprises culturing bacterial transformants containing recombinant plasmids which will, in a transformant bacterium, express a gene for human growth hormone *unaccompanied by the leader sequence of human growth hormone or other extraneous protein bound thereto*, and isolating and purifying said expressed human growth hormone.

법원 판결 이유

양 당사자는 청구항 2가 인간 성장 호르몬의 직접 발현만(direct expression)을 포함하는지, 아니면 호르몬의 직접 발현과 절단 가능한 융합 발현을 모두 포함하는지에 대해 다투고 있다. Novo는 청구항이 직접 발현만(direct expression)을 한정한다고 주장하였고, Genentech은 연방1심법원에서와 마찬가지로 [명세서에 표시된 바와 같이] 청구항 2가 인간 성장 호르몬의 직접 발현(direct expression)과 절단 가능한 융합 발현(cleaveable fusion expression)을 모두 포함한다고 주장하였다.

*** 청구항은 명세서에 비추어 해석되어야 하지만, 명세서에 개시된 모든 한정이

112) 77 F.3d 1364 (Fed. Cir. 1996)

반드시 청구항의 범위 내에 있는 것은 아니므로 보호받을 수 있는 것은 아니다. 명세서에 "발명"의 일부로 개시되었더라도 청구항에 포함되지 않은 한정은 보호받을 수 없다. … 중요한 것은 청구항 2가 "*외부 단백질을 동반하지 않는* 인간 성장 호르몬(human growth hormone unaccompanied by … extraneous protein)"이라는 한정을 명시하고 있다는 점이다. 명세서는 이를 직접 발현(direct expression)으로 정의한다. 이와 대조적으로, 명세서에 따르면 절단 가능한 융합 발현은 "외부 단백질"을 *포함하는* 발현 생성물을 생성한다. 따라서, 청구항 한정을 명세서에 비추어 보면, 청구항 2는 인간 성장 호르몬을 직접 발현하는 방법만을 다루고 있으며, 절단 가능한 융합 발현 방법을 포함하지 않는다는 것이 명백하다.

*** 따라서, 적절하게 해석하면, 청구항 2는 met−hGH 또는 hGH의 직접 발현을 위한 방법이다. 그러나 [덴마크에서] Novo는 met−hGH 또는 hGH를 직접 발현하지 않고 절단 가능한 융합 공정을 사용하여 hGH를 생산한다는 것은 논란의 여지가 없는 사실이다. 따라서 Novo는 "외부 단백질이 수반되지 않은 인간 성장 호르몬"을 발현하지 않으며, 문헌적으로 청구항 2를 침해하지 않았다. … 그러므로 연방1심법원이 제넨텍이 청구항 2를 문헌적으로 침해했다고 판단한 것은 명백한 오류라고 결론을 내린다.

Syngenta Crop Protection, LLC v. Willowood, LLC et al.[113] (Fed. Cir. 2019). CAFC는 미국에서 방법특허를 받은 방법에 의해 해외에서 제조된 물품을 미국으로 수입하는 경우, 35 U.S.C.A. § 271(g)에 따라 침해책임이 발생하기 위해 방법특허의 모든 한정을 단일 주체에 의해 수행할 것을 요구하지는 않는다고 판시하였다.

SYNGENTA CROP PROTECTION, LLC, v. WILLOWOOD, LLC, et al.

Court of Appeals, Federal Circuit (2019)

청구항 1 ('138 특허)

하기의 단계들을 포함하는, 하기 화학식(I)의 화합물을 제조하기 위한 방법: [아족시스트로빈(azoxystrobin)의 화학식(I) 표시하지 않음] …

[제1단계: 에스테르화] (a) 화학식(II): [화학식(II) 표시하지 않음] … 의 화합물을 화

113) 2019 WL 6884529 ― ― ― F.3d ― ― ― (Fed. Cir. 2019)

학식 $ROCH_3$의 화합물과 반응시키는 단계, 여기에서 R은 금속임; 및

[제2단계: 축합] (b) (a)의 생성물을 화학식(III)의 화합물: [화학식(III) 표시하지 않음] … 과 반응시키는 단계

A process for the preparation of a compound of formula (I): [FORMULA (I) of azoxystrobin NOT DISPLAYED] …
the process comprising the steps of:

[First step: etherification] (a) reacting a compound of formula (II): [FORMULA (II) NOT DISPLAYED] … with a compound of formula $ROCH_3$, wherein R is a metal; and,

[Second step: condensation] (b) reacting the product of (a) with a compound of formula (III): [FORMULA (III) NOT DISPLAYED …]

법원 판결 이유

*** '138 특허는 에테르화 단계 다음으로 응축 단계를 포함하는 아족시스트로빈 제조를 위한 2단계 방법에 관한 것이다.

*** Syngenta는 Willowood가 Tai He의 제조 공정을 지시하거나 통제했으며 Tai He가 청구항에 따른 두 단계를 모두 수행했다는 증거를 제시하였다. Willowood는 반박 과정에서 Tai He가 Willowood의 아족시스트로빈을 제조할 때 에테르화 단계를 수행하지 않았다는 증거를 제시하였다. 배심원단은 Syngenta가 방법 청구항의 두 단계가 모두 단일 주체에 의해 수행되었거나 귀속된다는 사실을 입증하지 못했다고 판단하여 '138 특허와 관련하여 Willowood에 유리한 평결을 내렸다.

*** 이 쟁점의 해결은 § 271(g)가 적용되는 침해 행위의 성격에 달려 있다. § 271(g)는 관련 부분에서 "미국에서 특허를 받은 방법에 의해 만들어진 물품을 권한 없이 미국으로 수입하거나 미국 내에서 판매 청약, 판매 또는 사용하는자는 물품의 수입, 판매, 판매청약, 또는 사용이 발생하는 경우 특허침해자로서 책임을 지게 된다"고 규정하고 있다. 35 U.S.C. § 271(g) (2012).

이 문구는 § 271(g)에 따른 침해 행위가 미국에서 특허를 받은 방법으로 만들어진 물품을 미국으로 수입하거나, 미국 내에서 판매 청약, 판매 또는 사용하는 것임을 명확히 하고 있다. 이 법률 문구 어디에도 해외에서 방법 특허를 실시할 때 책

> 임이 발생한다는 것을 제안하고 있지 않다. 오히려 방법 특허로 생산된 물품과 관련된 행위에만 집중하고 있다. 따라서 법조항에 따르면 미국 밖에서 방법특허를 실시하는 것이 § 271(g)에 따른 특허침해책임을 발생시킬 수 없다는 것이 명확하므로, 해당 방법이 단일 주체에 의해 실행되었는지 여부는 본 조항에 따른 침해 분석에 중요하지 않다.
>
> *** 이 법원의 § 271(a) 판례에 근거하여, 연방1심법원은 § 271(g)도 마찬가지로 방법특허 실시에 있어서 단일주체 요건을 부과한다고 결론지었다.
>
> *** 이와 같은 결론은 두 조항에 따른 침해 책임이 구별되기 때문에 잘못된 것이다. § 271(g)과 달리, § 271(a)에 따른 특허침해책임을 발생시키는 행위는 "당사자가 특허 발명 전체를 의미하는 특허발명을 … 제조, 사용, 판매 또는 판매 청약"할 때 발생한다. 이 선례에 따르면, § 271(a)에 따른 직접침해는 단일주체가 방법 청구항의 모든 단계를 실시하는 경우에만 발생한다. … 그러나 위에서 논의한 바와 같이, § 271(g)에 따른 책임은 방법 청구항을 실시하는 것이 아니라 물품을 수입, 판매 청약, 판매 또는 사용하는 것에서 발생한다. … 따라서 § 271(a)에 따른 직접 침해 책임에 필요한 단일주체 요건은 § 271(g)에 따른 침해행위에 있어서 요구되지 않는다.

§ 12:27 수입에 관한 두 가지 침해 규정-수입-후속적인 방법에 의해 변경되는 제품

Amgen v. Hoffman La-Roche (Fed. Cir. 2009 – 수입).[114] 이 사건에서 CAFC는 35 U.S.C.A. § 271(g)에 따른 "중대한 변경(material change)"이 무엇인지에 대해 다룬다. 피고는 미국 외 지역에서 Amgen의 방법청구항에 의해 EPO 제품을 제조한 후, 청구항에 의해 제조한 중간 물품(immediate product)을 페기르화하여(pegylating) 구조적으로 변경한 다음 페기르화된(pegylated) EPO(MIRCERA®)를 수입하였다. CAFC는 MIRCERA®가 PEG 사슬을 공유결합하여 구조적으로 변경되었음에도 불구하고, 구조적 차이뿐만 아니라 기능적 특성에도 주목하여 이를 '중대한 변경(material change)'에 해당하지 않는다고 판결하였다. 청구된 특성(아래 청구항에서 강조됨)을 살펴보면 피소된 물품의 청구된 특성이 청구항의 특성과 크게 다르지 않으므로 이러한 차이는 "중대한 변경"이 아니라고 판단한다.

114) 580 F.3d 1340 (Fed. Cir. 2009)

AMGEN INC. v. F. HOFFMANN-LA ROCHE LTD, et al

U.S. Court of Appeals, Federal Circuit (2009)

청구항 1 및 2 ('868 및 '698 특허) (강조 표시 추가)

1. 하기의 단계들을 포함하는, **골수 세포가 망상적혈구 및 적혈구 세포의 생성을 증가시키는 생체 내 생물학적 특성을 갖는** 글리코실화된 에리트로포이에틴 폴리펩티드(erythropoietin polypeptide)를 생산하기 위한 방법:

(a) 적합한 영양 조건 하에서, 인간 에리트로포이에틴을 인코딩하는 [또는, '698 특허의 제6항에서 "도 6의 성숙 에리트로포이에틴 아미노산 시퀀스를 인코딩하는…"] 단리된 DNA 시퀀스로 형질전환되거나 형질감염된 포유동물 숙주 세포를 성장시키는 단계; 및

(b) 그로부터 상기 글리코실화된 에리트로포이에틴 폴리펩티드를 단리하는 단계.

2. 제1항의 방법에 숙주 세포들은 CHO 세포다.

1. A process for the production of a glycosylated erythropoietin polypeptide *having the in vivo biological property of causing bone marrow cells to increase production of reticulocytes and red blood cells* comprising the steps of:

(a) growing, under suitable nutrient conditions, mammalian host cells transformed or transfected with an isolated DNA sequence encoding human erythropoietin [or, in claim 6 of '698 patent, "…encoding the mature erythropoietin amino acid sequence of FIG. 6] ; and

(b) isolating said glycosylated erythropoietin polypeptide therefrom.

2. The process according to claim 1 wherein said host cells are CHO cells.

기술

이전 § 12:10에서 제법(製法) 한정 물건발명(product by process claim)의 맥락을 가지고 동일 사건을 다른 측면에서 본 고는 또한 이전 § 9:7에서 제법 한정 물건발명의 청구항 해석 맥락에서 본 사건의 다른 특허를 신규성 측면에서 다룬바 있다. 다룬 이전 분석 기술도표를 참조할 것.

법원 판결 이유

우리는 Roche가 MIRCERA®가 '868 및 '698 특허의 청구항을 침해하지 않는다는 법적판결신청(motion for judgment as a matter of law, JMOL)을 받을 자격이 있다고 생각하지 않는데, 그 이유는 MIRCERA®의 human EPO가 페기르화에

(pegylation) 의해 "중대하게 변경(materially changed)"되지 않는다는 판단이 증거에 의해 뒷받침되기 때문이다. Roche와 달리, 우리는 주장된 청구항의 범위가 원료 EPO(crude EPO) 생산에 한정된 것으로 해석하지 않는다. 즉, 기록에 따르면 MIRCERA®는 원료 EPO와 달리 환자에게 투여하기에 적합하다는 것이 밝혀졌다. 또한 기록에 따르면 주장된 청구항에 청구된 방법에 의해 생산된 MIRCERA®와 EPO는 구조적, 기능적 차이(예: 크기, 분자량, 반감기, 원자 구성)가 있다. § 271(g)조에 따른 침해분석시 남아있는 쟁점은 상기 차이점이 중대한가이다.

*** 생명공학에서 단백질 구조 및/또는 특성의 현저한(significant) 변화는 중대한(material) 변화를 구성할 수 있다. [*Eli Lilly and Co. v. American Cyanamid Co.*,115)]("화학적 맥락에서 화합물의 '중대한'(material) 변화가 있다는 것은 화합물의 구조 및 특성에 현저한(significant) 변화가 있다는 것으로 보는 것이 가장 자연스럽다."). 방법특허에 의한 물품의 변화가 § 271(g)하에서 중대성(material)을 구성하는지 여부를 판단하는 데 좋은 근거가 되는 것은 해당 특허이다. 명세서 또는 주장된 청구항이 방법특허에 의한 물품의 구조 또는 기능을 포함하는 경우, 해당 구조 및 기능으로부터의 현저한(significant) 차이는 중대한 변형(material change)을 구성한다. 그러나 얼마나 현저한 변형이 있어야 "중대한 변형"을 구성할 수 있는지는 정도의 문제이다.

본 사건에서 Amgen은 MIRCERA®가 여전히 EPO를 함유하고 있고, EPO의 구조가 그대로 유지되며, MIRCERA®가 EPO 수용체에 결합하고, MIRCERA®가 망상 적혈구 및 적혈구 생산을 증가시키는 청구항에 명시된 능력을 유지하기 때문에 구조적 및 기능적 차이가 중대하지(material) 않다는 증거를 제시하였다. … EPO의 *생체 내* 생물학적 특성은 '868 및 '698 특허의 청구항에 명시되어 있으므로 그로부터 현저한(significant) 변형 (예, 적혈구 생산의 현저한 증가)은 중대한(material) 변화를 구성할 수 있다. … 그러나 증거에 따르면 MIRCERA®와 human EPO는 적혈구 생성을 유사하게 자극한다. … Roche는 이에 반한 어떤 주장도 하지 않았다. 대신 Roche는 확인된 구조적 및 기능적 변화가 MIRCERA®에 약동학적 특성을(pharmacokinetic properties) 부여하여 해당 방법청구항에 의해 만들어진 EPO보다 우수하다는 증거를 제시하였다. 특히Roche는 MIRCERA®의 활성 성분인 CERA가 혈류에서 반감기가 더 길어져 MIRCERA®의 투여 간격이 더 길어진다는 점을 강조하였다. 본 증거를 바탕으로 우리는 배심원단이 방법청구항에 의한EPO와 MIRCERA®의 구조적, 기능적 차이가 중대하지(material) 않다는 결론을 내릴 충분한 증거가 있다고 생각한다. 따라서Roche는 MIRCERA®가 '868 및 '698 특허의 주

115) 82 F.3d 1568 (Fed. Cir. 1996)

장된 청구항을 침해하지 않는다는 법적판결신청(JMOL)을 받을 자격이 없다.

*** 법원은 배심원단에 MIRCERA®의 생물학적 기능이 Amgen의 방법특허에 따라 생산된 EPO 성분에 의존하는지 여부를 고려할 수 있다는 효과적인 지시문을 전달하였다. 우리는 법원이 이와 같이 한 것이 배심원단이 후속 방법(subsequent processes)(예: 페기르화(pegylation))을 통해 MIRCERA®가 보유한 생물학적 특성을 부여하거나 강화했는지 여부를 묻기 원했기 때문인 것으로 추정한다. 우리는 특히 '868 및 '698 특허의 청구항 한정이 "골수 세포가 망상적혈구 및 적혈구 세포 생성을 증가시키는 생체 내 생물학적 특성"을 포함한 경우 페기르화가 중대한 변경(material change)에 해당하는지 판단할 때 MIRCERA®의 생물학적 기능의 근거가 관련 고려사항이라고 본다. … 본 지시문은 불완전하지만, 배심원단이 전체적으로 "중대한 변경(material change)"에 대한 지시문을 명백히 오해했을 것이라고는 생각하지는 않는다. 따라서 "중대한 변경(material change)" 쟁점이 새로운 재판을 보장하지는 않는다.

§ 12:28 저자 의견: 미국 밖 지역에서 제조되고 수입 전에 "중대한 변경"이 된 물품

미국 방법특허에 의해 미국 밖 지역에서 생산된 수입 물품에 35 U.S.C.A. § 271(g)(1)에 따른 "중대한 변경(material change)"이 있었는지 여부를 판단하는 질문에 대해 *Amgen v. Hoffman La-Roche* (Fed. Cir. 2009) 사건은 수입 제품의 특성과 특허에 의해 생산된 제품의 특성을 비교하여야 한다고 답하였다. 여기서 중요한 교훈은 CAFC가 구조 *및* 기능적 특성을 모두 비교한다는 점이다. 폴리에틸렌 글리콜 사슬(chain of polyethylene glycol)이 공유 결합에 의해 단백질의 구조가 변화되는 새로운 화학적 실체(entity)를 생성하는 것만으로는 "중대한 변화"가 될 수 없다는 것은 분명하다. *Amgen v. Hoffman Le-Roche* (Fed. Cir. 2009) 사건에서 CAFC는 청구된 기능적 특성(적혈구 생성)과 청구되지 *않은* 피고 제품의 특성(즉, MIRCERA®가 EPO보다 반감기와 투여량 간격이 더 길다는 점)을 비교하였다. 법원은 본 문제를 청구된 특성에 근거하여 판단하고, 어느 정도 동등하다고 결론을 내렸으며, 변경 사항이 "중대하지는" 않았다고 판시하였다.

Amgen v. Hoffman La-Roche (Fed. Cir. 2009)에서 CAFC의 판결은 이전의 두 가지 판례에 근거하고 있다. 첫 번째 판례는 본 고 § 7:6에서 청구항의 "실질적인(substantially)"이란 용어의 명확성(definiteness)을 분석하며 소개한 ***Biotec Biologische Naturverpackungen GmbH & Co. v. Biocorp, Inc.*** (Fed. Cir. 2001)[116]

이다. 후속 방법들에 의해 변경된 물품의 수입과 관련하여, *Amgen v. Hoffman La–Roche* (Fed. Cir. 2009)에서 CAFC는 "물품 변경의 중대성(material)여부는 배심원단에 의해 판단되는 사실관계이다"라는 명제를 *Biotec Biologische*로부터 인용하고 있다. *Biotech Biologische* 1심에서 배심원단은 미국 방법특허에 의해 이탈리아에서 제조되고 미국으로 수입된 전분 물품이 청구항에서 허용된 것보다 더 많은 수분을 흡수하였지만 "중대한 변경(material change)"을 겪지 않았다고 판단하였고, 이를 CAFC가 확정하였다.

또 다른 판례는 ***Eli Lilly and Co. v. American Cyanamid Co. et al.*** (Fed. Cir. 1996)이다.117) 여기서 미국 방법특허는 세펨 에놀(cephem enol) 구조를 가진 "화합물 6"이라는 화합물의 생산에 관한 것이다. 해당 특허 청구항은 (*Amgen v. Hoffman La–Roche*에서 *Amgen*의 청구항과 같이) 화합물 6의 잠재적 용도가 포함되어 있지 않으며, 명세서에는 상업용 항생제인 세파클로르(cerfaclor) 생산의 중간단계로 사용된다고 기재되어 있다. 화합물 6은 그 *자체로는* (*per se*) 항생제가 아니지만 네 번의 화학적 단계를 거치면 항생제로 변환될 수 있다. 피고는 미국의 방법특허를 사용하여 이탈리아에서 화합물 6을 생산하고, 이탈리아에서 네 번의 화학적 단계를 적용하여 세파클로르를 미국으로 수입하였다.

화합물 6을 세파클로로 변경하는 것이 '중대한 변경'에 해당하는지 여부를 결정하기 전에 CAFC는 35 U.S.C.A § 271(g)의 입법 연혁을 면밀히 분석하였고 그 결과 의회가 두 단계 테스트를 적용하라고 권고를 했다는 것을 발견하였다. 첫 번째 단계 테스트에 따르면, 특허 방법을 사용하지 않고는 해당 물품을 만들 수 없거나 상업적으로 실행할 수 없는 경우 해당 방법특허로 물품을 만든 것으로 간주한다. 두 번째 단계 테스트에 따르면, 해당 방법특허에 적용되지 않는 추가 처리 단계에 의해 방법특허로 [생산된] 물품의 기본 유용성을 변경할 수 있는 물품의 물리적 또는 화학적 특성이 변경되지 않는 경우 물품이 해당 방법특허에 의해 제조된 것으로 간주한다.

미국 연방순회법원(The Federal Circuit)은 방법특허 특허권자인 Eli Lilly가 제기한 문제를 해결하기 위해 상기 두 단계 테스트에 대해 논의하였다. *시아나미드* (*Cyanamid*) 법원은 수입 물품인 세파클로가(cephaclor) 화합물 6으로 시작하는 것과는 다른 공정으로 제조될 수 있다는 사실을 발견하였다. 따라서 세파클로 수입은 두 단계 테스트의 첫 번째 단계에서 불합격하였다. 두 단계 테스트 중 두 번째 단계를 분석해보면 CAFC는 세파클로의 수입이 35 U.S.C.A. § 271에 따른 침해가 아니라고 주장하면서 입법 연혁도 언급하였다. 이 분석에서 법원은 무엇이 "중대한 변경(material change)"에 해당하는지에 대한 다음과 같은 상원의 권고안을 참조하였다:

116) 249 F.3d 1341 (Fed. Cir. 2001)

117) 82 F.3d 1568 (Fed. Cir. 1996)

해당 방법특허에 적용되지 않는 추가 처리 단계에 의해 방법특허로 [생산된] 물품의 기본 유용성을 변경할 수 있는 물품의 물리적 또는 화학적 특성이 변경되지 않는 경우 물품이 해당 방법특허에 의해 제조된 것으로 간주한다. 그러나 물품의 물리적 또는 화학적 특성의 변화는 사소한 것이라도 그 변화가 방법특허에 의해 생산된 물품의 중요한 특징인 물리적 또는 화학적 특성과 관련된 것이라면 "중대한" 변화일 수 있다. 일반적으로 물품의 물리적 형태의 변화(예: 과립에서 분말로, 고체에서 액체로) 또는 사소한 화학적 전환(예: 염, 염기, 산, 수화물, 에스테르로의 전환 또는 보호기의 추가 또는 제거)은 "중대한" 변화에 해당하지 않는다.

이 … 테스트에서 화합물 6에서 세파클로로의 변경은 중대한 변경으로 간주되는 것이 상당히 분명해 보인다. 두 화합물의 화학적 특성이 완전히 다르고, "기본 유용성"이 다르며, 화학 구조가 현저히 다르다. 화합물 6과 세파클로 사이의 변화는 염, 염기, 산, 수화물 또는 에스테르로의 전환 또는 보호기의 제거와 같이 보고서에서 중요하지 않다고 설명한 사소한 변화를 훨씬 뛰어넘는 것이다.

이러한 모든 판례에서 알 수 있듯이 변경이 "중대한" 변경인지 여부는 사실관계에 따라 달라지며, 판결은 구조적 변경이 아니라 기능적 변경, 특히 청구된 물품의 기본 유용성에 대한 변경에 근거한다. 유용성이 크게 변경된 경우 "중대한" 변경일 가능성이 높다. 최초에 방법청구항에 의해 생산된 물품에 이후 공유결합 변경이 일어났다하더라도 중대한 변경을 판단하는데 있어 결정적 요소가 되지는 않는다. 입법 연혁에 따르면 "… 에스테르의 형성 또는 보호기의 제거 (ester, or the removal of a protective group)"는 그 자체로는 중대한 변경이 아닐 수 있다. *Amgen v. Hoffmann La-Roche* (Fed. Cir. 2009) 판결은 단백질에 공유 결합으로 PEG기를 추가하는 것 *그 자체*로 중대한 변경은 아니라고 판시하여 중대한 변경에 대한 기존 입장을 보다 확고히하며 확장하였다. 변경된 생산품의 기본 효용이 방법특허에 의해 직접생산된 물품과 현저히 다른 경우에만 "중대한 변경"이 있으며, 이 경우에만 수입에 의한 침해가 인정되지 않는다. *Amgen v. Hoffman La-Roche* (Fed. Cir. 2009)에서 CAFC는 입법적으로 권장된 두 단계 테스트의 두 번째 단계만 분석했다는 점에 유의해야 한다.

다음으로 *Amgen v. Hoffmann La-Roche* (Fed. Cir. 2009) 사건보다 앞선 사건인 *BioTechnology General v. Genentech* 사건 (Fed. Cir. 1996)을 분석해 보면, CAFC는 입법 연혁을 살펴볼 때 인간 성장 호르몬을 암호화하는 플라스미드(plasmid)에 대해서 미국 방법특허에 의해 이스라엘에서 재조합으로 만들어진 플라스미드의 수입은 중대한 변경이 *아니라고* 판단한 적이 있다. 이 사례는 예외적인 사례이며 전적으로 입법 연혁의 특정 문구에 근거한 것이다.

BioTechnology General v. Genetech (Fed. Cir. 1996).[118] 본 사건의 청구항은 플라스미드(plasmid)의 생산방법에 대한 것이다. BTG는 이스라엘에서 플라스미드(plasmid)를 생산하고 이스라엘에서 이를 발현하여 단백질인 hGH를 생산한 다음 단백질을 수입하였다. 이는 수입된 제품(hGH)이 청구된 방법특허(플라스미드(plasmid))에 의해 직접 생산된 물품도 아니고 중대하게 "변경된" 물품도 아니라는 점에서 § 271(g)의 문헌적 의미를 벗어난다. 실제로 수입된 물품은 청구된 물품(유전자 분자)과는 완전히 다른 물품(단백질)이다. § 271(g)의 입법 연혁에는 이러한 생명공학 프로세스에 대한 명시적인 설명이 포함되어 있으며, 법원은 의회의 이해에 따라 Genentech의 승소를 판결하였다.

BIOTECHNOLOGY GENERAL v. GENENTECH

U.S. Court of Appeals, Federal Circuit (1996)

청구항 1 ('832 특허)

미생물 유기체 내에서, 폴리펩티드를 코딩하는 유전자가 클로닝 비히클(cloning vehicle)에 삽입되고 발현 프로모터(expression promoter)의 제어 하에 놓이는 공지된 아미노산 시퀀스의 특정 폴리펩티드(polypeptide)를 발현할 수 있는 복제가능한 클로닝 비히클을 작제하는 방법에 있어서, 개량점은 하기를 포함한다:
(a) 메신저 RNA에서 역전사에 의해 제1 유전자 단편을 수득하고 … (b) 여기에서 제1 단편이 상기 폴리펩티드에 포함되는 것들 이외의 아미노산 시퀀스를 위한 단백질-인코딩 코돈(codons)을 포함하고 … (c) 유기 합성법에 의해 상기 폴리펩티드의 아미노산 시퀀스의 잔여부를 인코딩하는 하나 이상의 합성의 비-역전사-유전자 단편을 제공하고 … (d) 단계 (c)의 합성 유전자 단편(들) 및, 경우에 따라서는, 단계 (a) 또는 단계 (b)에서 제조된 것들을 복제가능한 클로닝 비히클 내에서 서로에 대한 적절한 판독 단계에서 그리고 발현 프로모터의 제어 하에서 사용하고;
그에 의해 상기 폴리펩티드의 아미노산 시퀀스를 발현할 수 있는 복제가능한 클로닝 비히클이 형성됨.

In the method of constructing a replicable cloning vehicle capable, in a microbial organism, of expressing a particular polypeptide of known amino acid sequence wherein a gene coding for the polypeptide is inserted into a cloning vehicle and placed under the control of an expression promoter, the

118) 80 F.3d 1553 (Fed. Cir. 1996)

improvement which comprises:
(a) obtaining by reverse transcription from messenger RNA a first gene fragment …(b) where the first fragment comprises protein-encoding codons for amino acid sequences other than those contained in said polypeptide, … (c) providing by organic synthesis one or more synthetic non-reverse transcript-gene fragments encoding the remainder of the amino acid sequence of said polypeptide…(d) deploying the synthetic gene fragment(s) of step (c) and that produced in step (a) or (b), as the case may be, in a replicable cloning vehicle in proper reading phase relative to one another and under the control of an expression promoter;
whereby a replicable cloning vehicle capable of expressing the amino acid sequence of said polypeptide is formed.

법원 판결 이유

쟁점은… '832 특허의 청구항 1이 hGH가 아닌 복제 가능한 복제체(예: 플라스미드)를 생산하는 방법에 관한 것임에도 불구하고, hGH가 "미국 방법 특허에 의해서 만들어진 물품"인지에 대한 여부이다.

*** 청구된 방법에 의한 플라스미드 물품과 hGH는 완전히 다른 물질이며, 하나가 다른 물품에 비해 중대하게 변경된 것 이상의 차이가 있다라는 것은 의심의 여지가 없다. hGH는 플라스미드의 단순한 변형이 아니다. 그러나 … PPAA(1988년 방법 특허 개정법/Process Patent Amendments Act of 1988)의 입법 연혁은 연방1심법원의 분석이 정확하다는 것을 보여준다. 입법 연혁은 이러한 사실 관계를 정확하게 예상하고 플라스미드를 의도한 단백질을 발현하는 데 사용하고 단백질을 수입하는 것으로 플라스미드 제조 방법특허의 침해를 피할 수 없다는 의회의 의도를 나타낸다.

§ 12:29 수입에 관한 두 가지 침해 규정-수입-방법특허에 의해 생성된 데이터(Data)

Bayer v. Housey (Fed. Cir. 2003).[119] 본 청구항은 특정 세포주의 표현형에 대한 화합물의 효과를 평가하는 방법에 대한 것이다. 그 결과물은 데이터이다.

119) 340 F.3d 1367 (Fed. Cir. 2003)

CAFC는 법령 § 271(g)가 데이터가 아닌 *물리적으로* 제조된 물품을 가리키는 것으로 해석한다. 이 해석을 적용하여 데이터의 수입으로 인한 침해는 없다고 판단한다. 또한 나중에 청구된 방법특허를 이용한 식별 기반으로 만들어진 물리적 물품의 수입으로 인한 침해도 발생하지 않는다.

BAYER v. HOUSEY

U.S. Court of Appeals, Federal Circuit (2003)

청구항 1

하기를 포함하는, 어떤 물질이 세포에 의한 단백질의 생산이 상기 세포 자체의 상기 단백질의 수준 이외의 표현형 특성에서 대응하는 변화를 일으키는 단백질의 억제제 또는 활성제인지의 여부를 결정하는 방법:

(a) 상기 단백질을 생산하고 단백질에 대한 상기 표현형 반응을 나타내는 제1 세포주를 제공하는 단계;

(b) 단백질을 제1 세포주 보다 더 낮은 수준으로 생산하거나, 단백질을 전혀 생산하지 않고, 단백질에 대한 상기 표현형 반응을 보다 덜한 정도로 나타내거나 전혀 나타내지 않는 제2 세포주를 제공하는 단계;

(c) 물질을 제1 세포주 및 제2 세포주와 함께 배양하는 단계; 및

(d) 물질에 대한 제1 세포주의 표현형 반응을 물질에 대한 제2 세포주의 표현형 반응과 비교하는 단계.

A method of determining whether a substance is an inhibitor or activator of a protein whose production by a cell evokes a responsive change in a phenotypic characteristic other than the level of said protein in said cell per se, which comprises:

(a) providing a first cell line which produces said protein and exhibits said phenotypic response to the protein;

(b) providing a second cell line which produces the protein at a lower level than the first cell line, or does not produce the protein at all, and which exhibits said phenotypic response to the protein to a lesser degree or not at all;

(c) incubating the substance with the first and second cell lines; and

(d) comparing the phenotypic response of the first cell line to the substance with the phenotypic response of the second cell line to the substance.

법원 판결 이유

법령[35 U.S.C.A. § 271(g)]은 방법 특허를 사용하여 물품을 "생산(produce)"하는 자를 "제조업자(manufacturer)"로 설명한다… 마찬가지로, 법령 § 287(b)(4)(A)는 "물품 제조에 종사하는 자(a person then engaged in the manufacture of a product)"를 물품을 제조하는 자라고 지칭한다. 물품을 생산하는 자를 "제조업자(manufacturer)"로, 제조자(maker)를 "물품 제조에 종사하는 사람"라고 지칭함으로써 본 법령은 "만들어진(made)"이 "제조된(manufactured)"을 의미한다는 점을 명확히 하고 있다. … 이 법령이 생산방법에 의해 생산된 물리적 물품에만 관련되어 있다는 다른 근거도 있다. … 입법 연혁에 따르면 의회가 제조를 거친 물리적 상품만 고려했다는 동일한 결론에 이르게 된다.

*** 따라서, 우리는 물품이 "미국 방법특허에 의해 제조"되려면 "제조"된 물리적 물품(article)이어야 하며, 정보 생산물(production of information)은 이에 해당하지 않는다고 판단한다.

*** 또한 … 해당 공정은 단순히 제조될 생산물을 식별하기 위한 조건자 프로세스(predicate process)가 아니라 물품 제조에 직접 사용되어야 한다. 따라서 청구된 연구 방법들을 사용하여 특성을 연구한 의약품은 청구된 방법에 의해 "만들어진(made by)" 물품이 아니다. 그에 따라 Housey는 주장된 방법특허에 근거하여 만들어진 Bayer 의약품의 특허 침해주장을 제기하지 않았다.

§ 12:30 수입에 관한 두 가지 침해 규정–수입–청구된 방법에 의해 식별된 물품

Momenta Pharmaceuticals v. Teva; Momenta Pharma. v. Amphastar (Fed. Cir. 2015).[120] 본 사건은 § 12:29에서 분석된 *Bayer v. Housey*[121]에 따라 청구된 방법특허로 *식별된* 물품을 수입하는 것은 침해가 아니라는 판결을 직접 적용한 사례다. 이 판례는 FDA가 품질 관리를 전체 제조 방법의 일부로 간주하고 있음에도 불구하고 방법특허에 의한 완성품에 대한 품질 관리 방법을 수행하고 청구된 방법으로 분석된 물품을 수입하는 것은 35 U.S.C.A. § 271(g)에 따른 방법

120) 809 F.3d 610 (Fed. Cir. 2015)
121) 340 F.3d 1367 (Fed. Cir. 2003)

특허의 침해를 성립하지 않는다.

MOMENTA PHARMACEUTICALS v. TEVA PHARMACEUTICALS and MOMENTA PHARMACEUTICALS v. AMPHASTAR PHARMACEUTICALS et al

U.S. Court of Appeals, Federal Circuit (2015)

청구항 1 (미국 특허 7,575,886, 축약)

하기 단계를 포함하는, 벤질 에스테르로의 β－제거 개열(β－eliminative cleavage) 및 해중합을 포함하는, 에녹사파린(enoxaparin)을 제조하는 방법으로부터 유래하는 도 1의 피크 9와 연관된 비자연적으로 발생하는 당의 존재 및 양에 대한 에녹사파린 샘플을 분석하기 위한 방법:

[1] 에녹사파린 샘플을 제공하는 단계 …

[2] 분리 방법을 사용하여 피크 9와 연관된 비자연적으로 발생하는 당과 연관된 구조적 특징의 존재를 결정하는 단계 …

[3] 에녹사파린 샘플에 대해 결정하는 단계 …

[4] 구조적 특징의 존재를 결정하고 그에 의해 에녹사파린 샘플을 분석하는 단계.

A method for analyzing an enoxaparin sample for the presence or amount of a non naturally occurring sugar associated with peak 9 of FIG. 1 that results from a method of making enoxaparin that included β－eliminative cleavage with a benzyl ester and depolimerization, comprising

[1] providing an enoxaparin sample …

[2] using a separation method to determine … the presence of a structural signature associated with the non naturally occurring sugar associated with peak 9 …

[3] making a determination about the enoxaparin sample …

[4] determining the presence of the structural signature …

to thereby analyze the enoxaparin sample.

법원 판결 이유

의도한 생산물 또는 물질이 실제로 만들어졌는지 확인하기 위해 최종 물품 또는 중간 물질을 테스트하는 방법까지 범위를 확장하기보다는 § 271(g)를 실제 “만들어진(ma[king])” 물품으로 제한하는 것이 법령의 문언 및 법원의 선례와 일치한다.

참고로 35 U.S.C. § 271(g)는 "만들어 진(made by)"이라는 표현을 사용하고 있다. *** 앞서 언급한 내용에 비추어 볼 때, § 271(g)에서 사용되는 "만들어진(made)"의 통상적인 의미는 "제조"를 의미하며, 구성 요소를 합성, 결합하거나 원료에 새로운 특성을 부여하는 등 물품을 생성하거나 변형하는 것까지 확장된다. 그러나 "만들어진(ma[king])"의 의미는 이미 합성된 의약품 물질이 기존의 품질이나 특성을 가지고 있는지 확인하기 위한 테스트를 포함하지 않는다.

*** 물품이 별도의 그리고 아마도 별도로 특허를 받은 방법에 의해 의도된 물품이 실제로 이미 제조되었는지 여부를 판단하는 데만 사용되는 경우 § 271(g)의 의미 내에서 특허 방법에 의해 "만들어진" 것이 아니다. *Housey* 케이스에 따르면… ("**식별** 및 데이터 생성 방법은 최종 의약품 제조의 단계가 아니다"…(강조 표시 추가)). *Housey*를 추가적으로 보면, … ("특허받은 연구 방법을 사용하여 그 특성을 연구한 의약품은 … 방법특허에 의해 '만들어진(mdae by)' 물품이 아니다."). '886 특허의 모든 주장된 청구항은 "에녹사파린 샘플을 *분석하는* 방법"에 관한 것이다. … "분석"이라는 용어의 사용은 청구된 발명을 실행하려면 에녹사파린이 이미 "만들어져" 있어야 함을 나타낸다.

Momenta의 주장대로 FDA의 GMP 규정에서 의약품의 '제조' 및 '가공(pro－cessing)'이 '테스트[ ] 및 품질 관리'를 포함하는 것으로 정의되는 것은 사실이다. … 그러나 [21 C.F.R] § 210.3는 연방 규정집(Code of Federal Regulations) 챕터1, 제21장("식품 및 의약품")의 §§ 210, 211, 225 및 § 226에서 사용될 때 해당 정의가 적용된다고 명시적으로 규정하고 있다. 21 C.F.R. § 210.3(a). 본 규정은 특허 발명에 관한 별도의 법적 체계인 35 U.S.C. § 271(g)의 해석을 통제하지 않는다.

§ 12:31 저자 의견: 미국 이외 지역의 과학 연구

Bayer v. Housey 사건(Fed. Cir. 2003)[122]에 따르면 신약 개발에서 스크리닝 방법에(screening method) 대한 특허 침해를 피하기 위해서는 연구를 미국 외부에서 수행하여야 하며, 그렇게 얻은 데이터는 35 U.S.C.A. § 271(g)에 따른 침해 없이 수입할 수 있다는 결론에 이르게 된다. 특허 신약 개발에 사용되는 많은 연구도구 특허가 존재한다는 점을 고려할 때 이는 중요한 결론이다. 이하 § 12:37에서 침해에 해당되지 않는(혹은 해당되는) 실시의 맥락에서 기초, 대학 및 임상 연구 활동에 대해 논의하고, § 12:43의 주석에서는 연구도구 특허(research tool patents)의 주제를 더 자세히 다룬다.

122) 340 F.3d 1367 (Fed. Cir. 2003)

§ 12:32 수출에 의한 침해 규정

35 U.S.C.A. § 271(f) 특허침해(Infringement of Patent).[123)]

(1) 당해 특허 발명의 구성 요소의 전부 또는 상당 부분을 미국 내에서 또는 미국으로부터 적절한 권한없이 공급하거나 공급하게 하는 자, 그러한 구성 요소의 전부 또는 일부가 결합되지 않은 경우, 그러한 구성 요소의 결합이 미국 내에서 발생할 경우 특허 침해를 구성할 수 있는 방식으로 미국 외부에서 적극적으로 결합을 유도하는 자는 침해자로 책임을 져야한다.

(2) 상당한 비침해 용도를 위한 범용품 또는 기초상품이 아닌 당해 특허발명의 사용을 위하여 특별히 제조되었거나 혹은 개조된 당해 특허발명을 이루는 어느 구성부품을, 상기 구성부품을 전체적으로 혹은 부분적으로 결합하지 않은 상태에서 상기 구성부품이 특허발명을 위해 특별히 제조되었거나 개조된 것임을 알면서, 만약 해당 결합이 미국내에서 이뤄졌다면 특허침해를 구성할 수 있는 방법으로 미국 외에서 상기 구성부품 조립이 이루어지도록 의도하여 미국 내에서 혹은 미국으로부터 적절한 권한 없이 제공 또는 제공을 야기한 경우 특허침해자로 책임을 져야 한다.

(1) Whoever without authority supplies or causes to be supplied in or from the United States all or a substantial portion of the components of a patented invention, where such components are uncombined in whole or in part, in such manner as to actively induce the combination of such components outside of the United States in a manner that would infringe the patent if such combination occurred within the United States, shall be liable as an infringer.

(2) Whoever without authority supplies or causes to be supplied in or from the United States any component of a patented invention that is especially made or especially adapted for use in the invention and not a staple article or commodity of commerce suitable for substantial noninfringing use, where such component is uncombined in whole or in part, knowing that such component is so made or adapted and intending that such component will be combined outside of the United States in a manner that would infringe the patent if such combination occurred within the United States, shall be liable as an infringer.

123) 35 U.S.C.A. § 271(f)(2014)

본 장의 파트 2에서 설명하는 또 다른 유형의 역외 행위는 특허를 받지 않은 별도의 구성요소를 미국 이외의 지역에서 조립하여 *수출하는* 것으로, 조립이 완료되면 미국 특허를 침해할 수 있다. 이 수출 행위는 35 U.S.C.A. § 271(f)(1) 및 35 U.S.C.A. § 271(f)(2)에 의해 규제된다.[124)]

271(f)(1)항은 35 U.S.C.A. § 271(b)(유도침해, induced infringement)에 해당하며, 271(f)(2)항은 35 U.S.C.A. § 271(c)(기여침해, contributory infringement)에 해당한다. 당사자는 개별 구성요소의 역외 조립을 유도하여 35 U.S.C.A. § 271(f)(1)에 따라 특허침해를 구성하거나, 특허침해를 위해 특별히 제작되거나 개조된 전용(non－staple) 구성요소를 해외에 공급하여 역외에서 결합된 경우 35 U.S.C.A. § 271(f)(2)에 따라 특허침해를 구성할 수 있다.

§ 12:33 수출에 의한 침해 규정– 수출

Promega Corp. v. Life Technologies (Fed. Cir. 2014)[125)] (부품의 수출). 본 사건은 청구 범위 및 비자명성의 맥락에서 *위* § 5:16에서 분석한바 있다. 이 사건에서 CAFC는 처음에 피고 LifeTech이 효소 *Taq* 중합효소를 영국의 계열사에 수출한 행위가 (1) 청구된 키트 구성 요소의 나머지 부분과의 결합을 적극적으로 유도하고 (2) *질적으로* 청구된 키트의 상당 부분(substantial portion)을 공급한 것으로서 35 U.S.C.A. § 271(f)(1)에 따른 침해에 해당한다고 판시하였다. 상고심에서 미국 연방대법원은 *Life Technologies v. Promega* (Sup. Ct. 2017)([126)])에서 쟁점 (2)의 "상당성(substantiality)"을 *정량적으로* 취급하고 이를 뒤집었다. CAFC 판결 직후 미국 연방대법원 판결에 대해 설명한다.

---

124) 35 U.S.C.A. § 271(f)(1－2)(2014)

125) 773 F.3d 1338 (Fed. Cir. 2014)

126) 137 S. Ct 734, 197 L.Ed.33 (Sup. Ct. 2017)

PROMEGA CORPORATION, et al v. LIFE TECHNOLOGIES CORPORATION, et al.

U.S. Court of Appeals, Federal Circuit (2014)

청구항 42 (타우츠 특허) (강조 표시 추가)

하기들을 포함하는, DNA 샘플 중의 적어도 하나의 장소 내의 다형성을 분석하기 위한 킷트:

a) 1 내지 50개의 상기 프라이머 쌍으로 구성되는 프라이머 혼합물을 포함하는 적어도 하나의 용기;

b) 프라이머-지향(primer-directed) 중합효소 연쇄 반응을 수행하기에 적합한 중합 효소를 포함하는 용기;

c) 디옥시뉴클레오티드 트리포스페이트 아데노신(deoxynucleotide triphosphates adenosine), 구아닌, 시토신(cytosine) 및 티미딘을 포함하는 용기;

d) 중합효소 연쇄 반응을 수행하기 위한 완충 용액을 포함하는 용기;

e) 하기들을 포함하는 주형 DNA를 포함하는 용기:

i) 3 내지 10개의 뉴클레오티드의 반복 모티프 길이를 갖는 단순한 또는 잠재적으로 단순한 뉴클레오티드 시퀀스 및 ii) 본 방법의 양성 성능을 분석하기 위한, 상기 프라이머의 적어도 하나의 쌍을 어닐링(annealing)하기에 유효한 상기 단순한 또는 잠재적으로 단순한 뉴클레오티드 시퀀스로 덧대어진 뉴클레오티드 시퀀스.

A kit for analyzing polymorphism in at least one locus in a DNA sample, comprising:

a) at least one vessel containing a mixture of primers constituting between 1 and 50 of said primer pairs;

b) *a vessel containing a polymerizing enzyme* suitable for performing a primer-directed polymerase chain reaction;

c) a vessel containing the deoxynucleotide triphosphates adenosine, guanine, cytosine and thymidine;

d) a vessel containing a buffer solution for performing a polymerase chain reaction;

e) a vessel containing a template DNA comprising

iI a simple or cryptically simple nucleotide sequence having a repeat motif length of 3 to 10 nucleotides and ii) nucleotide sequences flanking said simple or cryptically simple nucleotide sequence that are effective for annealing at least one pair of said primers, for assaying positive performance of the method.

법원 판결 이유

[쟁점 1: "적극적 유도"] 35 U.S.C. § 271(f)(1)에 따라 당사자는 미국 내외에서 발생하는 활동에 참여함으로써 특허를 침해할 수 있다. … 먼저 "적극적으로 결합을 유도(to actively induce the combination)"하기 위해서는 제3자의 개입이 필요한지 아니면 단순히 미국 외부에서 특허 발명의 구성 요소의 결합을 유발하려는 구체적인 의도만 있으면 되는지에 대해 논의해 보겠다. 우리는 제3자가 필요하지 않다고 결론을 내렸다. 우선, "유도하다(induce)"라는 용어가 "다른 사람"에게 영향을 미치거나 설득하는 것을 암시할 수 있다는 점을 인정한다. 그러나 유도하다에는 "가져오다, 유발하다(to bring about, to cause)"라는 보다 광범위한 개념도 포함된다.

*** 의회는 § 271(f)(1)의 적용 범위를 "제3자" 또는 "기타"로 제한하지 않았다. 또한, *Deepsouth Packing Co. v. Laitram Crop.*[127] 사건은 특허 발명의 모든 구성 요소의 공급과 관련되었지만, 의회는 구성 요소의 "전부 또는 상당 부분(all or a substantial portion)"의 공급까지 책임을 확대하기로 결정하였다(*아래에서* 논의). 조합을 하는 자보다 해외에서의 활동("조합", the combination)에만 초점을 맞추어 의회가 확장된 표현을 선택하였다는 점과 *Deepsouth*에서 확인된 "허점을 메우기 위한 입법적 해결책의 필요성"을 인정한 점을 고려할 때, 의회가 § 271(f)(1)을 통해 제3자에게 해외로 부품을 배송한 것에 대해서는 책임을 묻되, 자신이나 해외 자회사에 동일한 부품을 해외로 배송한 것에 대해서는 책임을 묻지 않도록 의도했을 것 같지는 않는다.

****** **[쟁점 2: "상당한 부분(substantial portion)"]** "상당한 부분"의 통상적인 의미는 하나의 중요 또는 필수 구성 요소가 특허 발명 "구성 요소의 상당한 부분"에 해당할 수 있음을 시사한다. … 그러나 § 271(f)(1)에 따른 단일구성요소 수출책임의 결정에 대한 질문이 여기서 끝나는 것은 아니다. 법규에 따르면, 이 구성 요소는 특허 발명의 구성 요소 중 "상당한 부분"이어야 한다. 본 사건에서 우리는 LifeTech이 미국에서 외국 시설로 공급한 *Taq* 중합효소가 LifeTech의 기소된 유전자 검사 키트 구성 요소의 "상당한 부분"이라는 배심원단의 결론을 뒷받침하는 상당한 증거를 발견하였다.

127) 406 U.S. 518 (U.S. Sup. Ct. 1972)

Life Technologies Corp. et al. v. Promega Corp. (U.S. Sup. Ct. 2017).[128] 미국 연방대법원은 여러 구성요소로 이루어진 발명의 단일 구성요소를 해외에서 제조하기 위해 공급하는 경우 § 271(f)(1)하에서 특허침해의 책임이 발생하지 않는다고 판시한다. (a) § 271(f)(1)항의 "상당한 부분"이라는 문구는 양적인 측정을 (quantitative measurement) 의미하며, (b) 양적 접근 방식에 따르면 단일 구성요소는 § 271(f)(1) 책임을 유발하는 "상당한 부분"을 구성할 수 없다.

LIFE TECHNOLOGIES CORP. ET AL. v. PROMEGA CORP.

U.S. Supreme Court (2017)

법원 판결 이유

본 사건의 쟁점은 복수의 구성요소(예를 들어, 4개의 구성 요소)를 가진 발명 중에서 단일 구성 요소[*Taq* 중합효소]를 공급하는 것이 35 U.S.C. § 271(f)(1)에 따른 침해 행위를 구성하는지 여부이고, 우리는 그렇지 않다고 판결한다.

*** 특허 발명의 구성 요소 중 "상당한 부분"이라는 § 271(f)(2)의 요건이 양적 또는 질적인 측정을 의미하는지 여부에 대한 판단이 이루어져야 한다. … [법조문의 문언에 따르면] § 271(f)(1)의 맥락에서 "상당한"의 의미는 양적 측정(quan–titative measurement)으로 이해하는 것이 가장 합리적이다.

*** 다음으로, 법리적으로 단일 구성요소가 271(f)(1)조에 따른 책임을 유발할 수 있는 "상당한 부분"을 구성할 수 있는지 여부를 결정해야 한다. 그 대답은 아니라고 판결하였다. § 271(f)(1)는 일관되게 "구성요소(components)"를 복수로 지칭한다.

해당 조항은 "그러한 구성요소(such components)"가 결합되지 않은 상태에서 "그러한 구성요소(such components)"의 미국 외 결합을 적극적으로 유도하는 방식으로 "구성요소(of the components)"의 전부 또는 상당한 부분을 공급하는 것을 대상으로 한다. "구성요소"의 상당 부분을 복수형으로 명시하는 법조문은 상당 부분은 복수개의 구성요소로 구성된다는 것을 의미한다.

§ 271(f)의 구조는 이러한 해석을 뒷받침한다. … § 271(f)(1)을 둘 이상의 구성요소를 지칭하는 것으로 읽으면 [§ 271(f)(1)과 § 271(f)(2)]가 함께 작동할 수 있다. § 271(f)(1)이 복수형인 "구성요소들(components)"을 지칭하는 반면, § 271(f)(2)는 단수형인 "어느 구성요소(any components)"를 지칭한다. 그리고 § 271(f)(1)은 당

128) 137 S. Ct 734, 197 L.Ed.33 (Sup. Ct. 2017)

사자가 공급한 구성요소가 상당한 부분을 구성하는지 여부에 대해 언급하는 반면, § 271(f)(2)는 당사자가 "발명에 사용하기 위해 특별히 제작되거나 특별히 개조된 "어느(any)" 전용품(noncommodity) 구성요소를 공급하였는지 여부에 대해 언급한다.

*** § 271(f)의 역사는 이러한 결론에 힘을 실어준다. 이 조항의 효과는 이전 법령의 적용 범위를 벗어난 미국에서 제조되었지만 해외에서 조립된 부품들에까지 특허권을 적용함으로써 특허권 집행의 공백을 메우는 것이다. 오늘 판결은 의회의 의도에 부합한다.

연방 순회항소법원은 환송시 Promega가 이전 소송 과정에서 대체 손해 배상액을(alternative damages) 산정할 권리를 명시적으로 포기하였다는 이유로 손해 배상 및/또는 Promega에 대한 새로운 재판을 거부한 연방1심법원의 판결을 유지한다.[129]

Ⅲ. 특허침해의 효력제한 행위 (또는 침해 행위) (ACTIVITIES EXEMPT (OR NOT) FROM INFRINGEMENT)

§ 12:34 연구 예외에 관한 법률

특허 침해에 대해 인정되는 예외에는 보통법(common law)과 법률(statutory)의 두 가지 종류가 있다. 이를 차례로 분석해 보겠다.

§ 12:35 연구 예외에 관한 법률—보통법 예외

미국에는 기초 또는 근본적인 과학 연구를 특허 침해 예외로 규정하는 법령은 없다. 이 분야의 판례는 19세기 중반에 내려진 ***Poppenhusen v. Falke*** (C.C.S.D.N.Y.1861) 판결을 중심으로 한 여러 판례 모음에서 비롯되었다.[130] *Poppenhusen*은 특허 침해에 대해 좁은 의미의 "철학적" 연구 예외를 인정하였다. "철학적 취향이나 호기심을 충족시키기 위한 목적 또는 단순한 오락을 위한

129) 875 F.3d 651 (Fed. Cir. 2017)
130) 19 Fed.Cas. 1048, 1049 (C.C.S.D.N.Y.1861) (제11,279호)

특허품에 대한 실험은 특허권자의 권리를 침해하지 않는다"고 명시하였다.

이하 *Classen Immunotherapies v. Biogen* (연방대법원 2011)[131] 판례에서 볼 수 있듯, 기초 연구 예외가 오늘날에도 여전히 인정되고 있지만, 이 예외는 매우 좁게 해석된다. 이하 *Madey v. Duke* (Fed. Cir. 2002)[132] 판례에서 볼 수 있듯이, 이 예외는 미국 대학에서 수행되는 대학의 "합법적인 사업"에 속하는 활동에도 적용되지 않는다.

§ 12:36 연구 예외에 관한 법률–보통법 예외– 기초 연구에서 사용되는 특허 발명

Classen Immunotherapies v. Biogen (Fed. Cir. 2011)[133] ("*Classen I*") (기초 연구에 대한 예외). *위* § 3:28에서 알고리즘 및 진단 방법의 적격성 여부와 관련하여 분석한 이 사건은 특허 발명을 사용한 과학 연구가 보통법에(common law) 따라 면제되는지 여부를 논의한다. *Poppenhusen* 판례에 이어 Newman 판사는 예외가 적용되어야 한다고 생각한다.

CLASSEN IMMUNOTHERAPIES, INC. v. BIOGEN IDEC, et al

U.S. Court of Appeals, Federal Circuit (2011)

청구항 1 ('739 특허)

하기 단계들을 포함하는 포유동물 대상체를 면역화하는 방법: (i) 하기들에 의해 복수의 면역화 스케쥴을 스크리닝하는 단계:

(a) 포유동물의 제1군 및 포유동물의 적어도 하나의 제2군을 동정하는 단계, 상기 포유동물이 동일 종이고, 포유동물의 제1군이 하나 이상의 투여량의 첫 번째의 스크리닝된 면역화 스케쥴에 따른 하나 이상의 감염성 질환-야기 유기체-연관 면역원으로 면역화되고, 포유동물의 제2군이 하나 이상의 투여량의 하나 이상의 감염성 질환-야기 … 로 면역화되는 단계 및

(b) 상기 제1군 및 제2군에서의 만성 면역-매개 질환 장애에 대한 보호 또는 유발

131) 659 F.3d 1057 (Fed. Cir. 2011)

132) 307 F.3d 1351 (Fed. Cir. 2002)

133) 659 F.3d 1057 (Fed. Cir. 2011)

에서의 상기 제1 스크리닝 면역화 스케쥴 및 제2 스크리닝된 면역화 스케쥴의 유효성을 비교하는 단계 … 및

(ii) 대상 면역화 스케쥴에 따라 상기 대상체를 면역화고, 그에 따라 상기 보다 덜 위험한 스케쥴의 적어도 하나의 상기 감염성 질환-야기 유기체-연관 면역원이 상기 보다 덜 위험한 스크리닝된 면역화 스케쥴에 따라 투여되고, 이러한 투여는 상기 면역원이 상기 보다 더 위험한 스크리닝된 면역화 스케쥴데 따라 투여되는 경우에 비해 보다 더 낮은 위험의 상기 만성 면역-매개 장애(들)의 발달과 연관되는 단계.

A method of immunizing a mammalian subject which comprises: (i) screening a plurality of immunization schedules, by

(a) identifying a first group of mammals and at least a second group of mammals, said mammals being of the same species, the first group of mammals having been immunized with one or more doses of one or more infectious disease-causing organism-associated immunogens according to a first screened immunization schedule, and the second group of mammals having been immunized with one or more doses of one or more infectious disease-causing … and

(b) comparing the effectiveness of said first and second screened immunization schedules in protecting against or inducing a chronic immune-mediated disorder in said first and second groups … and

(ii) immunizing said subject according to a subject immunization schedule, according to which at least one of said infectious disease-causing organism-associated immunogens of said lower risk schedule is administered in accordance with said lower risk screened immunization schedule, which administration is associated with a lower risk of development of said chronic immune-mediated disorder(s) than when said immunogen was administered according to said higher risk screened immunization schedule.

법원 판결 이유

*** 미국 연방1심법원에서 Classen의 입장은 Classen의 청구항이 연구, 분석, 검증 또는 기타 과학적 탐구의 대상이 되는 경우 특허침해된다는 것으로 보인다. 미국 연방1심법원이 언급한 바와 같이, Classen의 청구항에 대한 견해는 발명대상에 대한 '생각'을 포함한다는 것으로 보인다. 물론 이는 잘못된 견해이다. 특허의 정보

는 특허의 공개/등록(publication/issuance)을 통해 지식의 저장소에 추가된다. 특허제도의 중요한 목적은 비밀을 제한하고, 특허제도가 없었다면 공개되지 않았을 지식을 관심 있는 대중에게 제공하는 것이다.

*** 반면, 특허 발명 대상은 조사, 검증 및 정교화될 수 있으며, 지식에 대한 기술/과학적 기여는 특허 만료까지 20년간 분석, 연구 및 실험으로부터 격리되지 않는다.

§ 12:37 연구 예외에 관한 법률-보통법 예외-합법적인 사업 이익을 추구하기 위한 특허 발명의 사용

◆ ***Embrex, Inc. v. Service Eng'g Corp.*** (Fed. Cir. 2000).[134] 본 사건을 *위* § 12:11에서 방법특허의 문헌침해(literal infringement)의 맥락에서 분석한 바 있다. 특허침해를 회피하기 위해 피고 SEC는 컨설턴트에게 일련의 테스트를 의뢰했지만 특허 청구항을 회피하는 데 실패한 것으로 판명되었다. 법원은 이러한 테스트가 과학적 실험이라는 SEC의 주장에 동의하지 않으며, 이러한 테스트가 상업적 목적으로 수행되었다는 점에서 특허 침해에 해당한다고 결론지었다.

EMBREX, INC. V. SERVICE ENG'G CORP.

U.S. Court of Appeals, Federal Circuit (2000)

청구항 1

바이러스, 박테리아 또는 미생물 기원의 질환에 대한 면역원성을 유도하기에 효과적인 백신을 조류 종의 배아를 포함하는 알에 주입하는 단계를 포함하고, 여기에서 상기 주입이 배양기의 마지막 1/4분기 동안에 이루어져서 그에 의해 배아가 면역능력을 발달시키도록 하고 그리고 여기에서 상기 백신이 양막 또는 난황낭에 구분되는 영역 내에 주입되는, 조류 종에서의 바이러스, 박테리아 또는 미생물 기원의 면역가능한 질환을 제어하기 위한 방법.

A method for controlling an immunizable disease of viral, bacterial, or microbial origin in an avian species comprising injecting a vaccine effective for inducing immunity against said disease into the egg embodying the embryo of

134) 216 F.3d 1343 (Fed. Cir. 2000)

said avian species, wherein said injection is made during the final quarter of the incubation period whereby the embryo has developed immunologic competence and wherein said vaccine is injected within the region defined by either the amnion or the yolk sac.

법원 판결 이유

배심원단은 … SEC와 그 대리인이 수행한 테스트에 대한 증거를 들었다. SEC는 Davis와 Rosenberger 박사가 수행한 테스트는 과학적 실험이었고 어떠한 기계의 판매로 이어지지 않았기 때문에 특허침해를 구성하지 않으며, 따라서 단순하고 사소한 이용에 불과하거나 실험적 사용 예외에 따라 면제되어야 한다고 주장한다.

법원은 실험적 사용(experimental use)과 *사소한 이용의* 예외(de minimis exception)를 모두 매우 좁게 해석해 왔다. *Roche Prods., Inc. v. Bolar Pharm. Co.*[135)] (법원은 "실험적 사용 규정을 너무 광범위하게 해석하여, 탐구가 명확하고(definite) 인지할 수 있으며(cognizable) 비실질적인 상업적 목적이 아닌 경우(insubstantial commercial purposes), '과학적 탐구'를 가장한 특허법 위반을 허용해서는 안 된다고 판시하였다.") … *Roche*에서 이 법원은 "FDA 의약품 승인과 엄격히 관련된 테스트 및 조사를 위해 특허 의약품을 제한적으로 사용하는 것"이 침해에 해당하는지를 고려하였다. … 이 법원은 "§ 271(a)는 문헌상 어떠한 그리고 모든 특허 발명의 사용을 금지하고 있다는" 것을 인정하였다. … 미국 연방청구법원(United States Court of Claims)의 구속력 있는 판례도 "오락, 사소한 호기심 충족 또는 엄밀한 철학적 탐구를 위해" 수행된 경우 침해에 대한 좁은 의미의 항변을 인정하였다. [인용 생략] 따라서 *Roche* 판결을 한 본 법원은 Bolar가 주장하는 실험적 사용은 "과학적 탐구를 가장한" 특정 사용이 "명확하고 인지할 수 있으며 비실질적인 상업적 목적이 아니기 때문에" 실험적 사용 예외의 좁은 범위에도 부합하지 않는다고 판단하였다.

*** 이 판례의 경우 SEC가 Davis와 Rosenberger 박사를 고용한 행위와 의사들이 난자에 백신을 주입한 행위는 실험적 사용 또는 *사소한 이용*으로 간주될 수 없다. SEC는 이러한 실험을 과학적 탐구로 위장하여 은폐하려고 시도하지만 그것만으로는 그 행위가 면책될 수 없다. 연방1심법원은 기록에 근거하여 SEC가 명시적으로 상업적 목적으로 테스트를 수행했다고 판단했다. SEC의 주된 상업적 목적은 잠재적 고객에게(potential customer) 난자 주입 기계로 수행한 방법의 유용성을 입증하는 것이었다. SEC가 기계 판매에 실패했다고 해서 SEC의 침해 행위에 대해 침해

135) 733 F.2d 858, 863, 221 USPQ 937, 940 (Fed. Cir. 1984)

면책 특권이 부여되는 것은 아니다. 따라서 본 법원은 연방1심법원의 침해에 대한 법적판결신청(JMOL) 기각 판결을 확정한다.

Madey v. Duke (Fed. Cir. 2002).[136] 이 판례는 *Poppenhusen*에 근거하여 판결에 의해 만들어진 좁고 제한적인 실험적 사용의 예외가 있기는 하지만, 이는 철학적 사용이나 오락을 위한 경우에만 해당된다는 점을 확인시켜 준다. *Madey*는 이러한 좁은 의미의 예외는 대학의 "합법적인 사업(legitimate business)", 즉 학술연구 및 교육 과정에서 침해를 행하는 경우에도 적용되지 않는다고 판결하였다.

MADEY v. DUKE

U.S. Court of Appeals, Federal Circuit (2002)

청구항 1

하기들을 포함하는 전자총: 체적 내에서 고-구배의 전기 부품을 갖는, 전자기장을 지원하기 위한 내부 체적을 정의하는 열음극 고주파 공동 수단(thermionic cathode RF cavity means)을 포함하고, 상기 고주파 공동 수단이 제1 벽체부 및 제2 벽체부를 갖고 … 등등.

An electron gun comprising: a thermionic cathode RF cavity means defining an internal volume for supporting an electromagnetic field having a high-gradient electric component within said volume, said RF cavity means having first and second wall portions [… etc].

법원 판결 이유

선례에 따르면 어떤 방식으로든 상업적 목적이 있는 사용에 대해서는 예외 적용이 되지 않는다는 점을 분명히 한다. 마찬가지로, 선례는 상업적 의미와 관계없이 침해 혐의자의 합법적인 비즈니스에 부합하는 어떠한 행위도 면책하지 않는다. 예를 들어, Duke 대학교와 같은 주요 연구 대학에서는 상업적 응용이 없다고 여겨질 수 있는 연구 프로젝트에 대해 제재를 가하고 자금을 지원하는 경우가 종종 있다. 그러나 이러한 프로젝트는 참여하는 학생과 교수진을 교육하고 이해를 증진하게 하는 등 해당 기관의 정당한 비즈니스 목표를 달성하는 데 도움이 되는 것은 틀림없다. 예를 들어, 이러한 프로젝트는 교육기관의 위상을 높이고 수익성 있는 연구 보

136) 307 F.3d 1351 (Fed. Cir. 2002)

조금, 학생 및 교수진을 유치하는 데에도 도움이 된다.

요컨대, 특정 기관이나 주체가 상업적 이득을 목적으로 하는 행위인지 여부와 관계없이, 해당 행위가 침해자의 합법적인 사업을 위한 것이며 오락, 단순한 호기심 충족 또는 엄격하게 철학적 탐구를 위한 것이 아닌 한, 해당 행위는 매우 좁고 엄격하게 제한되는 실험적 사용 항변이 적용되지 않는다. 또한 사용자의 영리 또는 비영리 지위여부는 결정적인 요소가 아니다.

*** 연방1심법원은 보통법상 실험적 사용 항변을 적용하는 과정에서 오류를 범하였으며, 그 결과 Madey가 승소할 수 있는 중대한 사실관계에 대한 진정한 쟁점(genuine issue)이 없다고 잘못 판단하였다. … 이러한 오류로 인해 추가 절차가 필요하다.

§12:38 연구 예외에 관한 법률 임상 연구에 대한 법적 예외 사항

35 U.S.C.A. § 271(e)(1).[137]

특허발명을 의약품이나 수의생물의약품의 제조·사용 또는 판매를 규율하는 연방법률에 따른 정보 개발과 제출 활동과 합리적으로 관계된 목적을 위해서만 미국에서 제조·사용·판매제안 또는 판매하거나 미국으로 수입하는 것은 침해 행위로 간주하지 아니한다.

It shall not be an act of infringement to make, use, offer to sell, or sell within the United States or import into the United States a patented invention … solely for uses reasonably related to the development and submission of information under a Federal law which regulates the manufacture, use, or sale of drugs or veterinary biological products.

이 법과 관련된 대부분의 소송은 임상 연구를 위한 이른바 세이프 하버('safe-harbor')로 불리는 35 U.S.C.A. § 271(e)(1)에서 발생하였다. 본 법령과 관련된 판례를 더 자세히 분석해 보겠다.

§ 271(e)(1)은 ***Roche v. Bolar*** (Fed. Cir. 1984)[138] 판결에서 만료되지 않은 상대방 특허에 의해 보호되는 의약품을 가지고 해당 특허 의약품과 동등한 제네릭을(generic equivalent) 출시할 의도로 임상 연구를 수행하는 것은 특허 침해 행

137) 35 U.S.C.A. § 271(e)(1)(2014)

138) 733 F.2d 858 (Fed. Cir. 1984)

위라고 판시하였다. 사실상 제네릭 제약사는 특허가 만료될 때까지 임상 연구를 할 수 없었기 때문에 실질적으로 특허의 유효 기간을 늘리는 효과를 가져왔던 것이다. *Bolar* 판결은 비공식적으로는 *Hatch-Waxman 법*으로 알려진, 약가 경쟁 및 특허존속기간 회복에 관한 법률(Drug Price Competition and Patent Term Restoration Act)[139]로 이어지는데, 해당 법령은 입법적 타협의 일환으로 *Bolar* 판결을 뒤집고 현대 미국 제네릭 제약 산업을 탄생시켰다.

한편으로, 35 U.S.C.A. § 271(e)(1)은 제네릭 제약회사가 특허를 보유한 브랜드 회사의 특허를 특허침해없이 생물학적 동등성(bio-equivalency) 의약품을 만들고 테스트할 수 있도록 허용한다. 반면에, 입법 타협을 통해 브랜드 제약사는 브랜드 성분 또는 제형에 대한 FDA의 승인을 기다리느라 특허권을 행사할 수 없게 된 기간만큼 특허존속기간연장(Patent Term Extension, PTE)을 통해 특허존속기간을 연장할 수 있게 되었다.

생명공학에 대한 중요한 고려 사항인 법정 세이프 하버는 소분자 제네릭 약물(small molecule generic) 바이오 등가물에(bio-equivalent) 대한 연구 그 이상을 포괄한다. *FDA의 승인을 받은 적이 없는* 생명공학을 포함한 제약(소분자 또는 항체 등) 의약품에 대한 혁신적 임상 연구도 포함된다는 점에서 권한의 무게가 더 크다. 아래에서 설명할 대법원 판례 *Merck v. Integra Life Sciences I* (U.S. Sup. Ct. 2005)[140]에 기초하여, 이 분야는 생명공학 분야에서 상당한 양의 소송이 제기된 분야이다. 임상 연구 및 관련 활동에 대한 침해로부터 보호받을 수 있는 세이프 하버(safe harbor)의 적용가능성은 혁신적 생명공학 산업에 근본적으로 중요하다. 이를 통해 생명공학 업계는 기존의 지배적인 특허권자의 특허침해 위협 없이 생명공학 의약품을 개발하고 테스트할 수 있게 되었다.

임상연구 특허침해의 예외에 대해서 두 종류의 판례들이 발전되었다. 첫 번째 종류의 판례는 FDA 승인 전에 수행된 특정 활동에 예외를 적용하고, 두 번째 종류의 판례는 FDA 승인 후에 수행된 특정 활동에 예외를 적용한다. 각각을 차례대로 살펴보겠다.

139) 약가 경쟁 및 특허존속기간 회복법 Pub. L. No. 98-417 (1984)
140) 545 U.S. 193 (U.S. Sup. Ct. 2005)

§ 12:39 연구 예외에 관한 법률 – 임상 연구에 대한 법적 예외 사항 – FDA 승인 전 특허 발명의 사용

Merck v. Intergra Lifesciences I (U.S. Sup. Ct. 2005).[141] 본 사건은 가장 중요한 질문, 즉 FDA의 승인을 받은 적이 없지만 임상 및 전임상 연구에 사용된 물품에 대해 35 U.S.C.A. § 271(e)(1)에 따른 세이프 하버(safe harbor) 예외가 언제 시작되는지에 대한 쟁점을 다뤘다. 여기서 중요한 날짜는 FDA에 승인을 위해 제출할 의약품 후보를 식별하는 날인 것으로 보인다.

MERCK v. INTEGA LIFESCIENCES I

U.S. Supreme Court (2005)

청구항 1

하기를 포함하는, 세포의 세포 부착 활성을 변경하는 방법:

세포를 RGDX를 포함하는 실질적으로 순수한 가용성 펩티드와 접촉시키는 단계, 여기에서 X가 아미노산이고 펩티드가 세포 부착 활성을 가짐.

A method of altering cell attachment activity of cells, comprising:

contacting the cells with a substantially pure soluble peptide including RGDX where X is an amino acid and the peptide has cell attachment activity.

법원 판결 이유

청구인(Merck)의 (1996년) 4월 13일 서신에는 청원인이 생산한 RGD 펩타이드를 잠재적 약물 후보로 테스트하는 것은 Scripps가 담당하되, 임상시험을 위한 주요 후보가 진행되면(in "the pipeline") 청구인이 임상시험을 진행하기 위해 FDA 승인에 필요한 독성 테스트를 수행한다고 명시되어 있다. … 1996년 11월, 청구인은 미국과 유럽의 규제 승인 절차를 통해 RGD 펩타이드(peptides) 중 하나를 안내하는 공식 프로젝트를 개시하였다.

*** [CAFC는 § 271(e)(1)에 따른 예외조항이] "… 언젠가FDA 승인 절차로 이어질 수 있는 전 세계적으로 이루어지는 모든 실험 활동을 포함하는 것은 아니다"라고 결론을 내린 바 있다.

*** 후자의 진술에 대해 논쟁하지 않는다. 특정 의약품을 개발하려는 의도나 해

141) 545 U.S. 193 (U.S. Sup. Ct. 2005)

당 화합물이 연구자가 의도하는 종류의 생리적 효과를(physiological) 유발할 것이라는 합리적인 믿음 없이 수행된 특정 화합물에 대한 기초 과학 연구는 분명히 FDA을 위한 "정보의 개발 및 제출과 합리적으로 관련된" 것이 아니다. 그러나 그렇다고 해서 § 271(e)(1)의 침해 예외가 (1) 최종적으로 FDA 제출 대상이 아닌 약물에 대한 실험 또는 (2) 최종적으로 FDA에 제출되지 않은 실험에 특허 화합물을 사용하는 경우를 무조건적으로 배제하는 것은 아니다. 특정 조건 하에서는 이 예외 규정이 두 가지 상황 모두에서 해당 특허 화합물의 사용을 보호하기에 충분히 광범위하다고 생각한다.

*** § 271(e)(1)을 올바르게 해석하면 규제 승인을 받기까지 실험과 실패를 위한 충분한 여지를 남겨두고 있다. 적어도 의약품 제조업체가 특허 화합물이 특정 생물학적 과정을 통해 특정 생리학적 효과를 낼 수 있다고 믿을 만한 합리적인 근거가 있고, 성공할 경우 FDA에 제출하는 자료에 포함시키는 것이 적절한 연구에 해당 화합물을 사용하는 경우, 해당 사용이 "연방법에 따른 정보 개발 및 제출"과 "합리적으로 관련"되어 있다고 볼 수 있다." § 271(e)(1).

*** 따라서 우리는 전임상 연구에서 특허 화합물을 사용하는 것이 해당 실험이 "임상시험 계획승인신청(IND) 또는 신약허가신청(NDA)과 관련된 유형의 정보"를 생성할 것이라고 믿을 만한 합리적인 근거가 있는 한 § 271(e)(1)에 따라 보호된다는 정부 의견에 동의한다. …

*** 따라서, 우리는 항소법원의 판결을 파기하고 본 의견에 부합하는 절차를 위해 사건을 환송한다.

***

[**참고:** 환송에서 CAFC는 ***Integra LIfesciences I et al. v. Merck KGaA, et al.*** (Fed. Cir. 2007)[142]에서 해당 법령의 적용을 사실에 맞게 재해석하고 침해 판단을 뒤집었다. 이를 통해 16가지 실험 범주의 목적을 분석하여 35 U.S.C.A. § 271(e)(1)에 따라 면제 대상에 해당하는지 또는 벗어나는지 여부를 결정한다. 16가지 범주(및 목적은 괄호 안에)는 CAFC에서 처음 설명했으며, 법원은 이 모든 실험이 35 U.S.C.A. § 271(e)(1)에 따라 면제된다고 판단했다. CAFC의 언급은 아래와 같다(강조 표시 추가):]

> [카테고리에는 다음이 포함됩니다: $\alpha v \beta 3$ 수용체 결합 분석 (효능); 혈관 신생 병아리 융모막 (CAM) 분석 (효능, 작용 기전 및 약동학); 혈관 매트리 젤 테스트 (효능 및 작용 기전); 세포 부착 분석 (효능); 화학 주성 분석 (효능 및 작용 기전); … 토끼 관절염 실험(효능, 약리, 약동학, 안전성 및 작용 기전);

142) 496 F.3d 1334 (Fed. Cir. 2007)

생쥐 관절염 실험(효능); 흑색종 세포를 이용한 병아리 CAM 종양 성장(효능 및 작용 기전).

*** 이 사례에서 문제가 된 **모든 실험은 고리형(cyclic) RGD 펩타이드가(peptide) 혈관 신생(angiogenesis)을 억제한다는 사실을 발견한 이후에 수행되었다.** Merck는 과학자들이 관찰 결과에 대한 과학적 이해에 관심을 잃지 않았고 다양한 실험이 이해를 향상시켰다는 데 동의하지만, 그렇다고 해서 해당 **연구가 의약품 개발 및 규제 준수와의 관련성(drug development and regulatory compliance)이** 부정되는 것은 아니다. 해당 요건이 충족되는 경우, 그 **실험이 과학적 지식에 기여하였다는 것 때문에 § 271(e)(1)의 세이프 하버 (safe–harbor) 혜택이 박탈되는 것은 아니다.**

Amgen v. Hospira (Fed. Cir. 2019)[143] 우리는 본 사건에 대해서 위 § 12:11에서 방법청구항의 문헌적 침해(literal infringement) 맥락에서 분석한바 있다. 본 섹션에서는 Safe Harbor 보호에 대한 CAFC의 분석에 대해 논의한다. CAFC는 35 USCA § 271(e)(1)에 따른 제조 방법 청구항에 대한 safe harbor 보호를 결정하기 위한 배심원단 지침은 각 제조 행위가 FDA에 정보를 제출하는 것과 합리적으로 관련된 사용이었는지 여부를 고려하여야 한다고 판시하였다. 또한 법원은 safe harbor 분석이 침해 당사자가 제조한 각각의 배치(batch)에 적용되어야 한다고 명시하였다.

AMGEN v. HOSPIRA

U.S. Court of Appeals, Federal Circuit (2019)

청구항 27 ('298 특허)

청구항 제1항의 2 이상의 에리트로포이에틴 아형들의 혼합물을 제조하는 단계를 포함하는, 소정의 생체 내 특이적 활성을 갖는 에리트로포이에틴 조성물을 수득하기 위한 방법

[**여기에서 청구항 제1항은 다음과 같음:** 단일의 등전점을 갖고 분자당 특정한 수의 살리실산 가지며, 상기 수가 1 내지 14로 이루어지는 군으로부터 선택되며, 아형이 비–인간의 진핵 숙주 세포 중에서의 외인성 DNA 시퀀스의 발현의 생성물인, 단리

143) *op.* 2019–1067, 2019–1102 (Fed. Cir. 2019)

된 생물학적으로 활성인 에리트로포이에틴 아형]

A method for obtaining an erythropoietin composition having a predetermined in vivo specific activity comprising preparing a mixture of two or more erythropoietin isoforms of claim 1 [**wherein Claim 1 is as follows:** An isolated biologically active erythropoietin isoform having a single isoelectric point and having a specific number of sialic acids per molecule, said number selected from the group consisting of 1−14, and said isoform being the product of the expression of an exogenous DNA sequence in a non−human eucaryotic host cell.]

법원 판결 이유

[법원은 먼저 Hospira가 특허 방법을 사용한 인지, 아니면 세이프 하버(safe harbor)와 합리적으로 관련된 배치(batch)의 사용인지에 대해 논의한다.] *** Hospira는 항소심에서 safe harbor 방어에 관한 연방1심법원의 배심원 지침에 이의를 제기한다. Hospira는 또한 합리적인 배심원이라면 Hospira의 의약품 배치(batch) 중 전부가 아닌 일부가 safe harbor 방어에 의해 보호된다는 사실을 발견할 수 없었을 것이라고 주장한다. 각 쟁점에 대해 차례로 설명한다.

*** Safe harbor 배심원단 지침의 마지막 단락에는 다음과 같이 명시되어 있다:

> Safe harbor가 적용되는지 여부를 결정하려면 고발된 각 활동을 개별적으로 평가해야 한다. 고발된 활동이 FDA 승인을 얻기 위한 목적으로 FDA을 위한 정보의 개발과 제출과 합리적으로 관련되어 있다고 판단되는 경우, Hospira는 해당 활동에 대한 세이프 하버(safe harbor) 방어를 입증한 것이다. 특정 배치(batch)의 제조가 FDA 승인을 얻기 위해FDA을 위한 정보의 개발과 제출과 합리적으로 관련되어 있음을 입증한 경우, 해당 배치의 제조 및 사용에 대한 Hospira의 추가적인 사용 목적이 있다고 해서 해당 배치가 safe harbor 방어에서 제외되지는 않는다.

*** Hospira는 "배심원 지침과 평결 양식이 각 배치(batch)가 어떻게 사용되었는지 또는 그 사용이 Hospira의 BLA를 뒷받침하는 정보의 개발 및 제출과 합리적으로 관련이 있는지 여부가 아니라 각 에리트로포이에틴 배치(batch of EPO)가 제조된 이유에 부적절하게 배심원단의 초점을 맞췄다"고 주장하였다.

*** 여기서 특허 발명은 Amgen의 제조방법이다. 기소된 행위는 Hospira의 Amgen 제조방법특허 사용에 관한 것이다. 따라서 유의미한 쟁점은 Hospira가 제

조한 각 배치(batch)를 어떻게 사용했는지가 아니라 각 제조 행위가 FDA에 정보를 제출하는 것과 합리적으로 관련된 용도였는지 여부이다. [각주 생략]. 배심원단 지침은 각 제조 행위, 즉 기소된 각 행위가 FDA에 정보 제출과 합리적으로 관련된 사용이었는지 여부를 적절하게 물었다. 또한 Hospira의 주장과는 달리, 배심원단에게 Hospira가 특정 의약품 배치의 제조가 FDA 제출을 위한 정보 개발과 합리적으로 관련되어 있음을 입증하면 Hospira의 추가적인 사용 목적은 중요하지 않다고 지시함으로써 적절한 균형을 맞췄다.

[**다음으로, 법원은 특허 방법의 사용이 일부 배치(some batch) 제조에는 보호되지만 다른 배치 제조에는(but not others) 보호되지 않는지 분석한다.**] *** [또한] Hospira는 합리적인 배심원이라면 이 사건에서와 같이 21개 배치가 모두 원래 BLA 신청서에 포함된 정보의 개발과 제출에 사용되었거나 FDA의 완전 답변서(CRL)에 의해 요구되는 후속 신청서에 사용된 경우, 일부 배치의 EPO가 세이프 하버(safe harbor)의 보호를 받지 못할 수 있었다고 판단할 수 없었다고 주장한다.

*** 쟁점이 된 것은 Hospira가 2013년, 2014년, 2015년에 제조한 21개의 에리트로포이에틴 배치(batch of EPO)들이다. 배심원단은 7개의 배치가 세이프 하버(safe harbor)에 따라 보호되는 반면 14개의 배치는 그렇지 않다고 판단하였다. 보호 대상 배치에는 Hospira의 의약품 제조 공정을 인증하고 대체 장비를 인증하는 데 사용된 2개 배치(2013년 제조)와 FDA의 의무적 최초승인 (mandatory pre-approval inspection/PAI)에 사용된 5개 배치(2015년 제조)가 포함된다. 배심원단은 다른 모든 배치에 대해서는 세이프 하버(safe harbor)보호가 적용되지 않는다고 판단하였다.

*** 문제가 된 [14개] 배치가 FDA를 위한 "오로지 정보 개발 및 제출과 합리적으로 관련된 용도로만"에 제조되지 않았다는 배심원단의 평결을 뒷받침하는 실질적 증거가 있다. 예를 들어, Amgen의 전문가는 Hospira가 2012년 배치 제조 이후 추가 배치를 제조할 필요가 없었다고 증언하였다. 그녀는 또한 Hospira의 2013년 배치에 대한 안정성 테스트는 필요하지 않았지만 "승인 후 약속인 안정성을 위한 지속적인 프로그램"의 일부가 될 것이라고 설명하였다. 또한 CPV[연속 공정 검증(Continuous Process Verification)]는 상업적 사용을 위해 만들어진 배치에 적용되는 지속적인 프로세스라고 설명했다. Hospira의 규제 당국 증인은 CPV가 FDA 승인 전에는 필요하지 않다고 인정하였다. 또한 Hospira의R&D분석 수석 이사는 … Hospira가 FDA의 CRL에 대응하여 어떠한 의약품 배치도 제조하지 않았으며, CRL은 추가 배치의 제조를 요구하지 않았다고 인정하였다. 따라서 배심원단은 문제가

된 특정 배치가 세이프 하버(safe harbor)에 따라 보호되지 않는다고 합리적으로 판단하였다. 또한 우리는 FDA에 의약품 물질 로트(substance lot) 정보를 제출하는 것만으로 해당 로트의 제조 행위가 세이프 하버(safe harbor)에 의해 보호받을 수 있다는 Hospira의 제안을 거부한다. [**법원은 여기에 각주를 추가한다:** "우리는 '테스트 및 상업적 생산 과정의 다른 측면과 관련된 일상적인 기록 보존 요건'은 세이프 하버(safe harbor)에 의해 보호되지 않는다고 설명하였다." Momenta Pharms., Inc. v. Teva Pharms. USA, Inc. (Fed. Cir. 2015)[144] *아래* § 12:41에서 분석할 판례]

*** 따라서 우리는 Hospira의 safe harbor 방어에 대한 지방 법원의 법정판결신청 거부를 확정한다.

§ 12:40 논평: 연구에 특허 화합물 사용

Integra Lifesciences I 판결은 *기초 연구*에 특허 화합물을 사용하는 것이 35 U.S.C.A. § 271(e)(1)의 임상 세이프 하버(safe－harbor) 예외 규정에 따라 면제되지 않는다는 것을 의미하는 것으로 보인다. 그러나 *위* § 12:35에서 분석한 *Classen I* (Fed. Cir. 2011)[145]에서는 기초 연구에 대한 비법정적(non－statutory) 침해 예외의 맥락에서 Newman 판사는 *방론(dicta)*에서 특허 화합물의 과학 지식에 대한 기여도를 분석하는 것과 같은 기초 연구는 보통법상 침해가 되지 않는다고 *판시하였다*.

Integra Lifesciences I 판결은 또한 이전에 FDA의 승인을 받지 않은 특허 화합물의 *전임상 사용이* 사실관계에 따라 면제될 수도 있고 그렇지 않을 수도 있음을 시사한다. 선례와 사법부의 의견을 종합해 볼 때 35 U.S.C.A. § 271(e)(1)에 따른 세이프 하버(safe harbor)의 하한선은 화합물을 FDA에 제출할 *후보로* 식별하는 것에서 비롯된 것으로 보인다.

따라서 특허 화합물을 연구에 사용하는 3단계, 특히 의약품으로 승인받기 위해 FDA로 향할 수 있는 3단계를 생각해 볼 수 있다:

[1] 기초 연구 → [2] 전임상 연구 → [3] 임상 연구

판례법은 이러한 단계에서 특허 화합물을 사용하는 것이 침해에 해당하는지 여부에 대해 다음과 같은 결과를 제시한다.

단계 [1]: 기초 연구. *Classen I*의 방론적 설시(dictum)가 권위 있는 판결로 인정받게 되면, 특허 화합물을 지식에 대한 기여, 철학적 연구 또는 "분석, 연구 또는 실험"을 위해 사용하는 것은 *Poppenhusen의* 보통법 실험적 사용 예외에 따라 면제가 될

144) 809 F.3d 610 (Fed. Cir. 2015).

145) 659 F.3d 1057 (Fed. Cir. 2011)

수 있다.

단계 [2]: 신약 개발 프로그램의 일부인 전임상 연구. 여기에는 두 가지 하위 단계가 있다:

- 화합물이 FDA 제출 후보로 확인되기 *전에* 전임상 연구에 사용하는 것은 특허침해에 해당한다.
- 화합물을 후보물질로 확인한 *후*, 전임상 연구에서의 사용(해당 화합물이 실제로 FDA에 제출되었는지 여부와 관계없이)은 35 U.S.C.A. § 271(e)(1)에 따라 면제된다, 그리고 그 사용은 특허침해를 구성하지 않는다.

단계 [3]: 임상 연구. 연구 프로그램의 일환인 임상적 사용은 35 U.S.C.A. § 271(e)(1)의 임상 연구 예외에 따라 (해당 화합물이 최종적으로 FDA에 제출되는지 여부와는 관계가 없이) 특허침해를 구성하지 않는다.

***

FDA 승인과 관련하여 **네 번째 단계가** 있는데, 이는 FDA 승인을 받은 *후* 의약품 관련 절차에서 해당 화합물 또는 더 일반적으로 특허 발명을 사용하는 것이다. 이 부분은 다음에서 다루겠다.

§ 12:41 저자 의견: 연구 예외에 관한 법률 – 임상 연구에 대한 법적 예외 사항 – FDA 승인 후 특허 발명의 사용 – 일상적인 혹은 일상적이지 않은 FDA에 승인 후 데이터 제출

Classen Immunotherapies v. Biogen (Fed. Cir. 2011)[146] (*Classen I*) 사건에서 35 U.S.C.A. § 271(e)(1)에 따른 FDA 승인 후 임상 연구 예외 적용에 대해 처음 논의하였다. 예를 들어 Classen *I*에서 백신 승인 이후 FDA에 *일상적으로* 제출되었던 연구 결과의 생성은 35 U.S.C.A. § 271(e)(1)에 따라 면제되지 않는다고 결론지었다.

Classen *I*법원은 다음과 같이 판결하였다(강조 표시 추가):

… § 271(e)(1)은 특허 제품의 제네릭 복제약에 대한 규제 승인을 위한 정보 개발을 촉진하기 위해 특허침해에 대한 예외를 규정하고 있다. 이 법 조항은 시판 허가를 받은 지 한참 후에 FDA에 **일상적으로** 보고하는 정보에는 적용되지 않는다. … 하급법원이 바이오젠과 글락소스미스클라인의 백신 제공, 예방 접종 일정에 대한 조언, 및 백신 부작용을 FDA에 보고하는 활동에 § 271(e)(1) 예외를 적용한 것은 오류이다. § 271(e)(1)의 세이프 하버(safe harbor)에 근거한 비침해 판단을 파기한다.

이후 판례에서는 승인 후 FDA에 제출할 데이터의 생성이 § 271(e)(1)에 따라 면

146) 659 F.3d 1057 (Fed. Cir. 2011)

제되는지 여부를 분석할 때 *Classen I의 일상적/비일상적* 보고 구분을 사용했다. 가처분 신청의 맥락에서 ***Momenta v. Amphastar*** (Fed. Cir. 2012)[147] *(Momenta I)*에서, 법원은 처음에 *Classen I이* 승인 후 FDA에 *일상적으로* 보고해야 하는 정보의 생성은 특허 침해로부터 면제하지는 않지만, *Momenta I*에서 생성된 정보는 일상적인 제출용이 아니기 때문에 *Classen I과* 다르다고 명시하였다. *모멘타 I에서는* 특허 받은 방법을 사용하여 의약품 생산 배치(batch)를 분석하는 정보를 생성하였다. 그리고 CAFC가 처음에 *일상적인* 제출이 *아니라고* 결론을 내렸기 때문에 법원은 § 271(e)(1)의 임상적 예외가 적용된다고 판단하였다.

그러나 이 사건이 재판에 회부되어 2015년에 다시 항소된 후, CAFC는 입장을 바꿨다. ***Momenta v. Amphastar*** (Fed. Cir. 2015)[148] *(Momenta II)*에서 법원은 *Classen I의* 일상적/비일상적 제출 구분을 없애지 않고 해당 데이터의 제출이 결국 일상적인 것이므로 면제 대상이 *아니라고 판시*하였다. (*Momenta II* 판결은 위 § 12:30에서 미국 외 지역에서 품질 관리를 위해 이전에 테스트를 거친 제품의 수입과 관련하여 분석한바 있다.)

이제 두 개의 *Momenta* 판결을 좀 더 자세히 분석하여 보겠다. 특히 *Momenta 1* 판결에서 Rader 판사의 강력한 반대의견에 주목하기 바란다.

Momenta I (Fed. Cir. 2012)[149] 및 ***Momenta II*** (Fed. Cir. 2015).[150] 이 두 판결의 청구항은 동일한 사건에서 발생하였으며, 에녹사파린 배치들(batches of enoxaparin)을 분석하여 자연적으로 발생하지 않는 당이 포함되어 있는지 확인하는 방법에 관한 것이다. 이 발명은 에녹사파린 생산 전반에 걸쳐 사용되는 품질 관리(QC) 방법이다. 처음에 *Momenta I*에서는 이 방법이 면제된다고 결정하였지만, *Momenta II*의 CAFC는 궁극적으로 이 방법의 사용이 35 U.S.C.A. § 271(e)(1)에 따라 면제되지 *않는다고* 판단하였다.

147) 686 F.3d 1348 (Fed. Cir. 2012)

148) 809 F.3d 610 (Fed. Cir. 2015)

149) 686 F.3d 1348 (Fed. Cir. 2012)

150) 809 F.3d 610 (Fed. Cir. 2015)

MOMENTA PHARMACEUTICALS v. AMPHASTAR PHARMACEUTICALS Inc.

U.S. Court of Appeals, Federal Circuit (2012)

Momenta I

MOMENTA PHARMACEUTICALS v. AMPHASTAR PHARMACEUTICALS Inc.

U.S. Court of Appeals, Federal Circuit (2015)

Momenta II

청구항

하기 단계를 포함하는, 벤질 에스테르로(benzly ester)의 β-제거 개열 및 해중합을 포함하는, 에녹사파린(enoxaparin)을 제조하는 방법으로부터 유래하는 도 1의 피크 9와 연관된 비자연적으로 발생하는 당의 존재 및 양에 대한 에녹사파린 샘플을 분석하기 위한 방법: 2 이상의 헤파린(heparin) 분해 효소로 철저히 소화된 에녹사파린 샘플을 제공하는 단계; 분리 방법을 사용하여, 2 이상의 헤파린 분해 효소와 접촉된 에녹사파린 샘플 중에서, 벤질 에스테르로의 β-제거 개열 및 해중합을 포함하는, 에녹사파린을 제조하는 방법으로부터 유래하는 도 1의 피크 9와 연관된 비-자연적으로 발생하는 당과 연관되는 구조적 특징의 존재를 결정하는 단계; 및 피크 9와 연관되는 비-자연적으로 발생하는 당과 연관되는 구조적 특징의 존재의 결정 대 에녹사파린에 대한 대조 표준의 비교에 기반하여 에녹사파린 샘플에 대하여 결정하는 단계 …

청구항 6 … 여기에서 대조 표준에 대한 비교에 기반하는 결정이 샘플의 품질에 관한 것이고, 그에 의해 에녹사파린 샘플을 분석하는 것에 관한 것임.

청구항 53 … 및 도 1의 피크 9와 연관되는 비-자연적으로 발생하는 당과 연관되는 구조적 특징의 존재의 결정 대 에녹사파린에 대한 대조 표준의 비교에 기반하여 에녹사파린의 배치를 선택하고, 그에 의해 에녹사파린 샘플을 분석함.

A method for analyzing an enoxaparin sample for the presence or amount of a non naturally occurring sugar associated with peak 9 of FIG. 1 that results from a method of making enoxaparin that included β-eliminative cleavage with a benzyl ester and depolymerization, comprising: providing an enoxaparin sample that has been exhaustively digested with two or more heparin degrading enzymes; using a separation method to determine, in the enoxaparin sample that has been contacted with two or more heparin degrading enzymes, the presence of a structural signature associated with the non-naturally occurring sugar associated with peak 9 of FIG. 1 that results from a method of making enoxaparin that includes β-eliminative cleavage with a benzyl ester and depolymerization; and making a determination about the enoxaparin sample based upon a comparison of the determination of the presence of a structural signature associated with the non-naturally occurring sugar associated with peak 9 to a reference standard for enoxaparin …

Claim 6 … wherein the determination based upon the comparison to the reference standard regards the quality of the sample, to thereby analyze the enoxaparin sample.

Claim 53 … and selecting a batch of enoxaparin based upon a comparison of the determination of the presence of the structural signature associated with the non-naturally occurring sugar associated with peak 9 of FIG. 1 to a reference standard for enoxaparin, to thereby analyze the enoxaparin sample.

법원 판결 이유

*Momenta I*의 다수 의견(The Majority in *Momenta I*) (2012)

*** Momenta는 Amphastar의 테스트가 "FDA 승인 후 상업적으로 판매되는 에녹사파린의 각 배치가 실제로 브랜드 의약품과 동일하다는 *FDA의 요구 사항을 충족하기 위해* 수행된 것"임을 인정하였다. … J.A. 56("FDA가" 피고인 테스트를 요구한다는 주장)도 *참조*. 35 U.S.C. § 271(e)(1)의 구성에 따르면, Amphastar의 테스트가 "FDA의 요구 사항을 충족"하기 위해 수행되었다는 사실은 해당 활동이 승인 이후에 수행되었더라도 세이프 하버(safe harbor)의 범위 내에 해당한다는 것을 의미한다. …

Rader, J., *Momenta I*에 대한 반대 의견

1984년 법[35 U.S.C.A. § 271(e)(1)의 일부]은 특허존속기간의 양쪽 끝에서 발생하는 왜곡을 제거하기 위해 노력하였다. § 201는 규제 지연이 길어 규제 승인 전에 시판할 수 없는 특정 제품과 관련된 특허의 특허 존속기간연장을 규정하였다. … § 201는 이러한 제품과 관련된 특허는 최대 5년까지 그 존속기간이 연장 될 수 있다고 규정한다. … 특허 기간의 다른 쪽 끝에 있는 왜곡은 § 202에 의해 해결되었다. … 이를 통해 경쟁업체는 특허 만료 전에 본 법이 없었다면 침해로 판정되었을 규제 승인을 얻기 위해 필요한 다른 활동에 참여할 수 있게 되었다. [*Roche v. Bolar* 인용]. 1984년 법은 균형을 맞추기 위해 이 두 조항을 제정하였다. 대법원은 조항 사이에 "불균형"을 만들려는 시도를 거부하였다.

*** 이 사건에 대한 이 법원의 새로운 해석은 § 201의 혜택을 받을 수 없는 특허권자에게 § 202의 불이익을 적용하게 된다. 제조방법 특허의 특허권자는 § 201에 따른 특허존속기간 연장을 얻을 수는 없지만, 본 법원의 새로운 § 202에 의해 특허존속기간 동안 경쟁업체가 해당 특허를 침해할 수 있게 되었다. 대법원은 이러한 불균형을 거절하며 *Proveris Scientific v. Innovasystems* (Fed. Cir. 2008)[151] (특허존속기간 연장을 받을 수 없는 특허 제품의 침해에는 § 271(e)(1)이 적용되지 않는다고 판시한 [*Merck v. Integra Lifesciences I*, 위 판결]에 근거하여) 사건을 인용하였다.

본 법원의 새로운 해석은 "특허존속기간의 마지막 기간"에 대해 § 202 적용을 제한하지 않는다. 대신, 이 해석은 § 201를 위한 "초기 기간"을 포함하여 특허존속기간 기간 내내 지속적으로 특허침해 행위를 허용한다. 법원의 주장대로 § 202가 특허 기간 내내 계속적이고 상업적인 사용을 포괄하는 것이라면 § 201와 § 202 사이에 균형이 맞지 않을 것이다. 이 결정은 Momenta의 특허 수명을 부적절하게 단축시킨다.

*Momenta II*의 다수 의견 (2015)

가처분 단계 이후 모든 당사자가 작성한 전체 지방법원 기록을 반영하는 현재 항소심 단계의 추가 브리핑을 통해 우리는 Amphastar의 제출물은 "일상적인 (rountine)" 것으로 적절히 특징지어질 수 있다고 결론지었다.

*** 테스트 및 상업적 생산 과정의 기타 측면과 관련된 일상적인 기록 보존 요건은 임상시험용 신약 신청서("IND"), 신약 허가 신청서("NDA"), 보충 NDA 또는 기타 승인 후 연구 결과 제출과 같이 승인 전후에 발생할 수 있는 비일상적인 (non-routine) 제출과 대조된다. 예를 들어, 21 U.S.C. § 356b("시판 후 연구 보고서(Reports of post-marktering studies)"); id. § 355c(b)(1)(승인 후 소아 데이터 제출(post-approval pediatric data submissions)); id. § 355(e)("새로운 정보"에 근거한 의약품 승인 철회(withdrawal of drug approval based upon "new

151) 536 F.3d 1256 (Fed. Cir. 2008)

information")); § 355(o)(4)(새로운 안전성 정보에 근거한 라벨링 변경(labeling changes based upon new safety information); id. § 355－1("위험 평가 및 완화 전략(Risk evaluation and mitigation strategies)")들이 있다. 따라서 승인 후 상업적 생산 과정의 일부로서 제네릭 에녹사파린(generic enoxaparin)의 각 배치(batch)에 대한 일상적인 품질 관리 테스트는 FDA에 대한 "정보 개발 및 제출과 합리적으로 관련된" 것이 아니며, 이와 달리 결론을 내린 것은 명백히 잘못된 것이다.

*** 여기서 Amphastar는 협의가 제기된 특허 방법의 승인 후 사용이 FDA 승인 획득과 관련이 있다고 주장하지 않는다. *Momenta I*은 "승인 후 연구"가 § 271(e)(1) 세이프하버(safe harbor)에 해당할 수 있다고 판시했지만 … 그러한 사용이 § 271(e)(1)하의 "제출(submission)"과 "합리적으로 관련"되어 있는지는 승인 후 맥락에서 보다 비판적인 분석이 필요하다. *Momenta I*에서 Amphastar가 Momemta의 방법 특허를 상업적 목적으로 사용하는 것이 § 271(e)(1)의 세이프하버(safe harbor)에 해당한다고 결론을 내린 것은 명백한 불공정을 초래할 수 있다.

§ 12:42 저자 의견: FDA에 일상적인 또는 비일상적인 제출?

FDA 승인 후 데이터를 생성하는 문제와 그것이 FDA에 일상적으로 제출하는 것으로 보아야 할지, 아니면 비일상적으로 제출해야하는 것인지 여부는 *Classen Immunotherapies v. Elan* (Fed. Cir. 2015)[152] ("*Classen II*")에서도 핵심적인 쟁점이었다. 법원은 Momenta *I*에 근거하여 Classen *II*에서 식품 효과로 인해 생체이용률(bioavailability) 증가를 입증하는 갱신된 임상시험 결과의 FDA 승인 후 수집 데이터는 "승인 후 '일상적인'(routine) 보고에 불과하다"고 판시하였다. 대신, 법원은 해당 데이터가 이전에 승인된 약품의 브랜드명과 제네릭 버전 *모두의* 승인을 위해 필요하였다고 말하였다. 데이터 생성은 일상적인 제출이 아니었으므로 35 U.S.C.A. § 271(e)(1)에 따라 데이터 생성은 특허침해로부터 면제되었다.

FDA 승인 후 활동에 대한 35 U.S.C.A. § 271(e)(1)의 적용에 관한 법률, 특히 FDA에 일상적 제출인지 여부는 아직 불확실한 상태다.

§ 12:43 저자 의견 – 특허받은 연구도구의 사용–신약 개발 중 연구도구 특허

위 § 12:39에서 논의한 ***Merck v. Integra Lifesciences I*** (U.S. Sup. Ct. 2005)

152) 786 F.3d 892 (Fed. Cir. 2015)

(153))에서 쟁점이 된 청구항은, *위* § 10:15에서 생명공학/화학 공정특허의 비자명성에 대해 논의한 Sibia v. Cadus (Fed. Cir. 2000)[154]의 청구항; 또한, *위* § 3:34에서 스크리닝 방식의(screening method) 특허 적격성에 대해 논의한 ***Association of Molecular Pathology v. USPTO and Myriad Genetics*** (Fed. Cir. 2012)에서 쟁점이 된 청구항 20과 같이,[155] 신약 개발을 위한 고처리량 스크리닝에 사용되는 연구 방법이다. 관련 특허들은 분리된 분자 RGD 펩타이드 (peptides), 수용체(receptors) 또는 형질전환 세포(transgenic cells)의 발견에 사용된 것과 같은 도구의 사용에 대한 청구항을 포함한다. 이러한 도구는 생명공학 연구 노력에 큰 도움이 되며, 이러한 도구가 특허를 받을 수 있는지 여부와 특허가 어떻게 집행되는지 이해하는 것이 중요하다.

연구 도구의 사용과 관련된 중요한 질문은 기초 신약 개발(즉, FDA 승인 전)에 연구 도구를 사용하는 것이 특허침해에 해당하는지 또는 35 U.S.C.A. § 271(e)(1)에 따라 면제가 되는지 여부다. *Merck v. Integra Lifesciences I*사건에서 대법원은 이 문제를 신중하게 회피하였다. 각주 7에 다음과 같이 명시하였다:

> 또한 항소법원은 소위 "연구 도구(research tools)"에 대한 특허의 완전한 가치를 박탈하지 않기 위해 § 271(e)(1)을 제한적으로 해석할 필요가 있다고 제안했다. 피청구인들은 Scripps에서 RGD 펩타이드가 연구 도구로 사용되었다고 주장한 적이 없으며, 기록에 따르면 그렇지 않다는 것이 명백하다. [인용 생략] (Newman, J., 반대 의견) ("연구에 기존 도구를 사용하는 것은 도구 자체에 대한 연구와는 상당히 다르다.") 따라서 우리는 § 271(e)(1)이 규제 방법을 위한 정보 개발에서 "연구 도구"의 사용을 침해로부터 면제하는지 여부 또는 그 범위에 대한 견해를 표명할 필요가 없으며, 표명하지도 않는다.

미국 연방대법원이 *Merck v. Integra Lifesciences I* (Sup. Ct. 2005) 사건에서 사실관계에 대한 법령 적용을 다시 해석하도록 CAFC에 환송 후, 환송된 CAFC는 *Integra Lifesciences I, Ltd. v. Merck KGaA* (Fed. Cir. 2007) 사건[156]에서 청구가 연구 도구에 관한 것이 아니거나 적어도 아무도 그렇게 주장하지 않았다고 다시 이 문제를 회피하였다:

> 피청구인들은 Scipps에서 RGD 펩타이드가 연구 도구로 사용되었다고 주장한

153) 545 U.S. 193 (U.S. Sup Ct. 2005)
154) 225 F.3d 1349 (Fed. Cir. 2000)
155) 689 F.3d 1303 (Fed. Cir. 2012)
156) 496 F.3d 1334 (Fed. Cir. 2007)

적이 없으며, 기록에 따르면 그렇지 않다는 것이 명백하다. … 우리는 § 271(e)(1)이 규제 프로세스를 위한 정보 개발에서 '연구 도구(research tools)'의 사용을 침해로부터 면제하는지 여부 또는 정도에 대한 견해를 표명할 필요가 없으며, 표명하지도 않는다.[157)]

Merck v. Integra Lifesciences I 사건 이후 몇 년 후, CAFC는 ***Proveris Scientific v. Innovasystems*** (Fed. Cir. 2008) 사건에서[158)]에서 § 271(e)(1)가 FDA 규제 제출물 개발에 사용되지만 그 자체로는 FDA 시판 전 승인 절차의 대상이 아닌 Innova의 광학 분무 획득(OSA) 장치의 사용을 면제하지 않는다고 판시한 바 있다. *Proveris*에서 문제가 된 '400 특허는 비강(nasal) 스프레이 펌프 및 흡입기와 같은 약물 전달 장치에 일반적으로 사용되는 에어로졸(aerosol) 스프레이를 특성화하기 위한 시스템 및 장치에 관한 것이다. 다음 청구항이 대표적이다:

펌핑 기구를 지지하고 그에 의해 펌핑 기구가 적용된 힘에 반응하여 분무 축을 따라 하우징 상의 출구 포트를 통해 에어로졸 분무 기둥을 생성하는 하우징;

분무 펌프 액츄에이터, 여기에서 분무 펌프 액츄에이터가 펌핑력 및 펌핑 기구의 에어로졸 분무 기둥의 지속시간을 제어할 수 있음;

에어로졸 분무 기둥을 가로지르는 적어도 하나의 기하학적 평면을 따라 에어로졸 분무 기둥을 조명하기 위한 조명 기구; 및

적어도 하나의 기하학적 평면을 따라 조명과 에어로졸 분무 기둥 간의 제1 상호작용을 나타내는 데이터를 획득하기 위한 영상화 기구를 포함하는 분무 데이터 획득 시스템.

A spray data acquisition system comprising:

A housing for supporting a pumping device whereby the pumping device is responsive to an applied force to generate an aerosol spray plume through an exit port thereon along a spray axis;

A spray pump actuator, wherein the spray pump actuator is capable of controlling a pumping force and a duration of the aerosol spray plume of the pumping device;

An illumination device for illuminating the aerosol spray plume along at least one geometric plane that intersects the aerosol spray plume; and,

An imaging device for acquiring data representative of a first interaction between the illumination and the aerosol spray plume along the at least one

157) *Id.*, 1348쪽

158) 536 F.3d 1256 (Fed. Cir. 2008)

geometric plane.

약물 연구 및 개발 과정에서 스프레이 특성화 측정은 약물 전달의 효율성과 효과를 극대화하기 위해 특정 약물의 정확한 물리적 특성에 따라 약물 전달 장치를 보정하는 데 사용된다. '400 특허에 따르면 스프레이 특성 분석은 FDA의 규제 승인 과정에서도 중요한 역할을 한다. 그러나 '400 특허에 청구된 시스템과 장치는 그 자체로 FDA 승인 대상이 아니다. 따라서 CAFC는 해당 시스템 및 장치의 사용이 § 271(e)(1)에 따라 면제되지 않으며 침해에 해당한다고 판시하였다.

*Proveris*에 대한 이러한 결과는 FDA의 의약품 승인 후 특허받은 품질 관리 방법의 사용이 35 U.S.C.A. § 271(e)(1)에 따라 면제되는지 여부에 대한 맥락에서 분석한 *Momenta I* (Fed. Cir. 2012)의 결과와 대조를 이룬다. Rader 판사의 강력한 반대에도 불구하고, *Momenta I*의 다수 의견은 처음에 특허 방법을 사용한 것이 FDA에 일상적이지 않은 제출을 위한 것이라고 판단하여 특허 침해가 아니라 면제 대상이라고 판시하였다. 후에 *Momenta II*에서 법원은 생각을 바꿨다. 에녹사파린(enoxaparin) QC 방법은 일상적인 제출용이며 면제 대상이 아니라고 판결하였다. 그러나 Momenta 사건에서 특허 발명이 FDA 승인 대상인지 여부에 대한 문제는 제기되지도 않았다.

따라서 *Momenta* 사례를 평가할 때는 해당 방법이 기초 의약품의 FDA 승인 이전 또는 이후에 사용되었는지 여부가 아니라, *Proveris* 분석에 따라 *Momenta*의 특허 방법이 애초에 FDA 승인 대상이 되는지 여부에 초점을 맞춰 평가할 필요가 있다. FDA 승인 대상이 아닌 경우 *Proveris*에 따라 면제 대상이 아니며, FDA 승인 대상인 경우 면제 대상이다. 흥미롭게도 이 문제는 *Momenta* 판결에서 자세히 분석되지 않았다. Proveris 사례는 *Momenta II* 판결에서 언급되었지만 적용되지는 않았다. 위에서 살펴본 바와 같이, *Momenta I* 판결에서 반대의견을 낸 Rader 판사만이 *Proveris*를 언급하고 이를 자세히 적용했다. 그는 선견지명이 있었다: 결국 *Momenta II*의 최종 결과는 비록 *Proveris*에 근거하지는 않았지만 그가 제안한 결과와 일치하였다.

신약 개발 시 특허 도구 사용은 면제되는가?

*Proveris*에 따르면 스프레이 품질을 결정하기 위한 특허 시스템의 사용은 그 자체로 FDA 승인 대상이 아니며, 35 U.S.C.A. § 271(e)(1)에 따라 면제되지 않는다. *Momenta I*은 에녹사파린(enoxaparin)의 약물 배치(batch)에 대한 특허받은 QC 방법을 사용하여 FDA에 일상적으로 제출되지 않는 데이터를 생성하는 경우 특허 침해가 면제된다고 판시하였지만, 나중에 Momenta 2에서는 해당 방법이 일상적인 제출용 데이터를 생성하므로 면제되지 않는다고 뒤집었다. *Proveris*(스프레이 보정)와

Momenta I 및 *II*(에녹사파린 QC)의 특허 발명품은 모두 FDA 승인 전후에 관계없이 의약품 생산 중에 사용된다. 두 방법 모두 FDA 승인 대상은 아니다.

Proveris 판결의 논리에 따르면, 두 발명 모두 FDA 승인 대상이 아니기 때문에 면제 대상이 될 수 없다(Rader 판사는 *Momenta I*에서 반대의견을 통해 이 결론에 도달하였다). 그러나 *Momenta I*의 다수 의견은 에녹사파린 QC 방법이 면제 대상이라고 (적어도 잠시 동안은, 그리고 예비 금지 명령의 맥락에서) 주장하였다. 아마도 *Momenta I*의 다수 의견은 주로 시기의 문제에 초점을 맞춘 것으로 보이며, FDA가 일상적으로 요구하지 않는 것으로 보였기 때문에 특허받은 방법을 FDA 승인 후에 사용하더라도 면제된다고 판단한 것으로 보인다. 에녹사파린 QC 방법이 FDA의 승인 대상인지 여부에 대한 질문은 *Momenta I*이나 *Momenta II* 모두에서 제기되지 않았다. *Momenta I*의 임시적 판결은 *Momenta II*에서 번복되었기 때문에 FDA 승인 문제에 대한 권위가 있다고 간주되지 않는다. 승인 문제에 대해서는 *Proveris* 판결이 권위가 있다. 각주 7의 우회적인 논평과 함께 *Merck v. Integra Lifesciences I*의 대법원 판결은 어느 쪽의 결론도 부정하지 않는다.

*Proveris*가 면제 문제를 다룰 경우, 이러한 결과는 FDA 승인 대상이 아닌 연구 도구 특허의 명백한 재정적 가치를 증가시킨다. 약물 *생산에* 사용되는 QC 방법 또는 시스템(*Proveris* 또는 *Momenta*에서와 같이)은 약물 *발견에* 사용되는 연구 도구(*Sibia*, *Myriad Genetics* 또는 *Merck v. Integra Lifesciences I*에서와 같이)와 동일하지 않다고 주장할 수 있다. 법원이 신약개발과 신약 QC를 동일하게 취급하고 하고 *Proveris*가 본 쟁점의 권위있는 판결로 인정받는다면, 신약 개발에서 연구 도구의 사용은 특허침해로부터 면제되지 않을 것이며, 그러한 도구에 대한 특허의 가치는 높아질 것이다. 법원이 신약 개발과 신약 QC를 구분한다고 하더라도, *Merck v. Integra LIfesciences I*의 각주 7에 따라 그러한 도구는 면제되지 않는다고 판결할 가능성이 높다. 어느 쪽이든, 그러한 판결은 연구 도구에 대한 특허의 가치를 높일 것이다. 반면, 법원이 특허를 받은 연구 도구의 사용이 특허 침해에서 면제된다고 판결하면 도구 특허의 가치는 완전히 사라지게 된다.

연구 도구 특허의 가치는 어떻게 추정할 수 있나?

특허 연구 도구의 사용이 § 271(e)(1)에 따라 면제되지 않는다는 법원의 판결을 가정한다면, 다음 문제는 해당 특허의 금전적 가치를 어떻게 추정할 것인가 하는 것이다. 이는 특허 실시허락자(licensor)인 특허권자와 권리를 얻고자 하는 실시권자(licensee)의 이해관계에 중요한 문제다. 실시권 실시료를(royalties) 결정하기 위해 특허받은 연구 도구(제품 또는 방법(product or process))의 경제적 가치를 어떻게 결정할 수 있을까? 이미 시장에 출시된 약이 없는 경우 실시료는 어떻게 결정되나?

아직 신약 후보 물질을 생성하지 않은 도구의 가치는 얼마인가?

이 문제에 대한 연방순회법원의 판결이 하나 이상 있다. ***Integra Life Sciences I et al v. Merck KgaA et al*** (Fed. Cir. 2003).[159] 이 사건은 나중에 § 271(e)(1)에 따른 면책 범위와 관련하여 미국 연방대법원까지 올라간 사건(RGD 기술에 관한)과 동일한 사건이다. Integra는 아래에서 승소하여 합리적인 실시료로 계산된 15,000,000 달러의 손해배상금을 배심원단으로부터 지급받았다. Integra는 하급심 법원이 고의 침해에 대한 손해배상을 인정하지 않았다는 이유로 이 판결에 항소하였다. 그러나 CAFC는 해당 판결이 상당한 증거에 의해 뒷받침되지 않았다고 판단하여 이를 파기하고 환송하였다. 법원은 판결문에서 연구 도구 특허의 가치를 입증하기 어렵다는 점에 대해 사려 깊고 합리적인 분석을 제시하였다:

> 환송 시, 재판 법원은 RGD 기술 실시권(license)에 대한 가상 협상의 전체적인 그림을 그릴 때 다른 요소들을 고려할 기회를 갖게 된다. 연구 도구의 실시권자가(licensee) 얻는 가치는 부분적으로는 해당 도구가 신약 개발 연속체에서 사용되는 시점에 달려 있다. 예를 들어, 높은 처리량의 스크리닝 중에 신약 후보를 식별할 수 있는 연구 도구는 이미 인정된 신약 후보의 안전성 또는 효능을 확인하는 데 사용되는 연구 도구보다 최종 발명에 더 많은 가치를 제공할 수 있다. 비록 법원은 항소심에서 손해배상 문제에 도달하지 못했지만, 실시료를 평가할 때 이러한 유형의 문제가 SIBIA 사건의 지방 법원에 제기되었다[*Sibia v. Cadus* (Fed. Cir. 2000), 위]. … Donald Ware, *연구 도구 특허 참조: 사법적 구제*(*Research Tool Patents: Judicial Remedies*), 30 AIPLA Q.J., 267, 282–87 (2002). 마찬가지로, Merck가 Integra의 RGD 기술에 대해 지불하기로 합의한 금액은 신약 개발 과정에서 이 기술이 배치되는 시점에 따라 영향을 받을 수 있다.
>
> 또한 의약품 개발에 필요한 특허 라이선스(patent licenses) 수는 개발 과정에서 사용되는 단일 기술에 대한 가치에도 영향을 미칠 수 있다. 이러한 누적 실시료의 효과는 특히 도달 실시료(reach–through royalties)가 작용할 때 상당할 수 있다. … 이 법원은 이 사건에서 도달 실시료의 적용 가능성에 대해 의견을 제시하지는 않지만, 연구 도구에 대한 누적 실시료의 유무는 RGD 펩타이드 기술에 대한 접근을 위한 Merck와 Integra 간의 가상 협상의 성격에 색을 입힐 수 있다. 따라서 Merck가 신약 개발 과정에서 RGD 펩타이드를 활용한 시점과 실시료 과적(stacking royalties) 효과(있는 경우)도 Integra와 Merck 간의 가상 실시권을 고려하는 데 중요한 역할을 할 수 있다.

159) 331 F.3d 860 (Fed. Cir. 2003)

이후 2005년 미국 연방대법원의 환송 후, CAFC는 ***Integra Lifesciences I, Ltd. v. Merck KGaA*** (Fed. Cir. 2007)[160]에서 해당 법령의 적용을 사실관계에 맞게 재해석하고 침해 판단을 번복하여 기존 손해배상 판결을 파기하였다. 그럼에도 불구하고, 2003 *Integra Life Sciences I et al v. Merck KgaA* 판결에서 CAFC가 제공한 손해배상에 관한 상세한 분석은 연구 도구 특허의 가치 평가 문제에 대해 여전히 매우 유익하며 향후 이 문제에 대한 고찰에 유용하다.

결론

신약 개발에 사용되는 연구 도구에 대한 특허는 여러 가지 이유로 그 가치에 대해 논란의 여지가 있다. 한편으로 *Merck v. Integra Lifesciences I* (U.S. Sup. Ct 2005)에 따르면 선도 후보 물질이(lead candidate) 발견되기 전인 발견 초기에 도구를 사용하는 경우 특허가 면제되지 않을 수 있다고 하였다. 이러한 결과는 연구 도구 특허 보유자에게 좋은 결과다. *Proveris*는 연구 도구의 사용이 FDA 승인 대상이 아니기 때문에 면제 대상이 아니라고 주장함으로써 이러한 결론을 뒷받침한다. *Momenta 1*심과 *Momenta 2*심 모두 면제에 대한 문제를 FDA의 의약품 승인 이후 면제가 적용되는지 여부라는 시기적 맥락에서 분석하지 않았고, 면제가 적용된다고 판단하였다. *Momenta* 판결을 분석되지 않은 판례로 제쳐두더라도 *Merck v. Integra Lifesciences I* 및 *Proveris* 판결은 연구 도구 특허의 가치를 강화한다고 말할 수 있다.

2003 *Integra Lifesciences I v. Merck KgaA* 사건 한편, 손해배상에 관한 CAFC의 판결은 연구 도구 특허에 대한 합리적인 손해배상액 산정이 얼마나 복잡한지를 보여준다. 또한, *Bayer v. Housey* (Fed. Cir. 2003)[161] 판결에 따르면 데이터 수입은 침해가 아니다. 따라서 연구 도구 특허가 35 U.S.C.A. § 271(e)(1)에 따라 면제되지 않고 재정적으로 평가될 수 있다고 하더라도, 해외에서 신약 개발을 수행하고 데이터를 수입하는 것이 합리적인 결정일 수 있다.

§ 12:44 신약개발에 관한 법률 요약

아래 도표는 상대방이 특허를 보유한 발명을 사용하여 신약을 개발하는 과정에서 발생하는 다양한 침해 예외의 미묘함과 복잡성을 요약한 것이다. 이 도표는 초기 기초 과학 연구부터 FDA 승인 이후에 이루어지는 활동에서 특허 발명을 사용하는 단계까지 이어지는 연표를 보여준다. 각 단계에 대한 도표와 그에 따른 논

160) 496 F.3d 1334 (Fed. Cir. 2007)
161) 340 F.3d 1367 (Fed. Cir. 2003)

의는 *위에서* 설명한 확립된 판례에 의존한다.

타인의 특허 발명을 상업적 목적 없이 사용하는 기초적인 "철학적" 연구에는 보통법 면책 조항이 적용된다. 기초 연구가 철학적 연구를 중단하고 상업적 목적이 되면 보통법 면제가 더 이상 적용되지 않는다. 그러나 신약 후보 물질이 확인될 때까지는 35 U.S.C.A. § 271(e)(1)에 따른 세이프 하버(safe harbor)도 아직 적용되지 않으며, 해당 활동은 특허 침해로 소송을 제기할 수 있다. 이 단계는 전임상 연구로 확장될 수 있다.

특허 물질이 잠재적인 FDA 승인 후보로 확인된 후에는 FDA 승인 여부가 결정될 때까지 해당 특허 물질을 사용하는 모든 활동이 35 U.S.C.A. § 271(e)(1)에 따라 면제된다. 이 기간 동안 사용 중인 특허 발명이 FDA 승인 대상 의약품 후보가 아니라 FDA 승인 대상이 아닌 연구 도구인 경우, 해당 특허 발명을 사용하는 활동은 면제되지 않는다. 이는 특허 침해에 해당한다.

FDA 승인을 획득한 후에 FDA 승인 이후의 활동에 특허 발명을 사용할 수 있는지 여부는 FDA에 결과를 제출하는 것이 일상적(routine)인지 여부에 따라 달라진다. 결과 제출이 일상적인 경우 35 U.S.C.A. § 271(e)(1)에 따른 세이프 하버(safe harbor)가 적용되지 않으며 해당 활동은 잠재적으로 침해가 될 수 있다. FDA에 결과를 제출하는 것이 일상적이지 않은 경우 세이프 하버(safe harbor)가 적용되며 해당 활동은 면제된다.

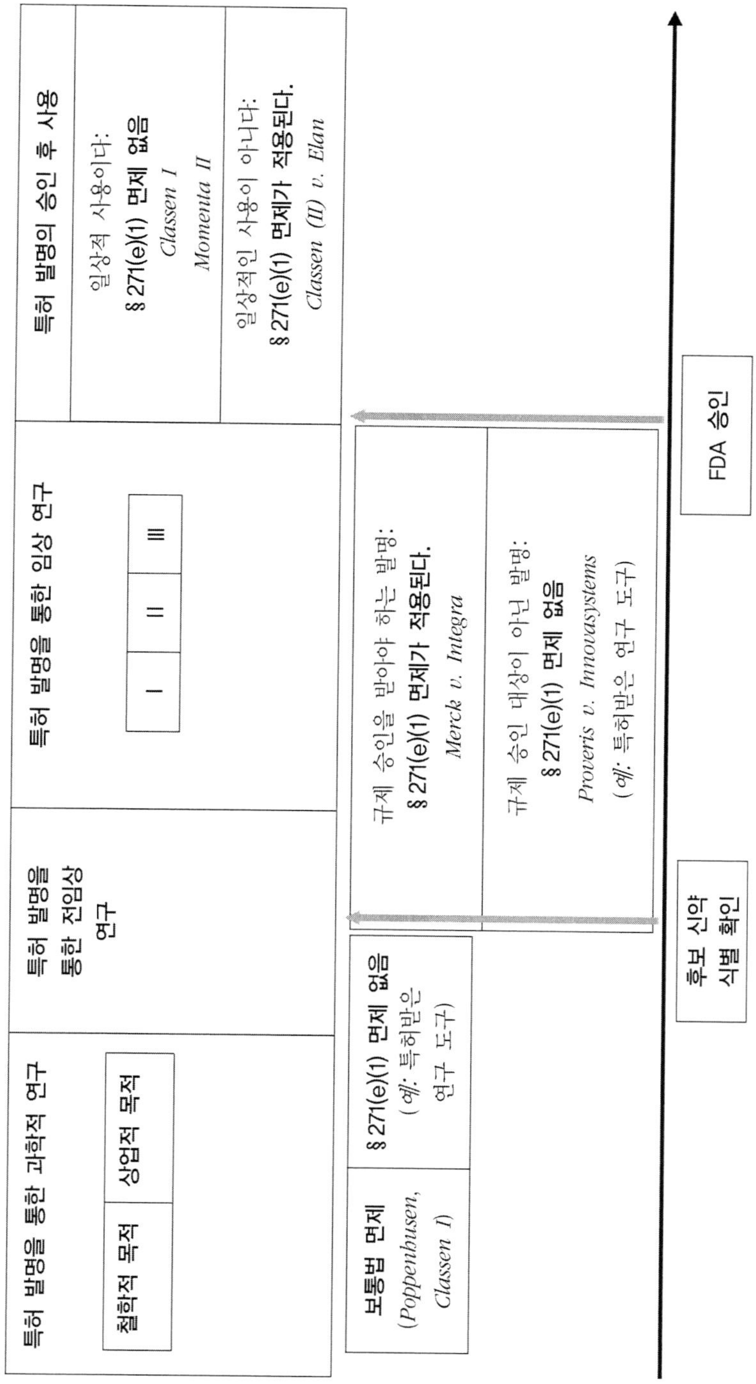

35 U.S.C.A. § 271(e)(1) 및 신약개발 및 승인 타임라인

특허 발명을 통한 과학적 연구	특허 발명을 통한 전임상 연구	특허 발명을 통한 임상 연구	특허 발명의 승인 후 사용
철학적 목적 / 상업적 목적		I / II / III	일상적 사용이다: **§ 271(e)(1) 면제 없음** *Classen I* *Momenta II*
			일상적인 사용이 아니다: **§ 271(e)(1) 면제가 적용된다.** *Classen (II) v. Elan*

보통법 면제 (*Poppenbusen, Classen I*)

§ 271(e)(1) 면제 없음 (*예:* 특허받은 연구 도구)

규제 승인을 받아야 하는 발명: **§ 271(e)(1) 면제가 적용된다.** *Merck v. Integra*

규제 승인 대상이 아닌 발명: **§ 271(e)(1) 면제 없음** *Proveris v. Innovasystems* (*예:* 특허받은 연구 도구)

후보 신약 식별 확인

FDA 승인

§ 12:45 특허소진 및 종자 복제 금지

중요한 주석으로, 미국 연방대법원은 ***Asgrow Seed Company v. Winterboer*** (U.S. Sup. Ct, 1995)에서 식물 품종 보호법(7 U.S.C.A. § 2321 *이하*)에[162] 따라 품종 보호권으로 보호되는 종자를 다시 심을 권리가 있다고 판시한 바 있다.[163] 다음에서 보는 바와 같이, 종자가 35 U.S.C.A. § 101에 따라 특허를 받은 경우에는 결과가 달라진다.

§ 12:46 저자 의견: 특허받은 종자에 대한 Monsanto 10년 소송

35 U.S.C.A. § 101에 따라 특허를 받은 종자 재배를 주제로 10년 이상 소송이 진행 중인 두 가지 사례를 살펴본다.

첫 번째 사건인 *Monsanto v. McPharling* (Fed. Cir. 2002)[164]과 가장 최근 사건인 Bowman v. Monsanto (U.S. Sup. Ct. 2013)([165]) 사이에, Monsanto는 재배자와 농부들을 상대로 제기한 약 6건의 소송에서 2002년 CAFC부터 2013년 미국 연방대법원까지 항소 법원은 재배 금지 원칙을 재확인했다. 모든 사건에서 법원은 종자가 특허를 받았기 때문에 재식재(replanting) 금지는 합법이라고 판결했다. 법원은 *Asgrow Seeds와* 같이 PVPA에 따라 제기된 소송을 구별하며 부적합하다고 판단했다. 특허의 존재는 재배 제한의 적법성을 뒷받침한다. 특허는 종자가 복제될 때마다 새로운 세대의 특허 종자가 생성되기 때문에 첫 번째 판매 후의 전통적인 특허 소진 원칙이 적용되지 않는다. 실시권 없이 새로운 세대 종자를 사용하는 것은 특허 침해에 해당한다.

세 번째 사례인 ***Organic Seed Growers and Trade Association, et al v. Monsanto Co. et al*** (Fed. Cir. 2013)([166])는 새로운 세대의 자가 복제 종자를 만드는 것이 특허 침해에 해당한다는 판결의 결과이다. 세 번째 사례는 현장 오염으로 인한 우발적 최소한 침해에 관한 것이다.

Monsanto v. McPharling (Fed. Cir. 2002).[167] 특허받은 종자의 재배를 금지

162) 7 U.S.C. § 2321 – 2582 (2014)

163) 513 U.S. 179 (U.S. Sup. Ct, 1995)

164) 302 F.3d 1291 (Fed. Cir. 2002)

165) 133 S. Ct. 1761 (U.S. Sup Ct. 2013)

166) 718 F.3d 1350 (Fed. Cir. 2013)

하는 Monsanto의 기술 계약에 대한 제한은 미국에 이중 보호가 있기 때문에 PVPA / UPOV를 위반하지 않는다. 참조, *JEM Ag Supply v. Pioneer* (U.S. Sup. Ct. 2001)[168] 본 사건은 *위* § 3:10에서 실용 특허에 따른 식물 및 그 종자의 특허 적격성 여부에 대해 분석하며 다뤘다. 또한, 종자 재배에 대한 계약상의 금지는 최초 판매 또는 특허 소진 원칙에 위배되지 않는다. 재식재된 종자는 이전에 판매된 적이 없는 새로운 종자다.

MONSANTO COMPANY v. McFARLING

U.S. Court of Appeals, Federal Circuit (2002)

청구항

청구항 86. 1 내지 150μM의 포스포엔올피루브산염(phosphoenolpyruvate, PEP)에 대한 K_m 및 약 2 내지 500의 K_i(글리포세이트)/K_m(PEP) 비율을 갖는 EPSPS 효소를 인코딩하고, 제초제 적용으로 인한 유의미한 수확량 감소를 수반함이 없이 1파운드(lb)/에이커(acre)의 비율에서 식물이 N－포스포노메틸글리신 제초제에 대해 내성을 나타내는, 이종기원의 유전자를 포함하는 유전자 이식 대두 식물.

청구항 87. 제86항의 대두 식물의 종자.

86. A transgenic soybean plant which contains a heterologous gene which encodes an EPSPS enzyme having a K_m for phosphoenolpyruvate (PEP) between 1 and 150 μM and a K_i (glyphosate)/K_m (PEP) ratio between about 2 and 500, said plant exhibiting tolerance to N－phosphonomethylglycine herbicide at a rate of 1 lb/acre without significant yield reduction due to herbicide application.

87. Seed of a soybean plant of claim 86.

법원 판결 이유

McFarling은 [기술] 계약에 이의를 제기하는 근거로, 특허받은 대두를(soybean) 사용하여 농부가 심기 위한 추가 종자를 생산하는 것을 금지하는 계약은 특허 소진 및 최초 판매의 원칙을 위반하며, 당사자들이 이러한 효력을 갖는 유효한 계약을 체결할 수 없었다고 주장한다. … McFarling은 Monsanto가 McFarling에게 특허받

167) 302 F.3d 1291 (Fed. Cir. 2002)
168) 534 U.S. 124 (U.S. Sup. Ct. 2001)

은 종자를 판매했다면 종자와 그 제품에 대한 특허권이 소진되어 합의로 이를 제한할 수 없다고 주장한다. 이에 대해 Monsanto는 구매한 종자로부터 특허받은 새로운 배치(batch)의 종자를 심을 목적으로 타인이 생산하는 것을 막는 것은 Monsanto의 특허권 범위 내에 있다고 반박한다.

*** 특허는 식물뿐만 아니라 종자에도 적용되므로 기술 계약의 제한은 특허권 부여 범위 내에 있다. 원래 배치(batch)에서 재배된 새로운 종자는 판매된 적이 없으므로 특허권 소진의 '최초 판매' 원칙은 적용되지 않는다. 구매자가 지불한 가격은 "특허권자가 부여한 '사용' 권리의 가치만을 반영"한다. 종자의 최초 판매는 새로운 종자의 생산실시권을 부여하지 않았으며, 새로운 종자는 특허권자에 의해 판매된 것이 아니기 때문에 특허 소진 원칙이 적용되지 않는다.

*** McFarling은 다음 시즌에 자신이 사용할 만큼의 새 종자만 생산한 경우, 특허 종자를 심기 위한 새 종자 생산에 사용하는 것을 금지하는 계약 조항은 농부들이 PVPA에 따라 등록된 식물의 종자를 저장하는 것을 허용하는 PVPA 2543조를 위반한다고 주장한다. … PVPA와 특허법은 식물 "육성자의 권리(breeders' rights)"를 법적으로 보호하기 위한 상호 보완적인 형태의 법안이다. § 35에 따른 실용 특허는 식물 품종 보호 인증서가 제공하는 것과는 다른 권리와 특권을 제공한다. *J.E.M. AG Supply* 사건에서 법원은 PVPA하의 권리와는 별도로 식물과 종자가 특허 요건을 만족시킬 경우 특허를 받는 것은 가능하다고 판시했다. 법원은 두 법령의 차이점 중 하나는 "실용 특허에 따른 연구 또는 종자 저장에 대한 면제가 없다"는 점이다. … 따라서 PVPA에 따라 등록 된 식물의 종자를 저장할 권리가 특허법에 따라 특허를 받은 식물의 종자를 저장할 권리를 부여하지 않는다는 것이 확립되었다.

Bowman v. Monsanto (U.S. Sup. Ct. 2013).[169] 이 사건에서는 2세대 특허 종자가 곡물 엘리베이터에(grain elevator) 판매되어 재식재 금지를 제외하고는 제한 없이 상품 종자로 재판매되었다. Bowman은 곡물 엘리베이터에서 종자를 구매하는 것은 Monsanto와 원래 구매자 간의 계약에 의해 제한되지 않는다고 주장했다. 그는 또한 Monsanto의 모든 특허권은 2세대 종자를 곡물 엘리베이터에 처음 판매함으로써 소진되었다고 주장했다. 미국 연방대법원은 두 주장을 모두 기각하고, 특허를 받은 자가복제종자(self-replicating seeds)의 경우 새로운 세대는 새로운 제품이기 때문에 다음 세대의 종자에는 특허소진 원칙이 적용되지 않는다고 판시했다.

169) 133 S. Ct. 1761 (U.S. Sup. Ct. 2013)

BOWMAN v. MONSANTO

U.S. Supreme Court (2013)

청구항 (재발행 특허 RE39,247E) (강조 표시 추가)

청구항116. 시퀀스 동정 번호: 70의 시퀀스를 갖는 EPSPS 효소를 인코딩하는 DNA 시퀀스를 포함하는 글리포세이트-내성 *식물 세포.*

청구항122. 제116항의 *식물의 종자,* 여기에서 종자는 시퀀스 동정 번호: 70의 시퀀스를 갖는 EPSPS 효소를 인코딩하는 DNA 시퀀스를 포함함.

116. A glyphosate-tolerant *plant cell* comprising a DNA sequence encoding and EPSPS enzyme having the sequence of SEQ ID NO: 70.

122. A *seed of the plant* of claim 116, wherein the seed comprises the DNA sequence encoding an EPSPS enzyme having the sequence of SEQ ID NO: 70.

사실

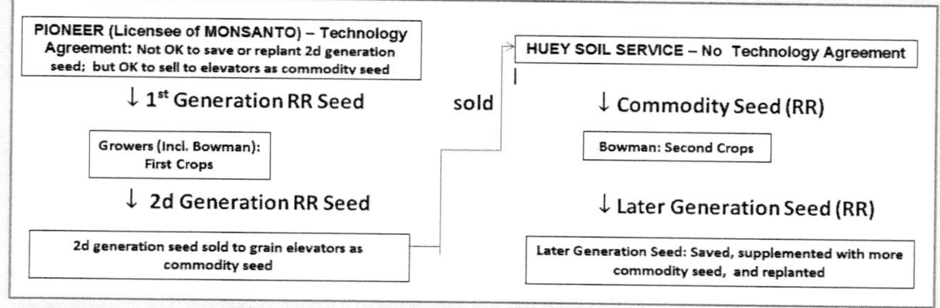

"RR" = "라운드업 레디", 특허 보유자의 글리포세이트 저항성 특허 종자

법원 판결 이유

농부는 특허 소진으로 인해 특허권자의 허가 없이 특허 종자를 심고 수확하여 복제할 수 없다.

*** (a) 특허 소진 원칙에 따르면, "특허 물품의 최초 승인된 판매는 해당 물품에 대한 모든 특허권을 소멸"시키고[*Quanta Computer, Inc. v. LG Electronics, Inc.*170)], 구매자 또는 그 이후의 소유자에게 해당 물품을 자신이 적합하다고 생각하는 대로 "사용[또는] 판매할 권리"를 부여한다[*United States. v. Univis Lens Co.*171)]. 그러나 이 원칙은 판매된 "특정 물품"에 대해서만 특허권자의 권리를 제한하며, 구매자가

170) 553 U.S. 617 (U.S. Sup. Ct. 2008)
171) 316 U.S. 241 (U.S. Sup. Ct. 1942)

특허 품목의 새로운 복제품을 만드는 것을 막을 수 있는 특허권자의 권한은 그대로 유지된다. Bowman은 Monsanto의 특허 종자를 심고 수확함으로써 Monsanto의 특허 발명을 추가로 복제했으며, 따라서 그의 행위는 특허 소진의 보호 대상에서 벗어난다. 그렇지 않았다면 Monsanto의 특허는 거의 효력을 발휘하지 못했을 것이다. Monsanto가 첫 번째 종자를 판매한 후 다른 종자 회사들이 Monsanto와 경쟁하기 위해 특허받은 종자를 생산할 수 있었다면, 농부들은 종자를 한 번만 구입하면 됐을 것이다.

*** (b) Bowman은 자신이 농부들이 하는 일반적인 방식으로 종자를 사용하고 있으므로 Monsanto가 이러한 사용을 방해하도록 허용하면 특허 종자에 대한 소진 원칙에 허용되지 않는 예외가 생길 수 있으므로 여기에도 소진이론이 적용되어야 한다고 주장한다. 그러나 오히려 판매 이후 특허받은 품목의 새로운 사본을 만들 수 있는 권리로 확장되지 않는다는 잘 정립된 소진이론 규칙에 예외를 요구하는 것은 Bowman이다. Bowman에게 예외가 인정된다면 종자특허는 거의 가치를 가질 수 없게 된다. 또한 일반 규칙을 적용하면 농부들이 특허받은 종자를 효과적으로 사용할 수 있다. 소비를 목적으로 종자를 구입한 Bowman은 자신의 대두를 효과적으로 사용할 수 없다고 주장하기에는 매우 곤란한 입장에 서 있다. Bowman은 곡물 엘리베이터에서 구입한 대두를 심은 다른 농부는 알지 못한다고 인정했다. 보다 일반적인 경우, 농부가 Monsanto 또는 계열사로부터 Roundup Ready 종자를 구입하면 Monsanto의 작물 재배 면허에 따라 심을 수 있다.

Organic Seed Growers and Trade Association, et al v, Monsanto Co. et al (Fed. Cir. 2013).[172] 인근 밭에서 날아 온 미량의 Round Up Ready® 특허 종자로 인해 자신의 밭이 의도치 않게 오염될 수 있다고 우려한 유기농 농부 연합은 Monsanto의 특허를 침해하지 않았다는 선언적 판결(Declaratory Judgement, DJ)을 신청했다. CAFC는 Monsanto의 그 웹사이트에서 한 보증과 법정 진술로 더 이상 논란의 여지가 없다고 판단하여 선언적 판결요청(DJ)을 기각했다.

172) 718 F.3d 1350 (Fed. Cir. 2013)

ORGANIC SEED GROWERS AND TRADE ASSOCIATION, et al v. MONSANTO CO. et al

U.S. Court of Appeals, Federal Circuit (2013)

청구항 및 기술 (23개 특허 요약):

본 특허의 청구항은 종자를 유전자 변형하는 기술에 관한 것이다. 이 특허 기술은 제초제 글리포세이트(몬산토 제품 라운드업의 활성 성분)에 대한 저항성을 부여하는 형질을 포함하여 다양한 형질을 대두, 옥수수 및 기타 농작물에 포함시키는데 사용된다. 이러한 종자는 "라운드업 레디"로 알려져 있습니다. 몬산토의 라운드업 레디 글리포세이트 저항성 종자를 사용하는 농부들은 작물의 윗부분에 글리포세이트를 뿌려 잡초를 제거할 수 있는데, 이는 유전자 변형이 되지 않은 종자 또는 "재래식" 종자를 죽일 수 있는 방식이다.

법원 판결 이유

항소인들은(appellant) 재배자, 종자 판매 업체, 농업 단체로, 모두 재래식 종자를 재배, 사용 또는 판매하며, 이들 중 다수는 유기농 인증을 받았다. 항소인들은 Monsanto의 기술을 접목한 "유전자 변형 종자를 사용하거나 판매하기를 원하지 않는다"고 주장했다. … 그들은 또한 글리포 세이트(glyphosate) 사용에 반대하고 농작물에 사용하지 않는다. 그러나 그들은 ["] 오늘날 유전자 변형 종자의 확산을 고려할 때 불가피 할 수 있는 유전자 변형 종자에 의해 실제로 오염될 경우, 오염된 유전자 변형 종자를 담당하는 회사로부터 특허 침해 혐의로 기소 될 수 있다고 우려한다[."]

*** [항소인들은] Monsanto에 "[Monsanto]가 [항소인]에 대해 가질 수 있는 특허 침해에 대한 모든 구제요구를 명시적으로 포기하고 소송을 제기하지 않겠다는 서면 서약을 제공하여 그 포기를 기념 할 것"을 요청했다. … 항소인들은 그러한 약정이 없으면 "Monsanto의 특허가 적용될 가능성이 있는 유전자 변형 종자에 의해 오염 될 경우 특허 침해 청구를 주장 할 위험에 처할 것이라고 느낀다"고 주장했다. … Monsanto는 그들의 요청을 거부하고 항소인들에게 관련된 웹 사이트에 게시된 성명서를 언급했다: ["] 우발적 수단으로 인해 농부의 밭에 당사의 특허받은 종자 또는 특성이 미량 존재하는 경우 특허권을 행사하는 것은 몬산토의 정책이 아니며 앞으로도 그럴 것이다. ["] … 변호사를 통해 Monsanto는 ["]특허 침해 청구 또는 귀하의 고객에 대한 소송을 유발할 수 있는 상황을 알지 못한다고 항소인에게 확신했다. 따라서 Monsanto는 귀하의 고객에 대해 특허 침해 청구를 주장하지 않

으며 주장할 의사가 없다. 귀하는 "귀하의 고객 중 누구도 Monsanto의 특허가 잠재적으로 적용되는 유전자 변형 종자를 포함하여 유전자 변형 종자를 소유, 사용 또는 판매할 의도가 없다"고 진술한다. 귀하의 진술을 사실로 간주하여 소송 또는 기타 조치에 대한 두려움은 불합리하며 특정 작물을 재배하지 않기로 한 결정은 정당하지 않다."]

*** Monsanto의 구속력 있는 진술은 미량(1% 미만)의 변형 종자 사용자 또는 판매자인 항소인들에 대한 소송의 위험을 제거한다. 항소인들은 미량 이상의 변형 종자를 사용하거나 판매할 구체적인 계획이나 활동을 주장하지 않았으며, 따라서 이에 근거한 소송 위험을 입증하지 못했다. 따라서 항소인들은 소송의 필수적 요소인 당사자적격이 결여되어 있다. 연방1심법원은 선언적 판결법의 관할권이 없다고 올바르게 결론을 내렸다.

역주

i) 미국 연방법률 제35호(U.S.C. Title 35 Patents) (부록 참조)

ii) 속(genus, 屬)－종(species, 種) 관계. (부록 참조)

iii) 미국 연방순회항소법원. (부록 참조)

iv) 연방 1심법원 (부록 참조)

v) 미국 특허심판원 (부록 참조). — 미국 특허심판원의 옛날 이름과 현재 이름; 역할 등

vi) 미국 특허상표청 (USPTO) (부록 참조).

vii) 당사자계심판 (inter parte review) (부록 참조).

viii) 등록후재심사 (post grant review) (부록 참조).

ix) 특허 저촉 절차 (interference procedure) (부록 참조).

x) U.S.C. 와 U.S.C.A.의 차이 (부록 참조).

xi) 당업계의 통상의 기술자 참조.

xii) 현재 미국특허상표청 특허심판원(USPTO Patent Trial and Appeal Board)의 전신.

xiii) 식물 특허(plant patent)는 무성번식 식물에 대하여 명세서 기재요건을 일부 완화한 특허제도로 이에 대응하는 제도는 한국에 존재하지 않는다.

xiv) 미국에서 특허는 실용 특허(utility patent), 디자인 특허(design patent), 식물 특허(plant patent)로 구분한다. 실용 특허는 한국의 특허에, 디자인 특허는 한국의 디자인권에 대응하나, 식물 특허에 대응하는 것은 한국에 존재하지 않는다.

xv) 정식의 변론 재판(trial) 절차 없이 답변서(pleading)에 기초하여 내리는 재판.

xvi) '실시 가능성' 혹은 '실시 가능성 기재요건'으로 표기하기도 한다.

xvii) 미국에서 이전에 선발명주의를 취하던 때에 존재한 제도로, 서로 경합하는 발명에 복수의 특허 출원이 존재하는 경우, 어떤 것이 선발명인지 판단하여 특허권을 부여하

는 제도. 2013. 3. 16. 이전(America Invents Act; AIA 이전)에 출원된 특허에 대해서는 유효하게 적용됨.

xviii) Undue experimentation 개념에 대한 이해를 돕기 위해 과도한 '추가' 실험으로 표현하였다.

xix) 원문의 느낌을 살려 독자의 이해를 돕기 위해, 용어를 보다 쉽게 풀어서 쓰는 방법을 택하였다. 또한, 중요 표현은 원문을 함께 기재하였다.

xx) '… 하는 수단'과 같이 기능을 중점적으로 기재하는 청구항. 구조로 한정하는 대신 기능으로 표현함. '기능식 청구항'이라고도 하며, 직관적인 표현을 위해 여기서는 '기능식 표현을 포함한 청구항'이라는 표현을 선택하였다.

xxi) 현재의 최신 기술을 뜻하는 용어이며, 본서에서는 SotA로 표기하기도 한다.

xxii) 해당 판결문 앞부분(Regarding claim 5's additional limitation, another expert witness for Lonza, Dr. Porter, testified that the Thraustochytrium and Schizochytrium genera together encompass only 22 known species.)에서, 청구항 5에 속하는 Thraustochytrium과 Schizochytrium 속에서 알려진 종은 단지 22개였다는 Lonza 측 전문가 증언에 기초한 것이다.

xxiii) Blaze Marks는 숲에서 길을 표시하기 위하여 나무에 찍는 화염 자국을 의미한다. 판례에서의 의미는 § 6:5 참조.

xxiv) 유효출원일(effective filing date)(부록 참조).

xxv) 미국 식물 특허에 대한 일반적인 내용은 다음 웹페이지를 참조할 수 있다. General Information about 35 U.S.C. 161 Plant Patents at: https://www.uspto.gov/patents/basics/apply/plant-patent#:~:text=Additional%20Links-,What%20is%20a%20plant%20patent%3F,found%20in%20an%20uncultivated%20state.

xxvi) State of the Art는 최신 기술을 뜻하는 용어이다. 발명은 최초 유효출원일을 기준으로 최신 기술의 일부가 아닌 경우 새로운 발명에 해당한다. 최신 기술에는 일반적으로 '선행기술'로 알려진, 어떤 형태로든 대중에게 이용 가능하게 된 모든 것을 포함한다. 이 사건에서는 해당 판결문을 보면 이는 정제 및 치료적 사용과 관련된 선행기술들을 뜻한다 ("prior art sources relating to both purification and therapeutic delivery" *Amgen Inc. v. Hoechst Marion Roussel, Inc.*, 314 F.3d 1313, 1357 (Fed. Cir. 2003).

xxvii) 분자 생물학에서 리딩 프레임은 핵산(DNA 또는 RNA) 분자의 뉴클레오타이드 서열을 연속적이고 겹치지 않는 삼중염기 세트로 나누는 방식이다. 이러한 삼중염기가 전사(translation) 중 아미노산 또는 정지 신호와 동일한 경우 이를 코돈이라고 한다.

xxviii) 카운트란 미국특허심판원이 기술하는 저촉절차의 대상(subject matter)으로서 우선순위에 대해 허용 가능한 증거의 범위를 설정한다. 하나 이상의 카운트가 이 있는 경우, 각 카운트는 특허를 받을 수 있는 별개의 발명을 기술해야 한다. *37 CFR 41.201 Definitions.*

xxix) 저촉 혹은 간섭 절차(interference proceeding)란 미국 개정 특허법 이전 35 U.S.C. 135(a) 규정에 따라 출원과 다른 출원 또는 특허 간의 경합을 의미하며, 결과적으로 특허권자의 권리행사를 방해하는 절차이다. 저촉절차는 미국 특허청장이 우선권, 즉 어느 당사자가 미국 개정 특허법 이전의 35 U.S.C. 102(g)(1)의미 내에서 공통적으로 청구된 발명을 먼저 발명했는지를 결정하는 데 도움을 주기 위해 선언된다. MPEP § 2301.03 참조. 37 CFR 41.202에 따라 저촉절차가 제안되면 심사관은 제안된 저촉절차를 미국 개정 특허법 이전에는 항고심판소(Board of Patent Appeals and Interferences; BPAI)에, 미국 개정 특허법 이후에는 미국 특허심판원(Patent Trial and Appeal Board; PTAB)에 각각 회부한다. 행정 특허 판사는 저촉절차를 선언하고, 항고심판소 혹은 미국 특허심판원에서 이를 집행한다. 항고심판소 혹은 미국 특허심판원의 위원으로 구성된 패널이 저촉절차에서 발생하는 우선순위 (priority) 및 특허 가능성(patentability)에 대한 최종 판단을 내린다. 저촉절차에서 선순위권리자(senior party)란 선출원의 출원인 혹은 발명자를 일컫고, 후순위권리자(junior party)는 선순위권리자가 아닌 자이다. 후순위권리자는 본인이 최초 발명자임을 입증할 책임을 진다. 이러한 저촉 혹은 간섭절차는 개정특허법에 의하여 파생절차(derivation pro-ceeding)로 대체되었는데, 이는 미국 개정특허법에 따라 신설된 절차로, 여기서 발명자는 제3자의 선출원된 출원 또는 등록에 대하여 그 특허대상이 발명자 본인의 작업으로부터 파생되었음을 주장할 수 있다.

xxx) 크리시 사건은 선행기술로 개시된 물질(유전자 프로모터)과 관련된 것으로, 나중에 그 구조(염기서열)를 통해 동일한 물질을 예측할 수 있는 것으로 밝혀졌다. 크리시의 프로모터 서열은 선행기술 개시 당시에는 알려지지 않았지만, 그럼에도 불구하고 선행기술이 나중에 예상되는 것으로 판명되었다.

xxxi) DNA 이중 나선은 공유 결합과 수소 결합이라는 두 가지 유형의 결합으로 서로 결합되어 있습니다. 공유 결합은 각 선형 가닥 내에서 발생하며 염기, 당, 인산 그룹을 각 그룹내 및 그룹간 강력하게 결합시킨다. 수소 결합은 두 가닥 사이에서 발생하며 한 가닥의 염기가 다른 가닥의 염기와 상보적인 쌍을 이루며 결합하게 만든다. 이러한 수소 결합은 개별적으로는 약하지만 총체적으로는 매우 강한 결합을 이룬다.

xxxii) 법적판결(부록 참조)

xxxiii) 비발리루딘은 21개의 짧은 아미노산 펩타이드로서 염기성 그룹 2개와 산성 그룹 6개로 구성된 자연적으로 발생하는 항응고제이다. Asp^9-비발리루딘(비발리루딘 9번 위치의 아스파라긴이 아스파르트산으로 탈아미드화된 물질)은 공정 불순물로서 비발리루딘 약물의 분해의 산물이다. 비발리루딘 및 Asp^9-비발리루딘 분석을 위해 고성능 액체 크로마토그래피(High Performance Liquid Chromatography, HPLC) 분석 방법을 사용한다.

xxxiv) 임계일(critical dates) (부록 참조)

xxxv) 축퇴는 하나 이상의 코돈에 의해 특정 아미노산이 암호화되는 것을 의미한다. 각 코돈은 단 하나의 아미노산(또는 하나의 정지 신호)에만 특이적이지만, 단일 아미노산은 하나 이상의 코돈에 의해 암호화될 수 있기 때문에 유전자 코드는 축퇴 또는 중복으로 설명된다.

xxxvi) 항체 또는 면역글로불린(immunoglobulin)의 2개의 중쇄(heavy chain)와 2개의 경쇄(light chain)로 구성된다. 각 중쇄는 가변 영역인 VH (variable heavy chain)와 세 개의 상수 영역인 CH1 (constant heavy chain 1), CH2 (constant heavy chain 2), CH3 (constant heavy chain 3)로 구성된다. CH2와 CH3는 함께 Fc (fragment, crystallizable region)을 만들고, CH1과 VH는 경쇄(light chain)와 함께 Fab (fragment, antigen binding region)를 만든다.

xxxvii) 실제 특허에서 청구항 3번은 다음과 같다. 3. A compound having the structural formula ##STR18## or a pharmaceutically acceptable salt thereof.

xxxviii) U.S. Patent No. 4,282,233 (the '233 patent)

xxxix) *inter partes* review (부록 참조).

xl) 1심법원은 '352 특허 청구항 1의 "ripe" hGH라는 용어를 "인간 뇌하수체에서 생산되는 hGH와 동일한 191개의 아미노산 서열로 구성된 재조합 DNA 기술로 생산된 단백질로, 인간 뇌하수체에서 생산되는 hGH의 완전한 생물학적 활성을 가지며 인간 뇌하수체에서 생산되는 hGH에 존재하는 오염 물질이 없는 단백질"을 의미한다고 해석했다.

xli) '352 특허 이전에는 뇌하수체 유래 hGH와 동일한 방식으로 생체 내에서 기능하는 생합성 hGH를 생산하려는 수많은 시도가 있었다. 미국 특허 제 4,342,832호에 명시된 그러한 시도 중 하나는 뇌하수체 유래 hGH에서 발견되는 191개의 아미노산 대신 192개의 아미노산을 가진 hGH 단백질을 생성하는 것이었다. 추가 아미노산 잔류물인 메티오닌으로 인해 뇌하수체 유래 hGH와 생체 내에서 동일한 방식으로 기능하지 않는 변종 hGH 단백질이 생성되었다. 따라서 "순수한" hGH, 즉 뇌하수체 유래 hGH와 동일한 191개의 아미노산 서열을 포함하는 hGH를 생산할 수 있는 방법이 필요했다. *Novo Nordisk Pharmaceuticals, Inc. v. Bio-Technology General Corp.*, 424 F.3d 1347, 1349-50 (Fed. Cir. 2005)

Novo의 '352 특허는 재조합 DNA 기술을 통해 잘 익은 hGH 단백질의 생산을 개시하고 있다. 즉 (1) 박테리아 단백질의 아미노산 서열("프로 서열")과 (2) 인간 단백질의 아미노산 서열로 구성된 "융합 단백질"의 유전자 서열을 대장균에 전달하여 발현시킨 후, 단백질 분해 효소를 사용하여 프로 서열과 인간 단백질의 아미노산 서열 사이의 결합을 절단하여 원하는 인간 단백질을 분리한다. '352 특허는 단백질 분해 효소, 바람직하게는 디펩티딜 아미노펩티다아제 I(DAP I) 효소가 전-hGH 융합 단백질을 절단하여 "익은" hGH 단백질을 생산하는 과정을 개시하고 있다.

xlii) 이는 1981년 12월에 "Expression of two human growth hormone genes in monkey cells infected by simian virus 40 recombinants"이라는 제목으로 저널 Biochemistry에 게재된 George N. Pavlakis의 논문이다.

xliii) 참조에 의한 통합(incorporation by reference) (부록 참조).

xliv) 2개의 발명이 서로 저촉하는지 여부를 판단하기 위하여, 일방의 발명이 타방의 발명과 동일(anticipation) 또는 자명(obvious)하고 그 역도 성립하는지 여부를 시험하는 절차.

xlv) 이 사건은 Pre-AIA 하에서의 사건이어서 신규성 및 진보성 판단이 발명일을 기준으로 판단된다. 현재(AIA)는 출원일을 기준으로 신규성 및 진보성이 판단된다.

xlvi) 관세특허항소법원(Court of Customs and Patent Appeals)는 현재의 연방항소법원(Court of Appeals for the Federal Circuit)의 전신이다.

부록(Appendix)

원 재 천

Appendix I. (부록 1) 미국 연방순회항소법원(특허 항소법원) 이해

Appendix II. (부록 2) Glossary 용어설명

Appendix I. (부록 1)
미국 연방순회항소법원(특허 항소법원) 이해

Who decides patent law in the US? 누가 미국의 특허법을 만드는가? CAFC에 대한 조사서

미국 사법제도에서 주요 특허법 케이스 대부분을 결정함으로 사실상 특허 jurisprudence에서 가장 핵심적이고 중추적인 역할을 하는 미국 연방순회항소법원(United States Court of Appeals for the Federal Circuit; CAFC)에 대해서 논한다.

2024년 12월 기준으로 미국 연방순회항소법원(CAFC)에 대한 가장 최신의 종합적 분석을 제시한다. 특히, CAFC의 배경, 구조와 역할, 그리고 판사들에 대한 전수조사를 통해 이 법원이 한국은 물론 전 세계 특허법에 미치는 영향에 대해 기본적 이해를 구한다.

1. 법원에 관하여: 관할권 및 CAFC 체제의 의의

미국의 연방 법원은 3심제로 이루어져 있다. 제1심으로는 미국 전역의 94개 연방지방법원(US District court)이 있는데, 각 주에는 최소 1개 이상의 연방지방법원이 소재하고 있고, 국제무역 법원 등 주제별 여러 특별법원[1)]들도 존재한다.

제2심으로, 연방 항소법원(US Courts of Appeals)이라 불리는 총 13개의 항소법원이 있으며, 항소법원의 심리는 일반적으로 3명의 판사로 구성된다. 항소법원 중, 미국 연방순회항소법원(Courts of Appeals for the Federal Circuit, CAFC)은 1982년에 설립되었으며, 특허 분야 뿐만 아니라 국제 무역, 연방정부 계약, 상표, 보훈, 행정 등 국가 관련 행정소송의 상소법원 역할을 하며, 이같이 다양한 주제 영역에 대해 전국적인 관할권(nationwide jurisdiction)을 가지고 있

1) 국제 무역 및 관세법과 관련된 사건을 다루는 국제무역법원 (US Court of International Trade), 미국 정부를 상대로 손해배상 청구를 처리하는 미연방청구법원(US Court of Federal Claims), 및 파산법원 (US bankruptcy court) 등

다.[2] (그림 1 참조)

마지막으로, 제3심으로 최종심을 판결하는 최종 최고 법원(the highest court)인 미국 대법원(US Supreme Court)이 있다.[3]

그림 1. CAFC 관할권[4]

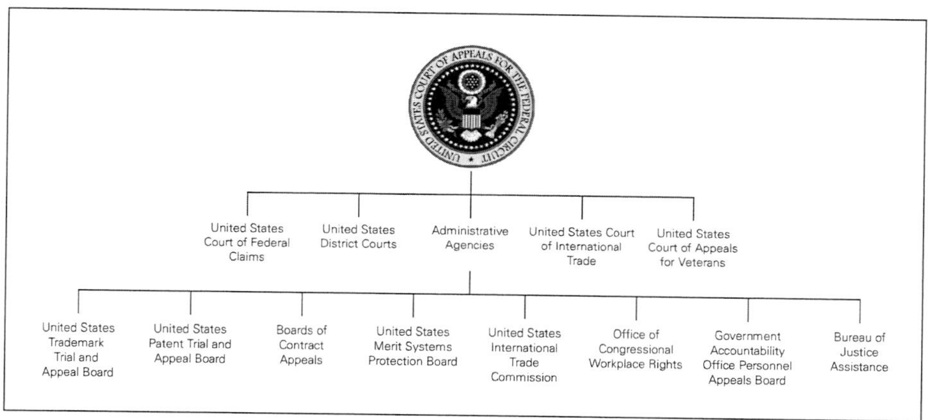

CAFC는 특히 특허 및 지식 재산권 사건에 대하여 독점적인 상소 관할권을 갖고 있으므로, 사실상 '특허 전문 고등법원'으로 역할을 하고 있다.[5] 실제로, CAFC에서 발표한 2023년도 통계에 따르면, 지식 재산권(Intellectual Property Law) 사건이 전체 사건 중 대략 55%를 차지한다. (사건 분야 통계 그림 2 참조)

2) 미국 연방항소법원 공식 홈페이지, https://cafc.uscourts.gov/home/the-court/about-the-court/court-jurisdiction/

3) Court Role and Structure, https://www.uscourts.gov/about-federal-courts/court-role-and-structure

4) US CAFC, Court Jurisdiction, https://cafc.uscourts.gov/home/the-court/about-the- court/court-jurisdiction/

5) 박준석, "미국 연방특허항소법원(CAFC)의 정체성(正體性) 및 관련 번역어에 대한 고찰", 법조 제69권 제1호, (2020. 2. 28.), 438. "결국 CAFC의 핵심적인 정체성은 '특허 전문법원'이란 점에 있다."

그림 2. 2023년 CAFC 사건 분야별 비율[6]

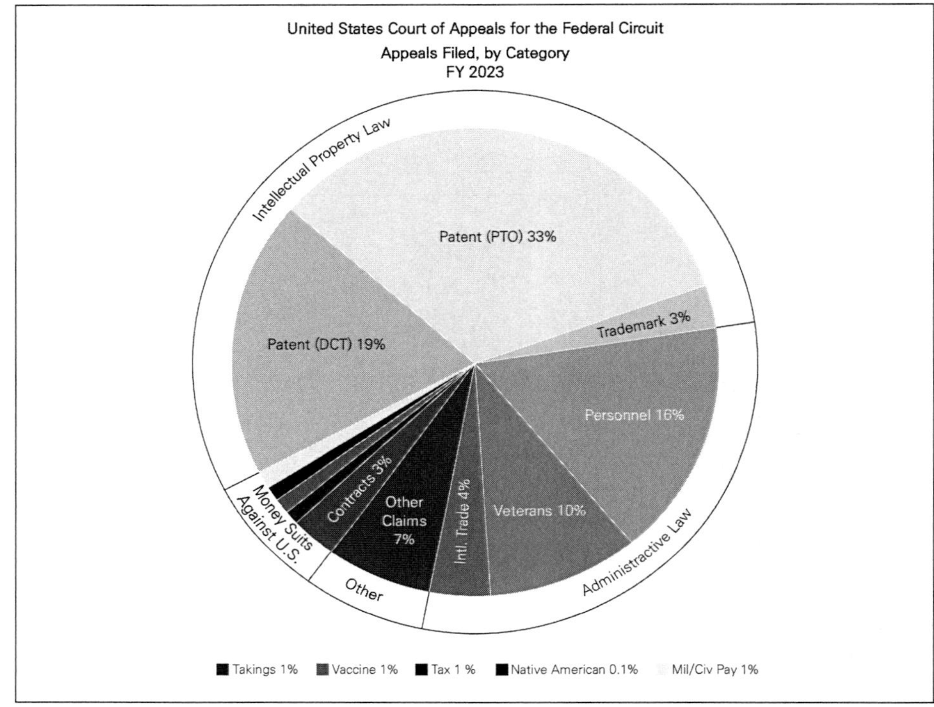

특허 사건은 (1) 연방지방법원(US District court), (2) 국제무역위원회(US International Trade Commission, ITC), (3) 특허청(US Patent and Trademark Office; USPTO) 또는 산하 특허심판원(Patent Trial and Appeal Board, PTAB) 등을 통해 항소심인 CAFC로 귀결된다.

또한, 사건 당사자는 CAFC의 결정에 대해 미국 대법원에 상고할 수 있지만, 대부분의 사건이 상고기각이 되므로, 사실상 CAFC가 최종심으로 기능한다.

특허 사건 통합 효과

미국은 1982년에 흩어져 있었던 특허 관련 심리와 상고 기능을 CAFC로 통합하게 되었는데, 이처럼 특허를 특정 법원에서 집중적으로 다룰 경우에 다음과 같은 효과가 생긴다.[7]

6) 미국 연방항소법원 공식 홈페이지, Reports & Statistics, Caseload, by Category: 2023, Reporting date 09/30/2023, https://cafc.uscourts.gov/home/the-court/reports-statistics/

7) 정차호, "특허법원의 관할집중 : 미국연방관할항소법원(CAFC) 30년 경험의 시사점", 산업재산권

1) 법리의 발전과 예측 가능성의 제고

- CAFC는 미국 내 특허 사건을 하나의 항소 법원에 집중시킴으로써 법리적 일관성을 확보하고 예측 가능한 판결을 제시하는 데 기여했다고 평가된다.[8] 이는 혁신적인 기업들에게 법적 불확실성을 최소화하여 연구개발과 상용화를 촉진하는 동기로 작용했다.

2) 특허 사건의 집중 심리를 통한 효율성 제고

- 특허 사건을 한 연방 항소법원에 집중케 함으로 CAFC는 40여 년간 특허법 영역에서 전문성을 축적하고, 많은 사건을 신속하게 처리하는 등 사건 처리의 효율성을 높이게 되면서 CAFC가 전문성과 효율성을 겸비한 성공적인 특허 전문 법원으로 자리 잡았다고 평가할 수 있다.[9]

3) 정책적 및 법리적 지침 제공

- CAFC는 특허 판결을 통해 법적 일관성과 예측 가능성을 유지할 뿐 아니라, 특정 기술 발전의 생애 주기적 시기에 따라 적절하고 유연한 특허법 지침을 제시하게 됨으로, CAFC의 판례는 생명공학 산업 및 첨단기술 산업과 국가 과학 기술 특허 정책 형성에 중요한 지식 재산권 보호 범위 (guard-rail)를 제시하며, 이는 미국 특허법과 특허 관련 정책이 글로벌 기준으로 자리 잡는 데 기여했다.

2. 판사에 관하여

2.1. 연방 판사 임명 과정과 종신제

- 임명 과정: 미국의 연방 판사들은 대통령의 지명과 상원의 인준을 통해 임명된다. 특히 상원 내 법사위원회(judiciary committee)는 대법원 판사를 포함한 모든 연방 판사를 인준하는 중요한 역할을 하며, 이는 판사의 임명이 단순한 절차를 넘어 국가 정책과 사회적 법 문화를 반영하는 과정을 거친

第39호, 227-283 (2012), 242.

8) Donald R. Dunner, *The U.S. Court of Appeals for the Federal Circuit: Its Critical Role in the Revitalization of U.S. Patent Jurisprudence, Past, Present, and Future*, 43 Loy. L.A. L. Rev. 775, 778 (2010).

9) 박준석, "미국 연방특허항소법원(CAFC)의 정체성(正體性) 및 관련 번역어에 대한 고찰", 법조 제69권 제1호, (2020. 2. 28.), 446

다는 점을 보여준다.

- **종신제**(life tenure)**의 장점**: 종신 임명은 판사가 독립적이며 양심에 따라 판결을 내릴 수 있는 환경을 제공하고, 필요시 전문 판사로서 역량을 축적할 수 있는 제도이다. 이러한 독립성은 법적 판단에 있어 정치적 압력이나 특정 이해관계에 영향을 받지 않도록 하는 데 중요한 역할을 한다.

2.2. CAFC 판사와 배경

CAFC는 현재[10] 총 19명의 연방 판사로 구성되고 있으며, 12명의 전임(active) 판사와 7명의 선임(senior) 판사로 보임되어 있다. 이들은 모두 대통령에 의해 임명되며 상원의 인준을 받아야 한다.

또한, 근속 기간이 길고 일정 자격을 갖춘 전임 판사들은 선임 판사(senior judge)로 전환할 수 있으며, 선임 판사들은 파트타임같이 전임 판사보다 비교적 적은 수의 사건을 처리하면서도 계속해서 법원 심리에 참여할 수 있다.[11][12]

다양한 CAFC 판사 배경

현재 CAFC는 2/3 비 이공계 출신 다수와 1/3 이공계 출신 소수로 구성되어 있으며, 사건은 무작위로 배정되고 있어, 특이하게 판사 임용 전 특허 경력이 없는 generalist와 특허 경력이 있는 specialist가 아우러져 법원 심리에 건강한 균형을 유지하고 있다. 이는 미시적 구체적인 기술과 특허 범위를 설정 및 침해 여부를 판단하는 technical 한 판단뿐만 아니라 거시적 과학기술 및 특허 영역의 정책적 숙고를 감안하여 미국이 상업적 특허 개발 및 활용 시 유연하게 보호 범위를 확대 또는 축소함으로 특허법과 지속적인 추후 개발 및 상용화를 촉진시키는 데 기여했다고 볼 수 있다.

또한, 전임 판사는 최대 4명의 법률 보조원 (Law Clerk 및 Staff)을 두고 일하며, 선임 판사는 1명의 보조원과 일한다. 이처럼 판사들이 특허 사건의 기술적이고 복잡한 법적 문제를 해결하는 데 전문 연구관들의 역할이 중요하다.

이처럼 CAFC 판사들은 특허법뿐 아니라 다양한 법률 및 학문 그리고 직업적

---

10) 2024년 11월 6일 기준

11) US CAFC, Judges, https://cafc.uscourts.gov/home/the-court/judges/

12) 참고로, 90세 넘는 현직 판사도 재직하고 있다.

배경을 가지고 있어, CAFC가 기술적 판단에만 집중하지 않고 폭넓은 법리적 · 정책적 시각을 제공할 수 있게 한다.[13] (그림 3 참조)

그림 3. CAFC 판사 전공 및 경력 목록[14]

이름 (직위)	이공계 전공 여부	특허 경력[15]
Kimberly A. Moore (Chief Judge)	O 전기공학	X 법학 교수
Pauline Newman (현재 정직[16])	O 화학, 철학	O 사내 특허 변호사, 정부기관, 법학 교수
Haldane Robert Mayer (Senior Judge)	O 육군사관학교	X 군인, 정부, 로 클럭
S. Jay Plager (Senior Judge)	X	X 해군 장기 복무, 법학 교수, 정부 부처 근무
Alan D. Lourie	O 유기화학	O 사내 화학자, 특허 대리인 (patent agent), 사내 특허 변호사
Raymond C. Clevenger (Senior Judge)	X	X 로펌 변호사
Alvin A. Schall (Senior Judge)	X	X 로펌 변호사, 검사, 법무부
William C. Bryson (Senior Judge)	X	X 법무부 형사과, 로펌
Richard Linn (Senior Judge)	O 전기공학	O 로펌 특허 변호사, 특허 심사관, 교수
Timothy B. Dyk	X	X 교수, 로펌 변호사
Sharon Prost	X 경영학, 세법	X 행정부, 국회
Jimmie V. Reyna	X 역사	X 국제 통상 변호사

13) Donald R. Dunner, *The U.S. Court of Appeals for the Federal Circuit: Its Critical Role in the Revitalization of U.S. Patent Jurisprudence, Past, Present, and Future*, 43 Loy. L.A. L. Rev. 775, 780 (2010).
예를 들어, 미국 육군사관학교 출신, 영문학 전공, 특허 실무가 및 법학자 등 다양하게 구성되고 있다.

14) CAFC Judge Biographies, https://cafc.uscourts.gov/home/the-court/judges/judge-biographies/

15) (특허 변호사로서) 전문적인 특허업무 수행 경험/진로 여부

Evan J. Wallach (Senior Judge)	X 저널리즘	X 로펌 변호사, 국방부, 교수
Richard G. Taranto	X	X 로펌 소송 변호사
Raymond T. Chen	O 전기공학	O 특허청 변호사, IP 로펌, CAFC 기술 보조원 (Technical Assistant)
Todd M. Hughes	X	X 법무부
Kara F. Stoll	O 전기공학	O 특허 소송 전문 로펌, 교수, 특허청 심사관
Tiffany P. Cunningham	O 화학공학	O 특허 변호사로 로펌에서 특허 소송
Leonard P. Stark	X 경제학, 정치학	X 검사, 로펌

판사 경력 예시

다음은 몇몇 판사들의 경력에 대한 예시이다:

- 특허 전문가: 일부 판사는 특허법을 전문으로 다루던 법률 전문가로서 경력을 쌓아 왔다. 예를 들어, Kimberly A. Moore 수석 판사(Chief Judge)는 전기공학을 전공하고 법학 교수를 지낸 후 CAFC 판사로 임명되었으며, 주로 지식 재산권 사건을 담당해왔다. 이와 같은 경력은 공학과 법률이라는 두 분야에서 모두 깊은 전문성을 쌓아온 전형적이고 이상적인 특허 법원 판사 사례로, 이러한 배경 때문에 Moore 판사는 수석 판사의 역할도 원활히 수행하고 있다.
- 과학 및 공학 배경의 판사: Alan D. Lourie 판사처럼 과학(유기화학) 분야에서 경력을 쌓고, 특허 변호사 및 사내 특허 전문가로 활동한 후 판사가 된 사례도 있다. 이는 기술적 보호 및 재산권에 대한 이해와 상업적 활용에 대한 이해가 요구되는 특허 사건을 보다 깊이 가름하는 데 유용하다고 본다.
- 비전공자이면서 다양한 사건 경험을 가진 판사: Jimmie V. Reyna 판사는 역사를 전공하고 국제 무역 법 분야에서 주로 활동해왔으며, 특허와 무관한

16) 2023년부로 정직 된 상태. 현재 97세로, 판사 업무를 수행할 능력이 있는지 여부를 두고 소송 중. "Court extends suspension of 97-year-old US federal judge" https://www.reuters.com/legal/litigation/court-extends-suspension-97-year-old-us-federal-judge-2024-09-06/

다양한 분야에서 법적 경험을 쌓은 후 CAFC에 합류했다. 역사 전공 배경에도 불구하고 Reyna 판사는 특허 및 지식 재산권 사건을 포함한 다양한 기술적 법률문제를 많이 다루고 있다. 이와 같은 사례는 직접적인 STEM(과학, 기술, 공학, 수학) 배경이 없더라도 충분히 특허법과 같은 기술적 분야에서 성공적으로 활동할 수 있음을 보여준다. 이러한 배경은 CAFC가 기술적 판단을 넘어 과학기술법 정책적 판단을 내리는 데 유효하다고 사료된다.

2.3. 판사 사건 배정(Case assignment) 및 사건 구성

CAFC 사건 구성

태생적 구조 때문에 CAFC는 특허 사건뿐만 아니라 일반 무역, 행정, 국제법, 노동 등 다양한 공법 영역을 다루고 있는데, 혹자는 특허만을 집중적으로 판결하는 것이 더 전문성을 높일 것이라는 생각이 있을 수 있지만, 실용적인 법리를 만들어내는 영미법 특성상, 특허 전문 판사가 관세, 무역, 행정, 노동 등의 다양한 경제 및 사회법 관련 문제를 다룸으로써 거시적인 과학기술 및 경제 발전을 위한 법 결정의 예측 가능성과 지속 가능한 정책의 틀을 만들어가는 데 오히려 선순환이 되고 있다는 것이 주목된다. 또한, 다양한 배경의 판사들이 특허뿐만 아니라 타 분야의 사건들을 섭렵함으로써 특허법이 지나치게 기술적·편협적이 되지 않도록 하고 있다.

한 예로, Kimberly A. Moore 수석판사의 경우, 사건 분야 구성은 IP 40%, 정부/행정법 19%, 재향군인 12%, 고용/노동 4%로 되어있다.

CAFC 사건 배정

미국 연방순회항소법원(CAFC)에서 사건 배정은 무작위(random) 방식을 통해 이루어지며, 각 사건은 무작위로 선택된 세 명의 판사 패널에 의해 심리된다.[17] 이러한 무작위 배정 방식은 판사들이 특정 사건을 선호하거나 기피하는 것을 방지하고, 소송 당사자들이 사건을 특정 판사에게 유리하게 할당하기 위해 전략적으

---

17) Court Information— United States Court of Appeals for the Federal Circuit, https://coop.cafc.uscourts.gov/Court_Information.htm#:~:text=Once%20all%20the%20briefs%20are%20filed%2C%20the%20appeal,panel%20for%20consideration%20solely%20on%20the%20submitted%20filings.

로 소송을 제기하는 것을 방지하기 위한 것이다.[18)]

CAFC의 사건 배정은 판사 배경에 따른 고려 없이 무작위로 이루어지기 때문에, 비 이공계 혹은 비 특허 배경의 판사들도 특허 사건을 담당할 수 있다. 실제로, CAFC 판사들 중 약 2/3는 특허나 과학·공학과 관련된 전공이 아닌 generalist로 구성되어 있다. 무작위 배정 방식을 통해 확률적으로 3명의 판사 중 최소 1명은 특허 또는 이공계 배경을 가진 판사가 포함될 가능성이 있지만, 이는 보장된 사항은 아니다.

다음은 골고루 섞인 사례와 전원 비전공자 재판부 사례이다.

1) Pfizer Inc. v. Sanofi Pasteur Inc., 94 F.4th 1341 (C.A.Fed., 2024)

- 패널 구성: Lourie, Bryson(senior judge), Stark
- 이 사건에서는 특허 관련 경험이 있는 Lourie 판사와 비 특허 전공인 Stark 판사가 함께 패널을 구성하였으며, 선임 판사인 Bryson이 포함되었다.
- 전공 (전공자: 비전공자 = 1: 2):
  - Lourie: 유기화학
  - Bryson: 비 공대 전공
  - Stark: 경제학, 정치학

2) Janssen Pharmaceuticals, Inc. v. Teva Pharmaceuticals USA, Inc., 97 F.4th 915 (C.A.Fed., 2024)

- 패널 구성: Dyk, Prost, and Hughes
- 이 사건에서 무작위로 배정된 3명의 판사들은 제약 관련 특허 분쟁을 다루었으며, 배정된 판사들은 서로 다른 법적 배경을 가진 인물들이었다.
- 전공(세 판사 모두 비전공자):
  - Dyk: 비 공대 전공
  - Prost: 경영, 세법
  - Hughes: 비 공대 전공

이처럼 다양한 학문적 배경을 가진 판사들이 함께 일함으로써, 법적 사고와

18) Conference Acts to Promote Random Case Assignment, https://www.uscourts.gov/news/2024/03/12/conference-acts-promote-random-case-assignment

기술적 이해를 결합하여 보다 균형 잡힌 판결을 내릴 수 있다.

2.4. 한국 특허 법원 시사점

CAFC와 한국 특허 법원은 특허 사건을 전문적으로 다루는 법원이라는 점에서 공통점이 있지만, 두 법원의 구조와 운영 방식에는 여러 차이점이 존재한다. 이러한 차이점은 각국의 법률 시스템과 판사 구성 방식에서 비롯된다.

판사 임명 절차와 경력 경로의 차이

CAFC 판사들은 대통령에 의해 임명되고 상원의 인준을 받은 후 종신직으로 근무하는 반면, 한국 특허 법원의 판사들은 일정 기간마다 인사이동이 이루어지는 순환 근무 체제를 따른다. 이러한 차이는 판사들이 특허 등 전문분야의 사건을 지속적으로 심리하며 전문성과 법리적 일관성을 유지할 수 있는지에 영향을 미친다. 미국의 종신 임명 제도는 판사들이 장기적인 시각에서 법적 판단을 내릴 수 있게 하며, 기술적 복잡성에 대한 포괄적 접근을 가능하게 한다. 반면, 한국 특허 법원의 순환 근무 체제는 판사들이 심도 있는 법리적 분석보다는 기술적 사실에 집중하는 경향을 강화할 수 있다.

기존의 한국의 특허 법원 판사는 법대와 사법고시를 통과하고 특허 관련 석사 과정을 이수한 경우가 다수 있으며, 최근에는 해외에서 지식 재산권 관련 추가 학위나 연수를 함으로써 특허 관련 전문성을 높이고 있다는 점이 주목된다.

법학전문대학원 제도의 도입 이후 이공계 출신 및 다양한 배경의 법률가들이 양성되고 있는 만큼, 한국 특허 법원의 전문성과 다양성을 기대해 본다.

3. 미국 특허법제

3.1. 미국 특허법제 구성

미국 특허법제는 연방헌법 제1조 제8항 8호[19]를 근거로, 연방법전 제35조[20]가 제정되었으며, 연방규정집 제37권[21]과 USPTO 특허심사절차 매뉴얼(MPEP[22])

19) US Constitution Article 1, Section 8, Clause 8 Intellectual Property.

20) U.S.C. Title 35 - PATENTS

21) The Code of Federal Regulations Title 37

22) Manual of Patent Examining Procedure (MPEP)

을 중심으로 집행되고 있다.

미국 특허상표청(USPTO)은 35 U.S.C. 1에 근거하여 설립 및 운영되고 있고,[23] 미국 내 특허심사의 기준인 특허심사절차매뉴얼(MPEP)을 매년 공표하고 있다.

3.2. 관련 법규

연방헌법 Article 1, Section 8, Clause 8 은 지식재산권을 다음과 같이 명시하고 있다.

"저작자와 발명자에게 그들의 저술과 발명에 대한 독점적인 권리를 일정 기간 확보해 줌으로써 과학과 유용한 기술의 발달을 촉진시킨다."[24]

연방법전 제35조(U.S.C. Title 35 - PATENTS)**의 구성**

연방법전 제35조는, 특허 전반을 다루고 있다. 총 5가지 파트로 이루어져 있다.— I: 미국 특허상표청, II: 발명의 특허성 및 특허 부여, III: 특허 및 특허권 보호, IV: 특허 협력 조약, V: 산업디자인의 국제등록에 관한 헤이그 협정.[25]

미국 연방 규정집 제37권(The Code of Federal Regulations Title 37)

미국 연방 규정집 제37권에는 특허, 상표, 저작권 및 국가 표준과 관련하여 미국 연방 법률 및 규정이 포함되어 있다.

---

23) 35 U.S.C. 1: USPTO Establishment Clause.

24) To promote the Progress of Science and useful Arts, by securing for limited Times to Authors and Inventors the exclusive Right to their respective Writings and Discoveries;

25) U.S.C. Title 35 Patents:
PART I—UNITED STATES PATENT AND TRADEMARK OFFICE (sections 1 to 42)
PART II—PATENTABILITY OF INVENTIONS AND GRANT OF PATENTS (sections 100 to 212)
PART III—PATENTS AND PROTECTION OF PATENT RIGHTS (sections 251 to 329)
PART IV—PATENT COOPERATION TREATY (sections 361 to 376)
PART V—THE HAGUE AGREEMENT CONCERNING INTERNATIONAL REGISTRATION OF INDUSTRIAL DESIGNS (sections 381 to 390)

Appendix II. (부록 2)

Glossary 용어설명

용어 (한글)	용어 (영어)	설명
관세특허 항소법원	Court of Customs and Patent Appeals, CCPA	현재의 연방 순회 항소법원(Court of Appeals for the Federal Circuit)의 전신이다. 연방순회항소법원은 1982년 관세 특허 항소 법원과 연방 청구 법원의 항소 부서(appellate division of the U.S. Court of Claims)가 합병되어 설립되었다.
균등론	Doctrine of Equivalents	특허의 보호 범위를 정함에 있어서 단순히 문언에 의한 해석의 범위를 넘어서 실질적으로 동일한 요소를 포함하고 있다면 보호 범위를 넓혀 특허 침해로 인정할 수 있다는 이론이다.
내재적 개시/ 내재적 소유	inherent disclosure, inherent possession	명시적으로 기재되어 있지 않아도 내용 전체에 비추어 개시된 것으로 보거나 발명자가 인식/소유한 것으로 보는 것을 의미한다.
답변서 제출 및 반소 제기	Answer and Counterclaim	피고는 답변서를 제출하여 원고의 주장에 대해 의견/이견 또는 답변을 기술할 수 있다. 또한, 피고는 반소를 통해, 원고의 소에 반박하여 소를 제기할 수 있다.
당사자계 심판	Inter Partes Review, IPR	미국 개정특허법(AIA)에서 종전 당사자계 재심사제도(Inter partes reexaminations)를 대체하여 2012년부터 도입된 제도이다. 이해당사자는 특허 등록일로부터 9개월 또는 등록 후 재심사(Post-Grant Review; PGR)절차 종료일 이후에, 특허 또는 간행물 기재된 선행 기술에 대하여, §102 또는 §103에 따라 제기할 수 있는 근거에 대해서만 하나 이상의 청구항에 대한 특허성을 검토하기 위해 실시한다. 무효의 합리적 가능성(reasonable likelihood)이 있는 경우에 특허심판원(PTAB)이 절차를 개시한 후 무효 여부를 판단한다.
당업계의 통상의 기술자	a person of ordinary skill in the art, POSA, a skilled person in the art	(해당 분야) 통상의 기술자(Person of Ordinary Skill in the Art (POSITA); Person Having Ordinary Skill In The Arts(PHOSITA)) 혹은 당업자라고 하기도 한다. 발명이 속하는 (또는 가장 밀접하게 관련된) 기술분야에서 통상의 지식을 가진 자를 의미하며, 법률상 판단을 위해 사용되는 추상적인 기준이다. 한국 특허법에서도 '통상의 지식을 가진 사람'이 기준으로 사용된다. 특히, 미국 특허법은 특허요건 중 '비자명성(Non-

		obviousness)'에 대하여, 통상의 기술자의 관점에서 자명(obvious)하지 않는지를 고려한다. 한국 특허법에서는 '진보성'에 대하여, 당해 기술분야에서 통상의 지식을 가진 사람이 쉽게 발명할 수 없는지를 고려한다.
당연 규칙	Per se rule	라틴어로, '그 자체로'라는 의미이다. 예를 들어, 피고가 마땅히 지켜야 할 의무를 위반했다는 것을 지칭할 때 사용된다. 이 경우, 피고는 본직적으로 해당 의무를 위반했으므로 그 자체로 과실이며, 원고가 이를 증명할 필요가 없다.
동일 용어 그대로	Ipsis verbis	라틴어로, 특허 청구항이 서면 설명에 의해 적절하게 뒷받침되는 여부를 나타낸다.
등록 후 재심사	Post－Grant Review, PGR	미국 개정특허법(AIA)에서 도입된 등록 후 재심사는 § 282(b)(2) 또는 (3)에 따라 제기될 수 있는 모든 근거에 대해 제3자가 특허등록일로부터 9개월 이내에 특허심판원 (PTAB)에 심판을 청구하여 해당 특허의 유효성을 다툴 수 있는 제도이다. 이의 제기된 청구항 중 적어도 하나 이상이 특허를 받을 수 없을 가능성이 높다(more likely than not)고 판단되는 경우 개시될 수 있다.
디 노보 (항소 재심)	de novo	미국법의 라틴어 용어로, 새로, 새롭게, 또는 다시(Anew, afresh, or over again)의 의미이다. 법원이 법적 문제에 대한 새로운 검토를 할 때 (혹은 법적 및 사실이 혼합된 문제일 때), 항소법원은 해당 문제에 대한 이전 분석을 참조하지 않고 독립적인 판단을 내리며, 이 때는 이전의 결정이 없었던 것처럼 취급되어, 1심법원과 동일한 입장에서 사건을 바라보게 된다.
디자인 특허	Design patent	디자인 특허는 35 U.S.C. chapter 16에 규정되어 있다. 또한 헤이그 협정에 따라 출원된 국제 디자인 출원은 35 U.S.C. chapter 38에 규정되어 있다.
마크맨 히어링	Markman Hearing	특허소송에서 제출된 증거자료를 통해서 판사가 특허청구범위의 해석을 결정하는 절차를 의미한다. 특허 침해 여부 판단에 중요한 절차이다. 청구항의 해석은 사실심이 아닌 법률심으로, Markman v. Westview Instruments, Inc. 으로 결정한 판례에 따라, 항소심은 하급 법원 결정에 매이지 않고, 청구항 해석을 원점에서 할 수 있다.
무변론 재판	judgment on the pleadings	쟁점과 결론이 명확할 때, 정식의 변론 재판(trial) 절차 없이 답변서(pleading)에 기초하여 판결하는 재판이다.

미국 개정 특허법/미국 발명법	AIA, (Leahy－Smith) America Invents Act	2011년 미국 특허 시스템을 현대화하고 글로벌 경제에서 미국의 경쟁력을 강화하기 위해 승인된 개정 특허법이다. 이를 통해, 미국은 기존의 '선발명주의(first to invent)'에서 '선출원주의(first inventor to file)' 제도로 전환하였다. 또한, 제 3자가 특허등록일로부터 9개월 이내에 모든 특허성 문제를 제기할 수 있는 Post－Grant Review(PGR; 등록 후 재심사) 절차를 신설하였다. Inter partes review (IPR; 당사자계심판)도 존재하여, 특허 등록일로부터 9개월 또는 PGR절차 종료일 이후에 이해당사자가 신청할 수 있다.
미국 무역위원회/위원회	US Trade Commission / Commission	미국 연방기구이며, 소비자를 보호하고 국제 무역에 대한 조언과 지침을 제공한다.
미국 식품의약국	U.S. Food and Drug Administration	미국 보건복지부 산하 연방 기관으로, 인체 및 동물용 의약품, 생물학적 제품, 의료기기, 미국 식품 공급, 화장품, 방사선을 방출하는 제품의 안전성, 효능 및 보안을 보장하여 공중 보건을 보호하는 업무를 담당하고 있다.
미국 연방 법전	U.S.C.; United States Code	미국의 일반 및 영구 법률(general and permanent law)을 주제별로 통합하여 성문화한 것으로, 53 가지 주제(titles)로 구성되어 있다. 미국 하원의 법률 개정 자문실(Office of the Law Revision Counsel)에서 편찬한다. 개정판 사이에는 최신 정보를 제공하기 위해 매년 누적 부록이 발행된다.
미국 연방 1심법원	U.S. (federal) district court	'연방지방법원'이라고 번역 하기도 한다. 연방 법원 시스템은 지방 법원(the trial court; district courts), (1심) 항소 법원(circuit court), 그리고 최종 항소 법원인 미국 대법원(the Supreme Court of the United States) 의 세 단계로 이루어져 있다. 미국 전역에 94개의 1심 법원, 13개의 항소 법원, 1개의 대법원이 있다.
미국 연방소송규칙	F.R.C.P., Federal Rules of Civil Procedure	미국 지방법원의 민사 소송을 규율하는 규칙으로, 이 규칙의 목적은 모든 소송과 절차가 공정하고 신속하며 합리적인 방식으로 결정되도록 보장하는 것이다.
미국 연방순회항소법원	Court of Appeals for the Federal Circuit, CAFC, Fed. Cir.	미국 13개의 연방항소법원 중의 하나로, 워싱턴 D.C.에 위치하고 있다. 1982년에 Federal Courts Improvement Act (연방법원 개선법)에 따라 출범하였으며, 특허를 비롯해서 미국 전역의 다양한 연방 사건들에 대한 관할권을 가지고 있다. (대법원 사건 제외) 사실상 특허 영역의 최고심 역할을 하고 있다.
미국 특허상	United States Patent	미국 특허청(USPTO)은 미국 특허를 부여하고 상표

표청, 미국 특허청	and Trademark Office, USPTO	를 등록하는 연방 기관이다. 미국 특허청은 미국 상무부(Department of Commerce) 산하의 미국 기관으로 설립되었으며, 궁극적인 목표는 모든 미국인과 전 세계인의 이익을 위해 혁신, 기업가 정신, 창의성을 촉진하는 것이다.
미국 특허심판원	Board of Appeals of the USPTO, The Patent Trial and Appeal Board, PTAB	특허심판원(PTAB)은 미국 특허 상표청(USPTO)에 속한 재판소로, 심사관의 거절결정 및 결정계(ex parte appeals) 심사에 대한 항소, 당사자계 심판(Inter Partes Review; IPR), 등록 후 재심사(Post-Grant Review; PGR), 영업발명 특허에 대한 심판 등을 수행한다. 미국 개정특허법 (America Invents Act, AIA)에 따라 설립되었으며, 이전에는 항고 저촉 심판원(Board of Patent Appeals and Interferences) 또는 BPAI로 알려졌다.
발명 기재 (요건)	written description (requirement)	다른 것이 아닌 발명자체가 기재되어야 한다는 요건이다.
배경 기술	Background	(사건에서 사용될 경우) 배경 사안을 전체적으로 설명하는 것이 아니라 배경이 되는 기술을 설명하는 항목이다.
법적 구속력이 없는 판례	not precedential	법원이 판례로의 가치가 충분하지 않다는 판단 하에 이후 사건에 구속력을 갖지 않는 법적 의견이다.
법적 판결, 법적 판사 판결	judgment as a matter of law, JMOL	특정 쟁점에 대해 충분한 법적 근거나 증거가 있을 경우, 판사는 재판이나 배심 평의 없이 결론을 내릴 수 있다.
법정 제한 요건	statutory bar	발명가의 특허 취득 능력을 제한하는 특정 요건으로, 진정으로 새롭고 독창적인 발명품만 특허 보호를 받을 수 있도록 하는 수단으로 사용된다.
법정 판매 금지 요건	on sale bar	35 U.S.C. § 102에 의해, 발명이 특허 출원 전 1년 이상 공개적으로 사용되거나 판매된 경우 특허를 받을 수 없도록 규정하고 있다.
보조참가 의견서	amicus brief	일반적으로 소송의 당사자는 아니어서 직접 관여하지는 않지만, 해당 사안에 큰 이해관계가 있는 개인이나 단체가 법원의 결정에 영향을 미치기 위해 작성하여 제출하는 요약서이다.
상고허가 신청	Petition of Writ of Certiorari	항소법원에 요청하는 청원을 말하며, 일반적으로 하급 법원이 중요한 법률 문제를 잘못 결정했으며 그 실수를 바로잡아야 한다고 주장한다. 당사자가 미국 대법원에 사건 심리를 요청하는 경우, 대법원이 하급 법원에 사건 기록을 보내 검토하도록 명령하는 요청이다. 대법원은 "사건이 국가적으로 중요하거나, 연방 순회 법원에서 상충되는 판결을 조화

		시킬 수 있거나, 선례적 가치가 있는 경우에만 사건을 심리한다. " ("if the case could have national significance, might harmonize conflicting decisions in the federal Circuit courts, and/or could have precedential value.")
상위개념/준상위개념/하위개념	genus / sub-genus / species	"속 청구항(genus claim)", "종 청구항(species claim)"으로도 번역할 수 있다. 이는 생물학에서 유래된 용어이지만 특허업계에서는 모든 기술 분야와 관련하여 선택발명 논의에 사용되는 용어이다. 종래의 발명과, 종래의 발명의 개념을 발전시킨 발명을 지칭한다.
상호 라이선스	Cross-Licensing	특허권자들 사이에 서로의 특허를 상호 허용하여 공유하는 것으로, 특히 기업 간 상호간의 발명을 사용하여 협력하는 것을 의미한다.
생물학적 제제 가격 경쟁 및 혁신 법	BPCIA; Biologics Price Competition and Innovation Act	FDA 허가 기준 제품과 유사하거나 상호 교환 가능한 생물학적 제제에 대한 신속한 승인 절차를 마련하는 법이다.
선행 기술	Prior Art	선행 기술은 출원일보다 앞서 대중에게 공개된 정보로, 발명의 특허 가능 여부를 결정하는 데 사용된다. 기존 특허 문서, 논문 등의 다양한 형태의 정보를 포함한다.
세계지식재산권기구	World Intellectual Property Organization (WIPO)	UN의 기구 중 하나로, 193개국이 가입되어 있다. 균형 잡히고 효과적인 국제 지식재산권 시스템의 개발을 주도하여 모든 이들의 혁신과 창의성을 돕는다는 목표를 가지고 있다.
소송 대상 특허	patent-in-suit	현재 소송의 대상이 된 모든 특허를 의미한다.
소장 접수	Filing Complaint	특허권자가 법원에 소를 제기하기 위해 문서를 제출하게 되는데, 소장에는 청구취지/청구원인, 요청하는 구제 등을 기재해야 하며, 필수 기재사항이 누락되면 각하 사유가 된다.
식물 특허	plant patent	식물에 관한 발명을 특허로 보호하는 제도이다. 출원일로부터 20년간 지속된다. 식물 특허(plant patent)는 무성번식 식물에 대하여 명세서 기재요건을 일부 완화한 특허제도로 이에 대응하는 제도는 한국에 존재하지 않는다.
식물품종 보호법	The Plant Variety Protection Act, PVPA	식물 품종의 보호를 위해 1970년에 제정되었다. 이후, 미국은 식물 품종을 보호하기 위해 독자적인 특허법 체제를 발전시켜 나갔다. 미국 식물 품종 보호국(PVPO; Plant Variety Protection Office)은 식물 품종 보호법(PVPA)을 시행하

		여 새로운 출원을 심사하고 20년(포도나무와 나무의 경우 25년) 동안 품종을 보호하는 인증서를 부여한다. 다음과 같이 미국에서는 새로운 식물 품종에 대해 얻을 수 있는 지식 재산권 보호의 세 가지 유형이 있다: • Plant Variety Protection – seeds, tubers, and asexually reproduced plants (issued by PVPO) • Plant Patents – asexually reproduced plants (issued by the Patent and Trademark Office (PTO) • Utility Patents – for genes, traits, methods, plant parts, or varieties (issued by the PTO)
신규 사항	new matter	특허에 추가된 추가 정보로, 특허를 수정하여 원래 공개 범위를 넘어서는 내용의 새로운 사항을 추가할 수 있는 절차가 따로 있다.
신청인/피신청인	Petitioner / Respondent	"신청인"은 상급법원에 사건 재심을 청원한 당사자를 말하며, Appellant 라고도 한다. "피신청인"은 소송 또는 재판을 받는 당사자를 말하며 Appellee라고도 한다.
실시 태양	embodiment	특허 명세서에서 흔히 사용되는 용어로서 각각의 "실시예"를 지칭할 때도 있지만 "실시예"보다는 좀 더 넓은 개념으로 볼 수 있다.
실용 특허	utility patent	미국에서 특허는 실용 특허(utility patent), 디자인 특허(design patent), 식물 특허(plant patent)로 구분한다. 실용 특허는 한국의 특허에, 디자인 특허는 한국의 디자인권에 대응하나, 식물 특허에 대응하는 것은 한국에 존재하지 않는다.
약식판결	Summary judgement	중요한 사실에 대하여 다툼이 없는 경우, 판사가 바로 재판을 거치지 않고 판결을 내리는 절차이다. 확실한 사건의 경우에 신청을 하게 된다.
양방향 테스트	two way test	2개의 발명이 서로 저촉하는지 여부를 판단하기 위하여, 일방의 발명이 타방의 발명과 동일(anticipation) 또는 자명(obvious)하고 그 역도 성립하는지 여부를 시험하는 절차다.
영업 비밀	Trade Secret	공개되지 않은 정보이지만 경제적 가치를 지닌 것으로, 기업이 영업활동을 위해 비밀로 관리하는 기술 정보 및 각종 방법들을 말한다.
예상 실시예/실제 실시예	prophetic example /working example	'예언적 예(시)' (예상 실시예)는 일반적으로 특허 출원서에 합리적으로 예상되는 미래 또는 예상 결과를

		설명하는 데 사용된다. '예상 실시예'는 실제로 실험을 수행하는 대신 시뮬레이션 또는 예상 결과를 예측하는 방식으로 제시된다. 이와 대조적으로, '실제 실시예'는 실제 결과를 도출한 작업 또는 수행된 실험에 해당한다. '예상 실시예'는 미래 또는 현재 시제로 작성할 수 있으며, 이러한 초안 작성 기법은 독자가 실제 작동하는 사례와 예언적 사례를 구분하는 데 도움이 될 수 있다.
용도 청구항	method of use claim	발명이 특정 결과를 달성하기 위해 어떻게 사용되어야 하는지에 대한 세부 단계 또는 절차를 설명하는 특정 유형의 청구항으로, 발명의 구체적인 방법, 프로세스 또는 응용 분야를 정의한다.
유효 출원일	effective filing date	출원의 실제 출원일 또는 우선권을 주장할 수 있는 최초 출원일이다. 즉, 특허 출원이 접수된 것으로 간주되는 날짜다.
이중특허	Double Patenting	동일한 발명에 대해 두 개 이상의 특허등록을 받는 경우를 의미하며, 이는 거절/금지된다.
일응, 일견	prima facie	At first sight. 라틴어 문구로, 나중에 사실이 아닌 것으로 판명되더라도) 첫 조사에서 사실로 보이는 것을 근거로 하여, 반증이나 반박이 없는 한 사실을 입증하거나 추론을 제기하기에 (혹은 승소하기에) 충분하다는 의미다. 또한, 미국 특허 심사에 사용되는 절차적 도구로, 출원인이 증거를 제시하기 전에 특허 심사관이 먼저 자명성을 입증해야 한다. 반대로 심사관이 특허 받을 수 없음을 입증하면 특허성에 대한 입증책임은 출원인에게 돌아간다.
임계일	critical dates	특허 출원의 유효 출원일로부터 1년 전의 날짜(date that is one year prior to the date of application for patent)로, 그 전에 미국에서 판매된 발명은 미국에서 특허를 받을 수 없다. AIA 이전 판례에 따르면, 공공 사용(public use)이 임계일 이전에 발생하고 발명이 특허를 받을 준비가 된 경우, 이로 인해 특허를 받을 수 없게 된다. 여기서 공공 사용은, (1) 대중이 접근할 수 있거나(accessible to the public), (2) 상업적으로 사용되었다(commercially exploited)는 두 가지 범주에 해당한다.
자명성/비자명성	obviousness / non-obviousness	우리나라에서는 비자명성 대신 진보성(inventive-ness)으로 대체하여 흔히 사용하기도 한다.

재판	Trial	미국의 재판은 배심재판(Jury Trial) 또는 판사 직권 재판(Bench Trial) 으로 진행된다. 그 외에 증거 결정 심리, (Hearing), 증거 및 자료 요청 및 개시절차 (Discovery) 등이 중요한 요소로 작용한다.
제법한정 물건 청구항	product by process claim	제품을 만드는 프로세스에 의해 제품을 정의하는 특허 청구항의 한 유형이다.
주석 미국 법전	U.S.C.A.; United States Code Annotated	미국 법전을 해석하는 역사적 메모, 상호 참조, 특정 법조항을 해석하는 연방 및 주 판결의 사건 주석을 수록한 여러 권의 간행물이다. 즉, Thomson West사에서 발행한 주석이 달린 코드 버전이다. 위원회 보고서, 의회 저널, 법안 추적 정보 등의 다양한 자료가 담겨 있으며, 온라인에서는 Westlaw등에서 확인할 수 있다. U.S.C.A.는 해석이 삽입되어 있는 반면, U.S.C.(United States Code)는 (해석이 없는) 미국법을 지칭한다.
중간 공지 선행 기술	intervening art	"intervening art"는 "secret prior art"와는 조금 다른 개념이다. 심사(또는 분쟁) 대상 출원(특허)의 우선일과 실제 출원일 사이에 공지된 문헌으로, 대상 출원의 우선권이 인정되는 경우에는 선행기술이 아니지만 우선권이 인정되지 않는 경우에는 선행기술이 되므로 우선권 인정(우선일로의 특허성 판단 시점 소급) 여부와 관련하여 문제가 된다.
증거개시절차	Discovery	양측이 문서 요청, 증인 심문, 전문가 보고서 제출, 녹취 등을 통해 의무적으로 정보를 교환하며 자료를 수집하는 미국의 소송절차이며, 최근에는 E-Discovery 활용이 두드러지고 있다.
진술서	Declaration (Affidavit)	법정 선언서 혹은 선언문에 해당한다. 특히 Affidavit 같은 경우에는, 내용에 대해서 본인이 선서를 하여 법적 책임을 지는 진술서다.
참조에 의한 통합	incorporation by reference	다른 특허 또는 특허 출원서 등의 다른 문서에 이미 포함된 정보를 특허 출원에 명시적으로 포함시키는 것을 말한다. 주로 계속 출원에서 상위 출원에 포함된 공개를 인용하기 위해 사용된다. 또는, 외부 도면 또는 표의 정보를 특허 청구항에 포함시키는 것을 말하기도 한다. 심사관에게 정보를 전달할 때 그래픽 요소를 참조하는 것이 더 간결하고 명확할 때 사용할 수 있다.
최신기술	state of the art; SotA	발명은 최초 유효 출원일을 기준으로 최신 기술의 일부가 아닌 경우 새로운 발명에 해당한다. 최신 기술에는 일반적으로 '선행 기술'로 알려진, 어떤 형태

		로든 대중에게 공개된 모든 것이 포함될 수 있다.
최적의 실시예	Best Mode	미국 특허법에서, 출원인은 발명을 실시할 수 있는 가장 최선의 방법을 공개 및 기재하여야 한다는 요구사항이다.
통제적 권한	controlling authority	"통제적 권한", "지배적 권위", "조정 근거" 등으로도 표기할 수 있으며, 비공개였던 사건이 이후 사건에서 "as controlling authority" (주요 근거)로 인용되었다는 내용이다. 의역하면 "결론을 좌우하는 판례", "사안 관련성이 커서 따라야 하는 판례", "주요 근거 판례" 정도가 될 것이다.
특허 저촉 절차	Interference procedure	저촉 혹은 간섭 절차 (interference proceeding)란 미국 개정 특허법 이전35 U.S.C. 135(a) 규정에 따라 출원과 다른 출원 또는 특허 간의 경합을 의미하며, 결과적으로 특허권자의 권리행사를 방해하는 절차다. 즉, 미국에서 이전에 선발명주의를 취하던 때에 존재한 제도로, 서로 경합하는 발명에 복수의 특허 출원이 존재하는 경우, 어떤 것이 선발명인지 판단하여 특허권을 부여하는 제도인 것이다. 2013. 3. 16. 이전 (America Invents Act; AIA 이전)에 출원된 특허에 대해서는 유효하게 적용된다.
특허 출원 심사 (경과) 특허 출원 심사	prosecution (history) ex parte prosecution	ex parte는 당사자 일방(출원인)과 관청 사이의 절차라는 의미로 사용된다. 미국 특허청(USPTO)이 특허권자의 개입 없이 특허 청구항을 평가하는 절차로, 특허의 청구항을 무효화하는 선행 기술로 인해 특허를 수정, 변경 또는 취소해야 한다고 판단할 때 사용된다.
특허 침해 소송 절차	Patent infringement litigation process	특허권자의 허가 없이 해당 특허를 사용하였을 경우, 특허권자가 자신의 권리를 침해받았다고 주장하며 법적 구제를 요청하는 과정으로, 일반적으로 다음의 절차를 따른다: 소장 접수 (Filing Complaint), 답변서 제출 및 반소제기 (Answer and Counterclaim), 증거개시절차 (Discovery), 약식판결 신청 (Motion for Summary Judgment), 재판 (Trial), 판결 및 항소 (Judgment and Appeal)
판단 기준	test	법원이 특정 쟁점을 판단하기 위한 기준을 지칭하는 경우를 말한다. 예: "newly characterized antigen" test.
판단 요소	prong	하나의 test 안에 여러가지 판단 요소가 있을 때 각각의 판단 요소를 prong이라고 한다.

평결불복법률 심리, 법정 판결	(Motion for) Judgement as a Matter of Law	합리적인 배심원(reasonable jury)이 상대방에게 유리한 증거를 찾을 수 있는 법적으로 충분한 근거(not have a legally sufficient evidentiary basis) 가 없다고 판단된다면, 사건이 배심원단에 제출되기 전에, 당사자가 법원에 자신에게 유리한 판결을 내려달라고 요청하는 것을 말한다.
항고저촉 심판원, 항고저촉 심판소	USPTO Board of Appeals and Interferences	현재 미국특허상표청 특허심판원(USPTO Patent Trial and Appeal Board)의 전신이다.
환송, 환송하다	remand	항소를 제기한 하급 법원이나 행정 기관으로 사건을 돌려보내는 것을 의미한다.
TSM 기준	Teaching－sugges－tion－motivation; TSM	미국 판례에서 정립된 특허의 자명성 판단의 기준으로, 결합발명에 있어서 개시된 구성요소의 변형, 결합, 조합으로 해당 발명에 이를 수 있는 가르침(teaching), 암시(suggestion), 동기(motivation)가 선행문헌에 존재하면 자명하다. 미국 대법원은 KSR 판결(KSR v. TELEFLEX INC 550 U.S. 398)에서 TSM을 지나치게 엄격하게 적용하는 것을 경계했지만, TSM이 자명성을 판단하는 데 사용할 수 있는 여러 가지 유효한 근거 중 하나라는 점도 인정했다. 즉, TSM 기준은 2007년 미국 대법원에 의해 선행자료에서 가르침, 암시, 동기가 발견되지 않더라도 일반 기술상식이나 예측가능성 등을 통하여 자명 여부를 판단할 수 있도록 완화되었다.
(특허 저촉 절차) 대상; 특허 저촉 절차 대상	count (of interference proceeding); interfer－ence count	카운트란 미국특허심판원이 기술하는 저촉절차의 대상(subject matter)으로서 우선순위에 대해 허용 가능한 증거의 범위를 설정한다. 하나 이상의 카운트가 있는 경우, 각 카운트는 특허를 받을 수 있는 별개의 발명을 기술해야 한다.
(발명의) 착상	conception (of invention)	발명가의 마음속에 완전하고 작동 가능한 발명에 대한 확실하고 영구적인 아이디어가 형성되어 있으며, 이를 당업자에게 설명할 수 있는 경우를 의미한다.
(청구항) 한정사항	(claim) limitation	발명을 정의하고 선행 기술과 차별화된다는 것을 보여주며, 청구 범위 때문에 중요하다.
(청구항) 해석	(claim) construction	특허 청구항의 의미와 범위를 해석하는 법적 절차로, 특허권자의 권리를 정의하기 때문에 특허 소송에서 매우 중요한 단계이다.

Table of Laws and Rules

UNITED STATES CODE ANNOTATED

UNITED STATES PUBLIC LAWS

CODE OF FEDERAL REGULATIONS

FEDERAL RULES OF CIVIL PROCEDURE

FEDERAL REGISTER

CONGRESSIONAL RECORD

Table of Cases

B

F

G

N

O

P

X

Y

Z

Index

역자 후기

김관식

이 책의 원저자인 호르헤 골드스타인 박사는 미국 변호사로서 다년의 실무 경력을 거쳐서 특허법학 분야에서 이론과 실무 지식을 겸비하고 있을 뿐만 아니라, 화학 분야를 전공하고 이학박사 학위를 취득하여 현대의 생명공학 기술의 근저를 이루는 분자생물학, 약리학 등의 기술 내용을 정확하게 이해하는데 큰 도움이 되는 지식도 아울러 보유하고 있다.

본서는 그 내용의 방대함뿐만 아니라 사안의 배경 기술에 관한 정확한 이해를 바탕으로 법적 쟁점을 명확하게 도출한 후, 이에 대한 미국 법원의 태도를 간결하면서도 명확하게 기술하고 있다. 특히 '저자 의견'(comment)란을 통하여 원저자 본인의 독창적이면서도 설득력 있는 견해를 제시하고 있는 점에서 특허법 분야의 학계와 실무 분야의 법률가뿐만 아니라 향후 유사한 쟁점에 대하여 재판을 하여야 하는 법관들도 일독할만한 특장점을 보유하고 있다. 비록 본서가 생명공학 분야에 관한 미국에서의 판례와 이에 기초한 미국 법리를 소개하고 있지만, 특허와 같은 지식재산권 관련 법리는 선진국 상호간에 서로 영향을 주고받으면서 그 법리가 발전하고 있다는 점은 널리 알려져 있다.

본서는 생명공학 분야에서 특허출원, 심판, 소송 등 각 분야에서 활약하는 변리사, 변호사 등의 실무가들에게는 현장에서 손쉽게 활용할 수 있는 핸드북으로, 대학가에서는 좋은 수업 교재로, 법원에서는 수준 높은 참고서로 활용할 수 있을 것으로 기대한다.

원저자 및 번역자 대표인 서울대학교 의과대학 김미경 교수, 그리고 함께 수고한 역자 여러분과 출판을 위하여 수고하신 관계자 여러분께 심심한 감사의 말씀을 드린다.

이상호

특허 실무가이자 교수로서, 한국 독자들에게 유익한 책을 소개하고자 본서의 번역 과정에 참여하게 되어 매우 기쁘고 감사하게 생각한다. 기술 분야가 생소하여 역자로서 부족함을 느꼈지만, 미국법 실무 경험을 바탕으로 번역 작업에 임하며 많은 것을 배울 수 있었다.

바이오 기술의 중요성이 날로 커지는 시점에서, 글로벌 시장으로 나아가기 위해 미국 특허법을 이해하는 것이 필수적이다. 본서는 이론에 치우치지 않고 간결하면서도 판례 중심으로 주요 내용을 깊이 있게 설명하여 독자들이 실무에 바로 적용하는데 도움이 될 것이라고 생각한다. 바이오 및 특허를 공부하는 학생들뿐만 아니라 특허 실무가, 창업가, 연구자들에게도 일독을 권하고 싶다.

개인적으로는 오랜 기다림 끝에 아기를 낳고 늦게 시작된 육아로 바쁜 시기에도 번역 작업을 할 수 있도록 배려해준 아내에게 감사와 사랑의 마음을 전한다. 또한, 좋은 책을 번역하고 공부할 수 있는 기회를 제안해 주신 김미경 교수님께 감사드리며, 본 작업에 참여한 존경하는 교수님들과, 변리사님들과 함께 할 수 있어서 큰 영광이었다. 마지막으로, 함께 미국법을 공부하며 노력한 한정완, 서유민, 엄세현 대학원생들에게도 감사의 마음을 전한다.

박지영

대학에서 근무하는 12년동안 300여 건의 기술이전 계약을 체결했지만, 이들 중 대규모 라이센싱이나 제품화로 이어져 시장에 진입한 사례는 많지 았았다. 최근 몇 년간 한국 바이오 업계의 투자 감소로 대학 보유 바이오 기술의 라이센싱도 주춤한 상황이다. 이러한 현실 속에서, 대학의 연구성과를 보다 경쟁력있게 만들 수 있는 방안은 무엇일지 고민하게 된다. 완벽한 해답이나 묘안을 찾기는 어렵지만, 한국보다 긴 특허 역사를 가지고 있고 특허 분쟁과 라이센싱 시장이 발달한 미국의 사례들은 벤치마킹할 가치가 있을 것이다.

이 책은 2023년 Amgen v. Sanofi 미국 대법원 판결을 중심으로, 해당 판결 이전(pre–Amgen)과 이후(post–Amgen) 사건에서의 판단 기준과 차이를 설명하고 있다. 해당 판결은 새로운 대법원 판결이 나올 때까지 미국 생명공학 분야 특허의

Enablement 판단에 있어 중요한 기준이 될 것으로 보인다. 대학에서 이루어지는 연구는 대규모 자본과 인력을 동원해 제품화를 목표로 하는 기업의 연구와 본질적으로 다를 수 있지만, 생명공학 분야에서 강력한 특허는 풍부한 실험 결과가 뒷받침되어야 한다는 점을 염두에 둘 필요가 있다.

이번 번역 작업을 통하여 지식재산 전문가들과 유용한 정보를 공유하고 엄선된 판례들을 깊이 살펴볼 수 있어 의미 있는 시간이었다. 이 작업에 참여할 수 있는 기회를 주신 원작자 Dr. Goldstein과 김미경 교수님, 그리고 함께 수고해주신 번역팀에 감사드린다. 이 책이 독자분들에게 미국 특허 실무를 보다 잘 이해하여 시장이 요구하는 실질적 가치를 가진 특허를 만드는데 도움이 되기를 기대한다.

심미성

우리나라 특허 실무와의 유사성 및 차이점을 염두에 두고 미국 특허법 및 판례의 동향을 지켜보아 왔던 실무가로서, 현재 뚜렷하게 기술의 첨단에 서 있고 미래에도 그러하리라 예상되는 생명공학 분야에 초점을 맞추어 미국 특허 판례를 주제별로 정리한 이 책은 매우 유익하게 다가왔다.

저자는 복잡한 생명공학 기술이 관련되어 있어 자칫 난해할 수 있는 판례의 내용에서 실무가들이 참고할 수 있는 핵심 원리를 통찰력 있게 뽑아내어 과거부터 현재까지 관련 판결 이유의 흐름과 현재 상황을 일목요연하게 정리하여 준 바, 이 책은 미국의 생명공학 판례 동향에 관심을 가진 국내 특허 전문가뿐만 아니라 글로벌 시장으로 나아가고자 하는 우리나라의 생명공학 분야 기술 전문가들에게도 관련 특허의 준비 과정 및 분쟁 상황에서 유용한 길잡이가 되어 줄 수 있을 것으로 생각된다.

이와 같이 훌륭한 책의 번역 작업에 미력하나마 일익을 담당할 수 있게 된 것을 기쁘게 생각하며, 본 번역서를 계기로 하여 생명공학 분야 특허 판례와 관련한 미국과 우리나라의 유사점과 차이점, 그리고 앞으로 우리나라 생명공학 분야의 특허 정책이 나아가야 할 방향에 대하여 활발한 토론과 깊이 있는 연구가 이루어지기를 기대한다.

마지막으로 훌륭한 책을 집필하여 주신 원저자, 함께 번역에 수고해 주신 역자 여러분, 그리고 출판을 위해 힘써 주신 출판사 관계자 여러분께 감사드린다.

신혜은

현재의 특허제도는 근대적 특허제도가 확립된 19세기에 기계와 화학을 중심으로 설계되었습니다. 그러나 특허법 자체는 기술을 총망라하여 포함하도록 설계되어 있고 생명체를 제외한다는 것과 같은 규정은 존재하지 않습니다. 생명공학기술의 비약적 발전에 따라 그에 따른 특허출원도 증가하고 있습니다. 특히 생명공학기술은 의약품 시장의 중심이 화학합성의약품(chemical drug)에서 생물의약품(biologics)으로 넘어감에 따라 그 중요성이 더해가고 있습니다.

본 저서는 미국에서 생명공학 특허보호가 어떤 방향으로 변화되어 왔는지, 그리고 현재의 보호현황은 어떠한지를 사례와 저자의 의견을 중심으로 설명하고 있어서 미국 생명공학특허의 현황을 잘 이해할 수 있도록 해줍니다. 매우 전문적인 내용이지만 이해하기 쉽고 간결하게 설명하고 있어서 해당분야 연구자나 변호사, 변리사와 같은 전문가들에게 좋은 참고가 되는 것은 물론 학생들을 위한 교재로도 활용될 수 있을 것으로 생각됩니다.

본인은 약학과 법학을 전공하고 생명공학특허의 합리적인 보호방안에 대해 연구하는 연구자로서 이번 번역작업에 함께 참여할 수 있게 된 것을 무한한 영광으로 생각합니다. 먼저 한국에서의 번역을 허락해주신 호르헤 골드스타인 변호사께 감사드립니다. 아울러 김미경 교수님, 원재천 교수님을 비롯하여 번역작업을 함께한 역자들에게 존경과 감사의 마음을 전합니다.

특허의 세계는 특허독립의 원칙이 적용되는 분야이지만 한번 개발되면 전 세계적으로 이용될 수 있다는 기술의 특성상 세계적으로 통일화되어가는 경향이 있습니다. 본서는 기본적으로 미국의 생명공학특허에 관한 것이지만 향후 우리나라의 법리발전과 제도에도 많은 영향을 줄 수 있을 것으로 생각됩니다. 본서를 한국에 소개하는데 있어서 미력하나마 힘을 보탤 수 있어서 매우 기쁘게 생각하고, 독자들의 많은 활용을 기대합니다.

김두규

지식재산 분야는 소위 "속지주의(屬地主義)"와 글로벌 표준화가 병존하는 독특한 분야다. 다른 모든 분야의 법체계와 마찬가지로 지식재산도 각국의 입법이 지배하지만, 수많은 다자간 협약 등을 통해 국가별 제도의 차이가 많이 없어졌기 때문이다.

본 역자가 번역을 담당한 제12장의 "I. 침해 일반"은 특히 그 법리나 적용 기준이 국가간 차이가 크지 않은 분야다. 문언적 침해와 균등론에 의한 침해, 청구항 중심의 권리범위 해석, 명세서 및 출원경과 등 내재적 증거 우선, 금반언의 원칙 등은 대부분의 국가에서 거의 동일한 기준과 법리가 적용되고 있다.

근례에, 유럽 통합특허법원(European Unified Patent Court)의 설립으로 특허침해소송의 무게중심이 유럽으로 상당 정도 분산된 것은 사실이나, 큰 시장규모와 압도적으로 높은 특허침해 손해배상액으로 인해 미국은 여전히 특허침해소송에서 가장 중요한 국가임에 반론의 여지가 없다. 한국이나 다른 국가에서 특허침해소송에 미국 판례에서 확립된 법이론이 등장하고 인용되는 것은 더 이상 새로울 것도 없다.

이러한 배경으로, 이 번역서가 미국 특허법을 공부하는 학생, 미국에 진출하고자 하는 생명공학 분야 기업의 특허 담당자는 물론, 국내에서 특허 실무를 하고 있는 특허 법률 전문가들에게도 큰 도움이 될 것으로 믿어 의심치 않으며, 이 번역서 발간을 가능하게 해주신 모든 분들, 특히 번역서 출간을 맨 처음 제안해주신 대표 번역자 김미경 교수님, 함께 수고해주신 모든 공동 번역자 여러분, 그리고 출판을 위해 수고해주신 박영사 관계자 여러분께 감사 드린다.

원재천

코로나 팬데믹을 통해 최근 몇 년간 전 세계적으로 생명공학 및 의료 분야의 기술 혁신이 가속화되었고, 백신과 치료제 발명의 긴급성과 이들에 대한 글로벌 대중적 접근성 간의 긴장이 조성되었다. 특히, 오랜 시간이 걸리는 신약 개발 절차의 간소화 문제와 WHO(세계보건기구)를 필두로 인도, 남아공 등 다수의 개발도상국이 주장한 '백신 특허 효력의 일시 중지' 논의는 지식재산권이 사유 재산이면서 동시에 인류 공동의 공공재라는 명제를 근본적으로 시험하게 되었고, 결국 개인의 재산권, 발명 환경 조성 및 공공의 이익을 균형 있게 아울러야 하는 특허법의 본질을 더 확인한 계기가 되었다.

영미법(Common Law)에 기반하여 대법원 및 관련 법원의 핵심 판례 중심으로 형성된 미국법은 생명공학 및 AI를 포함한 첨단 과학기술 영역의 발전을 유연하게 관리해 나가는 특허법이 형성되는 데 최적화된 사법 환경이라고 사료된다.

개인적으로는 이번 번역 과제에 초대해 주신 서울대학교 의과대학 김미경 교수님과 너그러우신 동료 역자님께 감사드린다. 또한 이번 작업을 전심으로 살펴준 이요하 한동대 국제법센터 연구원의 노고를 기억한다. 끝으로 특허법 전문 서적을 받아 출간해 주신 박영사(주) 안상준 대표님, 저작권 및 편집, 출판 부분을 꼼꼼히 잘 이끌어 주신 장규식 팀장과 편집 책임 윤혜경 대리에게 심심한 감사 인사드린다.

본 역서가 생명공학 특허법 영역과 미국 및 글로벌 특허법에 관심이 있는 독자들이 미국 특허법과 판례, 사법 문화에 대한 기본적인 이해를 구하고, 미국 대법원 및 연방순회항소법원 (CAFC)의 특허 관련 판결을 읽고 그 맥락을 이해하는 데 도움이 되셨으면 한다.

Welcome to the world of the Common Law community.

I hope you have a wonderful journey in Biotechnology Patent Law, just as I did.

저자 소개

호르헤 골드스타인(Jorge Goldstein)

Jorge Goldstein 변호사는 워싱턴 DC에 위치한 300명 이상 규모의 지식재산권 전문 로펌인 Sterne Kessler Goldstein and Fox, PLLC의 창립 멤버로, 1983년에 생명공학 및 화학 법률팀을 설립하고 수년간 대표 변호사 겸 실무 위원장으로 재직했다. 생명공학 특허의 출원, 심사, 라이센싱, 집행 및 침해소송 분야에서 45년의 경력을 보유하고 있다. Goldstein 변호사는 특히 생명공학 활성화에 관한 중추적인 판결인 1988년 미국 항소심 사건 *In re Wands et al.* (Fed. Cir. 1988)의 수석 변호사였다. 현재 Goldstein 은 로펌의 선임 대표 변호사로서 IP 전략, 소송 및 라이센싱 분야에서 활발한 활동을 이어가고 있다. 또한, 로펌의 특허와 인권 부분의 공익 활동 위원회를 설립하여 경제, 사회, 문화적 부분의 공익 법률지원 활동과 사회 공헌 활동을 하고 있다.

그는 아르헨티나 부에노스아이레스에서 태어나 1971년 렌슬러 공과 대학교에서 화학 학사 학위를, 1976년 하버드 대학교에서 화학 박사 학위를 취득했으며, 매사추세츠 공과대학에서 박사 후 과정을 잠시 거친 후 1982년 조지 워싱턴 대학교에서 법학박사(JD) 학위를 취득했다. 부에노스아이레스에 있는 유니버시다드 오스트랄(Universidad Austral) 대학교의 초빙 교수로 재직 중이며 생명공학 특허법에 관한 다수의 저서와 논문을 집필했다. 그의 최근 저서로서는 2024년에 출판된 "*Patenting Life: Tales from the Front Lines of Intellectual Property and the New Biology*"가 있다.

역자 소개

김미경 교수(서울대학교 의과대학)

대표 역자인 김미경 교수는 서울대학교 의과대학에서 M.D., 의학석사(1990), 그리고 의학박사(1994) 학위를 받았다. 또한 서울대학교병원에서 인턴 및 레지던트 수련을 받고 해부병리 전문의(1991)를 취득하였다. 이후 단국대학교 의과대학, 삼성서울병원, 성균관대학교 의과대학에서 교수 및 병리전문의로 일하였다. 2002년 뜻한 바가 있어서 부교수직을 사임하고 미국 워싱턴 주립대학교 법과대학에 진학하였다. 2005년에 J.D.를 받은 후, 캘리포니아주 변호사, 뉴욕주 변호사 자격을 얻었다.

김미경 교수는 지식재산에 대한 특별한 관심을 가져 법대 재학 중에는 지식재산 집중 트랙을 수료하고, 시애틀에 있는 미국 연방 지방법원 Marsha Pechman 판사의 엑스턴으로 근무하면서 특허소송을 포함한 다양한 사건의 판결문을 쓰는 훈련을 받았다. J.D.를 받은 후에는 스탠포드 법과대학의 The Center for Law and the Biosciences에서 2년간 펠로우쉽을 받아서, 생명과학과 법이 교차하는 지점에서 발생하는 다양한 이슈들에 대해 연구할 기회를 가졌다. 스탠포드 법대의 펠로우로 있는 동안에 스탠포드 의과대학에서는 자문 병리의사로 일하면서 유수한 병리학 학술지에 논문을 발표하기도 하였다.

김미경 교수는 2008년 귀국한 후부터 현재까지 카이스트의 의과학대학원 및 기술경영대학원, 그리고 모교인 서울대학교 의과대학에서 미래의 첨단과학기술자들을 대상으로 생명공학특허를 포함한 지식재산법, 생명공학과 관련된 여러 가지 법－규제 및 정책, 그리고 연구윤리의 교육 및 연구에 집중하고 있다.

김관식(한남대학교 법학과 교수)

김관식 교수는 2003. 9.부터 한남대학교 법학과 교수로 재직하고 있다.

서울대학교에서 이학박사(1995. 8.) 및 법학박사(2013. 8.) 학위를 취득하였다.

1995.9.－1997.8.까지 미국 Northwestern 대학교에서 방문연구원으로 재직 후 1997.9. 특허청에 입사하여 심사관을 역임하였다. 특허청 재직 중에는 일본에서 출판된 "特許の知識" 제6판과 제8판을 심사관 동료 4인과 공동으로 번역 출간하였다.

2009.9.－2010.8. 및 2018.6.－2019.2.에는 대법원 지적재산권조 전문직 재판연구관으로 재직하며 다수의 상고사건에 대하여 검토하여 보고서를 작성하였다. 2012.3.－2014.2.에는 사단법인 한국특허법학회 회장을 역임하였고, 2023.1.－2024.12.까지 국가지식재산위원회 특별전문위원으로 활동하였다.

과학기술에 대한 이해를 바탕으로 특허법 등 지식재산권법 분야에서 발생하는 다양한 법리상의 쟁점 해결에 실질적으로 도움이 되는 해법을 모색하고자 노력하고 있다.

이상호(한동대학교 법학부 조교수, Bridgeway IP미국특허변호사)

이상호 교수는 미국 특허 변호사로서 서울대학교에서 기계공학을 전공하였으며, 학사장교로 임관하여 해병대 제2사단에서 염하소대 소대장 및 기동대장 직을 수행한 바 있다. 중위로 전역한 이후 약 25개국을 여행하며 다양한 문화와 세계를 경험하였고, 한동 국제법률대학원에 입학하여 미국법을 공부한 후, 미국 캘리포니아주 및 미주리 주 변호사 자격증을 취득하고 미국 특허청 등록 특허변호사가 되었다. 이후 한동대학교에서 "A Study On the Inventorship and Patent Eligibility of Artificial Intelligence Inventions under the U.S. Patent Law System"이란 주제로 연구하여 법학 박사학위를 받았다.

리앤목 특허법인에서 국내 주요기업들의 국내외 출원 업무 및 중소기업의 미국특허 송무 지원 업무를 수행했다. 미국 버지니아주에 위치한 특허로펌 Novick, Kim & Lee, PLLC의 설립 파트너 중 한 명으로 다수의 국내, 중국, 및 중동 기업들의 미국특허 사건을 대리하였고, 이후 미국 Bridgeway IP Law Group, PLLC에 설립 파트너로 참여하였다. 또한, 한동대학교 법학부 및 한동 국제법률대학원에서 조교수로 미국 지식재산권을 가르치고 있다.

박지영(서울대학교 산학협력단 변리사)

박지영 변리사는 서울대학교 식품영양학과를 졸업하고 동 대학원에서 식품화학으로 석사 학위를 받았다. 2000년 변리사 자격을 취득한 후 13년간 특허법률사무소에서 식품, 화학, 의약학, 바이오 분야의 특허 출원, 심판, 소송, 컨설팅 업무를 수행하며 경험을 쌓았다.

2012년부터 서울대학교 산학협력단 전문위원으로 재직하며 대학 연구성과의 지식재산 창출과 기술이전 수익화, 교원 창업 지원에 주력하고 있으며, 바이오 US, 인터비즈 바이오파트너링 등 국내외 기술 마케팅 행사에도 꾸준히 참여하면서 대학 기술의 사업화를 위하여 노력 중이다.

권리범위확인심판과 침해소송 판결의 연계성 제고 방안 연구(2012)를 비롯한 다수의 정부 과제를 수행했으며, 연구자, 교직원, 기업 대상 강의를 통해 지식재산 인식 제고에 기여함과 동시에 MIT 창업지원 멘토링 프로그램(2016), 벤처캐피탈리스트(2022) 및 엑셀러레이터(2024) 양성 과정을 이수하며 창업 지원 역량 강화에도 힘쓰고 있다.

심미성(특허법인 그루 변리사)

심미성 변리사는 서울대학교에서 화학 학사 및 석사 학위를 취득한 후 1991년 제28회 변리사 시험에 합격하였다. 이후 김 · 장 법률사무소에서 화학, 약학 및 생명공학 분야의 전문 변리사로서 약 30년간 재직하였고, 2021년부터 현재까지 특허법인 그루에서 프리랜서로서 전반적인 특허 업무를 담당하고 있다.

심미성 변리사는 김 · 장 법률사무소에 재직하던 중 1999년부터 2002년까지 미국 Frankline Pierce Law Center에서 MIP(Master of Intellectual Property) 및 J.D.(Juris Doctor) 학위를 취득하였고, 2002년에 미국 뉴욕주 변호사 자격을 취득하였다.

심미성 변리사는 미국에서 학위 과정 중 2001년 여름 3개월간 미국 연방항소법원(CAFC)에서 인턴으로 재직하며 미국 특허 판례가 만들어지는 과정을 직접 참관하는 경험을 갖기도 하였다. 이후 실무에 복귀하여서도 미국 특허법 및 판례 동향에 대한 관심을 놓지 않았고, 그 일환으로 2010년부터 현재까지 국내 지적재산 전문가들이 모여 조직한 「미국특허법연구회」에 소속되어 미국 주요 특허 판례의 연구, 발표 및 토론 활동을 이어가고 있다.

신혜은(법학박사, 약사, 변리사)

신혜은 교수는 서울대학교 약학대학에서 약학사 학위를 취득하였고(1986) 고려대학교 대학원에서 법학석사(2004), 법학박사(2007) 학위를 취득하였다. 제35회 변리사 시험에 합격한 후 특허법인에서 변리사로 활동하였고 2007년 지식재산권법으로 박사학위를 받은 후부터 현재까지 충북대학교 법학전문대학원에서 지식재산권법 연구와 후학양성에 힘쓰고 있다.

국가지식재산 시행계획 점검·평가 단장, 대통령 소속 국가지식재산위원회 민간위원·보호전문위원회 위원장, 국가지식재산위원회 바이오·IP 특별전문위원회 보호소위 위원장, 국가과학기술연구회 이사, 대통령소속 규제개혁위원회 위원, 법제처 법령해석위원, 중앙행정심판위원회 위원, 중소벤처기업부 기술침해자문단 위원, 중소기업기술분쟁조정·중재위원, 공공데이터제공분쟁조정위원회 위원, 한국지식재산보호원 이사, 한국지식재산연구원 이사, 한국특허법학회 회장을 역임한 바 있으며, 현재 한국지식재산학회 회장을 맡고 있다.

김두규(HP, Senior IP Manager, 한국변리사, 미국변호사)

김두규 변리사는 카이스트에서 기계공학 학사 학위를 취득한 후 1998년 제35회 변리사 시험에 차석으로 합격하였다. 법무법인중앙에서 변리사 실무 수습을 시작하여, 리인터내셔널, 서울대학교, 특허법인우인 등에서 변리사로 근무했으며, 현재 글로벌 기업인 HP의 지식재산법무팀에 근무 중이며 대한변리사회 회장을 맡고 있다.

미국 미주리주 Washington University in St. Louis 로스쿨에서 LL.M.과 JD 학위를 받았으며, 2007년 미국 미주리주 변호사 자격을 취득하였으며, Eveready Company, Kang IP Law, LLC에서 근무하여, 국내와 미국에서 특허 실무경험을 가지고 있다.

서울대 법학전문대학원 등에서 대학에서 다양한 지식재산권 강의를 하였고, 법무부 해외진출중소기업 법률자문단 자문위원, 미래창조과학부 기초연구협력 마스터플랜 수립 자문위원, 한국연구재단 자문위원, 한국산업기술진흥회 기술사업화 아카데미 기획자문위원 등을 역임하였다. 2013년에는 교육부장관상(산학협력유공자 표창)을 수상하였다.

원재천(한동대학교 법학부 국제법교수)

원재천 교수는 한동대학교 법학부 국제법교수이자 국제법센터 소장이다. 미국 버지니아 공대에서 학사 학위와 경영학 석사 학위를, 뉴욕 브루클린 사법대학원에서 법학박사(Juris Doctor) 학위를 취득했고, 네덜란드 레이든(Leiden) 대학교 방문연구원이었다. 국방부 법무관리관실 국제법장교와 미국 뉴욕 주검사를 역임했으며, 국가인권위원회 정책교육국장으로서 대한민국 인권 정책과 인권교육, 북한 인권 및 국제협력을 총괄했다.

2001년 한동대학교 국제법률전문대학원 설립 교학실장으로 임용된 후 영미법, 비교법 및 국제법 전문가로서, 국제범죄, 북한 아동, 유엔 장애인 권리 협약, 국제조정, 비핵화(NPT) 분야, 한미 원자력 협정 등 인권, 과학기술과 생명윤리위원회(IRB) 영역에서 활동하고 있으며, 세계국제법협회(ILA) 국제법 연감(Korea Yearbook of International Law) 에너지 환경 및 과학기술 법 분야 편집위원이다. 저서와 역서는 《Northeast Asian Perspective on International Law》, 《유엔인권메커니즘과 북한인권》, 《유엔장애인권리협약에 기초한 국제장애인 인권매뉴얼》 등이 있으며, 미국 뉴욕州와 뉴저지州 변호사이다.

미국 생명공학 특허법

초판발행 2025년 2월 28일

지은이 Jorge A. Goldstein
옮긴이 김미경 · 김관식 · 이상호 · 박지영 · 심미성 · 신혜은 · 김두규 · 원재천
펴낸이 안종만 · 안상준

편 집 윤혜경
기획/마케팅 장규식
표지디자인 BEN STORY
제 작 고철민 · 김원표

펴낸곳 (주) 박영사
서울특별시 금천구 가산디지털2로 53, 210호(가산동, 한라시그마밸리)
등록 1959. 3. 11. 제300-1959-1호(倫)
전 화 02)733-6771
f a x 02)736-4818
e-mail pys@pybook.co.kr
homepage www.pybook.co.kr
ISBN 979-11-303-3800-2 93360

정 가 45,000원